Erich Kuby
Mein ärgerliches Vaterland

ERICH KUBY, 1910 in Baden-Baden geboren, war nach dem Studium der Volkswirtschaft in einem Buchverlag tätig. Im Oktober 1939 zu den Waffen »gerufen«, diente er als Soldat in Frankreich und Rußland. Nach seiner Rückkehr aus amerikanischer Kriegsgefangenschaft Ende Juni 1945 arbeitete er als Journalist. Er war Chefredakteur des »Ruf«, engagierte sich als Redakteur der »Süddeutschen Zeitung« in den fünfziger Jahren gegen die Wiederaufrüstung, arbeitete seit Anfang 1958 bei der »Welt« und dem »Spiegel«, daneben als Buch- und Filmautor. Kuby war Wegbereiter der späteren Studentenbewegung, 1963–1980 gehörte er zur Redaktion des »Stern«. 1981 Übersiedlung nach Venedig. Bis 2003 aktiv an der Schreibmaschine als Buchautor und Kolumnist für »Berliner Zeitung«, »Frankenpost« und »Freitag«. Im September 2005 ist Kuby in Venedig gestorben.

Der scharfe Gesellschaftskritiker und linke Demokrat galt als das linke Gewissen der Nation; er hat etwa 40 Bücher veröffentlicht und Hörspiele geschrieben. Zu seinen größten Bucherfolgen gehörten »Das ist des Deutschen Vaterland – 70 Millionen in zwei Wartesälen« und »Rosemarie, des deutschen Wunders liebstes Kind«, in dem er sich mit dem Leben der ermordeten Frankfurter Prostituierten Rosemarie Nitribitt auseinandersetzte. »Lauter Patrioten. Eine deutsche Familiengeschichte von 1800 bis 2000« erzählt die Geschichte seiner Familie. Lieferbar bei AtV »Mein Krieg. Aufzeichnungen aus 2129 Tagen«.

Erich Kuby, einer der profiliertesten Journalisten der deutschen Nachkriegsgeschichte, hat immer gegen den Strich gebürstet und die gesellschaftlichen Verhältnisse in der Bundesrepublik schonungslos kritisiert, wie die in diesem Buch versammelten Reportagen und Kommentare zeigen. Er war »ein Linker, aber kein Ideologe. Er wollte von Anfang an, 45, eine andere Bundesrepublik, ein anderes Deutschland.« (Peter O. Chotjewitz)

Erich Kuby

Mein
ärgerliches Vaterland

Eine Chronik
der Bundesrepublik

Mit einem Nachwort
von Peter O. Chotjewitz

aufbau taschenbuch ⊕

ISBN 978-3-7466-7073-7

Aufbau Taschenbuch ist eine Marke
der Aufbau Verlag GmbH & Co. KG

1. Auflage 2010
© Aufbau Verlag GmbH & Co. KG, Berlin 2010
Umschlaggestaltung morgen, Kai Dieterich
unter Verwendung eines Fotos von © Bettmann/corbis
Druck und Binden CPI – Clausen & Bosse, Leck
Printed in Germany

www.aufbau-verlag.de

Ich über mich

Mit dem Schreiben zu dem Zweck, etwas mitzuteilen, begann ich als Sechsjähriger, als eine ausnehmend schöne Dame im Ersten Weltkrieg für ein paar Wochen auf unseren Einödhof gekommen war, um sich satt zu essen, freundschaftlich aufgenommen von meiner Mutter, die das Anwesen mit einem Dutzend »Mägden« und »Knechten« führte, indes der Vater irgendwo an der Westfront seit August 1914 mit Feldgeschützen die Franzosen ärgerte, so daß er im Kriegsjahr 1916 jene schöne Dame nicht erlebte, welche die allzu junge Witwe eines damals sehr bekannten Schriftstellers namens Otto Julius Bierbaum war, von ihm aus Florenz mitgebracht und geehelicht, was einen Schwarm Münchner Künstler nicht hinderte, sie zu umgarnen, in Öl zu malen, zu zeichnen, woraus hervorgeht, daß ich, das Kind, nicht übermäßig originell war, als ich ihr in einem Brieflein schrieb, ich wünschte, sie bliebe ganz bei uns, wie ich von meiner Mutter später erfuhr, als wir den Hof im letzten Kriegsjahr bereits verlassen hatten (törichterweise!), der so weit ab von der nächsten Volksschule lag und liegt, daß mir der Weg dorthin, ein Fußpfad durchs Blumenparadies eines Hochmoores nicht zugemutet wurde, vielmehr ein Fräulein Hagen mir das Lesen, das Schreiben und das Kleine Einmaleins beibrachte, dergestalt der Hof, Wohnhaus, Stall, »Leutehaus«, die riesige Scheune mit der steilen Auffahrt, meine Welt war, dazu all die Tiere, angefangen mit dem großmächtigen, am Nasenring aus dem Stall herausgeführten Stier bis zu den Stallhasen, die der Vater als Kriegsbeute aus Belgien in einem von zwei Urlauben mitgebracht hatte, die ihm in vier Jahren genehmigt worden waren, so daß er für mich, als er dann wieder bei uns blieb, ein ziemlich fremder Herr war, von dem ich erfuhr, wir hätten den Krieg nicht verloren, was ich ihm schon nicht mehr glaubte, sondern frühzeitig begann, mich zum schwarzen Schaf der Familie zu entwickeln, zu einem Sohn, der nur geringes Interesse bekundete, als der Vater nach dem Umzug in das nächste Kreisstädtchen – wo er eine weit kleinere Landwirtschaft erstand und betrieb – auf lokaler Ebene eine paramilitärische Organisation aufbaute, Einwohnerwehr genannt, deren

Mannschaften in der nahen »Schießstätte« Schützenfeste veranstalteten, die eigentlich Schießübungen waren, und eines Tages der Vater in unserem Obstgarten sogar mit Ludendorff auf und ab ging, kurz vor dem Hitler-Putsch vom November 1923, der der »Einwohnerwehr« ein Ende setzte, so daß auch das Waffenlager in einem unserer Heustadel draußen im »Moos« beim Torfstich verschwand, das mir nicht entgangen war, und samt dem ganzen deutschnationalen, nicht eigentlich nationalsozialistischen Klimbim sicher dazu beigetragen hat, daß es der Leser mit einem Buch zu tun bekommen wird, einer Art subjektiver Zeitchronik, die gewisser autobiographischer Streiflichter nicht völlig entraten kann, geschrieben von einem, dem eigentlich lebenslänglich an dem Volk, dem er nun einmal zugehört, mehr mißfallen als gefallen hat, zumal er dieses sein Volk einen ganzen Weltkrieg lang, den zweiten, erlebt hatte als Soldat, wovon ein Buch Zeugnis ablegt, das nicht am Schreibtisch entstanden ist, sondern zwischen dem Dnjepr und der Bretagne, 1975 vorgelegt als *Mein Krieg*, bemerkt von hundert Kritikern, von denen einer schrieb, dieser Soldat E. K. habe 2919 Tage und Nächte lang aufgeschrieben, in was er selbst aufs engste verwickelt gewesen sei, mache aber den Eindruck, als sei er gar nicht derjenige, der das alles erlebt und mitgemacht habe – was mich davor bewahrte oder dazu verurteilte, nichts zu glauben, was geglaubt wurde von der jeweiligen Mehrheit, nichts zu erhoffen von dem, worauf sie hoffte, nicht zu fürchten, vielmehr eher zu ersehnen, was sie fürchtete, wovon eine Lebenshaltung bestimmt wurde – eine Lebenshaltung, die ihre Tücken im privaten zwischenmenschlichen Umgang hat, der Ausübung des journalistischen Handwerks jedoch durchaus zuträglich ist, und damit möge es sein Bewenden haben hinsichtlich der Bestimmung meiner Umweltbeziehung, in moralische Irrgärten sei nicht hineingewildert, der Frage, wie Gesinnung entsteht, nicht weiter nachgegangen und nur hervorgehoben, daß eine linke politische Einschulung nicht stattgefunden hat, Marx mir auf keiner Lebensstufe zum Guru geworden ist, ersetzt wurde durch die Lehren der Wirklichkeit, die so wenig dazu angetan waren und sind, Wohlwollen zu wecken für unsere deutsche Wirklichkeit, 12 Jahre lang pervertiert zur Weltvernichtungspraxis, bis ich im Juni 1945, nach kurzer amerikanischer Gefangenschaft in Frankreich, mit nunmehr

35 Jahren anfangen konnte (und mußte), zu überlegen, was ich aus meinem Leben eigentlich machen wollte. 1947 wußte ich es. Ich wurde kein Schreiber, sondern ein Aufschreiber, und ich begehre, schuld daran zu sein.

München, Venedig, im Sommer 1989

Anfänge

Mit Briefen fing ich an zu schreiben – mit sehr vielen Briefen an fast ausschließlich weibliche Adressaten. Als ich nach dem ersten Hamburger Semester, einem, wie sich ergeben sollte, ganz nutzlosen nationalökonomischen Studium nachgehend, zum zweiten nach Erlangen ging, schrieb ich dort einen Artikel, *Erlanger Allerlei*, den die Lokalzeitung, das *Tagblatt*, am 21.1.1931 veröffentlichte. Es ist der erste Text, der von mir gedruckt worden ist. Der zweite ließ sich erstaunlicherweise bisher nicht auffinden. Ich schrieb ihn in München, wo ich nun studierte und dem »Akademisch Politischen Club« (Akapol) angehörte, der »kleine Abende« veranstaltete, an denen Clubmitglieder sprachen, und »große«, zu denen bekannte Politiker eingeladen wurden. Mein Vortrag, vermutlich 1932 gehalten, hatte das Thema *Nationalsozialismus und Hochschule*, unter diesem Titel veröffentlichte die Vorgängerin der *Süddeutschen Zeitung*, die *Münchner Neuesten Nachrichten*, eine Kurzfassung. Ich bin dessen sicher, daß der Beitrag erschienen ist, aber die Durchsicht der einzig in Frage kommenden Jahrgänge 1931 und 1932 förderte ihn nicht zu Tage. Noch mehr Zeit auf die Suche zu verwenden erschien mir untunlich.

Als die Nationalsozialisten an der Münchner Universität wie an vielen anderen zu terroristischen Aktionen gegen jüdische Professoren übergingen, in München insbesondere gegen den Staatsrechtler Nawiasky, der nach 1945 an der bayerischen Verfassung mitgearbeitet hat, bildeten wir demokratisch gesonnenen Studenten einen »Ordnungsdienst«, durch eine entsprechende Armbinde gekennzeichnet. Es kam zu Prügeleien und Polizeieinsatz in demselben Lichthof, in den dann die Flugblätter der »Weißen Rose« herabregnen sollten.

Das Jahr 1934 verbrachte ich in Jugoslawien, kehrte aber im Dezember nach München zurück, zu jung und zu sehr interessiert an deutschen Dingen, um mich in einem fremden Land zurechtfinden zu können. Ich fing an, Geschichten im Stil von Gottfried Keller zu schreiben, nur nicht so gut. »Romantische Versuche« entstan-

den, ich schickte sie an den Fischer Verlag und bekam sie mit einem
Brief zurück: noch nicht, aber lassen Sie sich nicht entmutigen.

1938 heiratete ich, dem Schlendrian einer berufslosen Existenz
mußte ein Ende gemacht werden. Wir wohnten in Berlin. Von der
Straße weg ging ich zum Personalchef von Scherl, dem deutschnationalen, aber noch nicht nationalsozialistischen Konzern des
Pressezaren Hugenberg, und sagte, ich müsse irgendwie Geld verdienen, aber ich würde nichts schreiben. Diese Bewerbung gefiel
dem konservativen Mann; ab sofort sortierte ich im größten deutschen Pressearchiv – heute gehört es Springer – Bilder, bis sich die
Chance ergab, in einem anderen Verlag, der 1938 noch nicht partei-
hörig war, die Werbung und die Führung der Vertreter zu übernehmen. Zu dem Unternehmen gehörte eine hervorragende Druckerei,
so daß sich der Reichsaußenminister Ribbentrop entschloß, dort
seine Edelzeitschrift *Berlin-Rom-Tokio* erscheinen zu lassen. Bald
darauf wurde dort auch die *Kriegsbücherei der deutschen Jugend* in
Heftchenform gedruckt, so daß ich mir überlegen mußte: und was
jetzt? Die Entscheidung wurde mir abgenommen, ich wurde eingezogen.

Vom ersten Tag an als Soldat, im Oktober 1939, fing ich an, »meinen« Krieg aufzuschreiben. Nach dem Frankreichfeldzug redigierte
ich die bis dahin vorliegenden Aufzeichnungen mit der Absicht, sie
als Buch zu veröffentlichen. Der Verlag Paul List in Leipzig, Herr
List in Person, war nicht minder verblendet als ich; er schloß mit mir
über *Kriegsfahrt durch Frankreich* im April 1941 einen Vertrag, in
dem es in Paragraph 11 hieß: »Im Falle höherer Gewalt (z.B. während eines Krieges) können die aus dem Vertrag sich ergebenden
Verpflichtungen beider Teile ruhen. Die Vertragschließenden werden jedoch nach Möglichkeit die Verabredung zur Durchführung
bringen.« Zwei Monate vor dem Überfall auf die Sowjetunion »z. B.
während eines Krieges« zu schreiben, entbehrt nicht der Komik.
Was daraus wurde, ist in *Mein Krieg* dargestellt; ich will es nicht
wiederholen. Hier vielleicht nur soviel, daß das Manuskript durchs
Oberkommando der Wehrmacht wanderte bis hinauf zu seinem
Chef, dem in Nürnberg aufgehängten General Jodl. Er schrieb mit
Grünstift Einwände an den Rand. Ich, ahnungslos, gegen wen ich
antrat, schrieb zurück, manche Änderungen würde ich hinnehmen,

zwei aber nicht. Bei der Kriegsgerichtsverhandlung, bei 35 Grad im Schatten im Sommer 1941 an der Nordfront in einer Bauernkate, lag der Leitzordner mit dem Manuskript auf dem Richtertisch, spielte jedoch für das Strafmaß (1 Jahr 2 Monate wegen Zersetzung und Widerstand) keine Rolle, weil das OKW Bestrafung nicht verlangt hatte.

Diese *Kriegsbriefe*, insbesondere dann jene von der Ostfront, liefen im Freundeskreis um, zu dem Hausenstein, W. E. Süskind, Marieluise Fleisser und Carossa gehörten. Von dem unveränderten Material ist etwa ein Zehntel 1975 in *Mein Krieg* veröffentlicht worden. Daraus seien hier ein paar Sätze zitiert.

Aus einem Brief an W. E. Süskind (Mai 1942): »Wir werden eines Tages mit dem Problem zu tun bekommen, daß wir mit jenen nicht kooperieren wollen, für die zu arbeiten der eigentliche Sinn öffentlicher, sozialer Tätigkeit ist, worin sie auch bestehe: für die vielen, das Volk, die Masse, nenne es, wie du willst. Unsere Erfahrungen, bei mir zugespitzt durch buchstäblich hautengen Kontakt, in dieser Zeit, in diesem Krieg, lassen nicht zu, sie anders als mit grenzenloser Verachtung zu betrachten. Und zwar nicht, weil sie so schlecht sind, womit ich mich abfinden könnte, sondern weil sie so dumm sind. Wer sich jetzt nützlich macht, ist in seiner Vernunft disqualifiziert.«

»Meine Unverletzbarkeit wurzelt nicht in Gefühlen, sondern in Einsichten, mein Rückzugsplatz ist nicht eine Insel des Glücks, sondern so etwas wie ein Bunker, und nichts wünschte ich mir mehr, als er sei mit Waffen ausgestattet, die eine Welt vernichten könnten, die vernichtet.« (20. März 1943)

Auf dem Rückzug, im Winter 1943/44 in Rußland, der sich zu einer Flucht entwickelte, notierte ich, erfüllt von einem abgrundtiefen Gefühl des Ekels gegenüber allem, was deutsch hieß, am 12. Dezember 1943, 5 Uhr früh: »Ich möchte Proust sein, um meine Grundempfindung beschreiben zu können, die als Schadenfreude zu bezeichnen viel zu grob wäre. Für mich ist die Großdeutsche Armee in diesem Zustand in Ironie eingehüllt wie in ein kostbares Parfüm. Das stählerne Verbrechen zerfranst, die Lackierung ab, und siehe, es war gar nicht aus Stahl! Es war aus Braunau-Pappe. Oh, dieser ganze Areopag unserer edelsten Geister, diese fiesen Moppe wie Jünger und Konsorten, dieser Thomas Mann aus dem ersten Weltkrieg,

Stefan George, Benn, und zurück Körner, Fichte, Arndt, vorwärts Heidegger und Johst – entlaufen der Humanität, dem Menschen schlechthin, für einen blöden nationalen Wahn oder für einen aufgesetzten Heroismus, für Ideale. Das ist das Herrlichste an dem, was ich jetzt um mich herum habe: die deutsche Welt, aufgebrochen, um die ganze andere Welt für die deutschen Ideale zu retten, sie zu ihnen zu bekehren – eine deutsche Welt in Rußland, sich fortbewegend mit Panjepferdchen, und ganz und gar ohne Ideale. Germania nackt, was für ein Anblick! Ich schaue sie an, und Ironie erfüllt mich, als hätte ich Champagner getrunken. Mitleid – also Humanität? Und weil kein Mitleid, nein, bei Gott, kein Mitleid – also keine Humanität? Also auch ich ganz und gar deutsch? Mein Mitleid gilt den Menschen, die hier zu Hause sind und die wir dem Elend und dem Hunger eines Winters preisgeben. Das ist genug Humanität.«

Unser Hausstand war bereits 1941 von Berlin an den Bodensee verlegt worden, weil wir angenommen hatten, Berlin werde zerstört werden, der Krieg in diesen südwestlichen Winkel wahrscheinlich zuletzt kommen. Das sollte sich bestätigen.

Die Amerikaner hatten im September 1944 die Freundlichkeit, mich mit rund 40000 Volksgenossen im französischen Kriegshafen Brest einzufangen. Zunächst dem Lagerlazarett, dann einer Betreuungsgruppe zugeteilt, davor bewahrt, in Baracken mit Hunderten zusammenleben zu müssen, konnte ich ein Manuskript beginnen, über dem »Besinnung« stand. Gelegentlich konnte ich dafür sogar eine amerikanische Schreibmaschine bei der Lagerverwaltung benützen. Irgendwo steht: »Begonnen in Landerneau im September 1944, in dieser letzten Fassung diktiert Anfang Februar in Rennes« (wohin das Lager verlegt worden war). Ich zitiere aus den ersten Seiten:

»Die Patrioten erklärten 1914 dem Volk; ein Sprung aus 20 m Höhe sei gefahrlos. Sie wurden 25 Jahre später von den Nihilisten überboten, die einen Sprung aus 60 m Höhe als heilbringend empfahlen. Diesen Betrügern gegenüber zeigte sich das Volk von einer phänomenalen politischen Dummheit, es ermangelte der Voraussicht des Möglichen und des Wahrscheinlichen.

Die Nihilisten haben dadurch, daß sie die inneren Bindungen der Einzelnen an humane Maßstäbe und die organischen Ordnungen des Volkes auflösten, ungeheure, bis dahin in der Masse nur latent vorhandene Kräfte freigesetzt ...

1918 wiederholt sich nicht, darin hat Hitler recht.

1. Die Sieger sind nicht unvorbereitet auf den Frieden wie 1918. [1988 setze ich hinzu: wäre es doch so gewesen!]

2. Das 19. Jahrhundert, durch den Nihilismus bereits geistig ad absurdum geführt, ist jetzt auch in seinen formalen Resten bis auf den Grund zerstört. [Wieder könnte ich sagen: wäre es doch so gewesen!]

3. Die Sieger werden uns deutschen – und anderen – Patrioten keine Gelegenheit geben, wieder ihr Unwesen zu treiben. [1988: ach ja!]

Was immer sich aus diesen Voraussetzungen ergeben mag, eines glauben wir mit Sicherheit sagen zu können: unser Volk wird keine Gelegenheit mehr haben, sich den Folgen seiner Niederlage zu entziehen, es muß diesmal den schweren Weg des Leidens gehen.«

Derart rührte ich falsche Prognosen zur »Besinnung« zusammen. Vermutlich sind gegen Kriegsende und unmittelbar danach an hundert Schreibtischen ähnliche Elaborate entstanden – das meine war schon vergessen, als ich meine Frau vor einem Überlinger Milchladen in der Reihe stehen sah und unser Signal pfiff, die ersten Takte aus der *Frühlingssonate*, das sie aufhorchen ließ und dessen Wiederholung sie richtig deutete. »Kommst du aus Amerika?« waren ihre ersten Worte.

Im Januar 1946 heuerte mich die US-Information Control Division (ICD) in München als Berater an. Beim Neuaufbau der bayerischen Buch- und Zeitschriftenverlage konnte ich helfen. Der Schimmelpilz des Opportunismus einerseits, der nahezu vollständige Mangel an neuen interessanten Manuskripten (»die Schubladen waren leer«, hieß es) waren an der trübseligen Unverbindlichkeit der ersten Verlagsprogramme schuld. Als ein paar junge und auch nicht mehr ganz junge Leute mir am 21. März 1946 Plan und Entwurf einer Zeitschrift präsentierten, die sie zunächst *Die verlorene Generation* genannt hatten, woraus sich dann *Der Ruf* entwickelte, lag ich von diesem Augenblick an den Kontrolloffizieren in den Ohren, sie möchten diesem Projekt so schnell wie möglich die Starterlaubnis, »Lizenz« genannt, verschaffen. Hier wehte ein frischer Wind.

Am 15. August 1946 erschien unter der redaktionellen Leitung von Hans Werner Richter und Alfred Andersch in einem hierfür aus dem Nichts geschaffenen Verlag, den ich »Nymphenburger Verlagshandlung« getauft hatte, die erste Nummer des *Ruf*. In Nymphenburg, dort im ehemaligen Verlagshaus von Albert Langen – Georg Müller hatte ich mein Büro bei ICD. In dieser Nummer erschien von mir ein erster Beitrag. Er eröffnet diese Sammlung von journalistischen Arbeiten, wortgetreu, wenn auch notwendigerweise oft gekürzt, wie ich sie zwischen 1946 und 1989 geschrieben habe. Daß es sich nur um eine Auswahl handeln kann, versteht sich von selbst.

1946

IN UNSEREM EIGENEN SAFT. Einsichtige Feldwebel und Leutnante, uns zu Wächtern bestellt, ließen entgegen ihren Befehlen zuweilen Readers Digest, Harpers Magazine und ähnliche Schriften in unseren Zelten zurück. Sie waren für uns, nachdem wir als Gefangene aus dem Krieg und dem Herrschaftsbereich der Kriegsgerichte hinausgetreten waren, die ersten Vorposten der anderen Welt – der Welt schlechthin, denn eine eigene bewohnten wir längst nicht mehr.

Dort also, hinter Stacheldraht, begegneten wir zum erstenmal wieder der Welt, der Zeit, und erfuhren, wie die Erschütterung durch den Krieg in allen Ländern mit Ausnahme von Deutschland die Schöpferkraft der geistigen Eliten erneuert hatte. Wir begegneten Namen, die jedermann außer uns vertraut zu sein schienen, und wir beschlossen, die Werke, die diesen Namen Glanz gaben, uns anzueignen, wenn wir wieder zu Hause wären.

Wir sind es seit einem Jahr. Uns begrüßten Dichter und Denker, würdige Greise und edle Bürger, Idealisten und Moralisten mit der Geste des Dulders. In einer ihnen durchaus nicht künstlich erscheinenden Idylle angesiedelt, war keiner dieser Leute bereit, Forschungsreisen in die Wirklichkeit anzutreten.

Wir gedachten, sie unter sich zu lassen, sie erschreckten uns nicht, sondern waren uns lächerlich. Wir hofften, unseren Durst mit jenen Getränken stillen zu dürfen, von denen wir in der Probierstube Gefangenenlager genippt hatten. Doch dem war nicht so. Aus der unwahrscheinlichen Freiheit in den Stacheldrahtgehegen waren wir zurückgekehrt und fanden uns neuerdings abgeschlossen. Weltgeist und Weltmaß blieben den Dörflern unbekannt und vermochten also nicht, ihre Meinungen und Urteile zu verwirren.

Aber wen dürstet schon nach dem Geist? Nicht die Masse, die man offenbar durch ein Wunder, über das bis jetzt nichts Näheres bekannt geworden ist (aber wodurch sonst?), so verwandelt glaubt, daß man ihr unsere Zukunft zu wiederholtem Male anvertraut. Diese Masse dürstet es nicht nach Büchern von Aragon, Silone, Bromfield, Thurber, Myrdal, Koestler, Rauschning, Hemingway,

Saroyan und so fort ad infinitum. Wahrheit und Reinheit sind ihr verhaßt.

Wir erinnern uns bei dieser Gelegenheit eines Ausspruches von Churchill. Er hat von einem Volk, das sich auf gute Küche versteht, gesagt, man möge es in seinem eigenen Saft schmoren lassen. Wenn die Köche einmal den Deckel von dem Topf heben wollten, in dem das Gericht Deutschland in seinem eigenen Saft schmort, so würden sie bemerken, daß dieser Saft längst verkocht ist. Weit davon entfernt, gar zu werden, verhärtet sich das Gericht unter dem Einfluß der Hitze, brennt schließlich an und stinkt. Eines Tages werden die Nachbarn im flat-house Europa die Feuerwehr alarmieren, weil es dermaßen aus dem Topf qualmt, daß sie glauben, es brenne im Hause.

Aber seid ohne Sorge, Völker des Westens! Die innere Revolution unseres Volkes vollzieht sich in der unauffälligen Form der Denunziation. Nur die Intelligenz, nur die von der Geschichte Belehrbaren machen kurz vor ihrer durch Unterernährung hervorgerufenen Agonie harmlose troubles.

In unserem eigenen Saft blieb mein einziger *Ruf*-Beitrag in den Monaten, in denen Andersch und Richter das Blatt zu Ansehen brachten. Ich saß am Schreibtisch bei ICD (US-Information Control Division), wurde von angesehenen Verlegern aufgesucht, die sich gebärdeten, als hätten sie einen Amerikaner vor sich. Aus dem Jahr 1946 ist hier nur noch die Aufzeichnung über ein Gespräch mit unserem evangelischen Ortspfarrer erwähnenswert, festgehalten in einem Brief, den ich später für eine Glosse im *Ruf* verwendete:

DER SEDANSTAG. Unser neuer Pfarrer, der erst kürzlich das Amt übernommen hat, hatte sich all die Jahre der Diktatur brav gehalten und nicht für den Führer gebetet. Als er mich kürzlich besuchte, geriet das Gespräch rasch in jene breit ausgefahrenen Bahnen, in denen sich derzeit so viele deutsche Gespräche bewegen, die Situation beklagend, niemandem zum Nutzen und zur Kräftigung. Der Herr Pfarrer lamentierte über die Verbrecher von gestern. »Wohin haben sie uns gebracht!« rief er aus, »wie elend sind wir dran, ein gedemütigtes, geschlagenes Volk. Ach, Sie sind zu jung, Sie wissen nicht mehr, wie es früher gewesen ist, Sie können sich nicht vorstellen, was uns der Sedanstag bedeutete!«

Im April 1947 entstand im *Ruf* dadurch eine Redaktionskrise, daß Richter und Andersch wegen nationalistischer Tendenzen (nach anderer Lesart: wegen Nihilismus. Außerdem hält sich beharrlich die Legende, den Amerikanern sei das Blatt zu »sozialistisch« gewesen) die Erlaubnis, das Blatt zu führen, entzogen wurde. Der Verlag trug mir an, den *Ruf* verantwortlich zu übernehmen. Von einem Tag auf den andern schied ich bei ICD aus, von »meinen« Amerikanern mit guten Wünschen entlassen. Ich war 36 Jahre alt, als ich dank eines Zusammenwirkens von Zufällen, beginnend mit der durchaus zufälligen Anstellung bei ICD, den Fuß auf die erste Sprosse der Leiter setzte, auf der ich dann nach und nach hinaufgeklettert bin. Bei Licht betrachtet, habe ich als Journalist einfach fortgesetzt, womit ich mich durch den Krieg gebracht hatte, ohne dem Terrorregime zum Opfer zu fallen: kritisch festzuhalten, wessen ich von Tag zu Tag Zeuge wurde.

1947

Wenn man schon kein politischer Täter, sondern ein Merker ist, gibt es vermutlich keine bessere Methode, den Machtausübungen nicht auf ihren Leim zu gehen, als ihnen aus jener Nähe, die das Schreiben erzwingt, auf die Finger zu sehen. Was mich angeht, so hielten mich zwei Motive bei dieser Stange: eine jeder Verlockung widerstehende Gesinnung und die Lust am Schreiben als dem Medium, durch das mein Denken erst Inhalt und Form gewinnt.

Ich konnte im April 1947 nicht wie Lord Byron sagen: eines Morgens erwachte ich und fand mich berühmt, aber immerhin sollte ich buchstäblich von einem Tag auf den andern eine Zeitschrift leiten, die viel beachtet wurde. Mit Andersch und Richter hatten sich einige der bisherigen Redakteure und Schreiber (aus Kameraderie) davongemacht. Meine erste Redaktionssitzung, in der in Windeseile Nr. 16 vorbereitet werden mußte, damit keine Unterbrechung in der vierzehntägigen Erscheinungsweise entstand, war dünn besetzt. Sie reicherte sich erst im Verlauf von einigen Wochen wieder an. Schreiblust nicht allein, politischer Impetus nicht allein, zuweilen auch die schlichte Notwendigkeit, die Seiten zu füllen, wurden Anlaß, daß ich unter eky, EK, DR (= Der *Ruf*), Georg Neufforge, Wendulin und anderen Pseudonymen schrieb und schrieb und schrieb. Hatte ich nun einen Beruf, mußte meine Mutter ihre Lieblingsvorstellung, der Sohn würde Musiker, endgültig begraben? Es schien so zu sein, und so war es ja auch.

Die sozialistischen Wolkenkuckucksheime der Gründer verschwanden aus »meinem« *Ruf*, die kritische Auseinandersetzung mit der Besatzungsmacht gewann an Schärfe und Direktheit. Das erste Beispiel dafür war der folgende Beitrag.

DER GUTE TON IM ELEND. Im Ruhrgebiet wurde gestreikt. Sogleich sind zwei Ansichten über diesen Streik laut geworden. Einige Beobachter behaupteten, es habe sich um eine impulsive und spontane Regung der Arbeitermassen gehandelt, die so stark war, daß Bemühungen von oben, den Streik zu verhindern, erfolglos blieben. In diesem Falle hätten wir es mit der ersten größeren, echten Kundgebung des »Volkswillens« seit 14 Jahren zu tun. Andere neigen zu der Auffassung, es habe sich, mit dem Blick auf Moskau, um bestellte Arbeit gehandelt. Wenn es so war, hätten wir es mit einem Beispiel für unerhörte Disziplin zu tun, die übrigens auch dann, und gerade dann – bewundernswert bleibt. Es ist zu keinen Ausschreitungen gekommen – den Tatendrang von ein paar jungen Rowdys, dem einige Fensterscheiben zum Opfer fielen, braucht man nicht ernst zu nehmen.

Desungeachtet haben sich Stimmen erhoben, die den Arbeitern das Unvernünftige ihres Tuns vorgehalten haben. Und nicht genug damit, die unfolgsamen Schüler der Demokratie wurden auch bestraft. Die Streikenden verloren vorübergehend den auf Leistung beruhenden Anspruch auf gewisse Vergünstigungen, die ihnen selbstverständlich noch nicht im entferntesten eine normale Versorgung erlauben.

Die Erwartung, daß sich einige siebzig Millionen zusammengepferchter, bis vor kurzem frierender, hungernder und verelendeter Menschen vernünftig, artig und gesittet benehmen, wurde gelegentlich dieses Streiks nicht zum ersten Male ausgesprochen; sie ist in und außerhalb Deutschlands allgemein verbreitet und wurde bisher nicht enttäuscht. Aber es fragt sich, ob dieses gute Benehmen im Elend denjenigen wirklich als ein so erfreuliches Phänomen erscheinen darf, die sich um die politische Zukunft dieses Volkes bemühen. Soll diese Zukunft nicht Demokratie heißen?

So bequem es ist, es mit Leuten zu tun zu haben, die in scheinbarer Wohlanständigkeit verelenden, so beängstigend erscheint uns diese Haltung, wenn wir uns klarmachen, daß sie nichts anderes bedeutet als die absolute Teilnahmslosigkeit am eigenen Schicksal. Was hier fortwirkt, ist die Despotie Hitlers, unter der sich das Volk nur allzu willig daran gewöhnt hat, daß es auch dann nicht mitzureden hat, wenn es um Sein oder Nichtsein geht. Wir haben es nach wie vor mit einem riesigen Volkskörper zu tun, in dem es keine öffentliche Meinung gibt. Was sich bei uns als solche zu bezeichnen pflegt, sind die für die Gemeinschaft unverbindlichen Äußerungen einiger weniger, deren Beruf es ist, eine Meinung zu haben. Sie täuschen den aufmerksamen Beobachter nicht über das beängstigende Schweigen der Millionen hinweg. Das Volk hat den Instinkt dafür verloren, was seine Lage von ihm fordert: nämlich nicht die Wahl von Parteimännerchen, sondern spontane, tief im Menschlichen wurzelnde Kundgebungen der Verzweiflung. Wir würden für die Sache Deutschlands hoffnungsvoller sehen, wenn das Volk sich weniger gut benehmen würde.

So waren und sind bereits in den Kriegsgefangenenlagern jene Leute als troublemakers unbeliebt, die einen klaren Begriff von der Gesamtsituation einerseits und vom Wesen der Demokratie andererseits haben und die Schicksalswende benützen wollen, neue Ideen zu verbreiten, wobei es gewiß ohne die ernsthaftesten Auseinandersetzungen im Lager nicht abgehen würde. Statt dessen war es bequemer, die Kaserne und die Oberfeldwebel hinter Stacheldraht fröhliche Urständ feiern zu lassen, sie garantierten Ruhe und Ordnung.

Der Politiker wird die Lage anders einschätzen. Ihm müssen Ruhe und Ordnung der Deutschen innerhalb der totalen Unordnung höchst unbehagliche Empfindungen verursachen.

Nur sehr naive Opportunisten werden behaupten, daß die allzu früh und rasch hochgezogene demokratische Kulisse etwas mit der wirklichen Stimmung und den wirklichen Bedürfnissen des Volkes zu tun hat. Diesen nachzuspüren, gehört zu unserer Aufgabe. Zunächst möge das Fragezeichen stehen bleiben und nur der gefährliche Zustand erkannt werden.

Wir sind für die Vorteile der fast unbegreiflichen deutschen Disziplin nicht blind, auf die die ganze Welt mit Staunen und Unbehagen blickt. Wir würden sie freudiger begrüßen, wenn sie nicht mit der absoluten deutschen Gleichgültigkeit übereinstimmen würde.

Jedoch, so ist es. Deshalb zeugt es nicht eben von besonderem politischen Fingerspitzengefühl, von diesem Volk auch noch ex cathedra Vernunft zu verlangen, Vernunft unter allen Umständen. Niemand – auch sie selbst nicht – zweifelt daran, daß die Ruhrarbeiterschaft nur ihrem eigenen Hungertod entgegenstreiken kann und daß es ganz und gar unvernünftig ist zu streiken. Aber es ist auch nicht vernünftig zu hungern, zu frieren, kein Dach über dem Kopf zu haben, keinen heilen Anzug am Leib, keinen heilen Schuh am Fuß. Alles dies ist die Folge unserer exemplarischen Unvernunft. Wo Vernunft herrscht, ist wenigstens jedermann satt, und umgekehrt: Vernunft ist ein Vorrecht der Satten. Die Vernunft der Hungernden ist Lüge.

In unseren radikalen Zuständen kann Wohlanständigkeit nur ein ernstes Anzeichen dafür sein, daß etwas faul ist im Nichtstaat Deutschland!

Der ironisch verwendete Begriff »Parteimännerchen« läßt erkennen, daß ich von den im April 1947 in allen vier Zonen zugelassenen Parteien nicht viel hielt, obwohl doch die Parteien, die sich heute gebärden, als seien sie der Staat selbst, die Voraussetzung demokratischer Machtdelegation sind. Es waren aber die zugelassenen Parteien, zu denen noch die KPD gehörte, bereits auf dem Weg zu einem gesellschaftspolitischen *Wieder*aufbau, orientiert an der Weimarer Republik, nicht zu einem Neubau mit sozialistischen Tendenzen. Vierzig Jahre später überblicken wir den pseudodemokratischen Mechanismus, der im Zusammenwirken mit der amerikanischen Besatzungsmacht den Weststaat, den »Adenauer-Staat«, hervorgebracht hat.

Die junge Generation, an die sich der *Ruf* wendete und die ihm vertraute, weil seine Schreiber und Redakteure ersichtlich nicht im Bannkreis des General Clay ihre Schreibtische aufgestellt hatten, beobachtete, soweit sie überhaupt politisch interessiert war, diese Entwicklung mit steigendem Mißtrauen. Die mündlichen und schriftlichen Appelle an den *Ruf*, aus seinen Anhängern eine politische Partei zu formieren, mehrten sich Ende 1947. Ihnen wurde Antwort. Ich verwendete in dem Artikel *Im Interregnum* unreflektiert den Ausdruck »Wiederaufbau« statt »Neubau« und war mir ersichtlich über die programmatische Bedeutung dieses »Wieder ...« nicht klar.

IM INTERREGNUM. Aufgerufen, gegen die Opportunisten, Raffer und politischen Leichenfledderer Front zu machen, würde sich der beste Teil der Jugend im Augenblick finden. Es bedürfte nur eines Stichwortes, um den Zusammenschluß einzuleiten. Zu welchem Ziel aber und zu welchem Nutzen? Gibt es in Deutschland heute genügend fähige und unbestechliche Menschen, gibt es sichere Voraussetzungen politischer und geistiger Art, auf denen die Pläne für den Wiederaufbau fußen müssen? Diese Fragen stellen heißt sie verneinen. Der Idealismus in bezug auf das eigene Volk dürfte vorbei sein. Not und Verzweiflung sind seit Kriegsbeginn in fast allen europäischen Völkern eingekehrt, aber keines von ihnen hat in der Stunde der Prüfung so beispiellos versagt, wie das unsrige. Wir haben in russischen Bauernkaten gewohnt, in denen die Frauen und Kinder, seit Jahren ohne Nachricht von Mann und Vater, in quälendster Not dahinvegetierten und jede Stunde gewärtig sein mußten, vertrieben zu werden; wir haben Frankreich in seiner Not erlebt, jene Tage etwa, als die Bevölkerung aus Brest hinausgejagt wurde und in der Augustsonne über die Landstraßen zog, gewiß, ihre Heimstätten nicht heil wiederzusehen, und wir haben bei französischen Familien gewohnt, die seit Monaten kein Stück Brot mehr auf dem Tisch hatten – aber wir haben nichts anderes beobachtet als stille Würde, grenzenlose Hilfsbereitschaft untereinander und die Fähigkeit zur Freude auch noch im bittersten Elend.

Jedermann weiß, wie es in dieser Beziehung bei uns bestellt ist und wie nicht nur der kleine Mann begierig ist, seinen Nachbarn zu schädigen, wo er nur kann, sondern wie die sogenannten Führer unseres Volkes vom Parteibüro oder vom Regierungssitz her sich nicht genug tun können, zu verleumden, anzuschwärzen, zu denunzieren und den Versuch zur positiven Leistung zu ersticken.

Es heißt abzuwarten, bis diese Nachkriegsphase vorbei ist und die Tendenz zur Wahrheit, zur Leistung und zur Nächstenliebe wieder die Oberhand gewinnt. Die Verhältnisse, sie sind nicht so, daß es bereits möglich wäre mit der Absicht, eine Wandlung zu erreichen, Ordnungszellen zu organisieren; denn diejenigen, die sich zu solchen Zellen zusammenschlössen, müßten sich alsbald um der notwendigen Macht willen bestehender Einrichtungen bedienen, und das bedeutet: mit Menschen verbünden, die nur darauf warten, sich ihrerseits Vorteile zu verschaffen.

Zum anderen bedarf es, um bauen zu können, eines Planes. Die ebenso oft behauptete wie abgeleugnete politische Gleichgültigkeit der Jugend, die wir für ein Faktum halten, sollte nicht als ein Zeichen der Müdigkeit, sondern eines richtigen Instinktes angesehen werden, daß uns die Voraussetzungen zu einem Plan politisch und geistig noch fehlen. Hinter dieser Gleichgültigkeit verbirgt sich ein überaus wacher und empfindlicher Wirklichkeitssinn. Diese Jugend spart sich auf bis zu dem Tage, an dem sich die Welt dafür entscheidet, ob sie ihre moralischen und geistigen Kräfte aufwenden will, um die Spannung zwischen Ost und West latent zu halten und allmählich auszugleichen, oder ob sie ihre Zukunft in einem neuen Krieg aufs Spiel setzen will. Wir sehen hier eine Alternative. Wir glauben nicht daran, daß die Erhaltung des Friedens während der nächsten Jahre nur einen kurzfristigen Aufschub des Krieges bedeutet. »Aber die Auseinandersetzung muß ja kommen ...«, so pflegen politische Gespräche heute zu enden, und die Optimisten unterscheiden sich von den Pessimisten nur darin, daß sie den Ausbruch des Krieges nicht morgen, sondern erst in fünf oder zehn Jahren erwarten. Auch diese Überzeugung von der Notwendigkeit der »Auseinandersetzung« ist für uns nur eines des Symptome politischer Hysterie. Amerika und Rußland werden noch lange damit beschäftigt sein, die Ergebnisse dieses Krieges geistig, politisch und wirtschaftlich zu verarbeiten, und es läßt sich nicht voraussagen, wo die beiden Großmächte stehen, wenn dieser Prozeß abgeschlossen ist. Auch der Frieden ist möglich, jedenfalls für einen Zeitraum, in dem Menschen planen und konstruktiv handeln können.

Noch ist nicht entschieden, welche der drei gegebenen Möglichkeiten das Gesicht Europas in der zweiten Hälfte dieses Jahrhunderts bestimmen wird: Die Konsolidierung des jetzigen Zustandes, in dem Deutschland zwischen Ost und West aufgeteilt ist; die Vorherrschaft des Westens in Europa; die Vorherrschaft des Ostens in Europa. Aber welche Entscheidung auch fallen wird, einschließlich der zuletzt genannten, sie wird der Jugend besser gefallen als die Epoche der totalen Heuchelei, in der wir uns befinden. Europa wird keine fähigere, glänzendere Aufbau-Mannschaft besitzen als die deutsche Jugend unter der Voraussetzung, daß man sie wieder in eine realpolitische Konzeption einfügt.

Die Vorstellung, nichts sei entschieden, nichts solle einer Entscheidung im Eiltempo zugeführt werden, fand in mehreren *Ruf*-Artikeln Ausdruck. Im November 1947 begann die Deutschland-Konferenz der Vier Mächte in London. Sie wurde mir Anlaß für einen Leitartikel unter dem Titel *So oder so*, den ich mit dem Pseudonym Georg Neufforge zeichnete:

SO ODER SO. Noch haben wir es schaudernd im Ohr, das hitlersche »so oder so«; eben sind wir darüber belehrt worden, daß nur die Phantasie eines Phantasten das erste »so« für möglich hielt, während das zweite »so«, die Katastrophe, mit der diese Formel von vorneherein spielte, eingetreten ist. Aber schon wieder wünschen wir, daß endlich »so oder so« entschieden werde, damit das mühsame, aufreibende *so und so* aufhöre.

Die Schwachen und die Dummköpfe sehnen sich nach Entscheidungen, weil sie nicht die Kraft haben, in labilen Zuständen zu leben, und weil sie so kurzsichtig sind, daß sie glauben, es gäbe echte Entscheidungen, hinter denen das Paradies in Gestalt eines Zustandes liege, in dem man seines Geldes sicher ist, nach gemächlicher Arbeit von Renten leben kann und von der verdammten Politik in Ruhe gelassen wird. Keine Erfahrung belehrt sie eines schlechteren: daß hinter der Entscheidung ein noch vollständigeres Chaos und noch drückenderes Elend ihrer wartet.

In diesem Augenblick, in dem wir diese Bemerkungen niederschreiben, besteht noch eine vage Möglichkeit, daß das erste »so«, die Verständigung, der Sieg der Vernunft, in London erreicht werden. Der Anfang, heißt es, sei ermutigend. Aber noch sind die Verhandlungen weit von dem Punkt entfernt, an dem sich zeigen muß, ob Rußland eine 180-Grad-Schwenkung seiner Politik vornehmen wird, ohne die ein Kompromiß von vorneherein unmöglich ist. Wir sind zur Skepsis berechtigt.

Zur Skepsis? Wieso? Dann kommt es eben zu dem anderen »so«! Zu welchem – zum Krieg? Aber nein, zur Teilung der Welt! Zur Teilung Deutschlands. Es ist doch alles ganz einfach. Eine hermetische Schließung der Zonengrenzen gegenüber dem russisch besetzten Teil Deutschlands. Dazu braucht man eine neue Polizei? Gewiß, eine deutsche Polizei, mindestens 50000 Mann, die Uniformen liegen schon bereit. Berlin? –, das bleibt ein VB, nein, nicht ein Völkischer, sondern ein Vorgeschobener Beobachter der Westmächte, durch ein paar internationale Züge mit dem Weststaat verbunden; Frankfurt wird Hauptstadt, sie bauen dort schon seit Monaten. Die Demontage wird sofort eingestellt, die französische Zone wirtschaftlich eingegliedert, natürlich, die Franzosen spielen mit, der Preis, die Saar, ist ja schon bezahlt; spätestens im April – was, Sie kennen das Datum nicht?, am 10. April nachts 24 Uhr, kommt die Währungsreform; bis dahin sind die Rohstoffkredite laut Marshall-Plan längst genehmigt, Bremerhaven kommt nicht nach, die amerikanischen Schiffe auszuladen, die Produktion beginnt; der Schwarze Markt, bereits durch die Währungsreform schwer getroffen, bricht völlig zusammen. Die Klaviere in der Scheune, die hundertfach überzahlten Brillanten bleiben ihren ruinierten Besitzern als Zeugen einer Psychose …

Was aus den 20 Millionen Deutschen »drüben« wird? Und Sie meinen, das gehe so überhaupt nicht, die amerikanische Europa-Hilfe, als Marshall-Plan abgestempelt, werde ausbleiben, weil die Amerikaner keine Lust haben, ad infinitum Geld nach Europa zu pumpen; aber eine Gesundung Europas ohne den Osten, ohne Polen, ohne die Tschechoslowakei, ohne den Balkan unmöglich sei? Aber erlauben Sie, das ist doch Unsinn, der Marshall-Plan ist doch eine Art Antikomintern-Konzeption, Amerikas Grenze an der Elbe …! Das stimme nicht?

Nein, das stimmt durchaus nicht.

Polen und die Tschechoslowakei wissen auch genau, daß sie nur durch einen wirtschaftlichen Anschluß an Westeuropa gedeihen können. Sie wären gerne in Paris dabei gewesen. Ihr Herr und Meister hat es ihnen verboten.

Wenn Sie amerikanische Zeitungen lesen, so erfahren Sie, wie die amerikanischen Wirtschaftler mit ungewöhnlichem Nachdruck darauf bestehen, daß alle Möglichkeiten Amerikas zugunsten eines ungeteilten Europas in die Waagschale geworfen werden. Die Amerikaner sind gute Rechner. Sie finden sich in einer Zwangslage wahrscheinlich vorübergehend zu einer Hilfe à fonds perdu bereit – aber nicht auf die Dauer. Sie werden also auch nach einem London ohne positives Ergebnis nicht von der Idee abgehen, die den Vereinten Nationen zugrunde liegt.

Man wird also weiter verhandeln, weiter mit hü und hott den politischen Karren durchs weglose Gelände fahren. Wir täten gut, unsererseits in jedem Augenblick spüren zu lassen, daß wir uns des Provisoriums bewußt sind und uns seiner nicht freuen. Ich erinnere mich eines Landsers, der wurde ins Militärgefängnis eingeliefert und gefragt, wie groß seine Strafe sei. »Ein Vierteljahr«, antwortete er. »Mensch«, sagte ein anderer, dem man vier Jahre aufgehängt hatte, »da brauchst du gar nicht hereinzukommen, das kannst du auf der Treppe abmachen.« Wir sollten es auch auf der Treppe abmachen und unsern Kram gar nicht auspacken – insbesondere nicht jenes neueste Requisit aus unserer National-Rumpelkammer: die Weststaat-Ideologie.

KRITIK ODER KAMPF? Wer möchte angesichts unserer innenpolitischen Entwicklung noch daran zweifeln, daß auch dieser Krieg keine Lösungen gezeitigt hat? Der große revolutionäre Prozeß, von dem unser Jahrhundert erfüllt ist, wurde durch den Krieg gefördert, aber nicht abgeschlossen. Deutschland, das auf Grund seiner Erfahrungen den besten Startplatz in die Zukunft besaß, hat diese Chance nicht wahrgenommen. Kein Zweifel, daß es daran gehindert wurde, kein Zweifel aber auch, daß keine echte Bereitschaft vorhanden war, von diesem Startplatz Gebrauch zu machen. Was wir aus immer neuen Symptomen mit Sicherheit ablesen können, ist die fortschreitende Restauration des Bürgertums.

Ob es ihr möglich sein wird, sich gegen die Majorität der Teilnahmslosen, der Nicht-Ergriffenen durchzusetzen, die eine historische Katastrophe von solchem Ausmaß für einen Konkurs ansehen, aus dem es die Reste zu retten gilt, und jeder echten Evolution sich entgegenstellen? Es muß gelingen. Aber schon jetzt ist abzusehen, daß diese vorläufige Minderheit, die keinen sozial bestimmbaren Standort hat und auch nicht nur in einer Generation, etwa der der »Heimkehrer« zu finden ist, sondern im ganzen Volk dünn verstreut zu wirken versucht, aus kaum erreichten Positionen verdrängt wird, von denen aus sie mit dem Anspruch auf Beachtung sprechen konnte.

Es zeugt angesichts der sich anbahnenden Entwicklung von enormer politischer Blindheit, daß die bestellten Konkursverwalter nicht sehen, auf wie schwachen Füßen ihre sogenannte Macht ruht. Wissen die deutschen Parteien und die von ihnen getragenen Länderregierungen denn nicht, daß sich in ihnen nur die Ratlosigkeit eines mißbrauchten, moralisch ruinierten Volkes widerspiegelt?

Es ist höchste Zeit, daß sich in Deutschland eine echte Opposition fern der Parteiengruppierung sammelt, die einerseits getragen wird von einem kompromißlos unbürgerlichen Lebensgefühl, von ihrem Sinn für die neuen Formen des politischen Lebens in Europa – statt von nichtssagenden ideologisch verschwommenen Parteiprogrammen –, andererseits von der nüchternen Kritik des gesunden Menschenverstandes an gehäuften, unerhörten Mißständen. Sie darf keinen Zweifel darüber lassen, daß sie weder zu den Verfassern noch zu den Mitspielern einer politischen Komödie gerechnet werden will, in der die Demokratie lächerlich gemacht wird.

Der Kardinalschwindel, niemals habe es eine nationalsozialistische 95 %-Mehrheit gegeben, das Trugbild, die Nazis seien über Nacht verschwunden, so daß ihnen ebenso mühsam wie letztes Endes erfolglos in Spruchkammerverfahren nachgespürt werden mußte, für kurze Zeit auf Befehl der Besatzungsmächte, hielt auch der *Ruf* für ein beängstigendes Symptom. Wir wollten es nicht nur registrieren, wir wollten, daß sich die Nazis zu Wort meldeten so daß mit ihnen die Auseinandersetzung Auge in Auge hätte aufgenommen werden können.

WIR WOLLEN SIE HÖREN! Wir wollen sie hören, weil wir unsere künftige politische Gestalt erarbeiten müssen und sie uns nicht aufgesetzt werden kann wie der Deckel dem Topf.

26

Wir wollen sie hören, weil die politische Erziehung des deutschen Volkes nur von Deutschen geleistet werden kann.

Wir müssen sie hören, weil wir die Diskussion in diejenigen Kreise hineintragen wollen, die vor allem der »Erziehung« bedürfen.

Sie sollen sprechen, damit wir wissen, welche Konsequenzen sie aus der deutschen Katastrophe, die ihre Katastrophe ist, ziehen.

Sie sollen sprechen, damit die Konservierung des Nationalsozialismus endlich aufhört und wir anfangen können, den Riß zu heilen, der mitten durch das Volk geht.

Wir halten den Zeitpunkt für gekommen, wo in gewissen Fällen von der bürokratischen Norm abgewichen werden sollte, weil Vertrauen an Stelle des Fragebogens getreten ist.

In Deutschland sind Enklaven des Nationalsozialismus geschaffen worden. Künstlich produzierte Gemeinschaften, die vom natürlichen Strom des Volkslebens abgetrennt werden, sind aber die Entstehungsherde für Geisteskrankheiten, weil sie sich ohne echte Auseinandersetzung mit den die Wirklichkeit gestaltenden Kräften entwickeln. Lager, welchem Zweck sie auch dienen, sind die Begräbnisstätten der Vernunft. Die hinter Stacheldrähten eingeweckten, jeder Beeinflussung von außen entzogenen Nationalsozialisten können keine Demokraten werden, auch wenn sie wollten.

Die Enklaven beschränken sich jedoch nicht auf jene Gebiete, die buchstäblich von Stacheldraht umzogen sind. Sie sind überall dort zu finden, wo der Zusammenprall der Meinungen unterbunden wird, wo man glaubt, politisch desinfizierte Räume schaffen zu können.

Es wäre notwendig, demgegenüber Enklaven der Demokratie zuzulassen, in denen Ausnahmebestimmungen gelten. Der von der jungen Generation ausgehende Ruf muß ohne sein wichtigstes Echo bleiben, wenn wir die Auseinandersetzung nicht mit unseren verbohrtesten Widersachern führen dürfen. Wird uns die Frage nach dem Fragebogen nicht erlassen, werden wir nicht in die Lage versetzt, von jenen Stößen von Briefen und Beiträgen Gebrauch zu machen, in denen sich die andere Seite endlich, endlich zum Worte meldet, angerührt von dem Ton der Wahrheit, den sie in unserem Blatt findet, dann werden wir eines Tages in unserem Ungestüm von der Frage gelähmt werden, wofür wir uns eigentlich ins Zeug legen.

Diesen Aufruf zu drucken, war 1947 riskant: Nazistische Erklärungen standen unter Strafandrohung. Wie riskant, sollte sich zeigen, als unter den Reaktionen der sogenannte »Zimmermann-Brief« auftauchte, den ich unter der Überschrift *Ohne Kommentar* abdruckte, im Vorspann die Erwartung ausdrückend, die Redaktion hoffe auf Kommentare aus dem Leserkreis. Zimmermann – vermutlich ein Deckname – hatte sich in diesem Brief den Anschein gegeben, er wolle sich damit um eine Stellung bewerben.

OHNE KOMMENTAR. »Abgesehen davon, was Sie mir bieten können, möchte ich mir – unbeschadet späterer berufstechnischer Einzelabmachungen – erlauben, eine Grundbedingung an die Aufnahme jeglicher Tätigkeit in der US-Zone zu knüpfen, eine Bedingung, die mir um so notwendiger erscheint, als das jüngste Kontrollratsgesetz vom 1. April das Sattessen in Deutschland, das praktisch ohne bescheidene Rückgriffe auf den Schwarzen Markt gar nicht mehr denkbar ist, unter schwere Zuchthausstrafen stellt. Diese Bedingung lautet: Gewährleistung eines Ernährungsminimums von 1 550 Kalorien täglich statt der zur Zeit in der US-Zone tatsächlich gebotenen Durchschnittsunterernährung von 800–900 Kalorien. Sie werden begreifen, daß geistige Arbeit von einigem Belang ohne entsprechende Ernährung nicht geleistet werden kann. Wer nicht ißt, soll auch nicht arbeiten.

Gestatten Sie mir, einige private Bemerkungen an das Vorstehende anzufügen. Mir ist das mangelhafte Ernährungsniveau unverständlich aus mehreren Gründen. Es ist während etlicher Kriegsjahre trotz U-Boot-Blockade, Minen- und Fliegergefahr möglich gewesen, Millionenheere nicht nur mit Millionen Tonnen Bomben, sondern auch mit Nahrungsmitteln ausreichend zu versehen, obschon erfahrungsgemäß für jeden Überseesoldaten mindestens das Dreifache an Nahrungsmitteln bereitgestellt werden muß wie für eine friedliche Zivilernährung.

Es hat zweitens im vergangenen Jahre drüben derartige Rekordernten in Getreide und Kartoffeln gegeben, daß man heute schon wieder an die ominöse Vernichtung großer Nahrungsmittelbestände denkt, um »den Markt nicht zu erschüttern«.

Drittens haben die Halbzeug-, Fertig- und Spezialindustrien der angelsächsischen Länder durch die Übernahme der deutschen Patente und die erzwungene Lahmlegung der deutschen Exportindustrie so namhafte geschäftliche Vorteile, daß die Anlieferung ausreichender Ernährung für das so zum Feiern gezwungene deutsche Volk weiter nichts darstellen würde als die Zahlung einer bescheidenen Versicherungsprämie für den Fortbestand dieser so günstigen, auch die deutschen Friedensindustrien lahmlegenden Konjunktur.

Ich bin heute so weit und habe meinen jüdischen Verwandten in Amerika gegenüber daraus auch keinen Hehl gemacht, daß ich es fast bedaure, im Mai 1943 von der mir als Halbjuden gebotenen Gelegenheit, mich in Auschwitz vergasen zu lassen, keinen Gebrauch gemacht und mich vielmehr dieser, gemessen am langsamen Aushungerungstode sehr humanen, weil schnelleren Todesart durch eine abenteuerliche Flucht entzogen zu haben. Ich bin überzeugt, wenn heute Sonderzüge zu den Krematorien von Auschwitz gefahren würden, dann würden Millionen verzweifelnder Deutscher von dieser Möglichkeit Gebrauch machen, um so einer zunehmenden Verelendung auszuweichen.

Sie fordern von mir den ausgefüllten US-Fragebogen an, der mit seinen 132 Fragen doch nur Auskunft gibt über meine Einstellung zu den Idealen von Freiheit und Menschlichkeit bis zum Jahre 1945. Ich bin wahrheitsliebend genug, Ihnen und – wenn Sie es für angebracht halten – auch den Prüfungsbehörden nicht die Entwicklung vorzuenthalten, die meine Einstellung unter den obwaltenden Verhältnissen zwangsläufig nehmen mußte.

Ihr sehr ergebener K. L. Zimmermann, Alsbach (Hessen)«

Die Reaktion auf diesen Brief war überwältigend, »Leserbriefe« füllten wirklich Körbe, aber keine Papierkörbe. Ich schlug mich mit den Lizenzträgern herum, um eine Nummer herausbringen zu können, in der die Außenspalten aller Seiten mit einer repräsentativen Auswahl aus diesen Zuschriften gefüllt werden sollten in Konsequenz unseres Aufrufes »Wir wollen sie hören!«. Den Verlegern fehlte es dafür an Mut. Insgesamt wurden in den folgenden Ausgaben nur etwa zehn Antwortbriefe abgedruckt. Darunter dieser: »Diese Zeilen bekunden vielmehr die Denkungsart eines großen Teiles unseres Volkes. Sie bringen gegenüber den im

allgemeinen optimistischen Äußerungen von Ministern und Verwaltungs-
beamten die Realität in klarster Weise zum Ausdruck ... Die Angaben des
Herrn Zimmermann beruhen doch auf Tatsachen ...«
Ich antwortete in der gleichen Ausgabe:

»DER EXTRAZUG NACH AUSCHWITZ. Was gibt Ihnen eigentlich
das Recht, so pathetischen Unsinn zu reden? ... Was haben Sie erwartet? Daß wir herzlich belohnt werden für die Ereignisse von
1933 bis 1945 ? Daß die ganze Welt begierig danach ist, uns aus dem
Elend zu helfen?
Es wird notwendig sein, daß uns geholfen werde ... Die Vernunft
gebietet sogar, daß es unverzüglich geschieht. Auch die Menschlichkeit verlangt es. Aber wenn wir unsere eigene Haltung davon abhängig machen, was andere tun, dann sind wir doch eigentlich recht
traurige Burschen. Sie wollen 1550 Kalorien garantiert haben, damit
Sie arbeiten? Sie scheinen also die Möglichkeit zu haben, nicht zu
arbeiten ... Sozial und moralisch betrachtet, rangieren Sie durch solche Forderungen weit unter jedem Schwarzhändler, der für seine
bessere Versorgung wenigstens Kopf und Kragen riskiert ... Wenn
»geistige Arbeit von einigem Belang« gewiß nicht mit 800–900
Kalorien geleistet werden kann, so wird sie ebenso gewiß nicht mit
3500 Kalorien geleistet werden, wenn dahinter die Gesinnung steht,
die Sie in Ihrem Brief zum Ausdruck bringen.«

In einer der folgenden Ausgaben des *Ruf* kam ich noch einmal auf den
»Zimmermann-Brief« zurück:

SCHULUNGSBRIEFE FÜR DEMOKRATEN. Uns eines naheliegenden
Vergleiches bedienend, wollen wir die vermutlichen hunderttausend
Leser unseres Blattes als eine chemische Lösung ansehen, in die wir
mit unserer Ausgabe vom 15. Mai den Brief eines K. L. Zimmermann aus Alsbach in Hessen als Wollfaden hängen, wie man es tut,
damit die Lösung daran Kristalle bilde.
Nach unserer Meinung vereinigte der Brief eine Reihe von Eigenschaften, die ihn als »Wollfaden« besonders geeignet erscheinen ließen: 1. Er ist (subjektiv) ehrlich, 2. er gibt einer Gemütsverfassung
Ausdruck, in der sich viele Deutsche befinden – er ist also auch als

politisches Symptom wahr, 3. er versucht die Sieger für die deutsche Not verantwortlich zu machen, nicht »unter anderem«, sondern »vor allem« –, auch das tun 1947 viele Deutsche, 4. die Argumente, mit denen Zimmermann versucht, den Alliierten die Schuld an unseren Verhältnissen zuzuschieben, sind so dürftig und auf den Effekt berechnet, daß anzunehmen war, jeder leidlich intelligente Leser werde veranlaßt, über ihre Richtigkeit nachzudenken, 5. der übrige Inhalt des Briefes verbot einerseits die Annahme, man habe es hier mit einem alten Nazi zu tun, der seiner Wut Luft mache; andererseits verriet er eine so bedenkliche menschliche Substanz, daß, wiederum nach unserer Annahme, viele Leser nach anfänglicher Zustimmung zu dem Schluß gelangen mußten, hier – und also auch bei ihnen – stimme etwas nicht. Und gerade über diesen Punkt hofften wir etwas zu hören. Unsere Erwartungen sind durchaus nicht enttäuscht worden.

Aus den Briefen insgesamt geht hervor, daß sich unser Volk nach wie vor als den Mittelpunkt der Welt betrachtet. Jener Seelenzustand, der in dem Lied »Deutschland, Deutschland über alles« ausgedrückt ist, speist sich nicht mehr aus Deutschlands Größe und Macht, sondern aus Deutschlands Leid, dem größten Leid der Welt, aus Deutschlands Hunger, dem größten Hunger der Welt, aus Deutschlands Not, der größten Not der Welt. Zerrissen von einer West-Ostzonen-Grenze, sieht der Deutsche sich selbst als ein Zünglein an der Waage. Im deutschen Bewußtsein blicken die Staatsmänner der Großmächte mit ununterbrochener Spannung nach Deutschland. Außenpolitische Ereignisse wie Truman-Kredite, Marshall-Plan, Türkei-Probleme, Ungarn, die eine so andere Sprache sprechen, hinterlassen keinen Eindruck. Den meisten Antworten auf den Zimmermann-Brief liegt die Entrüstung zugrunde, daß uns die Welt nicht so wichtig nimmt, wie wir uns selbst nehmen.

Es ist eine der absurden deutschen Selbsttäuschungen, anzunehmen, die deutsche Demokratie werde vom Himmel fallen, wenn wir wieder 3000 Kalorien täglich zu essen haben.

Noch zeichnete sich nicht ab, daß die Veröffentlichung des »Zimmermann-Briefes« und dessen redaktionelle Behandlung durch mich die Beziehung des Verlages zu mir so ernsthaft verletzt hatten, daß die

31

»Lizenzträger« von da an mit Absicht umgingen, jemand für den *Ruf zu* finden, der ihrer stinkbürgerlichen Gesinnung eher entsprach als ich. Es dauerte aber noch ein halbes Jahr, bis mir der Stuhl vor die Tür gestellt wurde.

Aus Washington kam ein Senator angeflogen, man hätte sagen können: der Inspektor kommt. Alle Abteilungen der Militärregierung waren erpicht, dem hohen Gast einen möglichst günstigen Eindruck von ihrer Arbeit zu vermitteln. Für ihn organisierte ICD einen Diskussionsabend mit deutschen Journalisten. Da ICD den *Ruf* nach wie vor für ein ansehnliches Produkt ihrer Bemühungen hielt, bekam der Senator, der gut deutsch sprach, einige Nummern vorgelegt. Anzunehmen, daß er den folgenden Artikel gelesen hatte, bevor er uns die Ehre gab:

TO WHOM IT MAY CONCERN. Dieses Jahrhundert ist nach amerikanischer Auffassung – und keineswegs nur nach amerikanischer – das amerikanische Jahrhundert. Durch Weltkrieg II ist Amerika seinen von höchstem Selbstbewußtsein getragenen Vorstellungen von seiner Sendung realpolitisch näher gekommen als durch irgendwelche Erfolge zuvor. In amerikanischen Wirtschaftsberichten wird zuweilen die Nachkriegssituation der USA in Ziffern ausgedrückt, mit denen verglichen die für Deutschland aufgewendeten Beträge gering sind.

Die unabdingbare Kehrseite dieser Erfolge ist die Übernahme von Verantwortung. Der Krieg wurde im Namen der Freiheit gegen die Unfreiheit geführt. Der Frieden wird von Amerika insoweit gewonnen, als sich Freiheit in der Welt verbreitet. Es braucht nicht mehr bewiesen zu werden, daß es von entscheidender Bedeutung ist, ob sich diese Freiheit westlicher Prägung über Deutschland erstrecken wird oder nicht.

Die Ausgaben für das besiegte Land, von dem man die bedingungslose Kapitulation gefordert und erreicht hat, sind nichts anderes als ein Teilbetrag der zeitbedingten Geschäftsunkosten, wie sie sich zwangsläufig aus Amerikas neuer großartiger Stellung ergeben.

Zahllose Deutsche fühlen sich berechtigt, die bekannte Milchmädchenrechnung aufzustellen, in der auf der einen Seite die Dollarmillionen stehen, welche England und Amerika für die deutsche Versorgung aufwenden, während auf der anderen die Milliardenbeträge erscheinen, welche allein die in Deutschland erbeuteten Patente, Produktionsverfahren usw. darstellen. So wenig von Politik und Weltwirtschaft versteht selbst kein deutscher Neunationalist, um nicht zu wissen, in welcher Relation sich die für uns nötigen Aufwendungen zu allen übrigen Größen befinden, um die es in der Weltpolitik heute geht.

Die »Luftbrücke« beispielsweise kostet nicht den tausendsten Teil des amerikanischen Heeres-Etats.

Im Bereich der Politik, auch der Sozialpolitik, ist ein Appell an Dankbarkeit pure Romantik. Dankbarkeit empfinden wir gegenüber der von Mensch zu Mensch gegebenen Hilfe.

Auf der Zusammenkunft kam der Senator tatsächlich auf die enormen Kosten zu sprechen, die sich die USA auflüden, um ihre Truppen in Deutschland zu unterhalten, die er die »Garanten für Ordnung und Sicherheit« nannte. Da meldete ich mich zu Wort. Den weiteren Verlauf des Abends habe ich unmittelbar danach aufgeschrieben, es handelt sich um ein Gedächtnisprotokoll. In der Aufzeichnung nannte ich mich Adrian. Im *Ruf* veröffentlichte ich auf dieser Grundlage eine umgearbeitete und wesentlich entschärfte Kurzfassung.

Der nachfolgende Text liegt nur als Manuskript vor:

ERZIEHER, ERZOGENE, UNGEZOGENE. Sollen wir Ihnen für Ihre Aufwendungen dankbar sein? fragte Adrian. Alle Deutschen sahen ihn an, als habe er ein unflätiges Wort gebraucht. Dankbar? sagte der Amerikaner, das ist Ansichtssache.

Für mich nicht, erwiderte Adrian, ich bin in Person dankbar, und ich bin sicher, wir alle sind es für die Hilfe, die wir von der CARE-Organisation bekommen, das ist eine großartige Sache. Aber im Bereich der Politik halte ich Dankbarkeit für pure Romantik. Im übrigen machen die Aufwendungen der USA für die bei uns stationierten Truppen nicht ein Promille Ihrer Militärausgaben aus. Woher wollen Sie das wissen? fragte ärgerlich ein Kollege von der großen Tageszeitung. Aus der *New York Times*, erwiderte Adrian, die ich zuweilen Major Selmann verdanke.

Das Thema wurde nicht weiter berührt.

Beim Aufbruch sagte der Gast zu Adrian: Wenn Sie Lust haben, reden wir noch ein wenig miteinander. Wo? fragte Adrian. Gehen Sie in mein Büro, schlug Selmann vor, wo der Whisky und die Gläser stehen, werden Sie noch wissen.

Sie haben einmal hier gearbeitet für ICD? eröffnete der Senator das Gespräch. Fast ein Jahr, gab Adrian Auskunft.

War es eine gute Arbeit?

Es war eine angenehme und wahrscheinlich auch notwendige Arbeit, aber jetzt wäre sie eigentlich nicht mehr notwendig.

Sie meinen, die Militärregierung sollte IDC auflösen?

Ich meine, Senator, die Militärregierung sollte sich auflösen.

Sie mögen uns nicht?

Ach, sagte Adrian, mögen … ich mag einen Menschen, oder ich mag ihn nicht, eine Militärregierung, eine Großmacht kann man nicht mögen. Wenn Sie aber wissen wollen, ob ich die Arbeit der Militärregierung »mag«, das heißt, ob ich sie im großen und ganzen für richtig halte, dann sage ich nein.

Das Nein kam so hart heraus, daß ihm Adrian die Frage nachschickte: Wie fanden Sie die Diskussion, Senator?

Es war zu viel Metaphysik darin.

Adrian lachte. Das hätten Sie vorhin sagen sollen. Ich fand, keiner hat auf den anderen gehört.

Ich hatte den Eindruck, sagte der Senator, als fühle sich jeder in dem Augenblick, in dem er vom Stuhl aufstand, um zu sprechen, einem Feind gegenübergestellt. Aber ich habe nicht erfahren, wer der Feind war.

Das Mißtrauen, sagte Adrian.

Wessen Mißtrauen?

Mißtrauen schlechthin. Sie werden kaum ein Wort von dem, was bei uns jetzt öffentlich gesprochen oder geschrieben wird, in seinem eigentlichen Sinn verstehen, wenn Sie nicht von der Voraussetzung ausgehen, daß es vom Mißtrauen diktiert ist. Ihr Amerikaner habt zu viel versprochen, nämlich Demokratie.

Wir können in der Absicht, die Deutschen als Volk politisch zu erziehen, nicht mehr tun, als die Formen des demokratischen Lebens zu schaffen, wie sie aus Erfahrung bei uns entwickelt worden sind und sich bewährt haben, sagte der Senator. Wir müssen gewisse Spielregeln für verbindlich erklären, und indem jeder sich ihnen unterwerfen muß, wird er dazu erzogen, sie aus Überzeugung zu achten.

Genau das ist geschehen, entgegnete Adrian, und ... ? Haben Sie uns mit dieser Methode demokratisiert?

Ich weiß nicht, vielleicht sind Zweifel angebracht.

Weiß Gott. Das Resultat ist das totale Mißtrauen. Aus welcher Erfahrung sind die demokratischen Formen entwickelt worden, von denen Sie sprechen, Senator? Was steht am Anfang der Demokratien, die uns jetzt belehren wollen? Der Aufstand gegen die Unfreiheit, mit anderen Worten: Sehnsucht nach Freiheit. Davon kann bei uns wohl nicht die Rede sein.

Wollen Sie bestreiten, daß wir uns ernst bemüht haben, mit unserer Methode etwas zu erreichen?

Ich leugne es nicht, ich bedaure es. Es wäre besser gewesen, einer zweifellos vorhandenen jungen demokratischen Minorität freie Hand zu lassen, statt sich die Alten aus Weimar anzudressieren.

Bedenken Sie, wie wir dieses Hitlerreich sehen mußten, als wir es besetzten, sagte der Senator. Wir fanden genau das, was alle, die das frühere Deutschland gekannt haben, nur für kriegsnotwendige Propaganda gehalten haben. Aber es war alles da, die Konzentrationslager, die Massengräber, die Fünfzehnjährigen, die Brücken über einen Dorfbach sprengten, um uns aufzuhalten.

Sie sahen unser Volk als eine Art Monster-Leibstandarte Hitlers?

Das ist sehr zugespitzt ausgedrückt, aber so ähnlich war es.

Dann hätten Ihre Sendboten das Wort Demokratie erst recht für Jahre besser nicht verwenden sollen.

Was statt dessen?

Unter der Kontrolle der Militärregierung deutsche Fachleute, nicht Parteipolitiker, den Laden wieder ein bißchen in Ordnung bringen lassen, die politische Erziehung aber deutschen Demokraten überlassen, und zwar sozusagen in kleinster Dosierungen. Erziehung ist eine Sache von einzelnen mit einzelnen. Ein weiter, ein zeitraubender Weg – aber haben Sie, ich meine die Amerikaner, die Engländer, die Schweden und so weiter, nicht auch lange gebraucht, bis ... ach, Senator, das ist ein weites Feld.

Sie sehen die Dinge zu sehr aus dem deutschen Blickwinkel und vergessen, daß wir politisch und geographisch einen Standort haben, von dem aus gesehen Deutschland keineswegs der Mittelpunkt ist.

Nein? Warum sind Sie dann in Berlin?

Ich denke, das wissen Sie. Die Russen ...

Ja, sagte Adrian, die Russen, die sind eine fabelhafte Erfindung. Dem Senator war anzusehen, daß er nahe daran war, seine Höflichkeit zu verlieren. Adrian lenkte ein: Ich weiß, daß russische Panzer um Berlin herum nicht aus Pappe sind.

Na also, sagte der Amerikaner.

Erlauben Sie mir, Senator, unserem Gespräch eine andere Wendung zu geben, ich fühle mich nicht berechtigt, mit Ihnen über Weltpolitik zu reden. Unsere Weltpolitik war ... nun ja. Ich möchte Ihnen etwas zeigen, was ich eigentlich vorhin in der Diskussion vorlegen wollte, aber ich fand den Punkt nicht, wo ich es vernünftigerweise hätte tun können.

Adrian entnahm seiner Mappe eine großformatige Farbaufnahme. Dieses Blatt habe ich kürzlich aus einer Nummer von *Life* herausgerissen, es erschien mir wert, aufgehoben zu werden.

Der Senator warf einen Blick auf die Fotografie und sagte: Wahrscheinlich Miami.

Ja, sagte Adrian, Miami Beach, Hotel Raleigh's Strand, wie der Unterschrift zu entnehmen ist.

Ganz oben zeigte das Bild einen Streifen blauen Himmels, mit heiterem Gewölk darin. Dann kam das Meer, das unendliche Meer, dunkelblau am Horizont ansetzend, sich aufhellend bis zum Ufer, wo es in schaumig weißen Wellen über gleichfalls fast weißen Sand hinaufkroch. Dann kam ein Zaun, ein solider hölzerner Zaun, der das zur Zeit friedliche, aber vielleicht doch zuweilen unberechenbare Meer von allem absperrte, was auf dem Bild außerdem gezeigt wurde von jener Welt, in der nichts mehr unberechenbar war. Man sah das Hotel mit seiner Zuckergußfassade und seinen Badehütten für 70 Dollar pro Woche. Das von einer barocken Brüstung eingefaßte Schwimmbecken, ein kleiner Binnensee, lag etwa 300 oder 400 Meter vom eingezäunten Meer entfernt, und wie dieses mit gewöhnlichem Salzwasser, mit Fischen, Algen und Muscheln von der Natur gefüllt worden war, so das Becken mit smaragdgrünem, kristallklarem, chemisch reinem Wasser von der Hoteldirektion. Weißgekleidete Schwarze servierten Cocktails. Im Pool, genau im Zentrum des Bildes, schwamm ein dicklicher Mann auf einer bootartigen Gummimatratze im smaragdgrünen Wasser.

Würden Sie dort Urlaub machen? fragte Adrian.

Oh, sagte der Senator, ich bin nicht reich, aber wäre ich reich – warum nicht?!

So sehe ich es auch, sagte Adrian, oder vielmehr, um nicht mißverstanden zu werden, ich ging davon aus, und deshalb habe ich das Bild aufbewahrt, daß eigentlich alle Amerikaner, ob Mann, ob Frau, gern auf der Gummimatratze lägen, wo der Dicke liegt. Er gibt gewiß mehr als 100 Dollar am Tag aus, um unweit des schönsten Meeresstrandes in einem von Marmor eingefaßten Filmteich zu baden. Wäre ich ein Romanschriftsteller, so würde ich gern die Biographie dieses dicken Mannes schreiben. Dafür aber reicht meine Phantasie nicht aus. Immerhin kann ich mir vorstellen, was dieser Mann liest, wenn es keine Börsenzettel sind. Wollen Sie mir sagen, Senator, was der Mann liest?

Vermutlich nicht sehr viel. Aber sonntags, könnte ich mir denken, liest er die Bibel. Er ist gottesfürchtig, weil er ein erfolgreiches Leben führt, das ihm erlaubt …

Die Bibel! rief Adrian. Sie haben es getroffen, Senator, er liest die amerikanische Bibel, er liest *Readers Digest*, ein Kompendium des Menschen Geist und Welt – air-conditioned! Dort wird ihm auf jeder Seite bestätigt, was er glaubt: daß dem tüchtigen Menschen nichts unmöglich ist, wenn aber doch, und es würde ihm zum Beispiel der Löwenzahn den herrlichen Rasen vor seinem Haus immer wieder verderben, dann fände er in *Readers Digest* den Rat: Ernennen Sie den Löwenzahn zu Ihrer Lieblingsblume.

Wundervoll, sagte der Senator und zeigte sich richtig erheitert, haben Sie das erfunden?

Absolut nicht. Ich halte mich streng an *Readers Digest*. Dort habe ich auch erfahren, daß es weiter nicht sonderlich schlimm ist, wenn man zufällig blind auf die Welt kommt. Nun ja, ein bißchen unangenehm ist es schon, aber in kurzer Zeit wird der Blinde erlernen, mit den Fingerkuppen zu lesen. Er bekommt auch ein Stipendium und kann auf die Universität gehen, was er sehenden Auges vielleicht nicht gekonnt hätte. Und wenn er endlich alles gelernt hat, was ein

Blinder lernen und womit er einen ordentlichen Beruf ausüben kann, dann ist es ihm so wunderbar zumute, wie einem begnadigten Verbannten, der zum erstenmal seit Jahren die Küste seines Heimatlandes wiedersieht. Senator, diesen Satz vom Blinden, der die Küste seines Heimatlandes wiedersieht, habe ich mir gemerkt.

Sie mögen uns wirklich nicht, sagte der Senator.

Diesmal haben Sie recht, entgegnete Adrian, die Welt, die solchen Prinzipien gerecht wird, ist ein Narrenhaus, und nur wenn man total verrückt ist, wie es der Mann auf der Luftmatratze sein muß, kann man darin leben. *Readers Digest* gibt es jetzt auch bei uns, es nennt sich *Das Beste*, und dieses Beste hält uns zum besten. Es darf, nein, es soll hier erscheinen und wird massenhaft verbreitet, weil es in Ihrer, ich meine, in amerikanischer Sicht die goldenen Regeln vermittelt, auf die wir uns eingelassen haben, um tüchtige, brauchbare Menschen zu werden, ordentliche Demokraten mit einem Wort, die von der Familie der Völker wieder aufgenommen und geachtet werden. Wir haben vielleicht im Augenblick keinen Kühlschrank, kein Auto, kein Telefon, wir wohnen in einer Holzbaracke, die sich nicht heizen läßt, acht Personen in einem Raum, und der Regen geht durchs Dach. Das ist freilich ein bißchen unangenehm, so wie blind sein, aber wenn wir gleich begnadigten Verbannten nur immer die Küste Amerikas vor Augen haben, dann … nun, *Das Beste* kostet nur 1 Mark und der Teufel soll uns holen, wenn wir nicht spätestens in 10 Jahren auch auf einer Gummimatratze in einem smaragdgrünen Swimmingpool herumplätschern, wenn auch vielleicht nicht in Miami Beach.

Der Teufel wird Sie nicht holen, sagte der Senator und meinte, er habe einen lehrreichen Abend verbracht. Ob viele Deutsche so dächten?

Seien Sie beruhigt, sagte Adrian, ich bin ziemlich selten. Sie könnten einen Test machen, Senator; nehmen Sie das Bild aus *Life*, und gehen Sie damit zu hundert deutschen Familien. Vielleicht sagen viele: das werden wir nie erreichen, aber niemand wird Ihnen erklären: das wollen wir nicht erreichen. Ich bin sicher, Ihre Regierung wird uns keinen Reifen hinhalten können, durch den wir nicht springen werden.

Auch Erfahrungen aus dem Alltag des familiären Lebens schlugen sich im *Ruf* nieder. Nachdem der mühsame Ausbau der Ruine des elterlichen Hauses fortgeschritten war, nahmen wir Flüchtlinge auf, die froh waren, ein Dach über dem Kopf zu haben, indes wir froh waren, daß uns beim Betrieb unserer winzigen Landwirtschaft geholfen wurde: 2 Kühe, ein Pferd, Schafe, Hühner, Gänse, Truthühner, zwei Hektar Wiese und Ackerland, ein großer Obstgarten. Im Spätsommer 1946 war Michael Korrmann zu uns gekommen.

MICHAEL KORRMANNS WEG AUF DEN SCHWARZMARKT. Er kam als Knecht auf den Hof, ein großer dunkler Bauer, »Volksdeutscher« aus Rumänien, Flüchtling. Wir hatten das zerstörte Haus gerade wieder unter Dach und wendeten alle Kräfte dem Garten, den Obstbäumen und dem Gemüseland zu. Wenn wir, alle um einen Tisch, bei unseren Kartoffeln mit Weißkraut saßen, erzählte Korrmann wunderbare Märchen von seinem verlorenen Hof in Rumänien. Die sechs Eier im Trank seiner rumänischen Kälber bedeuteten Kritik an unseren durchaus eifreien Kartoffeln.

Korrmann besaß nichts, als was er auf dem Leibe trug, Rudimente einer Uniform. Er hatte keinen Mantel. Es wurde Herbst und kühl. Von Zeit zu Zeit beantragten wir einen Bezugschein für ihn. Er bekam aber keinen Bezugschein. Dann bekam er hin und wieder einen Bezugschein, aber keinen Mantel, kein Hemd, keine Schuhe. Am 16. Dezember konnte er auf Flüchtling-Schein ein Paar Sockenhalter und eine Untertasse kaufen.

Nach Weihnachten überkam ihn ein altes Magenleiden; er ging ins Krankenhaus. Drei Wochen später wurde er mit »vier Wochen Schonung« entlassen. In diesen Wochen kaufte Korrmann bei einem Bauern ein Schaf für 220 Mark. Das Schaf schlachtete er mit staunenswertem Geschick. Die Wolle, knapp 3 Pfund, verkaufte er, das Pfund zu 150 Mark. Vom Fleisch lebte er eine Woche lang im rumänischen Stil, den Rest verkaufte er für 180 Mark, und für die Haut bekam er weitere 80 Mark. Jedermann kann sich ausrechnen, daß er etwa 400 Mark verdient hatte und eine Woche lang satt geworden war. Bei mir hatte er 60 Mark Monatslohn, freie Kassen und das Essen eines deutschen Teilselbstversorgers mit den Zulagen eines landwirtschaftlichen Arbeiters. Dieser Spähtrupp auf den Schwarzmarkt hatte Korrmann über die dort vorhandenen Möglichkeiten belehrt.

Nach vier Wochen – er hatte längst aufgehört, Anträge auf Bezugscheine einzureichen – besaß er Schuhe (für 1 500 Mark), einen tadellosen Mantel (für 2 000 Mark), drei Hemden; drei Unterhosen und einen Bargeldbestand von etwa 2 500 Mark. In dieser Zeit fing die Flüchtlingsfrau, die unsere Kinder besorgte, davon zu sprechen an, daß sie sich selbständig machen wolle und daß es so keinen Zweck habe. Unter dem Einfluß von Korrmann wurde sie unzufrieden.

Mitte Februar sagte der Arzt, Korrmann könne wieder arbeiten, aber er solle sich bei großer Kälte noch im Hause halten. Ich sagte Korrmann:»Wenn es warm wird, müssen Sie wieder arbeiten!« Er antwortete:»Bestimmt!« Es wurde nicht warm. Es wurde erst vor vierzehn Tagen warm. Ich sah Korrmann aus dem Hof gehen, rief ihn zurück und fragte:»Was ist?«»Übermorgen«, sagte er,»heute und morgen muß ich noch einmal nach München.«

Korrmann kam dann drei Tage lang nicht ins Haus. Es wurde wirklich warm, der Acker, 2 Tagwerk, lag schneefrei und schwarz in der Märzsonne und dampfte. Aus allen Ecken des Hofes blickte uns die Arbeit an, Berge von Arbeit nach diesem Winter. Schließlich stellte ich ihn auf dem Bahnsteig; er wartete auf denselben Zug wie ich.»Was ist nun?« fragte ich.»Ich gehe nach Rumänien zurück«, meinte er und schaute auf den Boden.»So plötzlich?« sagte ich,»Sie können doch gar nicht zurück, Sie waren doch Oberfeldwebel bei der Feldpolizei.«»Das macht nichts«, erklärte er,»auch SS kann zurück. Wir können doch nichts dafür, wir waren doch mit Deutschland verbündet.«»Sie arbeiten also nicht mehr bei mir?«»Hundertprozentig nein«, antwortete er. Da kam der Zug, wir stiegen in verschiedene Wagen.

Als ich anderntags aus der Stadt kam, erzählte mir das Mädchen, abends sei Korrmann dagewesen. Nein, er könne nicht nach Rumänien zurück. Er wolle auch gar nicht. Aber hier arbeiten, für das Essen und 60 Mark? Verrückt sei er nicht, sagte mir das Mädchen und ließ durchblicken, auch sie sei nicht verrückt. Ich ging zum Arbeitsamt.

Das Arbeitsamt sagte:»Sie haben doch den Korrmann?«»Nein,

den hatte ich, aber der ist kaputt, der macht Schwarzmarkt.«»Ja dann!« sagte das Arbeitsamt.

Ich fuhr nicht in die Stadt, sondern zwei Tage lang Mist. Der Acker liegt in der Märzsonne und wartet, der Garten wartet. Meine Frau sagt, mit Stall und Garten wolle sie schon fertig werden, aber die Bäume und das Feld auch noch – nein, das sei Männerarbeit. Und neue Mistbeetkästen bauen, das sei auch Männerarbeit. Und wer die Jauche fahren solle?

Ich inseriere jetzt um einen Knecht und telephoniere täglich mit dem Arbeitsamt. Außerdem vernachlässige ich bis auf weiteres meine Pflichten in der Redaktion.

Es ist Frühjahr 1947. Es sind in diesem Winter Menschen in Deutschland verhungert. In Bremen sind Schiffe voll Getreide angekommen, und dieses Getreide müssen wir bezahlen, Kilo für Kilo, mit Arbeit, mit Export. Die Züge sind voll mit Korrmanns, an allen Ecken stehen sie, die Hände in den Taschen. Sie werden dort so lange stehen, bis die Papierscheine in ihren Taschen wertlos geworden sind, vollständig wertlos. Dann werden bei unserem Arbeitsamt 2000 Arbeitskräfte keine Arbeit finden, und die Schiffe werden in Bremen kein Getreide mehr ausladen. Es wird ein unfreundliches Aufwachen werden.

»Korrmann« – der Mann hieß anders, ich wollte ihn nicht den amerikanischen und deutschen Behörden im Städtchen preisgeben – war kein Ausnahmefall. Rund dreißig Flüchtlinge und Vertriebene nahmen vorübergehend Wohnung in unserem im Sommer 1947 noch immer erst halbfertigen Haus, Stall und Scheune waren stehen geblieben. Alle kamen mit dem Versprechen mitzuarbeiten, alle suchten sich nach ein paar Wochen bessere Verdienstmöglichkeiten, als wir ihnen bieten konnten. Nichts war leichter zu verstehen. Gegenüber den Eingesessenen empfanden sie sich als deklassiert, als Deutsche minderer Sorte, und als solche wurden sie ja auch zwischen Flensburg und Berchtesgaden behandelt. Aus heutiger Sicht ist die nahezu konfliktlose Integrierung von Millionen Flüchtlingen und Vertriebenen eine bewunderswürdige Leistung des Weststaates. 1947 war es noch durchaus ungewiß, wie mit diesem Problem fertig zu werden war.

Ohne den Schwarzmarkt und das Hamstern, das heißt, ohne die illegale Selbsthilfe der Bevölkerung wären Hunderttausende durch Hunger und Kälte zugrunde gegangen. Der Schwarzmarkt schuf eine Schicht von Neureichen, von denen die meisten Ausländer waren, DP's, displaced persons, die zuvor ein Sklavendasein geführt hatten. Die Hamsterei verursachte unglaubliche Zustände im Zugverkehr. Ich beobachtete

ÄPFEL UND MINISTERIALRÄTE. Der alte Mann trug einen langen Bart und auf dem Rücken einen grünen Rucksack, der halb gefüllt war. Sich an der Wagenwand festklammernd, stand er bereits mit den Fußspitzen auf der obersten Stufe der Treppe, aber weiter kam er nicht. Die ineinander verkeilten Menschen, Rucksäcke, Säcke und Koffer mit Äpfeln zwischen sich, bildeten in den beiden Türrahmen der Plattform eine feste Mauer. Der Schaffner kam und sagte zu dem alten Mann: »So, wir fahren ab, raus oder rein?« Er wollte rein. Es ging nicht. Seine beschwörenden Worte blieben ohne Wirkung. Da entschloß sich der Schaffner für »rein«. Er rief einen andern Bahnbediensteten herbei und mit gemeinsamen Anstrengungen gelang es ihnen, die Füße des Mannes und das übrige von ihm in die Menschenwand hineinzudrücken. Schließlich ergriff der Schaffner die Tür, ermunterte sich mit »Hau-ruck« und warf sie mit Schwung dem Alten ins Kreuz. Sie schloß nicht, der grüne Rucksack war noch im Weg. Nun ließ der findige Schaffner das Türfenster herunter und versuchte es noch einmal mit Gewalt. Diesmal schnappte das Türschloß ein, der grüne Rucksack hing durch die Fensteröffnung nach draußen. Der Zug fuhr noch nicht ab. Etwa hundert Reisende, von obstgefüllten Koffern und Säcken umgeben wie Markthändler, schöpften neuen Mut und verdoppelten ihre Anstrengungen, doch noch in den Zug hineinzukommen. Einigen gelang es durch die Fenster. Frauen irrten am Zug entlang, unter der Last ihrer Obstsäcke fast zusammenbrechend, und schrien verzweifelt, sie müßten mitfahren, ihre Kinder seien zu Hause in das Zimmer eingeschlossen und ohne Aufsicht.

Die Szene mit dem Bärtigen hatte sich am hinteren Eingang des vorletzten Wagens abgespielt. Der letzte Wagen trug eine weiße Tafel: »Nur für Regierungsvertreter«. Von ihm aus machte ich meine Beobachtungen, wobei ich es vermied, mich aus einem der herabgelassenen großen, friedensmäßig verglasten Fenster zu lehnen. Nicht so ein Mann, der von einem jüngeren Begleiter als »Herr Ministerialrat« angesprochen wurde. Ihn ergötzte das Schauspiel. Noch immer stand der Zug. Da keuchten von der Sperre her fünf Gestalten, zwei Frauen und drei Männer, die man nicht zu sprechen hören brauchte, um zu wissen, daß sie noch nicht lange ihre östliche Heimat verlassen hatten. Sie stellten ihre zahllosen Gepäckstücke vor unserem Wagen ab, orientierten sich rasch darüber, daß an ein Mitkommen in dem allgemein zugänglichen Teil des Zuges nicht zu denken sei und daß ihre einzige Chance darin bestand, sich Eingang in den Regierungswagen zu verschaffen. Sie verhandelten mit dem Schaffner, der bereits wieder damit beschäftigt war, einen Reisenden in einen Wagen hineinzupressen, und zogen Zigaretten. Der Beamte blieb fest. Sie versuchten es bei einem anderen, der sich als nicht zuständig erklärte. Daraufhin verlegten sie sich aufs Schimpfen. Das veranlaßte den Ministerialrat, sich seinem jungen Mann zuzuwenden und mit tönender Stimme festzustellen, das dreckige Judengesindel sollte sich endlich in den Palästinaexpreß verladen lassen.

Es ist nun an der Zeit, einzufügen, daß es sich um den fahrplanmäßigen D-Zug Stuttgart-München handelt, der gegen halb sieben Uhr abends in Stuttgart abfährt, und daß ich diese Notizen am 30. September 1947 gemacht habe.

Zuletzt, etwa gleichzeitig mit dem Fahrdienstleiter, der seinen Signalstab schon unternehmungslustig in der Hand drehte, kam ein Mann im braunen Anzug, nur eine Aktentasche in der Hand, auf den Bahnsteig gestürzt; er lief etwa bis zur Mitte des Zuges, sah ein, daß er zu spät gekommen war, kehrte um und wendete sich brüsk an den Ministerialrat, er solle ihm helfen durchs Fenster zu steigen. Der Beamte erkärte ihm, das sei verboten und der Wagen nur mit besonderem Ausweis zugänglich. Der Abgewiesene fiel von einem Augenblick zum anderen in Raserei. Er schrie (und es stand ihm Schaum vor dem Munde). »Du schweiniger Hund, wir waren im KZ, und ihr macht euch jetzt breit, aber wartet, ihr Saubande, ihr verfluchte, wenn es wieder zum Kämpfen kommt, gegen euch kämpfen wir, gegen euch, gegen euch …!« Er schüttelte die Faust, indes der Ministerialrat bemerkte: »Hoffentlich kämpft ihr dann besser.« Die Bemerkung war einigermaßen töricht, der Rasende erbleichte, verstummte, und seinem aufgerissenen Mund entrann sich nur ein Stöhnen.

Als wir in Ulm hielten, war es längst Nacht geworden. Aus unserem Wagen als dem einzigen im Zuge fiel das Licht durch die vorhanglosen Fenster. Es zog die Menge der Reisenden an, die auch hier zurückbleiben mußten. Ein fauler Apfel, mit Schwung geworfen, zerplatzte auf der Scheibe unseres Abteils, und die Verwünschungen steigerten sich derart, daß ich den Schaffner suchen ging, um ihm zu sagen, er möge während des Aufenthaltes in den Stationen das Licht ausmachen. Das von der wütenden Menge meistgebrauchte Schimpfwort war »Demokratie!«.

In München beeilte ich mich über einen Nebenbahnsteig an die Spitze des Zuges zu kommen; dort zählte ich die herausströmenden Obsthamsterer und schätzte ihre Lasten. Vorsichtig strich ich von dem errechneten Ergebnis 50 Prozent ab und kam auf diese Weise auf eine Gesamtmenge von 500 Zentnern Obst, die in diesem einzigen Zuge auf dem Rücken der Reisenden von Stuttgart nach München transportiert worden waren – in einem D-Zug, der dadurch für den normalen Reiseverkehr weitgehend ausfällt.

Im Laufe eines Tages kommen in München von Württemberg her mindestens drei Züge mit solcher Menschen- und Obstlast an und so geht es seit Beginn der Ernte, also seit etwa einem Monat. Ein Kind kann ausrechnen, daß bisher 45 000 Zentner Äpfel auf diese Weise den Weg nach München gefunden haben. Ich habe mich inzwischen umgetan und festgestellt, daß ein erheblicher Teil der Hamsterer das Obst nicht für sich als Wintervorrat in den Keller legt, sondern damit auf den Schwarzen Markt geht und dort das Pfund für fünf bis acht Mark verkauft.

Was aber den Regierungswagen angeht, so ist der demokratischen Gerechtigkeit Genüge getan. Die johlende Menge vor den Fenstern sieht nur das elektrische Licht und die bequeme Bank. Sie sieht nicht, was ich gesehen habe: den Dirigenten X., der abends in München die Oper dirigiert hatte, um halb sechs Uhr früh in den Zug gestiegen war und hinter Ulm eine winzige trockene Scheibe Schwarzbrot herauszog, um sich für die Probe zu stärken, die er in Stuttgart für halb elf Uhr angesetzt hatte. Bleibt die Überlegung, wie man des Ministerialrates Herr wird.

Das, in der Tat, war ein Problem, das nicht nur von einzelnen reaktionären Ministerialräten geschaffen wurde. Die verordnete »reeducation« schlug nur bei jenen an, die ihrer am wenigsten bedurften. Auf den zerstörten Bahnhöfen und in fensterlosen Zügen bekam man aus erster Hand eindrucksvolle Informationen geliefert, wie es um uns stand.

Im Sommer 1947 sah ich auf dem Münchner Hauptbahnhof einen Personenwagen stehen, an dem ein Schild hing, das mit einem Handgriff hätte entfernt werden können. Es war in der Mitte durch eine senkrechte Linie in zwei Hälften geteilt. Links davon stand: »2. Klasse BEHÖRDEN-VERKEHR«, rechts davon: »3. Klasse SCHWERBESCHÄDIGTE«. Niemand nahm an diesem Schild Anstoß, niemand riß es herunter. Ich schrieb dazu *Die Geburt der Schuld*. Mein Wahrnehmungssinn für Hintergründe, größere Zusammenhänge, Tendenzen ernährt sich sozusagen von Symptomen, vom nur scheinbar belanglosen Detail.

Ein die politische Szene beleuchtendes Detail war im Sommer 1947 der Briefkrieg, der sich zwischen Repräsentanten der »inneren« und dem herausragenden Repräsentanten der echten, der erzwungenen Emigration, Thomas Mann, entwickelte. Während jene wähnten, sich dadurch, daß sie nicht lauthals »Heil Hitler« geschrien hatten, das moralische Recht erworben zu haben, Thomas Mann zur Rückkehr nach Deutschland auffordern zu dürfen – es hätte ihre Rehabilität bedeutet, wäre er dem Ruf gefolgt! –, meinte er, eigentlich gehörte alles, was zwischen 1933 und 1945 geschrieben worden sei, vernichtet.

In diesem Streit bezog ich Stellung mit dem Artikel

OHNE THOMAS MANN. In diesen Tagen sind manche unter uns um eine Hoffnung ärmer geworden, als sie in den Zeitungen lasen, daß Thomas Mann in England angekommen sei, die Schweiz besuchen werde – aber nicht die Absicht habe, nach Deutschland zu kommen. Von den Enttäuschten mögen nicht wenige während des Krieges der Stimme der deutschen Humanitas gelauscht haben, dieser gütigstrengen Stimme des Dichters, die in Worten lodernder Abscheu die Barbarei geißelte, in die Deutschland versunken war. Diese Stimme verfluchte die Macht des Bösen, aber sie ließ auch Hoffnung auf eine Zeit, in der diese Macht gebrochen sein würde. Dann, so dachten wir damals, werde uns Hilfe von draußen, wenn wir beginnen müßten, unser Volk zu seinem besseren Selbst zurückzuführen. Nicht erst nach 1945 entsannen wir uns jener Deutschen, die aus Volk und Staat ausgestoßen worden waren, damit der Ungeist freie bahn habe – auch während seiner Herrschaft gingen die Werke der Vertriebenen von Hand zu Hand und mit keinem von ihnen war die geistige Verbindung enger als mit Thomas Mann. Er allein nahm draußen einen Platz ein, der ihm gestattete, über die von der Tyrannei errichteten Sperren hinweg in sein Volk hinein zu wirken. Kaum waren diese Sperren gefallen, so zeigte sich, daß diejenigen, welche die Entfesselung des deutschen Dämons in allen Phasen erlebt hatten, anders fühlten, dachten und sprachen als jene, die sie von draußen beobachten konnten – wobei dieses kühle Wort nicht in Frage stellen soll, daß die Beobachtung bei vielen der Entkommenen mit innerster Anteilnahme und in tiefen Schmerzen geschah. Aber nichtsdestoweniger ergaben sich aus Erfahrungen von solcher Verschiedenheit Mißverständnisse. Sie fanden ihren Niederschlag in »Offenen Briefen«, die hin und her über den Ozean geschrieben wurden und auf überraschende Weise nur Tangenten an die Probleme legten, ohne sie durch- und aufzuschneiden.

Nun scheint es auf diese Weise fortgehen zu wollen. Immer unfreier wird von Seiten derjenigen, die hinter den Sperren saßen, das Wort an Thomas Mann gerichtet. Es ist, als befänden sie sich in der Lage des Hundes, der den Mond anbellt.

So aber braucht es nicht zu sein. Der Mond wäre zwar ein treffliches Sinnbild für den deutschen Dichter Thomas Mann – ein seinen Kreis gelassen ziehendes Gestirn: Das Licht, das aus seinen Werken strahlt, ist wie des Mondes Licht; es wärmt nicht, es ist ein Reflex, und seit je wird von ihm gesagt, daß es zauberisch sei. Es schafft eine neue Wirklichkeit, die uns verlockt, die Wirklichkeit des Tages zu scheuen. Doch eben dieser Wirklichkeit des Tages können wir jetzt nicht mehr auf eines Augenblickes Länge entrinnen. In ihr begegnen wir nicht nur dem Dichter, sondern auch dem Menschen Thomas Mann, und diesem gegenüber sind wir keineswegs in der Lage des Hundes, der den Mond anbellt. Hier sind wir gleich. Hier dürfen, hier müssen wir zur Kenntnis nehmen, daß Thomas Mann Amerikaner geworden ist, um dem Lande seine Dankbarkeit zu bezeigen, das ihn nicht nur aufnahm, als er aus dem angestammten Gehäuse seines Lebens und seines Werkes vertrieben wurde, sondern ihn recht eigentlich erst auf eine Plattform stellte, von der aus er eine Weltgröße geworden ist. Von dort aus hörten wir seine Stimme während Hitlers Herrschaft, und es mag unser Fehler sein, daß wir über die so vollkommenen deutschen Sätze vergaßen, woher sie kam.

Jedem, der draußen über uns und unsere Lage urteilte und dabei erkennen ließ, daß er sich Täuschungen hingab, gestanden wir schließlich zu, daß er es nicht besser wissen könne – nur ihm nicht! Seine Worte wogen wir auf der Goldwaage und entrüsteten uns über die falschen Gewichte. Wir handelten unfair – und wir tun es neuerdings. Kaum wurde bekannt, daß er keine Lust habe, die Reise von London nach Zürich durch Deutschland zu machen, da ereiferten wir uns wieder und fragten: warum kommt er nicht; warum urteilt er über uns, wenn er sein Urteil nicht dem Richterspruch der Wahrheit unterstellen will, das heißt dieser Wahrheit Deutschland 1947, die nur an Ort und Stelle erfahren werden kann? Unsere Entrüstung ist sinnlos. Wenn irgend jemand, so hat Thomas Mann das Recht gehabt, sich einen neuen Standpunkt in der Welt zu suchen, nachdem ihm der alte genommen worden war.

Es ist gewiß kein Zufall, nicht die Folge äußerer Umstände, daß er auf fremdem Boden ohne Unterbrechung weitergewachsen ist, auf dem so viele andere zum Stillstand kamen oder verdorrten. Uns will scheinen, als würden die Ansprüche, mit denen wir ihm entgegentreten, sein eigentliches Wesen ganz verfehlen.

Ausflüge ins geistig-kulturelle Leben unternahm ich selten in meiner *Ruf*-Zeit. Ich hielt mich an politische Themen und Sachverhalte, aber das geschah auf eine merkwürdige Art. Wenn ich heute in einer 1983 erschienenen Geschichte der Bundesrepublik Deutschland (*Die Bundesrepublik Deutschland, Geschichte in drei Bänden*, herausgegeben von Wolfgang Benz) lese:

»In der Tat erreichte das politische Leben im Okkupationsgebiet bereits 1946 eine Intensität, die in Anbetracht der kurzen Frist seit der bedingungslosen Kapitulation ... erstaunlich zu nennen ist. Neben den Gewerkschaften waren politische Parteien gegründet worden, die trotz der traditionellen deutschen Abneigung gegen Parteien und Parlamente eine verblüffende Vitalität an den Tag legten, und in sämtlichen Ländern der Besatzungszonen amtierten deutsche Regierungen.«

– so wird mir bewußt, daß diese »verblüffende Vitalität« vom *Ruf* nicht wahrgenommen worden ist.

Es war nicht so, daß wir nicht bemerkt hätten, was es da an deutschen Initiativen gab; natürlich lasen wir die ausgezeichnete Zeitschrift *Gegenwart*, die schon 1945 in Freiburg gegründet worden war. Sie nahm in den ersten Nachkriegsjahren etwa die Position ein, die heute von der *Zeit* besetzt ist. Nachdem ich den *Ruf* übernommen hatte, verzeichnet mein Arbeitstagebuch eine lebhafte Reisetätigkeit zum Zwecke der Information aus erster Hand; z. B.: nach Stuttgart zum Länderrat im »Regierungszug«; dort »democracy in action«, alles zu professoral (19. 9. 1947); Länderratssitzung (29. 9. 1947); Heidelberger Gruppe (Wahlrechtdiskussion) (11. 10. 1947); bei Jaspers (13. 10. 1947) Tagung im Schloß Tremsbüttel bei Hamburg, mit Hildegard Brücher und Helmut Schmidt (8.–10. 1. 1948, noch für den *Ruf*, obwohl nicht mehr für ihn verantwortlich).

Ja, wir wußten, wie und wo sich die »demokratischen Kräfte« zu formieren begannen, aber wir waren das Blatt der jungen Generation, die in diesen Aktivitäten ein Kasperltheater sah, in den »Weimarer Greisen« Marionetten der Militärregierung. Das war nicht nur ungerecht, es war auch kurzsichtig, denn eben diese Aktivitäten schufen deutscherseits die Grundlagen der politischen und sozialen Restauration. In dieser nicht falschen, aber unzureichenden, der harten politischen Auseinandersetzung ausweichenden Sicht auf erste Anfänge zielbewußter Weststaat-Integration schrieb ich in der letzten, von mir verantworteten Ausgabe des *Ruf* folgenden Leitartikel:

GESTE ODER BEKENNTNIS (DAS RECHT AUF KRIEGSDIENSTVERWEIGERUNG). In seinem Buch »Wissenschaft, Freiheit und Frieden« kommt Aldous Huxley zu Schlußfolgerungen, die uns nicht gleichgültig sein können. Die Massen, sagt er, seien infolge des Fortschrittes der Wissenschaft und deren Anwendung auf die Technik in eine politisch so ungünstige Lage geraten, daß ihnen kein anderes wirkungsvolles Mittel bleibe, sich gegen Unrecht zur Wehr zu setzen, als der gewaltlose Widerstand, wie ihn Gandhi im »Satyagraha« organisiert habe. Satyagraha ist das indische Wort für gewaltlosen Widerstand.

Ein erstes Zeichen für einen solchen recht verstandenen, uns anstehenden »gewaltlosen Widerstand« könnte das Recht auf Kriegsdienstverweigerung sein, wie es in einigen deutschen Länderverfassungen bereits niedergelegt ist oder vorbereitet wird. Wir wollen nicht verhehlen, daß wir dem Eifer, mit dem man sich in politischen Kreisen auf dieses Gesetz gestürzt hat und den prunkvollen Worten, mit denen es bekannt gemacht wurde, Mißtrauen entgegenbringen. Es lassen sich nicht viele überzeugende Beweise dafür erbringen, daß es sich hierbei um echte Einkehr handelt und nicht um eine allzu billige Geste. Niemand wird daran zweifeln, daß uns in einem nächsten Krieg, der für Deutschland ein Bürgerkrieg in der Schale eines Weltkrieges wäre, nicht die Wahl gelassen würde, ob wir uns an ihm beteiligen wollen oder nicht; die politische Bedeutung eines Verfassungsartikels, der uns das Recht zugesteht, den Kriegsdienst zu verweigern, ist gleich Null. Um so größer könnte seine geistige sein, wenn ihn die Menschen, die ihn propagieren und ihm zustimmen, wirklich ernst nehmen würden.

1947 veröffentlichte ich im Paul List-Verlag, der von Leipzig nach München umgezogen, um nicht zu sagen emigriert war, mein erstes Buch unter dem Pseudonym Alexander Parlach: *Demidoff oder von der Unverletzlichkeit des Menschen.*

Es war die späte und bescheidene Realisierung des im Kriege geschlossenen Vertrages über meine Kriegsaufzeichnungen. In Teilen gingen die Auszüge daraus dann 1975 in *Mein Krieg* ein. Zu *Demidoff*, dies der Name des Landstädtchens unweit Smolensk, wo ich 1942 einem Infanterieregiment angehörte, schrieb ich ein Nachwort. Darin heißt es:

Von uns gilt heute, was ich irgendwo in diesen Blättern vor Jahren in Erbitterung über die Idealisten geschrieben habe. Als lächerliche Dummköpfe stehen wir jetzt in unserem Volk und viele von uns senken den Blick, um nicht in Augen schauen zu müssen, die aus Verzweiflung voller Hohn sind. Und nicht wenige, die während der zwölf Jahre standhaft geblieben sind, wurden jetzt kleinmütig, denn nun stehen keine Retter mehr vor den Toren, von denen sie sagen können: Wartet nur, bis sie da sind und die Teufel gestürzt haben. Sie sind gestürzt worden. Wer aber auch jetzt nicht in den Chor der Enttäuschten einstimmen will; wer nach wie vor glaubt, daß sich

Vernunft durchsetzen wird; wer jene kläglichen »Demokraten« von
Herzen verachtet, die bereits vorgeben, sie müßten sich aus Taktik
nationalistisch gebärden (aus solcher Eintags-Klugheit hatten sich
die Papen und Konsorten hitlerisch gebärdet und ihren Lohn bekommen); wer sich durch kein Beispiel und durch keine Erfahrung
in einen nationalistischen Kurs abdrängen läßt und die Zeit dafür gekommen sieht, die willkürliche und künstliche Politisierung der
Massen zu beenden und statt dessen ihre Erziehung zu beginnen,
der mag vielleicht für einen schlechten Demokraten im landläufigen
Sinne gelten, zweifellos bietet er aber größere Garantien als jene dafür, daß die Hitlers nicht wieder Macht gewinnen, deren Patron
immerhin ein Geschöpf der Demokratie war. Und so steht er aufs
neue mit dem Rücken an der Wand. Wieder bleibt ihm nur die Möglichkeit, sich auf sich selbst zurückzuziehen wie in den Jahren zuvor
und mit demselben Eigensinn, der nicht nach Erfolgsaussichten
fragt, der eigenen Überzeugung treu zu bleiben.

1948

Mit der Beendigung meiner Tätigkeit im *Ruf* trat eine Veränderung meiner
beruflichen Situation insofern ein – und blieb mit Unterbrechungen be-
stimmend bis 1980 –, als ich nunmehr einer Redaktion angehörte, nämlich der der *Süddeutschen Zeitung* (ab 12. Februar 1948), sie aber nicht leitete. Mir fehlte in dieser Funktion, die ich später 15 Jahre lang im *Stern*
(dazwischen kurzfristig in der *Welt* und im *Spiegel*) ausübte mit Schwer-
gewicht auf dem Schreiben und ohne irgendeine Ressort-Eingrenzung,
der Ehrgeiz, in der hierarchischen Struktur meines Arbeitsbereiches einen
Platz einzunehmen, mit dem Weisungsbefugnisse verbunden gewesen
waren. Das hätte u. a. eben jene mir unerwünschte Festlegung auf ein
Ressort mit sich gebracht und mich außerdem genötigt, Bürostunden ein-
zuhalten, die nicht selten, wie ich oft Gelegenheit hatte zu beobachten,
irgendwann gegen Mitternacht endeten. Weisungsbefugnis ersetzte sich
wie von selbst durch Einfluß auf das Ganze, und vielleicht ist meine inner-
redaktionelle Funktion in der *Süddeutschen Zeitung* und im *Stern* am zu-
treffendsten gekennzeichnet, wenn ich sage, ich sei ein Meinungsfaktor

gewesen. Für meine kurzen Gastspiele in der *Welt* und im *Spiegel* gilt ähnliches nicht.)

Es war also das Jahr 1948 mein erstes in der von Werner Friedmann so virtuos wie im Detail tolerant geleiteten *SZ*, und wenn ich überschlage, was alles ich in diesem Jahr an Ort und Stelle beobachtet und worüber ich geschrieben habe, so sind zweifellos der Verfassungskonvent auf der Insel Herrenchiemsee, wo Experten im August einen Entwurf des Grundgesetzes der Bundesrepublik Deutschland erarbeiteten, und die Konstituierung des Parlamentarischen Rates im September unter Adenauer als seinem gewählten Präsidenten die herausragenden, die wichtigsten Ereignisse gewesen – gewiß nicht in der Weltpolitik, die sich auf den Kalten Krieg einspielte, wohl aber in der unseres künftigen Staates.

Zu diesem Konvent war es nicht aus eigener Initiative der deutschen Seite gekommen. Die Militärgouverneure hatten nach den »Londoner Vereinbarungen« der Regierungen der USA, Großbritanniens, Frankreichs und der Beneluxstaaten gehandelt, als sie im Juni 1948 die Ministerpräsidenten der elf Länder der »Trizone« anwiesen, eine Verfassungsgebende Versammlung einzuberufen, um eine Verfassung auszuarbeiten, die von den teilnehmenden Staaten gebilligt werden soll (so im Kommuniqué der Londoner Besprechung vom 7. Juni 1948).

DER VERFASSUNGSKONVENT AUF DER INSEL HERRENCHIEMSEE, 13. AUGUST. Am Dienstag dieser Woche ist in einem dunkel getäfelten Eckzimmer im ersten Stock des alten Schlosses zu Herrenchiemsee der sogenannte »Verfassungskonvent« zusammengetreten. Er ist eine der Institutionen, die zu dem Zweck ins Leben gerufen wurden und werden, das deutsche Volk politisch wieder auf die eigenen Füße zu stellen. Hierbei darf der Begriff »das deutsche Volk« stets nur mit dem Bewußtsein gebraucht werden, daß ein Teil davon verhindert ist, mitzuberaten und mitzustimmen. Viele unserer Bürger sind geneigt, alle Anstrengungen, die zu einer den Ländern übergeordneten staatlichen Organisation führen können, deshalb von vornherein zu verwerfen, weil das Volk nicht in seiner Gesamtheit handlungsfähig ist; andere gehen noch einen Schritt weiter und verdammen jede deutsche Initiative in dieser Richtung, weil auch der westliche Teil des Volkes, für sich allein betrachtet, nur beschränkt handlungsfähig ist. Daß beide Ansichten von einzelnen

51

Repräsentanten deutscher Länder gebilligt werden, ist kürzlich sehr deutlich geworden, als die Ministerpräsidenten ihren kurvenreichen Weg von der ersten Koblenzer Zusammenkunft bis zum heutigen Tage gegangen sind. Auf schwankendem deutschen Grund also muß jeder Schritt getan werden, der nach dem Willen und fast auf Befehl der Militärregierung in Richtung auf ein westlich orientiertes deutsches Staatsgebilde gegangen wird, seitdem sich die Alliierten in London geeinigt hatten, daß ein solches entstehen soll. Das außenpolitische Gelände ist nicht weniger unsicher, denn diese Einigung wäre ohne diese, auf Störung und Beunruhigung abzielende russische Politik nicht zustande gekommen, sie ist ein unmißverständlicher Zug im großen politischen Spiel, in dem, seitdem die Londoner Empfehlungen ausgearbeitet wurden, eine veränderte Situation entstanden ist, die neuerdings alle Möglichkeiten offen zu lassen scheint: einschließlich der, daß sich der »Weststaat« als überflüssig oder als störend und deshalb als unerwünscht erweisen sollte.

Diese Hinter- und Untergründe muß man sich vor Augen halten, will man den »Verfassungskonvent« selbst und seine bisherige Arbeit würdigen sowie die Grenzen seiner Wirksamkeit erkennen. Die Ministerpräsidenten haben, als sie am 1. Juli d. J. in Frankfurt zum ersten Male nicht als Befehlsempfänger, sondern als Gesprächspartner mit den Militärgouverneuren zusammengekommen waren, die Aufgabe übernommen, eine Verfassung für die vereinigte Trizone zu schaffen.

Die Ministerpräsidenten kamen überein, daß jedes der elf westdeutschen Länder bis zu drei Experten auf dem Gebiete des Verfassungswesens benennen solle und aus der bayerischen Staatskanzlei wurde vorgeschlagen, als Arbeitsstätte die Herreninsel im Chiemsee zu wählen, weil es leicht sei, dort die sachliche Arbeit mit einem Schutzmantel von Stille und Einsamkeit zu umgeben. Dieser Mantel ist leider sehr unvollständig und weist große Löcher auf, eine Tatsache, die wohl in ursächlichem Zusammenhang damit steht, daß die für den »Verfassungskonvent« verantwortlichen Politiker keine sehr hohe Meinung von der Bedeutung ihrer eigenen und dessen Arbeit haben. Der Berichterstatter war versucht, am ersten, mit einer Art Festessen geschmückten Tage, an dem sich die bayerische Regierung fast vollzählig einfand, einen Essay über die Würde zu schreiben.

Inzwischen jedoch sind mehrere Tage vergangen, und es hat sich gezeigt, daß in dem kleinen Eckzimmer, unbeschadet des allzeit vorherrschenden Gefühls, daß man an einem Provisorium fast voraussetzungslos experimentiert, die Würde eingekehrt ist.

Die Versammlung ist sich darüber klargeworden, daß es nicht ihr Auftrag sei, zu einem Beschluß zu gelangen, der im Namen der Mehrheit dem Parlamentarischen Rat vorgelegt werden müßte, sondern sie sich darauf beschränken dürfe, juristische Generalstabsarbeit zu leisten, d. h. die insonderheit strittigen, weil zum politischen Machtinstrument tauglichen Verfassungsteile in allen Variationen durchzudenken, durchzudebattieren und am Schluß zu Thesen, und, wo nötig zu Anti-Thesen zu gelangen.

Die Diskussion spielt sich in der Höhenlage geistiger, und nicht in den Niederungen politischer Auseinandersetzungen ab, und es ist zu erwarten, daß dieses Niveau beibehalten wird, wenn sich der Konvent jetzt in drei Kommissionen aufteilt, deren erste Grundsatzfragen, deren zweite Zuständigkeiten und deren dritte Organisationsfragen bearbeiten wird.

EIN WESTSTAAT IN ANFÜHRUNGSZEICHEN, 16. AUGUST. Die Kommission I, die über die grundsätzlichen Fragen, wie Namensgebung, gebietliche Ausdehnung und Gliederung, Grundrechte und Verfassungsschutz, beraten wird, trat erstmals am Montag zusammen. Daß dem Punkt »Namensgebung« für das neu zu schaffende Staatswesen grundsätzliche Bedeutung zukommt, darf als ein Kennzeichen für die labile politische Situation genommen werden. Man ist sich hier darüber klar, daß die Schaffung eines »Weststaates« so gut wie sicher zur Bildung eines »Oststaates« und damit zu einer Vertiefung der Schnittlinie durch Deutschland führen müßte.

Einen Weststaat in Anführungszeichen, d. h. also einen annähernd staatlichen Zusammenschluß der deutschen Länder, lehnt der Konvent aber selbstverständlich nicht ab, denn sonst brauchte er überhaupt nicht zu arbeiten. Es ist jedoch noch nicht gesagt, ob der parlamentarische Rat, in dem die politischen Kämpfe um diesen »Weststaat« und seine Verfassung ausgetragen werden müssen, nicht zu einer Ablehnung gelangt oder ob in ihm Gegenstände auftreten, die die deutsche Initiative lähmen.

Die Kommission II, die unter dem Vorsitz des Bremer Bürger-meisters Dr. Spitta über die Zuständigkeitsfrage arbeitet, hat zu-nächst den Grundsatz sich zu eigen gemacht, daß Bundesgesetz vor Landesgesetz geht, sodann den Zuständigkeitskatalog in Anlehnung an die Weimarer Verfassung aufgestellt. Sie ist bereits in die Diskus-sion darüber eingetreten, welche Regelungen einer konkurrierenden Zuständigkeit überlassen bleiben sollen, d. h. auf welchem Gebiet die Länder das Recht haben sollen, Gesetze zu erlassen, solange der Bund dieses Recht nicht für sich beansprucht.

Ein großes Gebiet wurde unter dem badischen Oberlandes-gerichtspräsidenten Dr. Paul Zürcher in der Kommission III, die sich mit Organisationsfragen zu beschäftigen hat, in wenigen Stunden bei fast vollständiger Übereinstimmung der Meinungen be-handelt. Es verdient hervorgehoben zu werden, daß sich keine Stimme dagegen erhob, daß der Bundestag durch allgemeine, di-rekte, freie und geheime Wahl entsteht. Man ist bereits genötigt ge-wesen, das zentrale Problem des Wahlverfahrens aufzurollen, und es steht fest, daß hier ein Kompromiß zwischen Proporz- und Mehr-heitswahl angestrebt werden wird. Die Kommission sprach sich überwiegend gegen eine auf Zeit zu wählende provisorische Bundes-regierung aus. Es soll vielmehr eine vom Parlament abhängige Regierung gebildet werden, die jedoch gegen destruktive Miß-trauensvoten extremer Parteien gesichert werden soll.

In der Frage des Bundespräsidenten-Amtes waren die meisten Experten der Auffassung, dies Amt so lange interimistisch vom Bundesratspräsidenten ausüben zu lassen, bis eine gesamtdeutsche Lösung gefunden wird.

Die ersten in der Presse veröffentlichten Nachrichten über die Zusammenkunft von Verfassungsexperten auf der Herreninsel im Chiemsee waren, indem sie von Konklave, Räumung der Insel von harmlosen Sommergästen und dergleichen sprachen, dazu angetan, sensationell zu wirken. Die Sommergäste sind nicht ausgewiesen worden, das Polizeiaufgebot, das die Pressevertreter verhindern sollte, an abgelegenen Buchten der Insel zu landen, brauchte nicht in Funktion gesetzt zu werden. Als vorgestern abend ein großes Streifenkommando auf die Insel gebracht wurde, da geschah es nicht, um die Öffentlichkeit abzuwehren, sondern in der Besorgnis, einige besonders tatkräftige Mitglieder der Bayernpartei möchten nach den Reden ihrer Führer in Prien und München den Wunsch verspüren, die großen Fensterscheiben des Hotels einzuwerfen. Auch sie blieben heil. Von Sensationen keine Spur.

In diesem Augenblick, Montagnachmittag, beginnt in der Kommission I, die sich mit Grundsatzfragen zu befassen hat, die Debatte über die Frage, wie denn das neue Kind heißen soll; in dieser Debatte werden sich selbst hier in Kreisen von Experten die Leidenschaften entzünden, und es wird darüber mehr als ein Votum geben.

Während der Tage auf der Herreninsel, nach den Sitzungsstunden vorwiegend mit Carlo Schmid verbracht, dank ihm über die Stimmung im Konvent gut informiert, machte ich mir ausführliche Notizen. Aus ihnen ist erst viel später, nach 25 Jahren ein durchgeschriebenes Manuskript geworden, das mir heute nur noch in einer Kopie der Urschrift vorliegt. Ich kann nicht sagen, ob und wo es gedruckt worden ist, jedenfalls nicht im *Stern*, dem ich angehörte, als ich es ausarbeitete. Da aus jenen Anfängen der NATO-Staat Bundesrepublik Deutschland geworden ist, dürften diese Tatort-Aufzeichnungen von 1948 es wert sein, hier veröffentlicht zu werden.

GEBURT EINES STAATES? Zwei Monate nach der Wiederherstellung des Geldwertes, genannt Währungsreform, am 10. August 1948, setzten sich die Delegierten der 11 Länder zu diesem »Verfassungskonvent« zusammen. Dazu kam ein Vertreter West-Berlins, die Berater der Delegierten, die Sachverständigen der Sachverständigen, die Sekretärinnen, die Stenographen, die Chauffeure.

Das wurden schließlich alles in allem an die 60 Personen, viel mehr, als auf der Insel unterzubringen waren. Wer nicht zum engsten Kreis gehörte, wurde auf der Nachbarinsel Frauenwörth oder auf dem Festland nach Stock oder Prien ausquartiert. Die Motorboote der Chiemsee-Schiffahrt, der die bayerische Regierung hierfür aus staatlichen Vorräten den Treibstoff zuweisen mußte, durchpflügten auf zahlreichen Sonderfahrten den blauen See.

Im ersten Organisationsplan für den Konvent heißt es zutreffend: »Es ist damit zu rechnen, daß einzelne Teilnehmer ihre Damen mitbringen wollen. Wenn die Herren ihre Gattinnen mitbringen, ist das wohl nicht abzuweisen.« Nein, es war durchaus nicht abzuweisen, und es handelte sich auch nicht durchweg um Gattinnen. Es war Hochsommer, es war ein strahlender Hochsommer im Alpenland, die Insel war herrlich und sternenweit weg vom Krieg, der in den Städten noch so hautnah war, weit weg von Ruinen und Not. Ein fröhlicher Ernst und die Hoffnung, man werde nun doch aus dem schier bodenlosen Loch der politischen, moralischen und ökonomischen Katastrophe herauskommen, erfüllte alle.

Am 12. August wendete sich der Leiter des Tagungsbüros der Bayerischen Staatskanzlei schriftlich an das Gemeindeamt Prien: »Auf Grund der Tagung des Trizonalen Verfassungsausschusses wird das Goliath-Dreirad des Schloßhotels wesentlich mehr als sonst in Anspruch genommen. Das Tagungsbüro befürwortet daher die zusätzliche Zuweisung von Kraftstoff für das Goliath-Dreirad BY 15158 in Höhe von etwa 30 Liter.«

Der Leiter der Staatskanzlei in Person, Freiherr v. Brand, schrieb am 2. August an den Münchner Brauwirtschaftsverband: Am Montag, den 9.8. beginnt auf Herrenchiemsee die Tagung des trizonalen Ausschusses für Verfassungsfragen, der hinsichtlich der zukünftigen Gestaltung Westdeutschlands grundlegende Bedeutung zukommt. An ihr nehmen rund 50 Personen teil, darunter mehrere Ministerpräsidenten und Minister aus den Ländern der Westzonen. Da die Dauer der Tagung noch nicht feststeht, wird gebeten, die untenstehende Menge Bier vorerst für eine Woche zu genehmigen: 350 Liter Vollbier, beziehbar von der Brauerei Stein.«

Es wurde befürchtet, es könnte sich das Gerücht erheben, der Konvent lebe zu aufwendig. Am 2. August schrieb der Chef der Staatskanzlei an den Landwirtschaftsminister: »Staatsminister Dr. Pfeiffer läßt darauf hinweisen, daß die für die Tagung vorgeschlagenen Mengen zusätzlicher Lebensmittel noch beträchtlich unter dem Verpflegungssatz stehen, der bei den Tagungen (der Ministerpräsidenten) in Niederwald, Rüdesheim und Koblenz geboten wurden.«

Am 14. 8. ging auf der Insel das Schreibpapier aus. Vom Alten Schloß aus, wo die Kommissionen arbeiteten, wo sich das Plenum in einem behaglichen, vierfenstrigen Eckzimmer versammelte, wendete sich ein Regierungsinspektor an die Staatskanzlei: »Es wird dringend noch folgendes Material benötigt: 500 Bogen Kohlepapier, 25 000 Blatt Saugpapier (zur Vervielfältigung), 2 000 weißes (oder andersfarbiges) Durchschlagpapier, 1 Karton Matritzen.«

Am 12. 8. zog ich ins Schloßhotel um in Carlo Schmids Zimmer, er mußte für einen Tag nach Hause und regieren. Vorher hatte ich lange Gespräche mit ihm, was er nun eigentlich wolle: einen Staat oder keinen Staat? Ich erinnerte ihn, daß er vorgestern bei der Begrüßung zu mir gesagt hatte: Ich bin nur gekommen, um das alles kaputt zu machen. Abends veranstalten wir ein Fest.

Die Eintragung vom 12. 8. enthält, auf die kürzeste Formel gebracht, das Dilemma, die politische Klemme, um nicht zu sagen: die Falle, in der sich die Verfassungsmacher, und natürlich auch die hinter ihnen stehenden Länderregierungen befanden. Diese neue (und zugleich alte, aus der Weimarer Republik wieder auferstandene) Elite arbeitete nun seit 3 Jahren mit den Militärregierungen zusammen und wußte genau, woher bei jenen so plötzlich die Bereitschaft rührte, »ihren« Deutschen eine Staatsgründung zu erlauben: der Kalte Krieg wurde kälter und kälter.

In der Eröffnungsrede vor dem Konvent sagte Bayerns Minister Dr. Pfeiffer: »Wie Sie wissen, konnten sich die Ministerpräsidenten nicht dazu entschließen, für das von dieser Versammlung zu schaffende Werk schlechthin die Bezeichnung ›Verfassung‹ zu akzeptieren … Als die Militärgouverneure Wert darauf legten, immerhin den Verfassungscharakter zu unterstreichen, entschloß man sich, um die Achtung vor dem zu schaffenden Werk im ganzen Volk zu verankern, zwar das Wort ›Verfassung‹ anzunehmen, jedoch mit der Maßgabe, daß zur Zeit nur eine *vorläufige Verfassung* in Betracht kommen könne.«

Man wollte eigentlich keine Verfassung, keinen Staat, aber eben doch etwas Perfektes, verankert in der Achtung des ganzen Volkes! Am 11. 8., früh 9.02 Uhr (wie im Protokoll festgehalten), eröffnete Carlo Schmid die Generaldebatte: »Wenn man richtig vorgegangen wäre (mit ›man‹ meinte er die Siegermächte und die deutschen Ministerpräsidenten), hätte man uns ganz bestimmte Aufgaben gestellt … So ist man aber nicht verfahren.

Die erste Frage ist die: Was machen wir denn eigentlich? Wir sollen ein Grundgesetz schaffen. Was heißt das? Soll das nur ein anderes verschämteres Wort für das sein, was man normalerweise Verfassung nennt? ... Sodann glaube ich, daß die Erörterung des Problems der Bundesorgane durchaus zur Generaldebatte gehört, also die Frage, ob hier das Element ›Gesamtvolk‹ seine Vertretung finden soll in einem allgemein und direkt gewählten Volkstag, und ob und wie das Element ›Land‹ seine Repräsentanz finden soll ...

Schließlich wird es auch eine Grundsatzfrage sein, ob man diesem Gebilde ein Oberhaupt im Sinne eines Staatsoberhauptes geben soll, ein pouvoir neûtre. Endlich werden wir uns auch noch Gedanken darüber machen müssen, wie dieses Gebilde eigentlich heißen soll ... Namen sind Realitäten erster Ordnung. Der Name weist auf die Richtung, in der das Gebilde wirkt.«

Auf Herrenchiemsee ging ein historisches Gespenst um: die Verfassung der Weimarer Republik. Man versuchte, alles zu vermeiden, was 1933 den faschistisch-nationalistischen Kräften erlaubt hatte, wenigstens dem Anschein nach die Macht im Staat legal zu erringen.

Aber das war nur die eine Seite der Sache, mit der man leidlich, wie uns die Praxis eines Vierteljahrhunderts bewies, zurechtkam. Mit der anderen Problematik wurde man nicht fertig – *und zwar nicht bis zum heutigen Tage*: Wollte man den Weststaat, oder wollte man ihn nicht? Wollte man die Teilung Deutschlands, oder wollte man sie nicht?

Es war wiederum Carlo Schmid (der eigentliche Verfassungsvater; Heuss, den man gemeinhin in dieser Rolle sieht, ist es nicht), der in der Kommission I das Problem anschnitt: Staat oder Staatsfragment? »Will man einen Staat, so ergeben sich zwei Möglichkeiten. Die eine ist ein Weststaat, also ein echter Staat. Die andere Möglichkeit: Kein Weststaat, sondern ein Rumpfdeutschland, das den Anspruch erhebt, Gesamtdeutschland zu repräsentieren, und dessen oberste Organe sich für befugt halten, zum mindesten eine legale Autorität auf dem gesamtdeutschen Staatsgebiet zu besitzen ... Eine Folge wäre, daß man die Bevölkerungsteile Mittel- und Ostdeutschlands als Irredenta anzusehen hätte, deren Heimholung mit allen Mitteln zu betreiben wäre. Demgemäß wären jene, die der gesamtdeutschen Regierung im Westen das Recht zur Vertretung aller Gebiete bestreiten ... als Hochverräter zu behandeln ... Wahr-

scheinlich wäre, daß wenigstens zwei der westlichen Besatzungsmächte sich für diese zweite Lösung entscheiden würden. Diese
Entscheidung müßte sie zu einer wesentlichen Verschärfung ihrer
Beziehungen zur östlichen Macht bringen. Man kann das für notwendig, man kann das für richtige Politik halten. Nur muß man sich
darüber klar sein, daß man damit endgültig darauf verzichtet, die
Einheit Deutschlands auf dem Wege einer Einigung der vier Besatzungsmächte herbeizuführen. *Damit hätte man sich auch dafür entschieden, die Verwirklichung der Einheit Gesamtdeutschlands auf dem
Wege der Katastrophe anzustreben.*«

Klarer konnte man nicht denken und reden – unklarer konnte
man nicht handeln, wie man dann handelte. Der Perfektionstrieb der
Fachleute behielt über ihre politischen Einsichten die Oberhand.
Was der Konvent dem Parlamentarischen Rat in Bonn zur Verfügung stellte nach 109 Stunden Arbeit in den Kommissionen und 36
Stunden Sitzungen des Plenums, war nichts anderes als die Verfassung eines »Weststaates«, die dennoch den Anschein erwecken
wollte, Provisorium auf dem Wege zum Gesamtstaat zu sein. Es gab
nur zwei Parteien, die von dieser Schizophrenie nicht befallen waren. Die eine Partei bestand aus einer Person, sie hieß Konrad
Adenauer. Er wollte den Weststaat und sonst nichts. Die andere
Seite waren die Kommunisten, die mit zwei hervorragenden Ver-
tretern noch im Parlamentarischen Rat saßen: den Abgeordneten
Renner und Reimann. Mit letzterem schlug sich Adenauer ganz besonders gern in Debatten herum.

Den Weststaat, dessen Fahne sich die CDU damals als schwarz-
rot-gold mit einem Kreuz darin vorstellte (Antrag des Abgeordneten Dr. Lehr, CDU, in der 10. Sitzung des Parlamentarischen
Rates), wollten die Kommunisten selbstverständlich nicht, denn es
war ja klar, daß nach Errichtung dieses Staates der Einfluß der
Sowjetunion auf Westeuropa am Eisernen Vorhang enden würde.

Was Carlo Schmid in den Debatten des Parlamentarischen Rates
dann wiederholt formulierte: »Wir sind bei der Errichtung dieses
Notbaues nur zum Teil Herren unserer Entschlüsse gewesen. Die
Besatzungsmächte haben uns Auflagen erteilt ... Das ist nicht gut
gewesen« – das klang bei Reimann und Renner so aggressiv, stem-
pelte den ganzen Parlamentarischen Rat zu devoten Befehls-

empfängern, daß sogar der sonst so konziliante Heuss auf einen Zwischenruf Renners folgendermaßen reagierte: »Renner, halten Sie mal eine Zeit Ihr Maul und seien Sie ruhig!«

Der Bayerische Landtag hat das Grundgesetz am 20. Mai abgelehnt, und dabei ist es formal bis heute geblieben. Als die Abgeordneten aufgerufen wurden, es zu unterschreiben und der Schriftführer den Namen Renner aufrief, antwortete dieser: »Ich unterschreibe nicht die Spaltung Deutschlands.« Daß es sich darum handelte, wußten alle. »Mein Nein zu Bonn ist ein Ja zu Deutschland«, schrieb der CSU-Abgeordnete im Parlamentarischen Rat, Dr. Kroll, am 20. 5. 1949 in der *Süddeutschen Zeitung*.

Für die Präambel des Grundgesetzes wurden auf der Herreninsel zwei Fassungen ausgearbeitet. Die Mehrheitsfassung lautete:

»Das deutsche Volk in den Ländern Baden, Bayern, Bremen, Hamburg, Hessen, Niedersachsen, Nordrhein-Westfalen, Rheinland-Pfalz, Schleswig-Holstein, Württemberg-Baden und Württemberg-Hohenzollern durch seine verfassungsmäßigen und gesetzlichen Organe handelnd, erfüllt von dem Willen, alle Teile Deutschlands in einer Bundesrepublik wiederzuvereinigen und seine Freiheitsrechte zu schützen, und bestrebt, vorläufig dem Teile Deutschlands, der durch Gebiete dieser Länder begrenzt wird, eine den Aufgaben der Übergangzeit dienende Ordnung der Hoheitsbefugnisse zu schaffen, erläßt kraft seines unverzichtbaren Rechtes auf Gestaltung seines nationalen Lebens dieses Grundgesetz für einen Bund deutscher Länder, der allen anderen Teilen Deutschlands offensteht.«

Die Minderheitenfassung lautete: »Die Länder (Aufzählung siehe oben) bilden zur Wahrung der gemeinsamen Angelegenheiten des deutschen Volkes eine bundesstaatliche Gemeinschaft, der beizutreten allen übrigen deutschen Ländern offensteht. Diese Gemeinschaft hat die Aufgabe, bis zur Wiederherstellung der deutschen Einheit die Bundesgewalt auszuüben und die Freiheitsrechte der Bevölkerung zu schützen. Die Gemeinschaft führt den Namen ›Bund deutscher Länder‹. Für den Bund gilt diese vorläufige Verfassung.«

Ersichtlich waren die Autoren der Minderheitenfassung jene, die einer eigentlichen Staatsgründung den entschlossensten Widerstand entgegensetzten. Beide Fassungen wurden unter Führung Adenauers im Parlamentarischen Rat verworfen. In der endgültigen Fassung hat sogar das »deutsche Volk«, das niemand befragte, das Grundgesetz beschlossen, und nun war auch der Name gefunden worden, in dem zum Ausdruck gekommen ist, das Reich sei 1945 nicht untergegangen: Bundesrepublik DEUTSCHLAND.

Am Mittwoch, dem 1. September 1948, fand in Bonn die Eröffnungssitzung des Parlamentarischen Rates statt, dessen Aufgabe es war, aus den Vorschlägen des Verfassungskonventes das Grundgesetz zu schaffen. Mangels eines anderen repräsentativen Raumes fand die Eröffnung im naturwissenschaftlichen Alexander-König-Museum statt, wo die ausgestopften Affen und Bären den Fotografen die Sicht auf Adenauer und die anderen Politiker verstellten. Die alliierten Militärgouverneure waren mit der durchsichtigen Ausrede, sie müßten in Berlin sein, der Feier ferngeblieben, um nicht allzu deutlich zu demonstrieren, daß sie die eigentlichen »Gründungsväter« des künftigen Weststaates waren. Mein Bericht stand am 2. September in der *Süddeutschen Zeitung*:

VON DEM WILLEN BESEELT. Ministerpräsident Karl Arnold von Nordrhein-Westfalen sagte in seiner Begrüßungsansprache: Man bleibe mir ferne mit dem wurzellosen Geschwätz von einer Separation zwischen Ost und West. Er begrüße insbesondere die fünf Vertreter Berlins. Wir fühlen uns, sagte Ministerpräsident Arnold, genau so wie mit Berlin mit Weimar und Breslau verbunden. An dieser Stelle wurde seiner Rede spontaner Beifall zuteil.

Ministerpräsident Stock betonte: Kein deutsches Land ist autark, jedes braucht das andere. Wenn alle Deutschen nach ihrem Willen hätte handeln dürfen, dann wäre das deutsche Volk längst wieder einig in seinen Stämmen und von dem Willen beseelt, sein Vaterland in Freiheit und Gerechtigkeit zu erneuert. Wir grüßen vom Rhein her die Berliner und bewundern ihren tapferen Freiheitskampf. Er ist uns der beste Beweis dafür, daß das deutsche Volk ein zweites Mal nicht bereit ist, sich kampflos unter das Joch der Unfreiheit zu beugen. Freiheit, Recht und Friede sind die politischen Ziele, die das deutsche Volk, das nicht mehr das Volk unter Hitler ist, ehrlich erstrebt. Laßt uns in Einheit danach streben!

Es ergreift der kommunistische Abgeordnete Reimann das Wort.

Er geht auf die Problematik des Parlamentarischen Rates ein und behauptet, daß er ein Instrument zur Spaltung Deutschlands sei. Er warnt, daß die Tätigkeit des Parlamentarischen Rates ungünstige Wirkungen auf die schwebenden Verhandlungen der vier Großmächte haben werde und insbesondere auf Berlin. Er stellt im Namen der KPD den Antrag, daß der Parlamentarische Rat seine Beratungen über die Gründung eines West-Staates sofort einstellen möge. In der Begründung erwähnt er, daß die Institution des Parlamentarischen Rates einen Verstoß gegen die Beschlüsse von Yalta und Potsdam bedeute. Als Reimann später noch einmal das Wort zur Geschäftsordnung verlangt, kommt es zu Demonstrationen der Abgeordneten und der anwesenden Zuhörer. Es wird sodann von dem Vorsitzenden der SPD-Fraktion, Prof. Carlo Schmid, der Antrag vorgebracht, daß die Berliner Delegierten mit beratender Stimme im Gremium des Parlamentarischen Rates Platz nehmen sollen. Als dieser Antrag mit allen Stimmen gegen zwei angenommen wird und die Berliner Vertreter in die Reihen der Abgeordneten einrücken, kommt es zu demonstrativen Kundgebungen für Berlin.

Im April 1948 war ich zum erstenmal nach dem Krieg wieder in Berlin und tauchte dank der Führung durch eine Freundin, die für eine antikommunistische Untergrundorganisation arbeitete, tief in die Frontstadt-Atmosphäre ein. Im Mai nahm ich bei Bebra an einer politischen Tagung teil zusammen mit dem Physiker Carl F. v. Weizsäcker, dem FAZ-Mitglied Karl Korn, Eugen Kogon, für dessen *Frankfurter Hefte* ich in den nächsten Jahren viel geschrieben habe, und Franz Josef Strauß. Anlaß und Thema der Zusammenkunft habe ich nicht notiert, wohl aber: »Trotzdem eine schreckliche Veranstaltung.« In jenem Jahr spielte die »Moralische Aufrüstung«, die in der Schweiz in Caux ihr europäisches Hauptquartier auf Geheiß des amerikanischen Geheimdienstes aufgeschlagen hatte, für die deutschen Intellektuellen, Schriftsteller, Politiker und Journalisten, eine wichtige Rolle. Nur nach Überprüfung und Empfehlung der CIA wurde man nach Caux eingeladen, was eine Woche Friedensernährung bedeutete und als demokratische Auszeichnung verstanden wurde, wie heute das Große Bundesverdienstkreuz. Ich bekam keinen Freifahrschein für Caux, aber ein Visum für die Schweiz, und als ich zurückgekommen war, schrieb ich

ADRIANS FERIEN VON DEUTSCHLAND ... UND SEIN BEITRAG ZUR EUROPÄISCHEN VÖLKERVERSTÄNDIGUNG. Es ist nicht so

einfach, in die Schweiz zu reisen. Aber wenn sich, wie für Adrian, ein Alliierter findet, der mit Brief und Siegel dafür einsteht, daß die Begegnung dieses Deutschen mit einem anderen Land ein wichtiger Beitrag zur Verständigung der europäischen Völker sei, so findet sich auch der Paß. Adrian, der bereits zwei Jahre lang das Geschäft eines politischen Buß- und Moralpredigers ausübte, war willens, an seine Funktion zu glauben, und ihr gemäß entwarf er ein Reiseprogramm. Er packte seine Streit- und Moralschriften in eine Mappe und meldete sich bei einigen hervorragenden Europäern Schweizer Observanz an. Auch lag es in Adrians Absicht, eine praktisch nutzbare Verbindung zwischen einem schweizerischen und einem deutschen Verlagsunternehmen zu knüpfen. Die gesetzlichen Voraussetzungen hierzu abzuklären, begab er sich kurz vor seiner Abreise zum diesbezüglichen Büro seiner Militärregierung und erfuhr, daß an eine solche Verbindung nicht zu denken sei. Eine Übervorteilung des deutschen Partners könne infolge seiner schwachen wirtschaftlichen Position gar nicht vermieden werden; es gehöre, so sagte der uniformierte Beamte, zu den Aufgaben der Militärregierung, die Ausplünderung des deutschen Volkes zu verhindern. »Das ist wirklich lieb von ihr!« entgegnete Adrian.

Bis zur Grenze fuhr er zusammen mit Dr. Hieronymus, der nach Caux wollte, in dessen Auto. Wie in Vorahnung kommender Ereignisse sagte Adrian, von ihm Abschied nehmend: »Ich weiß gar nicht, warum Sie nach Caux fahren, lieber Doktor. Sie sind moralisch in glänzender Form, und auch Ihr Körpergewicht scheint mir normal zu sein. Vielleicht könnten Sie ein bißchen für mich, quasi stellvertretend, moralisch aufrüsten? Ich hätte es nötiger.« Adrian aber begrüßte Herrn Volpi, einen frankenträchtigen, höchst sympathischen Schweizer, der, ihn abzuholen mit seinem nagelneuen englischen Wagen an die Grenze gekommen war. Adrian wurde auf seinen Wunsch vor einem kleinen bürgerlichen Hotel abgesetzt; man verabredete sich auf einen der nächsten Tage.

Es war inzwischen die Dunkelheit hereingebrochen. Er säuberte sich und ging in die Stadt. An jenem ersten Abend, der warm und klar nach langer Regenzeit war, erschien ihm Zürich als ein riesiges

Kaufhaus, in dem eine schaubegierige Menge in unablässigem Strom zwischen den lichtüberschwemmten, prall gefüllten Auslagenreihen flanierte. Er ließ sich mittreiben, die Bahnhofstraße hinauf, die Bahnhofstraße hinunter, und wieder hinauf, wo er zu später Stunde am Fahrkartenschalter einen ansehnlichen Frankenbetrag erhob, der dort für ihn von einem kaum noch Verwandten deponiert worden war.

Adrian vermied es, ihm von Herrn Volpi, dem Millionär, zu erzählen, so daß jeder der beiden sich für den alleinigen Patron dieses bescheidenen und idealistischen Deutschen hielt, welcher der Völkerverständigung mit soviel Ernst oblag.

Am ersten Züricher Morgen zu später Stunde erwachend, stellte Adrian fest, daß es wie aus Eimern goß und es überdies Sonntag sei. Davon leitete er die Berechtigung ab, zu seiner Aufgabe noch Distanz zu bewahren. Er ließ sich den Kaffee, die Semmeln, die Butter, die Kirschenmarmelade, den Schinken, den Tomatentrunk und außerdem die fünf Telephonbücher der Schweiz, die sämtliche Anschlüsse des Landes enthielten, ans Bett bringen. Im Selbstwählverkehr hatte Adrian dank des Apparates auf dem Nachttisch fünfzig Franken ausgegeben, ohne sich auch nur vom Bett zu erheben.

Der Erfolg dieser komfortablen Fernsprechtechnik war, daß er die ganze Schweiz für eine Art Vorort von Zürich einzuschätzen begann, ein Eindruck, den das Studium der Fahrpläne, dem er sich gleichfalls noch im Bett hingab, verstärkte. Selbst das ferne Genf war mit dem »Roten Pfeil«, behaglich im Speisewagen sitzend, in drei Stunden zu erreichen. Adrian traf Verabredungen, wie er sie früher innerhalb Berlins getroffen hätte: für Dienstag, 10 Uhr zur Liechtenstein-Ausstellung in Luzern, für Dienstagabend ins Kurhaus nach Lugano und so fort, durch die Woche. Später mußte er dann, unter dem Druck unvorhergesehener Ereignisse, manche dieser Abreden umstoßen.

Das am Montag wieder von Sonnenschein durchflutete Zürich bewirkte, daß der pädagogische Eifer, den er aus der deutschen Volière mitgebracht hatte, aus ihm hinauslief wie Wein aus einem angeschossenen Faß. Er fand Genügen im Anschauen der Auslagen, eine Tätigkeit, die er nur unterbrach, um kolossale, mit Kennerschaft ausgewählte Mahlzeiten zu sich zu nehmen. Mit Hochach-

tung verglich er die Preise der ausgestellten Waren, multiplizierte sie
mit drei, um den ungefähren D-Mark-Wert zu ermitteln, und es
überkam ihn vor den Schuhen, die demnach 300 DM, und vor den
Anzügen, die 700 DM kosteten, ein leichtes Gruseln. Erst vor wenigen Wochen waren die letzten Verkaufseinschränkungen gefallen
und ruckartig bewegten sich die Preise nach oben. Darüber klagte
auch der Verwandte, als ihm Adrian im getäfelten Speisezimmer seines prächtigen Hauses gegenübersaß. Zum Nachtisch erzählte der
alte Herr Anekdoten aus seiner internationalen Hilfstätigkeit. »Es
sind nicht alle gleich«, stellte er betrübt fest, »da wurde mir doch ein
junger Student in Hamburg durch eine dortige Verwandte ans Herz
gelegt, und als ich ihm eine Sendung Zigaretten schickte, damit er
sich Lebensmittel oder Geld dagegen eintauschen könne, was
schrieb er mir zurück? Um den Hals möchte ich Ihnen fallen,
schrieb er, endlich, endlich kann ich wieder einmal rauchen!« – »Was
gibt es doch für Menschen«, ereiferte sich Adrian und schob die bereits gezückte Goldflake-Packung hastig in die Tasche zurück, »da
haben sie diesen Hitler großgezogen, und nun rauchen sie auch
noch!« – »Dieser hat nicht geraucht, hat man mir gesagt«, stellte der
Oberkantonalrat trocken fest, der Wahrheit auf jeden Fall die Ehre
gebend. »Trotzdem, trotzdem!« Adrian schüttelte betrübt seinen
Kopf. Der junge Mann gefiel seinem Gastgeber zusehends besser. Er
spürte dessen tiefes Mitgefühl und fand in ihm einen aufmerksamen
Zuhörer, als er ihm schilderte, welche Entbehrungen dieser erbärmliche Krieg ihm und allen Schweizern bis zum heutigen Tag auferlegt
hatte. Adrian, nachdem er des beinahe Verwandten Haus verlassen
hatte, holte etwas Atem und begab sich zum nächsten Telephon, um
für Donnerstag ein Zimmer im Baur au Lac zu bestellen, jener angesehenen Herberge, die ihre Gäste mit einem Rolls Royce vom
Bahnhof abholte. Sodann begab er sich zu einer Verabredung anderer Art, zu der jungen Frau S., die ihm aus besserer deutscher Zeit
befreundet war und sich in Fr. rechtzeitig, d. h. vor dem Kriege,
niedergelassen hatte. Bei ihr begegnete er einigen jener deutschen
Studenten, die für ein Semester nach der Schweiz kommen und sich
im fünften noch hier befinden, wodurch sie dem politischen
Departement in Bern ein wahrer Dorn im Auge sind, den auszurei-
ßen ihm doch nicht gelingt. Diesen Burschen, begabt, tüchtig und

voller Energie, durch eine Schule gegangen, wo sie mehr als das Einmaleins und gute Tischsitten gelernt, gelang es auf wunderbare Weise, »die Stellung zu halten«, wie sie das nannten. Es muß angedeutet werden, daß Adrian bereits hier Gelegenheit hatte, echte internationale Verständigung am lebendigen Beispiel zu studieren, und es war eine Freude für diesen Reisenden in Verständigung, zu bemerken, wie junge und reiche Amerikanerinnen, zur Perfektion ihres Französisch in Fr. weilend, sich zugleich in ihrer Freizeit in Deutsch ausbildeten. Näherten sich die Ferien, wie es gerade geschehen war, und flogen die jungen Damen in die Staaten zurück, so hatten die Studenten einige töchtergesegnete Bürgerhäuser auf Lager, in denen sie erschienen, zum sichtbaren Polohemd einen unsichtbaren Zylinder und ernste Absichten zur Schau tragend. Worauf sie für die Ferien ins Landhaus der Familie eingeladen wurden.

Es muß wohl einer von diesen gewesen sein, der Adrian aufforderte, sich in Zürich Wanda von O.'s anzunehmen, eines jungen Mädchens, das Rat brauche. Als er Wandas zum ersten Male ansichtig wurde, glaubte er, eine new look-Variation der heiligen Johanna vor sich zu sehen. Diese Mode kleidete nur solche Frauenzimmer, die sich zur Not auch unbekleidet hätten sehen lassen können. Wie der Fuchs die Hühner durch die Stalltür, so witterte Adrian durch die reine Stirn Wandas ein dort verborgenes Tohuwabohu. Ganz abgesehen davon, daß das Tohuwabohu auch andere Nistplätze haben kann. Genug, sein Programm der Völkerverständigung konzentrierte sich nun auf die Verständigung zwischen einem Deutschen und einer jungen Dame unbestimmter Nationalität, bis er sich Rechenschaft darüber ablegte, daß sein Bestand an Franken so zusammengeschmolzen war, daß er zunächst schleunigst Herrn Volpi, seinen Millionär, besuchen, sodann aber in Bälde die Grenze und die Bereiche der Deutschen Mark wiedergewinnen müsse. Der Tag nahte, an dem er sich schicklich von seinen Wohltätern verabschiedete und seine Abreise für den nächsten Vormittag festsetzte. Er kaufte, bevor er mit Wanda zum letzten Male ins »Dolder« zum Tanzen hinauffuhr (in einem jener geräumigen, kußfesten Chrysler- oder Buick-Acht-Zylinder, die in Zürich Kleintaxen heißen), die Fahrkarte und bezahlte seine Hotelrechnung. Als er am Morgen des Reisetages seine Barschaft überzählte, besaß er noch zehn Franken.

Die Schweizer Kontrolle wurde großzügig gehandhabt. Aber auf deutscher Seite geriet er an einen gründlichen Zöllner. »Was ist das?« fragte der Mann und wog zwei Zellophanbeutel mißtrauisch in der Hand. »Feuerwerk«, antwortete Adrian wahrheitsgemäß. Der andere blätterte in einer Liste. »Verboten, enthält Pulver, Abrüstung!« – »Aber es ist für Kinder«, erklärte Adrian. »Egal«, erwiderte der Zöllner unbeirrt. »Es ist wirklich ganz harmlos!« kämpfte Adrian weiter, und zum Beweis zog er aus einem der Beutel eine bengalische Kerze und entflammte sie mit einem Zündholz. Die Kerze, gefällig abbrennend, erhitzte den Draht, an dem Adrian sie hielt. »Au«, sagte er und ließ sie fallen. Das glühende Ende entzündete den einen Beutel, und der eine Beutel entzündete den anderen. Das Zollhaus füllte sich mit Gestank und schwarzem Qualm, in dem die Sternwerfer, Feuerräder und Strahlenbündel zuckten. Die ergrimmten Zöllner verhafteten Adrian und ließen ihn erst am nächsten Morgen frei, nachdem er ihnen als freiwillige Sühne und keineswegs als Bestechung seinen Neskaffee und die Packung eines Würmer vertreibenden Mittels überlassen hatte, um dessen Besorgung er gebeten worden war. Denn es herrscht Wurmseuche in Deutschland.

Das Jahr 1948 neigte sich seinem Ende zu, als ich am 16. Dezember in der *Süddeutschen Zeitung* einen Leitartikel gegen den Kalten Krieg schrieb, der in der westdeutschen Publizistik geführt wurde:

KREUZZUG-PROPAGANDA. Haben Sie, Zeitungsleser, Rundfunkhörer und Wochenschau-Betrachter, bemerkt, daß wir uns bereits wieder in einem frischfröhlichen Weltanschauungskampf befinden und das Wort »Progaganda« im Politischen größer geschrieben wird denn je? Der Befragte wird uns entgegnen, er habe es bemerkt und er habe überhaupt nie daran gezweifelt, daß »alles Schwindel sei«. Nämlich alles, was in der Zeitung steht. Es wäre mit Rücksicht auf gewisse Bestrebungen, uns Deutsche zur Übernahme einer neuen »Mission« aufzustacheln, notwendig, den Blick des Zeitungslesers und Wochenschau-Betrachters, das Ohr des Rundfunkhörers, das heißt also schlechthin jedes erwachsenen und denkenden Deutschen für die bewußte Entstellung der Tatsachen im Propaganda-Schwindel zu schärfen.

Die Verhältnisse in jenem Teil Deutschlands, der von Rußland beherrscht wird, wollen wir ganz außer acht lassen. Es erscheint uns nicht erlaubt, das, was bei uns geschieht, mit einem Hinweis auf die russischen Methoden der Meinungsbildung und Massenführung zu entschuldigen. Wenn wir richtig sehen, so befindet sich Amerika selbst in der großen Gefahr, auf die schiefe Ebene der Ideologien zu geraten. Mehr aber als dieses Volk sind wir gegenüber den Verführungen durch Kreuzzugsthesen widerstandslos. Wie viele Deutsche sind im letzten Jahr auf den Gedanken gekommen, daß ein Kampf »Schulter an Schulter« mit dem großen amerikanischen Weltanschauungs-Partner gegen den Osten *die* große Chance für uns sein könnte? Es sind Millionen. In den ersten Jahren nach Kriegsende konnte man behaupten, das sei die Denkweise der unbelehrbaren Nazi. Davon kann heute keine Rede mehr sein. Schreiten wir auf dem eingeschlagenen Wege fort, so wird es schwer sein, künftig bei uns zwischen einem Nationalisten und einem kämpferischen »Demokraten« von heute noch zu unterscheiden. Möglich sogar, daß man in Amerika diese Unterscheidung gar nicht mehr zu machen wünscht. Ideologische Feldzüge können vielleicht abgeblasen werden, und dann sind diejenigen, welche sie begonnen haben, blamiert, und diejenigen, welche sich dazu hergegeben haben, mitzulaufen, »verraten«. Oder sie werden zu Ende geführt – und das Ende heißt Krieg.

1949

In meinem mit Stichworten geführten Arbeitskalender für das Jahr 1949 ist außer einem Aufenthalt in Bonn am 12. Mai nichts vermerkt, was mit der Staatsgründung in unmittelbarem Zusammenhang gestanden hätte, also mit der Verkündigung des Grundgesetzes oder der Bildung des ersten Bundeskabinetts am 20. September. Die Würfel waren längst gefallen zugunsten des Weststaates, es handelte sich nur noch um den Vollzug der Staatsbildung. Hingegen lassen die Notizen aus diesem Jahr eine enorme Zunahme deutscher Aktivitäten erkennen, die sich fern von Bonn, unabhängig von den zur BRD-Gründung hinführenden Entscheidungen und Beschlüssen ereigneten, fern dem sich entwickelnden Zentrum der künftigen Staatsmacht, in dem Adenauer zur beherrschenden Figur wurde. Im April hatte ich in Nürnberg mehrere Zusammenkünfte mit Robert M. W. Kempner, dem Ankläger auch im letzten der Kriegsverbrecherprozesse gegen hohe Beamte des Auswärtigen Amtes, worin der ehemalige NS-Staatssekretär Ernst v. Weizsäcker, der Vater des philosophierenden Physikers und des derzeitigen Bundespräsidenten, die Hauptperson war.

Mit wachsender Skepsis gegenüber der Europa-Idee beobachtete ich in Wiesbaden die Gründung der »Europa-Bewegung«, erlebte in Frankfurt die Tagung der Flüchtlings-Organisationen, und hatte tags darauf (am 28. Juni) eine Zusammenkunft mit Ludwig Erhard, der noch nicht Wirtschaftsminister war, weil es noch keine Bundesregierung gab.

Wieder in München, sagte ich in der sogenannten »Kleinen Konferenz« : die werden uns aufrüsten, aber man wollte es noch nicht glauben. Es sollte nicht lange dauern (bis März 1950), dann schrieb Augstein im Jens-Daniel-Kommentar *Waffen für den Butzemann*: »eine militärische Geheimorganisation, ›Die Bruderschaft‹ sei dabei, die deutsche Militärmaschinerie wieder aufzubauen.«

Mit Beiträgen dieser Tendenz versuchte ich – aufs ganze gesehen total erfolglos, dem widerwärtigen Gebrüll der Kalten Krieger entgegenzutreten. Das noch nicht von einer Mauer zerschnittene, von beiderseitigem Polizeiaufgebot bereits geteilte Berlin war natürlich der Platz, wo sich der gefährliche Kommunistenhaß, der unvermeidbar, wenn auch bestrittenerweise die Brüder und Schwestern »drüben« zu Opfern westlicher Anmaßung machte, besonders rabiat äußerte. Der Anheizung durch die Amerikaner hätte es gar nicht bedurft; ein Schumacher, ein Reuter reichten aus, die angeblich so friedlich und so demokratisch gewordenen Deutschen mit Antikommunismus derart zu verseuchen, daß sie den Amerikanern aus der Hand fraßen.

In Berlin traf ich im November zum wiederholtenmal mit jener Freundin aus Studienzeiten zusammen, die inzwischen in der Kampforganisation »Rettet die Freiheit« eine führende Agentin geworden war und ein dementsprechend zwischen Angst und Heldentum pendelndes Leben führte. Über diese Begegnung schrieb ich

DIE RETTER EUROPAS. Mit so unsteten Geschöpfen wie Adrian ist schlecht Freundschaft halten. Sie geraten uns aus den Augen, wir wissen nicht wie. Wie erstaunt sind wir, ihm in Berlin wiederzubegegnen, wo es sich, noch dazu in so häßlicher Jahreszeit, gar nicht gut leben läßt!

Ecke Bleibtreustraße führt ihn der Zufall mit einem alten Bekannten zusammen. Der Herr im Kamelhaarmantel ist Amerikaner, Mr. R. N. Jolison, Adrian kennt ihn von 1945 her, und sie haben sich lange nicht gesehen. »Hallo, Äd!« ruft Jolison. »Hällo, Bob!« ruft Adrian zurück, smart wie stets, »was machen Sie hier? Militärregieren Sie noch immer?« – »Verrückt werde ich sein«, antwortet Jolison. Er schließt sich Adrian an, der auf dem Weg in sein Hotel ist. »Ich bin in Geschäften hier«, erzählt Jolison, »das ist eine Stadt, Äd, da machen Sie sich keine Vorstellung. Wenn Sie einen Berliner fragen, was er ist, was antwortet er? Berliner! Verstehen Sie, Berliner, nichts weiter. Er schmollt mit old merry Germany, weil er nicht Hauptstadt spielen darf. Deshalb kannst du hier tun, was du willst, hier regiert überhaupt niemand. Von hier aus verkaufe ich bis New York und bis Moskau. Wollen Sie sehen, wer das Geschäft macht?« – »Warum nicht«, antwortet Adrian. – »Dann treffen wir uns heute abend in der ›Queen‹.« – »Gut«, stimmt Adrian zu, »so nach zwölf. Ich werde nicht allein sein.« – »Ich auch nicht«, entgegnet Jolison.

Glücklicherweise ist es nicht weit zu Franziska. Sie wohnt bei zwei alten Schwestern, Baltinnen, die sich gegenseitig Altchen und Häschen nennen und vor langer Zeit glänzende Tage gesehen haben. Hinter einem Wall von Mahagoni und Plüsch kämpfen sie mit dem Mut der Verzweiflung gegen den endgültigen Untergang an, indem sie Zimmer vermieten. Dabei werden sie stets betrogen. Franziska ist ihnen Trost in schwerer Zeit, sie schreibt sogar ihre zahllosen Telephongespräche korrekt auf und bezahlt sie. Altchen, im Gegensatz zu ihrer Schwester noch bei gutem Gehör, sagt oft: »Ich weiß nicht, Häschen, das Fräulein führt oft so sonderbare Reden am Telephon, ich verstehe gar nichts.« – »Laß sie, Liebste«, sagt dann die harmlosere Schwester, »hat sie die Wochenrechnung bezahlt?« Aber Altchen sieht Unheil voraus.

Franziska steht im schwarzen Pelz fertig zum Ausgehen neben dem Telephon, als Adrian in die Wohnung tritt. »Du bist spät«, sagt sie, den Hörer in der Hand, im Begriff, die Verbindung zu wählen, »setz dich noch einen Augenblick.« Adrian läßt sich in einem weiß gestrichenen Korbstuhl nieder und spielt mit Blacky, Franziskas wohlerzogenem, französischem Lammpudel, während sie telephoniert. »371« spricht sie in die Muschel und wartet einen Augenblick, »hallo? Ja, 371, ich gehe jetzt weg – – nein, heute bitte nicht – – wie, Seelöwe? Doch nicht schon heute nacht? Wann – – um fünf Uhr? Na, in Gottes Namen – – wer hat denn Nachtdienst? – – Gut, ich rufe an, wenn ich zurück bin.« Franziska hängt ein. »Hurry up«, sagt Adrian mit gespielter Munterkeit, er spürt, das Telephongespräch hat Franziska verstimmt. Während sie die Treppen hinuntergehen, fragt er zögernd: »Du bist da immer noch dabei, rettest Europa immer noch?« – »Es ist herrlich«, antwortet sie, »unsere Jungs sind großartig, ein Geist ist in ihnen, ein Schwung! Und wir haben große Erfolge, du weißt es ja aus der Zeitung.« – »Leider«, entgegnet Adrian. »Was soll das alles ? Was steht am Ende – wollt ihr Krieg?« – »Still«, sagt Franziska. Es ist eine Bitte. »Wir wollen einen schönen Abend haben und uns nicht streiten. Ich kann es brauchen. Du weißt nicht, wie wir leben. Zwei Jahre bin ich nun nicht mehr aus Berlin herausgekommen.« – »Du solltest aber einmal heraus, ihr werdet hier alle verrückt. Komm im Winter zum Skifahren.« – »Ich kann doch nicht. Wir sind zu wenige, der Dienst erlaubt es nicht, Geld haben wir auch nicht, ich kann es mir nicht leisten, zu fliegen.« – »Es geht auch zu Land. Der Bus ist nicht sehr teuer.« – »Du hast keine Ahnung, ihr Westdeutschen lebt auf dem Mond. Glaubst du, ich kann mich sehen lassen in der Zone, glaubst du, einer von uns verläßt Berlin, wenn er nicht einen Auftrag hat? Und dann riskiert er eben alles. Die haben doch von uns allen die Namen, die wissen doch alles, alles … Skifahren, Berge … schön wär's.«

Franziska und Adrian wollen in die »Badewanne«, aber vorher im Bühnenclub essen. Er ist heute überfüllt. Sie geraten in eine Veranstaltung, auf der, wie Adrian spottet, die Berliner Mut aus dem Jenseits tanken. Die vom Magistrat konzessionierte, gewissermaßen amtliche Hellseherin stellt sich in Gesellschaft von Wissenschaftlern, Journalisten und Zunftgenossen einem immer noch gut bürgerlichen Publikum. Während er sein Schnitzel ißt und seinen Wein trinkt, erfährt er, daß Hellseherei das Normalste von der Welt sei.

Die Wissenschaft sage ja. Was die Bürger im Club stört, ist die Tatsache, daß die Lautsprecher schlecht funktionieren und sie die Stimme der Redner schlecht verstehen. Sonst stört sie nichts. »Habe ich dafür meine fünf Mark bezahlt?« empört sich ein Herr an Adrians Tisch. »Wofür wollten Sie denn fünf Mark bezahlen?« fragt Adrian.

Sie sind mit dem Essen fertig. Adrian drängt zum Aufbruch. »Noch einen Augenblick«, bittet Franziska, »jetzt spricht sie selbst.« In der Tat, sie spricht, in eine lautlose Stille hinein sagt sie mit leiser Stimme, es werde alles gut werden. »Für fünf Mark ist das billig«, meint Adrian im Taxi, als sie zur Nürnberger Straße fahren, wo im Keller des Femina-Hauses die »Badewanne« steht. »Spotte nur«, erwidert Franziska, sehr guter Laune nach gutem Essen, »aber die Frau hat recht. Unser Kampf wird nicht umsonst sein.«

In der »Badewanne« machen intellektuelle Maler vor einem Parkett von Portokassenkavalieren und Frisiermädchen surrealistisches Kabarett.

Kein Mensch begreift ein einziges Wort. Nach zwei Stunden ist der Surrealismus vorbei, eine Kapelle von vier Mann besetzt das Bühnchen, sie ist das Geheimnis des Erfolges der »Badewanne«. Der Trompeter stößt mit seinem Instrument bis zu den dämonischen Urgründen der Frisiermädchen vor, und die derart geweckten Frisiermädchen entfesseln beim Tanz die Dämonie der Portokassenkavaliere. Beim Tanz – oder was sich so nennt, wenn 50 Paare auf 16 Quadratmetern ins Toben kommen. Auf der steilen Treppe zum Ausgang treffen sie den Kunsthändler Heinse und seine Frau. Adrian hat Heinses vor elf Jahren zuletzt in Berlin gesehen, bevor sie nach Südamerika auswanderten. »Sie hier?« ruft Adrian erstaunt aus. »Wo sollte unsereiner heute sein, wenn nicht in der Weltstadt Berlin.« Franziska wirft Adrian einen Blick zu. Dieser Blick heißt: Hörst du! »Billiger kann ich nirgends einkaufen, solange sich die Berliner selber ruinieren«, fährt Heinse fort. Adrian wirft Franziska einen Blick zu. Dieser Blick heißt: Hörst du! Man beschließt, den Abend gemeinsam fortzusetzen.

Dank Heinses Wagen, den sie aus Rio mitgebracht haben, absolvieren sie bis in die Morgenstunden ein umfangreiches Programm: Valeska Gert, in roten Hosen und roter Jacke vor roten, selbstgestrichenen Wänden, die ›Queen‹, wo Adrian »das Geschäft« sieht und Jolisons sich der Rundreise anschließen, die Negerbar, wo es sehr friedlich zugeht. Zuletzt landen sie in einem Lokal, in dem Günther Neumann, Berlins Kabarett-Favorit, sein Fußball-Lied aus dem Abendprogramm auf leidenschaftlichen Wunsch der Gäste wiederholt. Er steht in einem improvisierten Fußball-Tor und beteuert im Refrain, der Torwart im »Berliner-Tor« werde alles, was da kommt, »halten«, aber schießen, aber schießen dürfe er leider noch nicht. Das wohlassortierte Bürgertum ist ganz aus dem Häuschen und jubelt. Heinse hat sein Berlinisch nicht vergessen. »Doof bleibt doof«, sagt er ziemlich laut. »Was denn«, sagt Adrian zu ihm, »der macht doch Ihr Geschäft.« Sie treffen böse Blicke. Franziska schaut auf die Uhr und sagt leise zu Adrian: »Laß uns gehen, ich muß um fünf zum Dienst.«

Der 10. Mai 1949 ist der Geburtstag Bonns als Hauptstadt eines deutschen Staates. Da zuvor noch nicht entschieden war, ob sich nicht eine Mehrheit des Parlamentarischen Rates für Frankfurt entscheiden würde, wo das Funkhaus so gebaut worden war, daß es auch den Bundestag hätte aufnehmen können, beobachtete ich die Abstimmung und erlebte

WIE BONN DAS RENNEN MACHTE. Einige Mitreisende waren noch vom nächtlichen Pokulieren so heiter, daß sie, als der Zug in Bonn einlief, die Türen ihrer Schlafwagenabteile aufrissen und in den Gang riefen: »Bundeshauptstadt Bonn, Bundeshauptstadt Bonn, alles aussteigen!« Außer mir gehorcht aber niemand ihrer Aufforderung. Es ist heute nichts los in Bonn: Nach den Glanz- und Sturmnächten, in denen um Mitternacht die Abstimmungen über Annahme oder Ablehung des Grundgesetzes und über den Sitz der künftigen Bundesregierung stattgefunden haben, ist es hier politisch still geworden. Die Abgeordneten sind zum Teil in Berlin, zum Teil in Frankfurt, zum Teil in ihren Bundesländern. Um so tätiger sind die Bonner Bauunternehmer und alle übrigen Gewerbe, die Stadtverwaltung und die für den Ausbau des Bonner »Regierungsviertels« zuständigen Stellen der Landesregierung von Nordrhein-Westfalen. Bonn befindet sich am Vorabend einer kaum erhofften Prosperity. Bevor wir in einem nächsten Bericht die erwählte Stadt zu schildern versuchen werden, wollen wir noch einen Blick auf die Vorgänge des Tages werfen, in dessen letzten Minuten die Entscheidung für Bonn fiel.

Verständlicherweise brachte die Bonner Bevölkerung der Abstimmung über die künftige Bundeshauptstadt ein viel größeres Interesse entgegen als der über das Grundgesetz selbst. Am 10. Mai hatten sich bereits in den Vormittagsstunden vor der »Pädagogischen Akademie« mehr Neugierige eingefunden als an irgendeinem anderen Tag seit dem 1. September 1948, an dem der Parlamentarische Rat zusammengetreten ist. Die Bonner haben zu guter Letzt bemerkt, daß die Arbeit dieses Rates sie selbst unerwarteterweise angehen könne, und seitdem sind sie mit rheinischem Temperament ganz bei der Sache. Auch Regenschauer vertrieben sie am Dienstag nicht, und gegen Abend füllten sich Park und Rheinpromenade unterhalb des Sitzungssaales, dessen große, dem Strom zugewendete Glaswand mit einem Vorhang verschlossen war, immer mehr mit Bürgern der Stadt. Ein Aufnahmewagen des NWDR übertrug für sie die Abstimmung, deren Ergebnis bis zur letzten Sekunde völlig offen war.

Jeder Abgeordnete, beim Namen gerufen, schreitet im überfüllten Saal nach vorne und wirft seinen Zettel in die weiße Wahlurne. Alle folgen dem Aufruf, nur Renner und Reimann, die beiden KPD-Abgeordneten, bleiben sitzen. Renner, emsiges Schreiben vortäuschend, bemerkt, als sein Name aufgerufen wird, nebenbei: »Kein Interesse.« Die gefalteten Stimmzettel werden aus der Urne auf den Präsidententisch geschüttet und gezählt. Es sollen sein und sind: 63. Nun wird einer nach dem anderen geöffnet und der Stadtname laut ausgerufen. Abgeordnete, Ministerpräsidenten, Journalisten, Polizisten, Sekretärinnen, das Küchenpersonal im Untergeschoß, die Kellner im Parlamentsrestaurant (auf dessen Verführungskunst der Leitartikler der *Frankfurter Rundschau* heute die Wahl Bonns bucht) und die Menge draußen in der Nacht rings um das hell strahlende Gebäude – sie alle halten den Atem an. Die Telephonleitungen sind seit langem mit Frankfurt, Düsseldorf, München, Paris und anderen umliegenden Ortschaften verbunden und die Gehilfen der Korrespondenten warten in den Sprechzellen. »Bonn – Frankfurt – Bonn – Bonn – Frankfurt ...« So geht es eine Weile hin und her; es folgt eine

Serie: »Frankfurt«, das weiten Vorsprung gewinnt. Mit Ausrufen der Freude begleitet das Publikum die Stimmen für Bonn, mit solchen der Enttäuschung diejenigen für Frankfurt. Des Präsidenten Appell an Disziplin bleibt ungehört.

Dann aber kommt: »Bonn – Bonn – Bonn – Bonn …« »29 – 30 – 31«, zählen Hunderte halblaut mit und als die 32. Stimme für Bonn verlesen und damit die absolute Mehrheit für diese Stadt erreicht ist, bricht alles in Jubel aus. Noch sind zwei Stimmzettel nicht geöffnet, aber ihr Inhalt interessiert nicht mehr. Die Entscheidung ist gefallen. Die Korrespondenten der Agenturen rasen die Treppe hinunter und mit 17 Sekunden Vorsprung erfährt AFP, die französische Agentur, vor AP, der amerikanischen, das Abstimmungsergebnis durch den Draht. Der Vorhang wird von der Glaswand zurückgezogen, die Fenster geöffnet. »Bonn, Bonn«, hört man die Rufe durch die Nacht.

»Siehste«, höre ich einen Eisenbahner zu einem zweiten sagen, während ich 48 Stunden nach der Abstimmung auf den Kölner Zug warte, »zehn Millionen hat der Landtag gestern für Bonn bewilligt und vorher hieß es 3,7 Millionen. Alles Schwindel. Der Carlo Schmid hat recht, wenn er sagte, Geschäfte stecken dahinter.« – »Der Adenauer hat alles gemacht. Der hat sein Schäfchen hier im Trockenen, und da will er bleiben«, erwiderte der andere.

»Mir alles egal, Hauptsache, die Besatzung zieht ab.«

»Die hat uns auch nicht weh getan. Was machen denn jetzt unsere Fräuleins? Sie werden's schwer haben, die Armen. Die Beamten sollen doch ihre Frauen mitbringen, weißte warum?«

»Mensch, das ist och einfach, die Frauen jeben das Jäld aus. Und das sollen sie hier tun.«

Im Juni und Juli erschienen unter der Serien-Überschrift *Die Ersten des Landes* kurze Portraits der politischen Persönlichkeiten, von denen aufgrund ihrer bisherigen Tätigkeit und Funktion anzunehmen war, sie würden im Weststaat führende Rollen übernehmen. Bei einigen stellte ich Überlegungen an, wie diese Rolle mutmaßlich aussehen werde. Von insgesamt 12 portraitierten Politikern, darunter z. B. Wilhelm Kaisen, Dr. Hans Ehard, Karl Arnold, damals zur ersten demokratischen Garnitur zählend, werden nur fünf für den Leser noch ein Begriff sein: Adenauer,

Carlo Schmid, Theodor Heuss, Ludwig Erhard und Kurt Schumacher. Von den Vergessenen nehme ich den Berliner Oberbürgermeister Ernst Reuter deshalb hier auf, weil mir sein »Portrait« fast zu einem politischen Leitartikel geworden war.

DIE ERSTEN DES LANDES. 1919 konnte Friedrich Ebert trotz des verlorenen Krieges doch noch eine Nation, wenn auch eine geschlagene, repräsentieren. 30 Jahre später besteht nicht einmal mehr eine einheitliche Auffassung darüber, ob der Staat in der vorgesehenen Form überhaupt gebildet werden soll. Wird er errichtet – und das scheint nach Paris gewiß zu sein –, so bedeutet es nicht mehr, als daß ihn die Bevölkerung, wie so vieles, hinnimmt. Auch die Männer an der Spitze, welche von den Parteien vorgeschlagen werden, wird die Öffentlichkeit ohne sonderliche Begeisterung hinnehmen. Niemand konnte sich im Verlauf der letzten vier Jahre dem Bewußtsein des Volkes tief einprägen – ein Symptom, das zugleich bedenklich und beruhigend ist, wenn wir uns vor Augen führen, *wem* unser Volk in den letzten fünfzig Jahren deutscher Geschichte politische Liebesgeständnisse gemacht hat.

DR. KONRAD ADENAUER. Als der Parlamentarische Rat zusammentrat, war die Wahl Adenauers zu seinem Präsidenten nicht zweifelhaft. Inzwischen ist manches geschehen, was seine Wahl zum Bundespräsidenten nicht mehr so selbstverständlich erscheinen läßt. Er ist herrschsüchtig wie Schumacher, aber es fehlt ihm dessen Fähigkeit, den Partner von der Benutzung seines Gehirns abzuhalten. Adenauer will aus der Distanz, kraft seiner Überlegenheit, führen. Diese wußte der hervorragende Kommunalpolitiker (er wurde 1917 Oberbürgermeister von Köln und im März 1933, nach einer höchst einflußreichen, auf das Zentrum gestützten politischen Laufbahn von den Nationalsozialisten entlassen) überzeugender unter Beweis zu stellen als der deutsche Nachkriegspolitiker und Parteiführer der CDU. Wenn er seit seiner Wahl zum Präsidenten des Parlamentarischen Rates im Namen des deutschen Volkes sprach, zeigte sich, daß er dazu neigt, von nicht mehr gegebenen nationalen Voraussetzungen auszugehen. Will Schumacher diese wieder schaffen, so scheint Adenauer sie fälschlicherweise für vorhanden anzusehen. Man befürchtet, daß er die Bezeichnung »Bundesrepublik Deutschland«, die mindestens zu 50 Prozent alliierte und deutsche Propanda ist und als solche verstanden werden muß, zu wörtlich auffassen und sich außenpolitische Taktfehler zuschulden kommen lassen könnte. Indes bringt er so viele politische und natürliche Voraussetzungen für den Bundespräsidenten mit, daß es mühsam wäre, ihn nicht dazu zu machen. Das Amt erfordert den Gentleman, der er ist. Wer ihn je in der rechten Ecke seines geschlossenen Mercedes langsam dahinrollen sah, kerzengerade und ohne sich in die Polster zurückzulehnen, der zweifelt nicht, daß der Dreiundsiebzigjährige im weißen Palais am Rhein eine gute Figur machen würde. Weder Alter noch Amt wären für ihn ein Grund, dort politischem Ränkespiel zu entsagen, und seine Freunde müßten ihm auch als Bundespräsidenten abraten, redend jene mythische Brücke zu betreten, welche durch Mißbrauch des Wortes zum Einsturz gebracht werden kann. Wie er denn überhaupt eine leise Ähnlichkeit insoferne mit Hindenburg hat, als man einige seiner Eigenschaften und Züge hinter der zur Schau getragenen Würde nicht vermutet. Darunter die eines ungemein geistreichen und witzigen Causeurs. Er gehört unter den wenigen Deutschen, die wir uns als künftige Präsidenten vorstellen können, zu den noch wenigeren, welchen man mit ihrer Wahl eine Freude machen würde.

PROFESSOR CARLO SCHMID. Der Tübinger Staatsrechtler hat unter allen deutschen Nachkriegspolitikern die steilste Karriere hinter sich und vielleicht auch noch vor sich. Als er vor einem Jahr auf dem Verfassungskonvent auf Herrenchiemsee erschien, äußernd, er sei nur gekommen, dieses Unternehmen zum Scheitern zu bringen, war er, obschon ein Schauspieler hohen Ranges, noch nicht im ersten Fach. Er scheint die Chance, die ihm Bonn bot, erst Wochen später entdeckt zu haben – aber dann nahm er sie wahr. Er hat dreißig Jahre lang an sich selbst gearbeitet wie ein Goldschmied an einem Kunstwerk, nun ist er fertig und stellt sich aus. Er ist groß genug, um die anderen für klein halten zu können, und rund genug, um über ihre Dünne spotten zu dürfen. Daß er dies nicht nur insgeheim tut, wird ihm, je höher er steigt, um so mehr Ärger bereiten. Er ist kein Mann, der den Deutschen liegt, und sie bestaunen ihn mehr, als

sie ihn lieben. In der Tat ist er sehr weit von einer deutschen Ideal-
gestalt entfernt. Daß er sich in der SPD heimisch fühle und als
Sozialdemokrat geboren worden sei, glaubt man ihm, wie alles
übrige, so lange man ihn darüber sprechen hört. Seine Beredsamkeit
hat nicht ihresgleichen bei uns, und er hat eine solche Unzahl von
Wahrheiten (und von Zitaten) zur Hand, daß er es kaum jemals nötig hat, die Unwahrheit zu sagen (oder sich eigener Formeln zu bedienen). Darin ist er das genaue Gegenteil von Adenauer. Schmids
Autorität hat ihre Wurzeln noch mehr in seiner völligen Unverbindlichkeit, als in seiner geistigen Überlegenheit. Daß er sich gerne über
ein Glas besten Weines hinweg unterhält und überhaupt ein kundiger Liebhaber des echten Gespräches (vielleicht auch ein des echten
Gespräches kundiger Liebhaber) ist, sollte nicht darüber hinwegtäu-
schen, daß er letzten Endes ein einsamer Mensch ist; und der Umstand, daß er von den in Bonn Versammelten am meisten von Politik
verstand, die Zweifel nicht beschwichtigen, er sei vielleicht im Kern
gar kein Politiker. Es fehlt diesem Sozialisten durchaus der soziale
»approach«. Sein Verhältnis zum Parteiboß Schumacher wird oft
falsch gesehen. Sicherlich sind Schmid und Schumacher grundver-
schieden, aber in einem sind sie gleich: im Grad ihrer Intelligenz.
Solange Schumacher die Partei führt, wird sich Schmid ihr verständlich machen können, indem er sich ihm verständlich macht. Eine
SPD ohne Schumacher würde an Schmid mehr ihre blauen als ihre
roten Wunder erleben. Das Amt des Kanzlers sollte ihm selbst dann
zufallen, wenn die SPD nicht die absolute Mehrheit erreichte. Es
sollte so sein, denn wir haben heute keinen besseren Mann für dieses
Amt. Aber es wird nicht so sein.

PROFESSOR THEODOR HEUSS. Er wohnt am Rande Stuttgarts,
dort, wo jene ungute Hochebene beginnt, die man Filder heißt.
Apfelbäume schauen in seine Fenster, und das Arbeitszimmer sieht
genau so aus, wie deutsche Professoren alten Stils es einzurichten
pflegen: mit vielen, vielen Büchern und einem gewissen moralischen
Hochmut gegenüber dem Komfort. Ein ganzes Fach der Bücher-
regale hat ihn zum Verfasser. Wenn man ihn nicht als einen typischen deutlichen Gelehrten ansehen kann, so weniger deshalb, weil
er sich sein Leben lang mit der Politik eingelassen hat. Im Gegenteil,

die Grenzen, in denen er sich auf dieser Bühne heute bewegt und seit 1919 bewegt hat, sein Mangel an konsequentem Ehrgeiz, an Schlagkraft und an Machtinstinkt sind recht kennzeichnend für den politisierenden Professor. Was ihn von diesem wirklich unterscheidet, ist sein ausgesprochener Hang und seine Befähigung zum Journalismus, sein Mangel an Vorurteilen und eine fast kokette schwäbische Formlosigkeit. Er ist zu geschmackvoll, um unverblümt zuzugestehen, daß es ihn freuen würde, seine Lauf- und Lebensbahn als Präsident der Bundesrepublik Deutschland abzuschließen. Auch ist es nach Vorhergesagtem einleuchtend, daß ein Teil seines Wesens vor der Bürde dieser Würde zurückscheut. Allerdings wäre die geistreiche und originelle Tochter des Nationalökonomen Knapp, Frau Professor Heuss seit 1908, ebenso bereit wie fähig, ihm die Bürde tragen zu helfen; das ist ein Argument, welches man im politischen Leben ganz allgemein nicht unterschätzen sollte. Sein Name wird mit zunehmender Häufigkeit in Verbindung mit dem Präsidentenstuhl genannt. Er ist ein Mann, zu dem, um seiner Persönlichkeit wie seiner politischen Orientierung willen, mehr Linke und Rechte ja sagen könnten als beispielsweise zu Adenauer. Ferner ist er eine Verkörperung jenes Deutschlands, das dem heutigen Wunschbild der meisten Europäer entspricht. (Was das amerikanische Wunschbild von Deutschland betrifft, so läßt sich darüber nur sagen, daß es sich im Zustand der Veränderung befindet.) Die Deutschen aber, um doch auch sie hier zu erwähnen, würden, befragt, wie ein deutscher liberaler Demokrat beschaffen sein müsse, antworten: wie Theodor Heuss. Deswegen vermutlich hat den 65jährigen die Freie Demokratische Partei, in der sich sonst Persönlichkeiten recht anderer Art zusammengefunden haben, zu ihrem ersten Vorsitzenden gewählt. Er ist nicht deren Führer, sondern deren Renommier-Demokrat. Das könnte er auch für den Weststaat sein.

PROFESSOR LUDWIG ERHARD. Daß Professor Erhard unter den maßgebenden Männern des Frankfurter Provisoriums der Erste ist an Ansehen, wundert niemand, der die übrigen kennt. Wohl aber ist es bemerkenswert, daß die Bevölkerung ein so feines »Gespür«, wie man in Bayern sagt, für die politische Hauptrolle dieses viel um-

strittenen »Fachministers« hat. Dieser ehemalige bayerische Wirtschaftsminister ist der bisher wichtigste Beitrag Bayerns zu einer
zentral gelenkten Bundespolitik; er, Dr. Vocke, Präsident des
Direktoriums der Bank deutscher Länder, und dessen Neben-
männer, sind die Weichensteller in Westdeutschland. Die Politiker
auf der Bühne sind nur Lokomotivführer. Im November vorigen
Jahres pfiffen die journalistischen Spatzen bereits Erhards politisches Ende von den Frankfurter Dächern. Er ist noch immer da.
Seine Nerven sind ausgezeichnet, sein Ehrgeiz beträchtlich. Im Gespräch ist er die Ruhe selbst, nur am Radio und in Streitgesprächen
mit Sozialisten wird er zuweilen laut. Seine Ver- und Beschlagenheit
sind außerordentlich. Es ist Mode geworden, vom Erhardschen
Zweckoptimismus zu sprechen. Wenn das Wort besagen will, er
glaube nicht an seine optimistischen Prognosen, so irrt die öffentliche Meinung. Er ist ein Fanatiker, ein statischer Fanatiker im
Gegensatz etwa zu dem dynamischen Fanatiker Schumacher. Fast
der ganzen Welt zum Trotz, glaubt er, daß die freie Marktwirtschaft
wieder Ordnung schafft. Befragt, wie er über die Opfer seiner bisherigen Kreditpolitik, insbesondere über die arbeitslosen Vertriebenen, die verelendeten Künstler und Wissenschaftler denke, und
ob ihn nicht gerade die politische und menschliche Seite dieses Problems anstachle, alle nur denkbaren Maßnahmen zur Bekämpfung
der Arbeitslosigkeit zu ergreifen, antwortete Professor Erhard dem
Fragesteller: »Was glauben Sie, welche Briefe ich bekomme! Selbstverständlich sehe ich diese Seiten. Aber ökonomisch sind 1,2 Millionen Arbeitslose für die westdeutsche Wirtschaft noch lange kein
Sturmsignal.« Man wird die Vermutung äußern dürfen, daß es
Professor Erhard mindestens an sozialer Phantasie gebricht. Er ist
auf seine Art genauso »stur« wie die sozialdemokratischen Wirtschaftler. Für ihn und seine Partei, oder sagen wir richtiger, für die
Partei, in der er sich jetzt zu kandidieren entschlossen hat, wäre es
besser gewesen, wenn er sich etwas früher von der ultrakonservati-
ven Finanzpolitik der Zentralbank abgesetzt hätte, als es jetzt geschehen ist. Auch für die Arbeitslosen wäre das besser gewesen.
Aber das ist, ökonomisch gesehen, natürlich kein Argument. Es
sind nur 1,2 Millionen.

DR. KURT SCHUMACHER. Der einzige aktive Politiker Deutschlands, welcher in allen Teilen des Weststaates ein zugkräftiger Begriff ist und es auch in Mitteldeutschland wäre, falls es zum deutschen Staat gehören dürfte, kann nicht ohne weiteres zu dem kleinen Kreis derer gerechnet werden, die wir in einem hohen Regierungsamt zu sehen erwarten dürfen. Er hat selbst erklärt, daß er sich nur in einem besonderen Notstand zum Eintritt in die Regierung bereitfände, und es ist nicht anzunehmen, daß dieser eintritt. Dennoch wäre es falsch, in diesem Zusammenhang den autoritären Führer der SPD, »den Hauptmann aus Westpreußen«, wie ihn die Kommunisten zu bezeichnen pflegen, zu übergehen. Ob als Führer der Opposition oder der Regierungspartei, er wird einen kaum zu überschätzenden Einfluß auf die politische Atmosphäre Deutschlands ausüben. Selbst in der homöopathischen Dosierung, in der das alte Preußentum in Schumacher lebendig ist, verfehlt es seine Wirkung auf unser Volk nicht – und das keineswegs nur auf seine norddeutschen Teile. Schumacher als einzigem ist es seit 1945 gelungen, das deutsche Bedürfnis, zu gehorchen, und das allen Volksmassen gemeinsame Bedürfnis nach Vereinfachung politischer Begriffe bis zu einem gewissen Grade zu befriedigen. Wenn der schwer leidende Mann, gestützt auf seine Begleiter, sich zum Sessel schleppt, vermag ihm niemand Teilnahme und Bewunderung für so übermenschliche Willenskraft zu versagen. Wenn er dann zu sprechen beginnt, vermögen nur wenige in ihrer Abneigung gegen seinen zuweilen ätzenden Ton, in dem er auch Kasino-Redewendungen vorzubringen sich nicht versagt, zu beharren. Weitaus die meisten geben es in der Auseinandersetzung mit ihm, geblendet von seiner außerordentlichen Kunst subjektiver Beweisführung, auf, ruhig nachzudenken und ihm zu widersprechen. Obschon er von einer unvergleichlichen Intelligenz ist und die Klarheit seines politischen Blickes, sein Schätzungsvermögen für Machtverhältnisse, noch von der manischen Unverrückbarkeit seines (Partei-)Standpunktes erhöht wird, wäre seine Wirkung in die Breite ohne seine hervorragenden demagogischen Fähigkeiten nicht zu verstehen. Wenn es Schumacher noch vergönnt ist, in den kommenden Jahren der allmählichen Verwirklichung das neue deutsche Staatswesen in bisheriger Aktivität mitzugestalten, wird sich deutlicher noch als in den vergangenen vier Jahren zeigen, daß er im liberalen Lager keinen annähernd gleichwertigen Gegenspieler hat. Infolgedessen wird das deutsche Staatsschiff mit zunehmender Schlagseite nach Backbord kleine Fahrt machen.

OBERBÜRGERMEISTER REUTER. West-Berlins Oberhaupt stellt in der Vollendung dar, was man im Jargon der Offiziellen einen guten Mann nennt. Es hat mit Güte nichts zu tun. Unerachtet seiner internationalen Erfahrung und Erscheinung, ist Reuter darin sehr deutsch, daß er stets den Weg des stärksten Widerstandes gegangen ist. Der Bürgerssohn und fertige Student trat 1912 in die SPD ein. Es gibt heute keine Partei mehr, die so weit links stünde, daß wir einen modernen Vergleich zu seiner damaligen politischen Entscheidung ziehen könnten. Erst zwei Jahre später, 1914, entpuppte sich die SPD als kaisertreu. Deshalb kam Reuter über russische Gefangenenlager und Moskau als ein des Russischen kundiger Kommunist zurück. Als Generalsekretär der KPD bemerkte er, daß er ins vierte Jahrzehnt seines Lebens gekommen war, in ein Alter, in dem ein Mann seiner Gaben, seiner Energie, seiner Herkunft lieber aufbaut als einreißt. Er verließ den politischen Untergrund, wurde wieder rötlicher Bürger und durchbohrte fünf Jahre lang den Untergrund Berlins als Verkehrsdezernent der Reichshauptstadt. Als ihn die Nazis vertrieben, war er Oberbürgermeister von Magdeburg und MdR. Das bedeutete Mitglied des Reichstages, und es war eine Ehre. Englische Fürsprache half ihm aus dem KZ. In Ankara ordnete er das türkische Tarifwesen und wurde Lehrer an der Verwaltungsakademie. Englischer Erlaubnis verdankte er 1946 die Rückkehr nach Berlin, die Türken ließen ihn sehr ungern ziehen.

Mit der Einreiseerlaubnis für Reuter haben die Engländer den Amerikanern einen größeren Dienst erwiesen als sich selbst. Als Berlin dank der unheilvollen Tätigkeit der beiderseitigen Scharfmacher auseinanderfiel, konnte der längst zum Oberbürgermeister Gewählte sein Amt in den sogenannten »Westsektoren« antreten. Statt den erfahrenen Verkehrspolitiker die Luftbrücke bauen zu lassen, selber aber den politischen Kampf zu führen, ist es umgekehrt gekommen: die Amerikaner organisieren die Versorgung, die Engländer schließen die Handelsverträge mit der UdSSR, und Reuter schwingt die fremde Fahne. Er ist beileibe kein Kollaborateur, sondern das Gegenteil: ein Schrittmacher. Politisch können sich die USA in Berlin an den deutschen Oberbürgermeister und seine Leute anhängen – welch ein Glücksfall für sie! Sollte jemals ein politisches Geschäft über Berlin abgeschlossen werden, so wird er auf der Strecke bleiben. Reuters Biographie würde konsequent abgeschlossen, wenn er in Berlin oder in Sachsenhausen ein Märtyrer der (erborgten) Stärke seiner Worte würde. Unser Westvolk verdankt es vor allem ihm, wenn es schon wieder posieren darf – als Verteidiger Europas gegen Asien in Berlin. Die politische Weisheit unserer bundesrepublikanischen Politiker wird unter anderem daran zu erkennen sein, ob sie Reuter zum Präsidenten oder Kanzler machen, weil er einen bedeutenden Symbolwert für den interimistischen Staat besitzt – oder ob sie ihn gerade deshalb nicht dazu machen.

1950

Im Jahr der Staatsgründung waren Ernst Jüngers *Strahlungen* erschienen. An ihm schieden sich lange die Geister, 1982 bekam er noch gegen den wütenden Protest liberaler Demokraten und der Grünen den Goethepreis, es zeichnet sich aber ab, daß er das Schicksal Heideggers teilt: im Ausland, vor allem in Frankreich, wo es einige Exemplare denkfähiger, intellektueller Rechter gibt, macht man von den beiden mehr Wesens her als in Westdeutschland. In den *Strahlungen*, einer Zusammenfassung seiner Kriegstagebücher, begegnet dem Leser auf vielen Seiten ein gewisser Herr Kniébolo, der in seinem politischen Leben Adolf Hitler geheißen hat. Mit dieser kapriziösen Namensgebung wird also der Mordgeselle und Völkervernichter zu einer Figur, mit der man literarisch umgehen kann, und eben dazu hat Jünger Kniébolo erfunden. Als dank des Wirkens von Onkel Kniébolo Jüngers Heimatstadt Hannover im Juli 1943 in Flammen aufgeht, erkennt der berühmte Autor, »daß Städte Träume sind ..., so leicht zu verwischen, wenn der Morgen dämmert«. Ich machte mich Anfang 1950 in einer viele Seiten umfassenden Auseinandersetzung über die *Strahlungen* her.

DIE KÜNSTLICHE PROVINZ. Daß die *Strahlungen*, 648 Seiten tagebuchartiger Aufzeichnungen aus den Jahren 1941 bis 1945, erst jetzt den deutschen Lesern vorgelegt werden können, hat ehrenwerte Gründe. Würdiger in seinem Verhalten gegenüber der sogenannten Denazifizierung als viele Deutsche von Rang, entzog er sich dem Spruchkammerverfahren, obschon er es nicht zu scheuen gehabt hätte, durch einen vier Jahre dauernden Verzicht darauf, sich gedruckt zu sehen. Im neuen Buch tritt er so modisch vor uns hin, daß die Frage berechtigt ist, ob die *Strahlungen* nicht ihres Autors unfreiwilligen Verzicht auf echte Aktualität bedeuten. Der Autor hat es dem Leser leicht gemacht. Die Indiskretion ist nun so weit getrieben, daß zu raten nichts mehr übrig bleibt.

Die *Strahlungen* machen den Leser zum Zeugen der ungeheuren Anstrengungen, als welche Jüngers Leben begriffen werden muß. Zu ihnen wird er nicht von seinem Talent, von einem inneren Zwang zum Schreiben aufgestachelt, sondern von den Widersprüchen seines Wesens.

Eine innerste Disposition zur Zerstörung geht hier Hand in Hand mit der Leidenschaft, Formen auszubilden, wie sie mit solcher Entschiedenheit bei Deutschen ungemein selten anzutreffen ist; der auf Aktion gerichtete Wille wird ununterbrochen durch eine phänomenale Beobachtungsgabe gelähmt; und dem Hochmut steht Todesfurcht gegenüber. Als wir in der »Friedensschrift« zum ersten Male bei diesem Autor dem Christentum als einem Patent-Rezept begegneten, vermuteten wir, Jünger werde sich damit nicht heilen können. Diese Vermutung wird durch die *Strahlungen* zur Gewißheit; doch wäre es falsch, Jünger des Opportunismus zu bezichtigen. Es ist ihm ernst mit Gott. Entsetzlichster, bitterster Ernst erfüllt ihn, der ihn als einzigen vielleicht von allen modernen deutschen Schriftstellern in den Stand setzt, sich ohne Ironie anzuschauen und ohne Ironie auszusagen. Hierauf führen wir es zurück, daß Jünger in den Augen aller derer, die nicht unbefangen genug sind, die komische Seite dieses Ernstes zu sehen, als eine Art geistiger Führer dasteht. Wer sich selbst so ungeheuer ernstnimmt, hat bei uns Aussicht, ernstgenommen zu werden. Ironie dagegen ist den Deutschen verdächtig. Die Taktlosigkeit, die man bei Thomas Mann mit gutem Recht unverzeihlich findet, wird bei Jünger, wo sie nicht geringer ist, offenbar nicht einmal bemerkt.

Des Lesers Interesse wird bald erlahmen, wenn er bemerkt, daß dieser Autor alles kennt, alles sieht, über seinen eigenen Standort aber weniger weiß, als auch der Unempfindlichste den *Strahlungen* entnehmen wird. Es sei denn, er fände Vergnügen an des Autors erstaunlichem Snobismus und Mitteilungen wie der folgenden: »Der letzte Tag im Jahr. Das Schlangenhaut-Journal beendet, begonnen mit dem roten Nashornleder-Tagebuch.«

Wir müssen uns darüber klar sein, daß ein Zitat aus den *Strahlungen* für ihn gilt: es ist später, als du denkst! Jünger ist kein Führer zu neuen Ufern. »Schöner wäre gewiß die Gnade«, schreibt er, »doch entspricht sie nicht der Lage und nicht dem Stande, in dem ich bin.«

Dieser Mann ist wahrlich mit Bewußtheit geschlagen. Keinen Winkel gibt es zwischen Himmel und Erde, keine Stunde im Jahr, wohin er sich nicht mitzuschleppen verurteilt ist. Die vielen Bereiche, durch die er sich rezeptierend, katalogisierend, summierend bewegt, und auch die Menschen, die ihm begegnen, – sofern sie nicht sehr starke oder sehr naive Naturen sind – verlieren ihre Vielgestaltigkeit, ihren natürlichen Reichtum und werden zu Bestandteilen der »Provinz Jünger«. Sie ist so künstlich, daß selbst die Unordnung künstlich in sie hineingetragen werden muß. Die Blumen, die dort wachsen, sind aus Blech gestanzt, und an die Beine der Käfer sind kleine Zettel mit lateinischen Namen geknüpft. Ein starkes Licht, das keine Quelle zu haben scheint, erhellt sie, ohne Schatten zu werfen. In einem künstlichen Teich aber schwimmt ein schimmernder Fisch und wird allein um seines Namens willen, Goldorphe, zum Mythos und Symbol erhoben. Symbol wofür? Zum großen Teil besteht Jüngers Mystik darin, daß er diese Frage nicht beantworten kann.

Jüngers Überbewußtheit, seine unermüdliche Denktätigkeit hat auch seine Schreibweise verheert. Er hat sich von der lebendigen Sprache getrennt und damit aufgehört, einen eigenen Stil zu schreiben. Wer Jüngers Schreibweise in den *Strahlungen* als frühen Altersstil bezeichnen würde, weiß nicht, was Stil ist. Er vermag zwischen Stil und Manier nicht zu unterscheiden. Auch Thomas Mann hat bis zu einem seiner Sache abträglichen Grade darauf verzichtet, im *Faustus* noch deutsche Prosa zu schreiben und an ihre Stelle sich sehr häufig mit der Manier à la Mann zufriedengegeben. Der Verfasser eines Aufsatzes über die Zusammenhänge zwischen Sprache und Körperbau ist jedoch in seinem Zerstörungswerk an der Sprache weitergegangen, und es ist nun nichts mehr übrig geblieben als jene Manier, die man nicht mehr bei seinen Nachahmern kennenzulernen braucht, um sie als die Karikatur unserer Sprache zu empfinden. Wer robust genug ist, die *Strahlungen* in großen Zügen zu lesen, dem werden nach einiger Zeit die Ohren dröhnen, so schmetternd und polternd kommen die Worte. Es ist, als ginge man straßenweit hinter einem ungefederten Wagen her, der mit Blechgeschirr lose beladen ist. Es verdient bei dieser Gelegenheit angemerkt zu werden, daß die Aufzeichnungen aus Kirchhorst und aus dem Kaukasus, zusammen etwa ein Drittel des Bandes, stärker sind als die Pariser *Tagebücher*. In Kirchhorst, von »Perpetua« geschützt, ist seine Todesfurcht etwas beschwichtigt. Im Kaukasus ging er mit Soldaten um, die ihm mit größerer Unbefangenheit entgegengetreten sind als seine Pariser Bekannten. Das Klima in Paris war denkbar schlecht, schlecht die Gesellschaft mit wenigen Ausnahmen. Das steht in den *Strahlungen*, das wußte man aber auch vorher, denn welche Deutschen waren es, die den Krieg in Paris genießen konnten – und welche Franzosen gingen mit diesen Deutschen um? Es wimmelte um Jünger von jenen Frauen, welche sich geistreich aufführen in der durchaus richtigen Erwartung, auf diese Weise in die Literatur zu gelangen. »Zu diesem Thema machte Lady Orpington einige gute Bemerkungen.« Erinnert sich Jünger dieser guten Bemerkungen nicht mehr, so glaubt er sich doch für die hohen geistigen Unkosten dankbar erweisen zu müssen, in die sich die jeweilige Partnerin seinethalben gestürzt hat. Und er notiert: »Mit Madame Dancart bei Prunier. Ich fand sie heiter, und die Augen strahlend wie Sonnenregen; sie hatten Sammet. Wir aßen von den großen, roten Garnelen, über deren Physiologie sie eine gute Bemerkung machte, die mir entfallen ist ... Ich schreibe diese Zeilen am Sonntag, dem 15. Juni, in St. Michel an dem halbkreisförmigen Tische, an dem ich bereits so manches Mal las und arbeitete. Zwischen den Briefen, Tagebüchern, Zeitschriften und Manuskripten steht eine hohe Vase mit Pfingstrosen, die Madame Richardet im Garten pflückte, und zuweilen fällt von ganz entfalteten Blüten eines der dunkelroten oder blaßvioletten Blätter herab, so daß die sachliche Unordnung des Platzes durch eine zweite, farbige gesteigert und damit zugleich auch aufgehoben wird.« Was werden wir von Jünger noch zu erwarten haben nach diesem? Daß er schweigt? Daß er in der Manier der *Marmorklippen* fortfährt, uns Schattenspiele mit Konzessionen an den modischen Surrealismus vorzuführen? Oder Spezialstudien, Berichte über Schlüssellochbeobachtungen? Was immer er tun wird, nach den *Strahlungen* besteht wenig Hoffnung mehr, daß sich dieser Schriftsteller künftig noch mit neuen Beiträgen an der Weltliteratur beteiligen könnte. Die künstliche Provinz. Ernst Jünger ist provinziell geworden.

Der große Cellist Casals, der sein Heimatland Spanien nicht mehr betrat, solange es von Franco beherrscht wurde, hatte sich nahe der spanischen Grenze in dem Pyrenäen-Städtchen Prades, wo das Volk katalanisch spricht, niedergelassen und sich 1950 auf Drängen bedeutender deutsch-jüdischer Musiker, die in die USA emigriert waren, bereitgefunden, zum erstenmal nach dem Krieg wieder öffentlich zu spielen. Es entstand ein großartiges Bach-Festival, das zu einem Weltereignis in der amerikanischen Presse wurde, weil es zugleich eine politische Demonstration der Freiheit war, eine eindeutig antifaschistische Veranstaltung. Daran als einziger deutscher Journalist teilnehmend, versetzte mich in eine Situation, in der es mehrerer Tage bedurfte, um beim Publikum wie bei den Künstlern den Verdacht abzubauen, es mit einem Nazi zu tun zu haben. Ich schrieb in der *Süddeutschen Zeitung* einen Leitartikel.

DAS KLIMA DER FREIHEIT. In Prades spielt Casals Bach. Es ist wunderbar und schmerzlich zugleich, als Deutscher mit dabei zu sein. Unter den sechzehnhundert Zuhörern, welche die Kirche von Prades bei Casals' Konzerten füllen, mögen einige Hundert sein, die bis 1933 Deutsche waren und nur deutsch sprachen.

Es ist wunderbar, dabei zu sein, weil wir die vertrauten Werke Bachs, hundertmal gehört, noch nie so gehört zu haben glauben wie von diesen aus allen vier Ecken der Welt von Pablo Casals zusammengerufenen und in vierwöchiger Probenarbeit zusammengefügten Musikern. Es ist, als spielten sie aus ganz neuen Partituren.

87

Und es ist schmerzlich, weil diese beispielhafte Deutung des Bach-
schen Werkes Voraussetzungen hat, von denen wir bisher schon vermuteten, daß sie bei uns nicht mehr gegeben seien, von denen wir
nach den Tagen in Prades wissen, daß sie bei uns nicht mehr gegeben
sind.

In der angelsächsich-amerikanisch-europäischen Welthälfte hat
sich mit Windeseile eine Ahnung dessen verbreitet, was Prades bedeutet. Allerdings nicht mehr als eine Ahnung. Wie immer fand
durch den Vorgang der Verbreitung des Ereignisses in Worten und
Bildern eine Vergröberung und Vereinfachung auch hier statt. Ohne
Lärm, ohne Progaganda wurden die Vorbereitungen getroffen über
Länder und Kontinente hinweg.

»Hier werden die Übriggebliebenen musizieren«, hat Casals
gesagt. Wen meinte er? Er meinte unter anderen die deutschen
Musiker, die sich in Erkenntnis der ihnen drohenden Lebensgefahr
rechtzeitig aus Deutschland entfernt hatten. Taten sie es leichten
Herzens? Serkin, der große Bachspieler, sagte zu uns: »Verstehen Sie
bitte, daß ich nicht imstande bin, ein längeres Gespräch mit Ihnen
zu führen. Sie kommen aus Deutschland, aus München, wir sprechen deutsch zusammen. Ich weiß nicht, wohin uns ein solches
Gespräch führen würde, es ist zu aufregend. Die Vergangenheit ...!«
Der Sänger Conrad aber, der die Kantaten in akzentfreiem Deutsch
sang, erwiderte, als wir ihn in dieser Sprache anredeten, in Englisch:
»Verzeihen Sie, ich spreche nicht deutsch, ich singe es nur.«

Keiner von diesen Musikern, die mit Sehnsucht und Trauer an das
Verlorene denken, wird den Entschluß fassen, zurückzukehren. Sie
brauchen die Freiheit, um atmen und wirken zu können. Die Freiheit – ist sie nicht bei uns? Glauben wir nicht, sie ende erst an der
Elbe? Das gilt im Politischen, und gewiß ist Freiheit in diesem Sinne:
frei von Unterdrückung, die Voraussetzung, damit eine höhere Art
von Freiheit, die menschliche, möglich ist. Aber obwohl wir nicht
unterdrückt sind, diese innere Freiheit, betrachten wir Volk und
Land im ganzen, kennen wir nicht, und wir sind zu jung, um zu wissen, ob wir sie jemals gekannt haben. Aber wir ahnen, wie sie beschaffen sein müßte, und zuweilen ist es uns vergönnt, sie zu erleben
wie hier in Prades.

Wir möchten nicht sagen, die Heimat dieser Freiheit sei Amerika.

Aber wir glauben, daß es ihre Zuflucht ist. Von dort aus kann sie, wenn glückliche Umstände zusammentreffen, überall hingetragen werden, sogar in ein kleines Nest am Nordrand der Pyrenäen.

In Prades herrschte das Klima der Freiheit, spürbar in jedem über die Straße getauschten Gruß, in jedem Gespräch, in so nebensächlichen, aber dennoch überaus kennzeichnenden Dingen wie dem völligen Mangel an »Organisation«.

Man könnte sagen, es gibt nur einen Casals und er hätte überall, uns also auch bei uns, die Solosuiten für Cello so herrlich spielen können wie in Prades. Das ist richtig. Aber er brauchte das Klima der Freiheit, um mit einem Apparat von fast vierzig Musikern die Orchesterwerke mit jener Selbstverständlichkeit dirigieren zu können, die das Entscheidende und Charakteristische seiner Bachdeutung ist. Unter den vierzig saßen zwei oder drei, die jetzt in unserem Deutschland tätig sind, in dem die Würde des Menschen durch ein Übermaß von selbstauferlegten Kontrollen, von einem alles befleckenden Mißtrauen und von der dummen Lust am Organisieren, die jede Ordnung zerstört, angegriffen wird.

Es ist nicht so ganz einfach, als Deutscher mit so vielen Emigranten höchsten menschlichen Ranges, die einmal aus unserem Land hinausgetrieben worden sind, die gleiche Luft zu atmen, wenn sie sich gerade am Rande Europas versammelt haben, um das Werk des deutschen Komponisten Bach makellos aufzuführen, ihm und ihren Idealen zur Feier. Es ist nicht so ganz einfach, in das Gesicht einer Clara Haskil, der Pianistin, zu schauen, wenn sie mit ineinandergelegten Händen still am Flügel sitzt, auf ihren Einsatz wartend, denn es spiegelt das Leid der Welt und seine Würde wider, und man muß sich sagen, daß auch ein solcher Mensch bei uns vernichtet worden wäre.

1950 beginnt meine kontinuierliche Mitarbeit an den von Eugen Kogon und Walter Dirks herausgegebenen *Frankfurter Heften*, die bereits im fünften Jahr erscheinen und es zu hohem Ansehen gebracht hatten. Soweit ich im folgenden aus diesen Beiträgen zitiere, sah ich mich zu extremen Kürzungen veranlaßt; unnötig zu sagen, daß damit in keinem Fall Veränderung der Aussage verbunden ist.

Gespräche, die ich in Hamburg beim NWDR geführt hatte, wo einem

Kreis von Journalisten Informationen über das in Vorbereitung befindliche Fernsehen vermittelt worden waren, wirkten in mir nach. Spät, aber nun eben doch, machte ich mir Gedanken darüber, daß wir mehr und mehr in einer künstlich hergestellten Schein-Wirklichkeit zu leben verdammt seien. Sie schlugen sich in einem langen, für die *Frankfurter Hefte* geschriebenen Beitrag nieder, aus dem die folgenden Passagen stammen.

DAS PAUSENLOSE PROGRAMM. Das Individuum *will* sich nicht begegnen, und es hat wirksame Mittel gefunden, sich vor sich selbst zu verstecken. Die Furcht vor der Pause ist zum Motor unseres gesamten Lebens geworden. Im Vergleich dazu ist die Furcht vor der Atombombe so gering, daß man sie leicht mit Sehnsucht nach der Atombombe verwechseln könnte. Schließlich ist ja auch die Atombombe für die von ihr Betroffenen ein absolut sicherer Schutz vor Selbsterkenntnis. Die Furcht vor der Pause ist so groß, daß sich eine moderne Verwaltung viel leichter entschließt, die Butterration zu kürzen, als die Unterhaltung einzuschränken. Der Anspruch auf Unterhaltung ist der einzige, der der Masse selbst im Finale der Diktatur nie abgesprochen wurde. Nicht der Rüstung, nicht der Kriegsführung hat die höchste Aufmerksamkeit der Führung, ihre letzte Energie, gegolten, sondern der Aufrechterhaltung der pausenlosen Unterhaltung. Niemand sollte heute glauben, daß sich daran etwas geändert habe, nur weil die allgemeinen Umstände vorübergehend weniger dramatisch sind. Es ist neuerdings vorgekommen, daß der Radioapparat nicht mehr abgestellt wird, wenn ein Mitglied der Familie stirbt. Die liebevollen Angehörigen beabsichtigen, dem Sterbenden die letzten Stunden leicht zu machen.

Mit Unterhaltung meine ich die Summe der Eindrücke und Erlebnisse, deren ein Mensch heutzutage fortwährend – ohne Unterlaß – teilhaftig wird, ohne daß bei ihm individuelles oder spezifisches Bedürfnis danach vorliegt. Seitdem wir eine bestimmte Abart der Unterhaltung, die Propaganda, so gründlich kennengelernt haben und fortwährend neu kennenlernen, sind wir nur zu leicht geneigt, die Wirkungen der unpolitischen, der scheinbar richtungslosen Unterhaltung zu unterschätzen. Sie ist nicht richtungslos, sie ist mit der Unbeirrbarkeit einer Kompaßnadel auf ein Ziel gerichtet: sie zerstört die Kultur.

Es gibt, alles in allem, zwei Methoden, das Verlangen nach Unterhaltung zu befriedigen, und man sollte sich davor hüten, zu meinen, der Unterschied zwischen ihnen sei nur ein äußerlicher: man kann den Konsumenten an den Ort der Unterhaltung verfrachten, oder man kann ihm die Unterhaltung in den Bezirk liefern, darin sich sein alltägliches Leben abspielt.

Die erste Methode ist minder gefährlich als die zweite. Erstens sind selbst einem Volk wie dem unsern, das fortwährend neue Wunder der Organisation vollbringt, dem Zusammentreiben der Massen gewisse technische Grenzen gesetzt. (Was sich hier abspielt, sind moderne Wallfahrten; genau wie die Wallfahrten alten Stils unternimmt man sie, um Kraft zu tanken.) Zweitens ist bei dieser Methode der Kulturverschleiß durch Mißbrauch gering. Drittens aber soll zugestanden sein, daß diese Methode sogar Ansatzpunkte für die Befriedigung echter Bedürfnisse und damit für eine neue Ordnung bietet. Passionsspiele, Bachwochen, selbst Fußballmeisterschaften können gelegentlich die Antwort auf echte Bedürfnisse sein.

Die Verheerungen großen Stils ergeben sich erst bei Anwendung der zweiten Methode, bei der die Unterhaltung frei Haus, frei Lebensbezirk des Individuums geliefert wird. Es handelt sich um nichts Geringeres als um die Aufhebung der Perspektive im Weltbild des Individuums. Es verliert damit seinen sicheren Standort in der Wirklichkeit, es verliert das Unterscheidungsvermögen für das subjektive Wichtige und Unwichtige auf allen Gebieten, auf denen der primitive Selbsterhaltungstrieb nicht mehr wirksam ist. Die Welt ist zum Lieferanten des pausenlosen Programms geworden.

Zu seiner Durchführung sind die Bedienungsmannschaften des Apparates gezwungen, immer neue Teilausschnitte der Wirklichkeit so herzurichten, daß sie reproduzierbar werden. Die durch Überdeutlichkeit abgestumpfte Empfindlichkeit des Konsumenten reicht in vielen Fällen in der Tat nicht mehr aus, die Wirklichkeit im Original wahrzunehmen. Es vollzieht sich ganz allgemein eine Verschiebung des Interesses von den Zuständen auf die Vorgänge, denn Zustände sind kaum oder doch nur mit einem viel größeren Aufwand an Scharfsinn zu reproduzieren als Vorgänge.

Der nächste Schritt ist, die Vorgänge so ablaufen zu lassen, daß, was der Reproduktion an Vollständigkeit fehlt durch »Spannung« aufgewogen wird. Der Konsument soll dazu verleitet werden, nicht so genau hinzuschauen oder hinzuhören. Die Vorgänge finden also nicht mehr aus ihrer eigenen Gesetzlichkeit statt, sondern mit einer Tendenz. Die Verlockung ist viel zu groß, sich des »Apparates« mit einer bestimmten politischen und geistigen Tendenz zu bedienen, als daß es bei ästhetischen Fälschungsversuchen bliebe.

Der erste, der mit erstaunlicher Folgerichtigkeit erkannt hat, daß die Reproduktion überhaupt auf Originalereignisse verzichten und die »Wirklichkeit« erfinden kann, ist Goebbels gewesen. Im letzten Kriegsjahr hat das deutsche Volk im wesentlichen in einer Welt gelebt, die aus dem Nichts reproduziert, also produziert war ausschließlich zum Zwecke der Reproduktion. (Nur die Luftangriffe der Alliierten waren original.)

In dieser Richtung wird die Entwicklung weitergehen. Als in diesem Jahre im Oberammergauer Passionsspielhaus die Matthäuspassion aufgeführt wurde, war der erste Teil der ersten Aufführung für die an Ort und Stelle anwesenden Zuhörer so gut wie verloren, weil die Jagdkommandos der Reproduzenten mit ihren Apparaten, Kameras, Tonaufnahmegeräten, Mikrophonen, Scheinwerfern, Blitzlichtanlagen und so fort ständig tätig waren. Irgendwo werden später andere Zuhörer in ihren Zimmern gesessen und dort die Reproduktion der Matthäuspassion mit fein abgestimmten akustischen Valeurs gehört haben. In diesem Falle war das dem Originalereignis beiwohnende Publikum eine Störung für die Reproduktion. Häufiger sind vorläufig noch die Fälle, in denen ein Ausschnitt »Masse« zu Reproduktionsvorgängen eingeladen wird, um durch Lachen und Beifall die Akteure und die Konsumenten in Stimmung zu bringen – diesen dergestalt die Illusion vermittelnd, sie befänden sich in einer Masse, während sie tatsächlich zu Hause sitzen und Gelbe Rüben schaben. Es hat sich aber herausgestellt, daß Lachen und Beifall eines lebendigen Publikums schwerer richtig zu dosieren sind als reproduzierte Beifalls- und Lachstürme, die deshalb im Archiv in allen Schattierungen auf Lager gehalten werden.

Die Reproduktionsapparaturen, Zeitungsfirmen, Filmgesellschaften, Radiosender, Reklamefirmen haben längst eine Größe erreicht, welche die individuelle Initiative lahmt, wenn nicht aufhebt. So wie der Mensch ohne Gewohnheiten nicht zu leben vermöchte, so würden diese Apparaturen ohne Routine zum Stillstand kommen. Man sollte ihnen also nicht ohne weiteres unterstellen, daß sie lügen wollen, – sie *müssen* lügen. Es gibt nicht so viel Wahrheit in der Welt, um damit ein pausenloses Unterhaltungsprogramm bestreiten zu können.

Eine kluge Beobachterin, die ihre Erfahrungen in Amerika gesammelt hat, wo man alles, was hier angedeutet ist, in viel vollkommenerer Weise bereits erfüllt findet als bei uns, hat die Geschichte vom Weltuntergang geschrieben, der von der Menschheit nicht bemerkt wird, weil sie auf Grund des reproduzierten Weltbildes glaubt, es handle sich nur um einen besonders bösartigen Krieg. Die Apparaturen machen aus dem Weltuntergang die verwerflichen Handlungen des bösen Feindes. Und nur ein Negerstamm im Inneren Afrikas, zu dem die Kunde vom Krieg nicht gedrungen ist, fällt auf die Knie und betet zu Gott, weil er glaubt, die Welt gehe unter.

In dieser Geschichte ist in summa alles enthalten, wovon hier in Andeutungen die Rede war. Das eigentliche Sinnbild unserer Zeit ist nicht der mit hunderttausend brüllenden, gestikulierenden, sich fühlenden Menschen angefüllte Zementtrichter, sondern es ist das Individuum in einer fensterlosen Kammer, vor sich hinstierend auf ein reproduziertes Scheinbild der Welt. Es ist wichtig, zu wissen, daß die Reproduzenten bereits dazu übergegangen sind, *spezifische* Scheinbilder zu liefern. Man schafft verschiedene »Programme« in Übereinstimmung mit der verschiedenen Aufnahmefähigkeit und dem verschiedenen Geschmack der Konsumenten. Es bedarf nur einer entschlossenen Regierung, um den Spieß umzukehren und Empfangsgeräte zu schaffen, die auf ein bestimmtes Programm geeicht sind. Es werden Gesetze erlassen werden, welche den Kauf dieser Geräte von bestimmten Voraussetzungen abhängig machen. Das ist die Stufe der Entwicklung, auf der die Gefahr völlig ausgeschaltet ist, das Individuum könnte sich selbst begegnen; denn es hat keinen Anlaß mehr, über irgend etwas zu staunen.

Mit dieser frühzeitigen Warnung vor dem Ersatz der Weltwirklichkeit durch deren Reproduktion und Transformation in den »Medien« (zusammen mit der auf Publikumswirkung hin produzierten Scheinwirklichkeit)

hatte ich offenbar ein Thema angeschlagen, das in den seither vergangenen Jahrzehnten nichts an seiner Aktualität eingebüßt hat, das sogar im Gegenteil in seiner verhängnisvollen Bedeutung immer wichtiger wird. »Längst droht der Überhang an medial aufbereiteter zweiter Wirklichkeit die originäre zu verschatten.«»Das Laster der Mediengeilheit« in der *Zeit* am 21. Oktober 1988 ist eine Feststellung eines Tatbestandes, der für mich 1950 erst eine in der Zukunft liegende bedrohliche Entwicklung gewesen war.

In diesem Jahr 1950 entsteht das »Amt Blank« als Vorläufer des Verteidigungsministeriums. Die Westdeutschen werden immer weniger vom Petersberg herunter, dem Amtssitz der alliierten Hochkommissare, regiert als vom Palais Schaumburg aus, das heißt von ihrer eigenen Regierung. Und das heißt nun bereits: von Adenauer. Der Koreakrieg ist ausgebrochen, Vater und Mutter der westdeutschen Aufrüstung, die nun ohne Federlesens und diplomatische Rücksicht auf europäische Nachbarstaaten – Frankreich wäre an erster Stelle zu nennen – betrieben werden kann. Adenauers Weizen blüht. Ich besuchte Carlo Schmid und führte ein Gespräch mit ihm über

... GEBRATENE TAUBEN UND UNGEDECKTE SCHECKS.

K.: Verehrter Herr Professor, ich würde nicht ungern von Ihnen wissen, von was sich die Opposition außenpolitisch in Zukunft zu ernähren gedenkt – abgesehen davon, daß sie sich auf alle Fälle von dem Temperament Dr. Schumachers ernähren kann.

Sch.: Indem sie Außenpolitik macht!

K.: Glauben Sie, daß diese Außenpolitik, welche die SPD in Opposition zur Regierung macht, in Zukunft noch sehr populär sein wird?

Sch.: Ach, die Intellektuellen, diese weichen Stellen im Volkskörper ...

K.: ... es freut mich, diesen Ausspruch von Ihnen zu hören.

Sch.: ... diese weichen Stellen im Volkskörper, sagte ich, die immer glauben, Politik bestehe darin, daß man sich gegenseitig Honig um den Mund streicht, daß man Tacheles miteinander redet.

K.: Ich weiß nicht, was »die Intellektuellen« glauben, ich glaube das jedenfalls nicht. Immerhin, dem Kanzler fliegen gebratene Tauben in den Mund, er braucht ihn nur aufzumachen.

Sch.: Wir wollen abwarten, ob es Tauben sind. Wir sind in einer Position, in der wir warten können. Das ist in unserer ganzen Armut das einzige, aus dem wir außenpolitisch Kapital schlagen können. Dieser Eifer, diese Eile ...

K.: Befürchten Sie, daß für die Opposition nichts übrig bleibt?

Sch.: Ich befürchte, daß die Regierung eine schlechte Politik macht. Das Ja vom Kanzler und den Seinen haben die Alliierten immer sicher. Aber dieses Ja ohne unser Ja ist wie ein ungedeckter Scheck. Was die Alliierten wirklich interessiert, ist unser Ja oder unser Nein.

K.: Aber Ihr Nein, ich meine das Nein der SPD zum Beispiel zum Europarat, hat doch Rückwirkungen auf das innenpolitische Prestige der Partei. Populär ist der Europagedanke. Das Volk ist es, welches den Taubencharakter der Erfolge des Kanzlers nicht anzweifelt, während die Intellektuellen sich überlegen: wer soll das bezahlen, wer ...

Sch.: Geschenkt! Nun, die Dinge werden ihren Gang und mit dem Ja der Regierung wird Deutschland nach Straßburg gehen. Trotzdem ist unser Nein nicht unwirksam. Die Oder-Neiße-Linie ...

K.: Geschenkt!

Sch.: Nein, eben nicht geschenkt. Das ist der entscheidende, der wichtigste Punkt. Wenn sich die Vier eines Tages vielleicht doch über Deutschland verständigen sollten, was wäre dann noch auszuhandeln, wenn wir auf alles schon de jure oder stillschweigend verzichten?

K.: Das ist beinahe zu fein gesponnen, als daß es ganz plausibel wäre. Ihre Opposition besteht im Grunde nur aus einer anderen Taktik, wobei ich nicht leugnen will, daß es vielleicht eine bessere Taktik ist. Aber eine konstruktive Idee in dieser Opposition kann ich nicht sehen. Sie wollen teurer verkaufen an denselben Kunden wie Adenauer, und im letzten Grunde hat die SPD noch weniger Spielraum, weil ihre Opposition gegen den Kommunismus verbissener ist und die Züge echter Feindschaft trägt.

Sch.: Deswegen sind wir den Alliierten auch interessanter. Wie gesagt, unser Nein ist viel wichtiger als das Ja der Regierung.

K.: Immerhin wird mit diesem Ja, mit diesem ungedeckten Scheck, wie Sie sagten, nun Außenpolitik gemacht.

Nach all dem Ärger, den es 1987 mit der »Volkszählung« gegeben hat, mag es nicht überflüssig sein, daran zu erinnern, daß schon 1950 anläßlich einer Volkszählung der Verdacht aufgekommen war, die unter diesem Vorwand gewonnenen Daten würden in Wahrheit zu ganz anderen Zwecken ausgewertet werden. Freilich war der nachgewiesene gesetzeswidrige Mißbrauch 1950 unvergleichlich viel harmloser als 1987. Ein Jahr nach ihrer Gründung war die Bundesrepublik noch kein bis in den letzten Winkel überwachter Polizeistaat. Daß gleichwohl die blutjunge, von den Siegermächten verordnete Demokratie sozusagen noch nicht Fuß gefaßt hatte, zeigt der nachfolgend ebenfalls abgedruckte Leserbrief, der eine Reaktion war auf

VOLKSZÄHLUNG UND FINANZAMT. Mehrfach erhobene Vorwürfe, daß die Ergebnisse der jüngsten Volkszählung von den Finanzämtern gesetzwidrig ausgewertet worden seien, haben in der Öffentlichkeit viel Staub aufgewirbelt. Ob Verschulden oder eine lässige Auslegung des Gesetzes zur Volkszählung vom 27. Juli 1950 seitens des Oberbürgermeisters von Eßlingen, Dr. Roser, vorliegt, ist fast schon eine Frage zweiten Ranges angesichts der Tatsache, daß eine öffentliche Diskussion über den mutmaßlichen Mißbrauch mit den Zählbogen bereits das Mißtrauen in die Zusagen des Staates so vergrößert hat, daß man sehr wohl und ohne Übertreibung von einer verlorenen Schlacht der Demokratie sprechen muß. Politisch haben also die Stadtverwaltung von Eßlingen und andere städtische und staatliche Behörden, die aus Ersparnis- oder aus welchen Gründen immer die Zählbogen zu einem Nebenzweck verwenden wollten oder verwendet haben, ohne Zweifel schuldhaft gehandelt, und es obliegt den Verfassungsgerichtshöfen der betreffenden Länder – da es ein Bundesverfassungsgericht immer noch nicht gibt –, die schwebenden und aus dem Eßlinger Anlaß jetzt zu Tage tretenden neuen Fälle zu untersuchen und gegebenenfalls mit aller Schärfe zu ahnden.

Es ist der § 10 des Gesetzes zur Volkszählung, und dort insbesondere der Absatz 2. Er lautet: »Die durch die Zählung gewonnenen Angaben sowie ihre Kenntnis dürfen nur zu statistischen Zwecken benutzt werden; sie dürfen insbesondere nicht für Zwecke der Polizei-, der Steuer- und der Wohnungsbehörden verwendet werden.«

Die Stadt Eßlingen hat aber unter anderem aus den Zählbogen eine Statistik gewonnen über Arbeiter, die in Eßlingen arbeiten und in Nachbargemeinden wohnen und von dort täglich in die Stadt kommen. Man nennt solche Arbeiter Pendler. Sie hat diese Statistik dazu benützt, ihre Gewerbesteuer-Ausgleichs-Kartei auf den neuesten Stand zu bringen, woran sie deshalb ein Interesse hat, weil sie für jeden Pendler unabhängig von dessen Einkommens- und Vermögensverhältnissen von seiner Heimatgemeinde 25 DM bekommt. Hier ist ganz ohne Zweifel ein Zusammenhang zwischen den »Zwecken der Steuerbehörden« und den Zählbogen gegeben, der im Gesetz ausdrücklich verboten ist.

Für uns geht es hier aber weniger um die schwäbische Sparsamkeit, die hier mit einer gleichfalls stammeseigentümlichen politischen Indifferenz das Vertrauen in Recht und Gesetz erschüttert hat, sondern um die Folgen des Vertrauensmißbrauches an sich und um die Handhabung dieser Dinge in Bayern. Jedem mit der Materie befaßten Beamten die Lust zu nehmen, sich gegen das Gesetz zu vergehen, müßte der Sinn harten Zugreifens überall dort sein, wo auch nur der Verdacht auftaucht, es sei lässig verfahren worden.

Ein solcher Verdacht ist in München durch eine Veröffentlichung in der »Neuen Zeitung« laut geworden. Es handelt sich um einen ihrer Mitarbeiter, der in einem oberbayerischen Dorf seinen Wohnsitz hat, die Woche über jedoch in München wohnt, wo er tätig ist. Die Münchner Adresse hat seine Wirtin im Zählbogen angegeben, sonst ist die Adresse noch nirgends aktenkundig geworden. Die polizeiliche Meldung ist bei der Heimatgemeinde erfolgt. Erstaunlich also, daß das Finanzamt München-Ost kurz nach der Volkszählung eine Vorladung an die Münchner Adresse des Betreffenden richtete mit der Feststellung, er wohne im Finanzamtsbezirk. Woher weiß es das Finanzamt? Auf Befragen erklärt der Leiter dieses Amtes, er nehme es auf seinen Eid, daß seine Beamten ihre Kenntnisse nicht aus den Zählbogen geschöpft haben. Unsere Zeitung hat gebeten, das außerordentliche öffentliche Interesse, das hier gegeben ist, zum Anlaß zu nehmen, in diesem Einzelfall bekanntzugeben, woher das Finanzamt München-Ost die Münchner Adresse des Betreffenden habe und warum es ihn gerade jetzt vorlade. Auf diese Bitte ist der Leiter des Finanzamtes nicht eingegangen mit der überzeugenden

Begründung, durch das Steuergeheimnis gebunden zu sein und mit einem wiederholten Hinweis auf die Bereitwilligkeit, seine Aussage eidlich zu erhärten.

Volkszählung und Finanzamt. »In diesem Artikel (SZ Nr. 248 v. 26. Okt.) sprach Herr Kuby von einer verlorenen Schlacht der Demokratie. Ich möchte dagegen fragen, wer im Ernste in diese heute bestehende Staatsform, die meiner Überzeugung nach fälschlich als Demokratie bezeichnet wird, soviel Vertrauen haben kann, daß ihn dieser Mißbrauch der Zählbogen in Erstaunen versetzen kann? Ist nicht das Vertrauen des Volkes zu der Demokratie zu oft schon und in grundlegenderen Angelegenheiten enttäuscht worden? Gerade für uns junge Menschen ist es sehr belehrend und zu eigenartigen Überlegungen anreizend, eine Demokratie vorgesetzt zu bekommen, die seit ihrem Bestehen nur auf Versprechungen, Wortbrüchen, Bestechungen und anderen Gaunereien aufgebaut zu sein scheint? Wir verlangen Sauberkeit, Rechtsempfinden und soziales Verständnis aller Beamten des Staates.« (Leserbrief vom 8. 11. 1950).

Man möchte es nicht glauben, wäre es nicht beweisbar, beispielsweise durch den folgenden, im April 1950 veröffentlichten Bericht, daß nur 5 Jahre nach der bedingungslosen Kapitulation, zu einer Zeit, in der unsere Städte bestenfalls aufgeräumte Trümmerwüsten waren, in Baden-Baden, diesem Eldorado der französischen Militärregierung, die Spielbank im renovierten Kurhaus mit Pomp und Glanz wiedereröffnet wurde. Gleichzeitig sprach auf einer kleinen Bühne, die nur einen Steinwurf weit vom Kurhaus entfernt war, eine Schauspielerin die Worte: »Die Stadt war gefallen, der Feind war da ...«, sprach's in der Aufführung des Stücks *Als der Krieg zu Ende war* von Max Frisch. Das eine wie das andere waren Signale zurückkehrender Zukunftshoffnung, wenn auch grundverschiedene.

WIRKLICHKEIT UND BLAUER DUNST. Von den Ehrengästen waren am Vorabend des Spielbank-Gala-Eröffnungstages erst wenige in der Stadt angekommen. Das war einerseits recht gut, denn in den Luxusappartements der hierfür neu hergerichteten Hotels waren noch Handwerker tätig. Andererseits aber war es zu bedauern, denn sie versäumten den Augenblick, in dem Agnes Anders, »eine deutsche Frau«, sich an den bemalten Rupfen lehnte, der eine modrige Kellerwand darstellen sollte, und zu sprechen anhub: »Die Stadt war gefallen, der Feind war da …« Die hundertfünfzig weiß-goldenen Stühle, in Halbkreisen auf einem roten Plüschteppich angeordnet, hielt gleichwohl sämtliche ein über die Maßen gutes und verständiges Publikum besetzt, während im Innern des ersten der Halbkreise das Stück von Max Frisch »Als der Krieg zu Ende war« auf demselben roten Plüsch erstmals gespielt wurde.

Adrian war eigentlich in die Stadt gekommen, um festzustellen, ob es, wie er vermutete, 1950 dabei bleiben müsse, den neu vergoldeten Rahmen »Baden-Baden« unter großem Geldaufwand mit Statisterie an diesem Festtag zu füllen, mit Statisterie, zu der er sich füglich selbst von der Stunde an zählen mußte, in der er im »Hirsch« sein Zimmer bezogen hatte; oder ob er sich täusche, und auf das Signal »Spielbankeröffnung in Baden-Baden« sich doch noch einmal eine echte Arrièregarde des 19. Jahrhunderts sammeln würde, sich selbst zur Freude, den anderen, je nach ihrer Moralität, zum Ärgernis oder wehmütigen Bedauern. Nun saß er, ohne eine Ahnung dessen, was seiner wartete, in der vordersten Reihe und zog seine Beine unter den Sessel, damit die Schauspieler nicht darüber stolperten. Das Stück trieb ihn mit harten Schlägen auf den Punkt Null zurück, von dem aus wir alle in die Gegenwart hätten aufbrechen sollen: in den Mai des Jahres 1945 dort, wo er am schrecklichsten in ganz Europa war, in Berlin.

Man hatte Adrian gesagt, es handle sich um ein politisches Stück und man werde dem Publikum Gelegenheit geben, nach der Aufführung darüber zu diskutieren. Er jedoch, und viele der Zuschauer mit ihm, hörten zwei Stunden lang einem Dichter zu, der die Kraft gehabt hat, seine Menschen in eine ungeheuerliche, politisch-kriegerische Situation zu stellen, ihr Schicksal daraus zu entwickeln, und doch kein politisches Lehrstück zu schreiben, sondern die Tragödie der deutschen Frau Agnes Anders. Einen Schritt vor Adrian steht sie im langen schwarzen Kleid, er muß seinen Kopf zurücklegen, um ihr schönes klares Gesicht zu sehen, während sie auf den russischen Oberst einredet, der, rauchend und Wein trinkend, am Tisch sitzt, sie anblickt – und schweigt; eine Viertelstunde lang, eine endlose

Viertelstunde lang schweigt, in der sie, ohne Qual, in immer neuen Anläufen Schwäche und Furcht überwindet und an diesen stummen Mann in der Uniform des Feindes und Siegers hinspricht, um ihn zu einem Wort zu bewegen. Er soll ihr sagen, daß er sie als einen Menschen zur Kenntnis genommen hat, nicht nur als eine begehrenswerte Beute. Belogen von seinem Burschen, weiß sie in der großen Szene nicht, und die Zuschauer wissen es nicht, daß der Oberst kein deutsches Wort versteht. Auch spürt sie noch nicht, daß er der Mann ist, den sie lieben wird, so wenig Adrian auf seinem weiß-goldenen Stuhl fühlt, was sich zutragen wird außerhalb des Spiels. Er folgt ihm, voll Freude über alles, was sie meistert, voll heiterer Rührung, wenn etwas mißlingt.

Es entscheidet sich alles noch an demselben Abend, das Stück und sein Erfolg selbstverständlich, Adrians Wirklichkeit wunderbarerweise. Eine späte Kälte ist ganz plötzlich über die Magnolienpracht im Oostal hereingebrochen, und als sie im Schein des vollen Mondes durch die Allee zu ihren Hotels gehen und sich auf einer Bank niederlassen wollen, da ist das Holz von einem Niederschlag des Nebels bedeckt, der wie Eis aussieht. Sie zeichnet mit dem Finger eine Linie in die silberne Schicht und sagt: »Ich dachte, es sei Frühling!« Sie war nicht mehr Agnes Anders.

Der Weg von 1945 nach 1950 führt, je nachdem, ob es sich um Kultur, um Politik oder um Versuche, die bürgerliche Gesellschaft zu rekonstruieren, handelt, um anscheinend weit abliegende Zeitmolen; sie sind zwischen 1870 und 1932 verankert. Adrian und Agnes, wie wir sie nach ihrer Rolle weiterhin nennen wollen, wurde ein weiter Umweg durch die Vergangenheit zugemutet, als sie sich entschlossen, Adrians ursprüngliches Programm gemeinsam zu absolvieren. Alles in allem bestanden sie die nicht leichten Prüfungen des folgenden Tages. Als sich die Festgesellschaft nach der Eröffnung der Spielbank in den ersten Stock begab, wo im Theatersaal des Kurhauses für vierhundert Gäste die Tafel gedeckt war, stellte Adrian am Fuße der Treppe aus schwarzem Marmor Agnes der Baronin Braunsbehren vor, deren siebenundsechzigjähriges Dekolleté hinter diamantenen Blumensträußen verborgen war. »Gott, wie reizend!« bemerkte die Baronin im Schutze ihrer Jahre über Agnes. »Ist das echt?« flüsterte Agnes Adrian zu, während sie zwischen Blütenwänden hinaufschritten. Natürlich war der Schmuck der Baronin echt, irgend etwas mußte in diesem Traumpalast schließlich echt sein. Agnes verdeckte die glitzernde modische Arabeske auf ihrem Kleid mit einem schwarzen Spitzenschleier, den sie zuvor über ihrem Haar getragen hatte, und verließ sich hinfort allein auf ihr gottgegebenes Schönsein.

Als die Apparate der Wochenschauoperateure gutes Büchsenlicht hatten und die Kopfjagd begann, forderte Adrian seine Tischnachbarin zur Linken, ebenfalls einen mondänen, jedoch jugendlicheren Querschnitt durch den Gotha, auf, zu posen: »Gräfin, tun Sie Ihre Pflicht!« – »Die wäre?« fragte sie. »Lächeln Sie für die Objektive, lassen Sie Ihre Ohrgehänge blitzen, strahlen Sie, Sie sind nicht zu Ihrem Vergnügen hier.« – »Dann wollen wir es aber nicht zu billig machen«, sagte Graf Galbert, der Agnes gegenübersaß, und pflog vertrauliche Zwiesprache mit dem Kellner. Sie hatte zur Folge, daß der Tisch das dreistündige Diner dank einer stattlichen Sektreserve unter des Grafen Stuhl mit zunehmender Munterkeit überstand. Nach den Austern, kurz vor den Forellen, machte Agnes die Tischgenossenschaft darauf aufmerksam, daß der Minister seine Rede begonnen habe. In der Tat, ein alter Herr stand, keine acht Schritte von ihrem Tisch entfernt, hinter seinem Ehrenplatz und bewegte Kinn und Lippen. Niemand hörte ein Wort. Die Direktion des Festes hatte nicht damit gerechnet, daß eine so vornehme Gesellschaft die Rede eines Ministers überplaudern könne und ihn nicht mit einem Mikrophon versorgt. Die listigen Äuglein des Grafen Galbert begannen zu funkeln. »Lasset uns klatschen«, befahl er. Die Gräfin, Agnes, Adrian, Monsieur Alexandre, der Sportfischer, Baronin Braunsbehren, Charlie Frohmann, der bekannte Journalist, und die Modezeichnerin Jettchen Schuster, sie alle gehorchten; die Fernersitzenden glaubten, der Redner habe etwas Bedeutendes gesagt und fielen bereitwillig in den ironischen Applaus ein. Der Minister, ganz überrascht von seinem Erfolg, verbeugte sich dankend und setzte seine Rede über die Spielbank als moralische Anstalt fort. Fünfhundert tote, blaue Forellen verkühlten sich derweilen, und die wenigen wirklich vornehmen Stützen dieser Gesellschaft entschlossen sich endgültig, die Rolle, die man von ihnen erwartete, nicht zu spielen. »Schampus«, forderte die Gräfin und hielt ihr fast immer leeres Glas hin. Wild gestikulierend trat noch der Rektor einer ehrwürdigen deutschen Universität in die Mitte des Saales und redete fortissimo. Man sah es, man hörte auch ihn kaum. »An die Frauen ... Aufklärung ... erstens ... zweitens ... drittens ...«, war an Adrians Tisch zu vernehmen. »So ein Pech«, sagte Frohmann zu Jettchen Schuster, »jetzt hättest du es endlich erfahren, wenn nicht so ein Lärm wäre.« Niemand erfuhr es. Zum Halbgefrorenen wurde ein Ballett serviert; es tanzte einen Walzer, während sich vollkommene Stille über den Saal senkte. Nicht hören, sondern schauen macht stumm. Nach dem Kaffee begann der Ball. Adrian nahm Agnes in den Arm. »Nette Leute«, sagte sie, als sie sich tanzend vom Tisch entfernten. »Reizend«, antwortete er. »Hast du dich geärgert?« fragte sie erschrockenen Blickes. »Nein, durchaus nicht«, beteuerte er, »wie sollte ich, es sind wirklich reizende Leute und ein Fressen für die Wochenschau. Die nobelsten und teuersten Köder für eine Spielbank, die ich je gesehen habe. Frage den Sportfischer, der versteht sich darauf.« – »Lieber«, sagte Agnes, »willst du, daß wir gehen?« – »Im Gegenteil«, antwortete Adrian, »ich möchte, daß wir bleiben, daß wir tanzen, daß wir zusammen sind, daß wir feiern.« – »Was?« fragte sie. – »Uns«, sagte er, »nur das ist wirklich.« (Er glaubte das wahrhaftig, er, Adrian.)

Um 1950 haben kluge Westdeutsche angefangen, deutsche Im- und Expressionisten zu sammeln. Einige davon, nämlich Buchheim und der heute am Luganersee domizilierende Ketterer sind dabei Millionäre geworden. Es war, als hätten sie Aktien gekauft, die eine Kurssteigerung von 1000 auf 2000 % erlebten.

Ich besuchte die ersten Versteigerungen Ketterers und fuhr dann mit ihm auf eine Einkaufsfahrt. Sie gestaltete sich so dramatisch und zeittypisch wie in dem folgenden Beitrag beschrieben. Ihn nach nahezu vierzig Jahren wieder zu drucken dürfte gerechtfertigt sein dadurch, daß kürzlich bei Sotheby's die Versteigerung von hundert Bildern aus den letzten vier Jahrzehnten an einem einzigen Abend 78 Millionen Dollar erbrachte.

MERKUR UND APOLLO. Apollo ist der Anführer der Musen, Merkur der Gott der Händler (und der Diebe, aber das gehört nicht hierher). Beobachtungen an Ort und Stelle bilden die Grundlage dieses Berichtes, aber er will nicht als Reportage gelesen werden.

Die Unertl entstammen einer kleinbürgerlichen sächsischen Familie, deren Herkunft sich bereits bei dem Urgroßvater des Friedrich Unertl, von dem dieser Bericht handelt, im Ungewissen verliert. Lehrer und Verwaltungsbeamte in unteren, höchstens mittleren Stellungen gehören zu seinen Vorfahren und Verwandten. Der Vater, Martin Unertl, war jedoch bereits eine Art Unternehmer, indem er die Apotheke in P., einem kleinen Marktflecken nahe der südlichen Grenze Sachsens, als Pächter betrieb. Sein Sohn, das einzige Kind, wuchs dort ohne Not auf. Er kaufte die Apotheke später, in den dreißiger Jahren, für den Vater; es war der Dank für ein Darlehen, mit dem Friedrich 1921 eine Glaswarenfabrik gründete, als er aus französischer Gefangenschaft heimgekehrt war, mit einer Neigung zu Asthma-Anfällen, im übrigen aber mit heilen Gliedern, im Rang eines Oberleutnants der Reserve und als ehemals königlich sächsischer Referendar.

Im Jahre des Fabrikbaues heiratete Unertl eine Engländerin, Olivia Warren. Er hatte sie ein Jahr vorher im Hause seiner Londoner Kunden kennengelernt und nur einmal wiedergesehen, bevor er sich nach einer schlaflosen Nacht mit trockenen Worten, aber innerlich fiebernd, erklärte. Olivia brachte tausend Pfund, die in England stehen blieben, einen guten Verstand, ein sanftes, bei weichem künstlichen Licht fast schönes Gesicht und, wie sich später herausstellen sollte, eine offenbar grenzenlose Geduld mit in die Ehe. Außerdem teilte sie ihres Mannes rasch sich zur Leidenschaft steigernde Vorliebe für die moderne europäische Malerei, genauer gesagt: die Leidenschaft, sie in ausgewählten Stücken zu besitzen. Das Ehepaar reiste viel, sommers und winters, und es dauerte nicht lange, da war der Name Unertl den Kunsthändlern in Deutschland, England, Frankreich und in der Schweiz bekannt als der eines Käufers von Rang und Urteilskraft. Im ständigen Umgang mit ihnen und in gelegentlichen Begegnungen mit Malern wie Feininger, Beckmann, Nolde, Pechstein, Müller und anderen erwarb er sich ungewöhnliche Sachkenntnisse. Was er nicht lernen konnte, besaß er von Natur: den sicheren Instinkt für Qualität. Beides, Kenntnisse und Instinkt, setzten ihn instand, richtig und günstig einzukaufen. Nicht jedes Gemälde, nicht jedes Blatt, das die Unertl von ihren Reisen nach P. schickten, war ein Meisterwerk, aber jedes war das Werk

eines Meisters. Friedrich war eine Heimsuchung für alle Kunsthändler und Maler, die mit ihm zu tun hatten, denn sein Eigensinn
und seine Besessenheit wurden nur von seiner Pedanterie übertroffen – Eigenschaften, die sich zu seinem Nutzen, aber zur Verzweiflung seiner Partner besonders bemerkbar machten, wenn er Graphik
einkaufte, Holzschnitte und Radierungen. Es gab nicht den kleinsten Fehler, den er nicht gesehen hätte, und er ruhte nicht, bis er die
besten und seltensten Abzüge von einem Schnitt, von einer Platte
aufgestöbert hatte.

Der Ausbruch des Dritten Reiches brachte für das Ehepaar,
dem in den ersten beiden Jahren der Ehe zwei Kinder geboren worden waren, keine Änderung der Lebensweise und keine Einschränkung der Bewegungsfreiheit mit sich, wie für so viele Deutsche. Die
Fabrik wuchs stetig, und ihr Export erlaubte ihnen, die Auslandsreisen fortzusetzen und draußen Geld auszugeben. Die tausend
Pfund rührte Unertl aber nicht an, denn er mißtraute der deutschen Entwicklung. Sie wurden mit Zins und Zinseszinsen nach
dem Kriege als deutsches Eigentum beschlagnahmt und enteignet.

Alles in allem möblierte sich Friedrich Unertl im Dritten Reich
äußerst bequem und vorteilhaft. Das ist im übertragenen, aber auch
im wörtlichen Sinne zu verstehen. Über der Fabrik, in eine abge-
holzte sonnige Mulde des Hügelrückens, hatte er 1929 sein Haus
gebaut. Die Bürger von P. nannten es ein Schloß, aber sie konnten es
vom Ort aus nicht sehen, und sie übertrieben. Es barg, als der Krieg
ausbrach, über die Wände verteilt, in eigens dafür geschaffenen Tru-
hen, Schränken und Regalen verwahrt, eine der schönsten und wert-
vollsten deutschen Privatsammlungen moderner europäischer Malerei und Graphik. Sie war auf keine Nation, kein Gebiet und keinen
Künstler spezialisiert, was in den Augen der Fachleute vielleicht als
Nachteil erscheinen mag; aber in der Weite ihrer Anlage, in der anspruchsvollen Sorgfalt der Auswahl spiegelte sie einen freien, großzügigen Geist wider, der über die Nationalgrenzen längst hinausgewachsen und unbeeinflußt von opportunistischen Überlegungen
geblieben war, wie sie doch im Leben Friedrich Unertls sonst eine
große Rolle spielten. Er hatte im Laufe von dreizehn Jahren fast
zwei Millionen Mark für seine Sammlung ausgegeben, und er hätte

sie mit einiger Geschicklichkeit für das Doppelte verkaufen können. Aber er dachte nicht daran.

An der verglasten Etagentür empfängt den Kunsthändler, den ich begleite, eine Frau, von der er im Halbdunkel des Treppenhauses nicht mehr sieht als zwei große schwarze Augen in einem bleichen verhärmten Gesicht. Ketterer nennt seinen Namen. »Oh«, ruft sie aus, »mein Mann erwartet Sie. Es geht ihm gesundheitlich nicht gut, und er hatte heute einen besonders schlechten Tag und liegt zu Bett. – Aber wollen Sie bitte hier im Flur einen Augenblick warten, bis er aufgestanden ist, – wir haben nur ein Zimmer.« Es ist Ketterers Zweite Begegnung mit dem Sammler.

Der Korridor ist mit Schränken und Kommoden bis auf einen schmalen Durchlaß zugestellt. Hinter einer Tür hört er die polternde laute Stimme, die er schon kennt, und entnimmt dem Tonfall der Frauenstimme, daß ihre Antworten den Mann zu beschwichtigen suchen. Kragen und Krawatte in der einen lebendigen Hand, im übrigen angezogen, tritt Friedrich Unertl aus dem Zimmer, geht mit einem kurzen Gruß an Ketterer vorbei und verschwindet im gänzlich unbeleuchteten Teil des höhlenartigen Ganges. »Kommen Sie herein«, sagt Olivia Unertl, »mein Mann wird gleich so weit sein.« Ketterer hört, daß sie keine Deutsche ist, sie spricht mit starkem Akzent, hat aber keine Schwierigkeiten, sich auszudrücken. Das Bettzeug ist schon weggeräumt. Ein Fenster von vieren steht offen. Es ist Juni, ein sonniger Spätnachmittag, die Kastanien vor dem Hause sind bis weit hinauf mit Staub bedeckt, unter ihnen braust der Verkehr. In einer Fensternische steht auf einem Stuhl ein großes ungerahmtes Blumenbild von Nolde. »Nehmen Sie Platz«, sagt Olivia. Der Kunsthändler setzt sich in einem mit geschmacklosen Kissen bedeckten Rohrstuhl. Mit der Selbstverständlichkeit und Unaufmerksamkeit des Gewohnheitsrauchers zündet sich die Frau eine Zigarette an, ohne die Packung anzubieten. Als sich Ketterer nach einem Aschenbecher umschaut – Olivia wirft das Zündholz achtlos auf den Boden –, gewahrt er auf einem riesigen Jugendstilbuffet neben einem Zinnkrug von abstruser Scheußlichkeit eine Plastik von Lehmbruck, eine stehende, etwa 60 cm hohe weibliche Figur. Das große Zimmer ist mit einer Fülle von geschmacklosen Möbeln verstellt. »Das sind nicht unsere Sachen«, gibt Olivia Auskunft. »Wir wohnen erst wenige Wochen hier. Vorher lebten wir ein Jahr lang ganz in der Nähe in einem Hotel, aber ich habe das Essen dort nicht mehr vertragen. Und nun hoffen wir, bald wieder ein eigenes Dach über dem Kopf zu haben.« – »Hat mich Ihr Mann wegen dieses Nolde herkommen lassen?« fragt Ketterer. »Nicht nur.« Olivia lächelt, es ist ein trauriges Lächeln. Unertl kommt hustend zur Tür herein und setzt sich in die Nähe des offenen Fensters, dem Gast gegenüber. »Hast du nicht einen Kaffee für mich?« fragt er. »Gleich«, entgegnet sie und macht sich an einem elektrischen Kocher in einer Ecke des Zimmers zu schaffen. »Mir geht es heute nicht gut, aber wir müssen doch miteinander reden«, stößt Unertl hervor und wendet sich dem Gast ohne ein weiteres Wort der Begrüßung zu. »Gern«, erwidert Ketterer. – »Gern? Gern sagen Sie?« Unertl hat seine Stimme nicht in der Gewalt, schon beim nächsten Wort brüllt er. »Was wissen Sie, ob ich das gern tue? Warum tue ich es überhaupt? Weil diese Hunde, dieses Drecksvolk, diese Blutsauger keinen Finger rühren. Weil wir den Krieg allein verloren haben sollen. An mir bereichern sie sich, statt mir zu helfen, diese sogenannten Regierungen. Meine Muster werden hier im Westen nachgemacht, überall sehe ich sie in den Schaufenstern, auf den Messen, aber ich sitze hier und bin ein Bettler. Aber ich bettle nicht bei diesen … diesen …« Seine Stimme versagt. Ketterer macht eine beschwichtigende Geste. Er versucht zu Wort zu kommen, aber schon fährt ihn Unertl an: »Reden Sie nicht. Dieses Pack hier, diese Schmarotzer …!« – »Friedrich«, sagt Olivia und stellt eine Tasse Kaffee vor ihn hin, »willst du Herrn Ketterer nicht sagen, um was es sich handelt? Er weiß ja noch gar nicht, was du von ihm möchtest.« Der Einarmige führt mit zitternder Hand die Tasse zum Mund und beruhigt sich ein wenig, während er sie in kleinen Schlucken austrinkt, ohne abzusetzen. »Rauchen Sie?« fragt er, es ist sein erstes verbindliches Wort. Es kostet ihn Mühe, sich zu sammeln, und mit ruhigerer Stimme als zuvor zu fragen:

»Das Wichtigste zuerst: wann ist Ihre nächste Auktion?«

»Im September, die Tage liegen noch nicht fest.«

»So spät? Geht es nicht früher?«

Ketterer erklärt, warum es nicht früher möglich ist.

»Vielleicht kann ich bis September warten«, sagt Unertl, »aber wann bekomme ich nach der Auktion das Geld?«

»In der Regel vier Wochen später.«

»Wieviel Prozent ziehen Sie ab?«

»Zwanzig.«

»Zwanzig? Früher waren es fünfzehn.«

Nun zeigt sich, daß sich das Ehepaar auf den Besuch Ketterers vorbereitet hat. Unter dem Bett, unter der Couch, hinter einem Schrank, aus den unteren Fächern des großen Büffets zieht Olivia verschnürte flache Pakete hervor.

»Was soll ich zeigen?« fragte sie.

»Erst Bilder«, befiehlt Unertl.

Sie verläßt das Zimmer und kommt mit einem Stoß nur auf Keilrahmen gespannter Bilder wieder, die in eine alte Reisedecke gewickelt sind. Hinter einem Kleiderständer bringt sie eine dicke Rolle bemalter Leinwände hervor. Sie entfernt die Decke von den Bildern, entknotet die Schnur, von der die Rolle zusammengehalten ist. Als sie das erste Bild auf den Stuhl stellen will, auf dem der Nolde bereits steht, fährt Unertl auf: »Dieses nicht!«

Ketterer hat einen Blick auf ein großes Pastell von Renoir erhascht. Es ist der Augenblick, in dem ihm klar wird, daß er während der vier Jahre, in denen er nun als Kunsthändler tätig ist, noch niemals so viel Anlaß gehabt hat, vorsichtig und geduldig vorzugehen.

»Was dann?« fragt Olivia sanft. Ihre Stimme ist die Stille selbst, ihre Bewegungen sind voll Ruhe.

»Zeige den Müller, der über dem Kamin in der Diele hing.«

Während der nächsten Stunde wird zwischen Unertl und dem Kunsthändler nicht von Terminen, nicht von Preisen, nicht von Prozenten gesprochen. Olivia öffnet die Pakete, eines nach dem anderen, und verteilt die Bilder, die Handzeichnungen, die Radierungen, die Holzschnitte, die Lithographien über das Zimmer. Sie lehnen an den Wänden, auf Stühlen, auf den Fensterbrettern, sie liegen auf den Betten, auf dem Schreibtisch, sie klettert die Stockwerke des Büffets hinauf. Ketterer hat längst seinen Stuhl verlassen, er dreht und wendet die Kunstwerke im Licht der sinkenden Sonne, er geht hierhin und dorthin, er umkreist, er belauert die Bilder. Er sagt fast nichts, aber mit seinem Schweigen versteht er zu bekunden, daß er versteht.

Unertl hat aufgehört, zu sagen: das nicht. Er hat vergessen, warum er sich diesen Mann hat kommen lassen, auch er ist schweigsam geworden. Ketterers Neugier und Spannung teilt sich Unertl mit, er vergißt seine Umstände und sieht plötzlich wieder, was er besitzt, was er gerettet hat.

Von diesen Umständen erzählt Olivia, als sie mit Ketterer den kurzen Weg zu dem Hotel zurücklegt, in dem sie gewohnt hatte. Olivia führt Ketterer im Hotel über viele Treppen in eine Bodenkammer; es fällt ihm auf, mit welcher Verehrung das Personal Olivia grüßt. In der Bodenkammer steht ein altes Fahrrad auf Lenkstange und Sattel; Matratzen und Federbetten sind aufeinander geschichtet. An einer Wand, ihr zugekehrt, lehnen etwa zwanzig Bilder. »Ich soll Ihnen eigentlich nicht alles zeigen, was hier ist«, sagt Olivia, »aber ich habe den Eindruck, daß mein Mann Vertrauen zu Ihnen gefaßt hat. Schauen Sie sich die Sachen an. Was er davon verkaufen will, werden Sie von ihm erfahren.«

Ketterer dreht die Bilder um: Manet, Marées, Matisse, Marc, Macke. »Die stehen hier wohl nach dem Alphabet«, meint der Kunsthändler, um zu verbergen, welchen Eindruck ihm diese Schätze machen. Es geht weiter: Kokoschka, Lautrec, Utrillo, Munch, Renoir, Müller, – noch ein Renoir, der schönste von den dreien. Von allen diesen Malern gibt es gute, mittlere und schlechte Bilder. An dieser Wand steht kein schlechtes. Als Ketterer einen Schritt rückwärts tut, um den Utrillo besser zu sehen, stößt er das Fahrrad um. »Lassen Sie es liegen«, sagt Olivia. Sie schließt die Kammer mit einem Sicherheitsschloß ab, das mit einem Hammerschlag zu öffnen wäre.

Als Olivia und Ketterer sich dem Hause in der Grünbergstraße nähern, steht Unertl oben am offenen Fenster und schaut nach ihnen aus. Olivia hebt den Arm und winkt ihm zu. »Sie haben es nicht leicht«, sagt Ketterer, ohne sie anzusehen. »Wer hat es schon leicht?« antwortet sie.

Im Zimmer, in dem nun die Lampe brennt, sitzt der alte Mann am Schreibtisch und hat einen weißen Bogen Papier vor sich. Ketterer sieht mit einem Blick, daß eine Anzahl der Bilder und Blätter nicht mehr dort stehen, wo sie von Olivia hingestellt worden sind. Es fehlen die besten Stücke. Der Kunsthändler fühlt, daß die ruhige, fast festliche Stimmung von vorhin vorbei ist.

»Wollen wir zur Sache kommen?« fragt Unertl.

»Bitte.«

»Den Nolde können Sie haben.«

»Gut.«

»Und den Kokoschka.«

»Welchen? Den im Hotel?«

»Nein. Den, der hier steht.«

»Den will ich nicht. Oder ich will ihn doch nur dann, wenn ich den andern auch bekomme.«

»Den bekommen Sie nicht. Meinen Sie, ich verkaufe meine besten Stücke?«

»Sind es Ihre besten Stücke?« fragt Ketterer. Er vermutet plötzlich, daß er nur einen Teil von Unertls Bildern gesehen hat. Er täuscht sich nicht.

»Den Kern der Sammlung rühre ich überhaupt nicht an«, erklärt Unertl. »Er steht in Kisten an sicherem Ort. Nicht einmal dafür hat mir die Landes-Galerie einen Platz gegeben.«

»Sie wollen doch bauen, Herr Unertl?« Ketterer sieht nicht voraus, daß seine Frage einen neuen Ausbruch zur Folge haben wird.

»Ich baue meine Fabrik wieder, wenn Sie es wissen wollen«, schreit Unertl. »Ich habe eine Fabrik gehabt, ich habe sie gebaut und aus dem Nichts geschaffen, und sie ist nicht im Krieg zerstört worden. Sie steht da, wo sie gestanden hat, und mein Haus steht da, wo ich es hingestellt habe, aber man hat es mir gestohlen, geraubt, und wir mußten fort bei Nacht und Nebel wie die Diebe. Seit vier Jahren sitze ich nun hier herum und laufe von Amt zu Amt, von Regierung zu Regierung, aber da sind nur Gauner, Betrüger und Schwindler. Aber so wahr ich Friedrich Unertl heiße, ich werde meine Fabrik wieder bauen.«

»Dazu brauchen Sie Geld, vermutlich viel Geld?«

»Na, und? Ich werde Ihnen etwas sagen, Herr Ketterer: ich weiß, was ich besitze. Das brauchen Sie mir nicht zu sagen. Wir schreiben jetzt auf, was ich verkaufen will, und Sie sagen mir, welche Preise Sie dafür zu bekommen glauben. Dann werden wir sehen, wieviel wir verkaufen müssen.«

Der Kunsthändler bedenkt sich einen Augenblick und erwidert: »So kommen wir nicht zum Ziel. Wir wollen offen miteinander sein,

Herr Unertl. Schließlich haben wir ein gemeinsames Interesse, nämlich das, möglichst hohe Preise herauszuholen. Aber die bekommen wir nicht, wenn Sie nur Ihre schlechten Sachen verkaufen wollen ...«

»Schlechte ...«

»Nicht gerade schlecht, das ist zu wenig gesagt, aber auch nicht ganz gut, nicht etwas Besonderes, etwas Ungewöhnliches. Das brauche ich, damit ich in der Auktion die richtigen Leute habe. Es kommt niemand aus Zürich, aus New York, aus Francisco, aus London, es kommen nicht einmal die großen deutschen Händler und Sammler, wenn ich keine großen Stücke anzubieten habe. Warum war meine Auktion, auf der Sie gewesen sind, ein Erfolg? Weil ich, schon bevor ich die erste Nummer ausbot, gewußt habe: der wird das kaufen und dieser jenes. Sie haben damals zu mir gesagt, ich hätte Beziehungen. Die habe ich nur, wenn ich große Ware anzubieten habe. Was unsere Not jetzt aus allen Winkeln hervorlockt, eine ganz andere Not als die, in der Sie zu leben glauben, Herr Unertl, das sind meistens nicht die großen Sachen. Aber Sie haben welche, – es ist vielleicht dumm von mir, das zuzugeben, aber ich will, daß wir zusammenkommen. Ich weiß nicht, warum Sie Ihre Fabrik wieder bauen wollen, Sie könnten sich an den schönsten Plätzen der Welt niederlassen, wo es keine Ruinen und keine Not gibt, und wenn Sie dann jedes Jahr ein paar von Ihren Bildern verkaufen sollten, dann würden Sie mit Ihrer verehrten Frau Gemahlin ein sorgenloses Leben führen können, und ihre Kinder hätten außerdem ...«

»Und keine Fabrik? Verzichten auf das, was ich gehabt habe? Wollen Sie im Ernst ... ?«

»Ich will gar nichts. Sie wollen etwas von mir. Sie wollen also bauen, und mit dem Bauen allein ist es wohl auch nicht getan. Und außerdem wollen Sie ihre Sammlung möglichst vollständig erhalten. Rund heraus, Herr Unertl, das geht nicht. Entweder – oder! Sie machen sich falsche Vorstellungen von dem Wert Ihrer weniger wertvollen Sachen. Von den Deutschen sind heute nur zwei noch ein totsicheres internationales Geschäft: Dürer und Klee. Aber wann gibt es schon einmal einen freien Dürer? Sie haben auch keinen.«

»Doch«, sagt Unertl, »in den Kisten.«

»Das heißt: kommt nicht in Frage?«

»Das heißt es.«

»Gut, das verstehe ich. Aber mit Beckmann, mit Müller, mit Feininger allein werden Sie Ihre Fabrik nicht bauen. Da müssen wir in die besseren Preislagen gehen. Zu den Renoirs, zu dem Matisse, und zu dem Picasso, der da vorhin auf dem Büffet stand, wo er jetzt nicht mehr steht. Die muß ich im Katalog haben, die ziehen mir aus der ganzen Welt die Kunden in die Auktion, Kunden mit Geld. Und dann bekommen wir für die kleinen Fische auch gute Preise.«

Bevor Ketterer sich verabschiedet, sagt Olivia: »Wir haben Sie lange aufgehalten, ich will Ihnen noch eine Freude machen. Sie sollen mein Lieblingsbild sehen. Nur sehen.« Aus braunem Packpapier wickelt sie ein Bild von kleinem Format aus, entfernt vorsichtig eine Hülle aus Seidenpapier und hält es ins Licht der Schreibtischlampe. Es stellt ein Stückchen Garten mit einem hellen Haus dar, von Macke auf seiner afrikanischen Reise gemalt. Es ist nicht eine der dort entstandenen Skizzen, deren es zahlreiche gibt, es ist ein fertiges Bild, ein Aquarell, ein unbeschreiblich köstliches Werk, erfüllt von strahlender Heiterkeit, durchsichtig und funkelnd wie ein Diamant. Das ist Olivia Unertls Lieblingsbild.

Ketterer nimmt eine Liste mit. Auf ihr ist verzeichnet, was Unertl unter des Kunsthändlers Zuspruch zu verkaufen sich entschlossen hat. Auch die Renoirs und der Utrillo stehen darauf. Den Wert aller dieser Stücke hat Ketterer auf eine viertel Million geschätzt. Er beabsichtigt, eine Woche später seinen Besuch zu wiederholen und dabei zu einem endgültigen Versteigerungsauftrag zu kommen. Als die Woche vorbei ist, braucht er seinen Besuch nicht mehr auszuführen. Die Witwe Unertls hat der Kunsthandlung Ketterer mitgeteilt, ihr Mann sei plötzlich gestorben, und sie beabsichtige nicht, die Verhandlungen fortzusetzen.

Die Wahrheit ist, daß er sich getötet hat. Ketterer vermerkt auf der Karteikarte »Unertl«: in einem halben Jahr wieder nachfragen.

Der Koreakrieg war das Ereignis des Jahres 1950, er trug zur Polarisierung der öffentlichen Meinung bei und machte die Aufrüstung innenpolitisch möglich.

Hier nun eine erklärende Einleitung zu dem folgenden Text, der in dem Buch *Alles im Eimer* als »Fragment eines Briefes« abgedruckt wurde, in

Wahrheit eine Art Denkschrift war, die ich in der Führung der *Süddeutschen Zeitung* verbreitete und deren Diskussion ich herbeiführte.

Im Arbeitskalender von 1950 ist dreimal vermerkt, es sei zu heftigen Auseinandersetzungen in der Konferenz gekommen, etwa am 27. April: Abendkonferenz SZ, meine Kritik am Opportunismus der Zeitung, starke, meist unausgesprochene Opposition; am 4. Mai: stürmische Wochenkonferenz mit Hans Habe (den Friedmann in das Unternehmen geholt hatte. Er kam mit einem schwarzen Diener, 200 seidenen Hemden und einer bildschönen indianischen Frau in einem amerikanischen Straßenkreuzer. Als er für 1 Mio. Manuskripte gekauft hatte, die nicht gedruckt wurden, trennte sich Friedmann wieder von H.) Wieder am 8. 7.: sehr ungute Stimmung über Verhalten der Ztg. in der Koreakrise.

FRAGMENT EINES BRIEFES. Es sind mir in der letzten Woche drei Ereignisse bekannt geworden, die darauf hindeuten, daß durch den Ausbruch des Krieges in Korea bestimmte Tendenzen in der deutschen Presse sich plötzlich verschärft haben. Das erste ist der von Herrn Bourdin in der *Welt* unternommene Abdruck eines Artikels von Winfried Martini über Korea. Bourdin versuchte damit, wie er mir sagte, eine Art Gegengewicht zu seinem eigenen Leitartikel zu schaffen. Die Folge war eine heftige Auseinandersetzung in der Redaktion der *Welt*, die nur deshalb ohne äußerlich sichtbare Folgen geblieben ist, weil Bourdins Stellung in der *Welt* derzeit sehr stark ist. Das zweite ist das Sendeverbot für einen Samstag-Kommentar von Dr. Guggenheimer über Korea. Das dritte ist Ihr Brief an mich.

In diesen drei Fällen handelt es sich darum, daß Publizisten, die nicht im kommunistischen Lager stehen, verdächtigt werden, durch ihre Meinung über aktuelle politische Ereignisse der Sache des Westens zu schaden. Es scheint mir in diesem Zusammenhang, daß Ihr Brief symptomatische Bedeutung hat, und ich bitte, ihn demgemäß beantworten zu dürfen, indem ich versuche, die Motive meiner beanstandeten Ansichten in einigen wesentlichen Punkten zu fixieren.

Ein Gegenstand unseres Gespräches in Berlin war der »Kongreß für kulturelle Freiheit« und, eng damit verbunden, Berlins politische Bedeutung. Über beidem, und also auch über unserem Gespräch, lag der Schatten des Krieges in Korea. Nach meiner Meinung hätte der Ausbruch dieses Krieges die weltanschaulichen Nebel zerstreuen müssen, in denen beiderseits imperialistische Machtpolitik betrieben wird; was inzwischen bekannt geworden ist, zeigt, daß die Amerikaner gerade im Begriff waren, ihre militärische Stellung in Korea auszubauen. Der Besuch Dulles' drei Tage vor Ausbruch der Kriegshandlungen bezweckte offenbar die Koordinierung der Absichten MacArthurs mit denen Washingtons. Die Kommunisten wollten den Ausbau dieses Stützpunktes auf dem asiatischen Kontinent verhindern und griffen an. Es war etwa der Wettlauf um den Termin wie zwischen England und Deutschland bei der Besetzung Norwegens. Nun ist Krieg, und Korea wird dabei zugrunde gerichtet. Von der Befreiung eines demokratischen Volkes ist dabei nicht mehr die Rede. Gibt es in bezug auf Korea noch immerhin eine formale Rechtsgrundlage für das Eingreifen der Westmächte, so fehlt sie in bezug auf Formosa vollständig. Es ist etwa so, als ob in Deutschland Revolution gewesen wäre, die Engländer Sylt besetzt und erklärt hätten: in Sylt ist keine Revolution.

Was wir in Ostasien erleben, ist der Sieg der Strategen über die Politiker; General MacArthur erscheint auf den Titelseiten der Zeitungen, sein Handwerk ist der Krieg. Das westliche Europa, froh darüber, daß der Krieg fern im Osten stattfindet, klatscht Beifall und ist begeistert. Wenn ich Amerikaner wäre, so hätte ich auch Grund, begeistert zu sein. Sicherlich gewinnt Amerika zuletzt den Krieg, sein Rüstungszustand ist ausgezeichnet, gerade jetzt hat die Kriegsapparatur Amerikas annähernd ihre volle Leistung erreicht. Als Deutscher, als Europäer ist es meine Aufgabe, der ungeheuren Beschleunigung der kriegerischen Entwicklung entgegenzuwirken. Ich weiß nicht, ob wir, Sie und ich, noch in dem Punkt einer Meinung sind, daß Krieg das Ende Westeuropas, das Ende Deutschlands bedeutete, auch wenn Amerika siegte. Das ist jedenfalls meine Ansicht und der Kern aller meiner übrigen Ansichten. Ich glaube nicht, daß wir die Kraft haben, die Dynamik zwischen Rußland und Amerika aufzuheben, aber ich glaube, daß wir versuchen müssen, die dynamischen Kräfte in der Balance zu halten. Das ist jedenfalls unsere einzige Chance. Daraus ergibt sich eine doppelte Aufgabe: Rußland gegenüber unmißverständlich zum Ausdruck zu bringen: wir sind keine Kommunisten! Amerika gegenüber ebenso zu sagen: euer Krieg ist deshalb nicht unser Krieg, weil es unseren Krieg als positive Lösung gar nicht gibt. »Unser Krieg« ist unser Ende. Was hätte ein deutscher Publizist für dieses Ziel zu tun? Er müßte erstens um eine politische Beruhigung Westdeutschlands besorgt sein. Das stärkste Hindernis ist die Existenz von West-Berlin. Wir waren uns in Berlin darüber einig, daß die Existenz von West-Berlin die Gefährlichkeit der Lage erhöht. Als ich sagte, ich wäre vor drei Jahren schon dafür gewesen, Berlin abzuschreiben, antworteten Sie: Ja, damals ... aber heute! Dazu muß ich einerseits sagen, daß ich damals ebensowenig Echo fand wie heute, andererseits, daß ich natürlich weiß, wie verfahren der Karren ist und daß man im Augenblick nicht zurück kann. Das ändert aber nichts daran, daß Berlin die Ursache ist, wenn Westdeutschland die politische Lage nicht realisiert (mit Recht sagen die Berliner, die Mehrheit in der Bundesrepublik sei ahnungslos); in Berlin kann von den Russen jederzeit willkürlich eine Situation geschaffen werden, die, wie in Korea, Kriegsmaßnahmen nötig macht. In diesem Fall ist Berlin verloren, es kann dort eine Verteidigung nicht einmal für vierundzwanzig Stunden versucht werden. Mit einem Wort: im Kalten Krieg bedeutet Berlin eine ungeheure Gefahr, im Kriege selbst bedeutet es für den Westen überhaupt nichts. Wer den Frieden will, kann den derzeitigen Berliner Status nicht wollen.

Man redet von geistiger Hilfe für die Ostzone, von Rettung von zwei Millionen Berlinern, statt zu sehen, daß 52 Millionen Deutsche und ganz Westeuropa auf dem Spiel stehen, und ohne zu bedenken, daß eine Rückkehr dieser 20 Millionen und aller Berliner in die westliche Welt ohne Krieg nicht möglich ist. Sie deshalb nicht anzustreben, nennen Sie, verehrter Herr X., absurd. Ich nenne es konsequent.

Ich kenne das Argument, daß, wenn Berlin fiele, als nächstes Hamburg oder München für die Russen an der Reihe wäre. Ich würde für dieses Argument gerne einen schlüssigen Beweis hören. Es wäre zu untersuchen, wo Rußland versucht, seine Positionen auszubauen, und ich glaube, daß man herausfinden würde, daß Stalin sich gewisser Grenzen seiner Macht bewußt ist. Die sowjetische Zonengrenze ist meines Erachtens auf den Kriegskonferenzen der

Alliierten nicht willkürlich, sondern in Übereinstimmung mit historischen Ambitionen der Russen festgelegt worden. Und jedenfalls ist sie festgelegt worden und ist nicht nur eine Ostgrenze des Westens, sondern auch eine Westgrenze des Ostens.

Das Fernziel des Kommunismus mag die »Weltrevolution« sein, aber in Praxis geht es ihm derzeit um Arrondierung und Konsolidierung. Dabei wollen die Amerikaner nicht zuschauen. Ihre Dynamik ist ebenso groß wie die russische, ihre Furcht vor dem Kommunismus nicht weniger ein politischer Faktor wie das russische Mißtrauen. Die Amerikaner setzen sich mehr und mehr den Russen vor ihre Haustüren und nicht umgekehrt. Unser Interesse muß sein, daß dies nicht in Deutschland geschieht, sondern in Griechenland, in Persien, in Korea oder wo sonst. Wir haben dazu nur ein Mittel: die bedingungslose Neutralität! Also gegenüber Rußland: wir sind keine Kommunisten! Gegenüber Amerika: wir kämpfen nicht, macht, was ihr wollt! Das ist keine Dritte Kraft, im Gegenteil, es ist der Versuch, Ohnmacht politisch auszuwerten.

Es hat sich in den letzten Jahren gezeigt, daß die Amerikaner immer dort offensiv werden, wo sich die Bewohner des betreffenden Gebietes zu ihren Bundesgenossen erklärten. Können wir ein Interesse daran haben, daß Amerika in Deutschland noch offensiver wird? Korea beweist, daß die Kommunisten dann zu Gewaltstreichen fähig sind – zweifellos im Gegensatz zu ihren politischen Grundsätzen –, wenn sie eine erhebliche Schwächung ihrer strategischen Ausgangssituation befürchten müssen. Vielleicht besteht der dritte Weltkrieg viele Jahre lang aus »Koreas«, und vielleicht liegt darin eine Chance, daß er vermieden wird. Aber für »Korea« ist dann schon Krieg gewesen. Wollen Sie, daß wir selbst uns dazu drängen, ein »Korea« zu werden – im besten Fall? Deutsche Politik …

1951

Im Frühjahr 1951 beginnt mit einer Cocktail-Party bei Tito meine Beziehung zu Jugoslawien, wo ich mir inzwischen auf einer Insel im Quarnero so etwas wie ein zweites Zuhause geschaffen habe. Der Neunundfünfzigjährige war von einer schweren Operation gerade genesen, das

Fest in seiner Belgrader Residenz, einer seiner vielen, bedeutete seine Rückkehr ins politische Leben.

COCKTAIL-PARTY BEI MARSCHALL TITO. Im Hin und Her über den Termin hieß es schließlich, ich sollte heute vormittag in Belgrad ankommen, und dann würde alles »wunderschön« werden. Es wurde wunderschön! Als ich vor vier Stunden im Reisebüro einen dem feierlichen Anlaß angemessenen Wagen bestellte, hörte ich, wie das Fräulein, mit dem Verleiher telephonierend, sagte: »Für einen Ausländer, er will zum Marschall hinauf.« So familiär ist man hier. Der Empfang, zu Ehren einer Delegation englischer Parlamentarier gegeben, die seit einer Woche in Gestalt einer Karawane von blitzenden Luxuswagen durch das ganze Land gefegt waren, war für halb sieben Uhr abends angesetzt. Von sechs Uhr an begann sich der Boulevard Marschall Tito mit den Wagen der Gäste zu beleben. Die Polizisten an allen Straßenkreuzungen, seit einer Woche nicht mehr in Blau, sondern in den sehr kleidsamen Afrika-Korps-farbenen Sommeruniformen, taten ihr möglichstes, den Regierungs- und Diplomatenwagen die Vorfahrt zu sichern. Es ging hinaus aus der Stadt, den Villenhügel hinauf durch eine vierfache Pappelallee und dann einige Kilometer durch ein parkartiges Gelände, in dem nur noch vereinzelt die Dächer großer Besitzungen über die Baumwipfel ragen. Kurz vor dem Tor zu des Marschalls Park, das mit Girlanden umwunden war, liegen Kasernen der Garden rechts von der Straße. Eine knappe Kontrolle der Einladung, die Tore öffnen sich, ein paar Kurven, dann führt eine schnurgerade Kastanienallee wie ein grüner Tunnel, in den das Sonnenlicht in goldenen Streifen einfällt, durch kunstgewerbliche Gehölze kostbarer Bäume vor die Villa. Sie ist schneeweiß, aber schön ist sie von außen nicht; ein viereckiger weißer Kasten mit zwei Geschossen, darüber ein Halbstock für die Dienerschaft. Kein Schloß, sondern der prachtvolle Landsitz eines reichen Mannes.

Das schönste an diesem Herrensitz ist der Park, sind die rosenbehangenen Terrassen, die herrlichen Bäume, die sich im blauen Wasser eines Swimmingpools spiegeln.

Der ganze Mittelteil der Vorderfront über der Eingangshalle, auf deren Stufen vier Offiziere der Garde bewegungslos stehen, ist von einer riesigen Draperie in den Landesfarben umhüllt, auf der der Sowjetstern prangt. (Er prangt später auch auf der Torte.) Die vier Offiziere sind das erste und letzte Anzeichen, daß wir uns im Hause eines Herrschers befinden. Hinter dem Portal endet jedes Zeremoniell, ein blendend aussehender, jugendlicher, temperamentvoller Herr namens Josip Broz Tito gibt eine Cocktail-Party: das ist die gesellschaftliche Form dieses Empfangs. Wieviel tausend Tito-Bilder ich an jeder Zimmerwand, in jedem Schaufenster, auf jeder Plakatsäule im Laufe der letzten Wochen gesehen habe, ist nicht abzuschätzen. Soweit diese Bilder jüngeren Datums waren, stimmen sie nicht mit dem Tito überein, dessen Gast ich bin. Er war vor der Operation unvorteilhaft stark geworden, jetzt ist er in bester Form, braun gebrannt, voller Leben. Er ist seinen Bildern aus der ersten Nachkriegszeit ähnlich. Keine Spur von der auf Photos zuweilen überraschenden Ähnlichkeit mit Göring. Er trägt ein Gedicht von einem dunklen Anzug und eine silbergraue Krawatte. Die Zigaretten raucht er durch ein gewinkeltes Mundstück.

Die Gesellschaft mag für mich, der ich sie zum erstenmal erlebe, reizvoller sein als für diejenigen, die sie immer genießen. Mir wird versichert, es sei »alles« da. Dieses »alles« ist eine elegante Mischung aus den in Belgrad akkreditierten Diplomaten, zu denen ein paar bildhübsche Frauen gehören, der Partei-Aristokratie, Offizieren in Uniform und Zivil, einigen höheren Beamten, einigen Pressekorrespondenten. Aus dem gegebenen Anlaß waren die Engländer stark vertreten, einige von ihnen trugen ungemein museal anmutende schwarze Uniformen mit langen, eng auf das Bein modellierten Hosen. Ich sah den Außenminister Kardelj, der auch eben erst wieder nach längerer Krankheit ins Amt zurückgekehrt ist, und den Innenminister Rankovic.

An langen Tischen, beladen mit allem, was das Land nicht bietet, bediente man sich selber. Den Teller in der Hand, verstreuten wir uns ins Freie über die Terrasse, an deren Balustrade kleine Tische aufgestellt waren. Ich hatte Tito, bevor ich mit ihm sprach, zwischen serbisch, englisch und französisch wechseln hören. »Darf ich deutsch sprechen, Exzellenz?« fragte ich. »Aber selbstverständlich«, antwortete er. Es erwies sich, daß dies, wie erwartet, kein Ort für ein ruhiges Gespräch war; die Damen umschwirrten den Gott. Es kam indes zu einer Verabredung für einen Termin demnächst.

Ein bißchen Musik hätte gut gepaßt, im Gartensalon stand ein rotgoldener Flügel auf barockgeschweiften Beinen. Der Marschall vertiefte sich ins Essen und in ein Gespräch mit dem amerikanischen Botschafter. So bleibt die Behauptung, er spiele vorzüglich Klavier, für mich unbewiesen. Aber warum soll ein Gott nicht Klavier spielen können? Die Sonne legte sich in einer Abendwolke zur Ruhe. Die Lichter wurden angezündet, aus den Rosenbüschen strahlten sie, die Diener brachten Eis und Kaffee zum Abschluß. Der Marschall ging ins Haus und setzte sich mit Kardelj und Rankovic zusammen.

Die Offiziere standen, als sich die Gesellschaft verabschiedete, ungerührt Ehrenposten auf der Treppe. Die Wagen fuhren vor, keiner vor 1950 geboren und jeder gleich zum Mammut entwickelt. Die dunkle Kastanienallee verschluckte eines der Ungetüme nach dem anderen, auf den tiefen Rücksitzen lehnten sich Botschafter und andere Exzellenzen zurück und fuhren davon, gefüllt mit des Marschalls Rakje, Weinen und köstlichen Speisen. Die Damen aber, beglückt und zufrieden, verglichen, indes sie in die Stadt zurückrollten, mit träumerischem Blick ihre Ehegesponse mit dem Bilde eines Gottes.

Nach dem Empfang im »Weißen Haus« Titos durchfuhr ich mit dem Belgrader Korrespondenten der *Neuen Zürcher Zeitung* die Wojwodina, jene fruchtbare Ebene nördlich der Save, die bis zum Zweiten Weltkrieg auch die Heimstätte einer Minderheit von Volksdeutschen gewesen war. Der kommunistische Staat hatte in den Dörfern der Vertriebenen Bergbauern aus Montenegro angesiedelt, die in einer so gänzlich anderen Landschaft und unter ihnen unbekannten Bodenverhältnissen enorme Schwierigkeiten mit der Eingewöhnung hatten.

EMSIG WIE DIE BIENEN UND ZÄH WIE DIE MAULTIERE ... Ende Mai, eine Karte von Jugoslawien, auf der die Gebirge braun und die Ebenen grün gezeichnet sind, ist fast ganz braun. Nur nördlich von Belgrad, im Stromgebiet der Save, Donau und Theiß, die hier ineinander münden, ist sie zusammenhängend grün. Diese Ebene, im Osten nach Rumänien, im Norden weit nach Ungarn hineinreichend, ist auf eine sehr aparte Weise bevölkert: Serben, Ungarn, Rumänen, Slowaken wohnen, und deutsche Volksgruppen wohnten da kreuz und quer durcheinander, alles Bauern, denen der Reichtum in die Tasche gewachsen ist.

Die Sonne scheint, als wir am frühen Morgen zu einer Fahrt durch die Wojwodina aufbrechen. Alles, was an unserem karminrot lackierten Ford 1950 herunterzudrehen und aufzuklappen ist, öffnen wir. Wir benützen die Hauptverkehrsader, die über Novi Sad an die ungarische Grenze bei Subotica, dem ehemaligen Maria-Theresiopel, führt. Sie ist ein Stück der in den dreißiger Jahren begonnenen, dann in den Anfängen steckengebliebenen Landverbindung London–Kapstadt, und eine der wenigen guten Autostraßen des Landes, und erlaubt leider dem Chauffeur, eine Durchschnittsgeschwindigkeit von 100 km zu entwickeln.

So empfange ich auf der Fahrt zunächst einen zeit- und raumraffenden Gesamteindruck der Wojwodina, in der sich die Natur nur eine einzige Caprice erlaubt hat, ein sich inselartig aus der Ebene erhebendes Hügelgebiet am Südufer der Donau, die Fruschka Gora. In ihm liegen serbische Klöster, die für ihren Reichtum berühmt waren, bis 1941 die Ustascha das Gold mit Lastwagen aus den Kirchen wegfuhr.

1941, mit dem Einfall der Deutschen, war auch in der Wojwodina wieder einmal die Zeit gekommen, Treffliches in Mord und Totschlag zu leisten. W., der mit von der Partie ist, in der Wojwodina geboren wurde und sie kennt wie seine Hosentasche, gibt kurze Erklärungen, wobei er sich des Tonfalles eines Fremdenführers auf einem Rundfahrtwagen befleißigt. »Du siehst hier«, sagt er, als wir bei Peterwardein über die Donau fahren, »die Stelle, an der die Ungarn zweitausend Serben lebend unter das Eis geschoben haben.« – »Das ist Srbobran, einmal das reichste Dorf in der Backa. Die Jungbauern unterhielten eine Bar im Dorf und bevölkerten sie mit schönen Mädchen aus Subotica und Belgrad. Die Frauen von Subotica stehen im Ruf, die gefälligsten in der Republik zu sein.« – »Das ist ein rumänisches Dorf ..., das ist ein deutsches ..., das ist ein ungarisches ... Du siehst es schon an der Architektur.« – »Natürlich sehe ich es. Aber weißt du, das ist hier ja alles in tadelloser Ordnung, die Dörfer so sauber und sonntäglich aufgeräumt, die Felder alle bestellt. Da stimmt doch etwas nicht. Nach meinen Informationen ist die Wojwodina ein einziger versumpfter Unkrautgarten, seitdem die deutschen Bauern abgewandert oder ausgetrieben worden sind, und ein Haufen Montenegriner, aus den Bergen in die Ebene verpflanzt, frönen hier der Faulheit.« – »Deine Informationen sind etwas übertrieben«, erwidert W., »allerdings ist dies das erste Jahr nach dem Krieg, in dem alle Felder wieder bestellt sind. Wir hatten große Schwierigkeiten durch die Umsiedlung und die Kollektivierung und haben sie noch. Wenn deine Energie ausreicht, den Chauffeur zum Halten zu bringen, dann könnten wir uns in Lovcena die neuen Bauern aus Montenegro ansehen.«

Lovcena ist der neue Name des Ortes. Er heißt nach dem Lovcen, dem aus dem Ersten Weltkrieg berüchtigten Berg in Montenegro. Die Montenegriner bilden in Lovcena eine der größten »Zadrugen«, eine Arbeitsgenossenschaft von 6000 Menschen.

Lovcena ist die Hälfte eines Doppeldorfes. Die andere Hälfte heißt Feketitsch. Dort wohnen noch vierzig deutsche Familien. Ein Kalb, das nicht aufstand, nötigte den Fahrer glücklicherweise zum Halten. Kinder und Erwachsene umdrängten bald den Wagen, Montenegriner, schöne hochgewachsene Menschen. Manche sahen aus wie die Statisterie aus einem Hollywoodfilm. Eine Bäuerin wollte uns den Weg zu deutschen Familien zeigen. Eine andere kam herbei und fragte: »Täubchen, wo fährst du hin?« – »Nach Belgrad, tanzen«, antwortete sie. Sie war fünfzig Jahre alt, eine kapitale schwarze Person. Bei den deutschen Bauern, die keine Bauern mehr sind, weil sie kein Land mehr haben dürfen, waren die meisten Männer nicht zu Hause, sie waren als Zuschauer zu einem Fußballspiel gegangen ins nächste Dorf. Wir verweilten uns im Hause der R.'s. Das Ehepaar R., gesetzte Leute in den Fünfzigern, bewohnt ein Haus, das aus einem Vorraum, drei Zimmern und einem Stall unter demselben Dach besteht. Zum Hause gehört, von einer Mauer eingefaßt, ein Stückchen Garten, vielleicht 250 qm. Alles war so bis in den letzten Winkel sauber, daß wir am liebsten unsere Schuhe an der Haustür ausgezogen hätten. Ein Brett an einer Wand des Vorraumes, auf dem Töpfe standen, war von einer Borte eingefaßt. Sie war aus Zeitungspapier, aber mit der Schere liebevoll ausgezahnt. Im ersten Zimmer, das als Küche diente, war Frau R. gesessen, als wir kamen, und hatte in der Bibel gelesen. In einer Ecke brütete höchst manierlich ein gelbes, dickes Huhn auf einem Nest aus Maisstroh. Wir wurden in das nächste Zimmer geführt und gebeten, Platz zu nehmen. Aus dem anschließenden Schlafzimmer brachte die Bäuerin ausgezeichnetes Backwerk. Sie hatte am Morgen ein Telegramm von ihrer Tochter und ihrem Schwiegersohn bekommen, in dem diese ihre Ankunft in Deutschland anzeigten. Sie wollen weiter nach Amerika. Natürlich haben R.'s Verwandte in Amerika, jedermann in diesem Lande hat Verwandte in Amerika. Der Sohn R. ist gerade zu einer militärischen Übung eingezogen worden. Auf den Familienbildern tragen die jungen Männer SS-Uniform. Es ist wahr, die Volksdeutschen sind zum großen Teil in die SS befohlen worden, aber was sie dort, was viele von ihnen dort an Untaten vollbracht haben, war mehr, als der Befehl erzwang. Man muß sich darüber genau ins Bild setzen, und man wird manches verstehen, was nach 1944 geschehen ist. Als die R.'s aus dem Lager zurückkamen, waren sie, wie alle übrigen deutschen Bauern, enteignet, ihr Haus wurde von Montenegrinern bewohnt, ihre Habe war geplündert und verstreut. »Und wie kommt es, daß Sie jetzt wieder in einem vollständig eingerichteten Haus wohnen?« fragte ich. »Man hat uns geholfen, der hat uns das gegeben, der jenes, die Ungarn vor allem. Und dann haben wir gespart. Das Schlafzimmer haben wir erst kürzlich anschaffen können.« – »Von was leben Sie?« – »Der Mann ist Schuster in der Zadruga.« Sie sagte: »Der Mann«, nicht »mein Mann«.

Die Tür wird aufgerissen, eine Bäuerin kommt atemlos herein. »Ich muß nach dir sehen«, sagt sie zu Frau R., »man hat gesagt, ein rotes Auto steht vor eurem Haus, und die Udba fährt doch rote Autos.« – »Aber nein«, sagt Frau R., »es ist ein Deutscher aus dem Reich.« UDB sind die Initialen der politischen Geheimpolizei, aus Gründen des Wohlklanges wird die Abkürzung Udba ausgesprochen.

Es gibt vielleicht noch 60000 Volksdeutsche in ganz Jugoslawien. Sie wollen das Land verlassen. »Wir können hier nichts mehr werden, Arbeiter wollen wir nicht sein, wir wollen eigenes Sach' haben, wir wollen unsere Feiertage halten, wie wir es gewohnt sind. Wen sollen unsere Töchter heiraten? Die Schwarzen vielleicht?« Mit den »Schwarzen« sind die Montenegriner gemeint. Die Volksdeutschen müssen die Aberkennung der jugoslawischen Staatsbürgerschaft beantragen. Dieser Prozeß dauert etwa ein halbes Jahr. Wer gute Verbindungen nach draußen hat, kann dann privat ausreisen. Der Weg der meisten führt durch Lager, über Triest und Ulm. Wie kommen sie von da weiter? Es ist zu vermuten, daß sich viele von ihnen großen Täuschungen hingeben über das, was ihrer wartet. So gut wie im Hause der R.'s werden sie es so bald nicht finden. Ich sah auch andere Häuser deutscher Familien, nicht alle haben es schon wieder so weit gebracht wie R.'s, aber keinen fand ich, der die fünf gerade sein läßt und sich den Verhältnissen beugt. Emsig wie die Bienen und zäh wie Maultiere, so sind sie.

Auf dem Rückweg redeten wir dem Fahrer gut zu, er möchte die Hühner schonen, deren er schon zwei ermordet hatte, und halten, wo wir gerne halten wollten. Aus Trotz fuhr er fortan mit einem Durchschnitt von 35. Er vermeinte, uns zu ärgern. Aber so war es uns gerade recht. Unser rotes Schiff schwamm gemächlich durch das grüne Meer der Frühjahrssaaten. Wir sprachen mit vielen Bauern, mit Bauern auf eigenem Boden, mit Bauern aus den Genossenschaften, mit Arbeitern und Verwaltern von Staatsgütern, zu denen ein 3 000 ha großes, vorbildlich eingerichtetes Gestüt gehört. »Wollen Sie die Ställe sehen? Bitte! … Wollen Sie nicht ins Haus kommen, bitte? …« »Ah, Sie sind Deutscher? Aus Österreich? … So, aus dem Reich? Wie leben Sie da?« Ungarn, Rumänen, Serben, Slowaken, Deutsche …, offenherzig, gastfreundlich, höflich! Vor fünf Jahren noch: Mord, Blutgier, entsetzlichste Grausamkeiten. Wie geht es zusammen? Nun, wir wissen auch vom eigenen Volk kaum, wie es zusammengeht.

Daß mir meine Art und Gesinnung, die deutschen Dinge zu sehen, Kritik eingetragen hat, weit mehr Kritik als Zustimmung, versteht sich. Nach der Veröffentlichung des Berichtes aus der Wojwodina steigerte sich die Kritik zur Morddrohung. Die Vertriebenenpresse fiel über mich her. Wenn ich dieses eine Mal aus ihren Kritiken kurz zitiere, die über Seiten gingen, bin ich nicht ganz sicher, ob es nicht hier und heute Leser geben könnte, die zu sich oder anderen sagen: was die damals geschrieben haben – so falsch war es gar nicht.

»Er sah, daß die Deutschen ›emsig wie die Bienen sind und zäh wie die Maultiere‹ und daß sich keiner ›den Verhältnissen beugt‹. Weiß Gott, dies wenigstens hat er erkannt. Die 200 000 ermordeten Deutschen gehen ihn, Gott sei Dank, nichts an. Wir wünschen, es möge ihm in der Nacht der Schweiß ausbrechen, wenn er begreift, daß er es fertig brachte, voll Anerkennung für die Taten Titos, dem er beglückwünschenderweise die Hand reichen durfte, in einem roten Auto durch so viel Tod und Jammer zu fahren, ohne Erschrecken, ohne Mitleid ...« (*Der Volksbote*, 23./24. Juni 1951)

Ich habe dann Jugoslawien bis hinunter an die Grenze zu Albanien bereist, eines der fruchtbarsten Länder Europas, in dem es im gerade zu Ende gegangenen Winter zu einer Hungerkatastrophe gekommen wäre, hätten die Amerikaner nicht mit 25 Millionen Dollar über CARE eine beispiellose Hilfsorganisation gestartet.

Aus Montenegro und dem Kosowo kehrte ich nach Belgrad zurück zu einem Gespräch mit Tito. Ich faßte meinen Eindruck in dem Satz zusammen, die eigene Auslegung des Marxismus mache Tito keineswegs zum Demokraten, und schrieb:

IST JUGOSLAWIEN EIN KOMMUNISTISCHER STAAT? Im Wald, der im Krieg Heimat und Wohnung der Partisanen war, ist Selbstbewußtsein ins Unermeßliche gewachsen. Der erste und wichtigste Ausdruck dieses Selbstvertrauens ist die Behauptung Titos und seiner Männer, der Kommunismus russischer Prägung sei eine Falsch- und Fehlentwicklung, während das jugoslawische Schisma die reine Lehre Marxens und Lenins verwirkliche. Am Anfang des Abfalls Titos von Stalin stand, das ist die offizielle Version, die Kritik an der Lehre, und es ist deshalb zum Bruch gekommen, weil diese Kritik von Moskau mit politischen und wirtschaftlichen Pressionen beantwortet worden ist. Daran ist soviel wahr, daß sich der Abfall öffentlich wirklich in einem gelehrten und theoretischen Aufsatz eines der führenden jugoslawischen Kommunisten in einer Belgrader Zeitung 1948 angekündigt hat, und man muß, um die Wirkung in unserer undoktrinären (vergleichsweise undoktrinären) Welt begreiflich zu machen, vielleicht das oft gebrauchte Beispiel benützen, es sei so gewesen, als ob ein Priester eines Tages die Dreieinigkeit Gottes zu leugnen sich unterfinge. Inzwischen sind die Dinge so weit gediehen, daß man mit dem Wort »Kominform« heute in Jugoslawien das Böse schlechthin, den Feind Nummer 1 bezeichnet.

Man vermutet, Kardelj, Außenminister und schärfster Denker des Landes, und Djilas, seine beste Feder, seien damit beschäftigt, eine titoistische Doktrin zu Papier zu bringen. Ich fragte mich, ob hier eine geistige Tat geschehen könne, die in einer heillos festgefahrenen Welt eine lösende Funktion auszuüben das Gewicht haben werde. Eine »Dritte Kraft«, nicht in Gestalt einer Machtgruppierung, sondern einer zur Lehre ausgebauten Idee, vergleichbar etwa als Ereignis, nicht inhaltlich, der Lehre Gandhis, und im Gegensatz zu ihr exportierbar. Sieht man jedoch, wie sich dieses Regime an der Macht festkrallt, so wird man befürchten, daß sich solche Erwartungen aus prinzipiellen Gründen kaum erfüllen werden. Es ist unmöglich, daß jemand Herrscher und Prophet zugleich ist, und selbst wenn es gelänge, eine Theorie des Titoismus durchzudenken als eine Variation des Kommunismus, so wird die Doktrin doch nur die Dienerin der Macht ihres Erfinders sein. Mit anderen Worten, sie wird opportunistisch sein, nicht anders wie der Stalinsche Kommunismus.

Politisch und methodisch agiert Belgrad kommunistisch, und es sind dabei die innenpolitischen Zielsetzungen bei weitem der Wohlfahrt des Volkes weniger abträglich als die Methoden. Von doktrinären Superkommunisten erdacht, sind sie so unpraktisch und so kompliziert, daß das Resultat in der Wirtschaft ein gigantisches Defizit ist, das einerseits das Volk mit seiner Armut, andererseits die Amerikaner mit ihrem Reichtum bezahlen. Die amerikanische Hilfe wird, im Gegensatz zu der Hilfe für Westdeutschland, bis jetzt bedingungslos gegeben. Der politische Nutzen scheint den Amerikanern groß genug zu sein, so daß sie zuschauen, wie ihre guten Dollars in einem bodenlosen Loch verschwinden. Aber es wurmt sie.

Auf dem Petersberg wurde 1951 über den deutschen »Beitrag« verhandelt, den Adenauer den Westmächten aufdrängen will. Seit Februar gab es wieder einen deutschen Paß, einen westdeutschen. Die Bundesrepublik wurde Mitglied des Europarates, und am 9. Juli um 16 Uhr beendeten die westlichen Alliierten formal den Kriegszustand mit ihrem deutschen Staat. Auf der Washingtoner Konferenz im September nahmen sie Adenauers Geschenk einer neuen deutschen Wehrmacht an. In dieser Atmosphäre machte ich mir Gedanken über die Erziehung der deutschen Kinder zu demokratischen Bürgern.

WERDEN UNSERE KINDER ZU BÜRGERN ERZOGEN? Die obersten Erziehungsbehörden haben nach dem Kriege versucht, das Erziehungsbild neu zu formulieren, sie sind aber dabei über ein opportunistisches Gestammel nicht hinausgelangt und haben dann die Sache auf sich beruhen lassen. Die Schulwelt befindet sich im Zustand eines Staates, der Gesetze, aber kein Grundgesetz hat.

Es scheint die Ansicht der Amerikaner zu sein, daß man nur die Methode zu ändern braucht, um neue Resultate zu erzielen, etwa nach der Formel: Schulgeldfreiheit plus sechsklassige gemeinsame Grundschule = der demokratische Mensch. Diesem amerikanischen Irrtum über die Bedeutung der Methode steht ein nicht weniger grundlegender deutscher Irrtum gegenüber, der bis zu einem gewissen Grade erklärt, warum die Frage: für welchen (idealen) Zweck werden unsere Kinder erzogen? nicht dringlich gestellt wird. Man glaubt nämlich, die Antwort zu kennen. Sie lautet kurz und bündig: für ein bürgerliches Dasein. Nun könnte man sich, selbst wenn dem so wäre, dabei wohl kaum beruhigen. Aber die Antwort ist einfach falsch.

Wenn die Sprache, die stets klüger ist als der klügste Mensch, ein neues Wort aufnimmt oder einem bereits bekannten Wort einen neuen Sinn unterschiebt, darf man vermuten, daß ein neuer Tatbestand so allgemein geworden ist, daß auch ein allgemeines Bedürfnis vorliegt, ihn zu nennen. Wenn im modernen Sprachgebrauch das Wort »Restauration«, früher nur für die Wiedereinsetzung einer Dynastie oder die Wiederherstellung einer Monarchie verwendet, die Bedeutung »Wiedereinsetzung« des Bürgers gewonnen hat, so muß diesem Wandel ein allgemein bemerkter Vorgang entsprechen. Die Restauration in diesem Sinne ist eine spezifisch westdeutsche, innerhalb Westdeutschlands allgemeine Erscheinung im politischen, wirtschaftlichen und kulturellen Leben. Die Restauration vollzieht sich aggressiv. Die Zähigkeit, mit der das Bürgertum seine Chance, den Zusammenbruch von 1945, ausgenützt hat und zu Besitz und Macht zurückstrebt, ist bewunderungswürdig. Die Restauration ist der vollständige Sieg des Materiellen über das Geistige. Der Bürger, der einmal Gott, dann die Obrigkeit gefürchtet hat, fürchtet heute nur noch die Katastrophe, die er in Gestalt eines Krieges vor sich sieht. Gebannt von dieser schrecklichen Vision, wagt er keinen

Schritt in neues Gelände zu tun, weder sozial noch ökonomisch, noch politisch, und verdächtigt alle, die, von ihrem Gewissen angestachelt, trotzdem sich fortbewegen möchten, als a priori Mitschuldige an einer Katastrophe – die, wenn sie käme, eben wegen dieser Erstarrung, wegen des Mangels an geistigem Wagemut sich ereignete.

Die Lehrer sind es nicht, die auf die Barrikaden der Restauration steigen. Der Ort der Aktion in der Erziehung ist nicht das Ministerium und nicht das Rektorat, sondern das Klassenzimmer, und wenn im Klassenzimmer etwas anderes geschieht, als außerhalb des Klassenzimmers beschlossen wird, dann ist für die Erziehung allein ausschlaggebend, was sich im Klassenzimmer, im Unterricht abspielt.

Die Lehrer können nicht weiser sein als das Volk, dessen Kinder sie belehren. Wenn die Gesellschaft nicht die Kraft hat, ein geistiges Programm zu entwickeln, wird man es von den Lehrern nicht erwarten dürfen. Die materielle Restauration liefert kein Programm, nach dem erzogen werden könnte. Die Schulbehörde glaubt es jedoch und wünscht, daß Bürgergeist aus Wohlstand destilliert und den Schülern eingeflößt werde. Im Klassenzimmer zeigt sich nun, daß die bürgerlichen Ideale bei der Jugend nicht mehr abzusetzen sind. Einerseits deshalb nicht, weil die Erfahrungen der Jugend ein Hohn auf diese Ideale sind und in eine ganz andere Richtung deuten, andererseits nicht, weil die Lehrer sich selbst nicht als Bürger fühlen und die Restauration nur mit Lippenbekenntnissen abdienen. Wie sollten sie anders? Sie haben das bürgerliche Selbstbewußtsein spätestens in der Not der Nachkriegszeit eingebüßt, und es geschieht nichts, ihnen dieses Selbstbewußtsein zurückzugeben.

Die Geistfeindlichkeit der ausschließlich materiellen Restauration geht so weit, daß sie sogar die Lehrer als einen im Grunde überflüssigen Sozialballast nicht in den Genuß der Prosperität kommen läßt. Soweit die Lehrer für die Wiedererweckung bürgerlicher Ideale tätig sind, tun sie es mit Unlust. Damit täuschen sie die Schulbehörden und das erwachsene Volk, aber sie täuschen nicht die Schüler. Es ist jedoch auch ein Irrtum zu glauben, das restaurative Geschwätz der Lehrer liefe an den Schülern ab wie Wasser an einer Ölhaut. Wäre es doch so! Es bestärkt die Jugend im Zynismus. Eine zynische Jugend? Ja? Am verheerendsten wirkt in dieser Richtung die vage

Berufung und äußerliche Festlegung auf das Christentum, die zur Praxis der Restauration gehört. Es ist Anlaß, hier an Ortega y Gasset zu denken, der kürzlich sagte: Wir können noch alles erreichen, aber wir werden verloren sein, wenn wir mit der Frömmelei nicht Schluß machen.

Auch die Eltern sind ratlos, sind ohne geistiges Konzept, ohne Ideale, und was sie gerne dafür ausgeben möchten, zerbricht ihnen immer wieder unter den Händen. Ohne viel Aufhebens und ganz ohne eine »Erziehungsreform« haben sie im Kreise der Familie ihre Ratlosigkeit durch den Verzicht auf die elterliche Autorität ausbalanciert. Sie sind zu Kameraden ihrer Kinder geworden. Gute Lehrer, die »pfundigen Kerle«, tun dasselbe. Sie steigen bildlich und buchstäblich vom hohen Katheder herab, setzen sich zwischen ihre Schüler und sagen zu ihnen: Wollen wir versuchen, zusammen etwas Vernünftiges zustande zu bringen? Zusammen! Darum geht es. Der gute Lehrer sieht seine Erziehungsaufgabe darauf beschränkt, herauszufinden, was in seinen Schülern steckt, und es zur Entwicklung zu bringen.

Unser innenpolitisches Leben ist weitgehend ein Leben »als ob«. Wir leben politisch in einer Zäsur. In der Erziehung gibt es keine Zäsuren. Was immer den Völkern zustößt – die Jugend muß erzogen werden. Sie ist immer wirklich. Sie mit einer Als-ob-Erziehung abzuspeisen, bedeutet, sie zu verlieren, bedeutet, die Kontinuität abreißen lassen. In dieser Gefahr befinden wir uns. Es ist falsch zu glauben, »das Leben« hülfe sich selbst. Was die Kultur anlangt, hilft sich das Leben nicht selbst, sie ist dem Geist der Menschen anvertraut. Geistlose Schulen erziehen nicht; sie entlassen zynische Materialisten. In dieser Lage müßten die konservativen Kräfte gegen die restaurativen aufstehen. Ob das im politischen Leben möglich ist, bleibt dahingestellt. Ich halte es für sehr zweifelhaft, weil eben alle entscheidenden Positionen von der Restauration besetzt sind. Auf dem Gebiete der Erziehung müßte es möglich sein, wenn die Lehrerschaft ihre derzeitige, meistens klägliche Rolle – und ihre Aufgabe in der gegebenen Situation begriffe.

Am 4. Juli 1951 flog ich nach Teheran und blieb in Persien bis zum 18. Juli. Der Anlaß war die »Revolution«, von Premierminister Mussadeq entfacht und geleitet, deren Ziel es war, die Ölvorkommen am Golf, die von den Engländern bis dahin durch ihre Anglo Iranian Oil Company (AIOC) ausgebeutet wurden, zu nationalisieren. Nationalismus, von Kommunismus durchsetzt, ich könnte auch sagen unterfüttert, schuf die Massenbasis. Was damals geschah, es ist 38 Jahre her, bildet die Ur-Ursache dafür, daß die Amerikaner heute im Golf eine Kriegsflotte stationieren mußten und daß in der Bundesrepublik darüber diskutiert wurde, ob uns das NATO-Bündnis allenfalls verpflichten könnte, gleichfalls im Golf militärisch präsent zu sein. Bisher sind wir es noch nicht, aber es ist auch diesbezüglich noch nicht aller Tage Abend. Als ich in Persien recherchierte, war die Sache Teherans noch nicht endgültig entschieden. Die Amerikaner hatten ihren Sonderbotschafter Averell Harriman hingeschickt, er sollte für die Engländer retten, was nach amerikanischer Auffassung noch zu retten war, aber es gab nichts mehr zu retten.

Die *Süddeutsche Zeitung* druckte meine seitenfüllenden Berichte in sieben Ausgaben zwischen dem 10. und 28. Juli. Im Abstand von Wochen folgte dann noch eine in München geschriebene politische Analyse (am 25. August). Krieg und islamischer Fundamentalismus in der Golfregion bilden einen der gefährlichsten Krisenherde in der Gegenwart. Der historische Zusammenhang mit dem Hinauswurf der Engländer aus Abadan erlaubt, so meine ich, die Situationsschilderungen von 1951 in dieser Chronik ausführlich zu zitieren.

I. EIN GANZ GEWÖHNLICHER PERSIENFLUG. Das tischebene, 400 km breite Euphrat- und Tigristal bot außer Wüste nur einen Blick auf Bagdad, und ein paar Minuten später waren wir über dem Ziel des Fluges, über Persien, das an dieser Stelle noch mit einem schmalen Streifen in die Tiefebene hinausgreift, um dann alsbald auf 1000 Meter und mehr zu steigen. Was ich von Persien von da oben erblickte, sah, soweit es nicht Gebirgszüge waren, wie eine straff gespannte, gegerbte Büffelhaut aus, wie viele aneinandergenähte Büffelhäute, die an den Nähten nachgedunkelt sind. Die Nähte waren die Flußläufe oder die ausgetrockneten Betten ehemaliger oder künftiger Flußläufe, und hin und wieder sah man etwas, das die Trichter eines Reihenwurfes großer Bomben hätte sein können; es sind jedoch Teile des uralten unterirdischen Bewässerungssystems, womit man aus Persien einen Garten machen könnte, wenn es erhalten und in Funktion wäre. Das ist es nur in einzelnen Gebieten. Im Abstand von 10, 15 und 50 Kilometern erschien unter uns immer wieder eine Ansiedlung in der überwältigenden Leere riesiger toter Flächen, kleine bewohnte Inseln wohlgeordneten Grüns. Und dazwischen die feinen Linien der Straßen, deren instinktsichere Führung vom Flugzeug aus viel überzeugender zu erkennen ist, als wenn man sich auf ihnen fortbewegen würde. Sie waren so fein in Fels und Sand geritzt, als hätte sie jemand mit einer Nadel gezogen. Oft verloren sie sich irgendwo. Die Mühsal einer in der Frühgeschichte verschwindenden Generationenfolge von Bauern ist aus der Luft zu erkennen, weil man mit einem Blick das bißchen kultivierte Land und die endlose Öde umfaßt. Je näher wir Teheran kamen, um so mehr häuften sich die Oasen. Deutlich waren an einigen Stellen vulkanische Formationen auszumachen, in Färbung und Struktur sich von dem übrigen gewachsenen Felsgestein unterscheidend.

Nach Flugplan landeten wir bei Teheran, elf Stunden Flugzeit. Merkwürdig, was möglich wird, wenn man zum Zwecke der Fortbewegung genügend Dollars in der Zeit investiert. Es ist ein einfaches Verfahren, es ist zu einfach, die meisten Menschen glauben, wenn sie so über die Welt fliegen, sie würde kleiner. Es ist aber so, daß die Menschen kleiner werden, kleiner an Erfahrung, kleiner an Gefühl, kleiner an Erlebnissen, kleiner an Phantasie. Und wenn sie klein genug geworden sind, bedient sie die Welt nicht mehr richtig. Nur noch die Kellner bedienen sie, die überall gleichen Kellner.

II. UNS GEHÖRT DAS ÖL! SCHREIEN DIE PERSER. Zu kaufen gibt es alles und in allen Qualitäten, die Läden bersten von Waren, aber die Leute haben kein Geld. Man sollte vermuten, daß die Preise dann heruntergehen, aber sie tun es nicht, jedenfalls trotz sinkender Tendenz nicht genügend. Und hier muß eines persischen Charakterzuges Erwähnung getan werden, der manches erklärt, was sich im Ölstreit bisher ereignet hat, und vielleicht auch für die künftige Entwicklung nicht ohne Bedeutung ist: ich möchte ihn als ökonomischen Starrsinn bezeichnen. Der Obsthändler wirft lieber am Abend einen halben Wagen verdorbener Kirschen in die Gosse, bevor er seine Ware billiger abläßt. Der Hausbesitzer läßt lieber Wohnungen leer stehen, bevor er mit den Mieten heruntergeht, und für einen Nutzen von 100 Toman nimmt man oft einen Schaden von 1000 Toman in Kauf. Verdienen wird hier so groß geschrieben wie überall, aber Prestige wird, glaube ich, noch größer geschrieben.

Als Perser mich in einem kleinen Hotel, von dem aus ich einen Brand photographieren wollte, mit einem Soldaten englisch sprechen hörten, wandten sie sich ab und sagten nicht bäh und nicht mäh. Glücklicherweise wußte er die Ursache ihres merkwürdigen Verhaltens gleich richtig zu deuten und sagte ihnen, ich sei kein Engländer, ich sei Deutscher. Es war einfach wie Zauberei. Sie behandelten mich plötzlich, als sei ich der Überbringer des Hauptgewinnes im Fußballtoto. Erst nach einer Stunde, in der der Rauch allmählich das Hotel so einhüllte, daß wir alle husteten und Tränen in den Augen hatten, kam ich wieder fort. Tee wurde gebracht und immer wieder versicherten sie, was für großartige Leute die Deutschen doch seien und welche Zukunft vor Deutschland liege. Hinsichtlich des Soldaten, der eigentlich ein Militärpolizist war, wurde mir durch ihn selbst merkwürdige Aufklärung. Nein, zum Brandplatz könne er mich nicht begleiten, da sei zu viel Polizei und die würde ihn unter Umständen festnehmen. Er habe heute keine Erlaubnis, das Lager zu verlassen. Aber was soll ich im Lager, sagte er, da kann ich ja nichts verdienen. In der Stadt aber könne er dank des Englisch, das er in amerikanischen Diensten gelernt habe, doch hin und wieder etwas verdienen.

In den Gesprächen, die ich an diesem ersten Nachmittag in Teheran und bis spät in die Nacht hinein mit Deutschen, Franzosen und Persern geführt habe, die entweder immer oder doch schon seit langer Zeit hier leben und meist eine wirtschaftliche Funktion ausüben, ist mir eines deutlich geworden: Es gibt hier im Lande noch weniger eine einheitliche Auffassung darüber, was aus dem Ölstreit werden kann, als in der betroffen aufhorchenden Welt. Hingegen hat man in Teheran infolge der größeren Nähe zu den Ereignissen in den umliegenden Ländern, infolge der Lage des Iran im politischen Kreuzungspunkt eines Kontinents (vergleichbar des Deutschlands in Europa, allerdings übertragen aus den kleinen europäischen in die riesigen asiatischen Maßstäbe) eine viel deutlichere Vorstellung davon, was es bedeuten würde, wenn die Perser ohne Beschränkung ihren Willen bekämen. Das Beispiel würde Schule machen. Es wäre der Funke in das Pulverfaß des asiatischen Nationalismus, der von Arabien bis in die malaiischen Staaten virulent geworden ist. Es würde der westlichen Welt die Gefahr drohen, daß ihr die sichere Stellung in kriegsentscheidenden Rohstoffländern verlorengeht, und Persien wäre nur ein Fall unter drei oder vier, von denen der Irak der nächste ist. Das ist es wohl, was die Amerikaner zu spät begriffen haben, als sie noch vor einem Jahr nicht nur die Engländer im Iran nicht unterstützten, sondern ihnen sogar still und leise Prügel zwischen die Beine warfen, während jetzt eine Lage entstanden ist, in der nicht nur die Engländer ihre Fehler, die in Versäumnissen bestehen, bedauern, sondern auch die Amerikaner zu einer ganz anderen Auffassung über ein energisches Auftreten gelangt sind. Hier sieht man aber noch aus großer Nähe ein weiteres Moment: Es gibt in Bezug auf Persien parallele Interessen zwischen der sogenannten westlichen Welt und Rußland.

Solche Gedankengänge spitzten sich zu der Spekulation zu, die Waffenstillstandsverhandlungen in Korea seien die vorübergehende Bereinigung eines durch Persien an die zweite Stelle gerückten Streites, um für einen russisch-amerikanischen Öl-Kompromiß in Persien freies politisches Gelände zu schaffen. In diesem Falle wären die »Spontanaktionen«, wie ich deren eine heute abend an einer Ecke der englischen Botschaft erlebt habe, wo sich eine gewaltige Menge zusammengerottet hatte, um zu rufen: Uns gehört das Naft! (= Öl), allerdings auch dann bedeutungslos, wenn sie die Vorankündigung ernsterer Aktionen sein sollten.

III. SIEG ODER UNTERGANG! Die Ansichten kluger, gebildeter, in bester wirtschaftlicher Lage lebender Perser sind oft nur mit Erstaunen zu hören. Was soll man dazu sagen, wenn ein hoher Beamter des Informationsamtes auf meine Frage, was die Regierung mit den 70000 Arbeitern tun wird, falls die Petroleumwerke stillgelegt werden müssen, antwortet: Ach, wir haben so viele Arbeitslose, es kommt auf diese 70000 auch nicht mehr an. Ein anderer hoher Perser antwortete auf die gleiche Frage einem anderen Frager: Wir werden sie in die Landwirtschaft stecken. Beide Antworten enthalten nicht eine Spur von Realismus, und das ist um so bemerkenswerter, als die menschlichen Beziehungen in diesem Lande, einschließlich der Liebe, von einem Rationalismus beherrscht sind, den man im selben Maße vielleicht erst wieder in China findet.

Es ist ein oft gebrauchtes Argument, daß Persien einen Boykott seines Öls wirtschaftlich nicht durchstehen kann und daß deshalb Bemerkungen wie die vorhin zitierten nicht ernst genommen zu werden brauchen. Das halte ich für einen Trugschluß. Die Raffinerien stillegen? Bitte schön. Wir brauchen das Öl nicht, wir haben sowieso nichts von den Engländern dafür bekommen, auf die paar Millionen Pfund können wir auch verzichten. So etwa ist die Stimmung. Es ist ein Proletariat gezüchtet worden, dem ein Knochen hingeworfen werden mußte. Dieser Knochen ist die Nationalisierung des Öls, und es ist Mussadeq wirklich gelungen, in dieser Frage das Volk vor seinen Karren zu spannen. Wie lange das andauern wird, ist unmöglich zu sagen, aber eines Tages muß die Ernüchterung kommen. Geht man nach Sonnenuntergang durch die Hauptgeschäftsstraßen Teherans, so ist es, als grübe man sich durch einen Ameisenhaufen. Laden an Laden, bis zur Decke vollgepfropft mit Waren aus der ganzen Welt. An diesem Angebot vorbei wälzt sich der Strom der Wenigen, die kaufen, und der Zahllosen, die schauen, schwätzen, gestikulieren und lachen. Das könnte allabendlich so weiter gehen. Aber plötzlich, wie von einem Magneten gezogen, formieren sich die Zehntausende zu einem Zug, und indes die Geschäftsleute in aller Eile ihre Waren bergen und die Rolläden herablassen, fängt um die nächste Ecke schon das kollektive Geschrei an und übertönt den individuellen, gellenden Singsang der Verkäufer. Sich vorzustellen, daß dieser teils bezahlte, teils fanatisierte Bodensatz einer Millionenstadt einen entscheidenden Anteil daran hat, wie die Weltgeschichte im nächsten Jahre weitergehen wird, ist wahrhaft abenteuerlich.

IV. DIE ZUTREFFENDE PROGNOSE. Schon bei den ersten Unterredungen des amerikanischen Sonderbotschafters Averell Harriman mit dem iranischen Ministerpräsidenten scheint sich herausgestellt zu haben, daß die Vermittlungsversuche der USA im persisch-englischen Ölkonflikt nicht sehr aussichtsreich sind. Unser in Teheran weilendes E. K.-Redaktionsmitglied kabelte uns dazu am Dienstag: »Harriman ohne Chancen«.

V. GEFÄHRLICHE STILLE IN DER ÖLBURG ABADAN. Unser Flugzeug näherte sich Abadan von Osten, wir kamen aus dem Herzen Persiens. In 3500 m überflogen wir den letzten Gebirgszug, den letzten von vielen und gingen über der Tiefebene auf 1500 m herunter. Ein dunkler Streifen tauchte am Horizont auf. Als ich erkennen konnte, daß es Palmenpflanzungen waren, befanden wir uns bereits über Abadan. Das Flugzeug zog über Abadan eine Schleife, bevor es landete. Unter uns das schnurgerade Ufer des Schatt-el-Arab mit den Verladeeinrichtungen, daran anschließend, als Zentrum, die Raffinerien, umgeben von den viele Quadraktkilometer bedeckenden Siedlungen und den geometrisch gezeichneten Flächen mit den Petroleumtanks, je drei und drei in einem Kreis kleeblattförmig angeordnet. Vor den Kaianlagen, die bis auf ein paar kurzleibige, in Reihen vertäute Schlepper durchaus leer waren, lag, beinahe in der Mitte des Stromes, jener einsame englische Kreuzer, der seit Wochen durch die Titelseiten der Weltpresse geistert wie der Fliegende Holländer. Wir landeten neben ein paar Baracken. Die Tür wurde geöffnet, die feuchte Hitze schlug in die immer noch gebirgskühle Kabine, und ich war noch nicht die 10 Stufen der Treppe hinunter, stand noch nicht auf der Erde, da war kein trockener Faden mehr an meinem Hemd.

Ein zu propagandistischen Zwecken von pro-England-Journalisten neuerdings viel photographierter Kinopalast, selbstverständlich mit Klimaanlage, Hospitäler, Kirchen, mohammedanische Gebetshäuser, Feuerwehrstationen usw. – es ist alles da. Eingesprengt in die strenge, kasernenähnliche Ordnung der Siedlungen der Kompanie findet man dorfähnliche Gebilde und Basare. Dort leben und verdienen Perser, die nur indirekt für die Kompanie arbeiten, die also nicht im Kontrakt stehen. Dort wäre es möglich, antienglische Propagandaaufnahmen zu machen.

In den Arbeitersiedlungen wohnen etwas mehr als 70000 Arbeiter mit ihren Angehörigen; 10 Prozent davon vielleicht in behelfsmäßigen Unterkünften. Große Flächen sind für neue Siedlungen vorgesehen. (Die Arbeit ruht.) Durch die Siedlungen führen Autobuslinien.

Als Oberschicht lebten 3000–4000 Engländer mit ihren Familien. In den englischen Vierteln findet man von der englischen Villa

mit spitzem Dach und Erkern bis zum Kubusbau jede Stilart vertreten. Die Häuser liegen in Gärten, die Straßen sind schattig, der
Rasen ist vor einigen Villen gepflegt wie in England. Clubhäuser,
Schwimmbäder, Gästehäuser und jeder Innenraum luftgekühlt.
Von hohen Drahtmauern umgeben, nur durch einen Haupteingang von der Flußseite her zugänglich, liegen die Raffinerien. Quer
durch die Siedlungen, beim Kinopalast vorbei, laufen die Ölleitun-
gen, ein Dutzend verschieden starker Rohre nebeneinander in einem
vertieften Bett. In einem von diesen Rohren werden die letzten, un-
verwertbaren Restbestände des Erdöls in die Quellgebiete am Gebirge zurückgepumpt und verschwinden dort wieder in die Erde.
Die Raffinierien wirken wie eine einzige ungeheure, kilometerlange
Maschine aus hundert Öfen, tausend Kesseln, Millionen Rohre, alle
von Aluminiumfarbe überzogen. Die Bewegungen in dieser Maschine sind kaum mehr spürbar. Der Stillstand ist noch nicht erreicht, aber man hat den Eindruck, daß er nahe bevorsteht.

Das Generaldirektionsgebäude in Khorramschah sieht aus wie
eine sehr nüchterne im Winkel gebaute Schule. Die Korridore sind
voll von Gestalten, wie sie früher bestimmt nie hier zu sehen gewesen sind. Die stattgefundene Revolution, der Aufstand des Nationalismus kommunistischer Prägung, wird hier augenfällig.

Es ist in der Tat alles so, daß man sich fragt, ob man an den Folgen
eines Hitzschlages verrückt geworden ist oder ob dies Wirklichkeit
ist: hier ein kaum noch atmendes Werk, eine der größten, höchst organisierten und technisierten Verwirklichungen des Kapitalismus,
dort Menschen, die darüber sprechen, als ob es sich darum handelt,
einen Milchladen zu übernehmen, hingerissen von ihren Ideen, geistig wie betrunken von dem Erfolg. Mit Fingerbewegungen auf der
Karte werden Ölgebiete neu zusammengefaßt, mit zwei Sätzen
weltweite Absatz-Organisationen und Bezahlungssysteme skizziert,
die es noch nicht gibt und die, wenn es sie gäbe, nicht fünf Tanker
zusammen besäßen, um das Öl zu transportieren. 80 000 Arbeiter
sitzen auf der Insel, auf der nicht so viel wächst, um fünfzig Menschen zu ernähren, und übermorgen werden die Ölpumpen in den
Naft-Gebieten am Gebirgsrand aufhören müssen zu pumpen, und
Millionen Tonnen Öl harren in den Reservoiren der Abnehmer.

Die Engländer gehen. Keine englische Wohnung, in der nicht bereits die gepackten Kisten stehen, keine Wand, an der noch ein Bild hängt. Die noch da sind, etwa ein Drittel der Männer, während die Familien bereits alle abgereist sind, ziehen von einem leeren Haus ins andere, wenn ihre bisherige Wohnung von Persern beschlagnahmt wird. Seitdem der Ölstreit ausgebrochen ist, war noch kein Direktionsmitglied der AIOC aus England in Abadan, noch kein Mitglied der englischen Regierung. »Wir gehen fort«, sagt der Amtsverweser des abgereisten oder, wenn man so will, ausgewiesenen Generaldirektors Drake, »wir gehen fort«, sagt der Generalkonsul in Khorramschah, der drei Jahre in Deutschland in der Militärregierung war, wir gehen fort, das zeigt jede einzelne englische Maßnahme. Ist das Taktik oder ist es Ernst? Wenn es Taktik ist, darauf berechnet, den Persern Schrecken einzujagen und ihnen begreiflich zu machen, daß sie plötzlich allein mit Abadan dastehen, so ist es eine verfehlte Taktik. Die Perser wollen nichts anderes als allein dastehen, ganz gleich, was draus wird. Deutsche Firmen aber kabeln an ihre hiesigen Vertreter: haltet aus im Sturmgebraus! Das haben sie auch vor. Aber sie sitzen auf einem Faß, in dem das Pulver ganz trocken und die Lunte ganz nahe ist.

VIII. Das gefährliche Spiel mit dem Kommunismus. Trotz aller schmeichelhaften Bemühungen Harrimans hat die persische Regierung den Boden des Nationalisierungsgesetzes auch nicht um einen Schritt verlassen. Man fragt sich, warum sie so starr blieb und auf das doch offenbar sehr beträchtliche Entgegenkommen der Engländer nicht mit freundlichen Taten ihrerseits antwortete, zumal sie doch wirtschaftlich in einer keineswegs beneidenswerten Lage ist, sondern vielmehr vor dem Bankrott steht. Die Antwort ist, daß die Regierung nicht nachgeben kann, weil die Nationalisierung von Abadan und den Ölquellen ihr einziges Mittel ist, die aufgepeitschte Bevölkerung darüber hinwegzutäuschen, daß die Regierung nichts für die Massen getan hat.

Entsprechend der Gliederung des 15 Millionen-Volkes der Perser in rund drei Millionen Stadtbewohner und etwa zwölf Millionen Landbevölkerung, muß man zwei Arten von Kommunismus unterscheiden. Nur der eine, der städtische, ist dem Kommunismus vergleichbar, wie wir ihn in westlichen Ländern kennen: eine organisierte Massenbewegung mit klaren taktischen Zielen, in Zusammenhang stehend mit Rußland, unerachtet ungewöhnlich starker nationaler Tendenzen, und mit der Möglichkeit, sozusagen über Nacht das Land unter die Herrschaft einer proletarischen Diktatur zu bringen.

Wir dürfen nicht unsere Größenordnungen auf Persien übertragen. Dort sind schon dreihunderttausend Arbeitslose in den Städten eine große Gefahr. Es gibt keine Arbeitslosenunterstützung, und es gibt keine soziale Fürsorge. Was in dieser Richtung von der Schwester des jetzigen Schahs, der in unseren Illustrierten häufig gezeigten, unter kommunistischem Einfluß stehenden Prinzessin Ashraf getan wurde, ist aller Bewunderung wert, aber bis jetzt nicht mehr als ein Tropfen auf einen heißen Stein. Die von nationalistischen und kommunistischen Ideen erfaßten Massen aber sind nicht mehr so selbstgenügsam und geduldig, wie vielleicht noch vor dem Kriege.

Von dem Elend der Massen kann man sich bei uns keinen Begriff machen. Vielleicht erinnert man sich, daß Mussadeq eine britische Abordnung durch die südlichen Teile von Teheran geführt hat, um ihr zu sagen: wir brauchen mehr Geld, um dieses Elend zu steuern. Tatsächlich hat das Volk von den Zahlungen der Anglo Iranian Oil Company an den persischen Staat niemals einen Rial gesehen. Die Gelder wanderten auf dem kürzesten Wege, nämlich auf dem Weg über die Staatskassen, in die Taschen der Oberschicht, oder sie werden für Staatsunternehmungen zum Fenster hinausgeworfen.

1952

Ende 1951 hatte ich lange genug an den täglichen Redaktionskonferenzen der ehrenwerten *Süddeutschen Zeitung* teilgenommen, um in der ersten Ausgabe 1952 der *Frankfurter Hefte Das Jahr der unabhängigen Journalisten* unter dem Pseudonym James Strzyszcz zu schreiben. Ich hätte auch den Titel »Die Schere im eigenen Kopf« dafür wählen können. Wer 1989 das Handwerk des Journalisten betreibt, wird kaum bestreiten können, daß sein Arbeitsjahr in einer bürgerlichen Zeitung oder in der Redaktion eines Senders nicht anders aussieht. Als ich im Abstand von

Jahrzehnten, diese Chronik vorbereitend, diesen Text erstmals wieder gelesen habe, war es wie Geisterbeschwörung.

DAS JAHR DER UNABHÄNGIGEN JOURNALISTEN.

Januar

Ja meine Herren da ist nun der erste Januar ich meine wir sollten uns etwas einfallen lassen / wir wär's mit einer kleinen Umschau was tut der Franzose in der Silvesternacht

Und was tut der Engländer

Sehr gut hat vielleicht noch jemand eine Idee

Was tut der Spanier

Ausgezeichnet das wäre schon beinahe eine ganze Artikelserie / Herr Huber würden Sie bitte an unsere Korrespondenten Telegramme hinausgehen lassen sie möchten uns zu Silvester etwas schreiben aber es muß recht menschlich sein nicht zu viel Politik an Silvester das lesen die Leute nicht so gern

Aber eine Jahresrückschau wird uns wohl nicht erspart bleiben

Was haben wir denn da im vorigen Jahr gemacht rufen Sie doch mal das Archiv an Band Januar 1950

…

Na das war eigentlich ganz hübsch eine Tabelle das Jahr der halben Entscheidungen das könnten wir eigentlich wiederholen / schreiben wir drüber das Jahr der anderen halben Entscheidungen was meinen Sie

Ich möchte da nur daran erinnern in Hebbels Tagebüchern da hat er immer am 31. Dezember auch eine kleine Rückschau gegeben und immer geschrieben möge alles so bleiben / das wäre doch eigentlich eine gute Überschrift zu einem Feuilletonartikel MÖGE ALLES SO BLEIBEN / da ist ein gewisser zeitgemäßer Pessimismus drin finden Sie nicht

Ein guter Einfall es ist sowieso besser wenn der Pessimismus mehr im Feuilleton steht da nimmt man ihn nicht so ernst vorne wollen wir dann optimistischer sein / immerhin Grund haben wir dazu / auf dem Weg zur Jroßmacht um mit unserem allverehrten Kanzler zu sprechen sind wir doch einen tüchtigen Schritt weiter und was Europa angeht

Was wollen Sie denn mit Europa in der Neujahrsnummer
Nun gerade in der Neujahrsnummer / es hat so etwas von Zukunft wie soll ich sagen es ist so schön vage und deshalb verhei-
ßungsvoll
Da haben Sie eigentlich recht das hat etwas Illusionäres / wenn
uns da der Dingsda einen Artikel schriebe nun der ... jetzt liegt mir
der Name auf der Zunge
Sie meinen Carlo Schmid
Hab ich eigentlich nicht gemeint aber der wäre nicht schlecht politisch ist zwar nicht mehr viel los mit ihm aber er schwätzt nicht /
das würde Europa ganz gut tun wenn uns der einen Aufmacher
schriebe für Seite sechs Europa wird kleiner oder irgend so etwas
Vielleicht Europa in uns selbst
Auch gut Sie übernehmen das in Bonn anzufragen / jetzt fehlt
also nur noch der politische Leitartikel da sieht es dunkel aus meine
Herren ist nichts los absolut nichts los ...

Februar
Was machen wir bloß / verdammt heißes Eisen haben wir wenigstens den Text von der Erklärung McCloys
Den ganzen Text nicht aber ziemlich die dpa-Meldung ist recht
ausführlich / Ohlendorf und Pohl Blobel und Braune Naumann
Schallermair und Schmidt sind bestätigt Todesstrafe die anderen ein-
undzwanzig sind in Freiheitsstrafen umgewandelt
Da müssen wir doch wohl etwas dazu sagen aber einen Leitartikel
– ich weiß wirklich nicht mir ist gar nicht wohl dabei Bundschuh
möchten Sie einen Leitartikel schreiben
Gott behüte / am besten ist es wir bringen den Text der amerika-
nischen Erklärung im Wortlaut nichts ist so eindrucksvoll wie das
Dokument
Da haben Sie recht so ein Dokument ist etwas schönes da kann
keiner dran tippen aber meinen Sie wirklich es geht so ganz ohne
Meinung / schließlich ist es doch eine Sache die die Leute aufregt
Aber wie regt sie sie auf das ist die Frage / haben die Leute Mitleid
mit denen die aufgehängt werden oder haben sie Mitleid mit denen
die nicht aufgehängt werden lebenslänglich ist schließlich auch kein
Spaß vergnügen oder haben sie einen Zorn auf die Amerikaner weil

die jetzt ihren Nach-Tarock machen fünf Jahre zu spät oder glauben Sie es gibt überhaupt jemanden im ganzen Land der Gerechtigkeit will Gerechtigkeit für Pohl und Gerechtigkeit überhaupt und was denkt die Milchfrau darüber und wenn sie nun nicht aufgehängt werden die sieben Schwaben dann geht alles wieder von vorne los eigentlich sollte man sagen hängt sie oder hängt sie nicht auf aber was du tust das tue bald

Das ist ja großartig Bundschuh einfach großartig das ist doch der Leitartikel alles was Sie da gesagt haben …

Wieso alles / entweder das eine oder das andere

Nein Menschenskind alles / ich möchte wissen was eine objektive Presse ist wenn sie nicht jedem gerecht werden will / und Sie werden es schreiben Sie haben es ja schon im Kopf

Nun wenn es sein muß aber glauben Sie nicht die Leute werden es merken daß wir gar keine Meinung haben

Was sollen sie merken / die Leute merken das was sie merken wollen und sie sind glücklich wenn wir ihnen freie Hand lassen etwas zu merken wollen können / und was ist sonst noch

Da ist noch der Lastenausgleich erste Lesung

Heut kommt aber auch schon alles zusammen Lastenausgleich und Landsberg bißchen viel lala finden Sie nicht / also den Lastenausgleich den machen wir ganz klein höchstens zweispaltig auf der zweiten Seite schließlich ist Karneval

März

Meine Herren wir müssen rechtzeitig die Osterausgabe vorbereiten das wird ein Sechsunddreißigseitenblatt davon vierundzwanzig Anzeigen allein acht Seiten Heirats- und Familienanzeigen toll wie dir Leute ihr Privatleben auf Termin legen können / also das Feuilleton das muß mindestens schon am Donnerstag in Satz gehen sonst schaffen wir es nicht / was haben Sie schönes Dr. Heidekraut

Ich dachte ein bißchen frump könnte nicht schaden da gibt es einen schönen alten Holzschnitt XVI. Jahrhundert in der Mitte Christus aus dem Grab auffahrend und unten links etwas Lamm das Lamm ist herzig das gleicht das Grab sehr schön aus das werden die Leute gern sehen

Und was haben Sie noch außer dem Lamm

Allerhand die Oda Schaefer hat eine Geschichte geschrieben 148 Zeilen bißchen lang aber vielleicht kann man den letzten Absatz streichen mit der würde ich aufmachen / und dann das Gedicht von Busch Osterspaziergang

Busch an Ostern

Nicht der Busch der andere Pankrazius Busch ganz frommer Mann glaube sogar konvertiert

Dann ist's gut

Und Pannholzer hat einen sehr hübschen Bericht geschrieben Ostern in Granada das sind auch über 120 Zeilen und dann noch ein bißchen Nachrichten mehr bringe ich nicht auf die Seite / unten habe ich den Streifen 15 Zentimeter Anzeige Voriplex das gute Mittel gegen Fußschweiß

Ausgerechnet Fußschweiß

Das sage ich auch man sollte einmal mit der Verlagsleitung energisch sprechen so geht es ja schließlich auch nicht da hört der Spaß auf

Sie haben recht Dr. Heidekraut das sollten wir uns nicht gefallen lassen das muß man ändern ich will mit Plutschberger gleich nachher telefonieren / was würden Sie denn freiwillig nehmen statt dem Fußschweiß

Am liebsten nichts

Nichts wird nicht gehen na schön mal sehen / und sonst macht die hohe Politik Bundschuh

Ich dachte wir sollten vielleicht eine kleine Umfrage machen was sagen unsere Staatsmänner zu Ostern

Bißchen langweilig glauben Sie nicht / was werden sie schon sagen daß sie froh sind Ferien zu haben und zu Hause zu sein / aber was tun sie zu Hause das wäre die Frage das ist ein menschliches Thema stellen Sie sich vor Adenauer färbt seine Ostereier rot Heuss baut Nest für seine Enkel im Park

Vom Park wollen wir lieber schweigen da war gerade der Prüfungsausschuß vom Rechnungshof wegen Kostenüberschreitung beim Palaisumbau aber sonst ist das eine ausgezeichnete Idee

Der hat vielleicht keine Enkel

Wer

Heuss

Natürlich hat er Enkel

Von was reden Sie eigentlich wer spricht denn von Enkeln ich denke wir reden von der Osterumfrage soll er Nest bauen für wen er will meinetwegen für seine Köchin das wäre ausgezeichnet / für die Köchin / das hat so etwas Soziales

Einen Sohn hat er jedenfalls den kenn ich persönlich

Aber der ist schon ein bißchen zu erwachsen für Eiersuchen

Natürlich ist der erwachsen warum soll er nicht erwachsen sein

Ich meine ja nur weil er dann keine Eier sucht in dem Nest das der Heuss für unseren Photographen bauen soll im Park unter der Trauerweide mit dem Blick auf den Rhein

Wissen Sie etwas besseres

Vielleicht / da gibt es eine Aufnahme die zeigt Adenauer mit einem Lamm im Garten das wäre doch das Titelbild für die Osternummer / wissen Sie der Heuss kann leicht seine Köchin malen das ist eigentlich nicht überraschend was soll er sonst tun / aber der Adenauer mit Lamm / das ist etwas Besonderes das überrascht

Nicht schlecht / klar das ist das Bild aber dann müssen Sie das andere Lamm rausschmeißen Dr. Heidekraut zweimal Lamm das geht nicht auch wenn Ostern ist nehmen Sie etwas anderes / was frumbes

April

Was sagen Sie nun meine Herren toll einfach toll das ist die Aufmachung für heute daran ist wohl kein Zweifel der kleine Truman wer hätte das gedacht setzt ihn einfach vor die Tür den General da werden wir auch den Leitartikel drüber schreiben müssen.

Was soll denn da drin stehen

Was da drin stehen soll / sie stellen aber komische Fragen Bundschuh das ist doch ein Ereignis das entscheidet über Krieg und Frieden

Und jetzt ist Frieden

Nun seien Sie friedlich Bundschuh / Frieden ist nicht das wissen wir aber der Krieg den MacArthur gewollt hat ist auch nicht und Truman will ganz was anderes der will

Wissen wir was er will vielleicht will er nur einen anderen Termin vielleicht haben ihm seine anderen Generale gesagt Mr. President ha-

ben sie gesagt wir haben jetzt 456 Atombomben aber wenn wir 1000 haben dann wollen wir ihnen zeigen wo der Bartel den Most holt und vielleicht hat er nur zu wenig Transportbomber mit Weltradius
Aber mutig war es doch das könnten wir ihm doch bescheinigen Wenn wir gar nichts besseres haben
Es wäre schon noch etwas Mitbestimmungsgesetz / gestern kam die Meldung zu spät der Bundestag war erst nachts aus aber heute werden wir müssen
Dann ist mir eigentlich der MacArthur noch lieber / was wollen wir sagen zum Mitbestimmungsrecht ist es ein Fortschritt oder der Anfang von einer neuen Diktatur / manchmal bedauere ich daß wir keine Meinung haben stellen Sie sich vor wie leicht sich der Rheinische Merkur heute tut
Nun hören Sie aber auf Bundschuh was haben Sie denn heute / von einer höheren Warte läßt sich da allerlei dazu sagen wir müssen nur soweit zurücktreten bis wir gar nichts mehr sehen und dann frisch geschrieben das geht nie verkehrt wenn's menschlich ist
Am besten ist wir bringen das Mitbestimmungsrecht im Wortlaut nichts ist so erzieherisch wie das Dokument das Dokument ist das Fundament der Demokratie der Wert der Zeitung wird erst im Jahresband deutlich / ich meine wir sollten
Das heißt also daß Sie übers Mitbestimmungsrecht auch nicht schreiben wollen
Eigentlich ja wissen Sie die Leute sind es auch satt das hängt ihnen schon zum Halse heraus / fünf Monate schreiben wir jetzt übers Mitbestimmungsrecht
Aber jetzt ist es schließlich angenommen
Was heißt schon angenommen ändert das vielleicht etwas

Mai

Also über die Remilitarisierung muß jetzt einmal etwas geschrieben werden
Also wissen Sie Bundschuh muß das sein / das ist ein heikles Thema ist doch gar nicht so aktuell die Franzosen spielen doch nicht mit und da brauchen wir dann auch nicht die Pferde scheu machen
Immerhin haben wir doch einmal gesagt wir wollen nicht
Na und sagen wir vielleicht jetzt das Gegenteil

Das nicht aber wir sagen gar nichts / ist ein bißchen wenig meinen Sie nicht

Schauen Sie Bundschuh es gibt Augenblicke da ist zu wenig besser als zu viel

Wenn Sie meinen aber eigentlich

Juni

Also über die Remilitarisierung

Also wissen Sie nee also wissen Sie das ist doch einfach

Vielleicht könnte man das ein bißchen menschlich machen vielleicht ein Porträt vom Speidel

Den kennt ja niemand

Eben drum den kennt niemand und der fährt immer nur ein bißchen nach Bonn und da hat er fast keinen Schreibtisch und zu Hause hat er einen Schreibtisch da steht vorne das Bild vom Gerhard Hauptmann mit persönlicher Widmung und ein bißchen weiter hinten steht das Bild von General Beck mit persönlicher Widmung oder eigentlich hängt es an der Wand und dann redet er eine halbe Stunde mit Adenauer und wenn er weggeht denkt der Alte ist eigentlich gar nicht so schlimm mit den Soldaten die schneiden das Fleisch auch mit dem Messer

Menschlich ist das vielleicht aber wissen Sie / zu politisch / das können wir doch nicht machen wenn wir dem Speidel eine vor den Latz knallen was sollen wir dann mit dem Frießner tun den Speidel brauchen wir doch gegen den Frießner

Aber ich verstehe Sie nicht / gegen den Frießner brauchen wir bloß die Franzosen und die sind ja da / Frießner ist doch Gold wert / lauter Frießners sind eine Garantie gegen eine neue deutsche Wehrmacht aber der Speidel der ist eine Garantie für sie

Nee wissen Sie nee da wollen wir mal die Finger davon lassen / jetzt geht die Urlaubszeit an schicken wir jemand nach Kampen an den Abessinienstrand wo sie ohne Badeanzug baden das ist menschlich das mögen die Leute lesen

Juli

ist die Redaktion in Kampen

August

ist die Redaktion am Wörthersee

September

Meine Herren es ist nett daß wir wieder alle so munter da sind /
war nicht viel los in der Zeit wo wir weg waren / aber immerhin die
Weltgeschichte ist nicht stehen geblieben wenn ich so sagen darf /
eine neue Situation wenn ich sagen darf

Gar so neu ist sie ja nun gerade nicht / also wenn wir jetzt nichts
über die Remilitari

Nun hören Sie doch schon endlich mit dieser blöden Remilitarisierung auf wo leben Sie denn eigentlich Bundschuh / natürlich wird
remilitarisiert das ist doch ganz kalter Kaffee Sie können doch nicht
gegen die Weltgeschichte schwimmen / jetzt kommt es darauf an
Nationalarmee oder Europaarmee sollen wir für die Jroßmacht sein
oder wollen wir den europäischen Zusammenschluß

Und wie war's mit dem deutschen Zusammenschluß

Mit dem ist nichts das sieht doch ein blindes Pferd mit dem Stock

Wissen Sie so ein Europa mit einem General an der Spitze einem
amerikanischen / das ist eigentlich auch nicht ganz das Ideale / aber
in Gottes Namen dann schreiben wir eben für die Europaarmee

Oktober

… über die Soldatenverbände können wir nichts schreiben denn
sonst ärgern sich die Leute

Und über den Lastenausgleich wollen wir nichts mehr schreiben
damit wir uns nicht blamieren denn er kommt doch nicht

Und über die Remilitarisierung Westdeutschlands brauchen wir
nichts mehr zu schreiben denn sie kommt ganz bestimmt

Und über die Europaarmee zu schreiben ist nicht opportun

Und was wir über gesamtdeutsche Fragen schreiben dürfen das
wissen wir nicht recht

Und über den Neonazismus zu schreiben ist auch recht gefährlich

November

Haben Sie gehört / Überschwemmungen in Italien das ist ja großartig den Leuten steht das Po-Wasser schon im ersten Stock Sie glau-

ben gar nicht wie das die Leser interessiert da sollen wir doch ausführlich berichten wissen Sie so mit Gefühl immerhin das Nachbarvolk und Europa einmal ohne Militär / mein Chauffeur hat schon gesagt er schickt ein Hemd ans Hilfswerk

Hilfswerk wer macht denn Hilfswerk wir könnten auch Hilfswerk machen wir sollten jemand hinschicken mit dem Hemd von Ihrem Chauffeur und noch ein paar anderen Hemden im Auto

Im Auto wird er aber im Wasser nicht fahren können

Dann soll er ein Schlauchboot mitnehmen

Das ist großartig Schlauchboot natürlich Schlauchboot das stellt das Sporthaus Hupf zur Verfügung da braucht nur draufstehen Sporthaus Hupf grüßt das italienische Volk und einen Photographen dazu Kinder das wird ein Fest

Da ist noch so ein Fest morgen ist Heldengedenktag da müssen wir schließlich auch etwas machen

Müssen wir aber was

Vielleicht irgendein trauriges Bild und darunter die Zahlen mit den Verlusten halbfett Tertia

Haben wir ein Bild

Wird schon etwas da sein vielleicht dieses Kriegerdenkmal von na wie heißt er doch der moderne Bildhauer war verboten im Dritten Reich da oben an der Weser

Barlach

Den mein ich / da gibt es eine schöne Plastik das stellen wir auf die erste Seite zweispaltig

Aber wir müssen auch etwas dazu sagen bloß nichts Pathetisches das haben die Leute satt / klar einfach Tatsachen

Wer soll denn das schreiben

Ich würde sagen der Niebel aber der ist nicht da der hätte so den Tonfall / wird nichts anderes übrig bleiben Sie müssen es schreiben

Ich

Wissen Sie sonst einen

…

Was denn Sie sind schon fertig lassen Sie sehen wie ist es denn das ist direkt würdig das hätte ich Ihnen nicht zugetraut prima was Sie alles können

Na ja die roten Radler machen alles

Dezember

Meine Herren wir müssen rechtzeitig die Weihnachtsnummer vorbereiten erscheint am Donnerstag da müssen wir die Kultur mindestens am Dienstag in Satz geben was haben Sie denn vorgesehen Dr. Heidekraut

...

Das ist ja alles sehr gut aber wissen Sie meine Herren von der Politik / einmal im Jahr da müssen wir versuchen alle recht menschlich zu sein / ich denke wir sollten eine Umfrage machen in einfachen Familien nicht mehr wie 500 Mark Monatseinkommen was schenken Sie Ihren Kindern / nicht nur in Deutschland sondern in allen europäischen Ländern

Sie meinen also Europas Kinder unter dem Weihnachtsbaum

So ähnlich

Aber es haben nicht alle Völker einen Weihnachtsbaum das ist ganz verschieden

Gerade deshalb ist es interessant

Ich hätte eigentlich noch eine andere Idee

Und das wäre

Wir könnten eine kleine Umschau machen was tut der Franzose in der Silvesternacht

Und was tut der Engländer

Sehr gut hat vielleicht noch jemand eine Idee

Was tut der Spanier

Ausgezeichnet das wäre schon ...

Mir fällt gerade noch etwas ein

Na und

Wir könnten unseren Lesern eigentlich zu Weihnachten ein Geschenk machen

Und das wäre

Wir könnten mal einen Artikel schreiben der sie wirklich interessiert

Das Weimar, das ich im Februar 1952 durchwanderte, gibt es heute nicht mehr. Daß die Ruinen ausgebaut sind, die ganze Stadt sozusagen wieder Hand und Fuß hat, versteht sich. Die Veränderung ist glücklicherweise nicht nur äußerlicher Art; der Großherzog, Goethes Freund und Wohltäter, seine Vorgänger und Nachfolger gelten nicht mehr als eine »blut-saugerische Bande«. Die geschichtlichen Fakten setzen sich eben nicht nur im Zentralkomitee der Partei, sondern ganz praktisch in der ganzen DDR gegen die Ideologie durch.

GOETHE ALS FLÜGELMANN DER PROPAGANDA IN WEIMAR. Vom hochgelegenen Bahnhof senkt sich die Allee in den Talgrund eines Seitengewässers der Ilm, über das früher eine kleine Brücke in das eigentliche Stadtgebiet führte. Dorthin hat Hitler noch kurz vor dem Kriege seine Monsterbauten gesetzt. Der Platz liegt tot, man geht an einem Gitterzaun zum Goetheplatz, an dem die Hauptpost das schweigsamste Gebäude ist. Alle übrigen brüllen Losungen von den Fassaden, die wie die ganze Stadt, ja, wie die ganze DDR seit Kriegs-beginn, also seit mehr als zwölf Jahren, keinen Pinsel voll Farbe gese-hen haben. Man will die Bahnhofsallee bis zum Goetheplatz durch-brechen und dem Platz zwischen den Hitler-Bauten eine Funktion als Versammlungsort geben, »um ihm«, wie der Oberbürgermeister sagt, »seine entsetzliche Grausamkeit« zu nehmen. Dieser CDU-Ober-bürgermeister, er ist von Beruf Bäckermeister, hat nicht vergessen, woher er kommt, er hat sich nicht nach dem Amt gedrängt, als es ihm vor dreieinhalb Jahren angeboten wurde, er sitzt abends mit seiner Frau, seiner Sekretärin und seinem Fahrer bei einem Glas Bier im Gasthof, und er weiß, was Weimar ist. »Wir zehren nur davon, was es war, aber wir müssen versuchen, das Erbe zu vermehren.«

Es zeigt sich etwas sehr Merkwürdiges an diesem Weimar von heute. Hat man nicht immer leichthin gesagt: die Stadt Goethens und Schillers? Das Goethehaus am Frauenplan, im Kriege schwer getroffen und ausgebrannt, ist bis ins letzte getreu wieder hergestellt und die gesamte gerettete Einrichtung befindet sich wieder an ihrem Platz. Der Teller mit Gartenerde steht auf dem Schreibpult, das Körbchen fürs Taschentuch neben dem Arbeitstisch. (Stärker als früher spürt man das leicht theatralische in der Einrichtung des Hauses, eine Spur weniger »goethisch« wäre goethischer, echter.) Im Schillerhaus hat sich das Museum im ersten Stock vergrößert, sind die Wohnräume im zweiten Stock liebevoll und schlicht eingerich-tet. Nun also, wird der Leser erleichtert denken, so ist doch alles weit über die Erwartung in Ordnung?!

147

Nein, es ist nicht in Ordnung, Weimar war eben nicht nur die Stadt Goethes, Schillers, Herders, Wielands und so fort, sondern es war die Residenz des Herzogs und nachmaligen Großherzogs Carl August, in der diese Männer gelebt und gewirkt haben. In unbegreiflicher Verblendung und Kleinlichkeit will das deutsche Regime in der DDR die Erinnerung daran austilgen, daß der feudale Hof und der Geist hier eine einzigartige Synthese eingegangen sind, der eine des anderen würdig.

Das einzigartige Stadtwesen »Weimar« ist in eine Anzahl von Sehenswürdigkeiten zerfallen, die man, die Geschichte fälschend, aus ihren geschichtlichen Bezügen reißt und zwischen denen die verwahrlosten Häuser stehen, die mit Sprüchen und Bildern von oben bis unten bedeckt sind. Nicht die Armut ist es, die hier zur Kritik steht. Es ist gewiß keine selbstverschuldete Armut und der protzig zur Schau gestellte Scheinreichtum Westdeutschlands ist peinlicher, als es ehrliche Armut wäre. Nicht deswegen mußte ich mich bemühen, an Hand von Photographien das alte Weimar wiederzuentdecken, weil es bis zur Unkenntlichkeit heruntergekommen ist, sondern ich mußte es suchen, weil ein Wille am Werk ist, das »Kulturerbe«, von dem immer und überall pathetisch die Rede ist, umzufälschen. »Unsere klassischen Dichter wurden zu ›Flügelmännern‹ im Kampf um die Nation und ihre Heimat« (ein Text im Goethe-Zeit-Museum).

Die amerikanischen Nürnberger Nachfolgeprozesse, die auf den ersten international besetzten Großen Prozeß gegen Göring und Co. folgten, näherten sich 1952 ihrem Ende. Ich war zum andernmal nach Nürnberg gefahren, hatte ebenso instruktive wie amüsante Unterhaltungen mit dem Generalankläger Kempner geführt und schrieb in einem Rückblick auf die Prozesse:

EIN HAUFEN AKTEN BLEIBT ALLEIN ... In Nürnberg wurden in dreieinhalb Jahren 13 Prozesse durchgeführt, der erste große, vor dem Internationalen Militärgericht (IMT), die anderen vor einem amerikanischen Gericht. Um etwa 200 deutsche Angeklagte wurde in diesen Verfahren ein Berg von Akten aufgeschichtet, die nun archiviert sind. Mit ihnen zusammen verschwunden ist aus dem Volke das Gefühl für seine selbstverständlich bestehende Gesamtverantwortung an dem, was in Deutschland geschehen ist.

Die meisten der Angeklagten des ersten Prozesses waren im Bewußtsein des Volkes politische Exponenten, repräsentative Nazis, die jeder kannte; denen man, solange alles gut gegangen war, zugestimmt und zugejubelt hatte. Indem *diese* verurteilt wurden, fand noch keine Zerstörung jenes für die Einsicht in die wahre Natur des Nationalsozialismus unbedingt notwendigen Gefühles für Gesamtverantwortung im Volke statt. Der Mann auf der Straße, sei er dezidierter Nazi gewesen oder nicht, mußte sich sagen, daß, wenn ein Göring, ein Frank, ein Ribbentrop zum Tode verurteilt wurden, er selbst, der kleine Mann insoweit auch an todeswürdigen Verbrechen teilhatte, als er sich von diesem Gesindel hatte regieren lassen. Eine solche Selbsterkenntnis hätte Wunder wirken können im Hinblick auf eine geistige Neuorientierung.

Mit Ausnahme des vorletzten, der mit dem Namen von Weizsäcker verbunden ist, sind alle Verfahren abgeschlossen. Soweit die Angeklagten nicht zum Tode verurteilt oder in Freiheit gesetzt worden sind, kehren sie ihre Zellen in der Strafanstalt zu Landsberg am Lech. Sozial gesehen sind es Generaldirektoren, Großindustrielle, Generale, Ärzte und so fort. Politisch gesehen sind es »Würstchen«. Würstchen von so geringer Prominenz, daß nicht einmal die Hotelportiers in Deutschland ihre Namen gekannt hätten, als da sind Brandt, Popendick, Klemm, Obschey, Rotaug, Lanz, Hänsch – rund 180 dieser Sorte. Millionen von Dokumenten und Akten mußten zusammengetragen werden, um diese Leute einer aus kriminellen und politischen Komponenten zusammengesetzten Schuld zu überführen. Was sagt der Mann auf der Straße dazu? Sieh an, sagt er, *die* sind also schuld? Und sind sie wirklich schuld? Die kenne ich nicht, die habe ich nie gesehen, mit denen habe ich nichts zu tun. Wenn die schuld sind, dann habe ich nicht die geringste Verantwortung an dem, was geschehen ist.

Und in welcher Lage befinden sich die Angeklagten selbst? Sie müssen ihren ganzen Scharfsinn und den Scharfsinn ihrer Anwälte aufwenden, um zu beweisen, daß sie unschuldig sind, denn schließlich geht es um ihren Kopf, dessen Verlust, subjektiv, unangenehm ist. Auch sie können nicht mehr still mit ihrer Schuld zu Rate gehen.

Selbst in den Landsberger Zellen bleiben sie sich – und anderen – interessant, werden sie sozusagen eingeweckt und frisch gehalten, wer weiß für welche Zukunft? Was für eine schreckliche Strafe für viele dieser Leute wäre es gewesen, wenn sie für 250 Mark im Monat eine nützliche, anonyme Arbeit hätten tun müssen! Was also bleibt von diesen Prozessen übrig? Ein vor sich selbst entschuldigtes Volk mit Ressentiments gegen amerikanische Richter einerseits, konservierte Verführer, Verführte und Verbrecher andererseits – und dazu ein in dieser Vollständigkeit noch niemals zusammengesammeltes Material für die Geschichtsschreibung, das jetzt auf Nimmerwiedersehen nach Amerika verschifft wird.

Winston Churchill sagt, im zweiten Band seiner Erinnerungen, von den Mitgliedern des britischen Kriegskabinetts hätten drei oder vier eine englische Niederlage mit dem Leben bezahlen müssen – so eng begrenzt war in dieser vollkommenen Demokratie die Gesamtverantwortung. Aus den Resten einer Diktatur 200 Schuldige herauszusuchen, war ein aus formalistischem Denken entstandener, nicht wiedergutzumachender politischer Fehler.

Zu meinen Ausführungen über *das pausenlose Programm* war ein »Streiflicht« eine Art Illustration:

ATOMEXPLOSION FREI HAUS. So ein Fernsehapparat bohrt ein Loch in die Welt und macht diejenigen, die ihn sich leisten können, zu hauptberuflichen Zuschauern. Es will uns scheinen, als würde die Indiskretion in Amerika mit Hilfe dieser Einrichtung ein wenig zu weit getrieben; die neueste Programmnummer ist dort die Übertragung einer Atomexplosion. Man konnte nicht nur diese, sondern auch das Verhalten der Versuchssoldaten beobachten, wie sie erschraken, sich duckten, sich wieder aufrichteten und fröhlich lachend die nächste Zigarette anzündeten. Was haben die Zuschauer vor den Projektionsschirmen ihrer Geräte getan? Duckten sie sich auch? Vielleicht beim ersten Male, aber bei Wiederholungen dieser Programmnummer werden sie bereits instinktiv wissen, daß es den Apparat, was immer er wiedergibt, auf keinen Fall zerreißen wird. Eine andere Frage, die Frage aller Fragen ist, was es bei den Zuschauern zerreißt. Die Verquickung der zwei epochalen Erfindungen unserer Zeit, der Atombombe mit dem Fernsehen, ist bereits für sich wieder eine neue Erfindung, die einen weiteren Schritt bedeutet, von dem wir allerdings sehr bezweifeln, ob er als ein Fortschritt angesehen werden darf. Die Gefährlichkeit einer Atomexplosion, die für den Fernseher auf Null herabgemindert wird, wächst zugleich ins Unendliche, weil dem hauptberuflichen Zuschauer das Gefühl dafür verlorengeht, daß er und die Atombombe Zeitgenossen und Teile ein und derselben unteilbaren Wirklichkeit sind. Wer von 7 Uhr bis 7 Uhr 15 den neuen Caruso hört und sieht, von 7 Uhr 15 bis 7 Uhr 30 einer Atombombenexplosion zuschaut und anschließend einem Fußballspiel, wird vergessen, daß er für das »Programm« mit verantwortlich ist. Die Fernseh-Sensationen sind die Wegbereiter von Sensationen, für die man dann eines Tages den Ausdruck »Schicksal« in den Zeitungen findet. Aber dann ist man bereits Opfer und nicht mehr Zuschauer.

Schon 1946 hatte Adenauer in einem Referat vor dem Zonenausschuß der CDU seine Teilungspolitik konzipiert: »... wenn wir kein einheitliches Wirtschaftsleben in ganz Deutschland haben können, wir dann als zweitbeste Lösung das einheitliche Wirtschaftsleben in den drei nicht von Rußland besetzten Zonen möglichst bald verlangen müssen ...« Mit dem »Deutschlandvertrag« zwischen der BRD und den drei Westmächten vom 26. Mai 1952 hatte der Bundeskanzler dieses Ziel erreicht, zu dem er keine Alternative sah, so daß er die berühmt-berüchtigte »Stalin-Note« ungeprüft vom Tisch wischte, befürchtend, es könnte ein ernstgemeintes, der Wiedervereinigung dienliches Angebot Moskaus dahinterstecken. (Zur »Stalin-Note« gibt es von mir keine gedruckte Stellungsnahme aus dem Jahr 1952.) Als der »Deutschlandvertrag« bis zur Unterschriftsreife ausgehandelt war, der einerseits den wichtigsten Schritt hin zur relativen Souveränität des Weststaates bedeutete, andererseits die Teilung zementierte, hielt es Adenauer für nötig, die Erklärung abzugeben, falls es zur Wiedervereinigung käme, würde dieser Vertrag obsolet.

AUSGELIEHENE MACHT. Wenn der Kanzler Rücksicht nimmt, ist er nicht in Form. Wenn er nicht in Form ist, leidet seine Überzeugungskraft. Wenn seine Überzeugungskraft leidet, vergrößert sich der Kreis derjenigen, die bei der Meinung von vor 1933 stehen geblieben sind, daß Adenauer eigentlich kein Politiker sei. Sondern eine Autorität.

Mit der bekannten Äußerung in dem Rundfunk-Interview der vorigen Woche, der Generalvertrag könne im Falle der Wiedervereinigung Deutschlands überprüft werden, wollte der Kanzler Rücksicht auf das Volk nehmen.

Seine Bemühungen, den Generalvertrag auch der Opposition plausibel zu machen, sind gleichfalls ein Zeichen dafür, daß er Rücksicht auf anderer Leute Meinung nehmen möchte. Hier wie dort hat er sich damit nur Unannehmlichkeiten zugezogen. Die Engländer scheinen die einzigen zu sein, die guten Willen zeigen, den guten Willen Adenauers, ein treuer Westverbündeter zu sein und zu bleiben, anzuerkennen. Sie raten den Franzosen, ein gleiches zu tun. Diese aber zeigen sich auf das heftigste alarmiert. Die Schweizer Presse übertreibt nicht, wenn sie von einer deutsch-französischen Vertrauenskrise spricht. Die Franzosen glauben dem Kanzler nicht, daß ihm eine parlamentarische Zwangslage die sie beunruhigende Äußerung hinsichtlich einer künftigen gesamtdeutschen Regelung abgenötigt habe; sie sehen darin Doppelspiel nach Ost und West in dem Augenblick, da man bereit sei, der Bundesrepublik eine große Chance als westlichem Verbündeten, und nur als solchem, zu geben. Zugleich zeigt die SPD dem Kanzler die kalte Schulter.

Kurzum, der Kanzler wollte wahrhaft Politik machen, wenn man darunter das Spiel mit mehreren Bällen versteht, aber das ging völlig schief. Ist er nun in ernsten Schwierigkeiten? Keineswegs. Es wird ihm nur um so leichter fallen, wieder davon abzusehen, Politik zu machen. Durch Enttäuschung ermutigt, wird er zu seiner seit langem ausschließlichen Beschäftigung zurückkehren: den Generalvertrag vollenden. Dabei werden seine positiven Eigenschaften wieder ins hellste Scheinwerferlicht treten; seine Autorität, seine große Geschicklichkeit, sich Macht auszuleihen.

Ich machte eine 4000 km-Reise zu deutschen Schriftstellern. Bei Thomas Mann war ich Mitte November in Zürich.

DER ALTE (THOMAS) MANN AUF DEM BERG. Das Hotel auf dem bewaldeten Berg über der Stadt ist selbst für die Schweiz von erstaunlicher Altertümlichkeit. »Der Herr Professor wird in die Halle kommen«, sagte der Portier hinter einer himbeerfarben gestrichenen Theke. Aber wo ist die Halle? »Hier hinauf«, sagt der Portier und nach einenhalb Treppen finde ich über einer himbeerfarben gestrichenen Doppeltür das Wort »Halle« auf die Wand gepinselt. Ich suche mir einen Platz an einem der riesigen Fenster. See und Stadt liegen tief unten im Tal, in die ersten Lichterketten schießt der Strom. Auf einem Bambusgestell liegen Zeitungen, ich nehme die *Neue Zürcher* und finde den Abdruck der Rede des Mannes, auf den ich warte. Er hat sie vor ein paar Tagen in der Frankfurter Paulskirche zum Gedächtnis seines lebenslangen Freund-Feindes Gerhart Hauptmann gehalten.

Ich lese die Rede voll Altersmilde und Papierblumen, erinnere mich der glitzernden Bosheiten, die derselbe Mann in der Nachgeburt zum *Faustus* über Hauptmann gesagt hat.

Eine kleine Dame betritt den Raum und sucht sich energisch einen Pfad durch das Dschungel der Sessel: Frau Katia Mann. »Es geht ihm nicht gut; er muß Sie oben empfangen, er ist sehr erkältet.«

Ein Vorraum, zwei offene Türen; durch die eine sehe ich Thomas Mann an einem Tischchen sitzen und die Teetasse zum Munde führen. Wir gehen in das andere, größere. Ein hochgestelztes weißes, hölzernes Bett, ein Sofa mit Fransendecke. Am Fenster, an dem bereits die Vorhänge zugezogen sind, steht ein Tisch mit Papieren und Bleistiften, die von der aufgeklappten Brille bewacht werden. Überall Bücher, es ist, als sei eine Woge von Büchern ins Zimmer geflutet und habe sie als Strandgut auf Tischen, auf dem Bett und dem Fußboden zurückgelassen. Aber sie machen den Raum nicht wohnlicher. Thomas Mann kommt leise herein, klein, fast hager. Die Erkältung hat seine Augen entzündet. Er trägt einen braunen, ins kupferfarbene spielenden Anzug; ein Seidentüchlein weht aus der Tasche neben dem Revers. Er setzt sich auf das niedere, allzu nachgiebige Sofa, zündet sich eine Zigarette an. Der Eindruck, der mich vom ersten Augenblick an in diesem Zimmer beherrschte, wird überwältigend: Thomas Mann am ersten Tag seiner Emigration, einer Emigration in Not und Verlorenheit, wie sie so nie stattgefunden hat, nie stattfinden wird, denn es gibt kein Land der Erde, in dem Thomas Mann nicht Thomas Mann wäre. Der Zufall – nein, ich

glaube nicht an solchen Zufall – hat eine geistige Situation über-
deutlich inszeniert.

»Sie machen eine Reise durch die Seelen der deutschen Schriftsteller?« fragt er. »Nicht durch die Seelen«, antworte ich, »auch nicht
durch die Werke. Ich reise auf den Spuren der Literatur, ein wenig
also auf den Spuren der verlorenen Zeit. Sie sind, Herr Professor, in
jedem Sinne dieser deutschen Literatur oberster Exponent, Sie haben ihren höchsten Punkt besetzt. Ich möchte gerne von Ihnen erfahren, wie die Literaturlandschaft von diesem Punkt aus sich dar-
bietet.« Er wehrt ab, er möchte die Behauptung zurückweisen, er
habe den obersten Punkt besetzt. Von Frau Mann, die dem Gespräch zuhört, kommt die Bemerkung: »Darüber kann wohl kein
Zweifel sein«, und meine Gegenfrage: »Wer denn sonst?«, erledigt
einen Einwand, von dem ich nicht das Gefühl habe, er sei nur aus
Höflichkeit getan worden.

Bevor ich nach Zürich fuhr, wurde ich gefragt: »Würden Sie, wenn
Sie Thomas Mann wären, einen Journalisten empfangen?« Da ich
mir mit einem überzeugten »nein« den Ast abgeschnitten hätte, auf
dem ich sitze, antwortete ich ausweichend. Wie dem auch sei,
Thomas Mann selbst unterzog sich der schrecklichen Prozedur
eines künstlichen Gespräches ohne natürlichen Anfang, fast ohne
Voraussetzungen und mit einem von seiner Schonungsbedürftigkeit
vorzeitig erzwungenen Ende mit vollendeter Aufmerksamkeit, mit
Ernst, und, vielleicht ist es gerade bei ihm nicht unnötig, es zu sagen:
ohne ein Aufblitzen von Ironie. Am Abend nach dem Gespräch
fragte mich ein Zürcher Freund, der wußte, daß ich bei Thomas
Mann gewesen war: »Wie war's?« Ich antwortete: »Ich weiß gar
nicht, ob ich bei Thomas Mann gewesen bin. Er war sozusagen gar
nicht da, und ich fragte mich, ob er überhaupt jemals da ist, es sei
denn, er schreibt. Siebzig Jahre Weltkonsum einerseits, das Werk andererseits, aber er? Vielleicht ist er nur ein Prisma, in dem sich die
Wirklichkeit auf eine unnachahmliche, eine unverwechselbare, eben
auf die Thomas Mannsche Weise bricht?«

Meine Frage aber, wie die literarische Landschaft von seinem
Gipfelplatz aus sich darstelle, leitete eine Unterhaltung ein, die ich
in Stichworten und ohne den Part des Fragenden notieren möchte:
»Sie sprechen von Unorientiertheit, muß man nicht vielleicht auch

sagen, es sei Unbildung? Ich stelle eine Verbindung mit der Bildungsvergangenheit dar, mit diesem vielgeschmähten 19. Jahrhundert, das schwer und traurig war, aber von großem Format, das nicht mehr erreicht wird. Gerechterweise muß man sagen: nicht nur in Deutschland nicht erreicht wird, in ganz Europa ist nicht sehr viel da. Und weil ich dies alles noch mitbekommen habe, so wird mir Sympathie entgegengebracht. Und ich habe ja auch diese letzten zwanzig Jahre nicht geschlafen, ich habe mitgelebt und die Dinge auf meine Art zur Kenntnis genommen, ich denke, das ist vor allem aus dem Faustus zu sehen. Viele Leute in Deutschland haben sich gekränkt gefühlt, daß ich die Deutschen darin ganz der Dämonie überliefert habe, und es ist freilich nicht so das Ganze, aber es ist das Aktuelle, immer wieder Aktuelle.«

»In Deutschland ist ja *nicht* der Faustus, sondern es sind die Buddenbrooks das populärste Buch. Man hätte gewünscht, daß ich nichts als Buddenbrooks schriebe, und das infolge eines Mißverständnisses. Der musikalische Pessimismus, der Schopenhauer darin wurde, ich möchte sagen, vernachlässigt zugunsten des Gefälligeren. Eine alte Dame schrieb uns kürzlich, meine beiden Lieblingsbücher sind immer noch die Buddenbrooks und Die vom Niederrhein. Nun, und da ist Tonio Kröger, ein Jünglingswerk, das seine Wirkung auf ein bestimmtes Alter nicht verloren hat. Ich wollte aber eigentlich sagen, diese Bevorzugung der Buddenbrooks in Deutschland erfährt eine Verschiebung ganz deutlich zu den neuen Büchern hin, dem Faustus, ja; und auch dem Erwählten.«

»In Frankreich ist der Favorit der Faustus. Das Interesse für das Deutsche, das man im Faustus zu finden glaubt, ist in Frankreich ganz außerordentlich, da ist eine große Wandlung vor sich gegangen, bedenken Sie die fast chinesische Abgeschlossenheit der französischen Kultur noch vor kurzem. In Amerika ist der Zauberberg das erfolgreichste meiner Bücher, das zitiert man, ohne den Verfasser zu nennen, es ist fast eine Einrichtung. Und neuerdings erfahre ich auch viel Freundliches in Italien, die römische Akademie hat mir den Preis verliehen – ja, wir müssen unbedingt demnächst nach Rom, ich muß mich bedanken. Die Kritik ist in Frankreich am besten, das war wohl immer so, die französischen Analysen sind unerreicht.« Aus Deutschland ist als große Kritik nur der Aufsatz ›Die

Säkularisierung des Teufels‹ gekommen, und der Verfasser, Erich Kahler, lebt nicht in Deutschland, er ist Amerikaner geworden.«

»Es ist aus großer Bedrängnis eine Hinwendung der Literatur zur Theologie festzustellen. Es ist aber auch ein wachsender Sinn für das Mythische vorhanden. Meine Verschämtheit steht mir im Wege, ist nicht Joseph und seine Brüder ein verschämtes Menschheitslied, und ich meine, es ist eine größere Verwandtschaft zwischen *diesen* Büchern und dem Ulysses von Joyce, nur gebe ich's billiger hinsichtlich der Verständlichkeit. Es ist ein bißchen töricht, es ist etwas Mechanisches darin, daß immer das Wort Ironie fällt in Verbindung mit mir. Man deckt sich ab, nicht wahr? Man kann übrigens auch ein wachsendes Interesse der Theologie für die Literatur feststellen, ich habe zu den letzten Büchern von Theologen wichtige Briefe bekommen.«

»Wo sich etwas ereignet? War nicht die letzte große Mutation der deutschen Sprache bei Nietzsche und George? Die Prosa vorher liest sich mühsam, es sind neue Spannungen hineingekommen, auf die wir nicht mehr verzichten wollen. Sie meinten Ihre Frage nicht formal? Inhaltlich? Die Übersetzung der Leiden in die Literatur? Ja, Hesse hat gewiß die Wirkung des Leidens immer überschätzt, schon 1918. Jünger? Ja. Aber ist es nicht mehr Sensibilität als Führung? Ein klarer Wille wird bei ihm nicht sichtbar, ich schätze ihn hoch, aber er ist angetan, Verwirrung zu stiften. Er weiß sehr viel vom heutigen Leben und von der Schönheit, das trifft selten zusammen.«

»Ja, ich werde vorerst hierbleiben. In Erlenbach bei Küßnacht, wo wir schon fünf Jahre gelebt haben, habe ich ein Haus gemietet, zunächst für ein Jahr. Ich möchte nicht, daß dies als eine Abwendung von Amerika erscheint, ich verdanke Amerika ungeheuer viel, und der Hochmut des Urteils in Europa gegen Amerika ist ganz unerträglich. Aber es ist eben so, je älter ich werde, desto mehr zieht es mich dorthin, wohin ich von Ursprung gehöre. Es ist Europa.«

Das Jahr 1952 neigte sich seinem Ende zu. In Übereinstimmung mit dem Prinzip, den Leser mit Menschlichkeit zu umgarnen, besuchte ich ein Münchner Nachtasyl. Der Bericht darüber stand in der Weihnachtsnummer. Als er erschienen war, glossierte ihn die Ostberliner *Nationalzeitung*:

»E. K. wurde zu seinem Chef gerufen. Dieser eröffnete ihm, daß er, K., für die Weihnachtsausgabe noch einen Artikel schreiben müsse. ›Ich habe daran gedacht, daß wir zu Weihnachten mal wieder etwas über unsere Arbeitslosen, Rentner und andere Minderbemittelte in München bringen sollten. Dabei muß herauskommen, daß für diesen Personenkreis ausreichend gesorgt wird. Naja, Sie wissen schon ...« So unrecht hatte die *Nationalzeitung* nicht, obschon ...

NACHTASYL – EIN DACH FÜR ZWEIFELNDE UND VERZWEIFELTE. Ein Obdachlosenheim in München. An den Eingang hat die Verwaltung eine Kartei gesetzt, eine Kartei mit einem Mann dahinter, der seine Gäste kennt. Wer ihm fremd ist, muß zum Arzt, der im nächsten Raum seines Amtes waltet. Wer die Prüfung unter Scheinwerferlicht besteht, geht die Treppe in den Keller hinunter. Merkwürdiges Haus, das nur durch den Keller zu betreten ist. Dort unten legt jeder seine Kleider ab, die in der Garderobe über einen Haken gehängt werden. Windjacken, Trenchcoats, Kleppermäntel, gute Jacken, geflickte Jacken, gebügelte Hosen, Hosen mit ausgebeulten Knien und ausgefransten Umschlägen hängen nebeneinander. In die bunte Hauskleidung gehüllt, steigen die Männer eine andere Treppe hinauf. Sie sind aufgenommen, für diese Nacht haben sie ein Dach über dem Kopf, eine Matratze unter dem Rücken. Viele verwandeln sich seit Monaten allabendlich in einen Insassen dieses Hauses, um am nächsten Morgen im Keller die Rückverwandlung in einen Arbeiter oder in einen Arbeitslosen vorzunehmen. Tagsüber ist das Haus verschlossen. Es sollte nur eine Schleuse sein zu einem besseren oder einem noch schlechteren Dasein, aber die Verhältnisse bringen es mit sich, daß es für viele zum Heim wird, ohne daß sie darin heimisch werden könnten.

In dem hygienisch einwandfreien Treppenhaus mit Steinfliesen, Steinstufen, Messinggeländer und Neonlicht hängt vor den Flügeltüren zum Speiseraum in dieser Woche ein Adventskranz. Aus dem Kellergeschoß kommt ein Mann, ein junger schöner Mensch mit schwarzen Haaren und olivenfarbener Haut, gekleidet in einen moosgrünen lockeren Leinenanzug. Er kommt behende herauf, als ob er ein Ziel hätte, bleibt auf der zweiten Treppenstufe, gerade unter dem Kranz, stehen, umfaßt mit der Linken das funkelnde

Geländer, hebt den Kopf ein wenig, wie verzückt, und dreht in der erhobenen Rechten vor seinen Augen einen goldfarbenen Rasierapparat, in dem eine Klinge eingeschraubt ist. Aus einer Tür tritt ein kräftiger Mann im weißen Arbeitsmantel, sieht das Spiel des Moosgrünen, über dessen Handgelenk der Ärmel zurückgefallen ist, so daß in dem grellen Licht die noch bläulich schimmernde Narbe eines selbstmörderischen Schnittes über den Puls zu sehen ist. »Was ist, Otto?« sagt der Mann im weißen Kittel, »zeig her, was hast du da?« Er nimmt ihm den Apparat aus der Hand und läßt ihn in der Tasche verschwinden. »Ich höre etwas«, sagt der andere. »Was hören Sie?« frage ich, hinzutretend. »Mich ruft einer«, sagt der andere, sinkt zusammen, birgt den Kopf in den Armen. »Wer?« – »Der Teufel.« – »Ach«, sagt der Aufseher, »den Teufel haben wir doch weggefahren; du weißt doch, Otto, er fuhr weg mit dem Lieferwagen.« Lachend steigt der schöne Mensch die Treppe weiter hinauf. Plötzlich hält er wieder inne: »Hörst du?« Ist das eine Szene aus einem Irrenhaus? Es ist eine Szene aus einem Obdachlosenasyl. Hauptdarsteller: Not und Unglück.

Der junge Mensch, in einem weinroten lockeren Leinenanzug gekleidet, sitzt am Tisch, an dem sechs andere sitzen, essen, trinken, Lärm machen, der vom Radio noch übertönt wird. Ein glattes Gesicht, goldbraune Augen. Er hat ein Schulheft vor sich, mit Bleistift eng beschrieben, darin liest er. Er sieht aus wie ein Student, der es sich abends im Internat bequem gemacht hat und eine Vorlesung wiederholt. Er sitzt nicht im Studienraum, er sitzt im Speisesaal des Obdachlosenasyls, und er ist kein Student, sondern Maurergeselle. Er spricht deutsch mit ungarischem Akzent. »Ich habe viel mitgemacht, aber immer habe ich gemeint, ich werde es schaffen, ich brauche bald eine Chance, daß ich es schaffe. Warum wollen Sie gerade mich photographieren? Es sind so viele hier, allen geht es schlecht. Sehen Sie dort, der alte Herr.«

Der alte Herr ist ein Oberamtsanwalt aus Leipzig. »Drehen wir den Spieß um«, sagte er, »ich möchte das Interview bei Ihnen fortsetzen. Darf ich? Warum wird hier nicht schärfer gegen die Ostzone geschrieben, gegen die Kommunisten. Bei Hitler war ich im Lager, die Russen haben mir das Jochbein eingeschlagen, sehen Sie, die Narbe, jetzt bin ich hier. Es gibt keine Arbeit für mich. Kaum einer, der hier nicht in den ersten Worten eines Gespräches auf seine Geschichte hinsteuert, die er tausendmal erzählt hat, so daß sie schließlich wie auswendig gelernt sitzt und sich selbständig macht, sich ablöst von dem Menschen, der sie berichtet und sie wie einen Schutzschild vor sich herschiebt. Hier, Mitmensch, hör dir meine Geschichte an, schau mich nicht an. Ich bin im Elend, ich bin aber gar nicht der, der vor dir steht. Du wirst sehen, wie böse die Welt ist und wie unschuldig ich daran bin, daß ich so sehr im Elend sitze.«

Im Anmelderaum steht ein Mann im Regenmantel, eine überstarke Brille vor kurzsichtigen Augen. »Herr Fürsorger«, sagt er, »schauen Sie, mein Schuh!« Die Sohle ist ab und mit einem schwarzen Band notdürftig befestigt. Draußen sind die Straßen mit Schlamm bedeckt. »Ich habe ein Paar gute Schuhe bei meinem Freund, kann ich noch mal weg und sie holen?« »Hören Sie«, sage ich, »wo wohnt denn Ihr Freund?« Er nennt einen weit abgelegenen Stadtteil. »Wenn Sie wollen, fahr' ich Sie in einer Stunde hin.« Er will, er wartet. Als wir fahren, wir sitzen noch kaum im Wagen, fängt er zu erzählen an. Die Geschichte sitzt. Nach Typhus, im Kriegslazarett bekommen, sei er fast ganz erblindet.

Ein jahrelanger Kampf um die Rente. »Ab Januar 53 wird sie jetzt endlich bezahlt werden. Dann ziehe ich in ein Zimmer.« »Was waren Sie früher?« – »Verlagsangestellter.« Er nennt eine große Firma in Leipzig, die dort jeder kennt. »Glauben Sie, Ihr Freund ist zu Hause?« – »Sicher, ich habe telephoniert.« Der Freund ist nicht zu Hause, die Stiefel sind nicht zu bekommen. Zufall? Mag sein. Vielleicht existieren Freund und Stiefel. Trotzdem hätte ich gewettet, daß wir umsonst fahren würden. Sicher aber, daß die Geschichte nicht stimmt. Oft und lange habe der Mann in Gefängnissen gesessen, sagt mir einer.

Jeder klammert sich an sein Schein-Schicksal, jeder knetet die Wirklichkeit nach seinen Zwecken. Wer tut das nicht? Aber wenn man im Elend ist, hat man es schwerer, andere zu täuschen; leichter hingegen, sich selbst zu täuschen. Von dieser Täuschung, mit dieser Täuschung wird das Leben bestritten. Von der Autofahrt zurückkommend, treffe ich noch einmal auf den Juristen aus Sachsen. »Ach Sie sind noch da?« sagt er, »auf einen Augenblick. Ich verstehe nicht, warum wird hier nicht schärfer gegen die Ostzone geschrieben, gegen die Kommunisten? Bei Hitler war ich im Lager, die Russen haben mir das Jochbein eingeschlagen, sehen Sie die Narbe, jetzt bin ich ...«

1953

Die Namen der »Verräter«, die eine historische Rolle gespielt haben, weil sie angeblich ihrem Land, sei es der UdSSR oder den USA, geschadet haben, sind gewiß nicht mit goldenen Lettern in die Bücher der Geschichte eingetragen und verschwinden rasch aus dem Gedächtnis der Nachwelt. Nicht ausgeschlossen aber, daß der Name Klaus Fuchs noch heute dem einen oder anderen etwas sagt, weil dieser Physiker den Sowjets Details über die Technik des Atombombenbaus vermittelt hat durch »Verrat«, der sie angeblich im Kriege um 18 Monate der Fertigung einer UdSSR-Atombombe näher gebracht haben soll. 1953 war der Fall Klaus Fuchs taufrisch.

ATOMVERRAT UNTER DEM BEFEHL DES GEWISSENS? Der Engländer Alan Moorehead hat spannende Berichte über drei junge Atom-Physiker geschrieben, Nunn May, Klaus Fuchs, Pontecorvo, die während des Krieges und danach den Russen ihre Kenntnisse über letzte Fortschritte in der Atomphysik zur Verfügung gestellt haben. Der Autor scheint die Atombombe für das heiligste Gut der westlichen Welt zu halten, und er entrüstet sich furchtbar darüber, daß Herr Fuchs geglaubt hat, nach den Weisungen seines Gewissens den verbündeten Russen ein bißchen beim Atombombenbau helfen zu müssen.

»Im Grund seines Herzens war Klaus Fuchs ein Mensch, der immer zuerst nach seinem eigenen Gewissen und erst dann nach der Allgemeinheit fragte. Für solche Männer ist in einer bürgerlichen Welt kein Platz. Sie gehören dorthin, wo Fuchs jetzt ist, der im Zuchthaus von Stafford Säcke aus Segeltuch näht ...«

Diesen Standpunkt eines Engländers hätten die Pflichtverteidiger von deutschen KZ-Kommandeuren und Generalen 1945/48 kennen müssen, denn was kann man diesen, wenn sie sogenannte Nazi-Idealisten gewesen sind, zum Vorwurf machen? Daß sie die All-

gemeinheit (die Volksgemeinschaft), die nun einmal eine nationalsozialistische war, über ihr Gewissen gestellt haben. Worin, wenn
nicht eben darin, bestünde Kollektivschuld? Nein, wenn Klaus
Fuchsens Verbrechen wirklich darin besteht, daß er sein Gewissen
über die Gemeinschaft gestellt hat, dann laßt ihn schleunigst frei,
ernennt ihn zum Ehrenbürger der westlichen Welt und stellt ihn
wieder an seine Arbeit!

Besonders absurd ist in diesem Zusammenhang doch wohl der
Begriff »bürgerliche Welt«, die soweit sie etwas getaugt hat, auf dem
Gewissen des Individuums aufgebaut war. Es gibt sie nicht mehr.
1953 noch vorauszusetzen, wie es Moorehead in seinem Bericht tut,
wir lebten in einer bürgerlichen Welt, die a priori gut ist, ist eine
Illusion, der sich ein erwachsener Mensch, der so gut sehen und so
gut schreiben kann wie Moorehead, eigentlich nicht mehr hingeben
darf, ohne daß man seine Verurteilung der Verräter für Heuchelei
halten muß. Und eben dafür hält man sie von der ersten bis zur letzten Seite. Auf so fragwürdige Weise sollte man die Welt, in der man
leben will, nicht verteidigen.

Die Campingbewegung ist zu einem Milliardenunternehmen Beworden.
Wer der Natur ganz nahe auf den arg entstellten Leib rücken will, sommers und neuerdings sogar im Winter, hat neben seinem Erst- und
Zweitwagen auch einen Wohnwagen, den er auf Autobahnen über die
Alpen schleppt zu Stauzeiten. Anfang der fünfziger Jahre entstanden vor
allem im bayerischen Voralpenland die ersten Campingplätze, Bauern
entdeckten, daß es mehr Geld brachte, die Wiesen von Autos kaputtfah-
ren, als von Kühen abweiden zu lassen. Zwei Typen ließen sich unterscheiden: Plätze, auf die der Stadtflüchtling vom Zelt bis zum Spiritus-
kocher seinen mobilen Haushalt mitbringen mußte, und andere, wo von
der Gummimatratze bis zum Federball alles zu leihen war, in einer
Baracke auch für alle gekocht wurde.

DIE SONNTAGSFLUCHT AUS DER STADTEINSAMKEIT. Das Land
bildet eine Halbinsel, die nach Süden in den buchten- und inselrei-
chen See hineinragt. Sie hat einen Hügel als Rückgrat und fällt nach
Osten, Süden und Westen mählich in Wellen zum Ufer hinab. Da
und dort sind sumpfige Flecken in Wiesen eingestreut, die nie sehr

viel getragen haben. An ihnen ist die Familie M., die seit 150 Jahren den einzigen Hof auf der Halbinsel besitzt, nicht reich geworden.

Schon im Winter hat der Bauer gesagt: Wann's wieder kommen, die Autler, dann verlang ma was. Jetzt hat er an der Stelle, wo die einzige schmale Zufahrt die Grenze des Anwesens erreicht, Posten gefaßt. Der Bauer selbst, 44 Jahre alt, im zweiten Krieg am rechten Bein schwer verletzt und auf einen Stock sich stützend, und sein Vater, schon hoch in den siebzig und im ganzen etwas wurmstichig, weil er im ersten Krieg eine Kugel nicht ins Bein, sondern durch die Lunge bekommen hat, wechseln sich gegenseitig ab. Die Wache ist seit Freitagnachmittag aufgezogen, die Formalitäten der Wachablösung sind auf ein Mindestmaß beschränkt: »Zwölf Mark ham ma scho«, sagt nach den ersten zwei Stunden der Bauer zum Alten, als der kommt und erwidert: »Als dann, geh' zum Essen!« Auf ein Schild, einen Schlagbaum oder dergleichen ist vorerst Verzicht geleistet, das Geschäft mit der Natur befindet sich noch in den ersten Anfängen.

Auch die Bemessungsgrundlage für den Zoll ist noch primitiv, pro Fahrzeug 1,– DM, so daß das Pärchen auf seinem Roller ebensoviel bezahlen muß wie die siebenköpfige Familie im Kleinbus. Aber der Sommer wird nicht vergehen, bis Bauer M. das Geschäft gelernt und seine Einnahmen vervielfacht hat.

Für die Mark erwerben die Städter das Recht, auf der Suche nach einem Lagerplatz das schüttere Gras zusammenzufahren, ihr Zelt aufzubauen, den Strand zu benützen, Feuer anzumachen, Papierreste und Sonstiges dem Bauern zu hinterlassen. Die Halbinsel ist ein sozial gehobener Camping-Platz. Die Campingbewegung ist noch zu jung, als daß bereits ihre Soziologie aus Beobachtungen abgeleitet werden könnte, aber soviel kann bereits gesagt werden, daß die besonders schönen Plätze mit trockenem Untergrund, mit weitem Blick auf Berge und Täler, mit lichtem Laubwald vorzugsweise von Leuten der mittleren Einkommensschichten gesucht und besucht werden. Das Tagesbedürfnis nach Natur steht in direkter Proportionalität zum Einkommen, während sich das interne Zeltleben nächtens nicht in Relation zum monatlichen Einkommen setzen läßt, sondern eigentlich mehr eine Verwirklichung der klassenlosen

Volksgemeinschaft ist. Es ist nicht immer der kühle Nachtwind, der die Zelte bewegt.

Auf der Halbinsel verteilten sich die Naturfreunde unter die Eichen, deren aber keine direkt am Ufer wächst, so daß doch eine kleine Herde von Motorradlern ihre Zelte unmittelbar am Wasser aufschlug. Das Ufer ist feucht und von vier Zelten sind nur drei mit Gummimatratzen ausgestattet; der Photo-Mechaniker mit seiner Freundin, die in einem Textilhaus Krawatten verkauft, schläft im vierten nur auf Decken; die beiden mußten deshalb einen leidlich trockenen Untergrund erst schaffen. Darüber war es zwischen ihnen zum ersten Streit gekommen, denn er wollte hügelaufwärts lagern, aber das Mädchen sagte: »Moanst i laaf die ganz Zeit bei dera Hitzn über d'Wiesn?« Weil es ziemlich hübsch war, und sich insbesondere in der schwarzen elastischen Badehaut, die keine Träger, dafür aber umgeschlagene Ecken hatte, angenehm zur Geltung zu bringen wußte, setzte es sich durch. Die Verstimmung hielt aber über alle drei Tage an, wie denn überhaupt ganz allgemein zu beobachten war, daß mit dem Wechsel der Lebensumstände, mit dem Verlassen der Stadt, ein Wechsel der inneren Stimmung nicht oft einherging und ein Feiertagsgewand der Seele so gut wie von niemand mit eingepackt worden war. Als am Ende der zweiten Nacht die Feuchtigkeit doch durchgekommen war, brach der Krach mit »I hab's ja g'sagt, du blöde Gans« vollends aus; statt das Zelt abzubrechen und oberhalb neu zu spannen, raunzte das Paar noch volle 36 Stunden weiter, schlief kaum in der schauderhaften Ungemütlichkeit eines versaufenden Zeltes, und steckt mit seiner üblen Laune die ganze Gruppe um so leichter an, als diese ihrerseits ohne ersichtliche Ursache vom zweiten Tage an in Verdrießlichkeit verfiel; zumal die Frauen, die es leid wurden, die fetten Töpfe am Ufer mit Kies auszureiben; der Gebrauch von Ata aber war auf den erbitternden Widerstand anderer Badender gestoßen, die darin eine Sauerei sahen.

Stunden wilder Betriebsamkeit und des Lärms, verbracht mit Zeltordnen, Waschen, Kochen, Essen, Geschirr spülen und Kartenspielen, wechselten mit stilleren, in denen alle dahindösten; aber sowohl der Lärm wie die Stille waren von Musik und den anderen Darbietungen der fix eingestellten Radiostation begleitet; soweit ein

Klapptischchen zur Ausrüstung gehörte, hatte es den zentralen Platz zwischen Zelt, Fahrzeug, Kochstelle, Wäscheseil und Liegeplatz, auf ihm stand das aus dunkelrotem Kunstharz gepreßte Gerät, indes das Essen auf dem Boden eingenommen wurde. Die ölige Stimme des Sportansagers beherrschte allabendlich den Hügel. Vor allen Zelten bangte man dem Toto-Ergebnis entgegen, mit Ausnahme wohl der Leute, die in dem schwefelgelben offenen Amerikaner gekommen waren.

Den gelben mächtigen Wagen mit viel Silber daran hatten sie fast auf dem Kamm zwischen zwei Eichen geparkt, die vorderen Räder bereits etwas tiefer als die hinteren, kein Schaufensterdekorateur hätte ihn effektvoller hinstellen können. Unter den Bäumen ein himmelblaues Zelt, knallrote Stühle und ein Tischchen. Auf einem silbernen Stativ war ein Fernrohr befestigt und daneben, ebenfalls auf drei blitzenden Beinen, eine Kleinkamera mit Teleobjektiv. Beides aufs Gebirge gerichtet. Gummimatratzen in der Farbe des Wagens lagen im Gras verstreut. Die Familie bestand aus dem Ehepaar mit einer erwachsenen Tochter, die, wenn sie zum See hinterging, eine gleichfalls hellgelbe, hüftkurze Jacke über einem blumigen Badeanzug trug. Einem rotblonden Setter, der dazu gehörte, wurde zuweilen ein Stück Mahagoniholz, das offenbar zu diesem Zweck angefertigt war, zum Apportieren hingeworfen. Der aus einer Propangasflasche gespeiste zweiflammige Herd stand zum Schutz gegen den Wind hinter einem niedrigen Nylonvorhang – hellgelb – bei hierfür günstigen Sonnenstand konnte man die Gestalt des vor dem Herd kauernden Mädchens durch den Vorhang erkennen. Weit mehr als Berge, See, Sonne, Segel auf blauem Wasser, Wald, Eichen und Grashänge war es dieser tiefe Blick in das Privatleben reicher Leute, die gemessenen Schrittes, vom Setter umspielt, sich trocken zum See hinabzubegeben pflegten, nicht öfter als dreimal am Tag, und ebenso gemessen, aber naß, zurückkehrten, welcher der übrigen Bevölkerung der Halbinsel das Gefühl gab, ihre Feiertage auf zugleich zeitgemäße und angenehme Art zu verbringen. So haben reiche Leute ihre Funktion, auch dort, wo sie sich unters Volk mischen und in Freiheit vorkommen.

Was wir bisher den Lesern vor Augen zu führen uns bemühten, ist ein Idealfall von Camping, der aber nur verhältnismäßig wenigen von den Millionen, die zum Wochenende sich aufs Land begeben, ideal zu sein scheint. Das Land wäre groß und schön, die Beförderungsmittel wären schnell, die Wege verzweigt genug, vor allem in Oberbayern, um jedermann in die Lage zu versetzen, seine Leinenhütte in ziemlicher Einsamkeit, Aug in Aug mit der Natur, aufzubauen. Man weiß nicht, ob man sich auf die Seite der Natur schlagen und erfreut darüber sein soll, daß diese feinste Verästelung der Verkehrsströme nicht stattfindet, oder ob man sich über die Menschen wundern soll, die nichts mehr zu scheuen scheinen, als die Vereinzelung, die Stille, die Ruhe. Noch wird der wöchentliche Exodus aus der Stadt, oder, in größerem Maßstab unternommen, die Ferienreise, als ein mehr oder weniger gelungener Versuch dargestellt, den städtischen Verhältnissen zu entfliehen, in denen die Familien und die jungen Leute gezwungen sind, auf engem Raum miteinander auszukommen; wohl auch noch als ein Versuch, nach der Methode Robinson der Zivilisation, dem WC und dem Gasherd ein Schnippchen zu schlagen; und außerdem wird die ganze Massenbewegung, deren bestimmendes Charakteristikum ist, daß sie sich als Hin- und Herbewegung vollzieht und zum Ausgangspunkt in jedem Sinn zurückführt, noch unter das Schlagwort »zurück zur Natur« gestellt. Inzwischen aber ist die Entwicklung über ihre romantischen und hygienischen Anfänge längst hinausgewachsen. Die heutige Praxis, die in unserem Lande zuerst zwischen 1936 und 1939 mehr oder weniger künstlich angekurbelt, dann von Krieg und Nachkriegszeit unterbrochen worden ist, und erst seit vorigem Jahr den Anschluß an 1939 wieder gefunden hat, ist in Wahrheit auf ein ganz anderes Ziel gerichtet, als die Prospekte vermuten lassen: nämlich auf die Perfektion der Volksgemeinschaft.

Das Wesen der Volksgemeinschaft ist nicht die Fahne, die ihr vorangetragen, die Parole, auf die sie »ausgerichtet« wird, sondern die buchstäbliche körperliche Zusammenballung von Menschen auf möglichst kleinem Raum. Der Exodus aus der Stadt an die Ufer der Seen ist die Flucht aus der Einsamkeit in eine Gemeinschaft, die der Wortverständigung nicht mehr bedarf, um wirklich zu werden; sie wird durch Hautkontakt hergestellt und findet deshalb in unseren Breiten nur im Sommer statt. Die untere Einkommensgrenze für die Art von Campingbetrieb wird nach heutigem Geldwert bei 700 DM liegen, so daß sich daran nicht einmal 10% der Stadtbevölkerung beteiligen können. Mindestens weitere 40 Prozent, und das sind eben die Millionen, die am Samstag aus den Städten fluten, können jedoch auch der geheimnisvollen, unzweifelhaft mystischen Freuden der perfekten Volksgemeinschaft teilhaftig werden, wenn sie an Ort und Stelle alles Notwendige zur mietweisen Benützung vorfinden. Die Manager sind längst vorhanden, die aus diesem einfachen, teils psychologischen, teils ökonomischen Sachverhalt die Konsequenzen gezogen haben.

Und als erstes einen Zaun. Ohne Zaun keine Ordnung, kein Eingangstor, kein Kassenhäuschen, wo die Bons für das wilde Naturleben verkauft werden. Einen Zaun um ein Stück Land, auf dem möglichst Bäume stehen sollen, des Schattens wegen, und wo ein Seeufer vorhanden sein muß als überzeugender Vorwand für die Entkleidung. Entkleidung nicht, durchaus nicht, um des erotischen Effektes willen, der Null ist, sondern weil Kleidung, sofern sie nicht Uniform ist, Isolierung bedeutet.

Möglichkeiten, sich in Reihe anzustellen, gibt es viele: an der Ausgabestelle für Sportgeräte, vor allem für Tischtennisschläger und -bälle sowie Federbälle, die offenbar wieder Mode werden und sich einer zunehmenden Beliebtheit erfreuen; an der Wasserpumpe mit einem niedrigen Holztisch, auf den man die Seife legt, und mit einem Spiegel, der an einem Baum befestigt ist (auf dem Holztisch liegt eine Sammlung zurückgelassener Seifenstückchen); an einem Doppelhäuschen mit je einem Herzen in je einer Tür; beim Kanu-, Faltboot- und Kahnverleiher; und schließlich könnte man noch beim Abendbrot anstehen, wenn die Sonne hinter dem jenseitigen Ufer des großen Sees sinkt. Es gibt da ein paar Stellen, wo der Sonnenuntergang besonders wirkungsvoll stattfindet, aber diese Darbietung ist weniger gefragt; zur Zeit des Abendrots stehen die meisten Urmenschen in der Kantine fürs Abendbrot an. Eigenbekochung findet vor wenigen Zelten auf Spiritus statt. Zuvor sind die Gummimatratzen vom Uferstreifen, der unbewaldet ist, in die Zelte unter den Bäumen zurückgetragen und das Nachtlager vorbereitet worden. Die Männer und Frauen pflegen die luftgefüllten Säcke auf der Schulter oder auf dem Kopf zu tragen, es sieht aus, als beugten sich ihre Rücken unter schweren Lasten – aber es ist

Feiertag, es ist nicht Arbeitstag, der Sack enthält Luft und wiegt nichts.

Ist man nicht Teil der Gemeinschaft, sondern Beobachter, so fragt man sich nach ein paar in einem organisierten Miet-Camp verbrachten Stunden: was ist hier eigentlich los? Was ist hier so merkwürdig, beinahe unheimlich? Bis man darauf kommt, daß das Lager zwar ganz ähnlich wie ein Bienenstock ein Sammel- und Kollektivgeräusch hervorbringt, daß aber der individuelle Lärm, die akustischen Reflexe von Heiterkeit und Lebenslust, fehlen.

Hier, wo vielleicht 1 000 Menschen auf einem knappen Hektar zusammengedrängt sind, hebt sich kaum je die Stimme einer Frau, der Ruf eines Jungen über das Kollektivgeräusch, in dem auch die Lautsprecher der transportablen Kleingeräte untergehen. Ja, die Gestalten mit den Luftsäcken auf den Schultern müssen symbolisch begriffen werden; es ist, als unterzögen sich die Lagerinsassen einer schweren Pflicht, aber man weiß nicht, worin die Pflicht bestehen könnte, wenn nicht darin, verdammt zu sein, die Gemeinschaft zu bilden. Eine umgestaltete überindividuelle Gemeinschaft als Korrektur der Isolierung des Menschen in den Städten.

Der Lagerplatz streckt eine flache, feuchte graslose Landzunge in den See hinaus. Auf ihr liegt, der Uferlinie folgend, tagsüber Mensch an Mensch, braun- oder noch rothäutig, eine Decke oder luftgefüllte Gummipolster unter sich, die Ölflasche zu Häupten. Es fällt kaum ein Wort. Hier vollzieht sich das Geheimnis der Verwandlung des Individuums in einen Teil der Gemeinschaft. Wer an dem Geheimnis teilhat, wird stumm.

Im Inneren dieses drei- und vierfachen Ringes der Liegenden sind Tennistische aufgestellt, über die sich die Spieler die weißen Zelluloidbällchen zuschlagen: Klak-klak-klak-klak, hört man, klak-klak-klak-klak. Sonst nichts, es sei denn Walzer aus dem lustigen Witwen-Radio. Klak-klak-klak …, es ist, als lauschte man dem Herzschlag der Masse.

1954

Für das Dritte Programm des NWDR schrieb ich eine vierteilige Sendung von je 50 Minuten Dauer unter dem Generaltitel *Der hilflose Diktator Konsument*. Es war meine ganz persönliche Auseinandersetzung mit dem sogenannten »Wirtschaftswunder«, oder richtiger gesagt, mit dessen gesellschaftspolitischen Konsequenzen, die sich bereits vage abzeichneten. Unvorstellbar, daß irgendein Drittes Programm der ARD oder des ZDF eine ähnliche, an heutigem aktuellen Anlaß orientierte Sendung ausstrahlen würde, die bar war jeglicher aufgesetzter Pseudodramatik und in der nicht ein einziger Ton Musik vorkam, jene idiotische Geräuschkulisse, mit der man glaubt, die Hörer vor dem Abschalten bewahren zu können.

Ich zitiere aus dem Manuskript des vierten Teiles. Was dort gesagt ist, pfeifen noch immer nicht alle, aber doch einige Spatzen heute von den Dächern. Nicht nur für diesen Text gilt, daß seine urprüngliche Aussagekraft nur im Zusammenhang mit seiner Datierung richtig eingeschätzt werden kann: wann wurde geschrieben, was da steht!

DER HILFLOSE DIKTATOR KONSUMENT. Er will nicht denken, er strebt nach Perfektion. Stationen der Perfektion heißen Kamera, Film, Bewegungsfilm, Tonfilm, Farbfilm, Getriebe, Synchrongetriebe, automatisches Getriebe 60 km, 100 km, 150 km, 200 km Durchschnittsgeschwindigkeit, Papier, Klosettpapier, Luxusklosettpapier, Superluxusklosettpapier, Superluxusklosettpapierrollenhalter, der, wenn man ein Blatt abreißt, die Melodie »Üb immer Treu und Redlichkeit« spielt.

Das Elend des Konsumenten liegt darin, daß er sich selbst nicht perfektionieren kann in einem mechanischen Sinn. Die armseligen Geschöpfe, die nach Rekordflügen aus zehntausendpferdigen Maschinen steigen, sind Faustens degenerierte Enkel, Opfer ihres Perfektionswahns.

Wenn es an irgendeinem Punkt nicht weitergeht, so findet sich bestimmt ein anderer, an dem die Perfektion vorangetrieben werden kann. An sogenannten Aufgaben fehlt es nie, denn die Technik stellt immer aus sich heraus neue Probleme.

Ein Schulbeispiel ist das Auto, das als Sekundärproblem den

Verkehr geschaffen hat. Der alte Ford, der erste Massenproduzent von Autos, machte sich keine Gedanken darüber, was denn geschehen müsse, damit diese Autos benützt werden können. Mit dem Problem des »reibungslosen« Verkehrs – welch eine schöne technische Vokabel ist das doch! – hatten sich erst die Enkel Fords zu beschäftigen. Dem Perfektionswahn fällt auf weiten Gebieten der Erde, zu denen vor allem der von uns bewohnte Teil Europas gehört, die Natur zum Opfer ...

Für den Konsumenten ist die Natur nicht praktisch eingerichtet; und deshalb zögert er nicht, sie nach seinen Bedürfnissen zu verändern. Wohin der Mensch geht, er begegnet immer ausschließlicher den Resultaten seines Tuns; er ist der Sorge enthoben, über den Sinn seines Tuns im Ganzen nachdenken zu müssen; er beschränkt sich darauf, über den Sinn seines Tuns von Fall zu Fall Rechenschaft abzulegen. Die Summe aus den vielen verzweifelten Akten der Sinngebung von Fall zu Fall ergibt nicht einen großen Sinn, sondern einen ungeheuerlichen Unsinn. Ganz ohne Zweifel tritt das technische Zeitalter in ein Stadium der Unruhe, der Unsicherheit, der Ängste ...

Nicht zuletzt hat die Atombombe daran ihr Verdienst – Verdienst, nicht Schuld.

Manche Beobachter gewinnen aus dieser Beunruhigung bereits die Zuversicht, eine Wende bahne sich an.

Höchstwahrscheinlich reagiert der Konsument auf die zunehmende Beunruhigung durch eine Übersteigerung des blinden Optimismus, der ebenfalls ein Kennzeichen unserer Epoche ist.

Heisenberg deutete in einem Vortrag an, wie sich nach seiner Ansicht der Mensch doch am eigenen Schopf aus dem Sumpf ziehen könne. Die Stelle lautet folgendermaßen:

»Das Ziel der Forschung ist nicht mehr die Erkenntnis der Atome und ihrer Bewegung an sich, d. h. abgelöst von unserer experimentellen Fragestellung: Vielmehr stehen wir von Anfang an in der Mitte der Auseinandersetzung zwischen Natur und Mensch, von der die Naturwissenschaft ja nur ein Teil ist, so daß die landläufigen Einteilungen der Welt in Subjekt und Objekt, Innenwelt und Außenwelt, Körper und Seele, nicht mehr recht passen wollen und zu Schwierigkeiten führen. Auch in der Naturwissen-

schaft ist also der Gegenstand der Forschung nicht mehr die Natur
an sich, sondern die der menschlichen Fragestellung ausgesetzte
Natur, und insofern begegnet der Mensch auch hier wieder sich
selbst.«

Gewiß begegnet er sich selbst – aber in welcher Sklaven-Gestalt!
Diese Begegnung wird von ihrem Nutzen her beurteilt. Die Macht
des Konsumenten ist zu groß und intolerant, die Abhängigkeit der
produktiven Mönche à la Heisenberg und Oppenheimer von den
Konsumenten wiederum ist zu eng – denn die technische Beherr-
schung der Welt ist eine ungeheuer kostspielige Sache –, als daß die
Frage nach der Nützlichkeit zurückgestellt werden könnte.

Ein unverbindlicher Zivilisations-Degout ist noch keine Antithese zu unserer Zeit. Es ist nicht nur wirkungslos, sondern auch
billig, die Welt des Konsumenten zu verachten. Von welchem Podest
herunter verachten wir sie?

Die Verächter der Konsumenten-Welt stehen auf einem Bücher-
stapel und nähren sich von einem Fundus vorgestriger Gedanken, die sie selbst irgendwo konsumiert haben. Damit werden sie
die Wende nicht einleiten. Wo also könnte das Rettende herkommen?

Mit dem Konsumenten kann geistig nicht argumentiert werden.
Er, der auf alles reagiert, was er zum Objekt machen kann, reagiert
auf nichts, was nur in ihm selbst Wirklichkeit werden kann. Wir
Deutsche in Sonderheit haben bereits einen überzeugenden historischen Beweis dafür geliefert. Der Zusammenbruch des Jahres 1945
war nicht nur ein politisches, militärisches und ökonomisches
Ereignis, er war vor allem anderen ein geistiges Ereignis. Doch der
Konsument hat sich geweigert, das Geschehene zur Kenntnis zu
nehmen und darüber nachzudenken; er hat statt dessen eine bewunderungswürdige Energie entwickelt, seinem Perfektionswahn
wieder zur Geltung zu verhelfen. Die Frage an den Konsumenten,
wie das weitergehen soll, spitzt sich infolgedessen nicht von ungefähr auf die Erwartung einer Katastrophe zu. Ein schrankenloser,
dummer Optimismus auf der einen Seite – eine panische, ebenso
dumme Katastrophenerwartung auf der anderen: zwischen diesen
beiden Extremen pendelt die Lebensstimmung des Konsumenten
hin und her.

Der Gedankenlose will über die Katastrophe nicht hinausdenken und badet sich deshalb geradezu in der Vorstellung, nachher – nach dem Abwurf der Wasserstoffbombe zum Beispiel – sei eben alles aus. Gibt es eine perfektere Art von Macht, als die Macht, völlig zu zerstören? Es ist die Macht der Hilflosen. Auch ich kann mir nicht vorstellen, daß die Macht des Konsumenten anders gebrochen werden könnte als durch einen technischen Prozeß. Erst wenn dem Perfektionswahn seine materiellen Voraussetzungen abhanden kommen, wird er verfliegen. Aber was ist nun die materielle Grundlage der Welt des Konsumenten? Die Welt ist nicht mehr, wie sie immer war. Der Konsument hat sich sein freudloses Paradies mittels eines wahrhaft beispiellosen, in der Geschichte unserer Erde noch niemals dagewesenen Energieverbrauches errichtet. Zwei Grundtatsachen der modernen Welt sind absolut neu:

Die enorme Zunahme der Bevölkerung

Die enorme Zunahme des Energieverbrauches pro Kopf der Bevölkerung.

Die Erde wird in absehbarer Zeit nicht mehr die Energie liefern, die zu einer weiteren technischen Perfektion nötig wäre. In diesem Augenblick aber wird ein neues Zeitalter anbrechen, in dem sich das menschliche Streben nach Vollkommenheit wieder durchsetzen wird gegen das Streben nach Perfektion. Es ist dann nicht damit getan, durch Drosselung des Energieverbrauchs ein Gleichgewicht zwischen Energieeinnahmen und Energieausgaben herzustellen. Das technische Zeitalter lebt aus seiner Dynamik, es kann nie in einen statischen Zustand übergeführt werden. Der Konsument ist psychologisch wie jener Esel konstruiert, der einem Strohbüschel nachläuft, das einen halben Meter vor seinem Maul an der Deichsel befestigt ist. Er kann sein Leben nur ertragen, wenn für ein pausenloses Programm mit immer neuen Nummern gesorgt ist. Die Katastrophe im geistigen Sinne ist also bereits da, wenn die Entwicklung nicht mehr expansiv sein kann. Dieser Punkt wird voraussichtlich noch zu unseren Lebzeiten erreicht, vorausgesetzt, wir haben noch 25 oder 30 Jahre zu leben.

Gegenwärtig leben rund 2,5 Milliarden Menschen auf der Welt. Wenn wir annehmen, die Bevölkerung zwischen heute und 1980 vermehrt sich um dieselbe absolute Zahl, um die sie sich in den vergangenen 25 Jahren vermehrt hat, so leben 1980 5 Milliarden Menschen auf der Welt.

Ein derartiger Bevölkerungszuwachs auf der Erde ist nicht möglich, ohne daß nicht zugleich der Energieverbrauch pro Kopf der Bevölkerung zunähme. Die Tendenz unseres Jahrhunderts geht außerdem mit absoluter Gewißheit dahin, den Lebensstandard zu verbessern. Verbesserung des Lebensstandards heißt Erhöhung des Energieverbrauchs pro Kopf.

Es handelt sich dabei um eine Art Zinseszins-Rechnung. Addiert man zu dieser Erhöhung des Pro-Kopf-Verbrauches die andere Erhöhung, die sich aus dem Anwachsen der Weltbevölkerung um 500 Millionen ergibt, so zeigt die Endziffer, daß der Energiebedarf der Welt 1980 genau doppelt so groß sein wird wie 1954.

Das bedeutet: fast der gesamte zusätzliche Bedarf muß aus dem Kapital gedeckt werden – aus der Kohle, aus dem Öl, aus dem Erdgas. Dazu kommt möglicherweise ein weniges an Atomenergie. Nichts hat die Köpfe der Zeitgenossen derart verwirrt, wie die Gewohnheit der Journalisten, alles, was mit Atomenergie zusammenhängt, sensationell aufzuputschen. Von ihr wird die Katastrophe, aber auch das Heil erwartet. Vier Fünftel des laufenden Energiebedarfes der Menschen werden aus dem von der Natur angelegten Kapital genommen. Glauben Sie also bitte nicht, was so lange gut gegangen ist, werde immer weiter gut gehen. – Einen solchen Raubbau mit ihren Energievorräten hat die Welt noch nie erlebt.

Lassen Sie mich hier einen Augenblick von unserem General-Thema abschweifen zur Politik hinüber. Die wichtigsten und ergiebigsten Vorkommen für Erdöl und Erdgas finden sich, um die Lage vollends zu komplizieren, durch eine Laune der Natur in Vorderasien. Soweit sie nicht in Sowjetrußland liegen und also der westlichen Welt nicht zur Verfügung stehen, liegen sie in Staaten, die militärisch sozusagen Niemandsland sind. Was sich daraus ergeben kann, zeigte der persische Ölstreit: er hat nur deshalb keine wirklich ernsten Formen angenommen, weil den Amerikanern diese Schlappe der englischen Konkurrenz gut in den Kram paßte und die Weltenergiewirtschaft Ausweichmöglichkeiten hatte. Z. B. zu den Ölquellen des sagenhaften Scheiches von Kuweit, der jede Woche um etliche hunderttausend Dollar schwerer und um etliche hunderttausend Tonnen Öl leichter wird. So etwas läßt sich heute noch mit Geld machen. In Amerika gibt es jedoch keinen Politiker und keinen General, der sich nicht darüber im klaren wäre, daß diese Öl-gebiete eines nicht fernen Tages militärisch besetzt und in höchste Verteidigungsbereitschaft gebracht werden müssen.

Sie werden vielleicht sagen, meine Damen und Herren, warum sollen wir uns den Kopf über Dinge zerbrechen, die offenbar erst unsere Enkel angehen. Nun, das ist ein Trugschluß. Die westliche Welt baut ihre geringeren Energiereserven weit schneller ab als Ruß-land und China ihre größeren. Da höre ich eine Stimme wieder das Zauberwort aussprechen: Atomenergie.

Ja, durch Atomspaltung lassen sich wirklich ungeheure Energien freimachen. Na also, sagt der Konsument, bange machen gilt nicht, wir werden die ausfallenden Energiequellen durch Atomenergie er-setzen. Tatsächlich liegen bereits genaue Planungen vor. Aber darf sich der Konsument wirklich auf die Atomenergie verlassen?

Bis zum Jahr 2000 müßte die Atomenergie etwa 25 Prozent des Welt-Energieverbrauches decken, damit keine Einschränkung des Verbrauches vorgenommen werden muß. Das würde etwa bedeuten: von 1975 bis zum Jahre 2000 müssen jährlich Anlagen mit einer Erzeugung von 120 Millionen Kilowatt gebaut werden. Nimmt man an, daß pro installierter Kilowattleistung 400 Dollar Kosten entste-hen, so käme das einer *jährlichen* Investition von 30 Milliarden Dol-lar gleich.

So sieht die Sache im günstigsten Falle aus. Und damit sind wir am Ende unseres Ausfluges in die Energiewirtschaft. Sie werden sich erinnern, meine Damen und Herren, daß ich davon ausgegangen bin, das Zeitalter der Konsumenten werde nicht durch eine totale Katastrophe beendet werden. Was sich aus den hier gegebenen Ziffern ablesen läßt, ist nicht die Katastrophe.

Ich habe nicht gesagt, daß wir nach 1980 unseren Energiebedarf nicht mehr decken könnten. Wohl aber wird eine weitere expansive Entwicklung etwa um diese Zeit zu ganz erheblichen Schwierigkei-ten führen.

Diese Ziffern sind für mich demnach ein Anlaß zu gewissen Hoffnungen. Sie lassen sich in einem Satz zusammenfassen: Es wird nicht immer so weitergehen. Erinnern Sie sich bitte, wie wir diese

Sendungen von dem hilflosen Diktator Konsument begonnen haben. Nichts deutet darauf hin, daß er aus eigener Einsicht von dem einmal eingeschlagenen Weg abweichen wird. Aber ich bin sicher, dieser Weg wird uns bereits in den nächsten dreißig Jahren in schwere Krisen und Erschütterungen hineinführen, von denen sich heutzutage fast niemand etwas träumen läßt. Ich habe den britischen Experten, dem ich die Daten dieser Sendung verdanke, am Ende eines Gespräches über das Energieproblem gefragt, warum das von niemandem gesehen werde, jedenfalls von niemanden, der zugleich die Macht hätte, die Entwicklung zu bremsen. Der Experte antwortete: It's nobody's business.

Es ist niemandes Geschäft. Unser Zeitalter ist nicht in der Stimmung, auf Warnungen zu hören, solange diese Warnungen nur auf dem Papier stehen. Mit anderen Worten: das aus der Geschichte vertraute Bild schwerer sozialer Erschütterungen als Vorboten und Begleiterscheinungen (oder auch als Ursachen) geistiger Wandlungen, zeichnen sich an einem gar nicht so fernen Horizont ab. Wenn eine Kilowattstunde so viel kostet, wie ein Maurer in der Stunde verdient, wird das Ende des technischen Zeitalters und das Ende des Konsumenten als des herrschenden Typs herbeigekommen sein. Eines Tages werden die Völker – hundert Jahre gewöhnt an bequemen Konsum, an Schmerzlosigkeit und Passivität gegen die letzten Konsumenten, die dann die herrschende Oberschicht bilden, Revolution machen. Hier erkennt man eine andere Front als die in der Ost-West-Auseinandersetzung, auf die wir wie hypnotisierte Hühner starren.

In der Evangelischen Akademie Loccum (nahe Hannover), wo der hochangesehene Landesbischof Lilje, so reiselustig wie der polnische Papst, ein strenges Regiment führte, hatte »an der Schwelle der zweiten Dekade« vom 19. bis 23. Juni 1955 ein Gespräch »für Journalisten« stattgefunden, zu dem ich ein Referat über »Demokratie im Alltag« beisteuerte. Zweifel seien nicht überwunden, hieß es in der Einladung, »ob mit den äußeren Erfolgen eine geistige Erneuerung einhergegangen sei«. Ungewollt entfesselte ich in der Diskussion vor den Augen und Ohren des Bundespräsidenten Heuss einen kleinen Skandal durch despektierliche Äußerungen über die Bundeswehr und den Soldatenberuf im allgemeinen. Ein General a. D. namens Kunzen verließ aus Empörung den Saal. Der Bischof sagte, es sei außerordentlich bedauerlich, daß vor dem Herrn Bundespräsidenten derartige Äußerungen gemacht worden seien. Was davon ins Tagungsprotokoll eingegangen ist, sei hier zitiert – es ist ein Schulbeispiel für die unvermindert anhaltende Tendenz, alles Unangenehme unter den Teppich zu kehren:

»Zur Frage der institutionellen Sicherung vertrat Herr Kuby die Ansicht, daß sie versucht werden müsse; es sei eine der sich bietenden Möglichkeiten, wenn auch nicht die Sicherung schlechthin. Das Entscheidende, worauf es ankomme, sei, in den Menschen das Bewußtsein zu wecken, daß der Mißbrauch der Atomkraft einfach nicht sein darf. Man müßte dann also auch mit veralteten Vorstellungen über den Beruf und die Ehre des Soldaten aufräumen.

Herrn Kubys Äußerungen über den Soldatenstand riefen einigen Widerspruch hervor, u. a. wurde von General a. D. Kunzen darauf hingewiesen, daß es nach Lage der Dinge einem großen Teil der ehemaligen Soldaten ohnehin schwer werden würde, wieder ihre Pflicht in einer neuen Wehrmacht zu tun und daß man ihnen ihre Aufgabe nicht durch unbedachte Äußerungen noch mehr erschweren dürfe. Auch Landesbischof D. Lilje betonte, daß die ganze Frage zu ernst sei, als daß man willkürlich Emotionen hervorrufen dürfe.«

Wie auf dieser Tagung mit dem Nationalsozialismus im allgemeinen, mit Hitler im besonderen umgegangen worden war, lieferte mir Anlaß zu schreiben:

WER WAR HITLER? BEMERKUNGEN ZU VERSUCHEN, EINES GESPENSTES HABHAFT ZU WERDEN. Ein Gespenst mit vielen Namen, die alle Synonyme für »Hitler« sind, geht um. Sollte man den Teufel konservieren, indem man ihn analysiert? Genüge es nicht, zu warten, bis Gras über ihn gewachsen sei?

Nein, es genügt nicht. Das Gespenst ist eine Art imaginärer Platzhalter. Wer nicht will, daß der am 30. April 1945 vakant gewordene Posten eines Idols wieder besetzt wird, muß wünschen, daß etwas geschieht, damit die Planstelle gestrichen wird. Das merkwürdige spurenlose Verschwinden dieses Mannes hat die Disposition der Massen zum Götzendienst noch vertieft.

Was gefordert wird, ist Desillusion durch Psychologie. Die

Desillusion kann sich nur in Gestalt einer Biographie ereignen. Eben weil Hitler Idealfall eines Götzen der Massen war, würde er sich vermutlich besser als irgendeine andere zeitgenössische Inkarnation des Massenwahns dazu eignen, seinen eigenen Mythos zu zerstören. Ohne Zweifel war er menschlich der minderwertigste von allen. Allerdings muß man sogleich hinzusetzen: und eben deshalb der Erfolgreichste.

Wie vermochte der schlechthin Gestaltlose eine Welt zu gestalten?

Wir dürfen nicht hoffen, im Laufe der Zeit noch auf andere Selbstzeugnisse zu stoßen als auf diejenigen, die bereits bekannt sind. Wer die Frage beantworten will: »Wer war Hitler?«, erfährt bei Hitler selbst fast nichts. Er ist auf die Zeugnisse derjenigen angewiesen, die Gelegenheit hatten, Hitler zu beobachten. Man kann nicht sagen: die mit Hitler gelebt haben. Auch das steht wohl schon fest: es gibt niemanden, der von sich sagen könnte, ich habe mit Hitler gelebt. Mit einer Ausnahme, auf die ich zurückkommen werde.

Besteht nicht sonst bei Männern, die sich in der Geschichte hervorgetan haben, ein nachweisbarer Zusammenhang zwischen ihrem Sein, ihrem Charakter, ihrem Denken, ihren Idealen einerseits, ihren Taten andererseits, ein mit dem Rüstzeug der Psychologie aufzuhellender Zusammenhang? Hatten sie nicht ein dialektisches Verhältnis zur Wirklichkeit? In allen ihren Taten, ich denke an Napoleon, an Lenin, ja, auch an Mussolini, läßt sich noch in Spuren die Idee, das Temperament, der Gedanke, lassen sich wenigstens Einflüsse der Umwelt nachweisen. Diese Männer *waren*, unabhängig von ihren Handlungen. (Das Komma steht am richtigen Platz und will beachtet sein: ob sie handelten oder nicht, sie waren, sie hatten ein Sein.) *War* Hitler, wenn er nicht handelte? Wollte er etwas, bevor er es tat? Lag nicht seine Durchschlagskraft darin, daß zwischen »wollen« und »handeln« bei ihm nicht unterschieden werden konnte?

Manches spricht dafür, daß er in einem einzigen Augenblick seines Lebens wirklich Be-Friedigung empfunden hat. Es war der Augenblick, in dem er sich die Mündung des Revolvers in den Mund schob und abdrückte. Er hatte kein Verhältnis zur Wirklichkeit. Noch in seinem dreißigsten Jahr »war« er nicht. Er war nicht nur nicht das, was er eigentlich sein wollte, ein geachteter, einflußreicher Mann; er war noch weniger das, was er nachträglich behauptete, gewesen zu sein: ein rastlos an sich arbeitender, ein auf bürgerliche Erfolge hinarbeitender Jüngling. Und das, was er dem Anschein nach war: ein hungriger Strolch, war er erst recht nicht. Was also war er wirklich vor seinem dreißigsten Jahr? Ohne Ironie muß ich die Antwort geben: er war der Führer in status nascendi. So schlägt man Kreise, die um den Menschen Hitler herumführen, und kein Weg führt zu ihm hin.

Man kann mit einer an Gewißheit grenzenden Wahrscheinlichkeit rückschauend sagen, daß der Zweite Weltkrieg nicht ausgebrochen wäre, wenn sich die deutsche Generalität in der tschechischen Krise 1938 Hitlers entledigt hätte. Daraus folgt, daß Hitler diesen Krieg gewollt und gemacht hat. Niemand zweifelt daran. Aber warum hat er ihn gewollt? Warum ist ein Mann namens Hitler, wann ist ein Mann namens Hitler, wie ist ein Mann namens Hitler zu dem Entschluß gelangt, in Polen einzufallen? Man sagt, weil er nicht glaubte, daß die Westmächte mit der Drohung, in den Krieg einzutreten, ernst machen würden. Wie einleuchtend, und wie nichtssagend! Der englische Hitler-Biograph Bullock sagt: »Hitlers Verhalten ist kaum zu analysieren«, und: »Unter diesen Umständen muß man sich vor dem Fehler hüten, allzu viel Sinn hinter dem zu suchen, was alles in jenen Tagen gesagt und getan worden ist.« Es tritt ein Ereignis ein, das die Welt verändert, und es ist mit Sicherheit auszumachen, daß dieses Ereignis nach dem Willen eines einzelnen Menschen eingetreten ist. Man weiß aber nicht, warum dieser Mensch es so gewollt hat.

Was hat Hitler bewogen, sein Privatleben zu verschleiern hinter einer Nebelwand des Schweigens, irreführender Äußerungen und hohler, nichtssagender Phrasen? Er verfälscht sogar seine Herkunft. Mit der Verschleierung des Privatlebens begann er in dem Augenblick, in dem er vor die Öffentlichkeit trat, vorher brauchte er es nicht zu verschleiern, denn er lebte in Einsamkeit. Wann begann er an sich zu glauben und warum? Er lebte nicht immer in Einsamkeit. Alle, die über Hitler geschrieben haben, würden vieles nicht geschrieben und vieles anders gesehen, vieles auch sorgsamer untersucht haben, wenn ihnen ein Buch bekannt gewesen wäre, das den

Titel hat: *Adolf Hitler, mein Jugendfreund.* Der Verfasser heißt August Kubizek, er lebt als kleiner Gemeindebeamter mit musikalischen Neigungen in Wien. Für Hitler hingegen war Kubizek nicht der Freund, sondern der Ersatz für das deutsche Volk. Sein einziger Zuhörer. Diese Konstellation genügt aber, um Kubizeks Erinnerungen als das erste Buch erscheinen zu lassen, in dem die Person Hitler in vagen Umrissen hervortritt. Dieser fanatische Volksaufwiegler hat sich vor seiner ersten öffentlichen Rede mindestens fünfzehn Jahre lang, nämlich etwa von seinem fünfzehnten Lebensjahr an, auf die Rolle des Führers vorbereitet. Nichts anderes hat er getan. Für vier dieser merkwürdigen und unheimlichen »Lehrjahre« ist Kubizek Augen- und Ohrenzeuge. Reden, die Hitler später in Bräukellern, Zirkuszelten und Arenen hielt – er hatte sie bereits in Linz und Wien vor August Kubizek als seinem einzigen Zuhörer gehalten. Die Baupläne, die Hitler später ausführte, sie wurden gezeichnet in der verwanzten, nach Petroleum stinkenden Wiener Bude, Stumpergasse 29, Hinterhaus, II. Stock, bei Frau Zakreys. Die politischen Ideen, die er in Tat und Untat umsetzte, – er hatte sie sich als Jüngling in ständiger Auseinandersetzung mit seiner Umwelt erworben, dank eines dämonischen Triebes, nichts so, wie er es vorfand, hinzunehmen; dank auch der Fähigkeit, aus jeder Mücke des Details den Elefanten des Prinzips zu machen.

Der Hitler, den Kubizek kennenlernte, war der beste, den es gegeben hat. Hitler selbst hatte eine Ahnung davon. Als er, bereits Reichskanzler, am 4. August 1933 einen Brief des Jugendfreundes beantwortete, dabei noch das Du gebrauchend, spricht er von der Erinnerung »an diese schönsten Jahre meines Lebens«. Es waren Jahre des Hungers und der Not gewesen – diese schönsten seines Lebens. Aber man versteht den Ausdruck, wenn man Kubizeks Erinnerungen gelesen hat. Einen eigentümlichen Reiz muß damals dieser Mensch gehabt haben, der ohne Familie und ohne Mitte, ja, ohne irgendwelche Voraussetzungen herkömmlicher Art, sich Mittel zu erwerben, und vor allem ohne Absicht, diese Voraussetzungen zu schaffen, nur daran dachte, wie er die Welt verändern würde, wenn ...! Jeder Mensch mag eine Zeit in seinem Leben haben, da er diesen Wachtraum träumt: Wenn ich König wäre ...! Aber Hitlers Traum war von solcher Art, daß er ihn zu jedem

Kompromiß unfähig machte – nach der Devise: alles oder nichts. Hier bekommt das Ungeheuer zum einzigen Mal menschliche Züge.

1955

Zehn Jahre sind nun schon vergangen seit der bedingungslosen Kapitulation – schon oder erst? Wohl das letztere – im Hinblick darauf, daß aus dem total Besiegten und Geteilten zwei Bundesgenossen zweier Weltmächte geworden waren. In dem nachfolgend zitierten Leitartikel *Der Blick in den Spiegel* sagte ich, es habe sich in der BRD wieder so etwas wie ein »staatsbürgerliches Bewußtsein« herausgebildet. Ich muß gestehen, daß es mir nicht ganz leicht fällt, diese Arbeit in die Chronik aufzunehmen, aber es nicht zu tun, wäre ganz unmöglich, wäre Manipulation. Es handelt sich um sporadische Weißwäscherei, deren ich mich sonst eigentlich nicht schuldig gemacht habe.

BLICK IN DEN SPIEGEL. Die Zeit, in der wir unseren Unterricht in jüngster Vergangenheit von den Sekretärinnen, Generalen, Chauffeuren und Photographen von Hauptpersonen des deutschen Dramas bekamen – diese Zeit ist vorbei. Es hat sich herausgestellt, daß diejenigen, die aus der nächsten Nähe sehen konnten, nicht viel gesehen haben, oder daß sie Gründe hatten, ihre Kenntnis von Einzelheiten zu verbergen oder zu färben. Aber nicht der Zweifel an der Zuverlässigkeit dieser Berichte ist die eigentliche Ursache, warum sich das Interesse des Publikums von ihnen abgewendet hat. Diese Ursache liegt vielmehr in einer Veränderung des Verhältnisses des Publikums, sprich Volks, zu seiner eigenen Vergangenheit. Das Datum vom 5. 5. 55, von dem man kaum hoffen darf, daß es – seiner leichten Merkbarkeit ungeachtet – eine große Rolle im Geschichtsunterricht späterer Generationen spielen wird – dieses Datum der Verleihung einer unvollkommenen Souveränität an die Bundesrepublik ist doch nicht nur von Gnaden des Zufalls und einer bestimmten außenpolitischen Entwicklung zu zeitgeschichtlichen Ehren gekommen – es steht auch eine Veränderung des politischen Bewußtseins der Bevölkerung unseres Landes damit im Zusammenhang.

10 Jahre nach Kriegsende und nach dem Verlust der staatlichen Gestalt hat sich in Deutschland auf der Basis wirtschaftlichen Wohlstandes wieder so etwas wie ein staatsbürgerliches Bewußtsein herausgebildet, das nicht etwa nur das aufgewärmte Bewußtsein von gestern (das wäre das Nazi-Reich), aber auch nicht von vorgestern (die Weimarer Republik) ist, sondern neue Züge trägt. Aus der Tatsache, daß wir uns der kräftigen Unterstützung einer Weltmacht erfreuen, gewinnt unser Staatsgefühl etwas für unsere Gegenwart durchaus Charakteristisches und innerhalb der deutschen Geschichte Neues: Es hat sich eingebettet in übernationale Zusammenhänge. Ob nun Europa als Institution in absehbarer Zeit Form gewinnen wird oder nicht – jedenfalls ist, was Westdeutschland betrifft, der Abbau des rein nationalen Raumes, in dem wir uns als Volk mit unseren Sehnsüchten und Spekulationen früher allein bewegten, eine vollendete Tatsache. Obgleich die Lage, wie gesagt, neu und unvergleichbar ist, läßt sich eine Parallele ziehen zu dem Wandel staatsbürgerlichen Bewußtseins, wie er sich unter Bismarck vollzog, als man in Mecklenburg und in Bayern (ja, sogar in Bayern!) anfing, das »Reich« als die den Ländern übergeordnete Realität zu empfinden. (Wir sprechen hier von Vorgängen, die sich in den Vorstellungen des einzelnen vollziehen, nicht von jenen politischen Bewegungen, die sich in der Antithese Zentralismus – Föderalismus oder: Nationalismus – Weltbürgertum fassen lassen.)

Diese Veränderung, die wir gewiß nicht überschätzen wollen, die aber vermutlich als die einzige bleibende Neuigkeit aus den 10 Jahren Nachkriegsgeschichte einmal historisch vermeldet werden wird, hat zur Folge, daß mit intimen Geschichtchen aus dem Dritten Reich heute weder Politik noch Geschäfte zu machen sind. Es ist ein bißchen Luft geworden zwischen uns und Hitler, wir kleben nicht mehr an ihm, und es ist auch nicht mehr billiger Opportunismus am Werk, wenn man Abscheuliches vergessen will. Vielmehr hat der Prozeß der Geschichtswerdung begonnen. Damit ist der Augenblick gekommen, wo das Volk seine Vergangenheit nicht nur *erzählt*, sondern *gedeutet* haben will. Ein geradezu stürmisches Bedürfnis nach Deutung ist zu verzeichnen.

Man erlebt gerade in diesen Tagen den Start des Filmes »Der letzte Akt«. Dieser Film wagt den Griff in das Zentrum des Verhängnisses und bringt Hitler, dargestellt von einem Schauspieler, in seinen letzten Lebens- und Herrschaftstagen auf die Leinwand. Bei der Pressevorführung war ein Mann anwesend, der sich als »Chef des Kraftfahrwesens Hitlers« bezeichnete; er war jener Chauffeur, der nach dem Selbstmord des Ehepaares Hitler eine der Leichen aus dem Bunker auf den Verbrennungsplatz getragen und zuvor jene schauerliche Episode der letzten Wochen in der unterirdischen »Reichskanzlei« miterlebt hat. Dieser Mann war mit dem Film höchst unzufrieden. Nichts »stimmte«, sagte er. Vor allem habe bis zum letzten Augenblick keinerlei Aufregung im Bunker geherrscht, vielmehr sei »der militärische Apparat in vollkommener Ruhe und Ordnung bis zu allerletzt« gelaufen. Es war unmöglich, diesem Augenzeugen begreiflich zu machen, daß eben jenes Phänomen des Gehorsams bis zum Wahnsinn ein Hauptthema des Films ist.

In jenem Film scheinen die Pole zwischen dem »guten« und dem »bösen« Deutschen weit voneinander entfernt zu sein, aber wir dürfen nicht vergessen, daß sie *beide* innerhalb des Deutschen schlechthin liegen und daß wir uns selbst, ob wir wollen oder nicht, im Bannkreis deutschen Wesens bewegen. So ist, um es in einer Formel zu sagen, Hitler keine Entschuldigung. Und so wird auch der im besten Sinne tendenziöse Film nur eine minimale erzieherische Wirkung haben. Gleichwohl ist jeder Blick in den Spiegel zu begrüßen, wenn er dazu dient, uns nachdenklich zu machen.

Die vom Kalender heraufbeschworene Erinnerung an das nur zehn Jahre zurückliegende Kriegsende und an die Jahre der »schönen Not« war vermutlich auch das Motiv dafür, daß ich versuchte, eine Skizze von der Bundeshauptstadt zu entwerfen:

DAS IDYLL UND DIE MACHT. Man nimmt den Zug, Gambrinus hin, Rheinblitz zurück genannt, und kommt recht schnell vom Fleck. Er hält in Würzburg zehn Minuten, in Frankfurt zehn Minuten, in der Bundeshauptstadt eine Minute. Keiner der Herren, die in Bonn aussteigen, gibt an der Sperre eine Karte ab. Die Reiseausweise stecken in Zellophanhüllen.

Überraschenderweise hat der Ort dunkelblau-weiß-hellblau geflaggt. Auch aus Geschäftshäusern hängen die Fahnen. Es ist jedoch keine Revolution ausgebrochen, die neue Farben kreiert. Eine Studentenverbindung hat Stiftungsfest. Nächste Woche werden über Bonn andere Fahnen wehen, vielleicht schwarz-weiße. Die Friseure, die Wundärzte und die nicht kasernierten leichten Mädchen halten sich eine Kollektion solcher Fahnen für ihre Kundschaft. Die Bundeshauptstadt hat keinen Kern, sondern erobert sich das linksseitige Rheintal zwischen dem Park und dem ein Dutzend Kilometer weiter südlich gelegenen Mehlem von Stützpunkten aus, die taktisch dieselbe Funktion haben wie die aus Holz erbauten Forts, von denen aus die amerikanischen Siedler den wilden Westen eroberten. Die Forts der Bundesregierung sind keineswegs aus Holz, sondern aus Zement, Marmor, Glas und Messing erbaut, und ihre strategische Funktion, wenn sie überhaupt eine haben, besteht darin, den wilden Osten zu erobern.

Die Urzelle der Bundeshauptstadt liegt merkwürdigerweise rechtsrheinisch: Es ist die Villa Adenauer, die er schon seit seiner Oberbürgermeisterzeit auf dem Südhang des Drachenfels bewohnt. Er gedachte sie auch als Bundeskanzler nicht zu verlassen; so wurde Bonn Bonn. Die Folgen dieser Seßhaftigkeit waren vor sieben Jahren noch nicht abzusehen; die Ziffern, in denen die damaligen Baupläne für eine künftige Bundeshauptstadt fixiert sind, kann man heute nur noch als die Fixierung eines Irrtums betrachten.

Eine gewisse Massierung von Stützpunkten der Bürokratie ist am Rheinufer entlang festzustellen. Die Regierungsstützpunkte (= Ministerien) haben mit Katzen und Kaninchen die Heckfreudigkeit gemeinsam. Bevor das Auswärtige Amt beginnt, liegt, von der Straße weg ganz an den Rhein hinausgeschoben, der Presseclub. Auch er hat neu angebaut, und 51 Prozent der geschäftsführenden GmbH gehören der Regierung. Im Presseclub essen und unterhalten sich jene mit Schreiben beschäftigten Bürger der Bundesrepublik, die im Presseamt allgemein als staatsfeindlich angesehen werden.

Durchs Gitter sichtbar, einem zaristischen Landschloß ähnlich, liegt am Ende einer tiefen Perspektive aus roten und weißen Blumenrabatten Heussens schneeweißer Amtssitz. Er sieht wie nicht benützt aus. Die Standarte auf dem Dach weht nicht, der Präsident spricht im Lande. Im Park nebenan wird gebaut. Es ist der Park des Bundeskanzlers. Die Bundeskanzlei heckt ein paar neue Fabriken für Akten. Und auch am Palais Schaumburg selbst sind Maurer beschäftigt. Die Standarte auf dem Dach beweist des Kanzlers Gegenwärtigkeit. Bonn arbeitet.

Die Straße des Volkes, die zum Besuchereingang des Bundeshauses führt, ist von Buden flankiert, welche Adenauer-Karten und Andenkenwimpel verkaufen. Das Interesse und der Umsatz sind bedeutend. Drei- bis siebentausend Bürger werden täglich durch den Plenarsaal des Bundestages geschleust.

Es ist keine Sitzung. Die Abwesenheit der Abgeordneten, die vollständige Leere des Saales, erlaubt dem Führer unserer Besuchergruppe, ein ideales Bild parlamentarischer Arbeit zu entwerfen. Ein des Deutschen kundiger Schwede übersetzt Satz für Satz die Erklärungen für seine Landsleute.

Er deutet auf die feierliche große Bundesfahne neben dem Präsidentensitz: »Sagen Sie bitte, warum ist in dieser Fahne Gold und nicht Weiß?« Niemand findet die Frage komisch; der Führer erklärt, daß schwarzweißrot derzeit nicht in Geltung sei.

Wo hinter Godesberg den Deutschen die Luft ausgeht, fängt der amerikanische steam an; dort liegt die US-Siedlung Mehlem um den an den Rhein vorgeschobenen Glasbau der »Embassy«, der Botschaft der Vereinigten Staaten, größer fast als das Auswärtige Amt. Die Botschaft seh ich wohl, denkt der Spazierfahrer, der sich, Eis essend, über die Brüstung lehnt.

Der Besucher setzte sich in der lauen Sommernacht zu einem Glas Wein auf die Terrasse eines Lokales, welches »Kaiserhallen« heißt, dem Bahnhof nahe. Es war schon zehn Uhr, aber es fanden sich noch einige Gäste vor, die ihre Gläser bewachten und sangen:

Was bringen uns die Reben? Vom Rhein den Wein. / Ihn hat uns Gott gegeben, drum schenket ein. / Kling klang goldner Wein, perlet im Pokale / Kling klang goldner Wein, Vater Rhein, du schöner Rhein!

Während er so saß und die Zeit verging, und die Lichter verlöschten, kam ein Mann aus der nahen Bahnunterführung heraus. Er trug einen mit einer Kordel zugebundenen Schuhkarton in der Hand, näherte sich spornstreichs dem Besucher und sagte: »Ich lasse Sie heute noch einmal laufen, die Abrechnung machen wir morgen.« Dann begann er, den Springbrunnen zu umschreiten; seine Schachtel zu schwingen und laute Verwünschungen auszustoßen. Das ben-

galische Licht der Fontaine beleuchtete den kreisenden Irren ab-
wechselnd rot, blau und gelb, und so läßt sich denn die Behauptung
keineswegs aufrechterhalten, in Bonn sei nichts los.
Andere Irre traf ich in Bonn nicht. Im Gegenteil, während die
Altbürger Bonns noch in der düsteren Welt der Emotionen befan-
gen sein mögen, ist die Welt der bundeshauptstädtischen Neubürger
in einem beinahe beängstigenden Grade vernunftgelenkt. Diese
Vernunft ist Sekretärinnen wie Staatssekretären gleichermaßen eigen
und bestimmt ihr Verhalten. Es handelt sich jedoch um eine geheime
Herrschaft der Ratio, und ich habe nur einen Menschen getroffen,
der sich klipp und klar zu ihr bekannt hat. Dieser Mensch war ein
blaulivrierter Pförtner des Bundeshauses, den ich durch das Ansin-
nen in Verlegenheit brachte, er möge mich ohne weitere Formalitäten zu einer ad hoc angesetzten Pressekonferenz ins Haus lassen. Er
wehrte sich mit dem Mute der Verzweiflung, und als ich nicht nach-
gab, brach er in den Ruf aus: »Sie müssen verstehen, ich will mir
doch nur meinen Rücken decken.« Genau das ist es, was ich das
Moralgesetz dieser unüberschaubar gewordenen Heere von Beamten und Angestellten nennen würde. Es hat zur Folge, daß man diese
Schreibmaschinenhochhäuser und -paläste durchwandern kann, tagelang, ohne auf einen einzigen Menschen zu stoßen, der seine Meinung sagt. Eingehüllt in die Aura des Erfolges, den man das Deutsche Wunder nennt, sitzen alle, gedeckt von ihren Chefs, und diese
Chefs gedeckt von höheren Chefs, gebückt über ihren Papieren, die
von Boten gebracht und von Boten abgeholt werden.

Wer vom Venusberg hinunterschaut, aufs liebe Städtchen, der ist
in der Versuchung, die dort produzierte Macht zu unterschätzen.
Wer in irgendeiner amerikanischen Mittelstadt, 100 Meilen hinter
Oklahoma, auf eine Party eingeladen wird und die Parade der Stan-
dardfragen Revue passieren läßt und die Reaktion auf die Frage: Aus
welchem Deutschland kommen Sie? erlebt: »Ah, aus Adenauers
Germany, wonderful!«, der denkt über diese Macht schon anders.
Aus der Ferne sieht sie größer aus. Jener argentinische Minister, der
kürzlich zu einem deutschen Journalisten sagte: »Sie sind als Deut-
scher wirklich zu beneiden, in so kurzer Zeit zwei so große Männer,
Hitler und Adenauer«, wollte keinen unpassenden Scherz machen.

1956

Als der Suezkanal wieder für die Schiffahrt freigegeben worden war, durchfuhr ich ihn auf der »Fausta« von Suez bis Port Said. Die Presse der kapitalistischen Länder hatte unisono geschrieben, die ägyptischen Lotsen hätten nicht die Ausbildung der englischen, die sie mit der Nationalisierung des Kanals durch Nasser abgelöst hatten, und seien nicht fähig, den Verkehr durch den Kanal in der bisherigen Dichte aufrechtzuerhalten. An Ort und Stelle konnte ich mich davon überzeugen, daß es sich um die aus England gesteuerte Propaganda von beleidigten Leberwürsten handelte, die es nicht verschmerzten, daß die USA und die UdSSR in seltener Gemeinsamkeit London zurückgepfiffen hatten, als sie den Kanal militärisch besetzen wollten.

EINE KANALFAHRT. Die Fausta ist 8000 Tonnen groß. Sie ist eine Dame mit bewegter Vergangenheit. Das Licht der Welt erblickte sie als Hapag-Schiff, auf den Namen »Schwarzwald« getauft. Das war 1921. Dann hieß sie auch einmal »Rheingold«. Später fuhr sie als englisches Schiff. Jetzt gehört sie einer pakistanischen Reederei in Karatschi, der größten von Pakistan. Um das Durcheinander voll zu machen, ist sie aber für diese Reise über England von einer chinesischen Reederei gechartert worden und hat nun den Bauch voll Kunstdünger aus Wismar, den sie nach China fährt. In Wismar hatte ich das Schiff einen Monat zuvor liegen sehen, nicht ahnend, ihm in Ägypten wieder zu begegnen. Von ihren 50 Mann Besatzung ist der Kapitän ein Deutscher, der Erste Offizier ein Brite aus Schottland, der Chefingenieur gleichfalls ein Deutscher, alle übrigen sind Pakistaner. Sie sprechen Urdu. Die Mannschaft hat etwas Schattenhaftes – es sind leise, dunkelhäutige Menschen mit großen Augen. Der Dritte Offizier ist 22 Jahre alt und eine Filmschönheit – ich glaube, er weiß es.

Kurz vor zwei Uhr früh kam in schneidiger Fahrt das weiße Lotsenboot längsseits. Im Scheinwerferlicht bestiegen zwei Herren das Schiff. Der Kapitän hatte sich gerade noch ein bißchen hingelegt. So kam es, daß der eine der Lotsen auf mich zutrat mit der Frage: You are the captain? Not yet, antwortete ich. Wir hatten gleich unseren Spaß. Dies also waren zwei jener Gilde, von der in den letzten

Wochen auf der ganzen Welt gesprochen wird. Was zunächst an ihnen auffiel, war ihre Eleganz. Der eine war klein und stämmig und hatte den feinsten Tropenhelm auf dem Kopf, den ich bisher in Ägypten gesehen habe. Zu weißen Hosen und weißen Schuhen trug er ein blaues Jackett. Der andere war eine Art Hans Albers, jedoch groß und ganz weiß.

Die Lotsen gingen auf die Brücke, ich folgte ihnen. Der Cheflotse hatte eine hektographierte Liste vor sich liegen, aus der ich sah, daß wir das zehnte und vorletzte Schiff im Konvoi sein würden. Vor uns lief ein beladener russischer Tanker namens »Grodno«.

Wir fuhren in einen Wald von gelben, weißen, roten und grünen Signallampen hinein. Der Hafen vor uns und die Kanaleinfahrt sahen aus wie ein mitternächtlicher großer Bahnhof. Im dunklen Ruderhaus fielen mit halblauter Stimme auf englisch die Anweisungen: starboard ten! Der schokoladenfarbige Pakistane, vom matten Licht, mit der die Gradscheibe vor ihm erhellt war, dramatisch von unten beleuchtet, wiederholte in mechanischem Singsang: Starboard ten, Sahib! Niemals vergaß er, das »Sahib« dazuzusetzen. Sonst war es vollkommen still. Das Schiff vibrierte ein wenig, aber es gab keinen Laut von sich.

Der Wald von Signalen blieb hinter uns zurück. Eine erste grüne Lichtboje links, eine rote rechts bezeichneten den Anfang des eigentlichen Kanals. Alle zweihundert Meter schwammen nun Bojen im Kanal, teils mit eigenem Licht teils mit Katzenaugen.

Nun fuhren wir sozusagen auf glatter Straße, es war wunderbar kühl, ein bißchen Wind kam aus Nordwest, die Kommandos an den Rudergängen wurden spärlich, der Boy brachte ein Tablett mit heißem Wasser, Neskaffee und Tassen. Wir machten uns miteinander bekannt. Der Oberlotse entpuppte sich als Grieche. Sein Lehrling, der das Schiff allerdings praktisch schon führte, war Russe. Nach einer halben Stunde kam auch der Erste Offizier auf die Brücke, der Schotte, und nun waren wir eine Mischung, die mir äußerst befriedend zu sein schien, aber sie findet sich in solcher Eintracht selten. Woher kommen Sie? fragte ich den Russen. Aus Odessa, sagte er.

Der Kapitän erzählte, er habe 1952 in der Oper von Odessa Carmen gehört. Welches Ensemble? fragte der russische Lotse Dotschenko. (Wir redeten uns mit den Vornamen an.) Der Kapitän wußte es, er scheint sich ziemlich auszukennen in Musik; als er hörte, ich sei im August in Bayreuth gewesen, sagte er, das möchte er auch einmal, das sei sein Traum. Wir sprachen also von Musik. Dann sprachen die andern lange über die Fußballergebnisse Ungarn – Rußland und Deutschland – Rußland. Ich verstehe davon nichts, aber sie waren fit in Fußball. Ihr seid gute Sportsleute, sagte der Russe zu mir, eure Reiter waren gut in Stockholm, aber sonst ist jetzt nicht viel los bei euch, scheint mir. Wie geht es Max Schmeling? Ich sagte, ich hoffte, es ginge ihm gut. Der Russe erzählte vom allzu kurzen Kampf zwischen Louis und Schmeling. Er wußte noch alles. Dann sprachen sie über den Stand der Schach-Olympiade. Der Kapitän hatte mich bereits zum Schachspiel verführen wollen, aber ich hatte gekniffen, als ich hörte, er sei einmal in Hamburg unter den Besseren gewesen. Der Russe scheint in Odessa unter den Besseren zu sein. Beinahe hätte sich der Kapitän mit ihm hingesetzt und eine Partie gespielt. Sie stritten sich eine Weile, welche von Tschaikowskys Symphonien die schönste sei und warum.

Die pakistanischen Rudergänger, die alle Stunde abgelöst wurden, machten dieses Stück der Fahrt eigentlich ziemlich allein. Wir kochten uns neuen Kaffee. Na, sagte der Grieche, Sie versorgen uns ja mächtig gut, Kapitän; ich habe das erste englische Schiff durch den Kanal geführt an dem Tag, an dem die Lotsen weg sind. Der englische Kapitän war so böse, daß er uns nicht einmal ein Glas Wasser angeboten hat.

Über der östlichen Wüste wurde es hell. Um 5.10 Uhr stieg die Sonne über den Horizont empor, brandrot, und ein paar Wölkchen segelten in ihrem Schein vor dem makellosen Äthergewölbe und lösten sich bald auf. Es wurde aber nicht heiß. Ein Torpedoboot kam uns entgegen mit rasender Fahrt. Es hat vier Schrauben, sagte der Grieche. Es ist von uns geliefert, sagte der Russe. Die Marine ist überall verrückt, sagte der Kapitän. Da haben Sie recht, sagte der Grieche. Während wir vorsichtig dahinkrochen, um das Wasser nicht zu bewegen, lag das Torpedoboot wie ein Rennboot mit dem Bug weit aus dem Wasser heraus, es zischte nur so vorbei, Wellen schlugen über die Steinwandung empor und wuschen Sand aus der unbefestigten Böschung. Mit ähnlichem Tempo raste ein paar Minuten später der Expreß Port Said – Kairo am Kanal entlang, gezogen

von einer knallroten Stromlinienmaschine, aber er durfte, er macht
ja keine Wellen.

Seit einer Stunde habe ich mich zum Schreiben ins Büro neben der
Kapitänskabine zurückgezogen. Der Russe ruft mir über die Treppe
herunter zu, wenn es etwas Besonderes zu sehen gibt. Eben passieren
wir jene Doppeldrehbrücke, bei der man so besonders aufpassen soll.
In sehr guten amerikanischen Zelten liegt neben der Brücke eine
ägyptische Flakabteilung. Niemand verwehrt es mir, die Filmkamera
in Aktion zu setzen – aber das ist nicht die Regel in diesem Lande.
Zur Zeit arbeitet der Lotsenapparat mit ungeheurer Anspannung.
Unser Grieche hat morgen früh wieder Dienst. Es ist allerdings bestimmt weniger anstrengend, bei normalem Wetter zwölf Stunden
ein Schiff durch den Suezkanal zu führen, als acht Stunden am Fließband einer Autofabrik zu stehen. Es ist eine ausgesprochene gentle-
man-Beschäftigung. Ja, sagte der Kapitän vorhin, die Lotsen, die den
Verkehr nach Kalkutta hinaufführen, sind so vornehm, daß sie nicht
mit dem Kapitän essen und sich ihren eigenen Boy mitbringen.

Es ist jetzt 10 Uhr vormittags. Gegen 12 Uhr sollen wir im Großen Bittersee sein und gegen 18 Uhr in Suez. Daraus wird nichts.

Wir haben große Verspätung. In einer knappen Stunde soll es für
uns weitergehen. Die Lotsen schlafen, der Kapitän schläft. Auf dem
Hinterschiff verrichtet ein Teil der Mannschaft Gebete. Sie verrichten sie stumm. Ich werde den Einbruch der Nacht noch einmal auf
der »Fausta« erleben, und wir werden das südliche Kanalstück zwischen dem Großen Bittersee und Port Tawfik – wie der moderne Teil
von Suez an der Kanalmündung eigentlich heißt – bei Nacht durch-
fahren.

Unser Russe ist in Ismalia von einem Spanier abgelöst worden.

So also sieht eine Fahrt durch den Suezkanal nach der Krise aus.

Ein Kollege, der in der britischen Botschaft in Kairo zu dem dortigen Presseoffizier sagte: Ich freu mich, daß sich die Sache so beruhigt hat, bekam zur Antwort: Davon kann keine Rede sein. Niemals
werden wir die frivolen Machenschaften dieses Burschen auf die
Dauer hinnehmen. Mit dem Burschen war Nasser gemeint.

Es war noch Nacht, da trat einer der schmalhüftigen pakistanischen »Offiziere« wie ein Schatten neben mich. Sein erster Satz, wie
ein Pfeil abgeschossen, lautete: Sie sehen, wir können es auch allein.

Die Weltpolitik versorgte uns im Sommer und Herbst 1956 pausenlos mit Sensationen. Wochenlang war unser Blick auf Suez gerichtet, Krieg schien zu drohen, Krieg ging vorbei. Als habe sie sich nie ereignet, als glimme sie nicht noch fort, vergaßen wir die Suezkrise, als Polen ebenso mutig wie geschickt sich aufraffte, um seine Konsequenzen aus der neuen Politik Moskaus zu ziehen. Wir hatten nicht Zeit, über Polen nachzudenken, da brach der Bürgerkrieg in Ungarn los.

DER WESTEN MUSS ANTWORT GEBEN. Als sich in Warschau Gomułka, ein Erzkommunist, nur kein Erzstalinist, noch kaum durchgesetzt hatte, ließen sich Eisenhower und Adenauer unverzüglich als erste und repräsentative Sprecher des Westens vernehmen. Sie bescheinigten Polen, es sei auf dem rechten Wege. Gesetzt den Fall, die beiden Politiker seien wirklich dieser Meinung, so hätten sie sich sagen müssen, daß sie der neuen polnischen Regierung keinen schlechteren Dienst leisten konnten, als sie zu loben. Was die beiden Regierungschefs veranlaßte, mit solcher Hast sich positiv zu äußern, war wohl die Überlegung, daß die nationale Bewegung in Warschau eine Schwächung der russischen Position mit sich bringe – politisch und militärisch. Dann kam Ungarn. Dort brach nicht ein nationalkommunistischer, sondern ein nationaler und antikommunistischer Aufstand los. Russische Truppen griffen ein. Die westlichen Sympathien schlugen den Aufständischen entgegen, die sich scheinbar sinnlos opferten. Am dritten Tage zog Moskau seine Divisionen aus dem Kampf. Und wieder registriert der Westen eine Schwächung der politischen und militärischen Position Rußlands.

Ob Rußlands Lage gegenüber dem Westen militärisch tatsächlich schwächer sein wird als vordem, wenn es seine Besatzungsdivisionen aus Polen und Ungarn zurückgezogen hat, wird sich im Stadium der großen »Umrüstung« noch kaum beurteilen lassen. Aber es ist ganz ohne Zweifel überhaupt falsch, die Dinge einseitig militärisch zu sehen. Amerikas Politik gegenüber Ägypten, der sich England und Frankreich beugen mußten, Rußlands Politik gegenüber Warschau und Budapest zeigen, daß die Großmächte nach politischen, nicht nach militärischen Lösungen suchen. Infolgedessen muß man, um zu richtigen Schlüssen zu kommen, sich fragen, was denn die neuesten Ereignisse in kommunistischen Staaten zweiter Ordnung politisch bedeuten.

Rußland hat mit der Entstalinisierung zu diesen Ereignissen selbst den Anstoß gegeben. Was immer die Motive gewesen sein mögen, welche die Nachfolger Stalins bewogen haben mögen, eine neue Phase des Kommunismus einzuleiten, sie haben es getan und sie scheinen nicht die Absicht zu haben, das Rad wieder zurückzudrehen. Wir glauben jedoch nicht daran, daß der Kommunismus sich auf dem Rückzug befindet. Man wird sich erinnern, mit welchen Kommentaren die westliche Welt, unsere eigene Regierung vorweg, die sogenannte »Liberalisierung« in der kommunistischen Welt begleitet hat. Es handle sich, wurde gesagt, um Spiegelfechterei, das »Gerede« auf dem XX. Parteitag sei für die politische Praxis Rußlands völlig bedeutungslos. Diese These wird sich nach den Ereignissen in Polen und Ungarn nicht mehr aufrechterhalten lassen, an denen, aufs ganze gesehen, weniger interessant ist, was die beiden Völker getan haben, als was die Russen nicht getan haben.

Auf Stalin ist dem Westen nichts anderes eingefallen als Stalin.

Das zukunftslose Spekulieren der Militärs beherrscht unsere Entscheidungen nach wie vor. Sogar die Selbstzufriedenheit, die wir über die Ereignisse in der kommunistischen Welt zur Schau tragen, ist Ausdruck einer Infektion mit militärischen Vorstellungen. Die Welt aber, das ist mit Händen zu greifen, wird nicht so gespalten bleiben, wie sie heute ist. Die Dinge sind in Bewegung gekommen – im Osten. Wenn sie bei uns nicht in Bewegung kommen, wenn wir weiter so tun, als hätten wir uns noch mit Stalin auseinanderzusetzen, werden wir an der Gestaltung der Zukunft nicht beteiligt sein.

Nicht nur für Bajonette, auch für Atombomben gilt, daß man auf ihnen nicht sitzen bleiben kann.

1957

Vom 29. 10. 1957 bis 14. 11. 1961 regierte Adenauer mit seinem dritten Bundeskabinett, das ausschließlich von CDU- und CSU-Ministern gebildet wurde. Darin war Franz Josef Strauß Verteidigungsminister geworden, nachdem es ihm gelungen war, Theodor Blank, der dieses neu geschaffene Amt am 7. Juni 1955 übernommen hatte, daraus zu verdrängen. Ich hatte eine Broschüre geschrieben, die dazu aufforderte, das kleinere Übel, die SPD, zu wählen, und sie durch ein Adressenbüro Anfang September in 45 000 Exemplaren über die Post verteilen lassen. Die Karteien dieser Büros befinden sich in aller Regel nicht auf dem neuesten Stand. Als ich Ende September aus einem Urlaub zurückkam, ließ sich die Wohnungstür nur schwer öffnen. Durch den Briefschlitz eingeworfen, häuften sich dahinter einige tausend Rückläufer. Ein Dutzend schickten mir empörte Empfänger zurück. Die Ausdrücke ihrer Wut entbehrten oft nicht der Komik. Zum Beispiel: »Ist es nötig, daß Sie mit dieser Schrift die Wähler beeinflussen müssen? Wir leben in einer Demokratie, wo Freiheit herrscht!! Anbei zurück.« Oder kürzer: »Pfui!« Die Anrede auf dem Titelblatt war ungewollt und unverzeihlich frauenfeindlich. Sie lautete:

Verehrte Mitbürger! Die Post bringt Ihnen diese Broschüre unverlangt ins Haus. Sie denken vielleicht, es handle sich um Werbung und ich wolle Ihnen etwas verkaufen.

Haben Sie keine Angst – ich will Ihnen nichts verkaufen, nicht einmal meine eigene Meinung. Allerdings möchte ich Sie mit dieser Meinung im Hinblick auf die vor uns stehende Wahl zum Bundestag bekannt machen.

Glauben Sie bitte nicht, daß ich mir einbilde, einen entscheidenden Einfluß auf das Wahlergebnis ausüben zu können. Jedoch, vor die Entscheidung gestellt, ob ich nichts tun will, weil ich nicht alles tun kann, oder das Mögliche, bin ich für das Mögliche, auch wenn es wenig ist. Es ist in diesem Fall diese Broschüre, die ich so über unser Vaterland verteilen lasse, daß sie vor allem Angehörige der sogenannten gebildeten Schichten erreicht. Meine Hoffnung richtet sich nur darauf, daß diese Broschüre Sie veranlassen wird, die Dinge noch einmal sehr genau durchzudenken, bevor Sie zum Wählen gehen. Das tun Sie doch sicher? Und nun wollen wir zum Thema kommen.

Das Thema heißt: Dr. Konrad Adenauer. Haben Sie einmal wirklich über ihn nachgedacht? Sind Sie seinem Leben und seiner Politik nachgegangen?

Wir stehen hier vor einem Phänomen, für das es in der deutschen Geschichte ein zweites Beispiel gibt, wenn auch die Person, um die es sich dabei dreht, ihrem sonstigen Wesen nach nichts mit Adenauer gemeinsam hat. In einem Punkt sind sich Hindenburg und Adenauer gleich: Sie haben in ihrem Leben immer wieder den Eindruck zu erwecken und damit im entscheidenden Augenblick Vertrauen zu erringen vermocht, daß ihre Rede ja ja und nein nein sei, und daß, wer auf sie baue, auf einen Felsen baue. Was Adenauer angeht, so bewundern ihn diejenigen, die ihn aus der Nähe bewundern, gerade deshalb, weil seine Rede niemals ja ja oder nein nein ist ...

Der Mangel an Eigenschaften, die man glänzend nennt, an intellektueller Brillanz, an musischer Erregbarkeit, an sprachlicher Ausdruckskraft, macht in unserem Lande den Eindruck von Zuverlässigkeit. Nicht weniger vermag bedeutende Körpergröße und straffe Haltung zu düpieren. Ferner scheint man bei uns – eben das gilt für Hindenburg wie für Adenauer – anzunehmen, daß sich eine konservative Grundgesinnung mit Wahrheitsliebe häufiger gepaart findet, als sich – glaubt man bei uns – diese mit einem aufrührerischen Geist vermähle, während doch die Weltgeschichte das genaue Gegenteil lehrt. Luther und Trotzki waren wahre Erzengel der Wahrheitsliebe, während Metternich und Bismarck – um nur historische Beispiele zu wählen – ganz ausgepichte Lügenbolde gewesen sind. Eine gewisse selbstverständliche Einbettung politischer Persönlichkeiten in das Nationale scheint zudem im Volk als Garantie für einen guten Charakter angesehen zu werden.

Adenauer: »Das Bewußtsein, getan zu haben, was ich für meine Pflicht hielt, gab mir die innere Heiterkeit und Ruhe, köstlicher als alles physische Behagen. In der Tat, was mir an Glück im Laufe eines sehr glücklichen Lebens zuteil geworden ist, kommt, glaube ich, zum größten Teil daher, daß ich immer bemüht gewesen bin, durchzuhalten und was ich zu tun hatte, ganz zu tun.«

Die Tatsache, daß das deutsche Volk nie etwas anderes getan hat als seine Pflicht und daß es sich pflichtgemäß zweimal ruiniert hat, ficht nicht an. Der konservative Grundriß seiner Politik täuscht viele Beobachter darüber hinweg, daß Adenauer eine durch und durch geschichtslose Persönlichkeit ist. Seine jeweiligen Erklärungen zur Lage dürfen nur als Fazit dieser jeweils gegebenen Lage angesehen werden, nicht als Meilensteine an einem geraden Weg. Wenn die Lage, wie es ja vorgekommen ist, sich binnen einer Woche völlig verändert hat, dann hat Adenauers Erklärung dieser Woche mit der Erklärung aus der vorigen in seinem Bewußtsein nichts zu tun. Man kann jedoch nicht sagen, Adenauer habe niemals ein politisches Konzept gehabt.

Wir müssen festhalten, daß Adenauer nicht an ein Provisorium dachte. Er glaubte, die Stunde sei gekommen, den Blick der Deutschen endgültig nach Westen zu wenden. Adenauer ersparte den Amerikanern, strategische Motive für die Spaltung Deutschlands offen aussprechen zu müssen, als die Zeit dafür noch nicht reif war.

Alles, was er bis ungefähr 1950 getan hat, hat ein Staatsgebilde zum Ziel, das von der europäischen Atlantikküste bis Marienborn reichen sollte ... Als der EVG-Plan begraben werden mußte, dem die Idee des karolingischen Reiches in Adenauers Ausgabe zugrunde lag, waren alle großen Probleme Deutschlands ungelöst, ja, sie waren von einer Lösung viel weiter entfernt als 1946. Daß dieser politische Bankrott dem deutschen Volke, soweit es in der Bundesrepublik wohnt, überhaupt keinen Eindruck machte, daß er nicht einmal allgemein bemerkt wurde, zeigt, daß Adenauers Erfolg von Anfang an nicht auf politischen Füßen stand. Das tägliche Schnitzel lag wie ein dickes Brett vor der Stirn der meisten Deutschen. Adenauer bekam eine formal unanfechtbare demokratische Legitimation dafür, die Bundesrepublik in die Machtpolitik zurückzuführen. Nun erst wird er der Adenauer, von dem die New York Times schreibt: Wir haben alle unsere Karten auf ihn gesetzt.

Zur gleichen Zeit, fast am selben Tage, schreibt New York Herald Tribune: ... Wir sind in der größten Gefahr, in eine unhaltbare Lage zu geraten: nämlich unsere militärischen und politischen Pläne auf die Teilung Deutschlands und auf eine deutsche Regierung aufzubauen, die sich nur halten kann, wenn Deutschland geteilt bleibt.

Seitdem der Weg der reinen Machtpolitik eingeschlagen worden ist und Europapolitik nur noch ein Synonym für deutsche Führungspolitik in Europa ist, überläßt er das Volk sich selbst und seinem Rückfall in den Nationalismus. Nicht einmal die Umschaltung von Entmilitarisierung zu Militarisierung begleitete er mit Kommentaren, die über außenpolitische Erwägungen hinausgegangen wären. Eine demokratische Entwicklung in Deutschland ist von der Kanzler-Demokratie aufgefangen worden.

Gerade durch Hitlers Wirken wäre Adenauer die große Chance geboten gewesen, das Volk durch Erziehung zur Mäßigung neu zu formen. Er bekam Wachs in die Hand. Aber diese Hand vermochte nicht zu gestalten. Unser blindes Volk in seinem Wundertaumel ist außerstande zu begreifen, daß die persönliche Erscheinung dieses Mannes, das Formvollendete seines Auftretens, die, ich möchte sagen: elegante Zucht seiner Gesten, die strenge Konzentration seines Ausdruckes, wenn er zum Beispiel in einem Betstuhl kniet (der vom Photographen stets eifrig umstellt wird), nicht Ausdruck eines Geistes sind, dem die Welt seiner Vorstellungen ebenfalls zu festen Formen sich fügt, sondern daß im Gegenteil diese Beherrschtheit einen hemmungslosen Machttrieb verbirgt, einen Geist, den an allen Erscheinungen dieser Welt nur ihre Dynamik interessiert, das Veränderliche. Freilich, die Täuschung ist begreiflich, denn die Maske ist fast vollkommen, und nur zuweilen hört die Öffentlichkeit einen unbeherrschten Wutschrei – wie zum Beispiel anläßlich des Memorandums der Atomphysiker im April 1957 –, der sie erschreckt, weil er sie überrascht. Ich bin sicher, daß wir die einseitige Fähigkeit zum Handeln in Verbindung mit der vollkommenen Unfähigkeit, zu gestalten, teuer bezahlen müssen.

Wenn Sie bis hierher gelesen haben, dann werden Sie jetzt wissen, daß mir etwas wichtiger ist als der Wohlstand, den wir dem Regime Adenauer unzweifelhaft verdanken – das ist die Zukunft. Wir sind in eine Epoche des Ringens um Kompromisse eingetreten. Ich sehe es deshalb als eine Gefahr an, wenn ein Mann ohne ein positives politisches Konzept für diese Epoche bei uns die politische Macht behält. Eine dritte Regierung Adenauer würde überdies unseren ohnehin geringen Neigungen und Fähigkeiten zu demokratischem Verhalten noch schwerere Schäden zufügen als bisher schon. Die einer antiadenauerischen Linie gewiß unverdächtige *Zeit* schrieb in ihrer Ausgabe vom 11. Juli 1957 unter der Überschrift *Finis Germaniae*: »Während es also keineswegs sicher ist, daß die Opposition (gemeint ist die SPD) das Konzept der Außenpolitik verderben würde, läßt sich bereits mit Sicherheit sagen, daß der Regierungschef das Klima der Innenpolitik ruiniert hat.« Die *Zeit* sagt das im Hinblick auf Adenauers Ausspruch: »Wenn die SPD die Regierung übernimmt, so bedeutet das den Untergang Deutschlands.« Und so lassen Sie mich zum Schluß sagen, daß ich diesen »Untergang Deutschlands« wähle. Ich glaube nicht, daß wir die nächsten vier Jahre einen Führer brauchen, der regiert, sondern ich glaube, daß wir eine Regierung brauchen, die führt.

In diesem Jahr 1957 erklärte die Bonner Regierung, daß die Wiedervereinigung nicht so wichtig sei wie die Zugehörigkeit der Bundesrepublik zur NATO. Ein Gefreiter setzte sich in die DDR ab. Nach einigen Wochen hatte er die Nase voll und kehrte dahin zurück, woher er gekommen war, der Bestrafung gewärtig. Zu der Kommentierung dieses Vorfalls durch eine westdeutsche Zeitung schrieb ich:

VER-RÜCKT. Am 29. März 1957 ist in einer Großstadt der Bundesrepublik eine Zeitung erschienen, die öffentlich verkauft und von mehr als 100 000 Bürgern dieses Landes täglich gekauft wird. Die in roter Farbe gedruckte doppelte Schlagzeile lautete: Lieber bei uns im Zuchthaus, als im Osten »in Freiheit«! Darunter stand: Bundeswehr-Deserteur kehrt freiwillig wieder zurück.

Die Zeitung erregte keinerlei besonderes Aufsehen. Sie wurde nicht mehr oder weniger verkauft als die Ausgaben zuvor und danach. Niemand protestierte gegen diese Schlagzeilen. Die Ereignisse, die hinter den Schlagzeilen standen, waren – nach dem Bericht jener Zeitung – folgende:

Ein Gefreiter der Bundeswehr, dem der Militärdienst aus irgendeinem Grunde nicht gepaßt hatte, war im Februar in Uniform bei Töpen-Juchö über die Grenze der Bundesrepublik gegangen und hatte sich der Grenzpolizei der DDR gestellt. Er wurde einem Offizier übergeben, bekam ein Bett, schlief, wurde gegen 7 Uhr früh geweckt und dann verhört. Er beantwortete alle Fragen, die an ihn gestellt wurden, soweit er etwas dazu zu sagen wußte.

Dann wird er in ein Lager eingewiesen und zwei Tage später vom Arbeitsamt als Maurer in eine Stelle vermittelt. Statt der Uniform bekommt er einen Zivilanzug. Die Arbeit und der Lohn gefallen ihm nicht. Am 2. März beschließt er, wieder in die Bundesrepublik zurückzugehen. Er will dazu einen normalen Zug benützen. Unterwegs, nahe der Zonengrenze, kommt eine Kontrolle durch den Zug, sie nimmt den Wanderer zwischen zwei Welten mit, verhört ihn über seine Absichten und sagt ihm: Mensch, bleib hier, du kommst doch drüben ins Zuchthaus. Der Mensch will nicht bleiben. Man gibt ihm seinen Paß zurück und läßt ihn fahren. Jenseits der Grenze stellt er sich wieder der Polizei und wird verhaftet.

Die eigentliche Pointe wird mit den Schlagzeilen gesetzt. Es mag sein, daß der Zurückgekehrte, von Journalisten ausgefragt, im Zustande der Erregung, in dem er sich befunden haben mag kurz vor der Zuchthauszelle, etwas so Blödsinniges gesagt hat wie: Lieber bei uns im Zuchthaus, als im Osten in Freiheit – wobei man vermuten darf, daß die Anführungszeichen von der Zeitung hinzugesetzt worden sind, weil der Satz ohne diese Zeichen selbst für einen ver-rückten Sinn zu verrückt geklungen hätte.

In der DDR wohnen ungefähr 17 Millionen Deutsche. Wenn sie Kinder sind, gehen sie zur vorgeschriebenen Zeit in die Schule; wenn sie herangewachsen sind, zur Arbeit (und zwar ausnahmslos, von keiner Arbeitslosigkeit bedroht); sie bekommen dafür Lohn, mit dem sie bis zum heutigen Tag ein Leben geführt haben, das ihnen erlaubt, Kinder zu haben, sie in die Schule zu schicken, sich und sie zu kleiden, Essen zu kaufen und so weiter. Wenn sie Lust haben, gehen sie ins Kino, und wenn sie nicht ins Kino gehen wollen, besuchen sie ein Fußballspiel. Im Sommer fahren sie in Urlaub, und manchmal auch im Winter. Nicht nach Mallorca und nach St. Moritz, sondern nur an die Ostsee oder ins Erzgebirge. Dieses Leben führen sie unter Verhältnissen, von denen man gewiß nicht sagen kann, sie seien frei. In jeder der hier erwähnten Lebensäußerungen und Lebenserscheinungen läßt sich ein Stück Unfreiheit finden: Unterrichtsplan, Lebensmittelkarten, Produktionsplan der einzigen Filmgesellschaft DEFA und so fort. Es macht das Wesen der Zuchthauszelle aus, daß sie dem Menschen, der einen nach Ansicht der Gesellschaft falschen Gebrauch von seiner Freiheit gemacht hat, diese Freiheit bis auf einen winzigen Rest nimmt. Hiermit verglichen, bewegen sich 17 Millionen Deutsche in der DDR in einem Paradies der Freiheit. Wäre es nicht so, so gingen in einem Monat nicht fünf- oder zehntausend Menschen über die Grenze in die Bundesrepublik, sondern sämtliche Bewohner Mitteldeutschlands. Es blieben dort genau so viele zurück, wie in einem Zuchthaus zurückbleiben würden, dessen Tore und Zellentüren man öffnete. Die

Tore der DDR stehen weit auf, wie jene Tausende täglich und stündlich beweisen. Dennoch kann das Geschwätz eines Schwachsinnigen zur Schlagzeile erhoben werden, die die Vernunft und Würde von 17 Millionen Deutschen in Frage stellt. Die westlichen Leser aber, die sich etwas darauf zugute tun, frei zu sein, bemerken nicht mehr, wozu sie, verhetzt und ver-rückt, wie sie sind, innerlich ja sagen. Denn das ist doch gewiß: Wenn zu erwarten stünde, daß die Leser zu diesen Schlagzeilen sagten: Blödsinn, so hätte die Zeitung sie nicht gewählt.

Das Jahr 1957 veränderte meine berufliche Existenz. Ich verließ nach 10 Jahren in Freundschaft die *Süddeutsche Zeitung*. Ich fing an, fürs Radio, fürs Fernsehen Stücke zu schreiben. Es entstand ein dem Garbo-Film nachempfundenes Hörspiel *Der verschwundene Graf*, das auch übersetzt wurde und von zahlreichen ausländischen Sendern produziert wurde. Ich schrieb *Das ist des Deutschen Vaterland, Siebzig Millionen in zwei Wartesälen*, die erste kritische Auseinandersetzung mit der Adenauer-Zeit. Sie erregte ein dementsprechendes Aufsehen. Das Buch ist seit Jahrzehnten vergriffen, aber erstaunlicherweise noch immer nicht von allen Lesern vergessen. Zuweilen werde ich darauf angesprochen oder bekomme Briefe, in denen steht:»Was Sie damals schrieben, ließ uns um den Hügel herumgehen, wir fielen nicht mehr auf jede Propaganda herein.« Eine längere Informationsreise durch die DDR, bei der ich von einer offiziellen Aufsichtsperson begleitet wurde, die gerade im Begriff war, das Lager zu wechseln, und mich tun und lassen ließ, was ich wollte, lieferte einige Kapitel zu diesem Buch.

IN DRESDEN. Ich traute meinen Ohren nicht. Was sagte da der brave SED-Mann, der mir in Dresden behilflich war, zu den Menschen und durch die Türen zu kommen, soweit ich es nicht allein schaffte? Er sagte: Am Nachmittag könnten wir zu Baron Ardenne gehen. Potz Donner, dachte ich, beschäftigt sich einer mit Atomphysik, ist er sogar in Dresden noch ein Baron.

Wir fuhren also am Nachmittag zu dem Baron hinauf. Er wohnt neben dem Weißen Hirsch, in der feinsten Lage.

Das Institut des Herrn Baron besteht aus zwei Villen. Sie liegen hinter einem neugestrichenen weißen Zaun – in der DDR gibt es nur einen schneeweißen Zaun. Hinter dem Zaun ein gepflegter Rasen. Am gemauerten Gartentor, in den Sandstein eingelassen, ein goldenes funkelndes Schildchen: Manfred Baron v. Ardenne. Keine Posten, keine Bewachung.

Wir gingen über den Plattenweg auf das Haus zu, ein geschniegeltes Dienstmädchen bat uns, in der Diele zu warten. Die ganze Diele war sehr antik. In der Mitte stand aufrecht und frei eine Rüstung. Auf Mattglanz geputzt hielt sie Wache.

Ich hatte mich ein wenig gewundert über die Bereitschaft, mich zu empfangen. Ich weiß, wie beschäftigt Atomphysiker sind, ich hatte mich um die Begegnung gar nicht bemüht. Die Initiative war von ihm ausgegangen. Von ihm hörte ich nicht viel, was ich wissen wollte – über den Stand der Atomdinge in der DDR. Er drehte den Spieß um und benützte mich als ein Werkzeug, das seinen Gedanken im Westen Ausdruck geben sollte. Haben Sie, sagte der Baron, schon einmal daran gedacht, daß die Atomwaffe die einzige Waffe ist, die man, nachdem man sie mit ungeheuren Kosten geschaffen hat, ohne großen Verlust zu friedlichen Zwecken verwenden kann? Sehen Sie, sagte er, das muß man den Menschen immer wieder einbleuen. Eine Kanone ist und bleibt eine Kanone, man kann sie nur zertrümmern und als Schrott wieder in den Hochofen werfen, wenn man etwas Vernünftiges damit machen will. Aber die Ladungen der Atombomben kann man in jedes Kraftwerk einbauen und dort ihre Energie langsam verbrauchen, statt sie in Bruchteilen von Sekunden zerplatzen zu lassen.

Da haben Sie recht.

Natürlich, sagte er mit schöner Überzeugtheit. Und dann noch etwas, sagte er. Sehen Sie, die Mächtigen in der Welt haben die Vorstellung, wer zuerst lacht, lache am besten. Das heißt, wer den ersten Atomschlag führe, der habe ausgesorgt. Das ist eine entsetzliche Gefahr. Die Wirklichkeit ist ganz anders. Es gibt nur wenige Leute, die darüber wirklich Bescheid wissen. Ich gehöre zu ihnen. Sie wissen, ich war bis zum vorigen Jahr in Rußland. Seit 1945. Glauben Sie mir, die Abschußbasen der Atomwaffen liegen so tief in der Erde, daß sie kein Atomschlag von der andern Seite vernichten kann. Das ist in Rußland so, in Amerika so und in England nicht anders. Ich rede nicht davon, wer siegt, denn es siegt keiner. Der

Rückschlag bleibt unter keinen Umständen aus. Auch das muß man öffentlich sagen, so oft als möglich, so laut als möglich.

Gewiß, Baron, sage ich, ich bin ganz Ihrer Ansicht in diesem Punkt. Können wir über Ihre russische Zeit reden? Was macht denn der eiserne Herr da unten?

So kamen wir auf persönliche Dinge zu sprechen. Seitdem ich die Nachkriegsgeschichte des Barons Ardenne kenne, denke ich erst recht, man hätte Atomphysik studieren sollen. Dann schwimmt man wie ein Korken auf den Wellen der Zeit und geht nicht unter. Ein atomar ausgebildetes Gehirn ist die beste Lebensversicherung, die ein Mensch haben kann. So viel Kostbarkeit vernichtet niemand.

In einer Villa in Lichterfelde bei Berlin hatte der Baron im Dritten Reich sein Institut. Er ist ein ausgesprochen gut aussehender Mann, ein gefundenes Fressen für Frauen und für Damen. Er war Mitglied im Golfklub Wannsee und bei Rotweiß und so weiter. Er trägt auch in Dresden einen großen goldenen Siegelring und eine schwer goldene Armbanduhr, niemand hat sie ihm weggenommen. Nein, ganz im Gegenteil. Sechzig russische Soldaten zogen 1945 einen Menschenzaun um die Lichterfelder Villa, und alles, was innerhalb des Zaunes war, nur die nackten Mauern nicht, wurde eingepackt und nach Rußland verbracht; dort wieder ausgepackt und in einem Schloß wieder aufgestellt. Niemals zuvor hatte Ritter Ardenne eine so standesgemäße Unterkunft gehabt.

Der Baron hatte in Rußland sein Institut; der Staat gab ihm Aufträge. Außerdem arbeitete er auch an eigenen Untersuchungen. Er wurde hoch bezahlt, und was er verdiente, gehörte ihm. Er stand sich nicht schlecht. Nach zehn Jahren war die russische Zeit zu Ende. Der Baron konnte Rußland verlassen. Alles wurde wieder eingepackt, siebenhundert Kisten und die Bankkonten, und die Regierung der DDR im Zusammenwirken mit den Dresdener Behörden machte für Baron Ardenne auf dem Weißen Hirsch zwei Villen frei und setzte sie tadellos instand.

Dort betreibt er jetzt ein privates Institut genau wie in Lichterfelde. Er steht sich nicht schlecht. Keine zwei Meter von der Ritterrüstung entfernt ist eine Tür, die zu den Laboratorien führt. Ich sah durch die Tür das Gesicht des zwanzigsten Jahrhunderts, dargestellt in Apparaten. So geht alles zusammen, der ästhetische Weihwasserkessel, die echte Rüstung, die falsche Renaissance und die echten Neutronenschleudern.

Der Baron hatte noch das Bedürfnis, mir zu sagen, warum er auf dem Weißen Hirsch und nicht in Düsseldorf sitzt. Er formulierte: Die Abwanderung von Spezialisten aus der DDR liegt nicht im gesamtdeutschen Interesse.

Brechts Theater am Schiffbauerdamm ist altmodisch und gemütlich. Die angeklebten Bürozimmerchen haben ein Stück Berliner Theatergeschichte gesehen aus der großen Zeit der zwanziger Jahre; jetzt wird dort wieder ein Stück Berliner Theatergeschichte gemacht, die sich vor jener der zwanziger Jahre nicht zu verstecken braucht. Ein Spaßvogel hat über dem Schild an der Tür des Sekretariats einen Zettel befestigt: Reisebüro. Wahrscheinlich wollte er darauf hinweisen, daß das Berliner Ensemble viel unterwegs ist. Als ich eintrete, sehe ich durch die Schiebetür, die ins Zimmer der Direktion führt, Helene Weigel sitzen, und auch sie sieht mich.

Ach, sagt sie, kommen Sie herein, mein Freund.

Es gibt nur eine Unterhaltung in der Kantine ein paar Tage zuvor, die diese Anrede kaum rechtfertigt. Aber wer wünscht sich nicht, so angeredet zu werden?

Ich störe nicht?

Ich habe ein wenig Zeit, sagt sie.

Das Zimmer ist höher als lang und breit. Die Außenwand besteht nur aus Fenster, einem altmodischen, in kleine Scheiben geteilten Fenster. Der Tisch, an dem die Witwe Brechts, die Herrin dieses Theaters sitzt, ist ein schwerer Bauerntisch. Stuhl und ein Schrank sind ebenfalls gewichtige, teure, aber einfache Möbel. Auf einer Bank liegt ein längliches Paket, das Einwickelpapier ist lose gefaltet.

Frau Weigel wirft das Ende ihrer Zigarette in eine halbvolle Aschenschale und zündet sich sofort eine neue Zigarette an.

Am Abend zuvor habe ich »Furcht und Elend des Nationalsozialismus« gesehen, und war am Nachmittag vor der Aufführung im Sekretariat gewesen, weil ich nur auf diesem Wege noch eine Karte für die ausverkaufte Vorstellung hatte bekommen können. Als ich den Bühnenausgang verließ, war gerade ein junger Bursche in Uniform vom Magazingebäude über den Hof gekommen. Ein SA-Mann vom Scheitel bis zur Sohle: braunes Hemd, schwarze Reithosen,

Schaftstiefel, Schulterriemen, Mütze, Armbinde, wie aus der Reichs-
zeugmeisterei entsprungen. Ich schaltete nicht sofort auf Theater.
Das kann wohl nicht wahr sein, dachte ich, und fühlte einen Schlag
gegen die Stirn. Es war eine ganz dumme Reaktion. Im Hof standen
Theaterarbeiter, und alle schauten auf den SA-Mann, der im Büh-
neneingang verschwand, um auf die Probe zu gehen, und sie hatten
alle ein verlegenes Lächeln im Gesicht, und ich sah, daß es ihnen
ähnlich ergangen war wie mir: der optische Eindruck hatte die Siche-
rungen der Vernunft einen Augenblick durchschlagen.

Ich erzählte Frau Weigel von dieser Begegnung und von der Aufführung, wie sie auf mich gewirkt hatte. Sie hatte stark gewirkt.

Sie nennen Ihr Theater Berliner Ensemble, sagte ich, und man
spürt es – es ist gar nicht so sehr die Leistung der einzelnen, die man
bewundert. Da auf der Bühne horcht einer auf den andern, das ist
so … Ich lege meine Hände ineinander und presse sie zusammen.

Das hat aber auch ein Stück Arbeit gekostet, sagt sie. Es ist
doch nicht nur die Arbeit auf der Bühne, man muß doch für alle sorgen …, wie sie leben. Ich habe es fertiggebracht, daß jetzt fast jeder
seine eigene Wohnung hat. Keine möblierten Zimmer bei gräßlichen
Wirtinnen. Man muß die Tür hinter sich zumachen können. Und in
jeder Wohnung ein schönes Stück. Schönheit erzieht. Ein schöner
Stuhl, eine Kommode, ein Schrank. Nicht ganze Einrichtungen, aber
ein Stück, das man ansehen kann und das standhält. So Sachen wie
hier. Sehen Sie, was ich heute gekauft habe.

Sie wickelt das Paket aus. Zwei große, langgestreckte Platten eines
Meißner Services mit sparsamem Dekor kommen aus dem Papier.

Das Service sammle ich, es ist schwer, alle Stücke zusammenzube-
kommen. Das sind die Fischplatten. Und wissen Sie, was ich noch
getan habe? sagt sie. Ich bin doch eine Tyrannin. Ich habe die Vorhänge für die Wohnungen vorgeschrieben. Rupfen. Naturfarbener
grober Rupfen. Billig und schön. Nicht dieses Zeug mit den Mustern, daß man schwindlig wird, wenn man es nur anschaut.

Gnädige Frau, sage ich, ich bin eigentlich gekommen, um Ihre
Sekretärin zu fragen, wo es Ihre Platten von Mutter Courage gibt. In
den Läden sind sie nicht zu haben.

Sie ruft durch die offene Tür der Sekretärin zu, sie möchte doch
bei der Firma anrufen, um zu erfahren, wo die Platten zu bekom-

men seien. Die Verbindung klappt nicht gleich. Als wir durch die Tür hören, daß nun offenbar die richtige Stelle an der Leitung ist, nimmt Frau Weigel den Hörer vom Apparat auf ihrem Tisch und sagt: Lassen Sie mich ...

Hier Helene Weigel, spricht sie mit ihrer tiefen, rostigen Stimme ins Telefon. Wer ist dort? ... Aber, junger Mann, höre ich sie sagen, Sie heißen doch nicht Schallplatte.

In Leipzig ging ich ins Nachtlokal. Es war Sonnabend, und das Nachtlokal war wegen Überfüllung gesperrt. Ein Scherengitter war vor die Tür gezogen. Ich klopfte, der Portier erschien. Ich sagte, ich sei nun bis von München gekommen, um in Leipzig das Nachtleben kennenzulernen, und ob er nicht ...

Er ließ sich erweichen und schob das Gitter einen Spalt zurück. Ich schlüpfte hinein. Bei der Garderobe stand der Geschäftsführer. Er sagte zu dem Portier, Sie wissen doch, es ist kein Platz mehr frei. Der Portier antwortete irgend etwas. Der Geschäftsführer wurde laut. Der Portier wurde lauter. Ich sagte: Aber, aber ... Die Herren stritten sich. Der Portier sagte auf sächsisch etwas, das auch auf hochdeutsch nicht fein ist, und erklärte, nun habe er genug und gehe nach Hause. Er knallte seine Mütze auf den Garderobentisch. Ich verließ die Walstatt. Innen war es so voll, wie der Geschäftsführer gesagt hatte. Auf dem Parkett schwenkte ein Mädchen Beine. Als die Nummer vorbei war, schlängelte ich mich durch den Raum in eine kleine Bar. Dort war es nicht so voll, weil man von dort aus das Programm nicht sehen konnte. Ich hatte mir das Programm gekauft. Das Mädchen, das seine Beine gereckt hatte, war unter der Überschrift »Sinfonie der Gelenke« verzeichnet. Darnach kam ein ehemaliger UFA-Star und trug Ringelnatz und Tucholsky vor. Der Conferencier war eher verbindlich als witzig.

Hinter der Theke der Bar bedienten einige jüngere Leipzigerinnen in durchbrochenen Blusen. Gute Weine sind so teuer, wie guter Sekt billig ist. Man muß russischen Sekt mit dem schwarzen Etikett kaufen, nicht mit dem goldenen. Er ist wirklich gut.

Das Mädchen, das mich bediente, war sehr jung und sah aus, als ob es auch stricken könne. Eine gewisse Üppigkeit, deren Dynamik von einem immer wieder offenen Knopf an der durchbrochenen Bluse unterstrichen wurde, sagte: Sekt???!!!

Ich sagte: Ja, bitte, aber nur den mit dem schwarzen Etikett.

Gibt es da verschiedene? fragte das Mädchen.

Ich denke doch, meinte ich, Sie beziehen doch auch von der HO.

Gewiß doch, sagte das Mädchen auf sächsisch.

Sehen Sie, sagte ich, und HO führt zwei Sorten. Die schwarze ist besser und deshalb seltener wie alles Bessere.

Was Sie nicht alles wissen, meinte das Mädchen, sind Sie bei der HO?

Leider nein, sagte ich, da müßte man Aktien haben.

Was? sagte das Mädchen. Ich hörte, daß man auch »was« auf sächsisch sagen konnte.

Aktien, sagte ich, Wie heißen Sie?

Haha, hihi, lachte das Mädchen, als hätte ich es gekitzelt.

Sie müssen sagen: Loser! meinte ich; noch besser: Ei, du Loser!

Ach nee, sagte das Mädchen, ebenfalls auf sächsisch. Sie konnte überhaupt nur diese Sprache.

Ich werde Sie jetzt mal trainieren, sagte ich, Sie sind wohl noch nicht lange dabei?

Nein, sagte das Mädchen, ich heiße Margit. Die Bar ist noch nicht lange geöffnet. Sie sind nicht von hier?

Gar nicht, erwiderte ich, überhaupt nicht. Ich bin aus München.

Ach nee, sagte Margit.

Draußen klatschte es. Die Nummer von dem UFA-Star war vorbei.

Habt ihr jeden Abend so einen Betrieb? fragte ich.

Ooch, sagte Margit, ziemlich dolle ist es schon.

Das ist ja fein. Wie wär's jetzt mit dem Sekt?

Sie lachte wieder, als ob ich sie gekitzelt hätte. Dann ging sie zu einer älteren Kollegin, sie tuschelten miteinander, dann brachte sie die Flasche. Sie bemühte sich, sie zu öffnen. Ich schaute ihr zu. Dann sagte ich: Viele Sektflaschen haben Sie noch nicht aufgemacht, Margit?

Nein, sagte sie, das ist die erste.

1958

Im Deutschlandbuch von 1957 gibt es ein Kapitel über die *Bildzeitung*, über Springer und seinen Verlag. Nachdem Axel Springer das Buch gelesen hatte, bat er mich nach Hamburg, wir hatten in Anwesenheit Hans Zehrers, des Chefredakteurs der *Welt*, am 13.12.1957 eine Unterredung. Ich trat in die *Welt* ein und machte im Vertrag zur Bedingung, daß ich nur diesen beiden Herren unterstellt sei, in kein Ressort eingebunden. Es war noch nicht die nationalistische *Welt*, die wir dann kennenlernten, es gab noch nicht den Bannerträger der Wiedervereinigung namens Axel Springer. Er und Zehrer reisten nach Moskau in der Erwartung, von Chruschtschow die DDR auf einem silbernen Tablett überreicht zu bekommen; es ließ sie jedoch der Generalsekretär zunächst wochenlang warten, dann kehrten sie mit leeren Händen in jedweder Hinsicht zurück.

Erst als sie wieder in Hamburg waren, nahm ich an den Redaktionskonferenzen teil und fand ein völlig verändertes politisches Klima vor. Zahlreiche, zum Teil heftige Diskussionen fanden zwischen Springer und mir in seinem Büro statt, von dem aus man durch eine Glaswand Hamburg und die Alster unter sich liegen sah. Ich erinnere mich, wie er dem Zimmer zugekehrt, vor dieser Wand stand, die Hände auf ein schützendes Geländer aufgestützt, und ausrief: Ja, wenn Sie recht hätten ...! (20. Mai 1958) Davon konnte ich ihn nicht überzeugen. Von dem, was ich schrieb, wurde nicht ein Fünftel gedruckt.

Während der Bericht über eine Begegnung mit Ulbricht in Rostock anläßlich der Ostsee-Woche in der *Welt* nicht erschien – leider ist das Manuskript nicht mehr vorhanden –, gingen Artikel, die nichts mit Deutschlandpolitik im engeren Sinne zu tun hatten, noch am ehesten den Weg durch die hauseigene Zensur. Das nachfolgende Zitat stammt aus einem Beitrag, der eine ganze Druckseite gefüllt hatte:

JUNGER MANN MIT ALLERBESTEN AUSSICHTEN. In irgendeiner Straße irgendeiner Stadt, es kann auch eine Kleinstadt sein, gibt es einen Auflauf. Was geschieht? Ein Autounfall? Nein, ein Menschenunfall. Zwei Jugendliche prügeln sich. Sie prügeln sich, als seien sie ferngesteuert. Sie schonen sich nicht, aber es scheint ihnen nicht darauf anzukommen, zu siegen. Sie prügeln sich um des Prügeins willen, ohne Kampfregeln. Alle Griffe sind erlaubt. Die Burschen wenden alle an, die Öffentlichkeit ihres Tuns ist ihnen gleichgültig. Sie tragen ein Mininum an Kleidung: offene Hemden – das Hemd des einen geht in Fetzen – und genietete Hosen aus blauem Leinen.

Um die beiden stehen in einem losen Kreis andere junge Leute – auch Mädchen – herum. Erwachsene bleiben stehen und schauen zu mit einer Mischung von Abscheu und Sensationsgier in ihren Gesichtern. Sie wagen nicht, laut abfällige Bemerkungen zu machen. Erst, wenn sie sich abwenden, flüstern sie einander zu: Das ist die Jugend von heute. Der Ausdruck »Halbstarke« fällt.

Die jungen Zuschauer bleiben stumm. Sie geben weder Zeichen des Beifalls noch des Mißfallens von sich. Sie ergreifen nicht Partei. Die ganze Szene vollzieht sich beinahe lautlos, man hört nur das Keuchen der Prügelnden. Ich vermeide den Ausdruck: Kämpfer; denn hier findet kein Kampf statt. Es geht, wie gesagt, nicht um den Sieg, und der Anlaß ist null und nichtig.

Lange Zeit greift niemand ein, holt niemand die Polizei. Den schmächtigeren von den beiden verlassen nach und nach die Kräfte, seine Nase blutet, es steht schlecht für ihn; es wäre hohe Zeit, daß hier jemand eingreift. Es geschieht nicht. Da überrollen sie sich in der Umklammerung und stoßen an ein Auto, das am Straßenrand geparkt ist.

Jetzt erst, als eine Maschine in Gefahr ist, zu Schaden zu kommen, weil sich der größere der Schläger mit seinen Schuhen gegen die Karosserie stemmt, finden es zwei der Umherstehenden an der Zeit, der Prügelei ein Ende zu machen.

Die ganze Gruppe zieht weiter und setzt ihre Gespräche fort als sei nichts geschehen.

Dieser Aufrührer sind dennoch relativ wenige. Diese wenigen besitzen durch ihre extreme Typisierung in der so ganz anders gearteten Umwelt einen ungewöhnlich großen Schauwert. Je stärker die Restauration quasi-bürgerlicher Verhaltensweisen und Institutionen fortschreitet, desto deutlicher und eindrucksvoller tritt die Minderheit existenzieller Rebellen, »Halbstarke« genannt, in Erscheinung.

Obwohl sie sich selbst ebenfalls durch Verbürgerlichung dezimieren und ihre Zahl sowohl absolut wie relativ abnimmt, wird diese antibürgerliche Minderheit der Jugend – darunter sei die Generation zwischen 17 und 25 Jahren verstanden – von ihrer bürgerlichen

Erwachsenen-Umwelt als repräsentativ für die Jugend schlechthin angesehen.

Dieses populäre Mißverständnis wird außer durch das Erscheinungsbild der Rebellen auch durch ihre größere Entschlossenheit zur Aktion genährt – größer im Vergleich zu der der Erwachsenenwelt, die von dem Zivilisationsterror dermaßen eingeschüchtert ist, daß sie einen Kratzer im Autolack unangenehmer empfindet als einen Kratzer in der menschlichen Haut.

Den Rebellen ist eine solche Betrachtungsweise durchaus nicht fremd; wenn ihnen überhaupt etwas »heilig« ist, ist es die Maschine. Aber sie sind der Welt der Maschinen gegenüber doch souveräner als der bürgerliche Typ. Sie prügeln sich nicht nur untereinander, sie prügeln sich auch mit der Polizei, sie organisieren Krawalle, und ein paar zertretene Fahrräder, umgeworfene Autos, eingeschlagene Scheiben und angeschlagene Polizisten wirken nun einmal in einer Zivilisation, in der nicht mehr nur brave Hausfrauen täglich die Nippes in der Wohnung abstauben, sondern auch die Männer damit beschäftigt sind, die Nippes der Maschinenwelt zu pflegen, unverhältnismäßig eindrucksvoll.

Das Bild ist trotzdem falsch. Statistik und Kriminalgeschichte beweisen, daß die Jugendkriminalität in bezug auf Schwerverbrechen sich sowohl quantitativ wie qualitativ annähernd statisch verhält.

Die Überbewertung einzelner, von Jugendlichen begangener Verbrechen, welche zu einer völligen Verzeichnung des Bildes von der jungen Generation viel beiträgt, steht einer Gesellschaft besonders schlecht an, der die zwölftausend sogenannten Verkehrstoten eines Jahres gleichgültig sind. Diese Toten werden als selbstverständliche Opfer der Zivilisation angesehen, während das ganze Land in Aufregung gerät, wenn ein Einundzwanzigjähriger einen Taxifahrer erschießt.

Mit diesen Bemerkungen soll weder behauptet werden, es gebe keine »Halbstarken«, noch sie seien nicht eine unverwechselbare, spezifische Erscheinung unserer Zeit; nur dies soll gesagt sein: die »Halbstarken« sind eine sehr kleine Minderheit innerhalb der jungen Generation und nicht repräsentativ für sie. Nicht der Rebell ist ihr Prototyp, sondern der perfekte Opportunist, der junge Mann mit guten Aussichten, der sich von der Schulbank an so verhält, daß er sich diese guten Aussichten nicht verscherzt.

Die Welt, in der diese jungen Menschen heranwachsen, ist in gewisser Weise die beste aller deutschen Welten: eine mächtige, lang anhaltende Konjunkturwoge hat den Teil des Volkes, der innerhalb der Grenzen der Bundesrepublik lebt, hoch emporgehoben, höher als je zuvor. Die mit diesem Wohlstand erst möglich gewordene Entdeckung der Freuden der Körperpflege, der Badewanne, der Kosmetik, heller und freundlicher Wohnungen, eine enorm vergrößerte Mobilität – das alles hat nicht nur äußerliche Wirkungen. Bei aller Skepsis, die hier angebracht ist, wird man sagen dürfen, daß die Deutschen weltläufiger geworden sind; sie haben eigentlich erst jetzt die ihnen aus Jahrhunderten der Kleinstaaterei anhaftende Vermuffung abgestreift.

Uns interessiert auf der Suche nach einer Erklärung, wie die junge Generation beschaffen sei, zunächst die ökonomisch-zivilisatorische Seite dieser besten aller deutschen Welten, eine Seite, die der sich bürgerlich verhaltenden Mehrheit der Jugend vor allem wichtig ist. Sind ihre Leitbilder aber wirklich Bürger?

Der Bürger war mit Bildung ausgestattet, er war sich der geschichtlichen Zusammenhänge bewußt, er erkannte an, daß ihm die ökonomischen Privilegien, die er genoß, Pflichten gegen die Gemeinschaft auferlegten.

Der Bürger von ehedem hat die Katastrophen des 20. Jahrhunderts nicht überstanden. Die Schicht der Neureichen ist im sozialen Gelände die polare Erscheinung zu den »Halbstarken«.

Dieser Neureiche, das Ideal unseres Volkes und seiner Jugend, ist nichts anderes als die Wiedergeburt der »Raffkes« der zwanziger Jahre. (Ausnahmen bestätigen die Regel.) Er wird jedoch nicht als »Raffke« erkannt, weil es im Gegensatz zu jener Zeit nach dem Ersten Weltkrieg kaum mehr die Vergleichsmöglichkeit mit Bürgern im guten Sinne des Begriffes gibt.

Heute kennen dieselben Primaner, die Aufsätze über Albert Schweitzer schreiben und die nach demoskopischen Umfragen nichts anderes ersehnen, als diesem Menschenfreund nachzuleben, schon auf der Universität kein anderes Streben mehr, als möglichst schnell den Fuß auf eine Leiter zu setzen, die zum eigenen Schwimmbad, zu starken Autos und zu einem Privatflugzeug führt.

Die Vorstellung, von der die bürgerliche Gesellschaft vor dem Ersten Weltkrieg erfüllt war: man müsse sich nur der jeweils nächsterreichbaren Obrigkeit Liebkind machen, um Erfolg zu haben, ist der Einsicht gewichen, daß man überhaupt nur einen großen und vor allem raschen Erfolg haben könne, wenn es einem gelinge, sich irgendwie mit der Masse gutzustellen. Sei es, daß man einen Schlagertext erfindet, Markenartikel herstellt oder sich in den Handel von Massengütern einschaltet. Die Obrigkeit wird nur noch als eine unvermeidbare Instanz auf diesem Weg zum Erfolg angesehen: Man soll sie nicht ärgern und darf sie betrügen.

Es kommt darauf an, sich chancengerecht zu verhalten. Eben das tut die als »skeptisch« bezeichnete Generation, ganz gleich, an welchem sozialen Platz sie steht, denn es gibt heute keinen Platz mehr, der nicht plötzlich zum Startplatz einer Karriere werden könnte.

Der nach der Seite und nach unten gerichtete Opportunismus verlangt einen tiefgehenden Verzicht auf Selbstformung. Man muß nur geschickt sein.

Ist damit schon etwas gesagt, wie diese jungen Menschen innerlich beschaffen sind? Bis zu einem gewissen Grad natürlich. Es kann nicht alles Tarnung und Taktik sein. Aber wer als Erwachsener wirklich aufmerksam mit der jungen Generation umgegangen ist, der wird festgestellt haben, daß bei aller Biegsamkeit, aller Vorsicht, aller Selbstpreisgabe, die an das Verhalten eines Reisevertreters im Laden erinnert, diese jungen Menschen den Erwachsenen eine ebensogut verhüllte wie handfeste Verachtung entgegenbringen.

Die junge Generation hat ein opportunistisches Verhalten entwickelt, das realistische Schlußfolgerungen aus den gegebenen Verhältnissen zusammenfaßt und heute den Erfolg, morgen unter möglichen neuen Bedrohungen das Überleben wahrscheinlich macht.

Aber dahinter verbirgt sich ein totales Nein zu den gegebenen Verhältnissen. »Ich glaube«, schrieb ein Primaner, »wir kämpfen gegen das Satte und Übertünchte unserer Zeit. Wir suchen einen Sinn des Lebens und sind bereit, nur um aus dem täglichen Alltag herauszukommen, gesicherte Stellungen aufzugeben …«

Diese Jugend ist aufgebrochen, neue Bindungen zu finden. Sie tarnt sich; sie tarnt sich zum Teil so konsequent, daß man sicher sein darf, daß sie die Maske nicht mehr loswird. Aber das gilt nicht für alle. Das gilt nicht, mit einem Wort von heute gesagt: für den trend. Mißt man diesen »trend« an dem politisch-opportunistischen Gerede von einer inhaltlosen »Freiheit«, so begreift man, daß sich viele aus dieser Jugend schon jenseits eines Hügels befinden, über den wir noch nicht einmal, alles in allem, hinwegzusehen vermögen. Um dessentwillen verachten sie uns im Grunde.

Die *Süddeutsche Zeitung* brachte ungefähr einmal im Monat eine Kinderseite. Die nicht abreißende Diskussion über die Aufrüstung und die zunehmende Kritik aus dem rechten Lager an der Wehrdienstverweigerung veranlaßte mich, auf der Kinderseite der Osterausgabe zu schildern, wie ein Hase sich um den Wehrdienst herumdrückte.

HASENMANÖVER. Es war einmal ein Osterhase, der bekam eine Karte, und darauf stand: »Sie haben sich am Samstag um neun Uhr beim Militär zu einer vierwöchigen Übung zu melden.« – »Ach Gott«, sagte der Osterhase, »das paßt mir aber ganz schlecht jetzt gerade vor Ostern. Das wird auch für die Kinder recht traurig sein, wenn ich gerade jetzt einrücken muß.« – »Mir tut es auch leid«, sagte der Briefträger und ging ein Waldhaus weiter. Er hatte noch viele Karten in seiner Mappe.

Der Osterhase hoppelte in sein Nest zurück und traf dort seine Frau beim Eierfärben. »Meine Liebe«, sagte er, »leg den Pinsel weg, es hat keinen Sinn mehr, hier, lies die Karte.«

»Aber, aber«, meinte die Hasenfrau, »das geht doch nicht, nein, das geht überhaupt nicht, und wer hat schon jemals gehört, daß Hasen zum Militär eingezogen werden? Dazu sind wir doch viel zu furchtsam.« – »Eben deshalb werden sie uns einziehen«, sagte der Osterhase sinnend, »mit uns trauen sie sich's.« Dumm war er nicht. Dann gab er seinem Hasenherzen einen Stoß und erklärte: »Ich werde so tun, als ob ich die Karte gar nicht bekommen hätte, und nicht in die Kaserne gehen, oder höchstens erst nach Ostern.«

»Das tu du mal«, meinte seine Frau und hatte eine Idee. »Paß auf«, sagte sie, »ich habe vom demokratischen Bäh-Schaf, weißt du, dem Schneeweißchen, noch ein bißchen Wolle, da stricke ich dir jetzt einen Overall, dann siehst du selber wie ein Bäh-Schaf aus, ein ganz kleines, und die Schafe, soviel ich weiß, werden noch gar nicht eingezogen. Außerdem ist das Lamm auch ein Ostertier.« – »Kriege ich dann auch eine Fahne?« fragte der Osterhase, »Osterlämmer haben doch eine Fahne.« – »Lieber nicht«, sagte die Osterhasenfrau, »wir wissen nicht, welche Fahne gerade paßt, dazu fehlt uns die Übersicht.« Sie begann sofort, einen schneeweißen Overall zu stricken, und vergaß auch nicht, einen hübschen kleinen runden Schafsschwanz aus Wolle daranzuflechten.

So kam es, daß am Ostersonntagmorgen im Garten der Kinder nicht der Osterhase mit einem Körbchen voll Eier auf dem Rücken erschien, sondern ein ganz kleines weißes Lamm. Das zog ein Wägelchen, und darin waren die Eier. Die Kinder wunderten sich ein bißchen, denn sie hatten natürlich einen Hasen erwartet, aber schließlich waren ihnen die Eier die Hauptsache. Sie gaben dem Schäfchen ein vierblättriges Kleeblatt zu fressen, und dann zog es mit seinem leeren Wägelchen wieder fort, ganz allein durch den großen Osterwald. Unterwegs begegnete ihm ein Wachtmeister von der Wolfspolizei, und der Osterhase fürchtete sich in seinem weißen Pelz so sehr, daß er zitternd anhielt. Denn er hatte gehört, daß die Wölfe ganz besonders gern Schafe fressen, und er wünschte, sofort wieder ein Hase zu sein. Aber was für ein Glück, daß er kein Hase war. Der Wolf in Uniform sagte: »Zittere doch nicht so, ich tu dir nichts, ich bin im Dienst. Ich suche den Osterhasen, er muß zum Militär, aber er drückt sich. Hast du ihn nicht gesehen?« – »Nein«, piepste das falsche Lamm, und das Hasenherz pochte unter seinem falschen Fell, »ich habe ihn schon lange nicht gesehen, vielleicht ist er verreist.«

So ging Ostern vorbei, und jetzt hätte der Osterhase sich endlich in der Kaserne melden müssen, aber er wollte nicht mehr. Es war im Wald viel schöner. Eines Abends, auf dem Wege zur jungen Saat, wo er zu Abend essen wollte, begegnete er einem anderen Wolf. Der Hase machte einen Satz und wollte sich verstecken, aber es war dafür schon zu spät. Da drückte er sich flach auf den Boden und erwartete, wegen Fahnenflucht verhaftet zu werden.

»Stell dich doch nicht so an«, sagte der Wolf, »seit wann fressen Wölfe Hasen?« Der Hase richtete sich langsam wieder auf und fragte: »Bist du nicht bei der Polizei?« – »Nene, mein Kleiner, ich bin ein freier Wolf«, sagte der Wolf. »Aber hast du nicht ein ganz kleines Lamm mit einem Wägelchen gesehen, man sagt mir, es soll hier ein ganz kleines, schneeweißes Lamm geben, da hätte ich gerade Lust darauf.« – »Nein, lieber Wolf«, sagte der Hase, »dieses Lamm habe ich schon lange nicht mehr gesehen, vielleicht ist es verreist.«

Dann eilte er nach Hause, küßte seine Frau herzlich und sagte: »Wirf nur ja unser Lammkleid nicht weg. Wenn ich immer richtig angezogen bin, können wir vielleicht doch zusammen alt werden.«

Nach einer Fernsehsendung, die ich moderiert hatte, war ich in einer Stuttgarter Bar am 15. November 1957 mit Nadja Tiller und einem Münchner Filmproduzenten zusammengewesen. In Frankfurt war die Prostituierte Rosemarie Nitribitt ermordet worden. Ich sagte zu dem Produzenten: »Ihr seid blöd, wenn ihr den Film des Jahres nicht macht. Die Schauspielerin für die Hauptrolle sitzt neben Ihnen.« Daraus ergab sich, daß ich den Film *Das Mädchen Rosemarie, des deutschen Wunders liebstes Kind* schrieb, woraus dann auch, stark verändert, ein Buch wurde. Es wurde nicht der Film des Jahres, sondern des Jahrzehnts. Er trug dem Produzenten, nicht mir, Millionen ein, und nahezu alle daran beteiligten Schauspieler machten hernach beachtliche Karrieren. Für Nationalisten war ich hinfort der Hurenbiograph. Der Roman wurde in 17 Sprachen übersetzt, sogar ins Japanische.

Merkwürdigerweise machte mich *Rosemarie* in den Ostblockländern geradezu populär. Dem Auswärtigen Amt gelang es nicht, die Vorführung des Films auf dem Festival in Venedig am 25. 8. 1958 zu verhindern.

DAS MÄDCHEN ROSEMARIE. Nana, Titelheldin von Emile Zolas berühmtem Dirnenroman, ist das Frauenideal einer großbürgerlichen Zeit, entartet zur Hure. Sie betörte die Männer durch ihre penetrante erotische Ausstrahlung.

Die Nana unserer Zeit heißt Nitribitt. Seine Ermordung hat dieses Mädchen bekannt gemacht – und seine Umstände; aber diese Rosemarie ist nur der Prototyp für viele ihresgleichen, die es überall gibt, wenn vielleicht auch nicht derart erfolgreich. Sie alle ähneln Nana in keiner Weise.

Wenn man also zur Erklärung, daß ein Film und vielleicht ein

Buch über diese Rosemarie gemacht wird, vorbringt, es handle sich um einen gesellschaftskritischen Versuch, so kann es nicht derselbe Versuch sein, den Zola unternommen hat. Denn es liegt wohl auf der Hand, daß die aus den Kreisen der Industrie sich vorwiegend rekrutierende Kundschaft Rosemaries keineswegs in deren Bett ihre Grundsätze verlieren konnte, da sie dergleichen nicht mehr besitzt. Es kann auch keine Rede davon sein, wenn man die Verhältnisse nimmt, wie sie nun einmal sind, daß etwa ein Übermaß an Prüderie zu Hause die Männer zu Rosemarie getrieben habe – denn wo gäbe es noch dergleichen? Mit anderen Worten, der Fall Rosemarie Nitribitt und unzähliger anderer, weniger bekannter, ist kein Beweis dafür, daß die »Gesellschaft« der Bundesrepublik innerlich hohl sei, denn es gibt überhaupt keine Schicht, die noch als Gesellschaft anzusprechen wäre – das heißt eine von Herkommen, Tätigkeit, Sitte und Gebräuchen zusammengehaltene, sich ihrer selbst bewußte, privilegierte Gruppe von Menschen. Zu Anfang, als die Affäre Nitribitt in aller Munde war, herrschte allgemein die Ansicht, das Mädchen habe ihre Liebhaber sozial erpreßt; damals sagte die Frau eines in Düsseldorf und Umgebung sehr bekannten Mannes: Eins verstehe ich nicht, wie konnte sie erpressen? Wir wissen doch alle, daß unsere Männer mit ihren Sekretärinnen schlafen.

Nun kommt noch hinzu, daß diese Rosemarie und ihre Ebenbilder nicht einmal Sex-Bomben sind. Es sind durchschnittlich hübsche, wendige, hygienisierte Geschöpfe, die keine schmutzigen Waschschüsseln, sondern saubere Badewannen benützen, und das möglichst zweimal am Tag. Sie sind so aufregend wie Regenwürmer und ebenfalls so schmiegsam. Mit ihnen zu schlafen, hätte Zola nie als Sünde erkannt. Tatsächlich ist es nicht sündiger als einen Nagel in die Wand zu schlagen, was das Bewußtsein derer betrifft, die solche Mädchen lächerlich teuer bezahlen.

Und dennoch muß ja irgendwo auch hier die Sünde stecken. Unser Gefühl sagt es uns. Sie findet sich dort, wo die »Gesellschaftskritik« einsetzt, obwohl es keine Gesellschaft im eigentlichen Sinne derzeit bei uns in der Bundesrepublik gibt – jedenfalls nicht in der Bedeutung einer oberen Schicht; denn diese obere Schicht tauscht bedenkenlos ihre Frauen aus, schläft, wie gesagt, mit den Sekretärinnen und den Rosemaries, vergiftet ihre Mitbürger mit

Nitrit, fälscht und panscht den Wein, nimmt Bestechungen an und gibt sie, verrechnet, vom Steuergesetz dazu angeleitet, ihren privaten Lebensunterhalt weitgehend auf Spesen, und will verdienen, verdienen, verdienen, und sonst nichts.

Sonst nichts? Auch für den tüchtigsten deutschen Wirtschaftswundertäter kommt der Augenblick, in dem er einmal das unterbricht, was er seine Arbeit nennt. Er will sich erholen, er will Mensch sein – wie er das wohl selber nennt. Und das ist nun der Punkt: Man darf zwar keineswegs behaupten, allen reichen Leuten in der Bundesrepublik fiele zur Feier des Feierabends, zur Feier ihres Menschseins nichts anderes ein, als sich eine Rosemarie zu kaufen.

Das umgekehrte jedoch ist richtig. Fast alle, die bei den Rosemaries ihr Geld lassen, tun es nicht, um wie die Kunden Nanas einmal die Verpflichtung, Mensch zu sein, von sich werfen, sondern deshalb, weil sie dort Mensch sein zu können glauben. Die Sünde, die der Graf Moffat bei Zola begangen hat, den ungestillte Gier mit dem stimulierenden Bewußtsein, Sünde zu begehen, zu Nana trieb, war geringfügig – obwohl die Inszenierung dieser Sünde so einen besonders »sündigen« Charakter hatte – im Vergleich zu der Sünde, die die Kunden der Rosemaries begehen. Um das zu verstehen, muß man allerdings wenigstens noch eine Ahnung davon haben, was der Begriff Sünde eigentlich meint: Abfall von Gott in Gestalt von Mißbrauch des Menschen. So begriffen, ist das höchste Maß von menschlicher Unverbindlichkeit die größte Sünde.

Und eben dieses höchste Maß von Unverbindlichkeit suchen (und finden) die Menschen, deren ökonomische Situation, deren Einfluß, deren Macht sie eigentlich zu einem Höchstmaß von Verbindlichkeit verpflichten würde. (Denn wer könnte führen, der nicht ein Geführter ist?) Statt dessen benützen sie einen Menschen, den sie kaufen und der sich kaufen läßt und der durch den Umstand, daß er gekauft ist, weder Partner noch gar Richter mehr sein kann, sowohl als Partner wie als Richter. Bei den Rosemaries suchen sie »Ansprache« und Selbstbestätigung. Bei ihnen reden sie, was sie nicht einmal mit der eigenen Frau, gerade mit ihr nicht, noch zu reden wagen, aus Furcht, diese könnte durch »Wider«-Reden sie zwingen, über sich selbst und die Welt nachzudenken.

Das wollen diese Männer um keinen Preis. Sie wollen Worte machen, aber nicht beim Wort genommen werden. Sie wollen fragen, aber sich die Antworten selber geben. Und das Geschöpf, das da frisch gewaschen und appetitlich neben ihnen im Bett liegt, erweckt wenigstens die Illusion, man habe die totale Einsamkeit, welche der teure Preis für die totale Unverbindlichkeit ist, durchbrochen. Dafür sind 2000 oder 6000 Mark nicht zuviel.

Ich stützte mich bei dieser Ansicht auf authentische Dokumente – nicht der Nitribitt selbst, aber ähnlicher Erscheinungen.

Niemand, der es nicht mit eigenen Augen gesehen hat, würde glauben, zu welchen Bedenkenlosigkeiten die Verzweiflung über ihre Einsamkeit Männer treibt, die über das Wohl und Wehe von 10000 Arbeitern und mehr zu entscheiden oder in der Politik wichtige Positionen besetzt haben. Sie schreiben an käufliche Frauen, von denen sie nichts wissen als das, was sie sehen können, Briefe oder machen ihnen Geständnisse, deren Publikation sie sogar in der Nicht-Gesellschaft vernichten würde. Die Sünde, die ja nicht darin liegt, Rosemaries zu besuchen, sondern in den Motiven, die sie dazu veranlassen, peinigt sie so sehr, daß sie die Betten der Mädchen als Beichtstuhl benützen. Und nicht nur die Betten. Beziehungen dieser Art enden durchaus nicht immer im Bett; was aber alle diese Männer, die vor sich selbst auf der Flucht sind, sich sehnsüchtig erhoffen, und wofür ihnen kein Aufwand zu groß dünkt, ist eine Reise zu zweien, fort aus allen Gewohnheiten. Für vier Tage Teneriffa kann so ein Mädchen abgesehen von allen Spesen gut und gern ihre 5000 Mark verdienen. Vier Tage Mensch sein! Zolas Bürger wußten noch den Unterschied zwischen »der« Mensch und »das« Mensch. Die Leitbilder unserer »Gesellschaft« kennen ihn nicht mehr.

Obschon ich 1958 noch fest angestelltes Mitglied einer Zeitungsredaktion, nun also der *Welt* war, hatte ich daneben bereits eine freie Tätigkeit begonnen, entweder in Verbindung mit den Sendern, für die ich Stücke schrieb, oder mit Universitäten, von denen ich zu politischen Vorträgen eingeladen wurde und wo ich eine Art antirestaurativer Brunnenvergiftung betrieb. Mitte Juni sprach ich im Auditorium Maximum der Freien Universität Berlin. Nichtsahnend, was ich damit auslöste, legte ich mit folgenden Sätzen

EINE ZEITBOMBE. Innerhalb Berlins sind wir hier in diesem Saal nun doch an einem besonderen Platz, nämlich in der Freien Universität. Darf ich Sie darauf aufmerksam machen, daß vielleicht dem einen oder anderen bisher entgangen ist, daß der Name ein äußerstes Maß an Unfreiheit zum Ausdruck bringt. Nur jene polemische Grundsituation vermag zu verbergen, daß in dem Wort ›Freie Universität‹ eine innere, antithetische Bindung an die andere, an die unfreie Universität jenseits des Brandenburger Tores fixiert ist, die für meinen Begriff mit den wissenschaftlichen und pädagogischen Aufgaben einer Universität unvereinbar ist.

Dieser oft in zeitgeschichtlichen Analysen zitierte Satz veranlaßte den damaligen Rektor der Freien Universität, über mich ein Hausverbot zu verhängen. Im gleichen Semester wurde der Vertrag des wissenschaftlichen Assistenten Ekkehart Krippendorff, heute Professor der Politikwissenschaften an eben dieser Freien Universität, aus politischen Gründen nicht verlängert, so daß in der Geschichtsschreibung der Studentenbewegung von einem Kuby-Krippendorff-Semester gesprochen wird. Die Studentenbewegung, die üblicherweise auf das Jahr 1968 datiert wird, bekam durch die Maßnahmen gegen mich und Krippendorff ihre frühesten Anstöße.

1959

Die Auseinandersetzungen mit Axel Springer, gelegentlich auch mit Zehrer, spitzten sich im Laufe des Jahres 1958 mehr und mehr zu, zumal ich mit der Gründung des »Clubs republikanischer Publizisten« und den dort entwickelten politischen, vor allem antifaschistischen Initiativen zu einer breiteren Wirkung gelangte, die diesem verwandelten Springer nicht gefallen konnte. Der Arbeitskalender hielt fest: »Skandalöse Berichterstattung im Lokalteil über Antiatomrüstung-Demonstranten« (17. April). »Kritisiere den Kalten-Kriegs-Ton in heutiger Ausgabe (Hinrichtung Nagy betreffend), heftige Diskussion mit Zehrer« (19. Juni). »Flüchtlingspolitik der *Welt* unreal und außerdem verlogen« (1. Sept.). »Zehrer-Diskussion, persönlich sehr nett, in der Sache verschwommen« (2. Sept.). »Neue harte Diskussion in der *Welt* wegen Aufbauschung der Flüchtlingsfrage« (8. Sept.). »Lange mit Springer gesprochen« (22. 10.).

Damit endete wegen unvereinbarer Standpunkte meine Zugehörigkeit zur *Welt*. Als einer der ersten von zahlreichen Redakteuren verließ ich das Blatt. Nun war ich für Jahre das, was man einen Freelancer nennt. Außer den Arbeiten für die Sender, außer einer Wanderpredigertätigkeit entlang den Evangelischen Akademien, die in jenen Jahren Heimstätten für aktive Demokraten im vorparlamentarischen Raum waren, und an den Universitäten, schrieb ich und schrieb, so in den *Frankfurter Heften* und in den Münchner *Heften für katholische Laien*, einem außerordentlich mutigen Minderheitenblättchen, das die Herausgeber aus ihren privaten bescheidenen Einnahmen finanzierten.

Das Jahr 1959 begann mit einem Knall, der im ganzen Staat gehört wurde und in der Regierung, in den Parteien, gleich welcher Richtung, helles Entsetzen auslöste. Anfang Januar fand auf Initiative von Studenten der Freien Universität, aber nicht auf deren Gelände, ein Kongreß gegen Atomrüstung statt, worunter nicht die Rüstung der NATO verstanden wurde, sondern die geplante Aufrüstung der Bundeswehr mit Atomwaffen, wie sie am rabiatesten gefordert wurde von Franz Josef Strauß.

Das Plenum organisierte drei Arbeitsgruppen; jene betr. »Wiedervereinigung« wurde von mir durch eine mit Leidenschaft vorgetragene Rede dazu veranlaßt, eine Entschließung anzunehmen, in der die Anerkennung der DDR gefordert wurde.

Am zweiten Tag dem Plenum vorgelegt, wurde es auch von ihm mit Mehrheit gutgeheißen. Daraufhin machte sich die Presse, die von Springer selbstverständlich am rüdesten, über den Kongreß her und gebärdete sich, als hätte er die Sowjetunion aufgefordert, die Bundesrepublik zu besetzen. Die Arbeitsgruppe »Wiedervereinigung« hatte Helmut Schmidt, damals Wehrexperte der SPD, unter Protest verlassen. Fünfzehn Jahre später wurde er am 16. Mai zum Bundeskanzler gewählt und hatte damit die »neue Ostpolitik« von Brandt und Bahr zu vertreten. 1959 hatte er aber ein Dokument des gesunden Menschenverstandes für derart aberwitzig und gefährlich gehalten, daß er mich im Hotel aufsuchte, um mir ins Gewissen zu reden.

Es war allerhand los in diesem Jahr; ich wurde z. B. vor Gericht gezogen – drei Tage lang –, weil ich angeblich in einem vom NWDR produzierten und gesendeten Hörbild den Nazi-General Ramcke und seine Fallschirmjäger beleidigt hatte. Heute würde ich diesen Prozeß verlieren, damals gewann ich ihn dank eines Staatsanwalts, der mich nicht anklagte, sondern verteidigte, und dank der Zeugen, ehemaliger Offiziere, die sich wie geprügelte Hunde aufführten. Es ging um das Ende der Festung Brest, wo für 45000 deutsche Soldaten der Krieg zu Ende war, unter ihnen der General Ramcke und der Soldat E. K. Aus diesem Ereignis war 1959 das Buch *Nur noch rauchende Trümmer. Das Ende der Festung Brest* entstanden. Aus ihm stammen die folgenden Zitate:

»22. August 1944: In acht Tagen beginnen wir das sechste Kriegsjahr. Mit welchen Maßstäben werden diese Männer alle wieder ein normales Leben beginnen wollen, wenn sie vor diese Möglichkeit gestellt sind? Einige, die besten nämlich, werden in ihre Existenz zurückkehren, wie sie in die lange nicht getragenen Zivilanzüge schlüpfen werden. Sie passen ihnen, nur einige Tage lang werden sie ihnen ungewohnt sein. Und die anderen, gerade diejenigen, die es zu silbernen Litzen gebracht haben und dank ihrer jeder körperlichen Arbeit enthoben sind und eine praktisch unbeschränkte Befehlsgewalt haben, die sie zur Erhöhung ihrer Bequemlichkeit benützen, indem sie z. B. sogar jetzt und hier sich die Stiefel putzen und das Essen holen, die Kabine kehren, das Wasser bringen und die Zigarette anzünden lassen – was werden sie tun? Nachts betrinken sie sich, so daß 40 nüchterne Leute nicht schlafen können. Sie brüllen, toben, streiten sich am anderen Tag untereinander, schlafen dann bis zum Abend und beginnen von neuem (ich vergesse: sie verrichten ihre Bedürfnisse jeder Art in der Betrunkenheit in Eimer, übergeben sich, und am andern Morgen tragen ein paar Deppen den Eimer 84 Stufen zur Erdoberfläche empor und verwischen die Spuren. Der Gestank bleibt, denn die Lüftung ist nicht in Betrieb). Was werden diese Leute tun, wenn sie zu ihren Familien zurückgekehrt sind? Ich glaube, sie werden genauso gemein, so dumm und so würdelos sein, wie sie als Soldaten waren, nur mit dem Unterschied, daß sie wieder mit ihrer Hände Arbeit ihr Brot verdienen müssen. Das wird ihnen ein Ansporn sein, feinere Methoden der Schurkerei zu entwickeln und ihre Brutalität zu tarnen ...«

»9. September 1944: Gestern abend hatte ich von 24 bis 2 Uhr Wache. Die Stadt war ein Wald von Flammen. Die hohen, sich windenden Feuerstämme trugen ihre Kronen aus Rauch und Qualm, in denen der Wind wühlte. Von unten noch hell beleuchtet, verloren sie sich nach oben in einer großen kompakten Wolke, die einen Teil des klaren Nachthimmels bedeckte und sich nach Armorique hinüberzog, dabei mehr und mehr das mächtige Aussehen eines atmosphärischen Gebildes annehmend.

Aus dem Rauchgewände schimmerte dunkelrot wie ein Orangenschnitz der halbe Mond, kläglich als Lichterscheinung gegenüber der ungeheuren Feuermasse über den Brandherden, aber voll Geheimnis und Seltsamkeit. Zuweilen schoß eine Feuersäule empor, und einige Sekunden später kam der Lärm der Explosion zu mir herüber ... Ich habe in fünf Jahren Krieg noch niemals so breite geistige Nachfolgeschaft gehabt wie in den letzten 14 Tagen, und zwar ohne daß ich mich im mindesten hervortue oder etwas Besonderes rede; im Gegenteil, es geschieht fast nie, daß ich ein Wort über die alltäglichen Notwendigkeiten hinaus sage. Es widersteht mir im tiefsten, die Lage auszunützen, um meine Mühlchen zum Klappern zu bringen, denn diese Ja-Sager sind wahrscheinlich noch minderwertiger als die Kriegsoptimisten, zu denen sie übrigens noch vor drei Wochen gehörten und morgen wieder gehören würden, wenn ein Wunder geschähe und wir hier heil und ungefangen herauskämen. Unteroffiziere, die noch vor 14 Tagen durch heimtückische Fragen nach dem Verbleib »meines Freundes«, des Stabsfeldwebels P. (er ist nicht mehr aufgetaucht), mich quasi einer Mitwisserschaft an dessen Flucht verdächtigen wollten, kommen jetzt zu mir aus freien Stücken, nur um mir zu sagen, wie korrupt sie die Verhältnisse in unserer Kompanie fänden und was für ein schreiendes Unrecht darin läge, daß von dem Kreuz- und Beförderungssegen ich nicht getroffen worden wäre. Auslassungen über diesen Punkt bringen mich, wie lächerlich es auch sei, immer ein wenig in Verlegenheit, weil allen diesen Leuten ein wirklich vollständiges Desinteressement an Orden und Beförderungen unvorstellbar ist ...«

»18. September 1944, früh 7 Uhr: Gestern abend gegen 11 Uhr mit F. noch eine Leitung von Bunker 116 nach 117 gebaut. Das Nachtbild einer Schlacht, Leuchtkugeln, die Fanale der Abschüsse weit in der Runde, die Feuer und Flammen der Detonationen auf unserem kleinen Raum. Oft in den Schmutz geworfen ...

Ich gehe zum Bunkerausgang, um ein Bedürfnis zu verrichten. Dort stehen in der Sonne der Fallschirmjäger Major K. (mit Ritterkreuz), andere Fallschirmjäger und einige unserer Feldwebel. Der Major schaut durchs Glas und sagt: Die Parlamentäre kommen zurück. Na hoffentlich knallt es jetzt wieder! – die Feldwebel, die sich keinen Schritt bisher aus dem Bunker wagten, und einige Fallschirmjäger stimmen zu. Wir warten. Die Parlamentäre, vier Offiziere, kommen heran, Major K. ruft ihnen entgegen: Na, geht's weiter? – Ne, mein Lieber, entgegnet einer der Offiziere – Nein? fragt der Major zurück.

Die Offiziere reden über Einzelheiten. Ich schlage mich seitwärts, gehe ruhig und aufrecht zu einem entfernten Bombentrichter und tue, wozu ich gekommen war. Ein einzelnes Flugzeug zieht nahe und langsam über den Himmel, und ich verstecke mich nicht vor ihm. Es ist 11 Uhr, blauer Himmel, fünf Jahre Soldatsein sind vorbei ...«

Ich verfaßte zwei Redemanuskripte: *Deutsche Zukunft* und *Die Bundesrepublik am Ende des Kalten Krieges*, die ich zu Vorträgen benützte: in Berlin am 10., in Marburg am 11., in Heidelberg am 13., in Frankfurt am 14. Februar, vor dem Rhein-Ruhr Club in Düsseldorf am 2. April. Am 2. Juli in Hannover, am 4. Juli in Wilhelmshaven und am 23. November in der Evangelischen Akademie Arnoldsheim, am 3. Dezember in Darmstadt. Die *Frankfurter Hefte* hatten bereits im Januar eine verkürzte Fassung der Ausführungen über die Deutsche Zukunft gedruckt. Eugen Kogon, der Herausgeber, stellte seine etwas abweichende Meinung dagegen. Vom zweiten Redetext verschickte ich zu Weihnachten einen Sonderdruck.

DEUTSCHE ZUKUNFT. Der einzige Motor, mit dem man die Repolitisierung Westdeutschlands vorantreiben kann, ist der Wunsch nach Wiedervereinigung. Er ist keineswegs selbstverständlich oder elementar, nichtsdestoweniger ist es so legitim, daß daraus Massenhysterie erzeugt werden kann. Die Partei Adenauers – der sich am beharrlichsten geweigert hat, die Wiedervereinigung in sein Machtspiel einzubeziehen – wird die Wiedervereinigung in naher Zukunft auf ihre Fahnen schreiben, und in ihren Versammlungen werden wir hören: Deutschland erwache!. Was für ein Mißbrauch mit unserer Lage, mit unserer Not wird hier getrieben?

Mit verbissener Beharrlichkeit haben wir in der zu Ende gehenden Phase darauf hingewiesen, daß uns das deutsche Hemd näher sein müßte als jeder mögliche europäische oder westliche Rock. Wir haben gesagt, daß wir die Wiedervereinigung anstreben müssen, um uns unter neuen Voraussetzungen und mit neuen Zielsetzungen in einem gründlich veränderten Europa politisch wieder zu integrieren.

Wir haben das alles unter einer Generalprämisse gefordert: daß die Wiedervereinigung *auf friedliche Weise* zustande kommen muß.

Diese Prämisse ist oft überhört worden, und wir mußten uns deshalb sagen lassen, wir gehörten zu den Nationalisten. Diejenigen, die wir selbst als Nationalisten bezeichnen würden in unserm Lande, sind jedoch niemals auf die Idee gekommen, uns für Nationalisten zu halten. Sie waren und sind vielmehr davon überzeugt, daß wir das Handwerk der Kommunisten tun und eigentlich wegen Vaterlandsverrates liquidiert gehörten. Diese Ansicht ist zweifellos weniger falsch als die andere (womit freilich nicht gesagt ist, sie sei richtig). In der Tat führt ein realistisches und zugleich jede Gewaltanwendung ablehnendes Wiedervereinigungsprogramm so tief in territoriale, geistige und politische Kompromisse hinein, daß nur seine Früchte, seine Zukunftsträchtigkeit die Opfer rechtfertigen könnten, die die Deutschen in ihrer Gesamtheit dafür zu bringen hätten.

Sie wissen natürlich auch, daß sie nach Adenauer es mit einem kritischeren Volk zu tun haben werden als jetzt – ein Erhard, ein Strauß werden allenfalls gewählt, aber nicht angebetet werden –, und sie werden sich hüten, ein unpopuläres Wiedervereinigungsprogramm zu propagieren. Die Partei will ja nicht die Macht verlieren, sie will die Macht für immer. Und populär ist, wer auf »deutschem Recht« besteht! Aber wie dieses Ziel erreicht werden soll – das wird nicht gesagt!

Es will scheinen, als könne eine Partei, die jeden Kontakt mit dem zweiten deutschen Staat ablehnt; die dessen Regierung als nicht existent betrachtet und als eine Gesellschaft von Schurken und Gaunern hinstellt; deren sicherste Stützen die katholische Kirche und die Ruhrindustrie sind; die Westdeutschland mit Atomwaffen aufrüstet – daß eine solche Partei niemals glaubwürdig die Wiedervereinigung als Programmpunkt Nummer Eins proklamieren könne. Wenn man heute mit erstaunten Ohren hört, was Männer wie Strauß und Jäger da und dort neuerdings über die Wiedervereinigung zu sagen wissen; wenn man zudem weiß, wie lieblich gewisse Hetztöne, die von Zeitungen und Zeitschriften in dieser Frage angeschlagen werden, in CDU/CSU-Ohren klingen und plötzlich als staatspolitisch wertvoll beurteilt werden, obgleich der große Alte darüber nach wie vor ganz anders denkt, dann ist man versucht zu sagen: Da ist ja wohl kein Sinn 'inn. Aber das wäre ein Trugschluß.

Was da angekocht wird, um zunächst Westdeutschland endgültig in die Parteitasche stecken zu können, wird sinnvoll in dem Augenblick, *in dem man die Prämisse: Alles muß friedlich gehen, fallenläßt.* Die Rechnung eines Franz Joseph Strauß und seiner Gesinnungsfreunde erscheint sofort richtig, wenn man davon ausgeht, daß es in ihrer Absicht steht, das Volk gegen eine Wand zu jagen, in der sie ihm keine Tür lassen.

Die Tür wäre da, aber sie wünschen nicht, daß sie benützt wird. Sie wollen einen Zustand schaffen, den man eines Tages als »untragbar« bezeichnen kann. Wir kennen das Wort und die Rolle, die es in unserer Geschichte gespielt hat. Gibt es eine zuverlässigere, zynischere und gefährlichere Methode, ein Volk politisch in die Hand zu bekommen, als die, seine Leidenschaften aufzuputschen? Dabei handelt es sich nicht um irgendein Volk, sondern um uns, die wir ohne politisches Maß sind. Um ein Volk, das über kurz oder lang Atomwaffen besitzen wird. Sie in Nassers Hand zu wissen, würde die Welt beunruhigen, auch die westliche; in Straußens Hand beunruhigen sie niemanden? Wie seltsam.

Gewiß, noch wird nicht an diesen deutschen Wiedervereinigungskrieg gedacht. Oder doch? Ist auch dies gar nicht wahr? Wir kennen bereits Zitate, die sich sogar auf kriegerische Vernichtung der russischen Macht erstrecken. Aber konzedieren wir, es handle sich dabei nur um Gerede und, was wirklich angepeilt werde, sei nicht Krieg, sondern *nur* deutsche Unruhe. Wie leicht kann man sie haben!

Selbstverständlich kann man die Volksstimmung hochputschen. Wozu? Damit sich die Großmächte kratzen? In der Hoffnung, eines Tages werde Rußland die DDR auf einem silbernen Tablett der NATO servieren? Und wenn nicht, was dann? Dann steht doch das Volk hochgeputscht vor der Wand. Und es wird etwas geschehen müssen.

Die Bühne ist aufgebaut, die Schauspieler warten bereits in Kostüm und Maske auf ihren Auftritt. Die wichtigste Person, ohne die man das Stück, das da gespielt werden soll, überhaupt nicht spielen kann, ist vorhanden: der Feind, der Urfeind. Was für Hitler die Juden waren, sind für unsere neuen politischen Einpeitscher die Kommunisten, vor allem die deutschen Kommunisten. Natürlich sind sie unsere Gegner. Aber sie sind ein Stück jener politischen Wirklichkeit, die wir im ganzen nicht gewaltsam ändern können.

Am Ende deutscher Katastrophen-Politik stünde der Krieg. Der von Deutschen angezündete Krieg. Es ist hohe Zeit, das auszusprechen.

DIE BUNDESREPUBLIK AM ENDE DES KALTEN KRIEGES. Die Amerikaner hatten durch den Mund ihres Präsidenten den Russen erklären lassen, sie hätten über Rußland Luftspionage getrieben und sie würden es weiter tun. So gingen sie nach Paris zur Gipfelkonferenz, und als sie dort waren, drückten sie noch dazu auf den Alarmknopf und mobilisierten ihr Militär. Sie hatten einen Rückfall in den Kalten Krieg.

Als Antwort auf die Erklärung Eisenhowers brachte der russische Regierungschef einen Feldmarschall mit nach Paris, der schon optisch wie der Kriegsgott selbst aussah und dergestalt posierte; er beantwortete dann die amerikanische Herausforderung mit einer unannehmbaren Zumutung, und als er die amerikanischen Atombomber in der Luft wußte, schlug er um sich und schrie.

Daraufhin war zwar die Gipfelkonferenz, die gar nicht angefangen hatte, zu Ende; zu Ende war aber auch wieder, kaum daß er wieder aufgeflackert war, der Kalte Krieg. Der amerikanische Versuch, Chruschtschow die Schau und die Konferenz zu stehlen, war unmißverständlich gescheitert. Man fuhr nach Hause und versicherte einander, die notwendigen Verhandlungen seien nur aufgeschoben, nicht aufgehoben. Niemals zuvor wurde uns von den Großen dieser Welt ein so anschauliches Schulbeispiel dafür geliefert, daß sie nur die Wahl zwischen Verständigung oder Vernichtung haben.

Die Politik des Bundeskanzlers, darauf eingeschworen, daß eine Verständigung über die Teilung der Welt zwischen Amerika und Rußland in unserer Zeit unmöglich sei und nur die ständige Drohung, notfalls den Krieg zu entfesseln, das Vordringen des Kommunismus verhüten könne, ist ohne Alternative; daher verdient sie den Namen Politik nicht. Sie wird, obwohl unter dem Schlagwort »Keine Experimente« geführt, uns einmal als abenteuerliches Vabanque-Spiel erscheinen.

Der Heiße Krieg als Fortsetzung des Kalten wird nicht stattfinden. Die Sputnik und Lunik sind am Himmel aufgetaucht und haben den Amerikanern mit jener propagandistischen Durchschlags-

kraft, die notwendig ist, um in Massendemokratien Stimmungsum-
schwünge hervorzurufen, ihr Kriegsrisiko vor Augen geführt. Wäre
die These, auf der die westliche Politik seit 1945 aufgebaut worden
ist, richtig gewesen und hätten die Amerikaner daran festgehalten:
daß der Kommunismus nur mit Waffengewalt in seinen jetzigen
Grenzen gehalten werden könne, so hätten sie unerachtet dieses
Risikos in dem Augenblick, in dem es ihnen in seiner ganzen Schwere
vor Augen stand, den Atomkrieg auslösen müssen. Das ist nur lo-
gisch. Spätestens von Ende 1958 an konnten sie nicht mehr damit
rechnen, die Differenz an militärischer Macht zwischen sich und
Rußland zu vergrößern oder auch nur konstant zu halten. Also war
jeder nächste Augenblick der günstigste Augenblick, wenn man nur
den Waffen vertraute – wie ungünstig er auch bereits gewesen sein
mag. Indes, diese These wurde stillschweigend fallengelassen. Diejenigen, die drüben noch an ihr festhalten, gehören zu der großen
Armee der Spiegelfechter.

Der Verhaltensforscher Konrad Lorenz wurde 1988 85 Jahre alt, ein weltberühmter Mann, ausgezeichnet mit dem Nobelpreis. Schon 1959 war er
so bekannt wie seine Graugänse, und als ich in einem seiner Bücher
Ausführungen über die Adler fand, von denen ich zwei kurz zuvor in
einem Trientiner Zoo-Gehege gesehen hatte, entstand eine Glosse über
diesen Wappenvogel:

ADLER! Als man vor kurzem zu Berlin einen neuen Präsidenten
wählte, war auf allen eitlen Schmuck im Lokal verzichtet worden.
Die Tageszeitungen rühmten die diesbezügliche Zurückhaltung der
Veranstalter. Ein paar transportable Lorbeerbäumchen wären alles
gewesen, wenn man nicht doch auch einen mittelgroßen Kaiser-,
Reichs- und Republikadler an die Wand geklebt hätte, das unzerstörbare Symbol der Kühnheit, der Herrscherwürde, des Adels, der
Größe, vor allem der nationalen Größe. Selbst ein halbes Volk will
nicht auf einen ganzen Adler verzichten.

An den Adlern muß etwas daran sein. Ich selber bin bereits mit
einer angeborenen Verehrung für Adler auf die Welt gekommen, und
die nationale Erziehung hat diese Verehrung nur gesteigert. Wilhelm II., Ebert, Hindenburg (natürlich), Hitler und Adenauer (wie

denn nicht) – es ist ihnen nie etwas anderes eingefallen als Adler. Und wenn ich nicht jüngst nach Italien gefahren wäre, hätte ich die Verehrung für die Adler wahrscheinlich einmal mit ins Grab genommen.

Es war so:

Ich bin über den Brenner gefahren, weil ich dachte, in Italien gibt es 1959 keine Deutschen.

In Trient, das die einheimische, nämlich italienische Bevölkerung chauvinistischerweise Trento nennt, suchte ich den dortigen Stadtpark auf. Plötzlich stand ich vor einem vergitterten Käfig, groß wie eine Gartenlaube, aber höher, und das Blechdach darüber spendete zwei Vögeln auf einer Stange mehr Hitze als Schatten. Die Vögel waren sehr groß, und das war nur natürlich, denn es handelte sich um Adler. Richtige Adler, Feder um Feder die getreuen Vorbilder unserer dauerhaften National-Vögel. Sie hatten sogar eine ausgesprochene Ähnlichkeit mit dem Mastadler, den sie auf der Stirnwand des Bonner Parlaments angebracht haben, kaum daß sie wieder pieps sagen durften. Die Deutschen. Adler sagen nicht pieps.

Aber ach – diese armen Vögel! Ihre Adlerschwingen hingen herab wie ausgerenkt, ihre Adlerkrallen sahen nach schwerer Gicht aus, mit ihren Adlerblicken schauten sie trübsinnig auf Brotbrokken herab. Spaziergänger hatten sie offenbar mit Enten verwechselt – ein verzeihlicher Irrtum, wenn man die Symbolviecher so sitzen sah.

Ich konnte die Adler von Trient nicht vergessen, mich jammerte der Adler nach meiner Rückkehr, und ich sagte, es sei eine Schande und so weiter. Jedesmal, wenn ich einen Bundesadler sitzen sah – und wo sieht man keinen? –, dachte ich an die Adler von Trento, bis ich schließlich auf einen Tierfreund stieß, der die Bücher von Konrad Lorenz gelesen hat. Was, sagte er, den kennen Sie nicht? Berühmter Tierforscher, Professor, Direktor eines Max-Planck-Institutes, und seine Bücher sind lauter stille Bestseller. Na, ich sage Ihnen …

Er holte ein Buch von Lorenz und las mir daraus vor: »Und nun gar die Adler! Es tut mir geradezu leid, die märchenhaften Illusionen über diese herrlichen Vögel zerstören zu müssen, will ich bei der Wahrheit bleiben: aber alle Raubvögel sind, gemessen etwa an Singvögeln oder Papageien, sehr dumme Tiere, und gerade der Steinadler, ›der Adler‹ unserer Berge und unserer Dichter, ist eines der dümmsten unter ihnen, viel dümmer als jedes Hendel!«

Für 60 Schilling habe Lorenz einmal, las der Tierfreund weiter, einen ausgewachsenen Kaiseradler gekauft. »Er flog überhaupt nur, wenn günstiger Aufwind in unserem Garten war, so daß er ohne eigene Muskelkraft in den Lüften bleiben konnte ... Wollte er wieder herunter, mißlang es ihm regelmäßig, seine Heimstätte wiederzufinden. Er kreiste völlig orientierungslos umher und landete schließlich irgendwo in der Gegend. Dort blieb er dann unglücklich und belämmert sitzen und wartete, daß ich ihn hole ... Dann mußte ich hin, und zwar zu Fuß, weil das dumme Vieh das Fahrrad verzweifelt fürchtete.«

Schon immer habe ich mir gedacht: mit den Adlern stimmt etwas nicht.

Wenn schon Symbol, und ein bißchen Symbol möcht vielleicht sein, dann hätten wir uns nach 1945 für das Maultier entscheiden sollen. Es ist zäh, fleißig und unberechenbar. Man hält es auch nicht in Käfigen.

Überlegungen, wie es um das eigene Tun, das Schreiben und Reden, eigentlich bestellt sei, ob irgendeine Wirkung davon ausginge, haben mich bis zum heutigen Tage beschäftigt. Sie fanden schließlich in der zweiten Hälfte der achtziger Jahre Ausdruck in einem Essay über den Verlust meiner sozialen Unschuld, die ich mir durch meine Arbeit glaubte verschafft zu haben. Darauf werde ich einzugehen haben, wenn diese Chronik bei 1987 angekommen ist. In einem meiner Redemanuskripte, die ich 1959/60 verwendete, grenzte ich den politisch aktiven Intellektuellen gegen den aktiven Politiker ab. Daß es sich um Standortbestimmung handelt, bezogen auf die eigene Person, versteht sich von selbst.

ZEITKRITIK IN UNSERER ZEIT. Wenn wir den Zeitkritiker, wie ich ihn zu skizzieren versuchte, vergleichen mit seinen Zeitgenossen, die sich zur Gegenwart konformistisch verhalten, so gelangen wir zu einer Unterscheidung, die hier keineswegs ad hoc getroffen wird: nämlich zu der Unterscheidung der »Täter« und der »Merker«. Der Zeitkritiker ist von Bestimmung und Wesen kein Täter. Kein Täter im Sinne derer, die sich mit der Macht einlassen, um hier und heute nach ihrem Willen die Welt zu verändern. Er will die Welt zwar auch verändern. Er hat einen enormen, missionarischen Trieb in sich, aber dieser ist von ganz anderer Art als der des Täters. Der »Merker« flieht, wenn er klug ist, die Tat. Denn er würde Schiffbruch erleiden in dem Moment, in dem er die Position wechselte und als der geborene Merker zum Täter werden wollte. Wir haben in unserem Land ein Beispiel für die Tragik des Menschen, der die Position eines geborenen »Merkers« aus redlichstem Verantwortungsgefühl verließ und sich unter die Täter mischte: Carlo Schmid. Der Täter muß – ich zitiere den Mann, den ich eben nannte – »die Kröte dreimal am Tag fressen.« Es gibt Täter, die die Kröte so gerne fressen, daß sie sich nur von Kröten nähren.

Der Merker empfindet als Verrat, als Opportunismus, wenn er die Kröte frißt. Statt dessen sagt er: Nein! Zeitkritik ist die politische Tat derjenigen, die keine Täter sein können.

Was nützen diese Zeitkritiker? Nun, nehmen Sie einmal an, aus unserer Nationalgeschichte wären gestrichen die Namen Burckhardt, Heine, Nietzsche, Rosa Luxemburg, Ossietzky, Tucholsky, Karl Krauss und viele andere. Ja, was fehlte dann? Das Gewissen, der Geist schlechthin, der politische Geist zumal.

Die Zeitkritik ist das geistige Alibi der Vernunft der Völker.

Als ich das Drehbuch zu *Rosemarie* geschrieben hatte, einem immerhin in Maßen zeitkritischen Film, hatte ich angefangen, mir Gedanken allgemeiner Art über den deutschen Film und die Programme westdeutscher Lichtspieltheater zu machen, die ja in den fünfziger Jahren die wirkungsvollsten Anwälte der Restauration und des politischen Vergessens gewesen waren. Außerdem wurde mit Filmen am massivsten Propaganda für die Aufrüstung betrieben. In den zehn Jahren nach der Währungsreform wurden über 200 Kriegsfilme in der Bundesrepublik gezeigt, wovon 90 % Importe aus den USA waren. Während in der DDR die DEFA ein antifaschistisches, antimilitaristisches Meisterwerk nach dem andern produzierte, hat man Filme, die von dort kamen, für die Verwendung in Westdeutschland derart beschnitten, daß sie das Gegenteil dessen aussagten, was die Botschaft des Films gewesen war. Ein Film über die Frauenrechtlerin Berta von Suttner wurde nicht subventioniert, der Film über Gustav

Stresemann bekam aus Staatsmitteln 1,6 Millionen, wofür ein Propagandafilm abgeliefert werden mußte, der mit der geschichtlichen Wahrheit nur noch wenig zu tun hatte. Erst 1962 veröffentlichte unter der Ägide von Alexander Kluge eine Gruppe von 26 jungen Filmemachern das »Oberhausener Manifest«. Es leitete mit einer Verspätung von fast zwanzig Jahren eine Entwicklung ein, die westdeutschen Filmen zu Ansehen verhalf.

Bei den Hochschulwochen für staatswissenschaftliche Fortbildung hielt ich am 24. April 1959 einen Vortrag über den

FILM. Wir schauen, wenn wir die 12 oder 15 Jahre, die wir vom Krieg jetzt weg sind, überblicken, in einen filmischen Spiegel unserer Wandlungen. Wir haben gleich nach dem Krieg eine Reihe von Filmen gehabt, die ein Ausdruck jener ganz spezifischen Situation waren, die ich »die Zeit der schönen Not« nenne, weil wir mit soviel Sehnsucht daran zurückdenken. Da schlug die Grundstimmung, die Grundfassung so durch, daß alle diese Zufälle, die ich anzudeuten versuchte, sich miteinander integrierten zu einem Resultat, das unverwechselbar Nachkriegs-Westdeutschland repräsentierte. Dann begann, was man »deutsches Wunder« nennt. Nicht etwa, daß es nicht auch vorher schon »Rosen, die auf Heidegräbern blühen« gegeben hätte, aber jetzt blühten sie ausschließlich. Aber auch das ist fast schon vorbei. Ich spreche in einem Augenblick, in dem der deutsche Film anfängt, sich zu erholen. Und warum? Es findet eine Repolitisierung unseres Volkes statt. Das Wunder ist vorbei; vorbei nicht materiell, aber als einziger Inhalt unseres Lebens. Wir begnügen uns damit nicht mehr, wir wachen auf. Deutschland erwache! Es tut es gerade. Darauf antwortet der Film. Und er wird nicht nur antworten, er wird agieren. Daß ich hier – verzeihen Sie – an meinem Fall exemplifiziere, ist nicht Eitelkeit. Frau Dr. Kriebel war so freundlich, mich vorhin einen Experten zu nennen; davon ist keine Rede. Ich bin der exemplarische Außenseiter, und ich glaube sogar, daß überhaupt nur noch Außenseiter über ein Gebiet, welches auch immer es sei, berichten können, denn die Innenseiter berichten nicht mehr aus Opportunismus und die gar nichts damit zu tun haben, wissen nichts. Man ist auf den unabhängigen Außenseiter angewiesen. Da ist also diese »Rosemarie«, sie war ein Startschuß.

Seither haben Verleiher und Produktionsfirmen Vertrauen in Filme, die wieder einen aktuellen Bezug haben. Man kann dieser Dame gar nicht dankbar genug sein, daß sie ermordet wurde. Ich sage es ein bißchen zugespitzt, tatsächlich spielte es sich breiter ab. Die »Wunderkinder« sind parallel mit »Rosemarie« produziert worden, ohne daß irgendein Zusammenhang der Produktionsfirmen, der Regisseure, der Drehbuchautoren vorhanden gewesen wäre. Das heißt also, es war da und dort schon das »Gefühl«, der »Geruchssinn« da, daß sich jetzt etwas Neues anbahnte. In kurzer Zeit, von »Rosemarie« angefangen, haben wir »Wunderkinder«, »Stalingrad«, »Kriegsgericht«, »Unruhige Nacht«, »Helden« ... Es gibt aus letzter Zeit fast zehn Filme, die nicht mehr eine Bankrotterklärung des Geistes sind. Und das Publikum geht mit, es geht hinein und schaut sich das an. Die Filmindustrie trifft damit eine unterbewußte Erwartung, macht sie bewußt und bringt eine Lawine ins Rollen. Der Repolitisierungsprozeß, der selbstverständlich nicht vom Film herkommt, sondern auf den der Film nur antwortet, wird durch den Film sichtbar. Wir stehen hier noch ganz am Anfang, und das Ende wird der Propagandafilm des westdeutschen »Nationalstaates« sein. Man sucht nach der »Aussage«, wie das die Branche nennt. Sie kann verklausuliert sein, aber sie ist da. Die für mich interessanteste Aussage hat der zur Zeit – eben deshalb – erfolgreichste Film: »Hunde wollt ihr ewig leben«, eine Verfilmung von Stalingrad. Man fragt sich, woher kommt der riesige Erfolg? Er ist für mich ein Beweis dafür, daß man mit dem Film bis ins Unterbewußtsein wirken kann. Ich glaube, daß unser Leben in der Bundesrepublik seit 1950 nur zu verstehen ist, wenn man begriffen hat, daß jeder einzelne Deutsche nachträglich den Krieg, den er verloren hat, für sich noch einmal gewinnen möchte. Der deutsche Mann erträgt es nicht, einen verlorenen Krieg hinter sich zu haben.

Dieser Film »Hunde wollt ihr ewig leben«, der gar kein Militärfilm ist im Sinne des Verteidigungsministeriums, sagt dennoch eines: Wenn wir ein paar Panzerfäuste mehr gehabt hätten, zwei Divisionen mehr und noch ein paar Flugzeuge mehr, dann hätten wir die Russen doch geschlagen! Deswegen ist er ein Erfolg! Jeder deutsche Mann, der aus diesem Film kommt, fühlt sich exkulpiert. Er kann sich sagen, ja, wenn uns die eben mehr geliefert hätten, wir waren ja so fabelhafte Burschen. Niemand, ich bin überzeugt, fast niemand, der ins Kino geht und den Film sieht, stellt diese Überlegung an, und dennoch übt er diese nationaltherapeutische Wirkung aus.

1960

Als ich die Arbeitskalender für diese Veröffentlichung hervorholte, sah ich, welchen Umfang meine Wanderpredigertätigkeit angenommen hatte, nachdem ich in keine Redaktion mehr eingebunden gewesen war. Z. B. im Januar an drei Tagen in den Münchner Kammerspielen Reden über Tucholsky. Im Februar in Würzburg; vor den Schülern und Lehrern des Landschulheims Birklehof; in Freiburg; in München im alten Botanischen Garten – wo ich auch die meisten Ostermarsch-Reden hielt – gegen die französische Atomrüstung; im Mai im Hamburger »Fährhaus« vor 1200 zur »Gipfelkonferenz«. Sie fand in Paris statt. Die amerikanische Delegation wird von Präsident Eisenhower angeführt, die sowjetische von Chruschtschow. Möglicherweise wäre die Konferenz ein Erfolg geworden, hätten die Sowjets nicht das Spionage-Flugzeug U2 abgeschossen, den Piloten, Hauptmann Powers, lebend in die Hand bekommen. Die Amerikaner weigerten sich auf der Konferenz, ein entschuldigendes Wort zu sagen. Als sie zusammengebrochen war, fragte sich der Westen, ob die Sowjetunion einen neuen Kalten Krieg beginnen wolle. Obschon Beweise dafür fehlten, begann Washington die Schlagkraft der NATO enorm zu erhöhen. Diesem Kurs unterwarf sich Bonn vorbehaltlos. Dagegen machte ich Front u. a. an den Universitäten Hamburg, Frankfurt, Köln, Tübingen, Berlin (nicht im mir verbotenen Auditorium maximum der Freien Universität, sondern im Dahlemer Gemeindehaus, wo der Saal nur 800 Zuhörer faßte, indes fast tausend Menschen vor den offenen Fenstern die Lautsprecherübertragung mithörten). Die Reden wurden angekündigt mit dem Titel: Die Verteidigung der Freiheit kostet uns die Freiheit.

Zuweilen dauerten die Diskussionen bis in den frühen Morgen, so in Münster im Auditorium maximum am 15. Dezember bis um 3 Uhr. Adenauer befand sich auf der Höhe seiner Macht; an der Formierung einer Gegenöffentlichkeit versuchte ich mitzuwirken.

Im November verständigte sich Augstein mit mir über eine nicht öffentliche Zusammenarbeit in der Bekämpfung von Strauß.

Mit dem Rowohlt Verlag, wo F. J. Raddatz auf seine Weise mit der Bücherserie *rororo aktuell* in gleicher Richtung äußerst produktiv tätig war, schloß ich im September eine Abmachung über ein Buch: *Auschwitz und die Deutschen*; nach drei Jahren war mir das Projekt über den Kopf gewachsen; zuletzt gab ich es auf. *Das* Buch über Auschwitz gibt es auch 1989 noch nicht.

In *Konkret* veröffentlichte ich

Es ist ja gar nichts passiert. Amerika hat die ganze Last seiner Einsicht zu tragen, daß es den Heißen Krieg nicht mehr führen kann. Verhandeln heißt nämlich nicht die Ergebnisse des Zweiten Weltkrieges und des kommunistischen Sieges in Rußland, in China anerkennen und dennoch stark bleiben. Den Status quo in der Welt aufrechtzuerhalten, wird Amerika auf lange Zeit hinaus stark genug sein. Über den Status quo hinaus, den es jetzt zu stabilisieren gilt, Rußland etwas abzuhandeln, ist Amerika nicht mehr stark genug, andersherum: ist Rußland bereits zu stark.

Also deckt die amerikanische Politik gegenüber Rußland nicht mehr die (west-)deutschen Interessen.

Für Berlin gilt es, einen erträglichen Kompromiß herauszuholen; die DDR gilt es anzuerkennen; von den Ostgrenzen eines wiedervereinigten Deutschland braucht überhaupt nicht mehr gesprochen zu werden, da es kein wiedervereinigtes Deutschland geben wird. Man wird diese Frage wie bisher in der Schwebe lassen: die Russen werden behaupten, die Grenze sei endgültig, die Amerikaner werden wie bisher sagen: Darüber reden wir später, ohne zu erklären, wann »später« sein soll.

Die Bonner Antwort besteht erstens in der Behauptung, diese Lage bestehe gar nicht. Es ist eine lächerliche Antwort, aber nicht sehr gefährlich. Nicht gefährlicher als die bisherige Politik, die auf der These fußte, die Politik des Kalten Krieges decke die deutschen Interessen. Es ist nur eine Frage der Zeit, wann das CDU/CSU-Regime die Wirklichkeit formal anerkennen muß.

Die Antwort besteht zweitens in dem Bündnis mit de Gaulle. Auch dieses Bündnis ist mehr lächerlich als gefährlich.

Die Antwort auf die gegebene neue Lage besteht drittens darin, daß man den Fetisch-Begriff »Freie Wahlen« durch den Fetisch-

Begriff »Allgemeine totale Abrüstung« ersetzt hat. Er beinhaltet wie jener eine unerfüllbare Forderung, hinter der sich vortrefflich wieder einige Zeit lang spiegelfechten läßt. Auch diese Antwort ist mehr lächerlich als gefährlich.

Der impotente Nationalsozialismus, »geläutert« zum Nationalismus, verstärkt und fürs erste noch angeführt von dem Nationalismus einiger Pressure Groups sogenannter Berufsflüchtlinge, wird jetzt von der Staatspartei zu innenpolitischen Zwecken verwendet. Das ist die vierte Antwort der Bonner Regierung auf die Entspannung in der Welt. Zwei Schlüsselworte, schon bisher im unverbindlichen Umlauf, sind 1959 zu programmatischer Bedeutung gelangt: »Verzichtpolitiker« und »Heimatrecht«.

Mit dem ersten Wort stopft man der Vernunft das Maul, mit dem anderen vernebelt man, was man wirklich anstrebt. Über das erste ist nichts zu sagen, es ist dem Modellwort »Erfüllungspolitiker« nachgebildet, mit dem die Weimarer Demokratie aus den Angeln gehoben und der Zweite Weltkrieg vorbereitet wurde. Mit dem neuen Wort wird der Dritte Weltkrieg vorbereitet. Damit man es nicht merkt, ist das »Heimatrecht« erfunden worden. Heimatrecht, recht verstanden, wörtlich genommen, kann nichts anderes heißen in dem bestimmten Bezug, als daß Deutsche, heute wohnhaft in der Bundesrepublik, das Recht haben sollen, ihren Wohnsitz wieder in die Tschechoslowakei oder nach Polen zu verlegen. Ist es so gemeint? Dann wird also der Baron von Manteuffel eines Tages, wenn ihm das »Heimatrecht« zugebilligt wird, bei einem kommunistischen Bürgermeister vorstellig werden, ihn um 10 Hektar Land bitten und um die Erlaubnis, dieses Land in die Gemeinwirtschaft des Dorfes einbringen zu dürfen? Und der gegenwärtige Minister Oberländer wird sich um einen Landratsposten bei der kommunistischen Regierung in Warschau bewerben? – So ist es nicht gemeint? Man will kein »Heimatrecht« in einem kommunistischen Polen? In einem kapitalistischen denn? Wie soll das entstehen? Ja, das ist die Frage.

Aber nicht nur das ist die Frage. »Heimatrecht« meint ja nicht einmal, daß man als deutsche Minderheit unter Polen, gleich welcher Weltanschauung, loyal leben will. Es meint, als Herr dorthin zurückzukehren, wo man Herr gewesen ist. Das Wort »Heimat-

231

recht« leitet einen gigantischen Betrug am Volke ein, das die Rechnung eines Tages zu bezahlen hat. Mehr als dieses Wort traut man sich im Augenblick noch nicht zu sagen.

Das erste Ziel, das die Staatspartei auf diesem Wege erreichen will, ist freilich nicht der Krieg zur Befreiung Breslaus und Königsbergs. Sie würden sich sehr entrüsten, wenn man ihnen das nachsagen wollte, die Nachfolger Adenauers. Sie wollen *nur* die Macht im Lande für immer und ewig verankern, und *nur* zu diesem Zweck müssen sie psychologisch den Verlust des Kalten Krieges vorbereiten. O nein, nicht die Politik dieser letzten zwölf Jahre, an deren Ende wir nicht das kleinste politische Handelsobjekt mehr in der Hand haben, das wir den Russen für eine mittlere deutsche Lösung anbieten könnten, wird schuld daran sein, daß wir eines nicht fernen Tages bedingungslos tun müssen, was nie zu tun wir so lange durch den Mund Bonns behauptet haben – die böse Welt wird schuld sein. Aber wir, wird die Staatspartei sagen – dann, wenn der nationalistische Ofen erst brennt: wir werden euch verschaffen, was ihr euch ersehnt! Nur *wir* vertreten die deutschen Interessen, nur wir halten an der Wiedervereinigung fest, und wenn ihr uns lange genug wählt, werden wir eines Tages – ja, was?

Meine These, daß die Westdeutschen noch einmal in der Lage sein könnten, eine Weltkatastrophe auszulösen, erscheint selbst jenen absurd, die den hier entwickelten Gedanken wenigstens folgen wollen, ob sie sie für richtig halten, stehe dahin. Wir seien doch zu schwach, heißt es. Nun, schauen wir uns Herrn de Gaulle an. Seine militärischen und wirtschaftlichen Mittel sind auf keinen Fall größer, vielleicht sogar erheblich kleiner als die, auf welche die Staatspartei heute, morgen und übermorgen zurückgreifen kann. Dieser de Gaulle hat es zu einer Zeit, als die US-Kontrollbündnisse noch voll in Kraft waren, fertiggebracht, die europäische Konstruktion vollends ins Wanken zu bringen. Dazu reicht solche »Macht« allemal!

Diesen Vorreitern einer neuen Katastrophe, die die Vernunft mit ihrem Geschrei »Verzichtpolitiker« und mit ihrem Geschwätz vom »Heimatrecht« töten wollen, muß man entgegenschreien: Ja, ja, wir sind Verzichtpolitiker! Wir verzichten auf etwas, auf das wir gar nicht verzichten können, weil es niemanden gibt, der es uns geben will!

Und heute gibt es nicht einmal jemanden, der es wirklich haben will. Wer die letzte Berliner Zusammenkunft des Kuratoriums »Unteilbares Deutschland« aus der Nähe gesehen hat, wird das jämmerliche Schauspiel so bald nicht vergessen. Es ist eine der unverantwortlichen *Lügen*, die von naiven und von bewußten, in jedem Fall unverbesserlichen Nationalisten in die Welt gesetzt werden, daß die deutsche Teilung den Frieden gefährde. Das wäre nur dann wahr, wenn das deutsche Volk in seiner Mehrheit bereits jetzt, unbearbeitet, aus tiefem Nationalgefühl, der Wiedervereinigung entgegenfieberte. Davon kann keine Rede sein. Es soll erst dahin gebracht werden, und wer würde daran zweifeln, daß das gelingen wird? Wozu bringt man Deutsche nicht? (Sie arbeiten auch unter Ulbricht wie die Narren!)

Wir erleben das groteske Schauspiel, daß die Bundesregierung auf die Entspannung in der Welt mit einer Zunahme der antikommunistischen Hetze antwortet, mit einem neuen Anheizen des Kalten Krieges. Die Deutschen sollten nicht vergessen, warum das so ist: nur weil eine Partei nicht die Konsequenzen ihrer sturen Illusions-Politik auf sich nehmen will, sondern ihre Macht über jenen Zeitpunkt hinweg verewigen möchte, in dem wir, das Volk der Bundesrepublik, die Quittung für zwölf versäumte, trotz allen Wirtschaftserfolgen verdorbene Jahre bekommen werden – die Quittung dafür, nur taktiert und nie nachgedacht zu haben.

Die Opposition in diesem Staat hat bereits vor dem Vorwurf »Verzichtpolitiker« kapituliert, indem sie nicht den Stier bei den Hörnern packte. Sie müßte, wollte sie der Staatspartei ihr Konzept verderben, das tun, was Churchill 1940 getan hat: die Gefahr hochspielen, die da heraufkommt. Dazu sind sie aber nicht Manns genug, die ängstlichen verblasenen Bürger Sozialdemokraten. Es könnte sogar sein, daß sich in ihrer Führung echtere Nationalisten finden als in der Staatspartei: diese spielt nur ihr Spiel, die SPD könnte die Herztöne liefern.

Das Parlament als solches wird nichts tun. Achtzehn Monate hat es die Regierung nicht gezwungen, ihre Politik zu vertreten, diese letzten achtzehn Monate, erfüllt von atemberaubenden Ereignissen auf der Welt. Und als es endlich so weit war und die Regierung sich stellen sollte, da haben sich die Parlamentarier aller Parteien ein

Referat des Außenministers angehört, in dem sogar die Forderung nach »Freien Wahlen« wieder erhoben wurde. Hat ein Gelächtersturm das Haus erzittern lassen? Nein. Eine Schulklasse von erwachsenen Menschen, die ihre Vernunft in der Garderobe abgegeben zu haben schienen, hörten sich an, daß Zwei und Zwei gleich Fünf sei, und nicht einer erhob den Finger und sagte: Herr Lehrer, vielleicht ist es doch Vier! Mit diesem Parlament als Kontrollinstanz braucht keine Regierung zu rechnen, sie sei, wie sie sei. Man wird auch das Parlament re-nationalisieren, noch schneller als das Volk. Und die demokratische Kontrolle hat ein Ende.

Jahre des geistigen Terrors kommen auf uns zu. Je schwieriger unsere außenpolitische Lage werden wird, desto härter wird der Griff werden, mit dem man jegliche Opposition zum Schweigen bringen wird. Die institutionellen Vorbereitungen laufen auf vollen Touren.

Die Engländer werden ihre warnende Stimme erheben – wird sie laut genug sein, um Amerika rechtzeitig wegen Bonn zu alarmieren, wenn es ernst wird? Das übrige westliche Europa hat kein Konzept, mit dem es die deutsche Entwicklung abfangen könnte. Es hat ein *west*europäisches Konzept, kein europäisches. Seine Gremien denken sozusagen Polen, die Tschechoslowakei, Ungarn nicht mit. Es hat sich zu einem Instrument des Kalten Krieges degradieren lassen, und es wird nach dem Kalten Krieg ein Gebiet sein, in dem man supranationale Wirtschaftsorganisationen perfektioniert. Na, und? Die Behauptung, die Wirtschaft werde Europa seine Nationalismen austreiben, ist ein Ammenmärchen. Ein alter Mann wird sterben.

Seine Erben glauben, der Staat sei ihr Besitz. Ihn zu behalten, wird ihnen jedes Mittel recht sein. Es ist gar nichts passiert? Es passiert schon!

Am 30. Juni 1960 hielt Herbert Wehner im Bundestag jene Rede, mit der die SPD aufhörte, in Opposition zur Aufrüstungs- und NATO-Politik Adenauers und der CDU zu stehen, um auf weite Sicht wieder regierungsfähig zu werden. Er sagte: »Die Sozialdemokratische Partei Deutschlands geht davon aus, daß das europäische und atlantische Vertragssystem, dem die Bundesrepublik angehört, Grundlage und Rahmen für alle Bemühungen der deutschen Außen- und Wiedervereinigungspolitik ist ...

Die SPD hat nicht gefordert und beabsichtigt nicht, das Ausscheiden der Bundesrepublik aus den Vertrags- und Bündnisverpflichtungen zu betreiben ...« Die *Bildzeitung* erschien mit der Schlagzeile: »Endlich CDU und SPD auf gleichem Kurs.« Die Vorstellung, die von der SPD bis dahin halbherzig, aber immerhin doch betriebene Opposition im Parlament ließe sich durch progressive Gruppen oder einzelne, durch Zeitungen oder bestimmte Sendungen ersetzen, wäre absurd gewesen. Nichtsdestoweniger veranlaßte mich dieser mindestens moralische Zusammenbruch der SPD (dem noch einige mehr folgen sollten), mich mit aller Kraft ins publizistische Zeug zu legen. Die *Werkhefte* veröffentlichten im Dezember 1960 den ersten Teil, 18 Druckseiten lang, im Januar 1961 den zweiten Teil einer politischen Bestandsaufnahme. Folgende Passagen stammen aus dem ersten Teil:

DIE SCHWÄCHE DES WESTENS. Die Amerikaner haben ihr Ziel nicht erreicht, den Kommunismus mit den Methoden des Kalten Krieges »zurückzurollen«. Sie verfolgten es vom Ende des griechischen Bürgerkrieges bis Ende 1958. Sie gaben es auf, als sich ihnen der Rüstungsstand der Russen in Sputniks und Interkontinentalraketen enthüllte. Das Ergebnis dieses knappen Jahrzehnts der Politik der Stärke war ein militärischer und politischer Stärkezuwachs auf seiten der Russen.

Beide Großmächte stehen sich jetzt hoch- und nahezu gleichgerüstet gegenüber. Die wirtschaftlichen Hilfsquellen und die technische Intelligenz beider wird ihnen erlauben, diesen Zustand Jahrzehnte aufrechtzuerhalten. Sie haben sich im Clinch, und keine kann der anderen Herr werden, ohne den Krieg zu entfesseln, den keine wagt. So wachen sie über den Status quo. Keine Macht gönnt der anderen den kleinsten Vorteil. Der Status quo verändert sich dennoch fortwährend, und zwar trotz der Rüstung, nicht wegen ihr.

In der Frage der Anerkennung Chinas und in der deutschen Frage haben zur Zeit die Russen den Vorteil, eine Veränderung des Status quo zu ihren Gunsten erreichen zu können, ohne Waffengewalt anzuwenden. Die chinesische Frage reift im Sinne der Kommunisten von selbst in der UNO. Was Deutschland betrifft, so hatten der gegenwärtige Status von Berlin, seine Funktion als Pfahl im kommunistischen Fleisch, und die Nichtanerkennung der DDR seitens des Westens so lange politisch Sinn für die Amerikaner, als sie daran glaubten, die Kommunisten mindestens aus Deutschland ohne Krieg hinausboxen zu können. Heute weiß die Welt mit Ausnahme der Bundesrepublik, daß beide Großmächte zu schwach waren, sich über Deutschland auszubreiten, aber stark genug, die deutsche Teilung auf unabsehbare Zeit durchzusetzen.

Ich gehe davon aus, daß die gefährlichsten Krisenherde auf dem Verhandlungswege bereinigt werden, die derzeit beträchtlich erhöhte Kriegsgefahr wieder zusammenschrumpft und eine neue Frist gewonnen ist.

Niemand kann sich vorstellen, wie die Kriegspause, die wir der Furcht vor den Wirkungen der Atomwaffe verdanken, in Frieden übergehen soll, wenn sich die Weltlage nicht im ganzen ändert. Darin scheint sich die Welt einig zu sein: es muß sich etwas ändern, und zwar gründlich. Aber wie? Der Westen sucht dieses »etwas« bei den Kommunisten, die Kommunisten suchen es beim Westen, und die Neutralen bei beiden. Niemand kehrt vor seiner eigenen Tür. Auf der ganzen Welt pflegt man die eigenen Waffen mit den Waffen des Gegners zu rechtfertigen. Wollen Sie etwa leugnen, heißt es, daß Westberlin nur deshalb eine freie Stadt ist, weil die Amerikaner Atombomben haben? Nur ein Narr könnte es leugnen. Aber wer nur so denkt, dreht sich in einer Spirale, die nur deshalb nicht ewig ist, weil sie zum Krieg führt.

Man kommt aus ihr nur heraus, wenn man sich die Welt abgerüstet vorstellt. Also: es gibt keine Atombomben, keine Panzer, keine Raketen, keine Düsenjäger.

Die erste Folge der Abrüstung ist, daß die Welt wieder viel größer ist als jetzt. Die Macht der Großmächte kann dann nicht mehr in Minuten oder Stunden an jedem Punkt der Welt präsent sein. Amerika wird wieder durch einen Ozean von Europa getrennt, Rußland aber nicht.

Eine abgerüstete Welt kennt natürlich auch keine Handelsdiskriminierungen. Die riesigen östlichen Märkte öffnen sich Europa und Japan.

Die Staaten sparen Milliarden über Milliarden, die sie für Rüstung ausgaben. Wer hat davon den größeren Nutzen? Der Westen, der sich bereits jetzt, trotz Rüstung, am Rande der Überproduktion entlangbewegt, oder der Osten, der plötzlich seine zivilen Planziele weit überholen könnte?

Die DDR, von russischen Waffen entblößt, vereinigte sich mit der Bundesrepublik, ginge also politisch dem Osten verloren. Ohne fremde und eigene Waffen kann sich die SED nicht halten.

Könnten sich auch die kommunistischen Parteien Polens, Jugoslawiens und Ungarns nicht halten? Man begehe jetzt keinen Denkfehler: zwar stünden keine russischen Panzer mehr in diesen Ländern, es könnten aber auch keine westlichen Panzer zur sogenannten Befreiung heranrollen. Würden die polnischen Arbeiter und Bauern die Rückkehr ihrer Gutsbesitzer und Fabrikherren an der Spitze bürgerlicher Parteien zulassen? Ich bin überzeugt, sie würden, ohne Waffen, noch mit ihren Fäusten die kommunistische Ordnung verteidigen.

Man analysiere außerdem unter der Voraussetzung einer allgemeinen Abrüstung die inneren Verhältnisse Italiens, Frankreichs, Persiens, der Türkei, Griechenlands und Japans – um nur einige der Länder zu nennen, in denen gegenwärtig amerikanisches Geld *und* amerikanische Waffen den Sieg der nationalen kommunistischen Parteien nur mühsam verhindern. Würde amerikanisches Geld ohne amerikanische Waffen noch denselben Effekt tun in einer Welt, deren Kraftlinien nicht mehr von Raketenstartplätzen zu Hauptquartieren strategischer Bomberflotten liefen, sondern die Völker nach ihrem natürlichen Gewicht miteinander verbänden?

Diese Welt würde außerdem nach wie vor eine Milliarde Menschen beherbergen, die, trotz deutlicher Unterschiede in der Interpretation, im ganzen doch in einer Weltanschauung zusammengeschlossen sind.

Die Abrüstungsrechnung, will ich damit sagen, geht für den Westen nicht auf, solange die Welt so ist, wie sie ist. Die Welt von heute minus Waffen wäre eine im wesentlichen kommunistische Welt. Wenige Jahrzehnte nach der Abrüstung stünde Amerika, auf seinem Kontinent isoliert, einem kommunistischen Überstaat gegenüber, der ganz Europa und ganz Asien umfaßte. Dollars allein stoppten den Kommunismus in Indien nicht. Afrika, vielleicht, wäre fürs erste käuflich. Aber das Wort Chruschtschows: Baut ihr Kaptialisten nur eure Fabriken in Afrika, das übrige erledigt sich in unserem Sinn ganz von selbst, könnte sich als bitter wahr erweisen.

Das heißt mit dürren Worten, mit denen man den ganzen Abrüstungsnebel einmal durchstoßen muß, daß es zu einer Abrüstung, die wirklich Frieden bedeutete, nicht kommt, weil der Westen damit politisch Selbstmord beginge. Und doch *muß* es zur Abrüstung kommen, soll die Welt nicht physisch Selbstmord begehen durch ihre Waffen.

Das Dilemma liegt offenbar in einer Schwäche des Westens. Zu den Waffen des Kommunismus ist ihm etwas eingefallen: Waffen! Aber was ist ihm zum Kommunismus eingefallen, zu den Herausforderungen durch eine Weltanschauung?

Hinter dem Wall der Waffen verbirgt sich die Schwäche des Westens. Es muß von der Weltanschauung des Westens gesprochen werden. Gibt es »den Westen« überhaupt, und hat er eine Weltanschauung?

Freiheit wird in der Tat als das große Gemeinsame des westlichen Bündnisses betrachtet. Fragt man jedoch, was unter dieser Freiheit zu verstehen sei, ist es unmöglich, eine sachliche, eine unpersönliche, eine geistige Antwort zu bekommen. Gerade diejenigen, welche das Wort Freiheit am häufigsten und lautesten im Munde führen, wissen am wenigsten darüber zu sagen. Nach meiner Erfahrung, im politischen wie im privaten Leben, pflegen Debatten über die Freiheit beim Lebensstandard zu enden.

Eine Freiheit, die nicht so definiert werden kann, daß die Frage: frei wozu? bündig und bindend beantwortet ist, läßt sich mit christlichen Vorstellungen nicht vereinbaren. Die Freiheit, möglichst tun und lassen zu können, was man will, läßt unter anderem auch dem Christen die Freiheit, seine christliche Freiheit zu verwirklichen, aber sie selbst, diese vage Freiheit, die wir mit Atombomben schützen müssen, damit sie nicht untergeht, hat mit der Freiheit des Christenmenschen nichts zu tun. Die Mehrheit der Völker, die in dem westlichen Bündnis zusammengeschlossen sind, empfänden den Zwang christlicher Bindungen, welche die Voraussetzung christlicher Freiheit sind, nicht weniger als Unfreiheit wie den Zwang, den der Kommunismus über sie ausübte, käme er über sie.

Aus diesen christlichen Bindungen hat sich das Abendland vor

Jahrhunderten befreit, es war stolz auf diese Befreiung, und scheinbar ist alles gut gegangen, bis es in diesem Jahrhundert in die Zwangslage geraten ist, sich gegen die geschlossene Weltanschauung des Kommunismus behaupten zu müssen. Jetzt fühlt es seine Schwäche, ohne sie sich eingestehen zu wollen. Es kompensiert sie mit dem Lebenstandard und mit Waffen, und außerdem mit Tricks. Es ist nichts als ein propagandistischer Trick, wenn vorgegeben wird, der Westen hielte eine christliche Front, nur weil er einer verschwindenden Minderheit wirklicher Christen erlaubt, Christen zu sein. An diesem Trick beteiligen sich allerdings große Teile der christlichen Kirchen aus Opportunismus. Der zweite Trick ist, die undefinierbare Freiheit des laisser faire, laisser aller in den Rang einer Weltanschauung zu erheben. Man spricht vom Pluralismus. Er ist die Weltanschauung des Westens, die darin besteht, keine zu haben.

Sie ist unbrauchbar für die geistige Auseinandersetzung mit einem System, daß die Frage: Freiheit wozu? mindestens in der Theorie beantwortet. Die Antwort des Pluralismus: Um tun und lassen zu können, was das Individuum tun und lassen will, provoziert unvermeidlich die Gegenfrage, die bereits nicht mehr allgemein, sondern nur noch an das Individuum gestellt werden kann: Und was willst du tun? Weiß der Gefragte darauf eine stichhaltige Antwort, so kann sie nur untypisch für die pluralistische Gesellschaft sein. Die typische Antwort ist ein Achselzucken. Pluralisten können nur mit Pluralisten unbefangen umgehen, sich nur in einer Gesellschaft sicher bewegen, in der die Frage nach dem Sinn des Lebens nie so ernsthaft gestellt wird, daß eine Antwort darauf erfolgen müßte.

Was dabei herauskommt, wenn sich eine pluralistische Gesellschaft von der Dynamik einer Weltanschauung bedroht fühlt, erleben wir in der Begegnung des Westens mit dem Kommunismus jeden Tag.

Die eigentliche Auseinandersetzung wird umgangen. Der standortlose Verteidiger einer inhaltslosen Freiheit ersetzt den Gegner durch einen selbsterfundenen Popanz, auf dem er herumschlägt. So definiert er in polemischer Umkehrung des Pluralismus den Kommunismus als das System, in dem niemand tun und lassen darf, was er tun und lassen will. Zum Beweis dessen deutet die pluralistische Gesellschaft alle innerkommunistischen Bewegungen, die von unten ausgehen, fälschlich als Versuche, die kommunistische Bindung durch die pluralistische Freiheit zu ersetzen. Ein Musterbeispiel hierfür ist die westliche Analyse des ungarischen Aufstandes, dessen nationalistische Komponenten überhaupt nicht gesehen oder unterschlagen wurden und dessen eindeutig antikapitalistischen Tendenzen in der Arbeiterschaft und auf dem Lande mit der wirklichkeitsfremden Rede des Kardinals zugedeckt wurden.

Die Vorgabe, es sei unmöglich, daß ein überzeugter Kommunist seine definierbare Freiheit im Kommunismus finde, erlaubt dem Westen, sich um das Problem herumzudrücken, vor das er auch dann gestellt wäre, wenn es keinen Kommunismus gäbe: wie *er* wieder zu einer geistigen Ordnung komme. Der Irrtum über die wahre Natur der Spannungen in der Welt verdammt die pluralistische Gesellschaft zur Vergötzung der Waffen. Wer aber Waffen in der Hand hat, dem darf nicht mehr erlaubt werden, zu tun und zu lassen, was er will. Er muß sich mit einer Einschränkung seiner Freiheit abfinden. Die Frage ist, wie die pluralistische Gesellschaft ihr Ideal, tun und lassen zu können, was sie will, politisch verwirklicht hat und was davon in der Auseinandersetzung mit dem Kommunismus übrigbleiben kann.

Die westliche Welt hat einmal den Ausbruch in die undefinierbare Freiheit mit Jubel als Fortschritt begrüßt. Diese Zeit scheint schon lange vorbei zu sein. Mit dem Auftreten des Sozialismus verlor der Liberalismus sein gutes Gewissen und wurde eine Art Trotzpose.

Unmerklich fast im einzelnen, von Fall zu Fall, rein pragmatisch hat Amerika die Schwäche des Pluralismus auf seine Weise überwunden. Es hat die Freiheit des Individuums abgebaut, ohne diese Freiheit durch *willkürliche* Gesetze oder gezielte Propaganda einzuschränken. Im Gegenteil, es wacht mit Inbrunst darüber, daß die formalen Garantien der Freiheit nicht außer Kurs gesetzt werden.

Es ist Verpflichtung auf die Gemeinschaft, zu der man als Amerikaner vom Kindergarten an erzogen wird; Erziehung zum Zusammenleben, aber nicht zum Zusammenleben der Menschen schlechthin, sondern der Amerikaner. Sie werden gewissermaßen zu einer Kaste der Menschheit erzogen, zu einer oberen Kaste, nicht zu einem Volk unter anderen Völkern. (Genauso, aber auf anderer Basis, die Kommunisten.)

Amerika hat keine politische Struktur mehr, die sich in politischen Parteien abzeichnen könnte. Bis zur Physiognomie der Spitzenkandidaten geht die Übereinstimmung der beiden rivalisierenden Organisationen, die selbstverständlich keine Parteien im europäischen Sinn mehr sind. Die amerikanische Gesellschaft wäre durchaus reif dafür, ihre Führungskräfte nach kommunistischem Verfahren auszuwählen und an die Spitze zu schieben. Im Grunde ist das große Theater der Präsidentenwahl nur noch eine Verbeugung vor der Tradition, das die Amerikaner einmal teuer zu stehen kommen könnte.

Auf der ganzen weiten Erde existieren noch 13 parlamentarische Demokratien, in denen das wertfreie numerische System der Delegierung von Macht in freier Konkurrenz politischer Parteien im wesentlichen noch sinnvoll angewendet wird.

Die militärischen Organisationen des westlichen Lagers umfassen 24 Staaten, von denen nur 9 zu den eben aufgezählten 13 gehören. Dazu kommen 27 Staaten mit prowestlicher Tendenz, die keine Mitglieder militärischer Bündnisse sind, und von diesen sind wiederum nur 4 als stabile parlamentarische Demokratien anzusehen: Irland, Österreich, Schweden und die Schweiz.

Man stelle sich Amerika in unserem gesellschaftlichen, moralischen und politischen Zustand vor – der doch das Ergebnis einer fünfzehnjährigen demokratischen Idolatrie ist! – wer könnte daran zweifeln, daß ein solches Amerika MacArthur in Korea freie Hand gelassen, in Ungarn sich eingemischt, in Ägypten gemeinsame Sache mit England und Frankreich gemacht, und vielleicht sogar die Berliner Blockade 1948 zu einem Panzerraid von Helmstedt nach Neubabelsberg benützt hätte – so daß also längst die Welt in einem atomaren Krieg ruiniert worden wäre.

Die Kriegspause verdanken wir nicht schlechthin den Atomwaffen, sondern den Atomwaffen in den Händen zweier Großmächte, die so durch und durch antiliberal sind, daß sie sich in diesem Punkt einander ähnlich sehen wie ein Ei dem andern.

Was die abhängigen Völker von Amerikas Wirklichkeit übernommen haben, sind einige Details der Inszenierung des american way of life von Hemingway bis zu den Bluejeans. Das also, was sich nachäffen läßt. Was die Amerikaner politisch exportierten, in unfaßlicher Verblendung als Ideal empfahlen, war Demokratie alten, ja ältesten Stils, war dieselbe, die sie zu Hause so vollständig überwunden haben. Sie tobten ihren sentimentalen Demokratismus aus. Ich schrieb unter dem frischen Eindruck dieser Fehlleitung 1947: »Ein Volk – gemeint ist das deutsche – das insgesamt nicht mehr politischen Weitblick besitzt als irgendein Kegelbruder, eine Masse, die zwölf Jahre lang den erbärmlichsten Schurken, die jemals Macht besaßen, zugejubelt hat, und endlich so weit war, ihre politische Unfähigkeit sich selbst einzugestehen, wurde von Militärregierungen, die ihrem Wesen nach der äußerste Gegensatz zur demokratischen Regierungsform sein müssen, unter dem Schlagwort ›Demokratie‹ zu politischen Willenskundgebungen aufgefordert. Sie haben nur dann Sinn, wenn die Absicht besteht, einen deutschen Staat mit allen Requisiten aus einer ad absurdum geführten Epoche wieder aufzurichten.«

Was hier gesagt wird, wird als von einem linken Standort gesprochen aufgefaßt werden. Warum eigentlich?

Alle hier vorgetragenen Überlegungen kreisen um einen Punkt: was muß der Westen tun, um politisch so stark zu werden, daß er sich auf eine allgemeine Abrüstung, auf den Frieden einlassen könnte?

Es ist sehr merkwürdig, daß man auf diese Weise in den Geruch kommt, ein Linker zu sein. Nicht, daß ich etwas dagegen hätte. Aber muß es nicht nachdenklich stimmen, daß diejenigen, die die Worte Freiheit und Christentum gar nicht oft genug gebrauchen können, sich offenbar überhaupt nicht mehr vorstellen können, daß man sie nur bei diesen Worten zu nehmen braucht, um die Fragwürdigkeit ihrer Position zu enthüllen?

Es gibt eine Kritik an der Demokratie, die auf die Wiederherstellung möglichst idealer demokratischer Zustände abzielt. Hält man den Pluralismus für zu Ende exerziert, wie ich es tue, und die Entartung seiner politischen Ordnung für unvermeidlich, so wird man die redlichen Bemühungen, die sogenannte Verfassungswirklichkeit durch die Verfassung zu korrigieren, als Bemühungen mit falscher Stoßrichtung ansehen. Was da an Argumenten aufgeboten werden kann, wischt die Praxis mit einer Handbewegung unter den Tisch. Männer, die in unserem Staat auf diese Weise Unheil verhüten wollen, verdienen Hochachtung, aber es kommt mir so vor, als ob sie an einer Startbahn für Düsenjäger wohnten und einem Nachbarn Zettel ins Haus schickten, er möge doch das Radio leiser stellen, damit mehr Ruhe sei.

Nichts erscheint mir selbstverständlicher, als daß man Adenauer dafür bewundert, wie er die Demokratie überfahren hat. Was könnte von einer pluralistischen Gesellschaft, welche die ihr gemäße Freiheit als Luxus empfindet und sich schon einmal in die Arme des Faschismus gestürzt hat, anderes erwartet werden, als daß sie einen Mann verherrlicht und ihm gehorcht, der ihr zum zweiten Mal in so kurzer Zeit erlaubt, ihre Schwäche und ihre Angst zu kompensieren?

Der Leser wird Verständnis dafür haben, daß ich diese langen, allzu umständlichen Ausführungen aus dem Jahr 1960 nicht ohne Unbehagen nach fast dreißig Jahren gelesen habe. Gerade deshalb glaubte ich, sie in dieses Buch aufnehmen zu sollen.

1961

Wir treten in das Jahr 1961 ein, dessen Hauptereignis aus deutscher Sicht – aus west- wie ostdeutscher Sicht – die Abgrenzung des Ostteiles der Stadt Berlin durch den Bau der Mauer war. Daß es darüber keine gedruckte Stellungnahme von mir gibt, sei mir Anlaß, zu meiner Art, politischen Journalismus zu betreiben, eine grundsätzliche Bemerkung zu machen. Zeitgeschichtliche »Hauptereignisse« habe ich nur berichtenderweise wahrgenommen, wenn ich sie an Ort und Stelle miterlebte. Beispiel: die Nationalisierung des persischen Öls. Ich habe sie gedanklich, nicht aber journalistisch registriert, wenn ich darüber nur von den »Medien« (und aus Agenturmeldungen) informiert war. Was ohnehin die Frontseiten der Zeitungen, die Primärnachrichten im Hörfunk und Fernsehen der Öffentlichkeit entgegenbrüllten, provozierte mich nicht zu gedruckten Randbemerkungen. An deren Stelle traten über die großen Probleme großflächige Analysen, veröffentlicht in Druck oder in Sälen gesprochen, und schließlich in Büchern vorgelegt. So schrieb ich den stark autobiographischen Kriegsroman über den Frankreich-Feldzug: *Sieg, Sieg!* (ebenfalls von Rowohlt verlegt), hielt in der BRD 11 Vorträge und drei an

243

den Universitäten Oslo, Göteborg und Stockholm, die letzteren unter dem Titel *Deutschland ist wieder eine große Macht* (ein Zitat von Adenauer!). Beim englisch gesprochenen Vortrag in einem feierlichen Saal der Stockholmer Universität erhob sich der Botschafter der BRD nach einer Viertelstunde und ging türenknallend hinaus, was auf die Schweden einen miserablen Eindruck machte. *Stasera*, eine neue, sehr lebendige Abendzeitung der kommunistischen Partei Italiens, druckte ab Ende 1961 Wochenkommentare von mir, womit ich der Springerpresse den Beweis geliefert hatte, Kommunist zu sein. Was ich für Italien schrieb, wurde natürlich nicht in Hamburg gelesen. Mit einer Filmfirma kam es zu einem Vertrag über *Die weiße Rose*; das Projekt scheiterte in einem frühen Stadium der Verwirklichung an dem Widerstand der Familie Scholl. (Viele Jahre später gab sie ihn gegenüber einem anderen Team auf.)

So erklärt sich, daß ich beispielsweise überhaupt keinen Text zitieren kann, der sich auf das berühmte Treffen von John F. Kennedy mit Nikita Chruschtschow in Wien bezöge, noch einen gedruckten Kommentar zum 13. August in Berlin. Zum Tag des Mauerbaues gibt es nur einen privaten Brief vom 15. August 1961:

MIT BLOCH UND KLEMPERER. Wir haben einen seltsamen Tag hinter uns. M. und ich waren in eine Villa im Herzogpark [Stadtteil in München an der Isar] eingeladen zusammen mit dem Ehepaar Bloch und dem Dirigenten Klemperer. Nach dem Tee setzte sich Klemperer an den Flügel und spielte und sang eine Klagekantate über Auschwitz, aber wenn ich sage, er habe einen vermutlich selbstverfaßten Text gesungen zu einer schlimm impressionistischen Begleitung, so stimmt das nicht. Er sang nicht, er heulte wie ein geschundener Hund. Es dauerte fast eine Stunde, einerseits war es schrecklich, andererseits großartig. In diese unversehens dramatisierte Situation kam nun übers Telefon eine erste Nachricht von den Berliner Ereignissen, und wenn nicht Bloch am Tisch gesessen hätte, der davon aufs allerschmerzlichste berührt sein mußte, hätte ich gesagt: Gottseidank, das ist die ungefährlichste Lösung. Aber ich sagte es nicht, ich schwieg mich an diesem Teetisch mit seinen Silberkannen aus. Wir dürfen sicher sein, daß wir nun über Jahre zu hören bekommen, diese DDR sei ein Staat, der seine Bürger einmauern müsse, damit sie ihm nicht davonlaufen, und tatsächlich baut er die

Mauer eben deswegen, weil ihm zuletzt jeden Tag vor allem aus den oberen Schichten Tausende und mehr abhanden gekommen sind. Die eigene Rolle bei diesem Exodus und überhaupt die Grundsituation, die ja keine sowjetische, sondern unsere deutsche Erfindung ist, wird nun erst recht nicht mehr wahrgenommen werden. Inzwischen hat sich ja herausgestellt, daß unsere Schutzmacht die Sache hinnimmt, und nur die Rücksicht auf unsere politische Spinnerei hält sie davon ab, uns ihr tiefes Aufatmen, daß das Problem so defensiv gelöst ist, nicht hören zu lassen.

Ernst Bloch schrieb an den Präsidenten der Ostberliner Akademie der Wissenschaften:»Nach den Ereignissen vom 13. August, die erwarten lassen, daß für selbständig Denkende überhaupt kein Lebens- und Wirkungsraum mehr bleibt, bin ich nicht mehr gewillt, meine Arbeit und mich selber unwürdigen Verhältnissen ... auszusetzen. Mit meinen 76 Jahren habe ich mich entschieden, nicht nach Leipzig zurückzukehren.« Im Klima neuer antikommunistischer Aufhetzung war Albert Schweitzer, Orgelspieler, Menschenfreund, »Urwalddoktor«, zum Feigenblatt der Humanisten geworden. Dafür taugte er nicht mehr, als er Ulbricht einen verständnisvollen Brief schrieb, ganz ohne westdeutschen Schaum vor dem Munde.

Das Idol aus den Wolken geholt. Als meine Kinder in die Volksschule eintraten, lernten sie dort in Person zuerst ihren Lehrer, dann den Hausmeister und bald darauf auch den Direktor kennen. Oder den Hausmeister zuerst. Im Klassenzimmer stießen sie auf die figürlichen und bildlichen Darstellungen von Christus am Kreuz, Heuss am Schreibtisch (das war noch vor Lübke) und Schweitzer im Urwald. Manchmal fehlte Heuss, aber Schweitzer fehlte niemals. Denn das Ziel der deutschen Schulerziehung ist der menschliche Mensch, und selbstverständlich der christliche, und wenn wir uns umschauen, sehen wir ja überall, wie nachhaltig diese Erziehung wirkt.

Nicht lange, kaum konnten sie lesen, lasen meine Kinder über Albert Schweitzer. Die einschlägigen Kinderbücher haben sich bei uns angesammelt. Wir erfuhren:»Er fand es wichtiger, einen Regenwurm auf der feuchten Erde zu beobachten, der sich ein Loch grub, obwohl er keine Füße und Schaufeln besaß.« Eben! Der menschliche Mensch ist gegen die Technik, der Regenwurm als Symbol prägt sich dem kindlichen Gemüt ein, neben den Automarken, den Flugzeugunglücken und der Atomfurcht. »Er schwor sich, nie im Leben ein studierender und schreibender Mensch zu werden.« Ich kann versichern, daß meine Kinder in diesem Punkt das Idol ernst nehmen. Aber: »Wirst es nie bereuen, lesen und schreiben zu lernen, versicherte ihm der Vater.« Eben! Ein bißchen gerüstet für die moderne Welt sollten doch auch echte Schweitzerianer sein.

Das Volk, das dergestalt einen lebenden Menschen in die Vorstellungswelt seiner Kinder falsch verpackt einschmuggelt, muß es nötig haben. Und wir hatten ihn ja wirklich nötig, 1945, als uns die Sieger nicht mehr erlaubten, Nazi zu sein, und auch noch 1961, seit uns einige Sieger erlauben, es mehr oder weniger wieder zu werden. Wir haben uns Albert Schweitzer wie einen Orden angesteckt, den uns niemand verliehen hat, damit das Hakenkreuz etwas weniger deutlich in Erscheinung trat, und unsere Gier nach Atomwaffen manierlicher aussieht. Albert Schweitzer, im Elsaß geboren, in Afrika lebend, wenn nicht auf Reisen, wurde ein ganz und gar deutscher Gegenstand, und von seinem Friedensnobelpreis fühlten wir uns alle gewaltig geehrt. Fragt sich nur, ob wir, aufs ganze gesehen, die Ehre verdienen.

Ein rechter Glücksfall, dieser Albert Schweitzer, für ein unpolitisches Volk, das sich nie selbst verstanden hat. Er ist so wundervoll unverbindlich und hat uns doch aufs großartigste vorgelebt, wie der menschliche Mensch in Praxis aussehen kann, und der christliche gleich dazu. Der individuelle Fall Albert Schweitzer ist moralisch so vollkommen, daß er beinahe ästhetische Reize hat. Da fehlt nichts einschließlich einer kontinuierlichen Selbstinterpretation. Und der Urwald gehört unlösbar dazu. Dort hat Schweitzer sich und das Seine zur Weltgeltung entwickelt. Wer ihm wirklich nachleben will, muß nach Lambarene gehen oder an einen vergleichbaren Ort. Lambarene ist keineswegs überall. In Bochum nicht. Wer geht schon nach Lambarene? Ein paar. Die andern? Sie lernen ihn in der Schule. Dann verlassen sie die Schule, werden Staatsbürger, und jetzt müßte sich das Idol bewähren – in der Praxis der Demokratie. Aber es bewährt sich nicht, es geistert nur durch Schulaufsätze und Festreden.

Das hat er uns leicht gemacht. Es gibt bei ihm keinen Hinweis, wie die Gesellschaft, die moderne, hiesige Industriegesellschaft beschaffen sein sollte und wie die Dinge mit der Delegation der Macht heute und hier geregelt werden müßten, damit man nicht in den Urwald zu gehen brauchte, wenn man nach den Idealen eines Albert Schweitzer leben möchte.

Aber mit Albert Schweitzer kann man sich beruhigen. Der einzelne darf sich sagen: Wenn ich kein Albert Schweitzer bin, dann liegt es eben daran, daß ich nicht so ein Kerl bin wie er, naja, nicht jeder kann ein Großer sein! Und er wird ihn bewundern, um sich nicht allzu sehr verachten zu müssen. Das Idol übernimmt Stellvertretung.

Wenn ich dergleichen vor drei Monaten geschrieben hätte, wären die Schweitzer-Bewunderer (und wer ist es nicht) böse geworden. Was, der will unserem Albert Schweitzer etwas am Zeug flicken? Jetzt flicken sie alle selber an ihrem Idol herum. Ich befinde mich in der allerbesten Gesellschaft. Wie kommt solches?

Ganz böse Menschen haben das Idol aus den Wolken seines Humanismus auf die politische (deutsche) Erde heruntergeholt. Das Gesicht, das uns aus jedem Lesebuch freundlich anlächelt, schaut uns plötzlich vom Wahlplakat einer Partei an, die der Innenminister nur deshalb vorerst nicht zu verbieten fordert, weil sie seinen Gegnern schadet; und, o Graus, von der Titelseite des Parteiorgans der SED, zusammen mit dem Genossen Ulbricht. Und in beiden Fällen hat zwar nicht das Idol, aber Herr Dr. Albert Schweitzer, geboren am 14. Januar 1875 in Kaysersberg und noch keineswegs gestorben, unmittelbar Erlaubnis und Veranlassung gegeben.

Nun werfen jene mit Steinen auf ihn, die ihm (west-)deutsche Friedenspreise und höchste Orden verliehen haben, stellen ihn als einen Trottel hin, der nicht wisse, was er tue, fordern ihn auf, noch einen Brief an Ulbricht zu schreiben, aber einen ganz andern, und die allerhurtigsten Federn schreiben z. B.: »Bewiesen ist freilich mit Schweitzers Eloge für Walter Ulbricht nichts, was nicht schon vorher bekannt war: der ausschließlich moralisch begründete politische Standpunkt, die sogenannte ›Gesinnungs-Ethik‹ führt auf dem politischen Felde notwendigerweise zu verhängnisvollen Fehlschlüssen.« Auf diesen Tenor ist alles gestimmt, was jetzt über Schweitzer geschrieben wird, und eine etwas weniger vornehme Zeitung als die *FAZ,* aus der jenes Zitat stammt, nämlich die *Deutsche,* macht aus dem »Irrtum« Schweitzers gleich einen Angriff gegen jene, die sie fellow travellers nennt.

Das ist nun freilich peinlich, wenn die Schulkinder und die fellow travellers plötzlich dasselbe Idol beanspruchen dürfen – aber es ist nicht peinlich für Schweitzer, sondern für diejenigen, die in unserm Land den ganzen Schweitzer-Rummel inszenierten. Die Panne läßt allzu deutlich erkennen, warum sie's getan haben: eben weil er politisch unverbindlich war und ist.

Wenn es plötzlich einen gesamtdeutschen Albert Schweitzer gibt, es möge niemand glauben, die beiden Deutschland seien sich im Irrtum dieses Mannes begegnet. Es handelt sich nur um einen Fall gesamtdeutscher Heuchelei.

1962

Die wackeren *Werkhefte* druckten im Januar den zweiten Teil meines Monster-Manuskriptes, aus dem dann auch der Text der Reden entstand, die ich in diesem Jahr gehalten habe.

UNSERE VERTEIDIGUNG DER FREIHEIT KOSTET UNS FRIEDEN UND FREIHEIT. Ob die Amerikaner verstanden haben, in welcher Weise sie die Demokratie in Westdeutschland abwerteten dadurch, daß sie Adenauer erlaubten, sich als den einzigen Garanten ihrer Hilfe und ihres Wohlwollens aufzuspielen, ist mir fraglich. Dies zu sein, behauptete er und setzte hinzu, die Amerikaner zögen ihre Truppen und ihre Dollars aus Westdeutschland zurück, wenn man ihnen nicht durchaus zu willen sei.

Kein deutscher Politiker hätte etwas anderes tun können als sich mit den Amerikanern gut stellen, wenn er sich nicht mit den Russen einlassen wollte. Bis auf eine verschwindende Minderheit waren sich Volk und Parlament in einer prowestlichen Generaltendenz einig. Die Unterschiede beschränkten sich auf die Beurteilung der Weite des Spielraumes deutscher Politik innerhalb dieser Generaltendenz. In ihnen äußerte sich außenpolitisch westdeutsche Demokratie. Ihr setzte der Bundeskanzler die außenpolitische Erpressung entgegen, die die Amerikaner stillschweigend zuließen. Er behauptete, der Spielraum sei Null und die Bundesrepublik habe sich fugenlos mit den amerikanischen Interessen zu identifizieren. Nicht die immer knappe Mehrheit im Parlament, sondern diese Stellung des Garanten der amerikanischen Interessen schenkte Adenauer die antidemokratische Machtfülle, nach der er begierig ist.

Man könnte etwas zynisch sagen, daß die Demokratisierung des in der Wolle gefärbten Nicht-Demokraten Adenauer darin besteht, daß er das Volk wenigstens soweit zur Kenntnis nimmt, als er es propagandistisch bearbeiten läßt.

Um die weltanschauliche Schwäche auszugleichen, wird hinter dem Wall der Waffen eine Art Negativ des Kommunismus propagandistisch erzeugt. Alles, was böse ist, ist des Feindes, alles, was gut ist, gehört dem eigenen Lager zu! Diese Grundregel, deren Durchsetzung bei uns bereits nicht mehr der Propaganda überlassen bleibt, sondern auch mit den Mitteln der Macht, mit Verleumdung, Bedrohung, Boykott, Berufsverboten, Kaltstellungen, Eingriffen der Geheimdienste des In- und Auslandes in die private Sphäre erzwungen wird, bedeutet die Zerstörung jener einzigen Freiheit, die der pluralistischen Gesellschaft und ihrer politischen Ordnung erreichbar ist: tun und lassen zu können, was der einzelne will; wobei die Grenzen dieser Freiheit vom Mehrheitsprinzip objektiv festgelegt werden können und müssen. Der Bodensatz materieller Freiheiten, der uns verblieben ist und den Anschein freier Verhältnisse erweckt, bildet einen Teil unseres Wohlbehagens und ist die Ursache dafür, daß die Gesellschaft den Verlust viel wichtigerer Freiheiten hinnimmt. Für die Zukunft der Gemeinschaft, in der wir leben, haben die uns verbliebenen Freiheiten nicht die allergeringste Bedeutung. Mit dem Freund-Feind-Schema ist der Spielraum für eine elastische Politik innerhalb einer prowestlichen Tendenz tatsächlich auf Null zusammengeschrumpft, wie es der verantwortliche Politiker von allem Anfang an behauptete und anstrebte.

Mit der Totalisierung des Feindes erreicht man eine Abtrennung des Volkes von der Wirklichkeit. Wie gut kennen wir das aus der Geschichte des deutschen Faschismus unter Hitler! In der Bundesrepublik wird ein dokumentarischer Film über das Dritte Reich gezeigt unter dem Titel »Mein Kampf«. Wer es miterlebt hat und vielleicht damals die Ver-Rückung der Urteilskraft nicht völlig mitgemacht hatte, sieht fassungslos diesen Schmierenkomödianten letzter Sorte wie Hitler, Goebbels und Göring auf der Leinwand zu. Und die jungen Menschen sagen zu ihren Eltern: Was müßt ihr für Idioten gewesen sein, daß ihr darauf hereingefallen seid. Wenn die Politik, die heute gemacht wird, es überhaupt noch zuläßt, daß nach zwanzig Jahren Dokumentarfilme aus unserer Zeit vorgeführt werden, wenn es noch Städte und Kinos gibt, dann werden die Übriggebliebenen von heute und eine neue Generation wieder mit gleicher Fassungslosigkeit die Reden Adenauers, Straußens, Erhards, wenn er von Schlesien spricht, der Funktionäre, der Flüchtlingsverbände und die Dokumente unserer Presse sehen, hören und lesen.

Ich zitiere aus einem großen Sonntags-Leitartikel der *Welt*: »Denn die Bundesregierung hat in der Vergangenheit und in der Gegenwart nur von den Grenzen des Deutschen Reiches von 1937 gesprochen, und dabei wird es bleiben.« Das wird geschrieben, und dagegen rührt sich kein Widerspruch mehr.

Gegen einen derart lebensgefährlichen Unsinn wird in Zukunft um so weniger Widerspruch lautwerden, als just in dem Zeitpunkt, in dem die Regierungspolitik durch die Veränderungen der amerikanischen Politik den letzten Rest an Glaubwürdigkeit für ein durch Propaganda nicht verdunkeltes Gehirn eingebüßt hat, die Opposition sich einem durch Erpressung geschaffenen innenpolitischen Sachverhalt beugt und sich eben auf diese Politik festlegt.

Die Opposition hat sich mehr oder weniger immer der Ansicht untergeordnet, die Adenauer zum Beispiel in seiner Rede vor dem Bundestag am 18. Oktober 1952 wie folgt formuliert hat: »Die Sowjetunion wird dann zu vernünftigen Verhandlungen bereit sein, wenn sie einsieht, daß weder im heißen noch im Kalten Krieg Erfolge für sie weiterhin zu erreichen sind. Es sind aber dann keine Erfolge mehr für die Sowjetunion zu erreichen, wenn der Westen stark und geschlossen ist.«

Man wird die führenden Männer der SPD nicht verdächtigen dürfen, sie hielten Adenauers »einzig möglichen Weg« jetzt plötzlich für den richtigen, nachdem er der unmöglichste von allen geworden ist. Wenn sie trotzdem ihre einzige Chance, eine Mehrheit zu bekommen, darin sehen, auf diesen Weg einzuschwenken, der unter den gegebenen Umständen der denkbar extremste ist, abgesehen von militärischen Aktionen, die noch extremer wären, dann heißt das, daß die Demokratie zusammengebrochen ist.

Presse, Rundfunk und Fernsehen werden auf verschiedene Weise außer demokratischer Funktion gesetzt. Vor einiger Zeit präsentierte das Bundespresseamt die Papiere eines aus der DDR übergelaufenen Malinkowski, nicht diesen selbst, um zu beweisen, daß sich die Regierungen der DDR mit Angriffsabsichten auf die Bundesrepublik trage. Die Papiere erwiesen sich bei näherem Zusehen als völlig ungeeignet für diesen Beweis.

Aber das Bild der westdeutschen Presse sah am nächsten Tag folgendermaßen aus: Über 90 Prozent aller deutschen Zeitungen, darunter alle großen Blätter mit einer Ausnahme, hatten diese nur im Bereich der Propaganda überhaupt zu wertende Nachricht auf der ersten Seite gebracht, und hier wiederum nur mit einer Ausnahme an erster Stelle als sogenannte Schlagzeile oder Aufmachung. Die Überschriften lauteten in der *Stuttgarter Zeitung*: »Pankow bereitet Angriffskrieg vor«, in den *Stuttgarter Nachrichten*: »Beweise für Pankows Angriffsabsichten«, in der *Deutschen Zeitung*: »Überläufer legt Pläne über Kriegsvorbereitungen der Zone vor«, in *Bild*: »Pankow drillt Armee für den Bürgerkrieg«, in der *Welt*: »Bonn: Pankow plant bewaffneten Überfall«, in der *Donau-Zeitung*: »Angriffspläne gegen Westdeutschland von Deserteur der Volksarmee verraten«, und in der *Abendzeitung*/München: »Sowjetzone plant Angriffskrieg«. Die Liste läßt sich durch die ganze Presse fortsetzen.

Das könnte das Bild der Presse eines kommunistischen Staates sein. Da es nicht das Bild der Presse eines kommunistischen Staates ist, kann es nur das Bild eines faschistischen Staates sein. Undenkbar, daß eine obskure, in ihrem Wahrheitsgehalt äußerst dubiose Meldung in der Presse eines demokratischen Staates, etwa in der Schweiz oder England, eine derartige Verbreitung gefunden hätte.

Die Vorstellung geistert im Westen herum, die Spannung zwischen Ost und West werde sich eines Tages dadurch ausgleichen, daß sich zwei materialistische Konsumgesellschaften tolerieren. Diese Schau halte ich für irreal, sie ist überdies eminent westlich und durchdrungen von dem Ressentiment, der Kommunismus sei ja gar keine Ideologie, und das Kleinauto vor der Tür sei die Lösung der sozialen Frage.

Wir haben keinen Anhaltspunkt dafür, wie eine kommunistische Evolution in absehbarer Zeit eine pluralistisch-kapitalistische Gesellschaft hervorbringen könnte, so sehr wir auch von diesem Wunschbild träumen mögen.

Die Herausforderung ist hier und heute an uns ergangen, ihr müssen wir uns stellen. Ihr werden wir unsere »Freiheit« opfern müssen, wenn wir nicht Kommunisten werden wollen. Das heißt aber, Demokratie von unten neu bauen. Wie die anderen gesellschaftlichen Voraussetzungen *formal* beschaffen sein werden, ist gegenüber der Frage, wie man den Pluralismus ideologisch überwindet, ein durchaus sekundäres Problem. Wir haben doch erlebt, daß die Form nichts besagt. Die Verfassungsmacher von 1948/49 haben sich raffinierte formale Garantien der pluralistischen Freiheit ausgedacht, und zwölf Jahre später leben wir in den Vorformen eines neuen anti-ideologischen Faschismus. Wir haben nicht Häuser zu bauen, sondern Fundamente zu legen.

Weiß noch jemand, wer Gunter Sachs ist? Die Frage ist unfreundlich, denn er lebt ja, ist quicklebendig, wenn auch nicht mehr der Playboy Nr. 1. Er war einmal mit Brigitte Bardot verheiratet, so etwas vergessen *Spiegel*- und *Bravo*-Leser nicht ganz. Gleichwohl zögerte ich, aus diesem Bericht über einen Besuch bei Gunter Sachs zu zitieren, seinerzeit veranlaßt von dem Gerücht, er wolle die geschiedene Frau des Schahs, Soraya, heiraten. Ich entschloß mich dazu, weil in den sechziger Jahren nicht nur die Regenbogenpresse Klatschgeschichten zuhauf brachte, was sie nach wie vor tut, sondern weil ganz allgemein Figuren wie die persische Tochter einer deutschen Mutter und der damalige Industrieerbe Sachs zu Leitbildern des Erfolges, des Reichtums, einer internationalen Lebensführung geworden waren, von jedermann und -frau beneidete Existenzen. Mit Sachs von 1962 erinnere ich an eine zeittypische Erscheinung, die, so wurde es gesehen, auf den Höhen der Menschheit wandelte und ihre Kapriolen trieb.

ZWISCHEN SCHWEINFURT UND SORAYA. Der Diener im weißen Jackett führte mich in den Raum, und ich tat so, als hingen bei mir zu Hause auch so viele echte Cranachs an den Wänden. Ich sah sie gar nicht. Später entdeckte ich auch die echte Riemenschneider-Madonna über dem Kamin in dem bescheidenen Jagdhaus.

Riemenschneider sagte ich?

Riemenschneider! sagte der Mann, dessen angeblich bevorstehende Hochzeit mit Soraya die Weltpresse mehr erschüttert hat als das Erdbeben in Persien.

Das ist ja fein, sagte ich. Lesen Sie Zeitungen?

O doch, ja, gewiß, sagte er beinahe verwirrt, ich muß ja wohl, besonders in den letzten Tagen, vorne auf *Bild*, hinten auf *Bild*, Titelseite France Dimanche, in Oggi, in Stasera, in Schweden, in Amerika, in ...

... und im *Stern* für den ich hier bin, sagte ich, kurz, die Weltpresse. Wie kommen Sie sich vor?

Scheußlich, absolut scheußlich.

Sie lesen also, was man über Sie schreibt, Herr Sachs?

Ich kann nicht umhin. Warum fragen Sie?

Weil ich mir vorstellen könnte, antwortete ich, Sie wüßten gar nicht, daß Sie die Prinzessin Soraya heiraten werden, wenn Sie keine Zeitungen läsen. Oder wissen Sie es von der Prinzessin?

Aber, aber ...

Könnte sein, sagte ich, die Sache spielt doch an der Côte d'Azur, Meer, weiße Villen, strahlender Sommer ..., und Sie haben sich verliebt ...

Gewiß, ja ...

Dann ist das jetzt vorbei, ich meine nicht das Verliebtsein, aber die Côte d'Azur, der Sommertraum, die Unwirklichkeit, Sie kehren in die Wirklichkeit zurück, vorausgesetzt, Ihr Leben hat überhaupt eine Wirklichkeit ...

Warum nicht? Natürlich hat es ...

Wenn man den Zeitungen glaubt, dann nicht. Ich würde sagen, die Definition des Playboys ist, daß er keine Wirklichkeit hat ... und Sie, Herr Sachs, sind doch der deutsche Beitrag zur Entwicklungshilfe des Playboys ...

Glauben Sie den Zeitungen nicht! sagte er.

Eben, eben, ich glaube ihnen ja nicht.

Es ist schrecklich, sagte er, jetzt bringen sie schon Bilder von meinem sechsjährigen Sohn, Stiefmutter Soraya ... es ist kindisch.

Nun haben Sie sich hier heraufgeflüchtet in das kleine Jagdhäuschen mit den Cranachs ...

Das ist nicht meine Welt hier, wir haben das geerbt, mein Bruder und ich.

Wir traten auf die Terrasse. Die Wolken gingen gerade auf, der Blick ins Inntal und auf den Wilden Kaiser öffnete sich.

Was werden Sie jetzt tun?

Ich fahre mit meinem Freund nach Schottland – wir wollen uns Schlösser anschauen und Galerien. Wir werden erst mal unsere Ruhe haben ...

Paßt gar nichts ins Bild, Herr Sachs, sagte ich.

In welches Bild?

In das Bild, das man sich so von Ihnen macht als Zeitungsleser. Als ich gestern abend zu Hause beim Essen erzählte, ich führe zu Ihnen, da sagte mein ältester Sohn, Mensch, sagte er, das kannst du doch nicht machen. Warum nicht? fragte ich zurück und stellte mich dumm. Aber das ist doch der, sagte mein Sohn, der bei Cannes mit der Soraya hundertachtzig fuhr, achttausend Mark Strafe zahlen mußte und dann sagte: Spaß muß sein. Zu so was fährst du?

Ihr Sohn scheint nicht alles gewußt zu haben, sagte Gunter Sachs, bei der Gelegenheit habe ich nämlich auch eine alte Frau totgefahren, und vorige Woche bin ich in einem alten amerikanischen Panzer durch Schwabing in eine Bar gefahren.

Aber was stimmt denn? Irgend etwas muß doch auch stimmen. Sie sagen bemerkenswert wenig zum Fall Soraya, haben Sie das bemerkt?

Kommen Sie, sagte er, gehen wir wieder hinein, trinken wir einen Whisky.

Wir gingen in den Raum mit dem Kamin, den hohen Stühlen, den vielen Geweihen und den vielen Cranachs, und mit dem Jagdbild des Vaters, in Öl, an der Wand, und ich versuchte diesem Leben auf den Grund zu kommen, das in den Zeitungen als ein billiger und mieser Kleinmoritz-Traum in Erscheinung tritt, von der Bar ins Bett, vom Bett auf die Bobbahn, von der Bobbahn in den Sportwagen, und mit dem Sportwagen durch die Bar ins Bett. Ein Traum, gespeist von den Millionen aus Schweinfurt, die dort von einem tüchtigen Bruder und 9000 Angestellten und Arbeitern in den Fichtel & Sachs-Werken verdient werden, die dem Playboy zur Hälfte gehören seit seinem 24. Jahr. Jetzt ist er 29. Vor fünf Jahren erschoß sich der Vater in eben jenem Jagdhaus, in dem wir zusammensaßen, auf dem Tiefpunkt einer Depression ohne jeden sogenannten äußeren Grund. Der Vater war schon die zweite Generation. Der Großvater, ein Schwabe, erfand das beste Kugellager, den besten Freilauf, die beste Rücktrittbremse, fing mit ein paar Arbeitern und mit Herrn Fichtel in Schweinfurt an, als der große kaiserdeutsche Gründer-boom schon vorbei war, und entwickelte mit schwäbischem Geschäftssinn, schwäbischer Tüchtigkeit die Weltfirma. Sie ist ein Familienreich nach wie vor, verzweigt über die ganze Welt, grundsolid durch und durch. Der ohnehin in der Schweiz aufgewachsene Gunter Sachs wurde auf dem Rosenberg bei St. Gallen, in Zuoz und im Internat Lemania in Lausanne erzogen, und dort blieb er hängen. In jedem Sinn. Er tauchte in eine zweite Sprache ein, in die französische, er heiratete eine in Algerien aufgewachsene Französin, erwarb sich am Ufer des Genfer Sees ein Haus, 1956 bekam das junge Ehepaar den Sohn Rolf. Beinahe ein Idyll und: »Ich war kein treuer Ehemann, aber ich war sehr glücklich verheiratet.« Am 23. Juni 1958 verabschiedete sich Sachs von seiner Frau und fuhr zu geschäftlichen Besprechungen nach München für 2, 3 Tage, am gleichen Nachmittag begab sich Annemarie Sachs, geborene Faure, wie verabredet in die berühmte Lausanner Klinik Montchoisi, um sich einer kleinen Operation zu unterziehen, einer Bagatelle. Sie wurde am 24. Juni um 9 Uhr früh operiert, und als Sachs von München aus um 10 Uhr anrief, um sich zu erkundigen, wie es seiner Frau gehe, war sie tot. Während die Patientin aus der Narkose erwachte, hatte sich ihre Zunge, zurückkippend, vor die Luftröhre gelegt, der Tod trat durch Ersticken ein.

Das war also im Juni, und im November desselben Jahres erschoß sich der Vater, Ernst-Wilhelm mußte mit 29 Jahren die Firma übernehmen. Ein halbes Jahr später gab es in der internationalen Mittelmeer-Welt einer reichen dolce-vita-Gesellschaft diesen Gunter Sachs. Wenn er Soraya heiratete, käme er erst so richtig in die gelbe Presse hinein. Obwohl: noch mehr geht fast nicht. »Ich habe immer grell gewählt«, sagt er von sich. Das nenne ich Selbsterkenntnis. Da war also Mara Lane, eine so schlechte Schauspielerin, wie sie auffallend schön war. Dann gab es die Architektentocher Anka Hahn, die gerade dabei war, Schwabing auf den Kopf zu stellen, als sie Sachs aus dem »Käfig« holte. Und dann war da Marina Doria, Weltmeisterin im Wasserskifahren. Die ehemalige Kaiserin von Persien ist auch eine ausgezeichnete Wasserskifahrerin.

Sie fahren auch Wasserski, Herr Sachs?

Ja doch, gewiß.

Und was tun Sie sonst? Ich meine, soweit es nicht in den Zeitungen steht.

Ja, also ... Dann schwieg er.

Heiraten Sie dieses Denkmal wirklich? sagte ich.

Die Praxis dessen, was ich über Gunter Sachs geschrieben hatte, fand ich im Sommer auf der Insel Sylt. Im Sand bei Buhne 16 versammelten sich

DIE STUMMEN NACKTEN VON KAMPEN AUF SYLT. Das alte Kampen, Ort stiller Abkehr und Einkehr zwischen Watt und offener See, zwischen Sand und Heide, geht unter. Ich darf sagen, daß ich dabeigewesen bin in diesem Jahr 1962, als sein Untergang bereits mit Händen zu greifen war.

Denn das hält Kampen nicht aus, die tausend Autos der reichen Nichtprominenten, angelockt von einer Handvoll Prominenz, die die Insel in Flugzeug, Hubschrauber und Motorjacht erreicht, von Haus zu Haus, von Großstadt zu Badestrand in einem Ruck.

Und auch das hält jenes Kampen, das einen Ruf zu verlieren hat und gerade dabei ist, ihn zu verlieren, nicht aus, daß die Inhaber der tausend Autos die Insel Insel sein lassen und von ihr nicht mehr Gebrauch machen, als nötig ist, um braun zu werden außen und sich mit Whisky zu füllen innen.

Dabei ist die Insel so schön wie eh und je.

Sie heißt Sylt.

In ihrer Mitte lag der vornehmste Badeort des kaiserlichen Deutschlands. Westerland. Das ist lange her, aber ich habe doch noch den Klang im Ohr, mit dem in meiner Familie von Westerland gesprochen wurde – damals, als es im ersten Krieg gerade unterging, das kaiserliche Westerland mitsamt seiner feinen Gesellschaft. Sie

256

fühlte sich repräsentativ für den Staat, für das Reich. Die Strandbur-
gen sahen aus wie ein sommerlanger Sedanstag: über und über ge-
schmückt mit Fähnchen und Wimpeln in Schwarz-Weiß-Rot. Die
kleinsten Kinder, kaum daß sie laufen konnten, trugen Matrosen-
mützen mit kaiserlichen Emblemen.

Kampen aber war ein kleines Fischerdorf im Norden der Insel,
das niemand besuchte.

Man wohnte in Kampen, wie sich's traf: unter den Strohdächern
bei den Einheimischen, die noch das Heft ihres Dorfes in der Hand
hatten. Es gab einen Gasthof, das Rote Kliff. Da wurde gegen Ende
der zwanziger Jahre am Montagabend getanzt. Das war das Äußerste, was an Vergnügungen geboten wurde. Keiner kümmerte sich um
den anderen, aber wer Begegnungen suchte, fand sie. Ein reicher
Hamburger wohnte im sogenannten Bahnwärterhäuschen und rief
gegen Mittag mit Kuhglocken seine Freunde zu einem Sektfrüh-
stück. Der Dirigent Klemperer wohnte im Leuchtturm, der Dirigent
Kleiber lief im Watt spazieren und schleppte die Partitur, die er auswendig lernen wollte, vom Gummizug seines Trainingsanzuges gehalten, mit sich herum. Thomas Mann gehörte zu den Gästen.
Dieser oder jener baute sich sein Häuschen, sein Haus. Die Baldners
– er war Cellist im Klingler-Quartett – errichteten am Watt den
Klenderhof – ein Wunder menschlicher Behausung an einem Traum-
platz – und füllten ihn mit Gästen und Musik.

Man lebte mit dem Rücken zur Welt und überließ die Politik jenen, die man verachtete, Hitler etwa. Der machte sie dann ja auch.

Die Nazis ließen Kampen ebenso wie Hiddensee – wo sich um
andere Personen eine ähnliche Enklave gebildet hatte – noch lange
Zeit ungeschoren. Mit Recht hielten sie diese feinen Leute für politisch ungefährlich und bedeutungslos. Nach der Kristallnacht wollten sie allerdings den Klenderhof anzünden, was eine entschlossene
Frau von Opel zu verhindern wußte. Dann war es bald sowieso aus;
das Militär, seit langem und auch heute wieder der Insel zum Tort
dort hingesetzt, beherrschte sie allein.

Das Kampen der Jahre 1945 bis 1949 war dem Kampen von 1925
ähnlich wie ein Ei dem anderen. Ein paar waren gestorben, ein paar
kamen nicht mehr, andere kamen wieder – diesmal aus der richtigen
Emigration. Man begann eine neue Flucht aus der Wirklichkeit. Das

war doch alles so traumhaft schön, diese Ruhe, diese Stille, diese Sonnenuntergänge, dieses einsame Watt, dieser leere Strand, und im Kliff gab es jetzt samstags Musik. Diejenigen, die sich heute zu den ganz alten Kampern rechnen, fingen damals an, sich einzunisten. Ein Bildhauer, der mit seiner Kunst wenig oder nichts verdiente, wurde von Freunden auf den Gedanken gebracht, in einem alten Bunker eine Kneipe aufzumachen. Die »Kupferkanne« entstand.

Nach zwei, drei Jahren sprach man von der »Kupferkanne« in der Bundesrepublik. Ach, Sie waren in Kampen? Waren Sie in der »Kupferkanne«? Natürlich! Wen ich da alles getroffen habe, Meiers aus Düsseldorf und Müllers aus München und Hubers aus Hannover und Schmitz' aus Berlin.

Plötzlich kam Kampen in Mode. Eine neue Flüsterpropaganda verbreitete, Prominenz verbringe ihre Ferien in Kampen. Zuerst war es nur ein Gerücht. Jetzt hat die Gemeinde Kampen dem *Bild*-Verleger Springer erlauben müssen, mit dem Hubschrauber neben seinen Häusern zu landen. Jetzt verbringt der Außenminister, der sich noch als Innenminister ein Haus in Kampen gebaut hat, dort seine Ferien. Und Berthold Beitz, Krupps Generalbevollmächtigter, ist der langjährige Herrscher von Buhne 16. Wenn er sagt: Mich friert's, ich zieh' mich an, merken plötzlich alle, daß sie frieren, und ziehen sich an. Bei Buhne 16 am nördlichen Ende von »Abessinien« badet, wer dazugehört. Einer, der nicht dazugehört, wird dort nicht so leicht einen Strandkorb bekommen.

Der Platz vor der »Sturmhaube« sieht zwischen 11 Uhr vormittags und 4 Uhr nachmittags wie ein Abstellhof der deutschen Auto-Industrie aus. Eine ehemalige Wiese bei den Klärgruben, zwei Kilometer nördlich, hat ein findiger Insulaner für 600 Mark im Monat als Parkplatz gepachtet. Ich schätze, der Mann geht mit 4000 Prozent Gewinn aus der Saison heraus.

Von Porsche bis Ferrari wird alles geboten, was heute als sekundäres Geschlechtsmerkmal des Mannes angesehen wird. Mensch, hörte ich ein Mädchen angesichts des letzten Jaguar-Schreies mit seinem Notsitz hinter vier Meter Motor sagen, ich empfinde gar nichts dabei. Du wirst doch nicht lesbisch, meinte der Freund besorgt, dem dieser Wagen allerdings nicht gehörte.

Mit diesen Fahrzeugen bewegt sich eine neue Gesellschaft täglich höchstens ein paar Kilometer. Vom Hotel oder Haus zum Parkplatz, der möglichst nahe dem Abessinienstrand liegen soll, vom Parkplatz zurück, und zweimal während des Spätnachmittags und abends in die Straße, in der die Lokale liegen: das »Gogärtchen«, das »Pony« und »Charly«.

Früher spotteten wir über bestimmte Typen von Blauem Blut und sagten, sie seien infolge uralten Adels des Lesens und Schreibens unkundig geworden. Dieser Geldplebs und seine Mädchen sind infolge totaler Gedankenlosigkeit sogar des Sprechens unkundig geworden.

Der Tag der Stummen beginnt gegen 10 Uhr unter Strohdächern, oft in Hotelzimmern, primitiver als Jugendherbergen, aber teurer als die Vierjahreszeiten in Hamburg, oder in Appartements, die man für 40 000 Mark gekauft hat. Nur mühsam gelingt es den Männern, die Augen aufzuschlagen, die Whiskylähmung weicht langsam von ihnen. Sie tasten nach der Uhr und wenden sich dabei ein wenig zur Seite. Da liegt das Mädchen noch. Welches ist es denn? Das scheint Renate zu sein. Da liegt sie, die Haare hoch, die Beine fest geschlossen. Sie ist niemals älter als 22 und selten jünger als 16. Jünger kann Scherereien machen, älter macht auch Scherereien, aber andere. Ältere Mädchen, Frauen gar, stellen ja Ansprüche, vielleicht wollen sie unterhalten sein, vielleicht wollen sie, daß man mit ihnen schläft, nicht nur neben ihnen. Das wäre zu mühsam und auch nicht vereinbar mit dem Tageslauf: von elf bis vier Uhr in Sonne, Wind und Meer am Strand, von fünf bis sieben Uhr an der Bar des »Gogärtchen«, von sieben bis elf Uhr an der Bar von »Pony«, von elf bis drei Uhr an der Bar von »Charly«.

Hallo! sagt der Mann mit den grauen Schläfen, während er langsam wach wird.

Aus ihren Whiskytiefen taucht Renate empor. Oder Gisela oder Anja oder Püppi oder Nu. Einfach Nu.

Sie sagt nicht: Hallo! mit der Betonung auf dem O, sie sagt: Haalo! Das gedehnte A wird ein wenig gesungen, und vor dem L die Stimme einen winzigen Augenblick lang ganz weggenommen, so daß eine Pause entsteht: Haa-lo!

Das ist genug geredet für die nächsten Stunden. Man muß sparsam mit den Worten umgehen, man hat nur wenige.

Renate ist keine Spielverderberin, sie wird nicht erzählen, daß ihr der tolle Knabe nur den Pullover über den Kopf zog, bevor ihn der Schlaf überkam. Renate wird den Teufel tun und den Nimbus zerstören, von dem sie und alle ihresgleichen ganz gut leben.

Die Mädchen sind emsig im Hübschsein, liegen lässig herum und umschwärmen die Prominenz, die sie auch nackt erkennen und kennen.

Zwölf sitzen in einer Burg, fünf Mädchen, sieben Männer, jüngere und ältere, Makler, Kinobesitzer, Industriebosse, Bankiers, Kaufleute, Leihhausbesitzerssöhne, Bauunternehmer, Grundstückspekulanten, und was eben so geboten wird.

Sagt einer: Ich geh' ins Wasser, kommst du mit?

Sagt ein anderer: Ich geh' nicht, mir ist's zu kalt.

Sagt ein dritter: Gestern war es noch kälter, da war ich dreimal im Wasser.

Sagt ein Mädchen: Du warst nur zweimal.

Sagt der dritte: Nein, dreimal.

Das Mädchen: Aber ich habe es doch gesehen.

Sagt ein vierter: Was du schon siehst!

Sagt einer: Kommst du jetzt mit?

Sagt der andere: Nein, mir ist's zu kalt.

Sagt ein fünfter, der nicht zugehört hat: Gestern war es noch kälter, da war ich zweimal im Wasser.

Steht ein Mädchen auf, tritt aus dem Kreis und geht auf einen dunkelhaarigen Knaben zu: Haa–lo!

Sagt der dunkelhaarige Knabe: Hallo, Barbara.

Sagt einer: Also wer kommt jetzt mit?

Alle bleiben sitzen, auch der, der gefragt hat. Das Meer rauscht und rauscht, und alle sitzen da und schauen sich an oder schauen nichts an und denken nichts und sagen nichts.

Tausend Wagen nur zu hundert PS, und das ist niedrig gerechnet, macht hunderttausend PS in einem Fischerdorf, das hält das Dorf nicht aus. Das PS-Leitbild wird siegen. Ich weiß es, ich habe es erlebt.

In meinem Hotel wohnte ein Paar, sie 22, er ungefähr 28.

Endlich ein Liebespaar, hatte ich mir gedacht. Beim Frühstück hatten sie den Tisch neben meinem.

Gestern, es war mein letzter Tag, kam er allein und schaute sich suchend um. Sie kam wenige Minuten später. Ihre Begrüßung war kühler. Er fragte, was los sei. Sie sagte ihm, er sei lieb und reizend, »aber weißt du, ich habe gestern abend einen Porsche kennengelernt«.

Er schaute sie traurig an. Er wußte, es war aus.

Es war aus.

In unserem Staat gibt es im Norden Sylt, im Süden Dachau, beide Orte nicht nur geographische Begriffe. Eine israelische Journalistin, Vera Elyashiv, hatte ein Jahr lang die Bundesrepublik in einem kritischen Fernseh-Dokumentarfilm einzufangen versucht. Blutjung, war sie in ein KZ eingeliefert worden, hatte durch seltsame Zufälle überlebt. In Israel war sie Anfang der sechziger Jahre bekannt wie ein bunter Hund, schrieb glänzende politische Artikel, lernte beim Eichmann-Prozeß westdeutsche Journalisten kennen, folgte dann mit schweren Bedenken einer Einladung des NDR, der ihren Film finanzierte. Vor ihr flogen alle Türen auf, aber das bestach sie nicht. Ihr Film, dem ein Buch folgte: *Deutschland kein Wintermärchen*, war so kritisch, daß er schließlich zu einer Zeit gesendet wurde, wo ihn kaum jemand sah: am Ostermontag nachmittags. Heute lebt Vera Elyashiv in London. Ich hatte mit ihr das Lager Dachau besucht. Jedes Auto mit dem Kennzeichen DA machte ihr Pein. Im November fuhr ich von München aus ein zweitesmal, diesmal zunächst allein, zur Stätte des ersten Konzentrationslagers hinaus.

DACHAU 1962. Ein Nebeltag. Ein Februartag ohne Schnee. Man kann über die Autobahn fahren, das ist etwas weiter, aber man nimmt dann Schleißheim auch noch mit. Neuerdings ist das Schloß ein Hotel im Film »Letztes Jahr in Marienbad« geworden. Man schaut es mit ganz neuen Augen an. Mir gefällt es besser als Nymphenburg, es ist der größere Wurf.

Nur Schwäne beleben den kahlen Park. Sie schwimmen im Kanal. Vom Weg aus, der an den Rabatten entlangführt, sieht man das Wasser nicht, auch nicht die Leiber der Schwäne. Nur ihre Köpfe mit einem Stück Hals daran bewegen sich über der Böschung hin und her, hin und her, wie von Schnüren gezogen. So sah ich von der Wüste aus die Schornsteine der Schiffe, die durch den Suezkanal fuhren.

In ein paar Minuten ist man dann in Dachau. Vom Schloßberg nichts zu sehen, grau in grau die Atmosphäre. Ich fahre zur Oberstadt hinauf, es ist viel Betrieb in den Sträßchen, Einkaufszeit am Samstagvormittag. Schloßterrasse, Schloßgarten sind leer. Im Sommer blühen im Garten die wunderschönen Blumen. Wir kommen manchmal wegen der Blumen hierher, die Münchner fuhren schon immer gern nach Dachau. Der Name hatte einen anheimelnden Klang, und im Dachauer Moos waren die Künstler daheim, die Freiluftmaler, Münchner Schule, Abteilung Dachau.

Gerade als ich wieder in den Wagen steigen will, kommt doch ein männliches touristisches Wesen und stellt sich an die Brüstung.

Man sieht nichts, sagt er.

Nein, sage ich, man sieht nichts, aber wenn man was sieht, ist es sehr stattlich. Dort liegt München, dahinter die Berge, unsere ganze Alpenwelt vom Allgäu bis Berchtesgaden, und da drüben halb links das Lager.

Was für ein Lager? sagt der Tourist.

Ach, sage ich, Sie sind von hier?

Nein, sagt er, ich bin aus Würzburg.

Na ja, sage ich, Würzburg ist, was das Lager angeht, besser als Dachau, aber Paris oder Ohio oder Tokio oder Sydney in Australien wäre am allerbesten. Wer dort lebt, weiß über Dachau Bescheid, ich meine über die Zeit, in der es weltberühmt wurde.

Der Herr aus Würzburg kommt mit. Was sieht man da? fragt er.

Das ist auch nicht so einfach zu sagen, antworte ich. Es hängt davon ab, *was* Sie sehen wollen. Wenn Sie jemand fragen … wissen Sie, ich habe das mal gemacht, ich habe rumgefragt, ob sich das lohnt, ins Lager zu fahren? Na, sagen die Leute, na, da fahrn S' net hi, da seng S' gar nix …

Wir fahren die Friedenstraße hinunter, dann rechts, dann links, dann sind wir so ungefähr dort. Zuerst sieht man die Kapelle, ein aufgerissener Turm aus Feldsteinen, in den der Himmel hineinschaut. Böses Eisenwerk hängt in der Öffnung. Eigentlich doch schade, daß der Pater Roth hier keine Gottesdienste mehr abhalten kann, er hat sich so sehr bemüht, der Lagerpater, diesen Kirchenbau durchzusetzen. Aber er ist tot, er hat sich umgebracht. Er war wie dieser Turm, er hatte auch eine aufgerissene Seite.

Das ist das Lager, der Rest davon, erklärte ich meinem Würzburger.

Wir fahren die Mittelstraße hinauf bis zu einem Gitter und wieder zurück. Neben dem Gitter steht eine Telephonzelle, damit die Menschen telephonieren können, die jetzt in den alten Baracken wohnen. Das Telephon ist eine Einrichtung, die erst nach 1945 geschaffen wurde. Ich vermute, daß auch die »Wirtschaft zur Heimat« zu Himmlers Zeiten noch nicht bestand. Blumen stehen hinter den Fenstern, Fernsehantennen ragen über die Dächer, Kinder spielen in dieser grauenhaften Öde, Wäsche hängt von Dach zu Dach, aber es ist immer noch das Lager. Genau das, was man meint, wenn man in Tokio sagt: Dachau. Nur werden sich die Leute in Tokio nicht vorstellen, daß in diesem fabelhaften fernen Land Deutschland, das die ganze Welt mit Waren überschwemmt und Waren kauft, japanische Ferngläser und Kameras und alles mögliche, was die Häftlinge nicht hatten – daß dort in »Dachau« heute Menschen wohnen. Daß es eine Behörde gibt, die sie dort wohnen läßt.

In der kleinen Stadt, in der ich früher lebte, hat sich einmal ein zugeflüchteter Maurer ein Häuschen gebaut, bevor er die amtliche Genehmigung dazu besaß. Man hat dieses Häuschen abgerissen. Der Mann sollte nicht in seinem Haus wohnen. Er hätte ins Dachauer Lager ziehen sollen – hier darf er wohnen. Das stört niemand. Vielleicht sollen die Kinder, die zwischen den Baracken spielen, mithelfen, die Vergangenheit auszulöschen?

Dachau ist ein Weltbegriff. Von hier nahm der Völkermord seinen Ausgang. Dachau ist kein Lager wie andere, es ist Lager Nr. 1, ein Herzstück der deutschen Geschichte. Ein Fünfzigmillionenvolk sollte sich nicht derart in seine geheimsten Karten schauen lassen, daß es so tut, als seien diese Baracken vor der Feldsteinkapelle irgendwelche Baracken. Sie wegreißen und eine feine Wohnsiedlung an ihrer Stelle hinbauen, das wäre die eine Lösung, die perfide Lösung. Die Baracken als Teil eines Monumentes zu betrachten und demgemäß zu behandeln, das wäre die andere Lösung, die würdige, die verantwortungsvolle. Freie Menschen hier einzuquartieren ist überhaupt keine Lösung, sondern nur ein Skandal zu Füßen des bösen Eisenwerks, das in der aufgerissenen Wand der Kapelle hängt.

Mein Würzburger ist sehr erstaunt. Ich schätze, er wird ungefähr dreißig Jahre alt sein, er gehört zu der Generation, die das Dritte Reich nur in seinem Verfall kennengelernt hat und infolgedessen später, als sie denken konnte, von dieser Möglichkeit Gebrauch machte. Ihm will nicht gefallen, was er sieht.

Lassen wir den Wagen stehen, sage ich, es ist nicht weit. Sehen Sie dort, der stumpfe Kamin, der gehört zum Krematorium, aber wir müssen einen Umweg machen.

Wir gehen an einem zweiten Gasthaus vorbei, ein neues Schild ziert seinen Eingang »Gaststätte« steht darüber, sonst nichts.

Sehen Sie dieses Schild? frage ich; vor wenigen Tagen hing da für kurze Zeit ein anderes. Das Etablissement hat einen neuen Wirt bekommen. Der wollte sein Geschäft heben und dachte sich: das fängt an mit einem zugkräftigen Namen. Er ließ ein Schild malen und hängte es auf: »Gaststätte am Krematorium«.

Machen Sie Witze? sagte der Würzburger.

Durchaus nicht. Es nahmen einige Anstoß, Nachbarn von Ihnen, Bamberger, eine Delegation, die sah das nagelneue Schild und protestierte. Aber überlegen Sie mal, der Wirt ist gewiß ein schlichter Mann aus dem Volke, der wollte mehr Bier verkaufen, mehr Kunden anlocken, und dabei kam er auf diesen Namen. Er kennt seine Leute. Die Minderheit, die er nicht kennt, übersah er, darin lag sein Fehler. Übrigens war das früher der Desinfektionsbau.

Was?

Die Gastwirtschaft.

Wir laufen an der Mauer entlang, ein ganzes Stück. Ein Seitenweg überquert den Kanal, jenseits steht ein leeres schmutziggrün gestrichenes Postenhaus, dahinter beginnt das Krematoriumsgelände. Goethe hätte es eine artige Anlage genannt: Bäume und Rasen mit Schlängelwegen, im Sommer auch Blumen. Man kann vom Tor nicht schnurgerade auf das Krematorium zugehen, das erlaubte die Gartenplanung nicht. Wie hat man den Planern wohl ihre Aufgabe gestellt. Macht das einmal ein bißchen hübsch!?

Häßlich ist eigentlich nur noch der Belag der Wege: schwarze Schlacke. Das sollte man ändern. In dem süßen kleinen Kurpark eines Thermalbades an der Marne sah ich einmal die Wege mit quittengelbem Sand bestreut – das sah so reizend aus. Man könnte sich erkundigen, wo es diesen Sand gibt.

»Man« wäre in diesem Falle die Verwaltung der Gärten, Seen und Schlösser. Sie ist nämlich außer für Linderhof und Neuschwanstein auch für das KZ Dachau zuständig. Was soll man schon machen mit einem KZ? In politische Verantwortlichkeit fällt es nicht? Wenn ich mir vorstelle, welche Rolle zum Beispiel Auschwitz im polnischen Staatsleben und im Bewußtsein der Polen spielt, dann wird mir mindestens klar, daß man die Sache auch anders handhaben könnte. Aber natürlich besteht da ein Unterschied: die Polen haben in Auschwitz nicht Millionen Juden ermordet, sondern sie wurden selbst dort millionenfach getötet. Sie sind also Opfer und haben als solche eine Beziehung zur Opferstätte. Welche Beziehung haben wir dazu?

Mein Würzburger wundert sich schon wieder. Das ist aber arm hier, sagt er, als wir vor den Schaukästen im Vorraum des Krematoriums stehen. Er hat recht. Endlich habe ich einen Platz mitten in der Bundesrepublik gefunden, wo es so aussieht, als hätten wir den Krieg verloren und befänden uns im Jahre 1947. Das Herz kann einem so richtig aufgehen, wenn man nicht daran denkt, was sonst so geboten wird bei uns.

Es ist sehr kalt. Ein stämmiger, ein gestandener Mann kommt auf uns zu und spricht schwäbisch. Wir bringen heraus, daß er hier gewissermaßen der Hausmeister ist. Man kann bei ihm Postkarten und Broschüren kaufen. Hinter dem Verkaufstisch surrt ein kleiner Wärmestrahler und kämpft tapfer gegen einen ganzen Winter. Der Mann hat einen dicken Mantel an und friert trotzdem. Er macht uns auf ein paar Dokumente aufmerksam und erzählt erfreut von einer Dachau-Statistik, die er jüngst aus dem Ausland bekommen habe.

Woher haben Sie denn das Material für das Museum?

Na, Sie sehen ja, wir haben nicht viel. So von Zufall zu Zufall, würde ich sagen, man tut, was man kann.

Wie groß ist Ihr Etat?

Etat? sagt er, ha, wer kein Geld hat, braucht auch keinen Geldbeutel. Was uns übrigbleibt vom Verkauf der Photos und Broschüren, davon machen wir das hier. Jetzt bekommen wir aber bald einen besseren Bau drüben im andern Lager.

Sie machen das hier privat? Was sind Sie von Beruf?

Schreiner. Ja, es ist mehr oder weniger meine Sache.

Sie waren Häftling?

War ich, sagt er.

Sie haben Pech, sage ich, König Ludwig II. sollte irgend etwas mit dem Lager zu tun haben, dann könnten Sie hier Denkmäler bauen und Zentralheizung legen und ein Museum aufbauen, na, ich sage Ihnen ...

Der war doch früher, sagt er.

Eben, eben. Der war früher. Märchengestalt, nicht wahr, für Märchen gibt's jede Menge Geld und Teilnahme und öffentliche Aufregung und Zeitungsartikel, kurz, da ist was los, da wackelt die Wand. Aber die Wirklichkeit ... da sind wir nicht so dafür.

Aber die Kapelle ist doch schön, sagt mein vernünftiger Würzburger.

Gewiß doch, sage ich, die Kapelle ist prima, möchte nur wissen, warum sich Pater Roth umgebracht hat ...

Das wissen wir hier alle, antwortet der Schreiner.

Sie haben hier guten Zuspruch?

Ja, sagt er, die Ausländer. Was da alles kommt, sehen Sie sich die Besucherbücher an.

Ich will das ausliegende Buch vom Tisch nehmen.

Nein, sagt er, das geht nicht, das haben wir angeschraubt. Trotzdem ist uns schon eins gestohlen worden. Warten Sie, ich bringe Ihnen die andern.

Er bringt ein halbes Dutzend graue Bände. Einer ist rot, da gab es wohl gerade im Papierladen in Dachau keine grauen. Man muß nehmen, was man bekommt. »Unsere Gäste« steht im Golddruck auf dem roten Kunstleder.

Wir blättern, der Würzburger und ich. Spanisch kann ich nicht, Holländisch, Chinesisch, Japanisch, Hebräisch, Russisch, Arabisch, Persisch, Flämisch, Türkisch, Griechisch – alles gerade noch zu identifizieren, aber zu verstehen? Nein! Bleibt der größere Rest: Französisch, Englisch, Deutsch.

Wie viele kamen denn im letzten Jahr?

Ungefähr eine halbe Million und davon mehr Ausländer als Deutsche. Aber nicht soviel mehr, wie Sie nach den Büchern glauben könnten. Die Ausländer schreiben sich leichter ein als die Deutschen.

Ich notiere mir ein paar Eintragungen. Währenddessen wird es dem Würzburger langweilig.

Er will gehen. Im Verbrennungsraum war er noch gar nicht.

Sehen Sie sich das doch noch an, wenn Sie nun schon mal hier sind.

Wir stehen vor den Öfen. Vor ihnen liegen Kränze mit Schleifen, große und kleine, und alle ziemlich verstaubt. An den Öfen selbst, an den geöffneten Türen hängen auch Kränze, ein kleiner goldner ist dabei, er sieht aus wie ein Dichterpreis von früher.

Wenn man vom Dachauer Lager in einer Viertelstunde Bayerns Hauptstadt erreicht hat, ist man dem Heute wiedergegeben. Aber die Fahrzeit ist zu kurz, um die Schizophrenie nicht zu empfinden, die Dachau heute im Heute verkörpert. Mein Würzburger hat doch gewartet und läßt sich mit in die Stadt nehmen.

Wir sind schon ein merkwürdiges Volk, sage ich.

Im Besucherbuch der Gedenkstätte hatte ich diese Eintragungen gelesen (die Namen sind weggelassen):

Daß Menschen so was tun können. Ich find das zuviel.

Honte aux millions d'allemands qui ont laisse ces crimes s'accomplir sans protester

Du armes leidgeprüftes Vaterland! Wir lieben dich nur um so mehr? Ein Student.

Jamais plus??

Ich bin dafür, daß diese Anlagen weggeräumt werden …

Es ist eine Schande, daß an solcher Stelle Platz ist für ein Restaurant.

Es sollte unbedingt ein Führungsdienst eingerichtet werden. Das wäre eine Aufgabe für das Kultusministerium.

Die Ausstellung macht einen recht verwahrlosten Eindruck. So arm ist Deutschland doch auch nicht, daß es sich nicht etwas mehr leisten könnte. (Dänische Eintragung in deutsch.)

Das gibt's nun einmal und kommt bald wieder.

Zwölf Minuten von München, fünf von Dachau entfernt, hat das Volk nicht gemerkt, was hier vorgeht!!

Es ist schlimm, was hier passiert ist, doch man sollte es nicht immer wieder aufwärmen. Einmal muß man über die Vergangenheit hinwegkommen. Außerdem sollte man daneben eine Gedenkstätte der russischen Gefangenenlager einrichten.   v. G.

(Darunter schrieb eine andere Hand: Vae victis!)

On ne dit rien, on pense ...

Machen Sie bitte nicht uns junge Generation dafür verantwortlich. Es ist genug, wenn schon unsere Väter dafür darben mußten. Ein deutsch Mensch hat mir gestern in einem Gasthaus von Dachau (gesagt) »es ist nichts in Konzentrationslager zu sehen. Man hat viel Geschichte auf daz gesagt, aber es ist nicht wahr.« Heute, ob ich sehe ihn, ich töte ihn. (Eintragung einer Französin)

Where!, oh where were the thinking Germans? (darunter schrieb eine andere Hand: What did you expect them to do about it?)

Trauriger noch als das Museum zu sehen ist dieses Buch zu lesen – das Museum ist Vergangenheit, das Buch ist Aktualität. GF (Spanien)

(In den Besucherbüchern des ehemaligen KZ Dachau ist das Verhältnis zwischen ausländischen und deutschen Namen etwa 100:10.)

1963

1963 ist es zwanzig Jahre her, daß die 6. Armee in Stalingrad untergegangen ist. Ich war als Soldat drei Jahre – mit Unterbrechungen – an der russischen Front, meine Division ist gleich 21 anderen am Wolgaufer vernichtet worden, aber ich war nicht dabei, sondern in einem deutschen Militärgefängnis; Glück kann merkwürdige Gesichter haben. Das Stalingrad, zu dem ich Anfang Januar flog, begleitet vom Photographen Rolf Gillhausen, hieß Wolgograd.

Keine Spur mehr von der 6. Armee. Wir landeten am 12. Januar gegen halb vier Uhr nachmittags auf dem Flugfeld einer Stadt, die wir und die ganze Welt als Stalingrad kennen, die aber für die Russen jetzt Wolgograd heißt.

Die Sonne geht dort gute zwei Stunden früher auf als bei uns. So weit liegt der Ort von Deutschland entfernt, den Hitler glaubte unbedingt besitzen zu müssen. Die Uhren der deutschen und der mit ihnen eingeschlossenen rumänischen und kroatischen 270000 Soldaten, von denen vor 20 Jahren zwischen dem 22. November und dem 2. Februar 180000 gefallen, erfroren oder verhungert sind – die

Uhren dieser Soldaten zeigten deutsche Zeit. Im Kessel von Stalingrad, im Dezember 1942, begann für den Landser die Nacht gegen zwei Uhr nachmittags.

In Flugstunden gemessen, liegt jedoch alles nah. Mit der russischen Düsenmaschine dauert es von Amsterdam bis Moskau nur dreieinhalb Stunden. Die dicke zweimotorige Hummel, die ein paar Bauern, ein paar Ingenieure mit ihren Frauen, zwei Soldaten und uns nach Stalingrad brachte, schraubte sich von Moskau aus noch mal drei Stunden lang in mäßiger Höhe über Schnee und Wälder durch die diesige Luft.

Die Maschine schien mitten in der Stadt landen zu wollen. Schon sahen wir grauen Rauch und weißen Dampf zu Wolken geballt über den Kaminen und Kühltürmen jener Industriewerke im Norden Stalingrads, von denen einige damals zu den berüchtigsten Kampfstätten gehörten, da zog der Pilot eine scharfe Rechtskurve. Wir entfernten uns wieder vom Stadtgebiet in westlicher Richtung, überquerten Minuten später ein Bahnhofsgelände und setzten dicht dahinter auf.

Am Fuß der Bordtreppe, in kurzem Pelz, eine hohe rote Kaschmirmütze mit schwarzem Bändchen auf dunklem Haar, stand eine kräftig geschminkte, nicht mehr ganz junge Frau, zeigte rotgelackte Nägel und sagte in ziemlich gutem Deutsch: »Ich bin Olga S. von Intourist und stehe Ihnen zur Verfügung.«

Ich folgte Olga nicht sogleich, sondern ging um die Maschine herum und blieb stehen, den Blick nach Südwesten gerichtet, wo eine messingfarbene, verschwommene Sonnenscheibe durch Milchsuppendunst auf einen von mir weit, weit entfernten Horizont herabfiel.

Im Vordergrund rechts lagen in Reihen kleine und kleinste Flugzeuge, meist Übungs-Doppeldecker. Dann kam nichts mehr als eine bräunlich-graue, baum- und strauchlose, da und dort von schmutzigen Schneestreifen gezeichnete Ebene. Leer, kalt und grenzlos.

Ich dachte: Hier war es also! Das ist ein Stück des »Kessels« von Stalingrad. Schauen ist ein Teil meines Berufes. Ich erkannte in diesem Augenblick, daß ich bisher nur einmal an einem Platz gewesen war – einen von Tausenden, Auschwitz, wo die Kenntnisse von Ereignissen, die sich dort zugetragen hatten, meine Phantasie und meine Gedanken auch so vollständig beherrschten wie hier. Ich meinte buchstäblich zu sehen, was ich doch nur wußte. Diese leere Öde beschwor ein Gott sei Dank nie am eigenen Leibe erlebtes »Stalingrad« herauf.

Olga mahnte, wir sollten doch mit zum Auto kommen.

»Gleich«, sagte ich, »gleich. Wie heißt der Flughafen?«

»Wolgograd«, sagte sie erstaunt. Es stand in großen Buchstaben auf dem Dachfirst über den Säulen.

»Hat er nicht noch einen anderen Namen?« »Gumrak.« »Ach«, sagte ich, »das ist Gumrak? Hier war das Hauptquartier von Paulus.«

»Sie irren sich«, sagte Olga Rotkäppchen, »General Paulus war im Keller vom Warenhaus in der Stadt.«

Ich sagte, Irrtum sei immer möglich, aber was Stalingrad, die Geschichte der Schlacht angehe, glaubte ich mich nur selten zu irren. Feldmarschall Paulus habe von Gumrak aus dem Untergang seiner Armee die militärische Form gegeben, solange es sich machen ließ, und er habe da drüben, dicht beim Bahnhof, seinen unterirdischen Befehlsstand gehabt. Und den, zum Beispiel, wollte ich sehen.

Wir fanden ihn nicht. Da gibt es nichts, aber auch nichts mehr, was von dieser deutschen Armee noch zeugen würde, heute, nach nur 20 Jahren.

Nichts interessiert die Russen weniger als die Geschichte des Endes der 6. Armee; mit einer Ausnahme: Die meisten Bürger scheinen zu wissen, daß Paulus im Keller des Warenhauses, in dem die Bewohner des zentralen Stadtbezirkes einkaufen, gefangen worden ist. Und so wollten wir wenigstens diesen Keller sehen.

Das Warenhaus lag unmittelbar hinter unserem Hotel. Intourist telefonierte mit dem Direktor. In dunkelblaues Tuch und schwarzen Pelz tadellos gekleidet, empfing er uns vor dem Eingang zu dem Ladehof seines Betriebes.

Diesen Eingang hatten auch die Herren des Armeestabes mit ihren Autos benützt. Hier endete ihre Flucht vor den Russen, die am 8. Januar ein letztes Kapitulationsangebot gemacht hatten.

Als wir den Hof des Warenhauses betraten, wurden dort gerade Eisschränke von einem Lastwagen abgeladen. Hinter einer hohen Mauer, die den Hof umschließt, erhebt sich eines jener wenigen

Gebäude der Vorkriegs-Stadt, die soweit erhalten geblieben sind, daß sie repariert werden konnten. Das Warenhaus selbst gehört auch dazu. Die Bauten um den Ladehof sind fünf und sechs Stockwerke hoch. Mit anderen Worten: Bereits im Hof war der Armeestab vor jedem direkten Beschuß sicher wie in Abrahams Schoß.

Ein eisernes Tor führt in den Keller, den man nicht über eine Treppe, sondern über eine schräge Fahrbahn wie eine Tiefgarage erreicht. In seinem Wagen konnte Paulus bis vors Bett fahren. Der Direktor öffnet eine kleine Holztür und sagt: »Hier war es!«

Ein schmaler Raum, Handtuchform, keine drei Meter breit, vielleicht sechs Meter lang; drei halb in die Erde herabreichende Fenster, die auf den Innenhof hinausgehen und damals mit Splitterschutzmauern abgesichert waren.

Ein altes Faktotum macht den Direktor darauf aufmerksam, es gebe doch noch die Platte.

»Ach ja«, sagt der Direktor, »am Warenhaus war eine Tafel mit einer Inschrift, aber wir bauen dort einen neuen Trakt, da ist die Tafel abgenommen worden.«

Wir wollen sie sehen.

Ein sachlicher Text besagt, in diesem Hause habe eine Gruppe der 63. Schützenbrigade unter Führung des Obersten Burmakoff den Befehlshaber der 6. Armee und seinen Stab am 31. Januar 1943 gefangengenommen.

In der offiziellen deutschen Proklamation über das Ende von Stalingrad hieß es: »Generale, Offiziere, Unteroffiziere und Mannschaften haben Schulter an Schulter bis zur letzten Patrone gekämpft.«

Von einem deutschen Oberst herbeigeholt, erschien am 31. Januar jene Gruppe, von der die Erztafel spricht, vor der Kaufhausruine. Ohne weitere Umstände kamen die deutschen Herren aus dem Keller heraus, die Burschen trugen ihnen ihre Koffer nach.

Man wird sagen, so sei es nun eben, Soldaten hätten zu kämpfen, Offiziere und Feldherren hätten zu führen, und dies bedinge Unterschiede, wie man eine Schlacht beende, tot mit der Knarre oder gesund mit dem Koffer in der Hand. Das ist wahr.

Aber folgendes ist für Stalingrad auch wahr: In den letzten zehn Tagen, als auch der fadenscheinigste Vorwand für eine Fortsetzung des Widerstandes nicht mehr gegeben war, sind von den 180 000 Mann, die während der 74 Tage nach der Einschließung in und bei Stalingrad umgekommen sind, mehr als 100 000 gefallen und gestorben. Diese Menschen, an Zahl gleich der Bevölkerung einer Großstadt, hätten die Gefangennahme erlebt, wenn der Armeestab nach Beginn der russischen Offensive vom 10. Januar nicht mehr die Möglichkeit gehabt hätte, sich im Warenhaus zu verkriechen.

Im Kellerraum des Warenhauses zerbrachen die Ideale, für die deutsche Soldaten jahrhundertelang erzogen worden waren. Paulus muß ein Gefühl dafür gehabt haben, anders ist sein verrückter Wunsch nicht zu verstehen, den er bei der Gefangennahme äußerte: Man möge ihn als »Privatmann« betrachten. Ich habe diese »Privatmänner« gesehen, obwohl ich 1943 nicht in Stalingrad war. Aber es gibt Filme.

Man zeigte uns im Planetarium den Dokumentarfilm über die Schlacht, aus deutschen und russischen Dokumentaraufnahmen zusammengeschnitten.

Die Kamera schwenkt an Ruinen entlang, an Panzern, auf denen die Mannschaften in ihren Pelzen ruhend ausgestreckt sind, an einer Kolonne von deutschen Gefangenen, elenden Gestalten; verhungert tappen sie dahin in Fetzen. Und dann tut die Kamera noch einen ganz kleinen Ruck nach rechts und erfaßt den Rand dieser Ruinenstraße. Dort steht eine Gruppe deutscher Offiziere. Paulus ist nicht dabei, aber sein Stabschef und Scharfmacher, Generalmajor Schmidt, einer der Hauptverantwortlichen für die Katastrophe.

Da stehen sie, den Blick auf die Elendsgestalten gerichtet, die nichts anderes sind als ihre Opfer, hochmütig, großkotzig, in Pelzmänteln, bar jeder sichtbaren Regung des Mitleids. Das waren keine Haudegen wie Guderian oder Ramcke, die an Hitler glaubten, sondern feine Herren, die hinter der Hand den Führer höhnisch »Gröfaz« nannten und ihm doch gewissenlos gehorchten.

Als Erinnerungsstütze dient außerdem ein kleines Museum, das mit seinen sechs Räumen in einem roten, altmodischen, wiederhergestellten Häuschen gegenüber dem bombastischen neuen Bahnhof untergebracht ist.

Die Deutschen kommen auch in dem Museum kaum vor. In einer Vitrine werden ein paar Strohschuhe gezeigt, Mützen, Gefreitenwinkel, das alberne Kriegstagebuch einer Sanitätsabteilung, eine handschriftliche Aufzeichnung von Paulus aus der Gefangenschaft, der Entwurf für ein deutsches Plakat in russischer Sprache, mit dem der endgültige deutsche Sieg den Resten der Zivilbevölkerung mitgeteilt werden sollte, und schließlich, vor das lebensgroße Panorama einer Nahkampfszene hingebreitet, schwarz-rot-silbern gestickte Hakenkreuz-Standarten, erbeutet an Ort und Stelle. Soldat im ganzen Krieg, habe ich solche Dinger nie in Gebrauch gesehen. Man muß sie, in Wachstuchtaschen eingerollt, bei den Stäben mitgeführt haben für die große Siegesparade.

Der Mamai Kurgan ist eine aus den Uferhügeln ragende, kegelförmige Erhebung im Norden der 70 Kilometer (!) langen Stadt, wo sie ins Industrieviertel übergeht. Die ganze zur Wolga abfallende Flanke des Berges wird Denkmal, mit etwa drei Kilometern Längenausdehnung, einer Höhe von 120 Metern und einer Breite von etwa einem halben Kilometer. Von einem Kai, an dem die Touristenschiffe anlegen werden, wird bis zum Gipfel eine Kolossaltreppe gebaut, von einer künstlichen Terrasse zur andern. Auf diesen werden reihenweise Superplastiken geboten, die sich in Wasserflächen spiegeln, riesige Reliefwände, eine trauernde Mutter, nur 20 Meter hoch, die auch als Sinnbild der Heimat gedeutet werden darf, und ein Rundtempel, in dem die Schlacht als Panorama in Bild, Ton und Farbe vorgeführt wird, so wie in Lourdes das Grottenwunder, alle 20 Minuten gegen Eintritt.

Auf dem Gipfel aber wird eine 50 Meter hohe Dame aus Zement mit Aufzügen in derselben stehen, die ein Schwert schützend waagerecht oder senkrecht – das scheint noch nicht entschieden zu sein – in die Luft hält.

Der Chauffeur, dessen Wagen und Dienste wir ebenso wie die Dienste von Olga beanspruchen konnten, war ein schweigsamer Mann, schweigsam bis zur Stummheit. Er verriet nie, was er davon hielt, daß wir mit Kameras und Notizblock Wolgograd in einer Weise auskundschafteten, deren Sinn, wie wir glaubten, ihm unverständlich bleiben mußte.

Darin irrten wir. Als wir bei einem wilden Schneesturm eine halbe Stunde, nur eine halbe Stunde, auf den Zementblöcken des Denkmalhügels herumgeklettert und in den Wagen zurückgekehrt waren, schnaubend, prustend, händeschlagend, mit den Füßen stampfend, wendete er sich zu uns um und sagte ohne jede Betonung, ohne Einleitung – und ohne Schluß: »Die Soldaten mußten auch draußen schlafen.«

1963 versuchte ich in einem Buch zu sagen, welche Gefahr ein Franz Josef Strauß für die junge Demokratie in einer Notstandssituation bedeuten könnte. Das Buch war vor der Spiegel-Affäre geplant worden, sie ereignete sich, während es entstand, und wurde deshalb selbstverständlich nicht ausgespart. Zwei dokumentarische Kapitel schrieben Otto von Löwenstern *(Von Schongau nach Bonn)* und der Jurist Jürgen Seifert *(Die Spiegelaffäre)*. Eugen Kogon und ich lieferten die kommentierenden und analysierenden Teile. Ich zitiere aus dem von mir geschriebenen Teil:

Der demagogische Funktionär. Es kann wohl niemand, der den Weg von Strauß und das Verhalten von Staat und Öffentlichkeit ihm gegenüber kritisch verfolgt hat, daran zweifeln, daß der nächste oder allenfalls übernächste Bundeskanzler Strauß geheißen hätte – wenn es nicht der Affären, in die er sich verwickelt hat, allmählich so viele geworden wären, daß sich *deshalb* nach und nach ein allgemeines Unbehagen ausbreitete. Zu dessen Interpreten und zeitweise auch Anführer machte sich eine Zeitschrift, die ihrem Typ nach ausgesprochen ungeeignet für politischen Kampf war und ist. Obschon eigentlich nur dazu geschaffen, sein Publikum mit Hintergrundinformationen zu fesseln, hat der *Spiegel* nahezu als einziges Organ der öffentlichen Meinung in der Bundesrepublik frühzeitig einige breit angelegte Analysen über Strauß veröffentlicht, hat dessen Verhältnis zur *Macht* dargestellt und versucht, ihn auf diese Weise aus den Angeln der Demokratie zu heben, in denen er sich so virtuos bewegte.

In der ersten Fassung des Manuskripts steht hier: Aber auch der *Spiegel* ist Strauß nur habhaft geworden dank dessen Ausbrüchen ins Illegale und Gesetzwidrige. Dem Blatt mußte nach seiner vorwiegend aufs Faktische beschränkten Machart entgehen, daß ein aalglatter Strauß hundertmal gefährlicher wäre, als es der seine Emotionen nicht beherrschende Ex-Verteidigungsminister ist. Das Blatt hätte nichts erreicht – genau so wie es nichts mit seinem *politischen*

Kampf gegen Adenauer erreicht hat, wenn da nicht, anders als bei Adenauer, auf tieferer Ebene gegen Strauß nur allzuviel zu machen gewesen wäre: mit Kapfinger, Onkel Alois und dergleichen Affären. In allen diesen Geschichten fehlte immer ein letztes Glied in der Beweiskette, so daß es dem *Spiegel* nicht gelingen konnte, Strauß einfach dem Richter zu überantworten. Es entstand aber dadurch, daß der Schmutz aufgerührt wurde, in einer politisch trägen Öffentlichkeit eine gewisse Stimmung gegen Strauß, der Krug füllte sich langsam und wartete auf den letzten Tropfen. Strauß stürzte erst, als er in flagranti erwischt wurde bei Verstößen gegen unsere Rechtsordnung und Unwahrheiten. Keinen Augenblick früher. Man kann den Fall Strauß unter einer Reihe hypothetischer Voraussetzungen durchspielen, und man wird finden, daß dieser Mann wie das Messer durch die Butter – um einen von ihm für russische Panzer bevorzugten Ausdruck zu gebrauchen – durch die Demokratie gegangen wäre, sie zerstückelnd, wenn ... ja, wenn Strauß eben nicht Strauß gewesen wäre. Ihn, den Menschen, seinen Charakter nahm die öffentliche Meinung aufs Korn und schließlich auf die Hörner, nicht den Politiker.

Muß ein Politiker unbedingt so beschaffen sein, daß er sich in der Kumpanei der Kapfinger und Zimmermann wohl fühlt, aus der Leitung einer ehrbaren Partei eine Art Machtpool macht, mit einem »Onkel Alois« durch die Zeitungen gezogen werden kann und Parlament und Volk nicht nur bedenkenlos, sondern auch dumm belügt; gehören Wesenseigenschaften dieser Art zwingend zu der Straußschen Fähigkeit, Macht zu sammeln wie Briefmarken, und ist er also ein exemplarischer Fall; oder handelt es sich dabei nur um Begleiterscheinungen zufälliger Art, von Geburt und Milieu bestimmt? Verbirgt sich hinter der Person ein *Typus*, der aus der Epoche stammt und nicht nur aus der Schellingstraße, so daß er also auch in einer der Öffentlichkeit wohlgefälligeren, dem *Spiegel* weniger ausgelieferten Gestalt auftreten könnte, mehr in Übereinstimmung mit Moral und Sitte, und demzufolge auch unwiderstehlicher?

Das Unwahrscheinliche ist Tatsache: Ein Volk von 52 Millionen, tüchtig, wohlhabend, mit der Erfahrung »Hitler« hinter sich; ein Volk, dem schon in der Schule die Geschwister Scholl, das Mädchen Anne Frank und der Urwalddoktor in den demokratischen Rucksack gepackt werden; ein Volk, das sich beleidigt zeigt, wenn einmal jemand sagt, Hitler hätte bei ihm immer noch eine Chance – dieses Volk wird mit einem Strauß nicht fertig. Es speit ihn nicht aus, wie Amerika McCarthy ausgespien hat, es steht gegen seine Obrigkeit nicht im Generalstreik auf, wenn diese Obrigkeit Recht und Verfassung mit Füßen tritt, nur um nicht eingestehen zu müssen, was hier faul sei. Das Volk ist in keiner Weise aufgestanden, da mache man sich nichts vor. Die Schicht war dünn, wenn auch beredt, die – auf einen Skandal reagierte. Auch sie hätte vermutlich einen Strauß ohne Skandal hingenommen.

Ein Volk, das sich so sehr in demokratischen Posen gefällt, so viel darauf zugute tut, die Freiheit zu lieben und Ulbricht zu hassen, fand nichts dabei, die Verteidigung seiner inneren Freiheit gegen ihren bis jetzt gefährlichsten Feind dem *Spiegel* und Augstein zu überlassen, zugleich aber auf beide mit dem Finger zu zeigen, verachtungsvoll. Als ob eine Demokratie, eine so junge zumal, der die ganze Welt auf die gestern noch blutigen Hände schaut, nicht auf dem tiefsten Niveau stünde, wenn es erst der Skandale und Affären bedarf, damit ein Strauß nicht ihr Bundeskanzler wird!

Wir sehen Verhältnisse voraus, in denen der Typus »Strauß« alle vorgesehenen institutionellen Kontrollen überwinden oder ganz beiseiteschieben könnte.

Die parlamentarische Demokratie muß sich nachsagen lassen, sie sei eine Art Treibhaus für den Typus. Wäre Strauß Bundeskanzler geworden, niemand hätte sagen dürfen, er habe sich auf illegale Weise diese Position verschafft. Man braucht nur die Ende 1962 abgebrochenen Linien seiner Laufbahn konsequent zu verlängern, und man sieht, wie sie sich im Palais Schaumburg schneiden. Dorthin wäre er gelangt, wenn er sich selbst idealtypisch verkörpert hätte – dann sogar trotz des *Spiegel*.

Was wir bis jetzt anschaulich zu machen versucht haben, läßt sich folgendermaßen zusammenfassen: dieser körperlich so nachdrücklich und unverwechselbar vorhandene Mann, der sich kein Bärtchen wachsen lassen, keine Haarsträhne in die Stirn streichen muß, um optisch einprägsam zu sein, bleibt geistig und politisch eine ungreifbare Erscheinung. Lautstärke und Energie, dynamische Betriebsamkeit, Gewalttätigkeit, Skandale und Affären und die daraus resultierenden Erfolge und Mißerfolge haben ihn nach Adenauer zum bekanntesten Mann im Lande gemacht, aber man behält nichts in der Hand, wenn man nach den Grundlagen dieser Existenz fragt.

Man kann nur sagen: alles ist möglich. Eine geistige Bindung ist ebensowenig festzustellen, wie – nach dem Ablauf der *Spiegel*-Affäre – eine moralische.

Wir setzen, es sei wiederholt, Hitler und Strauß in keinem Punkte gleich, außer in jenem, den Paul Valéry in den Gedanken gekleidet hat: Enfin, c'est l'idée de l'abus du pouvoir qui fait songer si intimement au pouvoir. Schließlich ist es die Vorstellung vom Mißbrauch der Macht, die so tief von der Macht träumen läßt.

Das ausgezeichnete englische Blatt *New Statesman and Nation* versuchte in seiner Ausgabe vom 10. September 1960 in einem großen Aufsatz Strauß ganz und gar aus seinem Bayerntum zu erklären:

»Vor allem muß man von Franz Josef Strauß wissen, daß er ein Bayer ist. Tatsächlich, beinahe ein Bayer aus der Operette – eines Metzgers Sohn ist verheiratet mit eines Bierbrauers Tochter.«

So beginnt diese souveräne, sorgfältige Darstellung, die am Ende zu dem Ergebnis kommt:

»Er ist im genauen Sinn des Wortes ein Opportunist.«

Stimmen wir diesem Urteil zu, ohne es für ausreichend zu halten, so glauben wir doch nicht, daß Strauß in jeder Hinsicht ein typischer Bayer sei. Machtgier in diesem Format ist keine spezifisch bayerische Eigenschaft.

Strauß wäre für Thoma sozusagen ein gefundenes Fressen gewesen, und wenn ihn Lion Feuchtwanger, Verfasser des bayerischen Epos *Der Erfolg*, schon gekannt hätte, wäre in die Mitte dieses Buches vielleicht ein anderer Held gerückt worden: der ehemalige deutsche Verteidigungsminister.

Wer die Welt in Herrschaftssysteme absoluter Macht zerfallen sieht, glaubt auch, sie sei unbegrenzt manipulierbar.

Journalisten sind für Strauß »Agenten«, entweder seine eigenen oder die des Feindes.

Wo er die Macht dazu hatte, schuf er sich Mikrowelten, in denen er nach Lust und Laune schalten konnte. Für Spezis und Kumpane, für manipulierbare Individuen bewies er einen untrüglichen Instinkt.

Es ist selbstverständlich, daß die Öffentlichkeit vorwiegend das Bild eines Strauß vor sich sieht, der sich mit allen Mitteln der Demagogie, laut und wortreich, durchgesetzt hat. Redend, schreiend, mit Fäusten das Rednerpult bearbeitend, so hat sie ihn erlebt; erlebt in Bierkellern, Stadthallen, im Parlament, im Radio, im Fernsehen, in seinem von der Presse in Bild und Wort vermittelten öffentlichen Wirken. Dahinter verbarg sich der andere Strauß, der nicht die Öffentlichkeit suchte, sondern mied, um handeln zu können; der das Geheimnis brauchte, den geschlossenen Raum, die Vertraulichkeit, die gelenkte Diskretion und die gelenkte Indiskretion. Dieser Strauß ist leiser, aber viel wirksamer als der laute: er ist der Funktionär, der Konstrukteur und Beherrscher von »Apparaten«.

Von vielen Deutschen, die ihr Elend beklagten, unterschied sich Strauß dadurch, daß er den Zusammenbruch instinktiv als etwas begriff, was man die Lift-Situation nennen könnte. Man war ganz unten – es konnte nur aufwärtsgehen, wenn man sich in einen Lift setzte.

Wenn es ernst wurde, ging es Strauß nie um Ideen, sondern um Personalfragen, Verfahrensfragen, Organisationsfragen, Geldprobleme, Geheimnisbewahrung oder Geheimnisverrat, Kompetenzen, Beziehungen, Etatfragen, Pressepolitik, Sendezeiten.

Wir erinnern uns an eine Äußerung Bertolt Brechts kurz vor seinem Tode. Kulturfunktionäre der DDR saßen zusammen und diskutierten, was man denn tun könne, um der kommunistischen Idee in der Bevölkerung eine bessere Resonanz zu verschaffen. Brecht hörte zu und sagte nichts. Schließlich, dringlich befragt, meinte er: Ihr kommt mir vor wie die Erbauer eines Segelschiffes, die dem Schiff bessere Fahrqualitäten geben wollen. Der eine will den Mast verlängern, der andere den zweiten Mast setzen, der dritte den Tiefgang verändern. Ich will euch sagen, warum das Schiff nicht fährt. Der Wind weht nicht.

Der Wind bläht auch die Segel der Demokratie nicht. Aber er steht voll im Rücken jenes technokratischen Typs, der, selbst wenn er Demokrat sein wollte, kaum noch in der Lage wäre, seine Mittel demokratisch anzuwenden.

Es fällt schwer, in der »verwalteten Welt« die Tätigkeit eines aus einer »vernünftigen«, demokratisch gutwilligen Gesellschaft hervorgegangenen Parlaments noch als »vernünftig« anzusehen, vergleicht man sie mit dem stillen, weltweiten, unsere Bedürfnisse, unseren Geschmack, unsere Einkommen, ja unsere Ideale bestimmenden Wirken von Olivetti, Shell oder Siemens. Sie verwirklichen unsere Träume.

Der Funktionär Strauß ist aber jenem Typus, in dem die Gesellschaft ihr Ideal sieht, dem sie blind ihr Schicksal anzuvertrauen bereit ist, viel näher als der demokratische Parlamentarier alten Stils.

Wir mußten uns eingestehen, daß die Gesellschaft im technokratischen Typus ihr Ideal (zeitgemäß gesagt: ihr Leitbild) erkennt, und daß nicht zuletzt deshalb, vorwiegend aber natürlich infolge objektiver Veränderungen, die wir mit dem Begriff »verwaltete Welt« angesprochen haben, die Souveränität im Begriff ist, sich einen neuen gesellschaftlichen Ort zu suchen. Der auf die absolute Macht erpichte Funktionär, dem die perfekt vorhandene demokratische Staatsorganisation zur Verfügung steht, wird eben diese ohne bedeutende Veränderungen dazu benützen, die Gesellschaft technokratisch zu organisieren.

Wir beabsichtigen nichts weniger, als einen demokratischen Defaitismus zu verbreiten.

Was wir uns von einer realistischen Klärung versprechen, ist nicht Resignation, sondern im Gegenteil: Verschärfung des Widerstandes; gerade weil weder politische noch soziologische Analysen wirksame Waffen gegen den Typus des machtgierigen Funktionärs liefern und wir uns nicht in einer institutionalisierten Sicherheit fühlen dürfen, müssen wir Personen bekämpfen. Wir selber, ein jeder an seinem Platz muß es tun. Mit aller Entschlossenheit müssen wir der soziologisch-politischen Analyse eine psychologische Wendung geben. Sie lauten: Dieser nicht! Dieser auf gar keinen Fall!

Nach einer bejubelten Brecht-Aufführung in Moskau saß ich im Keller des Theaters mit dem Renommierdichter Jewtuschenko, dem russischen Enzensberger, zusammen, und hatte alle Ursache, seine Findigkeit zu bewundern – von irgendwoher zauberte er noch um Mitternacht eine Flasche Champagner. Unser Gespräch streifte auch den Krupp-Manager Berthold Beitz; Jewtuschenko sagte: der schönste Kapitalist, den ich je sah. Diese Formulierung stahl ich ihm unter Quellenangabe und machte sie zum Titel eines Beitz-Portraits im *Stern*. Er war der erste hochrangige westdeutsche Industrielle, der keinerlei Berührungsängste gegenüber den Ostblockstaaten kannte, und wenn sich heute der Bundeskanzler von einem ganzen Schock von Unternehmern und Bankern in den Kreml begleiten lassen kann, so war es Beitz, der als Eisbrecher schon vor 25 Jahren wirkte.

DER SCHÖNSTE KAPITALIST, DEN ICH JE SAH. Eigentlich führt er nur einen Industriekonzern. Krupp. Solange er nichts anderes tat – in den letzten zehn Jahren – war er keine öffentliche Figur, obwohl ... Man redete von ihm, denn er war sehr jung für seine Position und ein ausgesprochener Außenseiter. Der Erfolg lief ihm nach. Aber er machte sich damit doch nur einem relativ kleinen Kreis von Industriellen und Wirtschaftlern bekannt.

Seit zwei Jahren rückt er Schritt für Schritt ins Rampenlicht. »Man« kennt ihn jetzt. Warum? Weil er sich mit erstaunlicher Geschicklichkeit und Sicherheit auf dem Gelände bewegt, auf dem man hierzulande normalerweise keine Lorbeeren, sondern Disteln erntet: Jenseits des Eisernen Vorhangs. Er hängt nicht dem deutschen Köhlerglauben an, daß dahinter nur Verbrecher, Roßtäuscher und Schwachsinnige wohnen. Er sagt sich: Mal selber sehen, was es da gibt.

Weil dort aber kein Bundesrepublikaner kraft eigener Vernunft und Wirtschaftsmacht Geschäfte in der für Krupp selbstverständlichen Größenordnung machen kann, ohne damit zugleich die starren Bonner Vorstellungen von einer antikommunistischen Weltmission der Westdeutschen zu verletzen, so wurden aus solchen Geschäften unversehens außenpolitische Taten. Sie sind es, die Beitz im ganzen Land bekannt werden ließen. Auf diese Weise ist er zu der Schwalbe geworden, die zwar noch keinen Sommer macht, aber ihn doch ankündigt.

Es ist nicht das erstemal, daß sich Beitz von politischen Tabus nicht imponieren läßt. Es war damals im Krieg, in Polen, auf den Ölfeldern von Boryslaw, wo der kaum Dreißigjährige dafür sorgen mußte, daß so viel Öl wie möglich aus dem Boden kam. Dafür wurden ihm als Arbeiter unter anderem auch »polnische Untermenschen« und Juden aus den Konzentrationslagern geliefert. Für sie war nach den Absichten der damaligen deutschen Regierung Zwangsarbeit ein kurzfristiges Vorstadium des Todes. Je weiter sich die Herren in Berlin und in des Führers Hauptquartier von Vernunft und Menschlichkeit entfernten, desto mehr hielt es Beitz damit.

Ebensowenig wie Beitz in heutiger Weltspannung als westdeutscher Manager mit den Russen, Polen, Ungarn und so weiter Geschäfte machen kann, ohne sich damit ein politisches Profil zu geben – ob er das nun will oder nicht –, ebensowenig konnten die Krupps ein Jahrhundert lang mit Rüstung ihr Geld verdienen und sich aufs engste mit zwei deutschen Reichen einlassen, die zwei Weltkriege verloren, ohne dafür eines Tages politisch am Kragen gepackt zu werden. Das passierte ihnen zweimal, und beim zweitenmal sah es eine Zeitlang so aus, als wäre Schluß mit der Firma Krupp.

Der verurteilte, aus der Landsberger Haft bald wieder entlassene Alfred Krupp brauchte jemand, der ganz und gar anders war als seine Familie und als die Direktoren, die sich der jeweilige Eigentümer herangezogen hatte. Zehn Jahre, nachdem »AK« (wie Alfred Krupp im Betrieb genannt wird) »B« (wie der Generalbevollmächtigte Berthold Beitz im Betrieb genannt wird) an seine Seite geholt hat, ist es leicht zu sagen, daß er sich für den richtigen Mann entschieden hat. Aber damals gehörte eine Menge psychologischer Scharfsinn dazu, und eine profunde Einsicht in das, was der Firma unter grundstürzend veränderten Verhältnissen nottat. Jener Beitz, zu dem Krupp sagte, er möge sich selber den Vertrag aufsetzen, mit dem er mit Generalvollmacht angestellt werden solle, war damals noch keine 40 Jahre alt.

Da begegnete ihm durch puren Zufall Krupp. Die erste Unterhaltung zwischen Krupp und Beitz fand im Hotel »Essener Hof« in Essen, das Krupp gehört, in einer Ecke des Restaurants statt. Gegensätze zogen sich an. Das Strahlauge, das herzliche Lachen – das so leicht täuscht! – das gewinnende Lächeln für ernstere Fälle, die hällo-boy-Gesten, der aggressive Jargon, der keine sozialen Vorurteile zur Kenntnis nimmt – das alles hatte Beitz ins Treffen zu führen. Und natürlich den Ruf, fortune zu haben, die geschickte, die glückliche Hand.

Daraufhin also teilte Krupp mit ihm seine eigene, ans Eigentum geknüpfte Macht per Vertrag, dergestalt, daß Beitz heute mit einer einzigen Unterschrift die Firma verkaufen könnte.

Vielleicht ist sein extrovertiertes Auftreten nur eine Methode, die sich allmählich in eine Dauermaskierung verwandelt hat, und vielleicht steckt dahinter ein gleichfalls scheuer, mißtrauischer, leicht verletzbarer Mann, Alfred Krupp ähnlich, dem die Macht eine fortwährende Bestätigung sein muß, schneller, heller, zielbewußter und instinktsicherer zu sein ist als alle anderen. Aus dem Zusammenspiel Krupp-Beitz ist eine neue Firma hervorgegangen, ein neuer Konzern, neu in seinem Aufbau, neu in seinen Produkten, neu in seiner Verflechtung mit dem Weltmarkt, neu in seiner Selbstdarstellung.

Es hat gewiß in den zehn verflossenen Jahren nicht an Versuchen gefehlt, den Eigentümer gegen den Generalbevollmächtigten zu mobilisieren. Hier zeigt sich, diesmal vom Bevollmächtiger her gesehen, die subtile, nicht in Paragraphen zu fassende Natur der Generalvollmacht. Würde Krupp solchen Einflüsterungen Gehör schenken, so handelte er ebenso gegen die Beziehung zu seinem ersten Mitarbeiter wie umgekehrt dieser gegen ihn, falls er versäumte, von sich aus zu erkennen, wann Krupp gefragt sein will und wann nicht.

Mit dem Blick auf die innere Mechanik ist noch nichts darüber gesagt, wie Beitz nun wirklich das Kruppsche Industrie-Reich führt. Hat man erkannt, ein wieviel größeres Interesse Beitz Personalentscheidungen als Sachentscheidungen entgegenbringt, so ist man der Beantwortung der Frage, wie er führt, wahrscheinlich schon sehr nahe. Solange er den Eindruck hat, ein Mann mache die ihm übertragene Sache gut, läßt er ihn laufen. Wenn aber nicht ... Der Beitz, der warten kann, wartet von einem gewissen Augenblick an buchstäblich keine Minute mehr. Es fliegt einer hinaus, so rasch, daß er schon draußen ist, noch ehe er es recht bemerkt. Und das geschah auch großen Krupp-Tieren. Hier zeigt sich ein Beitz, von dem niemand mehr behaupten würde, er sei liebenswürdig und charmant. Hier gibt es weder Diskussion noch Rechtfertigung, hingegen eine Härte, die er offenbar für notwendig hält, um ein solches Riesenunternehmen in produktiver Balance zu halten.

Ich habe Beitz einmal gefragt, wie er seine quasi politische Tätigkeit betreibe, und er hatte geantwortet: Aus der Hand. Ich denke, er hätte mir die gleiche Antwort geben können auf die Frage: wie führen Sie den Krupp-Konzern? Aus der Hand; das heißt: aus dem Instinkt.

Es gibt ein Gebiet, auf dem sich seine Instinktsicherheit am allerdeutlichsten zeigt: in Protokollfragen. Dieser im persönlichen Umgang – allerdings nur im privaten Umgang – so durchaus formlose Mann hat ein Fingerspitzengefühl für Protokollfragen, das ihn für höchste diplomatische Funktionen qualifiziert.

Beitz wäre in diesem Jahr nicht nach Rußland gefahren, wenn er nicht vorher die Versicherung bekommen hätte, er werde von Chruschtschow empfangen. Die Einladung lag seit zwei Jahren vor. Jetzt nahm Beitz sie an, keinen Augenblick zu früh, was politisch ungut gewesen wäre, aber auch keinen Augenblick zu spät, wodurch ein zweieinhalb-Stunden-Gespräch mit Chruschtschow abgewertet worden wäre. Jetzt will jeder nach Moskau.

Wie sich dann Beitz nach seinem Moskau-Besuch, mit diesem background hinter sich, in der Bundesrepublik bewegte, oder vielmehr nicht bewegte, vor allem nicht in Richtung Bonn, bis schließlich Adenauer sagte: Dieser Herr Beitz hat ja keine Zeit für mich – das war glänzend gespielt.

Man hat in Amerika Beispiele dafür, wie leicht führende Industrielle geschäftliche mit politischen Positionen zu vertauschen vermögen. Deutschland ist an solchen Beispielen arm. Das Beispiel Rathenau, der es vom Industriellen zum Außenminister brachte und deshalb ermordet wurde, ist nicht gerade ermutigend. Aber man denkt, wenn man Beitz in den letzten zwei Jahren zugeschaut hat, eben doch an Rathenau – wenn die beiden Männer auch weiter wirklich nichts gemeinsam haben als das mehr oder weniger unwillkürliche Übergreifen ihres Wirkens von der wirtschaftlichen in die politische Sphäre.

Nach dem Moskauer Besuch bekam Beitz einen offiziösen russischen Brief, in dem stand unter anderem: »N. S. Chruschtschow empfindet eine große Befriedigung über das gehaltvolle und nützliche Gespräch mit dem Generalbevollmächtigten der Firma Krupp.«

In München wurde 1963 das total zerstörte, total rekonstruierte königliche Opernhaus nach jahrelangen Bauarbeiten eröffnet, und zwar, wie es der Zufall wollte, am Tag nach der Ermordung des amerikanischen Präsidenten John F. Kennedy am 22. November. Meinen Bericht über die Festlichkeit druckte der Stern Mitte Dezember, als ich gerade vor einem Kurhotel am Schwarzen Meer Arbeitern aus Sibirien zuschaute, die hier Urlaub machten und im Freien, unter heißer Sonne, Schach mit kindergroßen Figuren spielten.

MACH DIR DREI FROHE STUNDEN, GEH INS NATIONALTHEATER. Vom Ernst des Lebens ganz verschont bleibt jeder, der in München wohnt.

Neben mir auf dem Empire-Klappstühlchen, auf einem von mehr als zweitausend, saßen rund zweihundertfünfzig Pfund weiblichen Menschenfleisches, in rund 60 Jahren aus feinsten Speisen allmählich aufgebaut; vier Pfund Seide, die es umhüllten; zwei Pfund Glitzerperlen, ein knappes Pfund Gold in verschiedenen Formen und etwa 300 Gramm Diamanten. Das alles zusammen bildete den tausendsten Teil der anwesenden Weiblichkeit. Ich überschlug in den Pausen den Durchschnittspreis der Abendroben. Ich kam auf zweitausend Mark, Schmuck, Pelze und anderes Zubehör nicht gerechnet, deren Wert ein Hundertfaches betrug.

So daß mein Taxifahrer so unrecht nicht hatte, als er, die Opernrampe gegen Mitternacht durch das blitzende Gewühl herabkurvend, sagte:»Die wann dös Theater wirklich in d'Luft g'sprengt hätten, war'n die Brüllanten pfundweis umeinander g'legen.«

Derart spielte er auf Drohbriefe an, welche die Münchner Stadtverwaltung am Tag der ersten öffentlichen Vorstellung im neuen »Nationaltheater« beunruhigt hatten: daß nämlich der furchtbare Tod Kennedys, der am Tag zuvor die Welt erschüttert hatte, einen Aufstand der Bevölkerung zur Folge haben werde, ja, daß sogar Bombenwürfe gegen das Theater geplant seien, wenn man die Festivität nicht absage.

So wurde am Morgen des Vorstellungstages der Ministerrat einberufen, der schon einer Absage zuneigte, als der Finanzminister zu bedenken gab, dies würde ihn eine runde Million kosten.

So wurde denn mit kleinen Abweichungen vom ursprünglichen Plan die festliche Eröffnung durchgeführt.

Die Abweichungen betrafen eine Kennedy-Gedenkminute zu

Beginn, mit stehend angehörter amerikanischer Hymne, und den Ausfall gesellschaftlicher Veranstaltungen am Ende. Dafür dehnten sich die beiden Pausen zwischen den Akten fast auf Bayreuther Stundenlänge – man hätte glauben sollen: Gelegenheit für jede Frau, ihre Kleiderpracht gehörig zu entfalten.

Es war eine Traumexplosion von Eleganz.

Die aus Mangel an Anlaß jahrelang zurückgestaute Frauensehnsucht, endlich einmal das Äußerste aus der eigenen Erscheinung herauszuholen, fand an diesem Abend ihre Erfüllung. Und man wird verstehen, was ich sagen will, wenn ich feststelle, daß Prinzessin Soraya, so hübsch und elegant aussehend wie stets im letzten Jahrzehnt ihres Illustriertenruhms, dennoch eine der schlichtesten Selbstdarstellerinnen dieses Abends gewesen ist.

Auf die erschreckendste Weise zeigte sich, daß die Restauration, das heißt der Neubau des alten Theaters, für den bis jetzt 62,5 Millionen Mark ausgegeben worden sind, tatsächlich nichts anderes ergeben hat als das Theater von gestern, abzüglich dessen, was es vorher entschuldbar, erträglich, ja durchaus angenehm machte: die knappen 150 Jahre der Benutzung.

Großkotzigkeit der Architektur war übersponnen gewesen vom buchstäblichen oder nur eingebildeten Staub vieler Jahrzehnte, und wenn man die trostlosen Treppen zu den Rängen hinaufgegangen war, so nahm man es hin ohne inneren Widerspruch, ja, mit liebevoller Duldung aus Rücksicht auf die Tradition.

Es ist dieser mystifizierte Begriff »Tradition«, der die Münchner Bürgerschaft zum ersten und einzigen Male seit 1945 in eine sichtbare Bewegung versetzt hat, und wenn eine alte Frau aussprach, die Theatereröffnung sei seit der Beerdigung des Prinzregenten Luitpold – die 1912 (!) stattfand – das größte Ereignis, so traf sie den Nagel auf den Kopf.

Das ganze Stadtwesen, dessen soziale Einrichtungen – Verkehr, Universität, Krankenhauswesen – in einem skandalösen Zustand sind, kristallisierte sich ein Jahrzehnt lang um dieses Theater herum, und nun ist doch nichts daraus geworden als eine Befriedigung für die Alten und eine Attraktion für Touristen.

Dieses monströse Theater, 1810 beschlossen, als München keine 60 000 Einwohner hatte, war immerhin eine Geste der Kraft, war

Ausdruck eines auf die Zukunft gerichteten Willens, eines meinetwegen verrückten, bei Napoleon geklauten Selbstgefühls – aber das doch immerhin. Nicht aber ein erbärmlich schwächlicher Aufbruch in die Vergangenheit mit der lächerlichen Ausrede, die klassizistischen Parodien, die den Max-Joseph-Platz eingrenzen, verböten einen modernen Bau!

Daß Kultur Geld kostet und kosten darf, ja kosten soll, ist selbstverständlicher, als es bei uns praktiziert wird. Aber dieser Aufwand ist nur gerechtfertigt, wenn er in die Gegenwart und in die Erziehung zur Zukunft, allenfalls auch in die Erhaltung des Erhaltungswürdigen investiert wird.

Ob der Neubau eines Amüsiertempels, ob dieses »aus neu mach alt« den gleichen Anspruch an die öffentlichen Mittel erheben darf – diese Frage haben in München ein paar verlästerte Leserbrief-Schreiber im Laufe der letzten Jahre ein paarmal gestellt. Von der öffentlichen Diskussion wurde diese Frage aber nicht einmal gestreift.

Auf die Vergangenheit – denn worauf sonst? – muß der heutige Nationaltheater-Mitarchitekt Fischer angespielt haben, als er im Oktober 1961 erklärte: »Wir rekonstruieren, weil das Haus sich in seinem Verwendungszweck nicht geändert hat, weil die Verhältnisse gleichgeblieben sind.«

Bei Gott, das nenne ich eine souveräne Lösung der Probleme!

»So wie wir uns umwenden, um dankbar zu demjenigen hinaufzublicken, der uns diesen Kunstgenuß bereitet hat, erblicken wir Ihn, den Vater des Volkes und Seiner Familie, an der Seite Seiner im wahren Sinne des Wortes königlichen Gemahlin, von Seinen Töchtern als ebenso vielen Musen umgeben, in Seiner königlichen Hauptloge ... worauf sich das Frontispice mit der Königskrone befindet; denn die Königskrone ist es, von welcher alle Staatsgewalt ausgeht ...«

So steht's in einer Schrift zur Eröffnung des ersten Theaters 1818. Man setze nun an Stelle des Königs den Textilkaufmann X oder den Käseschachtelfabrikanten Z unter die Königskrone, und man stelle sich dazu 2 000 reckende Hälse vor: Ei, wer sitzt denn da, da möchte ich aber auch sitzen!

Dann wird man einsehen, daß es vielleicht doch kein guter Einfall war, für eine demokratische Konsumgesellschaft ein Gehäuse feudaler Gesellschaftsgliederung neu zu bauen. Nichts gegen Käseschachtelfabrikanten – nur unter Kronen werden sie zu falschen Leitbildern!

»Unser Dank für alles dasjenige, was Se. Majestät unser allergnädigster König uns hier gewährt, steigt mit den lautesten Empfindungen zum Himmel auf. Ein bleibendes Denkmal Seiner Fürstengröße und Seiner Liebe für die Künste wird in unserer Vaterstadt für die Nachwelt ...«

... zwischen 1952 und 1963 neu gebaut. Denn, wie sagt der Architekt Fischer? »Die Verhältnisse haben sich nicht geändert.«

Ja, der Flug nach Sotschi und überhaupt kreuz und quer durch die Sowjetunion fand noch in diesem Jahr statt. Am 11. September hatte ich in Bonn dem Botschafter der UdSSR Smirnoff meinen Plan einer Reportagereise durch Rußland vorgelegt, verknüpft mit zwei Bedingungen: Die Route, die aufzusuchenden Städte wollte ich selbst bestimmen, und ich wollte unter keinen Umständen auf einen jener Intourist-Dolmetscher angewiesen sein, die nur ihre eingelernten Erklärungen abspulen könnten. Am 26.11. war ich wieder bei Smirnoff, die Erlaubnis lag vor. Am 29. 11. flog ich nach Moskau zum zweiten Mal in diesem Jahr. Dreieinhalb Wochen trieb ich mich zwischen Leningrad und Sotschi herum. Die Früchte der Reise reiften 1964.

1964

Im Arbeitskalender steht am 4. Januar: »Rußlandentwürfe«. Am 15. 1. habe ich Besuch aus der russischen Botschaft, zwei Herren erscheinen, von denen nur einer deutsch spricht, und lassen sich erzählen, welche Eindrücke ich in ihrem Land gewonnen habe. Ich fasse den Reisebericht von vornherein so ab, daß er wie geplant, als mehrteilige Serie hätte gedruckt werden können. Am 4. April beende ich die letzte (7.) Folge, das Manuskript ist 147 Schreibmaschinenseiten lang. Am 20. Mai lautet die Eintragung: »Essen mit Nannen, Rußland-Ms. Kritik von Bucerius, neue Pläne.« Bei diesem Essen erfuhr ich, daß keine Zeile meines Berichts im *Stern* erscheinen werde, nicht auf Weisung Nannens, sondern seines Verlegers Bucerius, der sich Nannen unterwarf, sich mir gegenüber den

Anschein gebend, er habe diesen Beschluß für richtig befunden – wovon
er weit entfernt gewesen war.

Warum habe ich zu Nannen nicht gesagt: Das war's dann wohl, adieu?
Es gäbe eine naheliegende Erklärung: ein beträchtliches Einkommen, bisher und danach ideale Arbeits- und Veröffentlichungsbedingungen einerseits, eine große Familie andererseits. Es wäre lächerlich zu sagen, das
könne keine Rolle spielen. Da ich aber bald darauf, als Strauß erlaubt
wurde, Kommentare im *Stern* zu schreiben, den Krempel hingeworfen
habe und zum *Spiegel* ging (nach eineinhalb Jahren wieder in den *Stern*
zurückkehrend), so kann das Motiv, wegen der Nichtveröffentlichung des
Rußland-Berichtes nicht zu kündigen, kaum materieller Art gewesen sein.
Es war wohl so, daß ich den Eindruck gewonnen hatte, das Don-Camillo-
und-Peppone-Verhältnis zwischen Nannen und mir sei von der Entscheidung der Verleger nicht berührt worden.

Aus dem Rußland-Reisebericht hat Jahre später *TransAtlantik* ein Stück
gedruckt: »Wir sind keine Tugendbolde. Zu Gast bei sowjetischen Schriftstellern.« Das folgende Zitat wird hier zum erstenmal veröffentlicht.
Georgij war mein Dolmetscher auf der ganzen Reise. In Moskau lebend,
mit einer Polin verheiratet, Lehrer von Beruf, wurde er mir in diesen
Wochen zum Freund. Über die DDR wußte er besser Bescheid als ich,
denn in einem bescheidenen Soldatenrang war er dort ein paar Jahre als
Dolmetscher für die Militärregierung tätig gewesen.

DANN FLOGEN GEORGIJ UND ICH NACH SOTSCHI, dem Zentrum des sowjetischen Tourismus, dem größten Kurort der Sowjetunion (»Kurort« heißt es auch im Russischen, aber das Wort wird
nicht Kurort gesprochen, sondern in einem Stück; ein russischer
Wissenschaftszweig heißt »Kurortologie«).

Sotschi ist ein Ort der Superlative: 200000 Einwohner und 55000
Fremdenbetten – bis jetzt. Neue Hotels sind im Bau, eines mit
2000, ein anderes mit 6000 Betten.

Die Sanatorien sind Tempel von außen gesehen. Ich kam durch
Säle mit 20 Meter hohen Korinthischen Säulen. Ich landete hingegen
in einem kleinen, spartanischen Zimmer, in dem ich an irgendeiner
von Hunderten von Türen klopfte.

Es wurde von zwei Männern bewohnt, von denen der eine in
Hemd und Hose am Fenster stand und in einem Roman las, wäh-

rend ich den anderen in seinem Nachmittagsschlaf störte. Beide waren aus Workuta, dort arbeitete der Romanleser als Hauer vor Ort im Kohlenbergwerk, der zweite als Mechaniker. Das war mir nun doch seltsam, daß einer »Workuta« als seine Heimat bezeichnen konnte, nachdem dieses Wort in unserer deutschen Erfahrung, in der Erfahrung von Zehntausenden von Kriegsgefangenen nur eine sibirische Hölle bezeichnet. Für die zur Kur in Sotschi weilenden Arbeiter war es eine ganz gewöhnliche, wenn auch nicht sonderlich lustige Stadt der Sowjetunion. Natürlich wußten sie, daß in Workuta deutsche Gefangene gearbeitet hatten, aber mit ihnen waren sie nicht zusammengekommen.

»Nein«, sagte der eine, »es sind keine Deutschen mehr da. Schon lange nicht mehr.«

»Waren Sie krank?«

»Nein, wir sind nur zur allgemeinen Erholung hier. Im vorigen Jahr waren wir bereits zur Kur, nicht in Sotschi, anderswo, und weil wir nur alle drei Jahre die Kur und die Reise frei haben, so mußten wir diesmal etwas bezahlen. Ungefähr 30 Prozent der Kosten.«

Das sagte der Arbeiter, der im Bett lag. Der andere ergänzte: »Wir haben einen verlängerten Urlaub, 42 Tage. Wir sind mit der Eisenbahn in 40 Stunden von Workuta nach Moskau gefahren, blieben dort eine Woche bei Freunden, jetzt machen wir die Kur, sie dauert 26 Tage, und dann gehen wir für den Rest der Zeit wieder nach Moskau.«

»Konnten Sie sich Sotschi aussuchen?«

»Es wurden uns drei Orte zur Wahl gestellt: einer in der Krim, ein Gebirgsort in Georgien und Sotschi. Es machte sich gerade mit dem Termin gut, da sind wir nach Sotschi.«

»Was verdienen Sie?«

»400 Rubel. Das Klima, die Art der Arbeit im Bergwerk – das wird besonders gut bezahlt.«

»Ja«, sagte der Romanleser, »wir stehen uns ganz gut.«

Wir flogen nach Armenien weiter. Wieder war die Maschine fast ausverkauft. Meine auffallendsten Reisegenossen waren eine kurdische Familie, Kolchosenbauern aus Aserbaidschan, die übers Wochenend auf Verwandtenbesuch nach Taschkent geflogen waren: das Ehepaar, drei Kinder und die eindrucksvolle Großmutter von indianerhaftem Aussehen. Die Frauen sprachen nur kurdisch und waren gekleidet wie vor 500 Jahren, farbenprächtig in rot, blau und gold. Der Mann sprach russisch, sein Anzug war aus dem Warenhaus. Die Kinder sprachen vorwiegend überhaupt noch nichts, das Kleinste lag der schönen Mutter an der Brust, das nächste schlief in einem Körbchen, das die Stewardeß an die Wand gehängt hatte, das dritte spielte zu Füßen der Großmutter auf dem Boden und machte Besuche in der ganzen Kabine.

Wir flogen zwei Stunden über Wüsten, hatten zur Linken immer das Gebirge, hinter dem zunächst Afghanistan, später Persien lag. In Ashchabad machen wir eine Zwischenlandung, über neue Wüsten ging es weiter, dann überquerten wir das Kaspische Meer in strikter Ost-West-Richtung. Ab und an gab es durch Wolkenabgründe einen Durchblick auf blaues Wasser. Wir rauschten über majestätische Gebilde aus Watte dahin, aus denen am anderen Ufer das Gebirge herausragte, der Kaukasus.

Eine Stunde später sagte die Stewardeß: Schnallen Sie sich bitte an, wir landen in wenigen Minuten in Eriwan. Kaum hatte sie das Wort Eriwan ausgesprochen, da erhob sich Jubel unter den Passagieren. Sie sprangen auf, fuchtelten mit den Armen und riefen: Eriwan, Eriwan!, als wäre es die größte Überraschung ihres Lebens, daß wir nun dort waren, wohin alle wollten.

Die Tu 18 setzte sanft auf, die Begeisterungsstürme der mitnichten angeschnallten oder auch nur sitzenden Reisenden nahmen noch zu. An der Bordtreppe stand ein Herr, der dem Wirtschaftsminister Mikojan wie ein Zwillingsbruder ähnlich sah. Später sah ich, daß der Armenier Mikojan ungefähr 500 000 Zwillingsbrüder in seiner Heimat hat. Mikojan II begrüßte mich in einer Sprache, die zweifellos eine gewisse Ähnlichkeit mit einer Sprache aufwies, von der ich schon früher gehört hatte, der englischen. Er hatte acht Stunden auf Georgij und mich gewartet, war aus den Lautsprechern von Stunde zu Stunde vertröstet worden. Er hatte sich getröstet. Er war sehr fröhlich. Die Weine Armeniens sollte auch ich noch schätzen lernen. Einer Enthemmung hätte er allerdings nicht bedurft. Gleich meinen Mitreisenden war Mikojan II tagelang bereit, jederzeit aufzuspringen und zu rufen: Eriwan, Eriwan. Er war erst Armenier, dann Armenier, dann noch mal Armenier, und nach einer Weile auch

Sowjetbürger. Das gleiche könnte ich von jedem anderen Armenier sagen, mit dem ich sprach.

Auf dem Weg vom Flugplatz in die Stadt erkundigte er sich, ob ich denn wüßte, was für ein herrliches Land Armenien sei.

Ich wüßte es, sagte ich.

Worauf mich Mikojan II fragte, ob ich denn wüßte, was für ein geniales Volk die Armenier seien. Erstens gäbe es da den Weltraumfahrer Hmtattarowitsch, zweitens den Astronauten Tcshiwurmumpowitsch und drittens eben Mikojan I.

Ich wüßte auch das, sagte ich, und was Mikojan I anginge, so sei er sogar schon in der Bundesrepublik gewesen, und allein daran ließe sich ja schon erkennen, was für ein genialer Bursche er sei. Übrigens, sagte ich und tat so, als fiele mir die Ähnlichkeit erst in diesem Augenblick auf, Sie sehen ihm ähnlich wie ein Ei dem andern.

Wirklich? rief Mikojan II strahlend aus. Mister, ich denke wir werden Frieden und Freundschaft, Freundschaft und Frieden schließen, was wollte ich sagen – morgen wird es hell sein und dann werden Sie sehen our wonderfull town, our city, our …

Mensch, sagte ich, die Bäume sind ja schon belaubt.

Schon? rief Mikojan II, schon? Noch! Noch!! Ja, so ist das bei uns. Laub vom letzten Jahr.

Aber sie sehen ganz grün aus, sagte ich voll ehrlicher Bewunderung. Das macht unsere wonderfulle Straßenbeleuchtung, sagte Robert, morgen, wenn die Sonne scheint, unsere wundervolle armenische Sonne, werden sie braun aussehen.

Das Einstandsmahl am nächsten Tag hätte eigentlich ein Mittagessen sein sollen, es wurde ein Abendessen, zu dem mich Mikojan II auf meinem Zimmer abholte. Dabei sah er das Tonbandgerät stehen. Ich führte es ihm vor, und er konnte der Versuchung nicht widerstehen: er hielt seine Begrüßungsrede über Frieden und Freundschaft ins Mikrophon. Georgij wollte sie übersetzen, ich sagte: Nicht nötig, ich habe alles verstanden. Nachher, im Restaurant, nach der dritten Flasche von diesem wundervollen armenischen Wein, hatte Mikojan II vergessen, daß er seine Rede schon gehalten hatte. Er setzte noch einmal dazu an. Nun laß den Quatsch, sagte Georgij.

Am Nachbartisch saßen zwei blutjunge Offiziere und eine sehr hübsche blonde Frau – fast die einzige im ganzen Restaurant.

Armenier sind berüchtigte oder berühmte Schürzenjäger, soweit sie nicht, ja wie soll ich sagen, gleichfalls ziemlich berüchtigte Hosenjäger sind. Aber ihre Frauen haben zu Hause zu bleiben. Die Blonde war nicht von hier, sondern die Frau eines der Leutnants. Es wurde getanzt, ich warf ein halbes Auge nach dem Nebentisch, nur Mut, sagte Georgij, und ich bat den Herrn Leutnant um die Erlaubnis, mit seiner Frau tanzen zu dürfen. Sie erzählte, sie sei aus Kiew, Ukrainerin also, und ihr Mann hier in Garnison.

Als die Musik wieder einsetzte, stand die Frau auf und forderte mich auf zu tanzen. Sie sagte, in Eriwan sei es langweilig.

Ukrainer, äh! sagte Mikojan II, you know, Mister Kuby ...

I know quite well, Mister Mikojan, sagte ich und verhinderte damit die Erzählung böser ukrainischer Anekdoten in so unmittelbarer Nachbarschaft von Ukrainern. Man mag sie nicht so besonders gern, die Ukrainer. Wenn ein Sowjetbürger, der nicht Ukrainer ist, zum Militär eingezogen wird, fragt er: Wo werde ich schlafen? Wo werde ich essen? Ein Ukrainer aber: Wo kann ich hier werden Kommandier? So werden die Ukrainer eingeschätzt: zielstrebig, ehrgeizig, nicht gerade rabiat aufrichtig, und fast so charmant wie Preußen. Solche Vorurteile hinderten uns nicht, später die Tische zusammenzustellen. Wir feierten das erste Fest in Eriwan. Die Leutnantsfrau hieß Sophia.

Bei einer Stadtbesichtigung fragte ich: Wann ist das gebaut worden? 1956. Und das? 1958. Und die Akademie der Wissenschaften? 1958. Und diese pfeilerlose Halle des Neuen Basars? 1953. Und was war vor 1950? Nitschewo, nichts!

Das stimmte nicht. In der Nähe des Rathauses der Stadt entdeckte ich am Rand der Straße einen Schaukasten mit der Aufschrift »Sornjaki«.

Was heißt das? fragte ich Georgij.

Unkraut, sagte er.

Als Unkraut wurden in diesem Schaufenster gewisse Bürger vorgestellt, die, ohne etwas direkt Kriminelles begangen zu haben, gegen die öffentliche Ordnung verstoßen hatten. In der linken Hälfte des Kastens sah man 6 Photos, Format 13/18, verwahrloste Hofwinkel darstellend, schlecht aufgeräumte Vorplätze, Bruchbuden. Namen und Adresse derjenigen waren angegeben, die solches verur-

sacht oder geduldet hatten. Die rechte Hälfte zeigte eine Namens-
liste. Man erfuhr, Herr K. habe 5 Tage bekommen, weil er die freiwilligen Helfer für öffentliche Ordnung mit unanständigen Worten
beschimpft hatte. Herr M. mußte 10 Tage brummen – und zwar an
arbeitsfreien Tagen! – weil er in betrunkenem Zustand seine Frau geschlagen hatte.

MOSKAU. Moskau ist keine Stadt, in die man sich auf den ersten
Blick verlieben könnte. Das Fremdartige und Riesige, das zuerst in
die Augen fällt und für den eigentlichen Ausdruck ihres Wesens genommen wird, lädt nicht dazu ein, ihr zärtliche Gefühle entgegen-
zubringen. Man staunt vielmehr.

Man bestaunt den Roten Platz mit der Kreml-Mauer und der Kor-
kenzieher-Kathedrale; man bestaunt die zementierten Flammen der
stalinistischen Hochhäuser am Moskwa-Ufer, die nachts mit roten
Licht-Zungen den Himmel küssen; man bestaunt den Kreml-Palast
außen und innen, ein 5000-Plätze-Oper- und Konferenzgebäude in
einem; und man bestaunt diese Straßen, die bequem in 10 Fahrbah-
nen eingeteilt werden könnten, aber nicht eingeteilt sind.

Aber man liebt es nicht.

Nach einer Weile bemerkt man das andere Moskau: das ländliche.
Auf diese Stadt angewendet, dieses uferlose Meer von Stadt, will das
Wort ländlich verrückt erscheinen. Und doch gehört nicht viel
Spürsinn dazu, das russische Dorf mit seinen Holzhäusern im steinernen Moskau wiederzufinden, vergrößert im Maßstab 1:100, oder
1:1000, in seiner merkwürdigen Vermischung von Grenzenlosigkeit
und Geborgenheit erhalten.

Nach dieser Entdeckung fängt man an, nicht immer nur mit dem
Taxi oder der Metro Moskau zu durchqueren. Es sich ganz zu Fuß
zu erschließen, wäre Jahrespensum. Es muß aber ja nicht das ganze
Moskau sein und schon gar nicht die neuen Viertel, wo heute wohl
die meisten seiner Bewohner hausen. Hat man eines gesehen, hat
man alle gesehen. Man durchwandert das Zentrum innerhalb des
Großen Ringes, innerhalb der umfassenden Schleife des Flusses;
man läßt ab von den touristischen Attraktionen; man vergißt, daß
man sich einmal ein romantisches Städteideal nach den Vorbildern
von Dinkelsbühl und Rothenburg gebildet hat, von dem hier keine

Spur zu finden ist – und findet ein Moskau, das nur noch in der Flä-
chenausdehnung riesig ist, aber überhaupt nicht mehr fremdartig –
ein Moskau nach Menschenmaß, das Moskau des russischen Ro-
mans aus dem vorigen Jahrhundert. Und wie dieser ist auch es von
Käuzen bewohnt, d. h. von Menschen, die ihre kleinen oder großen
Schrullen haben und an ihren Schrullen eine Menge Spaß, so daß sie
sie pflegen und hegen.

In Moskau, überraschenderweise gerade in Moskau, fand ich die
Sowjetunion, die nicht ehrpusselig ist, nicht von Perfektionswahn
erfüllt ist, nicht mit gewaltiger Anstrengung, ja vielleicht sogar psy-
chischer Überanstrengung am Rande eines Minderwertigkeitskom-
plexes hinhangelt, der allenfalls noch geschichtlich, aber nicht mehr
aus der Gegenwart erklärt werden kann; in Moskau fand ich die in
sich beruhende Sowjetunion, voller Witz und Phantasie, und voller
Kultur.

Als der Abreisetag heranrückte, fing ich an, nicht mehr nur
ein Reisender zu sein mit einem Programm. Da dachte ich: hier
möchte ich eine Weile leben. Da begann ich herumzuschlendern
ohne Ziel und Zweck und Verabredungen zu treffen und hatte in
meinem Notizbuch eine ganze Menge Telefonnummern, alle unter
K wie Käuze. Höchst ansehnliche, ja berühmte Käuze waren darunter.

Der Bassist Ognizew wohnt mit seiner Frau und seinem Papagei in einem der Wolkenkratzer am Moskwaufer, dem Wohn-
Wolkenkratzer. Der zweite beherbergt das Außenministerium, der
dritte das Hotel Ukraina – lauter Wahrzeichen Moskaus. Lauter
Falschzeichen Moskaus. Unter Ognizew wohnt die Ullanowa,
neben Ognizew ein Minister, darüber noch ein Minister, und so
fort.

Ich hatte Ognizew als Philipp II. in der Verdi-Oper *Don Carlos*
gesehen, gesehen und gehört, schön, großartig, dämonisch, schwarz-
bärtig, wie ein Philipp sein muß, und mit der Stimme Schaljapins.
Daß er der wiedergeborene Schaljapin sei, glaubt Ognizew von sich
selbst. Daß er eigentlich in der Renaissance hätte leben müssen, ist
sein geheimer Wunsch. Ihn im heutigen Moskau zu befriedigen ist
einigermaßen schwierig. Aber er tut, was er kann und was seine Frau
erlaubt.

Das war eine Pracht hinter der Wohnungstür: Überall der Künstler, in Marmor und in Öl. Zu Hause war er nicht schwarz, sondern mit einem leicht rötlichen Schimmer aufgeblondet. Madame war dunkel und in keiner Weise renaissancehaft. Während meines Besuches ging das Telefon unentwegt. Madame ging an den Apparat, und wenn sie sich meldete, hängte der Anrufende ab. Die Anrufende. Das ist bei uns so, sagte Madame, wenn ich mich melde, ziehen sich die Damen zurück. Hoffentlich gehen Sie doch auch gelegentlich selbst ans Telefon, sagte ich zu dem Star; es wäre sonst so grausam. Er sagte: Wenn meine Frau unterwegs ist.

Außer den ergebnislosen Anrufen der Ognizew-Fans machte der Papagei, sichtlich an Kindesstatt angenommen, die Unterhaltung zuweilen etwas schwierig. Er wurde in ein anderes Zimmer getragen, aber da schimpfte er so gottsmörderisch, daß man ihn wieder hereinlassen mußte.

Weil er, mit standesamtlicher Geburtsurkunde beweisbar, 130 Jahre alt war, also fast noch beim Brand Moskaus hätte umkommen können, hielt er nichts mehr vom Fliegen. Über das Hosenbein kletterte er nach oben und ließ sich auf der Schulter des Künstlers nieder. Nach dem Krieg war er fünf Jahre mit einem russischen General in Berlin. Dort lernte er zu schreien: Hände hoch! Ich dachte: Jetzt ist es passiert, als plötzlich jemand hinter mir schrie: Hände hoch!

Ognizew war Eisenbahner. Ein Mann aus dem Volk. Er war Soldat. 1944 in Kishinew an der rumänischen Grenze machte seine Pionierabteilung ein Sauf-Fest mit Unterhaltungsprogramm. Ognizew sang. Eine alte Kishinewerin, die etwas von Musik verstand, hörte ihn zufällig und sagte: Du bist kein Eisenbahnpionier, du bist ein Sänger. Drei Wochen später, noch mitten im Krieg, war er freigestellt und bekam Unterricht in Kishinew. Nach Kriegsende bezog er das Konservatorium in Moskau, der Staat bildete ihn aus. 1950 stand er in Mussorgskis *Boris Godunow* zum ersten Mal auf der Bühne des Bolschoi-Theaters. Und schon hatte er den Staatspreis. 10000 Rubel. Die erste Oper, die er hörte, war jene, in der er die Hauptrolle sang. Sein Ruhm ist groß, obschon sie so komisch lächeln, die Moskauer, wenn sein Name fällt. Vielleicht lächeln sie nur, weil er sich die Haare färbt.

Niemand lächelte, als ich erzählte, ich hätte Krjutschkow getroffen, Nikolai Affanasiwitsch Krjutschkow. Ich traf ihn am Ende der Vorstellung des ukrainischen Staats-Balletts im Büro des Managers. Wie er so da saß, behaglich still, eine bäuerische Erscheinung, hätte ich ihn für einen Dorfbürgermeister aus der Smolensker Gegend halten können, wäre mir nicht gesagt worden, daß es sich um den populärsten Filmschauspieler der Sowjetunion handelt. Nicht um den besten, nicht um den aufregendsten, nein, das gewiß nicht, aber um den populärsten, und wenn ihm die Leute auf der Straße nachlaufen und um ein Autogramm bitten, was sie tun, wo er geht und steht, dann nicht aus dem Grunde, aus dem bei Ognizews das Telefon nicht stillsteht. Er ist der Jean Gabin der Sowjetunion und seine Paraderolle war ein Traktorfahrer, für die er den Leninpreis bekommen hat. 100 000 Rubel. Er verdient sich krumm und dumm. Er hat ein Faible, das auch bei uns vorkommen soll: für Motorboote. Er benützt sie zum Fischfang im Schwarzen Meer.

Einer meiner Besuche in Moskau galt Ilja Ehrenburg, der in Paris und in Berlin nicht weniger zu Hause war, wie er es seit Kriegsende in Moskau ist. Bei ihm saß ich zwischen echten Picassos, Geschenke des Malers an diesen russischen Freund. Ein reicher Mann. Die Schriftsteller, bei denen wir in Taschkent eingeladen gewesen waren, machten auch keinen Hehl daraus, reich zu sein, sehr reich. Im Morgengrauen waren wir durch die stille Stadt ins Hotel gegangen. Auf dem Markt luden schon die ersten Bauern Obst und Gemüse von ihren Pferdekarren ab.

DER SOHN DER WÄSCHERIN ERZÄHLT. »Das sind alles Millionäre«, sagte Georgij mit seinem Schullehrergehalt.

»Sie haben den ganzen Abend nur übersetzt. Manchmal hatte ich den Eindruck, daß Sie ärgerlich wurden.«

»Sollte ich nicht?« sagte er. »Aber mich einzumischen, das wäre nicht gut gewesen fürs Übersetzen. Und außerdem, es hätte zu nichts geführt. Die Herren wissen ja selbst, und sie haben es gesagt, daß sie die große Ausnahme sind. Gibt es bei Ihnen so reiche Schriftsteller?«

Vor dem Hoteleingang blieb Georgij noch einmal stehen. »Man sah mir also an, daß ich mich ärgerte?«

»Ich sah es Ihnen an, ob die anderen, weiß ich nicht. Ich glaube eher nicht. War der Grund Ihrer Mißstimmung dieses mühelose Verdienen?«

»Absolut nicht«, sagte Georgij, »aber sie waren so rundherum zufrieden.«

»Vielleicht wollten sie nur mir gegenüber diesen Eindruck erwecken?«

»Das glaube ich nicht«, sagte Georgij, »die sind wirklich zufrieden.«

Vor der Tür zu meinem Zimmer sagte ich: »Kommen Sie, wir trinken noch einen.« Noch nie hatte Georgij die Einladung zu einem »Braunen Bär« ausgeschlagen. Ich setzte mich aufs Fensterbrett – wir befanden uns im neunten Stockwerk – und blickte auf den Platz mit seinen Brunnen und dem orientalischen Theaterbau hinab, auf dessen Marmorschnitzereien die Taschkenter so stolz sind. Georgij setzte sich aufs Bett, das Glas in der Hand. Noch immer war er verstimmt, aber plötzlich hob er den Kopf und sagte: »Sie haben drei Biographien gehört, wollen Sie wissen, wie das bei mir war?«

»Moment«, sagte ich und legte in den Recorder eine neue Kassette. »Darf ich?« fragte ich.

»Warum nicht«, meinte er, »wenn Sie über diese Herren schreiben, ist es vielleicht ganz gut, wenn Sie … na schön, ich fange damit an, womit alles bei uns angefangen hat.«

»Da waren Sie doch noch lange nicht auf der Welt, 1917«, sagte ich.

»Ach, 1917«, entgegnete er, »das ist der Anfang fürs Geschichtsbuch, aber das Leben … das Leben … unser aller Leben beginnt am 21. Juni 1941. Wir hatten Gäste. Meine Mutter ist Plätterin, mein Vater war Kunsttischler. Sie verdiente 300 Rubel im Monat, also 30 nach heutigem Geld. Mein Vater verdiente auch wenig. Wir konnten, wenn Gäste da waren, drinnen nicht schlafen: meine Schwester und ich. Am 21. Juni war es warm, wir legten uns in den Garten und schliefen dort. Ich war sieben Jahre alt. Wir wachten vom Radio auf und hörten die Stimme Molotows, und er sagte, unser Krieg ist ein gerechter Krieg, wir sind überfallen worden. In dem Viertel, wo wir wohnten, haben viele Leute nicht geglaubt, daß die Deutschen bei uns eingefallen seien. Sie wußten nicht, was sie eigentlich glauben sollten. Sie können in der ganzen Sowjetunion herumfragen, es werden Ihnen viele bestätigen, daß uns so war, als hätten wir einen Schlag auf die Stirn bekommen. Man konnte es einfach nicht fassen. Für uns Kinder bestand der Krieg zuerst darin, daß mein Vater ein paar Sachen in einen Sack packte und wegging. Solange er in Moskau von einer Kaserne zur anderen, von einem Bahnhof zum anderen geschickt wurde, ist ihm meine Mutter nachgegangen und war zwei Tage nicht zu Hause. Das war noch nie vorgekommen, und das war das größte Ereignis für uns.

Mein Vater war vom Land, meine Mutter hat ihn im Dorf geheiratet. Man ist dort vorsichtig, man hat immer Vorräte im Haus, auch wir hatten welche. Die Geschäfte blieben alle geöffnet, und in den ersten vier Wochen des Krieges wurde alles restlos ausverkauft, aber wir konnten nicht viel kaufen, weil wir kein Geld hatten. Die Preise gingen sofort in die Höhe, mit Ausnahme der Preise für die Lebensmittel, die es auf Karten gab. Da hätte es allerhand geben sollen, aber in Wirklichkeit gab es nur Brot, 600 Gramm am Tag, sonst nichts, nur Brot, immer nur Brot, und auch das war nicht gut. Manchmal war es so schlecht, daß wir es kaum essen konnten.

Nach drei oder vier Wochen kam der erste Brief von meinem Vater. Bei Ihnen gibt es Graphologie und Astrologie und solche Sachen, die gibt es bei uns nicht, aber meine Mutter ging mit dem Brief zu einer Zigeunerin, und alle Karten auf dem Tisch zeigten Kreuze: Es war noch keine Nachricht da, aber meine Mutter glaubte schon fest, daß mein Vater tot war. Der nächste Brief kam dann von seinem Batteriechef, er war bei der Artillerie, und am 10. August war er gefallen. Meine Mutter hörte auf zu plätten und ging an die Arbeitsfront. Bei Ihnen war Arbeitsfront etwas anderes, bei uns war es die Arbeit um Moskau herum, die Panzergräber wurden ausgehoben und andere Sperren gebaut. Für diese Arbeit im Winter 1941 hat meine Mutter sieben Brote im Monat bekommen, außer den 600 Gramm, die wir pro Person auf Karten kaufen konnten. Sieben Brote außerhalb der normalen Ration, das waren damals in Geld 1 400 Rubel, sie hatte sich also gegenüber der Plätterei sehr verbessert. Für die 300 Rubel, die sie vorher verdient hatte, bekam man anderthalb Brote oder 15 Zigaretten.

Wir sahen das Geschützfeuer am Horizont, dann kam die Offensive zum Stehen, der Feind wurde zurückgeschlagen, und die Arbeit am Panzergraben hörte auf. Im Februar 1942 fingen wir an zu hungern und hörten damit bis 1946 nicht mehr auf. Am allerschlimmsten war es, als unsere Vorräte zu Ende waren und die Arbeit an der Front eingestellt wurde, bis zum Herbst 1942 – bis wir unsere ersten Kartoffeln geerntet hatten. Kaum taute in diesem ersten Kriegsjahr der Boden auf, da fingen wir alle an, ihn umzugraben. Jedes Stückchen Land, in das man mit dem Spaten hineinkam, wurde bebaut. Mit Kartoffeln und Gemüse. Wir arbeiteten mit dem Spaten, den meine Mutter von ihrer Arbeit mitgebracht hatte. Wenn Sie heute so wenig alte Wälder um Moskau herum sehen, so liegt es daran: Wir brauchten die Wälder, um zu heizen, und den Platz der Wälder für Kartoffeln. Sie können sich vorstellen, was das für Felder gewesen sind. Maschinen für die Rodung gab es natürlich nicht, auch keine Pflüge. Die Leute haben untereinander nur davon gesprochen: Wieviel Kartoffeln hast du geerntet? Wieviel du? Wir brachten es im besten Jahr auf 20 Sack, und das reichte nicht für die ganze Familie von Ernte zu Ernte. Wir Kinder aßen wie Erwachsene, aber wir konnten nicht so arbeiten. Also wir haben gehungert.

Trotzdem bin ich in die Schule gegangen und habe ganz gut meine Prüfung gemacht. Damals gab es eine Sieben-Klassen-Schule, das entspricht, glaube ich, ungefähr Ihrer mittleren Reife. Nach dem Sieg, und das war unser Sieg, nicht der amerikanische, machte ich die Prüfung, ganz gut, und hatte dabei buchstäblich nichts auf dem Leib als einen zu kleinen Trainingsanzug, das war das billigste Kleidungsstück, keine Wäsche darunter. Und die Turnschuhe, die ich trug, waren auch die billigsten. Sonst besaß ich nichts. Ich sagte zu meiner Mutter, ich will in die Produktion gehen und Geld verdienen. Aber sie sagte: Nein, du gehst nicht in die Produktion. Du machst Abitur und gehst auf die Hochschule. Sie müssen wissen, meine Mutter kann noch heute nicht lesen und schreiben.«

»Sie lebt noch?«

»Ja. Gerade vor ein paar Wochen hat sie aufgehört zu plätten. Das ist sie geblieben, Plätterin. Jetzt bekommt sie 80 Rubel Rente, also mehr als das Doppelte von dem, was sie früher mit ihrer Arbeit verdiente. Ach, ich habe vergessen, Ihnen zu erzählen, was vielleicht auch hierher gehört, damit Sie unser Land verstehen. Von dem Dorf, wo meine Mutter geheiratet hat und wo ich auf die Welt gekommen bin, muß ich noch etwas sagen. Es ist ein sehr armes Dorf, und es gab dort weit und breit keinen Arzt. Nach meiner Geburt wurde die Mutter krank, ich glaube, Milchfieber nennt man das, und sie ging zum Dorfsowjet, damit man ihr half und einen Arzt von irgendwoher holte. Ich bin am 12. Dezember geboren. Was, sagte der Bürgermeister, du hast einen Sohn bekommen? Warte, ich schreibe in die Papiere, er sei am 1. Januar geboren. Für das Militär ist er dann ein ganzes Jahr jünger, und du hast ihn länger zu Hause. Deshalb steht noch heute in meinem Ausweis, ich sei am 1. Januar geboren, aber wir feiern meinen Geburtstag am 12. Dezember.

Wie wir wieder so eine richtige Hungerzeit hatten, sagte meine Mutter: Fahr aufs Dorf zu deiner Großmutter, der Vater ist tot, sie kann etwas für dich tun. Ich fuhr hin, und ich hatte fünf Rubel mitbekommen, das wären heute 50 Kopeken, in Ein-Rubel-Scheinen, die waren damals gerade neu gedruckt worden und sahen anders aus als die bisherigen. Ich kam in das Dorf, es war 1944, und ich sah, daß es dort noch viel schlimmer war als bei uns in der Stadt. Sie hatten dort gar nichts, wirklich absolut gar nichts, sie sammelten Beeren und kochten Rinde, und als meine Großmutter die neuen Rubelscheine sah, zeigte sie sie im Dorf herum, denn sie hatten dort solche Scheine noch nicht gesehen. Es gab kein Geld im Dorf. Die Bauern hatten alles an die Front und für den Krieg geliefert, auch ihr Erspartes. Meine Großmutter hatte 5 000 Rubel für den Krieg gegeben, alles, was sie hatte, und das hätte dazu dienen sollen, sie anständig zu begraben. Damit meinte sie ein Kleid, einen Sarg und daß der Pope am Grab sprach. Es war also nichts im Dorf, und nach 14 Tagen war ich wieder in Moskau. Sehen Sie, dieser Krieg, so haben wir ihn geführt, für unser System. Für den Zarismus haben wir im Ersten Weltkrieg nicht so gekämpft und gelitten. Vaterland ist nicht Vaterland.«

»Ich war kürzlich in Leningrad«, sagte ich.

»Ich weiß«, sagte Georgij.

»In Leningrad sind während der Belagerung durch die Deutschen sechshundertzweiunddreißigtausendzweihundertdreiundfünfzig Männer, Frauen und Kinder, allesamt Zivilisten, verhungert.«

»Ich weiß«, sagte Georgij, »so etwas wissen wir.«

»Wir nicht«, sagte ich, »also, das Vaterland ...«

»Ja«, sagte er, »ja, ja. Meine Mutter sagte: Wir haben den Krieg gewonnen, es wird bei uns aufwärtsgehen, du mußt etwas leisten. – Aber es war eben doch unmöglich, daß ich auf die höhere Schule ging. Meine Schwester war ja auch noch da. Aber es gab einen Weg, ich konnte zum Militär gehen und dort Abitur machen und die Militärakademie besuchen, das ist genauso eine Hochschule wie jede andere, nur eben für Soldaten. Diesen Weg ging ich. Mit siebzehn meldete ich mich freiwillig zur Armee und war sieben Jahre dabei. Ich bekam eine Ausbildung wie ein Student.

Es ist bei uns üblich, daß man als Soldat das erste Gehalt ganz ausbezahlt bekommt, ohne alle Abzüge, und bei mir machte das 920 Rubel aus. Ich spreche immer von den alten Rubeln. Es war so ein Päckchen Scheine, und ich ging nach Hause und gab es meiner Mutter. Niemand von uns hatte jemals so viel Geld gesehen, und meine Mutter weinte. Als ich nach sieben Jahren die Armee verließ, fühlte ich mich im Zivilleben sehr unsicher. Ich blieb in der Nähe der Armee, das heißt, ich wurde für vier Jahre Dolmetscher bei der Armee in Deutschland. In Prenzlau, Rathenow, Cottbus, ich kenne Ihr Land.«

»Mein Land? Sie nennen Orte, die meine Kinder kaum je besuchen werden. Jetzt sind Sie also Studienrat und lehren Deutsch.«

»Und fahre mit Ihnen herum und lerne lauter feine Leute kennen. Ich habe den Eindruck, in Taschkent gibt's überhaupt nur Akademiemitglieder.«

Der Sohn der Wäscherin erzählt wurde in *Trans Atlantik* im Zusammenhang mit dem Bericht über den Abend bei den reichen Schriftstellern in Taschkent gedruckt. Ich halte Georgijs Lebensschilderung für ein einzigartiges Dokument und finde, er dürfe in dieser Chronik nicht fehlen.

In Frankfurt beginnt der große Auschwitz-Prozeß. Er rückt die Vernichtungslager aufs neue ins Rampenlicht. Ob die dort begangenen Verbrechen juristisch besonders behandelt werden dürfen und müssen, ob die normalen Verjährungsfristen nicht anzuwenden sind, weil der politische Schaden für die Bundesrepublik im Ausland unabsehbar wäre, würden sie angewendet – darüber entsteht eine leidenschaftlich geführte Diskussion zwischen den Parteien und in der Bevölkerung. Die wirtschaftswunderliche Harmonie im neuen Staat – vielleicht sollte ich von politischer Agonie sprechen – wird außerdem empfindlich gestört, als die Ende November gegründete rechtsradikale Nationaldemokratische Partei (NPD) rasch in verschiedenen Landtagen Erfolge erzielt. Alte und neue Nationalsozialisten sammeln sich in ihr. Das Verhältnis zu Israel wird einer neuen schweren Belastung ausgesetzt, während die 1964 getätigten Waffenlieferungen nach Israel die arabischen Golfstaaten alarmiert hatten. Über diesen Konflikten schwebt Ludwig Erhard, der zweite Bundeskanzler, der von einer »formierten« Gesellschaft träumte, in der alle am gleichen Strang zögen. Die es nicht taten, nannte er Banausen, Nichtskönner und kleine Pinscher.

Die Situation ist noch nicht da, in der die Studentenbewegung die ganze Bundesrepublik aufrüttelt, der SDS (der Sozialistische Deutsche Studentenbund) aus der SPD einen Veteranenverein werden läßt, Rudi Dutschke in den Schlagzeilen der gedruckten Medien erscheint, die Fernsehteams seine Reden und Appelle bruchstückweise in die Wohnungen der verunsicherten Bürger transportieren und der Stern einige Ausgaben lang den Eindruck macht, er sei zur Hauspostille des SDS geworden.

Nein, soweit war es noch nicht; wenn ich im September die Jahresversammlung des SDS in Frankfurt besuchte, so erschien mein Bericht darüber unter dem Markenzeichen »Studenten« ganz hinten, eingeklemmt zwischen einem Inserat der Zeit und »Zum guten Ton gehört Dual«.

DAS FÄHNLEIN DER 1031 AUFRECHTEN. Von den 56 Millionen Einwohnern der Bundesrepublik sind 1031 im Sozialistischen Deutschen Studentenbund (SDS) zusammengeschlossen. Der SDS gab in seinem letzten Geschäftsjahr 28 061 Mark aus und nahm 28 842,30 Mark ein, so daß er einen Kassenüberschuß von 781,30 Mark besitzt. Jeder bessere Kegelklub hat mehr Geld in der Kasse.

Wenn der Stern also von der Jahresversammlung dieses SDS berichtet, so muß das andere Ursachen haben. Es hat andere Ursachen. Wir haben es hier mit einer Gruppe junger Deutscher zu tun, die den Teufel in beiderlei Gestalt nicht fürchten: nicht in Gestalt des Kommunismus und nicht in Gestalt jenes Antikommunismus, welcher sogar verbieten möchte, den anderen Teufel sich näher anzusehen.

Die Bedeutung dieser Gruppe liegt darin, daß sie im Bereich deutscher Universitätsjugend, die einmal führende Positionen einnehmen soll, die einzige ist, die sich geistig so frei im politischen Raum bewegt, als gäbe es die vom Verfassungsschutz so ängstlich gehütete Grenze gar nicht, hinter der die halbe Welt und die zweite Großmacht dieser Erde den Kommunismus als gesellschaftliche Wirklichkeit geschaffen hat.

Als die SPD ihre ursprüngliche weltanschauliche Basis dem Kampf um die Macht im Staate opferte und sich trotzdem nicht spaltete, spalteten sich die sozial-demokratischen Studenten (und Professoren) in die parteitreuen und die aufsässigen, und beide haben ihre Organisation. Der aufsässige Teil, der SDS, selbst massiven Angriffen ausgesetzt, konnte nicht aus der Legalität hinausgedrängt werden.

Das für den SDS aktuell im Vordergrund stehende Problem betrifft die Praxis seiner Beziehungen zur DDR, ist also genau dasselbe, das gegenwärtig in der Bundesrepublik so lebhaft diskutiert wird.

Der SDS sieht nicht die nationalen Belange im Vordergrund, sondern die ideologische Auseinandersetzung zwischen der »Neuen Linken«, für die der SDS in seiner Zeitschrift »neue kritik« geistiges Rüstzeug entwickelt, um einem DDR-Marxismus, den man, gäbe es den Begriff, wohl als »Alte Linke« bezeichnen dürfte.

Entsprechend der Frage: DDR-Kontakte – aber wie?, war das Referat über die Deutschlandpolitik thematisch das wichtigste. Man hatte dafür nicht einen Mann aus den eigenen Reihen gewählt, sondern ließ sich die Leviten von dem linksliberalen Publizisten Dr. Helmut Lindemann lesen, der kaum ein Sozialist und ganz bestimmt kein Marxist ist. Die Essenz seines Referates hatte er in die Form von zwölf Thesen gebracht. Hier einige im Wortlaut:

Der heutige Zustand Deutschlands ist primär eine Folge deutscher Politik; daher ist seine Änderung primär eine Aufgabe der Deutschen.

Die beiden deutschen Teilstaaten haben sich in fast zwanzig Jahren weit auseinander entwickelt; daher ist jede Deutschlandpolitik, die einfach den Anschluß des einen Teils an den anderen erstrebt, wirklichkeitsfremd.

Solange die Bundesrepublik sich weigert, die DDR mindestens faktisch anzuerkennen, wird es keinen entscheidenden Fortschritt in der Deutschlandpolitik geben; die Anerkennung der DDR ist nicht Ende, sondern Anfang jeder zukunftsträchtigen Deutschlandpolitik.

Die Wiederherstellung eines deutschen Nationalstaates ist von untergeordneter Bedeutung; wichtiger ist die Erlangung von Freiheit und sozialer Gerechtigkeit in beiden Teilen Deutschlands und deren Eingliederung in eine europäische Arbeitsgemeinschaft.

Geistig und politisch normal versorgte Bundesbürger, für die es eine Selbstverständlichkeit ist, daß links von der gegenwärtigen SPD politisch nur noch der Teufel wohnt, hätten im Frankfurter Studentenhaus geglaubt zu träumen, vielleicht sogar alpzuträumen. Auf weite Strecken hin hätten sie sich nicht auf der Versammlung einer politischen Gruppe gewähnt, sondern in einem Seminar über Marxismus, Trotzkismus, Neue Linke und so fort.

Eben darin liegt die Problematik des SDS. Im Grundgesetz ist es nicht verboten, über irgend etwas nachzudenken, also dürfen auch westdeutsche Studenten über die Fortentwicklung des Marxismus unter modernen Bedingungen nachdenken. Sie wollen aber nicht nur für sich selbst denken, sondern auch andere zum Nachdenken veranlassen.

Ein unvoreingenommener, geistig freier Mensch wird sagen, es könne nicht verboten werden, zum Nachdenken anzustiften, wenn Denken überhaupt erlaubt sei. Ob das immer die Auffassung der Staatsmacht sein wird, bleibt abzuwarten. Jedenfalls machten die leidenschaftlichen Diskussionen den Eindruck, als prallten sie nicht selten irgendwo an eine unsichtbare Glaswand und zerschellten dort.

Wenn auch aus dem großen Auschwitz-Buch nichts geworden ist – daß mich die politischen, moralischen und organisatorischen Probleme der »Endlösung« nicht losließen, versteht sich, und das gilt unverändert. In der Frankfurter Paulskirche und in Hannover wurde 1964 eine Ausstellung »Warschauer Ghetto« gezeigt. Im Katalog schrieb ich das Nachwort. An der Finanzierung der Ausstellung war das Bundespresseamt beteiligt. Auf dessen Veranlassung wurde in der zweiten Auflage des Kataloges das Ende (wie bezeichnet) weggelassen, ohne mich von diesem Eingriff in meinen Text zu verständigen.

Es waren keine Marsmenschen. Man wird diese Ausstellung »erfolgreich« nennen, wenn zum Schluß gesagt werden kann, sie sei von soundso viel tausend Besuchern gesehen worden. Welche Wirkung aber, frage ich mich, erwarten sich die Veranstalter von ihrer redlichen Bemühung, deutsche Besucher über »Nazi-Verbrechen« aufzuklären?

Für mich bestünde »Erfolg« darin, daß die Betrachter sich im Spiegel dieser Dokumente selbst entdeckten, oder, sofern sie das Dritte Reich nicht mehr erlebt haben, ihr eigenes Volk. Mißerfolg aber nennte ich, wenn sie sich sagten: So waren also die »Nazis«, und davon sprächen, als handele es sich um eine Invasionsarmee von Marsmenschen, die zwischen 1933 und 1945 Deutschland besetzt hielt.

Eine Sammlung von Dokumenten der Ausrottungspolitik gegen Minderheiten (nicht nur gegen die Juden), wie sie das Deutsche Reich mit wechselnden Methoden und in wechselndem Umfang unter einer vom Volk jubelnd begrüßten und durch die Jahre gefeierten Regierung getrieben hat, ist eine Provokation. Nicht die Veranstalter provozieren, wie bei ähnlichen Gelegenheiten schon unterstellt wurde, sondern die Dokumente, das heißt also unsere eigene Vergangenheit, vor der wir mit dem Trick »das waren die Nazis« davonlaufen wollen.

Wer nicht imstande oder willens ist, auch in der Konfrontation mit dieser Vergangenheit Idee und Begriff »Deutsches Volk« als Deutscher in Geltung zu lassen (woran uns doch offenbar sonst, wenn es sich um die Wiedervereinigung handelt, so viel gelegen ist), der wird für sein menschliches und politisches Verhalten in Gegenwart und Zukunft zwischen diesen Bildern und Fotokopien ganz ohne Nutzen herumgegangen sein. Ihr Anblick wird ihn nur bewogen haben, sich noch weiter von dieser Vergangenheit zu distanzieren, als es allgemeiner deutscher Neigung ohnehin entspricht. Daß er es mit einem Schein von Berechtigung tut, indem doch wohl von

nahezu allen Besuchern vorausgesetzt werden darf, daß sie persönlich keine Juden umgebracht und kein KZ bewacht haben, macht die
Sache nicht besser, sondern schlimmer.

Der Verdrängungsprozeß, um den es sich handelt, findet gemeinhin seinen Ausdruck in der Redensart: Davon habe ich nichts gewußt. Sie ist das Argument der Generationen, die heute über 45
sind. Die Jüngeren, in kollektiven Elternhauslügen herangewachsen,
glauben daran und addieren zu ihrer triftigen Entschuldigung, das
Dritte Reich nicht mehr erlebt zu haben, auch noch die schwindel-
hafte Ausflucht, nicht weniger seien ihre Eltern unbeteiligt gewesen
an Verbrechen. So daß sie, auf diesem doppelt gepolsterten Ruhe-
kissen guten deutschen Gewissens sitzend, ohne Warnung und Belehrung in ihre scheinbar gänzlich veränderte Zukunft blicken können ...

Festzustellen ist, welche Gruppen durch ihre Tätigkeit, ihre privaten oder beruflichen Verbindungen, ihre Wohnorte, ihre Kriegs-
teilnahme zu ganz bestimmten Kenntnissen über die deutschen
Verbrechen gelangen mußten. Hierfür bietet der Bodensatz des
Dritten Reiches ebenso viele Anhaltspunkte wie für die Verbrechen
selbst, es hat sich aus schlechtem Grund nur noch kaum jemand darum gekümmert. Man wird selbstverständlich nur zu Schätzungen
gelangen können, wie groß diese Gruppen und also die Gesamtheit
der Wissenden waren – da es sich aber um eine Millionenziffer (!)
handelt, spielen im Sinne dessen, was hier zur historischen Wahrheit
beigetragen werden kann, nicht einmal hunderttausend mehr oder
weniger eine Rolle. Diese »Genauigkeit« aber läßt sich erzielen.

Die Verbreitung dieses Wissens – bedeutete es irgend etwas für
die innere und äußere Entwicklung des Dritten Reiches? Überfiel
diese Minderheit, die immerhin ungefähr doppelt so groß war wie
die Zahl der deutschen Juden, die in Deutschland wohnten, als
Hitler zur Macht kam, ein lähmendes Entsetzen, wodurch, wenn es
entstanden wäre, die NS-Machtmaschine in ihrer Kraftentfaltung
eine nach außen spürbare Herabminderung hätte erfahren müssen?
Zumal jene Gruppen der Wissenden ja nicht etwa Männlein und
Weiblein in Altersheimen waren, sondern exemplarische Mitträger
der Aktion (wie etwa das deutsche zivile und militärische Personal
in Polen oder ein erheblicher Teil des Personals der Deutschen

Reichsbahn, um nur zwei Beispiele zu nennen). Es trifft nicht die tatsächlichen Verhältnisse, demgegenüber zu behaupten, in einem totalen Staatswesen gäbe es keinen Spielraum mehr für Freiwilligkeit, und es habe also nichts zu bedeuten, ob der Einzelne mit innerem Widerstand oder innerer Zustimmung seine Arbeit verrichtete. Jener »letzte Einsatz«, den die Nationalsozialisten mit Recht ihrem Volk nachrühmten, läßt sich nicht erzwingen. Und wenn des weiteren der Einwand käme, es war doch Krieg und dieser »letzte Einsatz« wurde freiwillig gegen »den Feind« geleistet und nicht etwa für die Vernichtung des »jüdischen Weltfeindes«, so würde ich sagen: Genau das ist es, wovon ich spreche. Es machte auch dem Wissenden nichts aus, mitzuhelfen, daß die ungeheuerlichsten Verbrechen fortgesetzt werden konnten, es kam ihnen der Gedanke gar nicht, daß es an der Zeit sei, sich menschlich und moralisch mit den Opfern zu identifizieren, für die es allerdings keinen Zweifel gab, daß »der Feind« der Befreier war, dessen Ankunft man entgegenfieberte, statt ihn zu fürchten.

So daß also gefragt werden muß: Was soll das eigentlich heißen, wenn jemand sagt: »Das habe ich nicht gewußt«? Für jene, die tatsächlich wußten, bedeutete es jedenfalls nichts. Hätte es ihnen was bedeutet – wären sie wirklich nur durch die terroristische Gewalt davon abgehalten worden, von ihrem Wissen zu einem veränderten Verhalten aufgestachelt zu werden –, wie anders hätte diese Minderheit auf das Ende des Krieges reagieren müssen, als sie reagiert hat! Wie hätten sie alle hinausschreien müssen, mit welcher Seelenlast sie durch den Krieg gegangen waren, was für eine entsetzliche Gewissensqual es ihnen bedeutet hatte, dennoch weiter »ihre Pflicht« tun zu müssen. Wodurch besser hätten sie sich entschuldigt? Von wem aber hörte man dergleichen? Es ist festzustellen: Da und dort ein Wort aus geistlichem Munde und von ein paar »Intellektuellen«. Die anderen verkrochen sich hinter dieses erbärmliche: Das habe ich nicht gewußt! – und das heißt, sie verkrochen sich vor sich selbst, vor ihrem Verbrechen der ausgebliebenen Reaktion ...

Wer kühn genug ist, das von sich zu behaupten, der möge ebenso kühn sein, sich einmal selbst zu fragen: Was habe ich denn eigentlich gewußt von diesen Dingen? Hier helfen nun keine Ausflüchte. Die Bürger des Dritten Reiches, einer bis in die letzte Zelle, in den letzten Block organisierten Gemeinschaft, wurden vom Staat nicht in Ruhe gelassen. Sie wußten beispielsweise:

daß die jüdischen Nachbarn, mit denen sie jahrelang Wand an Wand gelebt hatten, eines Tages sich nicht mehr »arisch versippen« durften;

daß ihnen verboten war, ins Kino, ins Theater und in die Badeanstalt zu gehen;

daß sie nicht mehr zusammen mit ihren »arischen« Mitbürgern in den Geschäften einkaufen durften und in vielen Geschäften überhaupt nicht mehr;

daß eine riesige Presse ihnen jede Menschenwürde absprach;

daß sie aus ihren Berufen hinausgeworfen wurden und also keine Möglichkeit mehr hatten, ihr tägliches Brot zu verdienen;

daß die Justiz nicht mehr für sie da war;

daß jüdische Kinder die Schulen nicht mehr besuchen durften;

daß Juden einen gelben Stern tragen mußten und nur auf ebenfalls gekennzeichneten Bänken an öffentlichen Plätzen sitzen durften;

daß sie mit »Ariern« nicht mehr im selben Straßenbahnwagen fahren durften.

Und sie wußten, alle wußten, daß ihre jüdischen Mitbürger eines Tages, oder richtiger: eines Nachts verschwunden waren. Wohin denn?

Das also wußte nicht eine Minderheit, das wußte das deutsche Volk, vom Schulkind angefangen (es »lernte« dergleichen in der Schule!). Es gab einige Deutsche, die begriffen, was sich abspielte. Sie wollten begreifen, sie fühlten mit den Opfern. Für sie waren die Gezeichneten nicht plötzlich deshalb, weil sie gezeichnet waren, keine Menschen mehr, und sie halfen ihnen, wo sie konnten.

Wie viele handelten so? Es gibt eine deutsche postnationalsozialistische Arithmetik, ein Hexeneinmaleins aus Gummizahlen, die sich beliebig zusammendrücken und dehnen lassen. Danach waren es jener, die von den KZ wußten, höchstens ein paar Tausend, jener aber, die Juden halfen, waren es Millionen. In Wahrheit war es umgekehrt.

Wozu ist es gut, sich darüber klarzusein? Kann man nicht Gras darüber wachsen lassen? Der Nationalsozialismus ist doch vorbei.

Er ist vorbei, ein für allemal, das ist auch meine Überzeugung. Aber es darf kein Gras darüber wachsen, solange nicht wenigstens von der nachkommenden Generation erkannt und die Erkenntnis von ihr angenommen worden ist, daß vor allem in der Behandlung der Judenfrage zwischen 1933 und 1945 gewisse Konstanten deutschen Wesens wirksam geworden sind, die weder von Hitler ins Volk gebracht noch mit ihm vom Volk wieder genommen wurden. Was damals vor einem wissenden Volk geschah – und durch ein wissendes Volk –, ist nur erklärbar, wenn wir anerkennen, daß wir in einer für deutsches Wesen charakteristischen Weise an einer zerbrochenen Ich-Du-Beziehung leiden, dergestalt, daß es bei uns verhältnismäßig leicht möglich ist, irgendeiner Minderheit einen »gelben Stern« anzuheften und sie damit aus der menschlichen Gesellschaft auszustoßen. (Erst nachdem sich die Ausstoßung vollzogen hat, kann man die Minderheit bürokratisch vernichten!) Selbst die Massenmordanlagen konnten ohne Haß und Leidenschaft bedient werden, keineswegs von pervertierten Verbrechern, sondern dem Generaltyp nach von Bürgern, weil diese die Opfer als nicht mehr ihresgleichen erkannten. Etwas dem Vergleichbares hat sich in keinem anderen Volk in diesem an Massenverfolgungen und -vernichtungen reichen Jahrhundert abgespielt.

In anderen Nationen blieben die Opfer immer noch Menschen, die man wenigstens hassen mußte, um sie vernichten zu können. Der Gleichmut der Verbrecher ist viel unheimlicher als die Verbrechen selbst.

Unheimlicher, weil nicht zu sehen, ist, wie sich ein Volk gegen plötzlich in Mörder sich verwandelnde Kleinbürger schützen soll, die ihre Kanarienvögel lieben, und gegen »arische« Intellektuelle, die nach der Massenexekution Debussy spielen. Es kann nicht einmal mit Schutzmaßnahmen begonnen werden, solange der Sachverhalt nicht geklärt ist. Die Therapie beginnt mit der Diagnose.

[Ab hier bis zum Ende wurde in der zweiten Auflage des Kataloges mein Text eliminiert.]

Wie bitter nötig wir das eine wie das andere hätten – beweist es uns nicht ein Blick auf die Gegenwart? Die jungen Menschen, heißt es, langweilen sich in der »Demokratie«, in der nichts los sei? Gibt es darin, außer der Berliner Mauer, wirklich nichts, worüber man sich erregen und wogegen man aktiv werden müßte? Kaum aus dem Wirtschaftswundertraum erwacht, fangen wir nicht bereits wieder an, uns gegenseitig zu »Verrätern« und »Volksschädlingen« zu stempeln, wobei die Tatsache der deutschen Teilung zuläßt, dieses gefährliche Spiel auf verschiedenen Ebenen zu spielen? Sind wir alle so sicher, daß es unmöglich wäre, nach einer gewissen propagandistischen Vorbereitung ganzen Gruppen von »Verrätern« wechselweise ein Zeichen anzuhängen, wodurch sie aus der menschlichen Gemeinschaft für unser öffentliches Bewußtsein ausgestoßen würden? Sehen wir keine Anzeichen dafür, daß wir bereits wieder im Begriff sind, uns schrittweise aus der Realität zu entfernen – wie die Nazis, das heißt wie die Deutschen, als man sie Nazis nannte! – und an ihre Stelle Mythen zu setzen (z.B. den Mythos der nicht existenten DDR), so, wie die Juden schließlich ein Mythos im deutschen Bewußtsein geworden waren? So daß man eines Tages, wenn die Zeit reif geworden ist, mit Gewalt versuchen könnte, Realität und Mythos in Übereinstimmung zu bringen.

Wer nur mit Schaudern aus einer Ausstellung der Dokumente deutscher Verbrechen gehen kann, sollte sie besser nicht besuchen. Man muß den Mut haben, sie denkend und selbsterkennend anzuschauen.

1965

1965 war Kurt Tucholsky seit dreißig Jahren tot; er wäre, hätte er sich nicht aus politischem Kummer in Schweden umgebracht, 75 Jahre alt geworden. Er gehörte nicht zu meinen Hausheiligen, aber daß wir, des erheblichen Rangunterschiedes ungeachtet, Wahlverwandte im Geiste waren und sind, will ich nicht bestreiten. Es mag sein, daß es auch von anderen in etwa so gesehen wurde. Jedenfalls konnte ich in den Münchner Kammerspielen an drei aufeinanderfolgenden Tagen über Tucholsky reden; im Februar im Auditorium maximum der Universität Hamburg:

KEIN TUCHOLSKY HEUTE. Er konnte gut schreiben. Er konnte sehr gut schreiben. Was heißt das? Was könnte es heißen? Die Sprache ein Stück weiterbringen. Nach Goethe konnte man deutsch nicht mehr so schreiben wie vor Goethe. Nach Nietzsche nicht mehr so wie vor ihm. Nach Thomas Mann nicht mehr so wie nach

Nietzsche. Mit diesen Namen sind Quantensprünge unserer Sprach-
entwicklung in moderner Zeit etwa bezeichnet. Hat Tucholsky in
dieser Reihe seinen Platz? Ich glaube: nein. Er hat keine durchaus
neue Dimensionen des Sagbaren geschaffen. Wohl aber hat er wie
Heine der Sprache Goethens, dem Deutsch des 20. Jahrhunderts
einen Dienst geleistet: er hat den lesenden Teil des Volkes auf neuesten Stand gebracht. Unter Verwendung des gerade geschaffenen
Instrumentariums der Sprache haben er und Heine so getan, als sei
es selbstverständlich, als sei gar nichts dabei, es zu verwenden. Bei
Goethe, Nietzsche, Thomas Mann weiß jedes Kind: es handelt sich
um Literatur – und das bedeutet, in einem unliterarischen Volk wie
dem unseren eine Trennwand aufrichten: hier das Leben, dort der
Zauberberg. Hingegen denkt bei Heine oder Tucholsky leicht einer:
das kann ich auch. Denkste! Gleichviel, der Irrtum, durch den des
Lesers pures Vergnügen seine Ehrfurcht tilgt, setzt ihn, den Leser,
instand, seine Gegenwart anzunehmen, und das bedeutet schon
mehr als viele erreichen, die sich im Vorgestern integrieren und dabei stehen bleiben. Es ist also, meine ich, Tucholskys Sprachleistung
mehr sozialpädagogischer als literarischer Art. Aber auch das ist ja
wunderbar und seltsam, weil selten.

Seine Wirkung war lebenslänglich, und bis heute an das Vergnügen gebunden, das er formal dem Leser bereitete. Diese Erkenntnis
bereitet ihm Pein.

Nicht nur seine Taten tun nicht Tucholskys Geschäft – dadurch,
daß sich seine Gesinnungspredigten so herrlich lasen; dadurch, daß
er seine Sprache beherrschte, wurde er in der deutschen Öffentlichkeit zu einer durch und durch unseriösen Erscheinung. Man hätte
ihm Rheinsberg und Gripsholm in gutem Deutsch noch hingehen
lassen. Daß aber sogar die Sätze, mit denen er den Militarismus kri-
tisierte, fehlerlos und klingend waren, verzieh man ihm nicht.

30 oder 40 Jahre später ist das anders. Jetzt lobt man ihn gerade
für die formale Schönheit seiner Bekenntnisse. Um dessentwillen ist
er der Wohlstandsgesellschaft teuer, daß er Dinge, die sich inzwischen als zutreffend herausgestellt haben, auch treffend ausdrückte.
Auf eine erstaunliche Weise ist er uns teuer geworden. ARGUS, das
Ausschnittbüro, vermochte aus Anlaß dieses 75. Geburtstages ein
paar hundert Artikel über ihn zu sammeln.

Vom *Hamburger Abendblatt* bis zum *Neuen Deutschland* wird Tucholsky gefeiert, jenes ein Hausblatt Springers, dieses ein Hofblatt Ulbrichts.

Soviel gesamtdeutsche Einigkeit macht stutzig. Alle, alle loben sie ihn wegen seiner politischen Haltung über den grünen Klee. »Wir dachten daran«, steht im *Abendblatt*, »wie sehr er unserer Zeit, die so empfindlich gegen Kritik ist, als Wachhund der Freiheit fehlt.« *Neues Deutschland* aber schreibt: »Tucholsky ist für die heute in Westdeutschland herrschende Klasse so mißliebig wie ehemals.« Geht man davon aus, daß unsere Zeitungsverleger und -redakteure zur herrschenden Klasse gehören, dann muß man sagen: hier irrt *Neues Deutschland*. Es ist nicht wahr – unsere herrschende Klasse findet Tucholsky einen äußerst liebenswerten Sohn ihres liebenswerten Volkes. Die Öffentliche Meinung ist darüber einer Meinung, repräsentiert von der bürgerlichen Presse eines 52-Millionen-Volkes, die von der *Soldatenzeitung* bis zum *Neuen Vorwärts* mit Tucholsky, der kein Marxist, aber entschieden links war, nicht einmal mehr Spurenelemente sozialistischer Ethik und Gesinnung gemeinsam hat. Liegt hier ein Mißverständnis oder tiefere Einsicht vor?

Sagen wir zunächst, daß diese Lobhudelei auf einen ebenso geistig schlichten wie politisch durchsichtigen Schwindel zurückzuführen ist, der seinen verbalen Ausdruck beispielsweise darin findet, daß nicht wenige dieser Erinnerungsaufsätze sich an ein Wort Tucholskys klammern, das da lautet: »es gibt zwei Deutschland, eins ist frei, das andere ist knechtisch.« Diesem empfindlichen Linken wird unterstellt, daß er, lebte er noch, einen anatomischen Schnitt durch deutsche Volksseele entlang der Berliner Mauer gezogen hätte! So daß zum freien Deutschland Barzel, Hassel, Strauß, Adenauer, die Bundeswehr, die heutige Sozialdemokratie, Springer, der Atomminengürtel-Plan und die Spiegel-Justiz zählten, zum unfreien alle jene progressiven Sozialisten der DDR, von denen ich nur deshalb keinen mit Namen nennen möchte, weil das einer Denunziation gleichkäme jenen gegenüber, die natürlich auch Tucholsky zum knechtischen Deutschland gerechnet hätte.

Auf so gangsterhafte Weise integriert also eine Gesellschaft, die Tucholsky widerlich fände, wenn er unter uns lebte, einen Mann, der sich dagegen nicht mehr wehren kann. Liest man ihn aber, und glaubt man ihm, was er geschrieben hat, und trotz richtiger Grammatik seiner Aussage sollte man einem Mann glauben, dem die allzu späte Erkenntnis der tatsächlichen gesellschaftlichen Kräfteverhältnisse um 1928 das Leben nicht mehr lebenswert erscheinen ließ – glaubt man ihm, was er über den Militarismus und das Militär, über die Bourgeoisie und den deutschen Machtkoller, über deutsche Justiz und einige andere, durchaus nicht verschwundene Phänomene unsere heutigen politischen Wirklichkeit geschrieben hat – dann dürfte man ihn füglich nicht feiern mit dem Tenor: ach, wäre er doch unter uns. Vielmehr müßte man ihm einen Lebenslauf zubilligen, der, hätte Tucholsky sich nicht umgebracht, etwa so gewesen wäre: 1945 Rückkehr aus Schweden, Mitarbeiter am 3. Programm des Norddeutschen Rundfunks unter englischen Majoren und Axel Eggebrecht, 1959 Feuilletonredakteur am *L'Express* in Paris, 1960 Herausgeber einer Taschenbuchreihe rororo-aktuell, 1964 Rückkehr nach Schweden, 1965, wer weiß, Selbstmord am Mälarsee.

Aber die Öffentliche Meinung feiert ihn. »Wir können nur feststellen, wie recht diese Kassandra gehabt hat«, schreibt *Die Welt*. Widerstand mit der Schreibmaschine – Der gar nicht tot zu kriegende Tucholsky – Tucholsky, ein prophetischer Warner – Bürger und Patriot (dies in einem Ost-Berliner Blatt) – Alte Liebe zu Tucholsky – Der das Wort wie den Degen führte – Gegen die Dummheit – Er sah das Unheil kommen – Warum uns Kurt Tucholsky fehlt – Goldenes Herz und eiserne Schnauze – so und ähnlich lauten die Überschriften der Jubiläumsartikel. Der Bürgerschreck als Bürgerliebling. Nur politische Falschmünzerei?

Nein, ich glaube, hier folgt Umwertung der Einsicht, daß dieser Mann unwirksam wäre in unserer Zeit, so daß man frère et cochon mit ihm spielen kann, und gleichzeitig *die* Politik treiben, die man treibt – rechts von der Mitte, und haargenau mit allen jenen Schwächen, Begierden, Illusionen, Dummheiten und Knechtsallüren, gegen die Tucholsky schrieb. Voltaire war wirklich eine Gefahr für die feudale Ordnung Frankreichs, Gorki für das Zarenreich, vielleicht sogar noch der Simplizissimus für Wilhelm II., Tucholsky aber keine Gefahr mehr für die herrschenden Klassen und die heraufdrängenden Mächte der 20er Jahre.

Warum heute nicht?

Drei der möglichen Gründe möchte ich nennen:

Der politische Kämpfer Tucholsky bediente sich des Mittels der Satire. Voraussetzung der Wirksamkeit dieses Verfahrens war, daß die Öffentlichkeit die Überhöhung noch wahrnahm, oder anders gesagt: daß die Wirklichkeit dem Satiriker Spielraum zur Übertreibung ließ. Dieser Spielraum besteht nicht mehr.

Zweitens, glaube ich, hätte ein Tucholsky heute verspielt, weil seine Sprache, die literarische Sprache überhaupt, kein geeignetes Mittel mehr ist, gesellschaftliche Verhältnisse im direkten Zugriff durchsichtig zu machen. Nicht von ungefähr sind fortschrittliche Schriftsteller, wie sie etwa in der Gruppe 47 zu finden sind, entweder sprachlich ambitiös und dann politisch impotent, oder gesinnungsfreudig und dann formal von gestern. Die Ablenkung auf das absolut Unwesentliche erlaubt, im Wesentlichen unkontrolliert zu finassieren. Wesentliches herauszufinden etwa in bezug auf die Bundeswehr, es wäre nicht mehr Tucholsky-Sache, es war des *Spiegels* Sache – die er erledigte durch strohtrockene und durchaus kunstlose Information. Und da zeigte sich denn auch, daß das Stachelschwein doch gebissen werden kann. Es schrie auf.

Haben die Kunstsprache und die Gesinnungsbekundung emotionaler Art heute und hier keine politische Kraft mehr, so könnten doch, gäbe es der Tucholskys, die deutschen Zeitungen in wiederum 40 Jahren schreiben: wir waren zwar blöd, aber wir waren nicht alle blöd. Das sagen sie jetzt von dem Zeitraum 1920–1933 Tucholskys und anderer wegen, das sagen sie von dem Zeitraum 1933–1945, weil es die Weiße Rose gab. Alibis sind eine feine Sache – nur leider für die Vorwärtsverteidigung des Friedens ohne jeden Belang. Ein dritter Gesichtspunkt sei erwähnt: Der Einzelne vermag mit dem Wort ohne Macht überhaupt nichts mehr für oder gegen die Gesellschaft zu tun. Macht sei in doppeltem Sinne verstanden: daß der, der das Wort führt, Macht hat; oder daß das Wort derartig vervielfältigt werden kann, daß es Macht gewinnt.

Hieraus ergibt sich, was noch Wirkung verspricht: die gezielte, massenhaft verbreitete Information – der natürlich der gezielte Kommentar folgen kann. Der Kommentar allein aber reicht nicht mehr. Ein derart düpiertes Volk wie das unsere mißtraut – mit Recht

– der bloßen Gesinnungsbekundung gerade dann, wenn sie die Grobheit des Massenhaften annimmt.

Tucholsky wußte immer oder doch meistens, was richtig und was falsch war. Was war, davon hatte er in aller Regel nur eine schattenhafte Ahnung. Wir müssen wissen, was ist – und eben diese Sachverhalte entziehen sich meistens der allgemein verständlichen Mitteilung, und schon ganz und gar der formal verführerischen Mitteilung.

Sie, Studenten dieser Universität, werden früher oder später einen Beruf ausüben, in dem es darauf ankommt, Sachzusammenhänge zu überschauen, Daten zu verarbeiten, Leistungen zu erzielen. Vielleicht werden Sie das großartig machen. Aber wie großartig Ihre Leistung auch sein mag, wie vollkommen Ihre Sachkenntnis – Sie sind nicht sicher davor, ob Sie sich damit nicht im negativen Raum bewegen. Mit einem Wort: es ist ebenso gefährlich, nur Experte zu sein, wie es wirkungslos ist, nur Tucholsky zu sein. Glauben Sie bitte nicht, daß ein gesellschaftlicher Fortschritt möglich sei, solange folgende Arbeitsteilung stattfindet: die einen vermögen den Output eines Computers richtig zu entschlüsseln, die ändern verstehen davon nichts, wollen aber drüber entscheiden, was der Output wert ist für den Menschen. Das aber ist unser gesellschaftlicher Zustand, genau diese Kluft besteht zwischen Handeln und Entscheiden, und deshalb sind unsere Verhältnisse nicht nur unbehaglich, sondern ausgesprochen gefährlich. Die Trennung von Handeln und Gesinnung gibt es in einem ideologisch geschlossenen System nicht, und wenn es dort so wenig Spielraum für verändernde Kräfte gibt, so hat das unter anderem – ich sage unter anderem – auch den Grund, daß die geringste Kraft viel bewirkt. Bei uns aber rennen wir allenthalben an Gummiwände, wir sind von ihnen umgeben, und wenn Sie so wollen: wir leben derart in einer Gummizelle. Das war Tucholskys Lebensgefühl, als er sich umbrachte.

Im Juli 1963 hatte ich während einer Urlaubsfahrt entlang der Adria von der Straße aus tief unter mir in einer schmalen Bucht der Insel ein Fischerhäuschen liegen sehen und spontan beschlossen, es zu mieten. Die Eigentümer fragten: für wie lange? und ich antwortete: auf Lebenszeit. In einem Vierteljahrhundert hat sich aus dieser Keimzelle ein selbst gebautes Domizil entwickelt. Am 18. August 1964, ich war, von der Kassler

Documenta kommend, schon einen Monat in der Bucht, schrieb ich in
den Kalender: »endlich mal einen ruhigen Innenpunkt gefunden.« Dafür
zeugte dann auch, was ich 1965 schrieb und hier nahezu ungekürzt zitiere, mich fragend, ob nicht auch der Leser sich ganz gern einmal aus
einem vorwiegend politischen Monolog entlassen sieht in einen Dialog
mit Mäusen, Schlangen und Schafen:

ALLE MEINE HAUSTIERE. Sie sind vorwiegend scheu. So sehe ich
sie selten. Bekomme ich sie zu sehen, erfreuen sie mich jedoch um
so mehr. Ich hätte nicht gedacht, daß sich in diesem Jahr die Schlangen überhaupt in meiner Bucht zeigen würden. Die Insel ist groß,
und sie hätten genug Auslauf. Ich dachte, die ganze Schlangenvet-
ternschaft sei böse mit mir, obwohl ich selbst den Mord gar nicht
begangen habe.

Aber es geschah in unserem Häuschen, das wir das große nennen.
Es liegt etwas zurück, gute zehn Meter über dem innersten Strand-
bogen, an dem die Teerklumpen angeschwemmt werden. Es heißt
das große, weil es im Gegensatz zum andern, das niemand das
kleine, sondern das rosa Häuschen nennt, zwei Räume hat. Dieses
liegt direkt auf den Uferfelsen, wo die Bucht schon breiter wird, und
dort wohne ich und habe im Haus selbst noch nie eine Schlange entdeckt.

Jener Bekannte aber, dem ich den Schlüssel geliehen hatte, wollte
schon im April erste Ferien machen, und als er die Tür aufschloß, lag
auf den rötlichen Fliesen vor dem Kamin die Großmutter aller
Schlangen, einen Meter lang und schön. Sie erschrak furchtbar, denn
sie hatte nicht damit gerechnet, schon so früh im Jahr gestört zu
werden, zumal es hier auch länger kalt war und viel regnete. Kurz, sie
war nicht rasch genug, und mein Gast erschlug sie in Panik. Ugo,
der sie tot zu sehen bekam, ihm gehören die Schafe rings um meine
Bucht, sagte, ihm sei in seinem Leben noch nie eine so große Schlange auf der Insel begegnet. Dabei ist er fünfzig Jahre alt und hat davon nur fünf in einer New Yorker Autowäscherei verbracht, an die
er ungern zurückdenkt.

Jedermann weiß, daß der heilige Martin schon vor sehr langer Zeit
die giftigen Schlangen von der Insel verbannt hat. Die nicht giftigen
gehören nun aber einmal zu den nützlichsten Haustieren, die sich

jemand halten kann, wo es Ungeziefer gibt. Die Schlange hatte den ganzen langen Winter das Häuschen in tadelloser Ordnung gehalten, und das war nun der Dank.

Aber es hat sich nicht herumgesprochen. Enkeln und Nichten begegne ich auf dem Uferweg hin und wieder, meist am frühen Morgen, wenn die Bucht aussieht, als sei sie erst in der Nacht geschaffen worden. Da liegen sie besonders gern beim kleinen Molo auf den großen Treppensteinen in der ersten Sonne und wärmen sich auf. Die Juninächte sind noch immer kühl, erfreulicherweise. Zuweilen stelle ich ein Schüsselchen mit Milch, ein flaches, dorthin, das lecken sie aus mit ihren Nadelzungen, wenn ich nicht zuschaue. Hui, sind sie weg unter den Brombeergebüschen, aus denen diese hartblätterigen, zähstämmigen Krüppelbäume herausragen, von denen ich nicht weiß, wie sie heißen. Auch den Namen der Schlangen kenne ich nicht, jedenfalls sind sie oben blau in verschiedenen Tönungen und bäuchlings fast weiß.

Dabei fällt mir das Wiener Ehepaar ein, bei dem es auch an Kenntnissen fehlte. Gestern gegen Abend, als ich nach Mali gefahren war zum Einkaufen – aber die Saison hat noch nicht begonnen, und Tito ist auf Auslandsreisen, es gibt fast nichts auf dem Markt am Hafen außer Kohl, und wer will den? –, da standen diese Wiener vor dem Fenster des Touristenbüros, wo eine Karte von der ganzen Küste ausgehängt ist. Sixt, sagte er zu ihr, ois Wossa, und ois Feestland, und mir san am Feestland und du wuist mir Geographie beibringen, ha, daß i net lach. Sie war ganz beschämt, schaute zur Seite, sah ein paar weiße Lilien in den mindestens einen Meter breiten Anlagen der Uferpromenade stehen und sagte verlegen: Mei, oiwai vagiß i, wia ma die haast. Er wußte es auch nicht und schwieg. Das war ihr Augenblick. Du waast a net ois, sagte sie mit stillem Triumph.

Es gibt eine Form von Dummheit, die mich fasziniert, und das bringt mich auf meine Hausmäuse. Man kennt die berühmte Stelle aus Hitlers *Mein Kampf*, wo er sagt, selbst die Tiere wählten sich ihre Partner nur aus der eigenen Art, so die Hausmaus die Hausmaus, die Feldmaus die Feldmaus, die Waldmaus die Waldmaus und die Arier keine Juden. Auch meine Hausmaus hat es nicht nötig, sich anderwärts umzutun, denn sie besteht aus drei Hausmäusen, oder richtiger und traurig gesagt, bestand bis gestern daraus. Im

Laufe der zwei Wochen, die ich nun schon hier bin, lernte ich sie unterscheiden, wenn sie abends, während ich beim grellen Gaslicht aus der Druckflasche vor dem Haus sitze, um die Ecke beim gemauerten Spültisch schielen, um zu erkunden, ob die Abfallwanne aus rötlichem Nylon schon herausgestellt ist für die Nacht. Wie sie da hineinkommen, weiß ich nicht, die Wanne ist glatt, nach außen gewölbt, etwa 35 cm hoch, aber sie schaffen es, und wenn sie genug geraschelt und gefressen haben, kommen sie auch wieder heraus, scheinen aber eine rasend schnelle Verdauung zu haben, denn alles liegt voller winziger Würstchen am Morgen. Manchmal werfen sie auch ein Glas um oder klappern mit der Gabel in der Pfanne.

So wenig wie ich von den Schlangen weiß, welchen Geschlechts sie sind, so wenig auch von den Mäusen, aber auf Verdacht und nach Kennzeichen, die damit nichts zu tun haben, nannte ich sie Pamela, Kadidja und Frank, nachdem ich die hinreißende Kritik in einem Nachdruck gelesen hatte, die Jacobsohn 1906 über Frühlings Erwachen geschrieben hat, als das Stück noch ganz frisch war. Das war einer – der Jacobsohn! Aber heute früh war Frank auch tot.

Er lag 10 Meter hinter dem kleinen Gatter, das die Schafe am Betreten der Terrasse hindern soll, auf der roten, bei Trockenheit körnigen, bei Nässe uhuähnlichen Erde, und war nicht nur tot, sondern auch, wie ich bemerkte, als ich ihn umdrehte, um nach der Ursache zu forschen, ausgehöhlt. Sogar eine Maus, die Frank heißt, kann ohne innere Organe nicht weiterleben, aber das Problem schien mir zu sein, wie er vorher zu Tode gekommen war, um ausgehöhlt werden zu können – das haben natürlich die Ameisen gemacht, meine zahlreichsten Haustiere, nur zuwenig individuell, um mein Interesse wachhalten zu können. Obwohl man eben doch hinschaut, wenn sie eine ihrer Fernstraßen ausgerechnet über das Wäscheseil führen, und sich fragt, warum sie das tun. Bezüglich Franks Ende habe ich meinen ganz bestimmten Verdacht. Auf dem Wege alle paar Meter, sind merkwürdige Löcher in der Erde, aus denen unsichtbare Tiere Erde herausschaffen und zu kleinen Pyramiden formen, ich weiß nicht wie und vor allem nicht wozu. Viele meiner Haustiere haben etwas Geheimnisvolles. Wer aber ohne erkennbaren Zweck solche Löcher graben, solche Pyramiden bauen kann, dem ist auch zuzutrauen, daß er tückisch von unten eine Maus tötet, vielleicht mit Laserstrahl, wenn sie ahnungslos spazierengeht, und auch nur so oder aus Freundschaft für die Ameisen.

Franks fellige Hülle warf ich ins Meer, wo sich die Fische darauf stürzten, die außer meinen Ködern schlechthin alles fressen. Es sind meine einzigen Haustiere, zu denen ich gar kein persönliches Verhältnis gewinnen kann.

Meine überlebenden Hausmäuse wären jetzt fein heraus und brauchten den Abfall nicht mehr mit Frank zu teilen, aber auch ihnen droht Ungemach, und sie wissen es noch gar nicht. Meine Abfälle werden nämlich rapid zurückgehen, denn seit heute mittag läuft der Eisschrank, auch Plastikkühlbox von der ihn produzierenden Firma genannt. Dieses Ding setzt eigentlich Strom in Kälte um, was man noch einsehen kann. Nun habe ich aber in der Bucht keinen Strom und will auch keinen haben, denn er zieht Gelsenkirchen und Wien an, nur aus Batterien speise ich Apparate, das wird nicht so geschätzt. Für die Eisbox kaufte ich mir einen dafür konstruierten Brenner, der ist an Gasflaschen anzuschließen, die es hier unter dem Namen Bombola gibt. Der Verkäufer zeigte mir, wie ich den Brenner montieren sollte, ich mußte dafür einen Metallbohrer und anderes Werkzeug kaufen, das etwas mehr als der Brenner kostete, und so würde ich die schönste Kälte aus einer Gasflamme in meiner hiesigen Hitze haben – ein Wunder. Es geschah auch nicht.

Noch nie hat Technik, die ich hierher transportierte, auf Anhieb funktioniert. Weder der Rasierapparat noch der Plattenspieler, noch das französische Gaslicht, noch die amerikanischen Bootsmotoren, und nicht einmal die deutsche Handpumpe pumpte Wasser, bis ich daraufkam, daß gegen Staub oder was weiß ich Pappdeckelscheiben in die Ventilöffnungen gesteckt waren, und die fand ich erst nach drei Tagen.

Die Wut, mit der man schließlich versucht, der Technik auf ihre Schliche zu kommen, hat in diesem Klima zweifellos etwas Anregendes, aber bei der Eisbox gab ich es auf und schrieb an die Firma um Rat. Heute früh kam die Antwort: Sehr geehrter Herr, Ihr Geschätztes bestätigend, möchten wir Ihnen raten, dieses auch für Strom eingerichtete Modell an das Netz anzuschließen. Wenn es dann auch nicht geht, liegt es am Kühlaggregat, andernfalls jedoch eindeutig am Flüssiggasbrenner. Hochachtungsvollst …

Ich sagte schon, es gibt eine Form von Dummheit, die mich in Begeisterung versetzt, und sogar in diesem Augenblick, in dem ich dies spät am Abend auf der Terrasse schreibe und mir vorstelle, wie der Mann, der mit den Plastikkühlboxen handelt, im sehr fernen Deutschland diesen Brief diktierte, breche ich tief erheitert in lautes Gelächter aus und erschrecke damit die Schwärme tolpatschiger, wie aus Mehl gemachter Falter, die mit Raketengeschwindigkeit das französische Flüssiggaslicht umschwirren, bis sie sich hineinstürzen und umkommen, in Mengen. Indes andere Haustiere, langbeinige Käfer, die auch fliegen könnten, aber nicht wollen, auf den weißen Handtüchern sitzen, die dahinterhängen, sich im Licht baden und tückisch lauernd der Hitze fernbleiben, bis irgendein kleineres Insekt mundgerecht vorbeikommt. Ein Räubergesindel.

Es sind eigentlich nur die Schafe, und auch da nur die erwachsenen, von denen ich mit leidlicher Sicherheit sagen kann, welchen Geschlechts sie sind. Dafür finde ich bei ihnen nicht heraus, wie viele eigentlich ringsum zwischen den in Jahrhunderten aufgeschichteten Steinmauern hausen, die den Hügel in lauter Zimmer einteilen, möbliert mit Ölbäumen, Felsen und hartem Gras, an das sich die Schafe halten und dabei sogar Milch geben. Sicherlich sind die Schafe meine intelligentesten Haustiere. Schon nach wenigen Tagen war ihnen klargeworden, daß ich das rosa Häuschen wieder bezogen hatte. Wenn ich, von der Post kommend, abends von der Straße heruntersteige oder mit Boot am Molo anlege, warten sie schon und folgen mir, immer auf dem Sprung, hinter der nächsten Mauer zu verschwinden, bis zum Gatter, hinter dem, bereits halb gefüllt, der Eimer mit dem Wasser steht, das sie bekommen, solange der Zisterneninhalt mir solche Verschwendung erlaubt. Noch ist mit Gewittergüssen zu rechnen, die meistens nachts kommen, dann höre ich in den kurzen Pausen der hallenden Donnerschläge das sanfte Plätschern des Wassers, das vom Dach durch eine senkrechte graue Zementröhre in die Zisterne läuft. Worauf anderntags die Schafe einen vollen Eimer austrinken dürfen. Auf diese Weise werden sie langsam zutraulich.

1966

20 Monate lang gehörte ich der *Spiegel-Redaktion* an.

Die journalistische Ehe mit ihr erwies sich für beide Seiten als eine Mesalliance. Über die Gründe sei nur gesagt, irgendwie paßte der Schlüssel nicht ins Loch.

Eine mit gewaltigem Recherchen-Aufwand erarbeitete Serie *Die Russen in Berlin* wurde nach wenigen Folgen abgebrochen. Nichtsdestoweniger machte ich daraus ein in mehrere Sprachen übersetztes Buch, in der deutschen Taschenbuch-Ausgabe 1988 neu aufgelegt, das in Amerika kein Bestseller, sondern ein Evergreen war. Eine geplante Serie über Nationalismus fand auch als Manuskript keine Gnade. Daraus wurde mein Buch *Die deutsche Angst.* Die einzige von mir im *Spiegel* gedruckte Arbeit, die sich einigermaßen sehen lassen konnte, war der Bericht über die Tagung der Gruppe 47 in den Vereinigten Staaten.

DER LITERARISCHE WANDERZIRKUS IN DEN USA. Richter sucht für die Lesetage nach einem stillen Ort. Es fügt sich, daß der Germanist der Universität Princeton, 60 Meilen vor New York, Professor Victor Lange, zu den Trustees des Goethe-Hauses gehört; er erbietet sich, der Gruppe einen Versammlungsort auf dem Campus zur Verfügung zu stellen. Nun muß das nötige Geld aufgebracht werden. Große Häuser und Foundations wie Time-Life, Harcourt-Brace, Wyomissing zeichnen vierstellige Beträge. Alles zusammen reicht bei weitem nicht einmal für die Reisekosten aus. Da springt die Ford-foundation ein, die seit Jahren bereits Dollars über das Berliner Kulturleben regnen läßt, ohne sonderliche Wirkung.

Es werden alles in allem etwa 80 000 Dollar, gleich 320 000 Mark investiert. Da es sich dabei um Literatur und nicht um Rüstung oder Film handelt, muß man die Summe groß nennen.

Die Feinde und Neider sitzen draußen. Einem von ihnen paßt die Geschichte mit Amerika und den vielen Dollars gar nicht, von denen er nichts bekommt.

Ein gewisser Klaus Mampell, der vor langer Zeit in der Gruppe las und durchfiel, schrieb damals an Thomas Mann, der gerade auch seinen Zorn auf die 47er hatte, weil einer ihn am Ohrläppchen gezupft hatte. So kam Mampell zu einem sogar veröffentlichten Belobigungsbrief von Thomas Mann: »... Das Benehmen der 47er bei Ihrer Vorlesung ist natürlich pöbelhaft bis zur Unglaubwürdigkeit, nur bei dieser Rasselbande möglich. Millionen des Schlages werden sich nun, mit hochstehender Währung reich versehen, reisend über die Welt ergießen und überall ihre dreiste Schnauze hören lassen.«

Das DDR-Ausreiseverbot macht einen argen Strich durch Richters Tagungs-Planung. Auch seine westdeutsche Altherrenriege tritt geschwächt an. Von den Approbierten und Arrivierten fehlen aus verschiedenen Gründen nicht wenige: Walser, Andersch, Böll, Aichinger, Eich, Bachmann, Hildesheimer, Heissenbüttel. Sie sind krank, verreist, im Endspurt einer großen Arbeit. Oder wollen nicht. Etwa 80 machen die Reise über den Atlantik; Namen, die man kennt: Günter Grass, Uwe Johnson, Peter Weiss, Siegfried Lenz, Hans Magnus Enzensberger von den Schreibern. Walter Höllerer, Joachim Kaiser, Hans Mayer, Marcel Reich-Ranicki, Walter Jens von den Kritikern. Grass mit seiner untrüglichen Witterung für Publicity macht die Überfahrt auf der »Michelangelo«, die bis dahin jeder Fachmann für absolut seetüchtig gehalten hätte; er bestellt einen Sturm, der das stolze Schiff schwer beschädigt. Ein paar Passagiere gehen dabei drauf, den übrigen fliegen die New Yorker Reporter mit Hubschraubern entgegen. Grass, noch keinen Fuß auf amerikanischem Boden, hat schon zehn Interviews gegeben.

Ein Student fährt die Gäste 3 Meilen aus Princeton hinaus zum »Holiday Inn«. Am Straßenrand erhebt sich vor der Hotelfront eine etwa 7 Meter hohe Leuchtreklame. Auf der Glasfläche steht: Welcome, Gruppe 47.

Amerikas Elite von morgen, ihrer 3 000 arbeiten an dieser Universität. In einer Anlage solcher Größe hätte eine deutsche Universität vielleicht 70 000 Studenten. Hier kommt auf sieben Lernende ein Lehrender. Die blühenden Magnolienbäume zwischen der Gotik sind wie aus einem Disney-Film, sind Wunderland-Magnolien.

Durch diese Gotik kurven die Busse und halten in Griechenland. Zwei Tempel stehen nebeneinander wegen der Symmetrie. Der eine heißt Whig Hall. »Gruppe 47 holds its readings in this home of the 200 year-old American Whig-Cliosophic Society, believed to be the oldest undergraduate debating group in the world.«

11 steinerne Stufen einer noblen Freitreppe, 6 Säulen vor einer

Vorhalle, eine himmelhohe schwere Türe aus schwerem Holz, dann Spannteppiche, marmorweiße Wände, eine kleine Halle im Parterre, in der die Kaffeepausen verbracht werden. Eine Treppe führt in zwei Anläufen ins obere Stockwerk, in die eigentliche Whig Hall. Ein fast quadratischer Raum, Säulen auch hier, Klassizismus à la Ludwig I. Eine gerundete Apsisnische, etwas erhöht, darin ein Kupferrelief von Madison. Er war ein Präsident. Vier goldgerahmte angestrahlte Bilder, vier würdige Männer darstellend, von denen man in Germany nur einen kennt, Princetons berühmtesten Schüler: Präsident Wilson. Rechts von der Apsisnische, etwas erhöht, die amerikanische Fahne, eng gefaltet um den sie tragenden Stab, der etwa 3 Meter hoch ist. Nicht direkt vor ihr, in die Mitte gerückt, steht, was einen Raum, in dem die Gruppe 47 tagt, zum Raum der Gruppe 47 macht: zwei Stühle, hier altmodische, tiefe, ungemein bequem aussehende Großvatersessel; dazwischen ein modernes Tischchen mit Lampe, Wasserkrug, Gläser und Aschenbecher. Zum erstenmal in der Geschichte der Gruppe 47 dürfte der Wasserkrug ein thermostatisches Gefäß sein. Das alles auf einer Art Bühne.

Um 10 Uhr 15, mit einem Blick auf die Uhr in der Rückwand, macht Richter den Versuch, einen Anfang zu setzen und damit die Würde zu vertreiben, die der Saal allen aufnötigen möchte. Er gibt sich bemüht privat und spielt Bannwaldsee 1947.

Seine ersten Worte: »Wenn sich Jakov Lind gesetzt hat, können wir anfangen. Na sieh mal, du bist wieder auferstanden.«

Ein Wanderzirkus ist eine in-group. Auch die Gruppe 47 muß eine in-group sein, damit sie überhaupt ist. Die Türen müssen fest schließen und die Welt aussperren. Würde nämlich zugelassen, was Richter mit Abscheu in der Stimme »Grundsatzkritik« nennt, so würde die Außenwelt mit der Gruppe am Ort der literarischen Tat konfrontiert; das hielte sie nicht durch.

Was in Schweden noch gelang, die Dynamik der Außenwelt nicht zur Kenntnis zu nehmen, im stillen vornehmen Princeton gelingt es nicht mehr. Unsichtbar dringt Amerika durch die Ritzen der Türen herein und verwandelt die 47er in eine Gruppe von Musterschülern, indes der Vietnamkrieg tobt. Es wird die bravste, anständigste, behutsamste, feinste, bedeutungsloseste Tagung seit langem oder seit immer.

Daß die Kritik dem Genius loci zum Opfer fällt, mag die Entschuldigung für ihre Trivialität, ihre Maßstab- und Geistlosigkeit sein. Da funkelt nichts, kein Satz, kein Wort.

In diese Atmosphäre des »Zügle deine Pferde« fügt sich einer mit solcher Vehemenz ein, ja, er ist auf vehemente Art so betulich, daß man wenigstens von ihm glaubt, er gäbe sich auch so ohne griechische Säulen, ohne Fahne und ohne Gotik. Das Geld kann ihm sowieso egal sein, er hat genug.

Dieser eine ist Grass, der sich auf einem Höhepunkt, wenn nicht seiner Arbeit so doch seines Selbstgefühls, zu befinden scheint. Der unermeßliche Erfolg tut ihm gut. Er ist die Milde selbst.

Vom zweiten Tag an hat die Gruppe zwei Väter: Richter und Grass. Jener sorgt, daß jeder rechtzeitig aufs Stühlchen geht, dieser für das Selbstbewußtsein aller. Aber mit dem Nachwuchs haben die Väter Schwierigkeiten. 1966 haben sie nur ein Kind zur Welt gebracht, ein Mädchen, das aber ein Junge ist. Er heißt Peter Handke, wohnt am Rosenhang 6 in Graz-Waltendorf, das nach der offiziellen amerikanischen Tagungschrift in »Germany« liegt.

Dieser Mädchenjunge Peter mit seinen zierlich über die Ohren gekämmten Haaren, mit seinem blauen Schirmmützchen, fast ist man versucht zu sagen: mit seinem blauen Schirmmätzchen, seinen engen Höschen, seinem sanften Osterei-Gesicht, er verletzt schließlich entschlossen das Grundgesetz der Betulichkeit, indem er plötzlich zu einem fundamentalen Angriff auf alles ansetzt, was er seit Tagen gehört hat. Er erklärt es für Beschreibungsliteratur, für läppische Beschreibungsliteratur, für Bilderbuchduden, und die Gestik dieser Sprache für »völlig öd«. Er sagt, das Instrumentarium der Kritiker reiche gerade noch in seiner Läppischkeit für diese läppische Art von Literatur aus, aber zu allem, was darüber läge, fehlten ihnen, den Herrn Kritikern, Begriffe und Verstehen. Gibt es nun Krach im Saal? Nein! Warum hat Richter nicht sofort den Ausbruch abgestoppt? Weil er weiß, irgend etwas muß endlich geschehen, sonst ist die ganze Tagung im Eimer.

Dieser Handke, der sich nun doch entschieden männlichen Geschlechts erweist, er ist ein Geschenk des Himmels. Man wird nicht mehr sagen können: Princeton – naja, Princeton. Der liebe Junge hat so wahr geschimpft. Was in Princeton geboten wird, wo ist es erlebt, wo gesehen, wo Wirklichkeit? In welcher romantischen Idylle, in welchen romantischen Abgründen, in welchen romantischen Innenwelten? Selbst wenn ein politischer Angriff vorgetragen wird wie von Lettau mit einem satirischen Gedicht auf Militär und Krieg – wie charmant verfremdet ist das, wie verspielt, wie herzig!

Die tägliche Suche in der *New York Times*: Steht etwas über die Gruppe drin? Was hat am Samstag zur Begegnung mit einem Interview von Peter Weiss geführt. Darin las man: »I am not for the war in Vietnam, he said, this ist the thing that brought me and the other writers here. We want to show our sympathics with those who are fighting for another America, to contact groups fighting for a new America.« Politik – um Gotteswillen!

Freundlich, aber fragenden Blicks legen amerikanische Professoren diesen Text Richter vor. Er gerät in gelinde Erregung, war doch gerade dies abgemacht: keine kollektive Anti-Vietnamkrieg-Erklärung abzugeben. Weiss dementiert vor versammelter Gruppe – er habe nur im eigenen Namen gesprochen. Siehe da – selbst ein so wackerer Streiter für Recht und Gerechtigkeit ist im Dienste des Gruppen-Opportunismus aufspaltbar: in die produktive Person, die Stellung bezieht, und in das Gruppenmitglied einer Gruppe, die Satzung und Mitgliedschaft durch manipulierte Geschmeidigkeit ersetzt hat. Man sieht zur Rechten und zur Linken einen halben Weiss heruntersinken!

Der Bonner Botschafter ist nicht aus Washington nach Princeton gekommen. Er war während der ganzen Tage verhindert! Dieser Richter, diese Gruppe haben ein Glück! Da fährt die westdeutsche Literatur für Fordgeld nach Amerika, da lesen prominente deutsche Schriftsteller unter einem Sternenbanner, werden brav auf Zeit, geradezu lammfromm, und nichts wäre leichter, als dem für ihren Marktwert so ungemein zuträglichen Gerücht, sie seien links, endlich den Hals abzudrehen. Aber das Auswärtige Amt und das *Neue Deutschland* sind sich einig: das sind unsichere Kantonisten. Ach waren sie es!

Ulbricht machte im Februar 1966 mit einem Offenen Brief an die SPD, sie möchte doch bitte einvernehmlich mit der SED versuchen, wie aus der »Sackgasse der CDU/CSU-Politik« herauszufinden sei. Ganz ohne Echo von Seiten der Adressaten verhallte diese Initiative nicht, aber nach einigen Briefen hin und her und einem gescheiterten Redneraustausch blieb alles beim alten. Für die BRD war die DDR nur »ein Phänomen«.

Erhard hatte überhaupt nicht begriffen, daß er die Chance vorbeiziehen ließ, einzuleiten, was Jahre später »neue Ostpolitik« genannt wurde, mit der er sich im Kanzleramt überzeugend hätte installieren können. Statt dessen wurde die Zahl derer, die an seinem Stuhl sägten, immer größer, und als nun gar bei den Landtagswahlen in Nordrhein-Westfalen (10. Juli 1966) die CDU fast 4% der abgegebenen Stimmen verlor, die SPD mehr als 6% gewann, und daraus eine SPD-FDP-Koalition unter dem Ministerpräsidenten Kühn wurde, war klar, daß Erhards Kanzlerschaft ihrem Ende zuging. Dieses Ende war traurig und blamabel für den Wirtschaftswundertäter.

Am 1. Dezember 1966 wurde Kurt Georg Kiesinger auf dem Fundament der Großen Koalition (CDU, CSU, SPD) der dritte westdeutsche Bundeskanzler. Diese Lösung hatte sich schon Wochen vorher abgezeichnet. In einer Privat-Maschine des Burda-Verlages flog ich am 12. November spät nachts mit Kiesinger nach Stuttgart und begleitete ihn nach Tübingen in sein Haus.

NACHTFLUG MIT KIESINGER. Da standen wir, die beiden Piloten der Privatmaschine und ich hinter einem Flugzeugschuppen des Bonner Flughafens. Die Nacht kam, der Nebel, aber nicht der Schwabe. Am Spätnachmittag des 11. 11. war der gekürte Kanzlerkandidat aus Stuttgart herbeigeflogen gekommen; vom Flugplatz weg zu Parteifreund Heck, um das Weitere mit ihm eine halbe Nacht lang auszuhecken.

Am Morgen dann, in rasender Fahrt, ging's zum Alten nach Rhöndorf.

Dieser schwere Mann hatte etwas Mühe mit der Adenauerschen Himmelsleiter, die der Alte noch immer steifen Schrittes entschlossen erklimmt. Das Gespräch mit Adenauer dauerte länger, als es die Höflichkeit gegen Erhard eigentlich erlaubt hätte, der als nächster dran war. Bei dieser Gelegenheit sah Kiesinger den Kanzlerbungalow zum ersten Male in natura, und als ich ihn später fragte, wie ihm zumute wäre, wenn er darin wohnen müßte, sagte er nur: »O Gott!« und hob die Hände.

So warteten wir und zogen uns bei zunehmender Kälte in die

Kabine der bauchseits meerblauen Turbinenmaschine zurück, in der vier Passagiere recht bequem Platz haben und die Bordbar. Ich hörte, daß es sich um einen Vogel des Offenburger Verlegers Burda handelte.

Er war schließlich doch gekommen. Sein Mercedes duckte sich plötzlich, aus der Dunkelheit auftauchend, unter dem Libellenflügel. Ich sah durch das Bordfenster, wie er im Wagen, lebhaft gestikulierend, auf zwei Herren einsprach, die eifrig mitschrieben: Kollegen von der *New York Times*. Und wenn ihn sein Referent nicht schließlich mit Gewalt ins Flugzeug geschleppt hätte, säße er da noch. »Er findet nie einen Punkt«, sagte jemand aus der Begleitung.

Burdas Vogel erwies sich als eine phänomenale Maschine. Es wurde der sanfteste Nachtflug meines Lebens.

Durch die Schiebetür, die das Cockpit von der Kabine trennt, klang gedämpft die rostige Funkstimme unsichtbarer Schutzengel der Flugsicherung, während ich wissen wollte, » ... ob Sie, Herr Kiesinger, des Glaubens sind, die Führungseigenschaften zu besitzen, die von Ihnen im Palais Schaumburg verlangt würden.«

»Ich kenne das«, entgegnete er, »man sagt von mir: Er kann gute Reden halten, aber er kann nicht regieren. Als ich nach Stuttgart kam, mußte ich regieren und tat's. Ich genieße dort nicht den Ruf eines weichen Mannes. Wenn's dafür steht, muß man sehr hart sein.«

»Zum Beispiel bei der Gründung der Universität Konstanz. Aber in Bonn ...«

»Natürlich, das werden andere Aufgaben. Jedoch in der Quantität der Schwierigkeiten wird, glaube ich, kein Unterschied sein. Freilich werde ich in Bonn wegen größerer Probleme schlaflosere Nächte haben als in Stuttgart.«

»Haben Sie schlaflose Nächte?«

»O ja.«

»Seitdem Sie nach Stuttgart gingen, hat sich Bonn aber sehr verändert.«

»Das sagen viele. Ich höre, es sei alles härter geworden. Ich muß darüber lachen. Wir schlugen damals viel härtere Schlachten um prinzipielle Entscheidungen, Montanunion, EWG und so weiter. Wir kämpften um große Alternativen. Heute haben sich die Lager programmatisch sehr einander genähert.«

»Das klingt, als gehörten Sie zu jenen, die der Offenheit und Direktheit der Nachkriegsjahre nachtrauern.«

»Ja, in gewisser Hinsicht durchaus.«

»Und Sie würden gern Bundeskanzler?«

»Ich fände mein Glück nicht in diesem Amt.«

»Worin fänden Sie Ihr Glück?«

»In einer vita contemplativa. Zugleich in einem tätigen Anteilnehmen an allem, was in dieser merkwürdigen Welt passiert. Ich gehöre nicht zu jenen, die im Ruhestand nicht wüßten, was sie tun sollen.«

»Aber es ist nicht gerade der Ruhestand, dem Sie zusteuern.«

»Nein. So wohl wird mir nie wieder in meiner Haut sein wie in Stuttgart.«

Der Satz klingt, als sähe sich Kiesinger bereits sicher im Kanzleramt.

Mir ist auf diesem Flug gewiß geworden, daß er ausgesprochen gern Bundeskanzler würde. Später spricht er von Dingen, die er in Baden-Württemberg ankurbelte, aber noch nicht unter Dach und Fach bringen konnte. »Ich hätte diese großen Aufgaben gern zu Ende geführt«, sagte er im Konjunktiv.

Ein solches Gespräch, das sich schließlich auch über Gerstenmaier ausdehnte, dessen handgreifliche Schwächen Kiesinger mit einem Satz verteidigt, für den, weil despektierlich, er ausdrücklich um Entschuldigung bittet: »Hunde, die zu lange an der Kette liegen, werden bissig« ... ein solches Gespräch, ebenso interessant wie spannungslos, wäre mit Adenauer nicht möglich gewesen. Mit Erhard aber wäre überhaupt kein Gespräch zustande gekommen, sondern nur ein Hintereinander monologischer Eruptionen. Hier redete ein Liberaler, dem es Spaß machte, als Liberaler genommen zu werden, als Herr Kiesinger, der eigentlich Bücher schreiben möchte.

»Herr Kiesinger«, sagte ich, »sehen wir einmal von dem ganzen Personalkram beim Untergang Erhards ab. Objektiv ist die Notwendigkeit gegeben, mit erheblicher Verspätung die Bundesrepublik wieder an die weltpolitische Realität anzuschließen. Liegt darin eine Verlockung für Sie?«

»Die denkbar größte.«

»Werden Sie genug Männer in den Machtorganisationen finden, mit denen Sie als Kanzler arbeiten müßten, die darin auch eine Verlockung sähen?«

»Einige.«

»Genügend viele?«

Er zögert zu antworten.

»Sie zweifeln?«

Er zuckt die Achseln und weicht der Antwort aus, derart also doch antwortend. »Mich haben doch vor allem die Jungen gewählt«, sagte er. »Ich will eine neue Analyse anstellen.«

»Rundherum?«

»Rundherum!«

»Glauben Sie, daß diese Art Zukunftsbereitschaft – wenn ich einen eigentlich selbstverständlichen politischen Realismus einmal so nennen darf – in den beiden Kombinationen oder Koalitionen, die zur Diskussion stehen, gleich groß wäre?«

»Das ist nun die Gretchenfrage«, sagte er.

»Die Sie nicht beantworten wollen?«

»Die Sie nicht stellen wollten.«

Da unten sähe man nun Frankfurt, wenn es nicht neblig wäre. Ich schaue mich um. Es ist der Augenblick, wo der Whisky kommt, und ich finde diese ganze Millionärs-Schickeria doch ganz angenehm. Kiesinger scheint Gedanken zu lesen. »So eine Maschine sollte ein Ministerpräsident eigentlich von Amts wegen zur Verfügung haben. Was das Zeit sparte.«

Das sollte er, denke ich, und nicht auf die Freundlichkeiten von Kapitalisten angewiesen sein. Da stimmt irgend etwas haushoch nicht.

Mein erster Punkt: Führungseigenschaften (Fragezeichen!), ist durch. Den zweiten: Es war einmal ein Nazi ..., will ich mir für die Autofahrt nach Tübingen aufheben. Wir genießen den Rest des Fluges ohne Thema. Schonzeit für den Kandidaten.

»Fasten seat belt.« Die Maschine spricht englisch, der prominente Fluggast hingegen leicht schwäbisch. Er trägt eine blaue Strickweste unter einem modischen Anzug aus Dralon. Heimat, deine Wolle ...

Wir setzen fast unmerklich auf. Ein aalglatter Flug. Ein anderer

Mercedes steht da. Wir fahren über die Achterbahnstraße nach Tübingen und reden nun über die NS-Vergangenheit eines Mannes, der in diesem Augenblick mindestens die Chance hat, Regierungschef eines Staates zu werden, der seinerseits durch einen Mann repräsentiert wird, über dessen NS-Vergangenheit kein Gras mehr wachsen wird. Ein Lübke wäre eigentlich genug.

Deshalb will ich es jetzt genau wissen, und ich glaube, ich weiß es jetzt ziemlich genau. Psychologisch gesehen, liegen hier grundverschiedene Sachverhalte vor. Unser weißhaariges Staatsoberhaupt war deshalb kein Anti-Nazi und deshalb mit von der Partie, weil er innerlich die Hände an die Hosennaht legte und gesagt hat: Jawoll, Herr Staat, jawoll, Herr Staat! – und das unter allen Umständen, und also auch bei Hitler und Co.

Hingegen nahm der Jungrechtsanwalt Kiesinger aus Schwaben und katholisch (aber man irrte, wenn man ihn für einen dezidierten Katholiken hielte) nie die Hände an die Hosennaht. Weder im buchstäblichen Sinn, er war keinen Tag Soldat, noch im übertragenen. Er sagt aber auch: »Mit der Weimarer Republik wußte ich nicht viel anzufangen, ich war so etwas, was man heute einen angry young man nennen würde, aber nicht eigentlich politisch. Mehr so allgemein.« Was für ein erfrischend demokratisches Bekenntnis!

Er machte den Mummenschanz einer katholischen Verbindung mit, mit Barett und Fahnen, aber nicht lange. Auch das fand er eher komisch. 1928 schrieb er in der *Germania* seinen ersten Zeitungsartikel. Inhalt: Den Jungen fällt nichts ein.

So war's. Es fiel ihm zu den Zeitläuften nichts ein, aber er war intelligent und ein Examensstar, und hätte trotz Arbeitslosen- und Krisenzeit kurz vor 1933 durch geölte Türen in den Staatsdienst einziehen können. Aber eben dieser Staat verlockte ihn nicht. Er wurde Rechtsanwalt zu Berlin – und das ist wohl der entscheidende Punkt in seiner Mitläuferschaft: daß sie sich in Berlin abspielte.

In Berlin gab es viele politische Hohlräume, in denen man das Gewissen einwecken konnte. In solchem Hohlraum existierte auch der Rechtsanwalt Kiesinger bis in den Krieg hinein, und gerade an dem Tag, buchstäblich, als er zu den Pionieren im Wedding eingezogen werden sollte, spielte der Zufall, entriß ihn der Wehrmacht, warf ihn dem Auswärtigen Amt in den Arm. Wie viele machte er dort Witze über die Nazis und versuchte das Schlimmste zu verhindern, indem er beim Schlimmen ein wenig mitspielte.

»In meinem Amt waren achtzig Prozent Anti-Nazis«, sagt Kiesinger im Auto, »und zwanzig Prozent Nazis, die kannten wir.«

So sicher ich bin, daß sich der Bundespräsident in treuer Pflichterfüllung tausend Jahre lang wohl fühlte, so sicher bin ich, daß sich das Parteimitglied Kiesinger nach anderen Zeiten sehnte. Und sehnt?

Es geht auf 21 Uhr, als wir Tübingen erreichen. Das Städtchen schläft.

Der Sohn öffnet und nimmt die Mäntel ab. »Meine Frau hatte sich's schon bequem gemacht«, entschuldigte Dr. Kiesinger ein paar Warteminuten. Nun machte sie sich's sichtlich unbequem mit Umziehen und Make-up. Sie wäre, als sie erschien, topfit fürs Scheinwerferlicht gewesen. Der Wunsch nach Familienfotos zwecks Veröffentlichung trieb sie bis auf den Speicher. Sie fand sie sogar. »Ganz klar, wir machen auf Kanzler!«

Die kleine Enkeltochter, 1 ½ Jahre alt, deren Mutter zur Zeit ihre Examina im angeheirateten Amerika macht, war natürlich längst im Bett gewesen. Nichtsdestoweniger wurde das Persönchen auf die Szene getragen und konnte für einen Paradefall amerikanischer Kleinstkindererziehung gelten. Es sah sich den Besuch interessiert an und war weit und breit das lebendigste und natürlichste Wesen.

Als es an der Hand des Großvaters zwischen den schönen Biedermeiermöbeln über den Teppich trippelte, fehlten ganz ausgesprochen Wochenschau und Fernsehen. Damit hätte man eine amerikanische Präsidentenwahl gewinnen können, aber sie, immerhin, steht nicht an.

»Also wieder im *Stern*«, steht am 25. Oktober im Notizkalender. Den neuen Vertrag unterschreiben Bucerius und ich am 9. November. Mit dem Kiesinger-Interview hatte ich die Arbeit auf-, und den alten Platz in jeder Hinsicht wieder eingenommen.

1967

Mindestens jene, die vor 20 Jahren ihre Gewinne oder Ersparnisse bei IOS angelegt und damit verloren haben, dürften sich noch des Namens Bernie Cornfeld erinnern, des Erfinders und Chefs dieser ursprünglich nur amerikanischen Investmentgesellschaft, die zuletzt mit Milliarden umging wie unsereiner mit Hundertmarkscheinen. 1967 heuerte Cornfeld für die PR-Arbeit in der Bundesrepublik Erich Mende an. Ach ja – wer war, wer ist Erich Mende?

Er war in Erhards erstem Kabinett (1963–1965) Stellvertreter des Bundeskanzlers und Minister für Gesamtdeutsche Fragen. Er war Parteivorsitzender der FDP, solange sie auf klarem Rechtskurs war, wurde von Scheel 1968 abgelöst, unter dem und durch den dann die Partei mit der SPD die Sozialliberale Koalition bildete. Mende landete konsequenterweise bei der CDU. Eben deshalb, weil ein immerhin prominenter Bonner Politiker sich von Cornfeld hatte einkaufen lassen, besuchte ich den Milliardenzauberer in seiner Genfer Villa.

DER MANN, DER MENDE KAUFTE. Sie bekamen unseren ehemaligen Vizekanzler und Parteiführer Mende billig, die Herren in Genf, aber so billig, wie in einigen Zeitungen zu lesen stand, für 100 000 Mark im Jahr, haben sie ihn doch nicht eingekauft. Und jetzt, vier Wochen nach der entscheidenden Unterredung in der 40-Zimmer-Villa Bella Vista am Genfer See, ist Mende der IOS (das heißt ausgeschrieben: »Investors Overseas Services«) schon beträchtlich mehr wert.

Was nun – wenn ich als Bundesdeutscher so sagen darf – unseren Herrn Mende angeht, so ist er vom Top-Management der Firma natürlich weit entfernt. Aber immerhin ist ihm die Öffentlichkeitsarbeit in einem 57-Millionen-Staat von der ökonomischen Kraft der Bundesrepublik anvertraut worden – bei IOS mindestens ein mittlerer Job.

»Wir wollten Herrn Mende gewinnen, indem wir ihm unsere Ziele darlegten und darauf hofften, er werde sie zu den seinen machen, wir wollten ihn aber nicht mit Geld locken«, sagte mir in Genf Mr. Bernard Cornfeld.

Er, ein beinahe auf den Tag vierzig Jahre alter New Yorker, hat die

IOS aus dem Nichts innerhalb von zwölf Jahren zu einer Milliarden-Weltfirma gemacht. Ich bin sicher, daß auch Herr Mende von ihm zu hören bekam, IOS diene einer Idee, nicht dem Gelde. Da Mende, wie sein Ritterkreuz beweist, einer jeden Sache die ideelle Seite abzugewinnen weiß, haben sich die beiden offensichtlich gut verstanden, so konträre Naturen sie sonst auch sind.

Man muß sich ihre Unterhaltung in einem ungemein gediegenen Milieu vorstellen, alles ganz fein und von gestern. Die Zwölf-Jahre-Firma stilisiert um die Person ihres Chefs Tradition.

Er hat im Schatten der New Yorker Columbia University Bildung getankt und ein Examen gemacht. So ausgerüstet, wurde er »Sozialarbeiter«. Wir würden vielleicht sagen: Sozialpfleger. Und Mr. Cornfeld betrieb sein menschenfreundliches Tun ein paar Jahre lang in Philadelphia, bis den New Yorker Heimweh nach New York überkam und nach den Verwandten.

In New York fand er in seinem Beruf keine passende Stelle, passend zu seinem ausgesprochenen Ehrgeiz, und so sattelte er mit der Hurtigkeit um, die Amerikaner in Berufsdingen auszeichnet, und wurde Vertreter für eine Investment-Gesellschaft.

»Ich half den Menschen – diesmal im für sie wichtigsten Punkt. Das menschliche Unglück hat in den meisten Fällen finanzielle Ursachen. Ich weiß, was der Marxismus geleistet hat, aber in seiner großen Konzeption hat Marx etwas übersehen: die Rolle, die das Kapital im positiven Sinn spielt.«

Nun allerdings, an diese Rolle hat Marx nicht geglaubt, Mr. Cornfeld glaubt daran.

Er sah, daß das Investment-Geschäft auf dem Kontinent nahezu unbekannt war, und machte mit zwei juristisch gebildeten Freunden eine eigene Firma auf. Die IOS!

Sein Unternehmen verwaltet heute für seine Kunden in aller Welt Milliardenbeträge. Es ist mit seinem einen Fuß juristisch in Panama zu Hause, mit seinem anderen in Kanada und tut so für sich selbst, was es für seine Kunden tut. Es macht aus Geld soviel Geld wie möglich.

Offenbar hat man Mr. Cornfeld gesagt, daß der Typus Mende bei den Deutschen ankommt, und das ist ja nun auch erwiesen.

Was die Überzeugung angeht, IOS habe in jedem Fall immer die besten Fachleute, so hat sie sich der neue deutsche Mann über Nacht zu eigen gemacht.

Als ihm in einer Sitzung des Parteivorstandes Frau Hamm-Brücher ziemlich temperamentvoll vorhielt, er habe sich doch an eine ziemlich übelbeleumdete Firma verkauft, rief, ja schrie der brandneue IOS-Manager ihr entgegen: »Gnädige Frau, seien Sie vorsichtig, wenn Sie das noch mal sagen, werden Sie sich gerichtlich verantworten müssen, und IOS hat die besten Anwälte der Welt!«

Die hat das Unternehmen, und man hat den Eindruck, es braucht sie auch dringend. Denn unumstritten ist Mr. Cornfelds Weltfirma nicht.

In der Bundesrepublik will die IOS ein neues riesiges Jagdgebiet erschließen. Soeben hat sie im »Schwarzen Bock« in Wiesbaden Pläne vorgelegt, die darauf hinauslaufen, jenen nominell 34 Milliarden Mark, die in der westdeutschen Privatwirtschaft als Kapital für Pensionszahlungen festgelegt sind, zu einer höheren Rendite zu verhelfen. Herr Mende ist bei dieser Gelegenheit zum erstenmal in seinem Job in Funktion getreten. Er durfte ein paar passende Worte sagen.

Einer der deutschen IOS-Akquisiteure hatte mit den rasch erworbenen Millionen in Berlin ein Hotel gekauft, das in den Komplex des Europa-Center gehört. Dieser Stahl- und Glasbau, neben der Gedächtniskirche, auf dem sich noch immer ein Mercedes-Stern dreht, war den Berlinern ein Beweis, daß ihre Stadt Weltniveau erreicht hatte. Als das Center neu war, gingen sie nicht nur hin, um einzukaufen, sondern auch um wenigstens hier Großstadt zu erleben.

DA HAMSE WENIGSTENS OOCH WAT VON EUROPA. Am andern Morgen hatte die Kälte nachgelassen, es schneite sanft und schaumig. Ich verließ frühzeitig das Hotel und ging auf dem Schneepolster, das alle Geräusche dämpfte, bis zur Gedächtniskirche hinunter, die seit kurzem eine neue Nachbarschaft hat, Europa-Center getauft, mit wenig eigenem und enorm viel geliehenem, deshalb steuerdezimierendem Geld errichtet. Auf seiner höchsten Plattform dreht sich der Mercedesstern, nachts in Neonlicht erstrahlend. Er ist jetzt Westdeutschlands Staats-, nicht nur Statussymbol des rasanten ökonomischen Aufstieges, neuerdings Wirtschaftswunder genannt, in dem das Volk politisch ersoffen ist. In Westberlin verkörpert er das Prinzip Hoffnung, das sich auf dieser ausgehaltenen Insel soliderweise nicht erfüllen kann.

»Was tun wir denn heute, Anna?«

»Ick wees nich, Otto, is ja nischt los.«

»Klar, Anna, in Schöneberg is nischt los. Nie nischt.«

»Ick hab ne Idee, Otto, gehn wir ins Europa-Center.«

»Is da wat los, wat meinste, Anna?«

»Klar, Otto, da muß wat los sein. Komm laß uns fahrn.«

»Otto, is es det Dings, det hohe?«

»Detis es, Anna.«

»Otto, schau, da is der Europasnak.«

»Det heißt Snäck, nich Snak.«

»Du weißt ooch alles, Otto. Nun schau dir das an, die alte Oma, die traut sich nich die Rolltreppe runter. Jotte ne – jetzt geht se zu Fuß.«

»Vielleicht is se aus Steglitz.«

»Hamse da keine Rolltreppen? Na so wat, die Schuhe ...«

»Wat denn für Schuhe?«

»Na die, die Europa-Schuhe.«

»Du brauchst keine Schuhe, du hast doch vier Paar.«

»Muß ja nicht heut sin. Aba so n paar Europa-Schuhe aus m Europa-Center ... wenn ick die in Schöneberg den Schröders zeige ...«

»Denkste, die ärjern sich?«

»Klar, die ärjern sich. Du, Otto ... wie könnt ma denn det machn, daß die Schuhe aus m Europa-Center sin ... ick meene, daß sie det auch in Schöneberg noch sehen?«

»Am Einwickelpapier, Anna.«

»Immer kann ich die Schuhe nich im Papier lassen.«

»Also, weeste, den Mercedesstern kannste den Schröders nich mitbringen.«

»Ha, haha, wenn du was wärst, Otto, du würdest mir den Mercedesstern glatt zum Jeburtstag schenken.«

»Du hast ne Meise, Anna, ne janz jroße Meise haste.«

»Otto, kieck mal, is det Eis?«

»Aba sicha.«

»Wozu is n das?«

»Vielleicht daß es besser aussieht. Egalweg Zement, da hamse eben Eis drüber gemacht.«

»Da könnt ma Schlittschuhfahrn.«

»Könnt ma.«

»Du, Otto ...«

»Heiliger Himmel, nu frach bloß nich, warum keener fährt. Ick wees es ooch nich. Vielleicht hat keener Lust.«

»Weeste, ick frahre mir, von wat die alle leben, wenn keener da is, die jungen Geschäfte.«

»Manchmal wird schon wat los sin. Was meenste, wir gehn noch'n Stück n Damm rauf zu Kranzlern und trinken Kaffee.«

»Jut, Otto, machn wa. Wie komm wa denn hier wieda raus?«

»Ick wees nich. Entschuldigen Sie, mein Herr, wo is n hier der Ausjang?«

»Da gehen Sie hier noch mal die Treppe rauf, am Tessin vorbei, dann rechts ab nach Oberbayern, die Osteria lassen Sie links liegen, und dann sehen Sie schon ...«

»Mensch, Otto, die Jedächtniskirche sieht aba nu mächtig kleen aus neben dem Europa-Center. Kiek, det ulkige Kreuz uff m Turm, wie n Anhänger von die Konfirmation ...«

»Aber joldn ...«

»Wenn schon, det sieht doch nach nischt aus gegen den Mercedesstern.«

»Klar, Anna, der is auch sechsmal so groß mindestens – der ist doch so hoch wie der janze Sakraltopf, wenn nich noch jrößer, der hat jut und jern seine 12 Meter Durchmesser ...«

»Is ja auch so hoch droben.«

»Det is det jute. Den sehnse drüben auch vom Alex aus, da hamse wenigstens ooch wat von Europa.«

Ende Mai kommt der Schah von Persien mit Gemahlin in die Bundesrepublik. Dieser Terrorist auf dem Thron verfügt über das Öl, das die Industriestaaten brauchen. Was er damit einnimmt, verwendet er für Rüstung und einen sagenhaften Luxus. Er ist ein großer Kunde der westdeutschen Industrie. Daß in seinem Lande gefoltert wird, stört diese nicht im mindesten. Es gibt aber junge Westdeutsche, die es stört. Die Regierung rechnet mit Demonstrationen.

Die Sicherheitsmaßnahmen erstrecken sich auf das ganze Staatsgebiet, Autobahnstrecken werden gesperrt, der Schiffsverkehr auf dem Rhein stillgelegt. Am 2. Juni ist das Kaiserpaar in Berlin. Als es sich in die Staatsoper begibt, um die *Zauberflöte* zu hören, kommt es zur studentischen Revolte. Die Polizei, unterstützt von knüppelbewehrten »Jubel-Persern«, liefert den Studenten eine Schlacht. Der an der Demonstration unbeteiligte Student Benno Ohnesorg wird in einem vom Kampfplatz abgelegenen Hof vom Kriminalobermeister Kurras erschossen, ein noch immer unvergessenes Ereignis, das die Berliner Studenten um den SDS auf jene Bahn militanten Widerstandes stößt, die zu den Morden der RAF führen sollte. Berlin war im Aufruhr. Bürgermeister der Stadt war seit Dezember 1966 der evangelische Pastor Heinrich Albertz. Der Tod Ohnesorgs und was sich daraus entwickelte ließ Albertz vom Saulus, der die Maßnahmen der Polizei deckte, zu jenem Paulus werden, der dann – und das bis heute – ein wortmächtiger Repräsentant des liberalen, des humanen, des »anderen« Deutschlands wurde. Im Juni 1967 war er vielleicht schon auf dem Weg dahin, er gab 1968 das Bürgermeisteramt auf. Aber noch war es nicht so weit, als ich mit ihm unmittelbar nach der »Polizeischlacht« sprach:

DAS GANZE IST EIN SAGENHAFTER VORGANG. Der Mann, der hier antwortet, hat Professor Wetzel dafür getadelt, daß er den Studenten seine Hörsäle öffnete, als sie am Tage nach Ohnesorgs Tod von der Polizei überall dort verjagt wurden, wo sie sich unter freiem Himmel versammeln wollten. Er hat Rektor und Konvent der Universität gedroht, der Berliner Senat werde die Universität unmittelbar verwalten, wenn die Universitäts-Behörden außerstande sein sollten, Ruhe und Ordnung zu garantieren.

E. K.: Die Studenten beschuldigen die Polizei. Sie, Herr Albertz, haben zu einem Zeitpunkt, in dem Sie noch nicht über Details informiert sein konnten, das Verhalten der Polizei durch eine Erklärung gedeckt. Würden Sie diese Erklärung auf die Stellungnahme der Berliner Polizeigewerkschaft vom 3. Juni ausdehnen, die nach der Erschießung des Studenten Ohnesorg abgegeben wurde? Darin wird die politische Führung der Stadt Berlin »letztmalig« aufgefor-

dert, vom Kurs der »weichen Welle« abzugehen. Die demonstrieren-
den Studenten werden als »harmlose Rowdys« und als »diese
Kriminellen« bezeichnet. Schließlich wird gefordert, alle »polizei-
taktischen Entscheidungen und Maßnahmen sollten ausschließlich
von der erfahrenen Polizeiführung ausgehen«.

H. A.: Sie haben recht. Meine erste Stellungnahme erfolgte ohne
detaillierte Kenntnisse. Ich stehe dazu. Das schließt nicht aus, sondern ausdrücklich ein, daß die Polizei-Taktik und jedes Einzelver-
halten der Nachprüfung bedarf. Bei Fehlverhalten hat sich auch die
Polizei den Gesetzen zu stellen. Die Erklärung der Polizeigewerkschaft ist nicht meine Sprache. Umfang und Ziel polizeilichen
Einsatzes hat die politische Führung zu entscheiden.

E. K.: Unmittelbar, nachdem der Schah und seine Begleitung die
Oper betreten hatten und er also nicht mehr das Objekt von
Demonstrationen sein konnte, wurde der Polizei die gewaltsame
Räumung der Bismarckstraße und Umgebung befohlen. Finden Sie
das richtig?

H. A.: Das finde ich richtig. Es mußte eine Wiederholung der
Demonstration beim Verlassen der Oper verhindert werden.

E. K.: Das konnte frühestens drei Stunden später sein. War nicht
zu erwarten, daß etwa nach einer Stunde die Räumung mit viel weniger Gewaltanwendung möglich gewesen wäre als gerade auf dem
Höhepunkt der Spannung?

H. A.: Ich fürchte nein.

E. K.: Es wurden kaisertreue, mit Waffen ausgerüstete persische
Gruppen mit Omnibussen sowohl vor dem Rathaus Schöneberg wie
vor der Oper in den innersten Kreis der Demonstranten hineinge-
fahren. Wer hat die Genehmigung dazu gegeben?

H. A.: Die Frage kann ich nicht beantworten. Sie soll aber geklärt
werden. Ich halte das Ganze für einen unmöglichen Vorgang.

E. K.: Die Perser hatten sich bereits vor dem Rathaus als Schläger
gegen die Demonstranten erwiesen. Machte sich da die politische
Führung nicht Gedanken darüber, ob man es nicht besser unterlas-
sen sollte, die schlagwütigen Perser abends noch vor die Oper zu
karren?

H. A.: Ich habe von der Existenz dieser Perser erst erfahren, als
ich sie vor dem Rathaus sah. Ich habe Bedenken angemeldet und ge-

sagt, man müsse sie unter Kontrolle halten. Das Ganze ist, ich wiederhole, ein sagenhafter Vorgang.

E. K.: Am Sonntagabend haben, verteilt über den unteren Kurfürstendamm, etwa vierzig Gruppen zu 20 bis 50 Personen, gebildet aus Studenten und Bürgern, lebhaft, aber äußerst diszipliniert studentische Probleme miteinander diskutiert. Könnte das für Sie Anlaß sein, die Frage des pauschalen Verbots von Demonstrationen positiv zu überprüfen?

H. A.: Es kann ein positives Moment sein.

E. K.: Am Freitagabend, also zu der Zeit, als Ohnesorg erschossen wurde, wurde auf dem Kurfürstendamm das Gerücht, ein Polizist sei erstochen worden, als Tatsache über Polizei-Lautsprecher verbreitet. Werden Sie ein Untersuchungsverfahren gegen den dafür verantwortlichen Polizeirat durchführen?

H. A.: Auch das wird Gegenstand der Untersuchung sein.

E. K.: Ist ein parlamentarischer Untersuchungsausschuß über die Vorfälle beschlossen?

H. A.: Noch nicht. Er wird beschlossen mit dem doppelten Ziel: die politischen Hintergründe der Studenten und die Verhaltensweise der Polizei aufzuklären.

E. K.: Was ist das Ziel der politischen Führung in bezug auf die Freie Universität?

H. A.: Mein ausgesprochenes Ziel ist, zu erreichen, daß das Leben in der Stadt wieder ruhig und ungestört ablaufen kann.

E. K.: Besten Dank, Herr Bürgermeister.

Von diesem kurzen Interview abgesehen, hatte der *Stern* in diesen Tagen wenig von seinem Redaktionsmitglied E. K. – ich nahm einen Rollentausch mit mir selbst vor; aus dem zwar engagierten, aber beobachtenden Journalisten wurde der engagierte Bürger, der in aller Öffentlichkeit Stellung bezog.

Wie das übers Jahr verteilt aussah, sei hier deshalb in Stichworten mitgeteilt, weil daraus hervorgeht, wie hart und wie lebendig die Auseinandersetzung mit der Reaktion geführt wurde – von vielen, unter denen ich einer war: Köln, gegen NPD 30. Januar; Berlin, Technische Universität, gegen NPD, überfüllt, Tumult, 24. Februar; Freie Universität, großer politischer Krach, Konventsitzung nachts, 26. Mai; Freie Universität, Diskussion vor Urabstimmung, Vertrauensfrage Asta, bei 9000 Stimmabgaben knapper Sieg mit etwa 300, 9. Mai; Buchmesse, heftige Diskussionen über SDS zwischen Grass, Feltrinelli, Augstein und mir auf der Luchterhand-Party, 12. Oktober; Demo gegen Vietnam, 6000, 22. Oktober; Anti-Springer-Artikel, 24. Oktober; Springer-Tribunal, schlage Verschiebung und andere Taktik vor, 2. November; FU, meine Kritik am Untersuchungsausschuß 2. Juni, 13. November; Freiburg, Audi max über manipulierte Presse, 15. November; Tübingen, Springer und Demokratie, überfüllt, 23. November; Hamburg, Audi max, Außerparlamentarische Opposition, Dutschke, Nevermann, Darendorf, Augstein, Leitung Gressmann, politisch ganz erbärmlich, 24. November; mit Ulrike Meinhof u. a. Organisation Anti-Springer-Kampagne, 25. November, Berlin; Zur Anti-Springer-Organisation wieder nach Berlin, 1. Dezember; Versuche, Südd. Ztg. in die Kampagne einzuspannen, 15. Dezember.

Am 3. Juni – in der FU waren alle Hörsäle überfüllt und durch Lautsprecheranlagen miteinander verbunden – sprach ich nach Grass über »Gesinnungsidentität Bevölkerung – Springerpresse«. Daß diese die Bevölkerung seit Jahr und Tag aufhetzte, bewies jede Ausgabe der Zeitungen des Konzerns. Die Frage war: motivierten sie die breiten Schichten der Berliner zum puren Haß gegen die revoltierenden Studenten, oder waren sie Ausdruck dessen, was die Bevölkerung empfand? Es gibt kein Manuskript, aber ich vermute, daß ich die Meinung vertrat, hier fände ein gegenseitiges Aufschaukeln statt. Am 9. Juni war ich einer unter etwa zehntausend Teilnehmern der Trauer-Demonstration, mit einer kilometerlangen Wagenkolonne wurde der tote Ohnesorg von Berlin nach Hannover gebracht. In der Sporthalle zu Hannover fand eine Massenversammlung statt. Vor ihr referierte ich über die Ereignisse in Berlin, die ja keineswegs alle, die hier zusammengekommen waren, miterlebt hatten.

Dort war es auch, wo dem Philosophen Jürgen Habermas der Ausdruck »linke Faschisten« entschlüpfte, der ihm gerade von seinen Bewunderern und Gesinnungsfreunden so bald nicht vergessen wurde. Am Tag darauf war ich wieder einer der Redner im Auditorium maximum der Freien Universität. Diese Protest- und Selbstfindungsakte des SDS setzten sich im gleichen Saal auch am 14. Juni fort. Die am Tag darauf im *Stern* stattfindende »politische Konferenz« wurde zu einer Art Bestandsaufnahme des Blattes im Sinne von: was wollen wir eigentlich, wie sind die Gesinnungspositionen unter den rund 100 Mitarbeitern aufgeteilt? Der Schahbesuch, Berlin als Politikum, Israel waren die Themen, an denen sich eine leidenschaftliche Diskussion entzündete.

Das Ergebnis? Die *Stern*-Ausgaben dieser Monate lassen es erkennen – so ganz schlecht war es nicht.

Ein international zusammengesetzter Schwarm von Journalisten begleitete de Gaulle auf seiner Propagandareise durch Polen. Ich war dabei. Was er dort über die Unverletzlichkeit der polnischen Westgrenze sagte, löste in Polen Begeisterung, in der Bundesrepublik einen von oben gesteuerten Sturm der Entrüstung aus. Was er den Polen verkaufen wollte, die Idee eines von Ost und West unabhängigen Europas, wurde er aber bei ihnen nicht los.

JUBEL, TRUBEL, TRAURIGKEIT. Die Düsenmaschine, in der General de Gaulle zu anderen Völkern zu reisen pflegt, eine »Caravelle«, sieht aus wie alle Flugzeuge dieses Typs. Innerlich hat sie ihre Besonderheiten: Die Kleiderablage über den Sitzen weicht dort, wo der General seinen Platz hat, nach oben aus, damit er sich nicht den Kopf stößt; und sie enthält die Befehlsapparatur, mit der er von unterwegs die hausgemachte, nationale Atomwaffe zum heißen Einsatz bringen könnte.

Es gibt auf der ganzen Welt keinen zweiten General, der das legitime Recht hätte, Atomwaffen selbständig einzusetzen. Zugleich aber gibt es keinen zweiten Staatschef im Klub der A- und H-Bombenbesitzer, bei dem man so sicher sein darf, daß er niemals und unter keinen Umständen auf den Atomknopf drücken würde, wie eben diesen alten Mann, der an diesem Spätnachmittag verhältnismäßig rasch die Bordtreppe herunterkommt und damit nach 46 Jahren wieder polnischen Boden betritt.

Drei Herren stehen auf dem Zement der Piste.

Wenn von diesen dreien nur jener erschienen wäre, der nach dem Protokoll hier eigentlich gar nichts zu suchen hat, Gomułka – so stünde gleichwohl die ganze polnische Staatsmacht vor de Gaulle; genau wie in dessen Person die französische sich eingefunden hat.

Während die Kapelle die Nationalhymnen spielt, schaut de Gaulle sich um. Da er alle überragt, kann er keine unbeobachtete Kopfbewegung tun. Seine ausnehmend kleinen, aber sehr lebhaften Augen sind gewissermaßen an einem ständig ausgefahrenen Periskop befestigt –

er hat immer freie Sicht. Was er da sieht, ist fast zu sehr das Übliche. Er kennt es nur allzu gut von seinen Staatsreisen, die immer seine eigene Erfindung sind.

Sehnlich erwartet hat man ihn noch in keinem Lande, in das er sich eingeladen hat – außer damals, im Jahre 1962, in Adenauers Bundesrepublik, wo er uns zurief: Ihr seid ein großes Volk, und wo alle so froh waren, daß jemand von draußen, gar ein Franzose, uns das sagte. Sogar auf deutsch.

Sich ein paar Worte oder auch mehrere in der jeweiligen Landessprache anzueignen und im richtigen Augenblick zu verwenden: Das gehört zur erprobten Technik seines Auftretens. Er probiert sie auch hier auf dem Warschauer Flugplatz sogleich aus. Von Glauben und Hoffen spricht er auf polnisch.

Reagieren die Leute hinter der Barriere unter den Plakaten auf »Vive la France«, »Israel, der Aggressor«, »Schluß mit Vietnam«, »Ewig sind unsere Grenzen«, »Verständigung zwischen den Völkern?« Ja doch, sie reagieren spontan! Sie rufen, sie winken, etliche fangen zu singen an: »Hundert Jahre sollst du leben!« Das wird er noch oft hören in den nächsten Tagen.

Sein Giraffenkopf mit dem braunen Käppi dreht sich hin und her. Die berühmte Nase schnüffelt in einem leichten Luftzug, der etwas Abkühlung bringt: Wird diese Tournee ein Erfolg? In diesem Augenblick ist es noch nicht entschieden. Immerhin fangen die Leute an, mit kehligen Lauten zu skandieren: »de-goll-de-goll-de-goll-de-goll ...«

Sogleich macht er einen ersten Versuch, einen Test, mit Berührungskontakten. Er drängt sich an die Absperrung und greift mit seinen endlosen Armen ins Volk hinein, drückt Hände, wird gedrückt und will gedrückt sein. Menschennähe sucht er.

Die Staatskarossen fahren vor. Er hat stets zwei riesige russische Wagen zur Verfügung, einen offenen, einen geschlossenen. Je nachdem, werden die Stander auf die Kotflügel gepflanzt.

Der Verkehr kommt zum Erliegen. Während die Leute warten, werden sie immer lustiger. Viele Polizisten haben wenig oder nichts zu tun. Das Wetter ist herrlich.

Fast schon bei seinem Wagen angelangt, reagiert er wie die Katze, die Baldrian riecht: Mit einer jähen, auf dem Absatz vollzogenen

Schwenkung ändert er seine Richtung und geht auf die Menge zu. Ich stehe zufällig so nahe, daß ich mit ihm zusammen in den Mahlstrom hineingequirlt werde, der sich sofort bildet. Hundert Hände strecken sich ihm entgegen. Die Fotografen verstärken den Druck.

Als er knapp zwei Stunden später zum Staatsempfang im ehemaligen Stadtpalais der Radziwills erscheint, ist er in Zivil und deutlich sichtbar geschminkt. Die oberen Zweihundert von Warschau sind versammelt.

Er ist erst vier Stunden im Land und muß sich schon zum zweitenmal sein Nationallied anhören. Es langweilt ihn sichtlich. Sein immenser Körper, der von Jahr zu Jahr mehr einer Riesenbirne auf Stelzen gleicht, vermittelt auf Bildern den Eindruck des Statuarischen. Davon ist keine Rede. Er ist ein ausgesprochener Bewegungstyp und vor allem ein exemplarischer Anschauer und Herumschauer.

Das feine Warschau ordnet sich im nächsten Saal um ein strotzendes Büfett im Stehen und nun muß der General seine erste Katze aus dem Sack lassen. Was herauskommt, hat mindestens politische Krallen. In einer aufgezeichneten Kurzrede fällt die Formulierung von Polens Grenzen, die »die seinen sind und bleiben müssen«. Beifall rauscht auf. Diese feinen Leute interessieren ihn überhaupt nicht. Sie sind ihm nur Mittel zum Zweck. Was morgen in den Zeitungen steht, was Gomułka darüber denkt, darauf kommt es ihm an.

Für alle wechselt die Bühne am nächsten Tag. In einer polnischen Staatsmaschine fliegen die offiziellen Gäste, in vier kleineren Flugzeugen das Gefolge nach Krakau. Eine neue Autokolonne von etwa hundert Wagen steht dort bereit. Der große Mime begibt sich auf die Dörfer. Mit ziemlichem Gepolter werden aus dem Bauch der Staatsmaschine mehrere flache hellgraue Schrankkoffer herausgeholt und verladen. Die Ausstattungen für die diversen Auftritte. Wie am Schnürchen nachgezogen, landet auch die Caravelle auf der Piste. Die Warschauer Autokolonne indes macht sich nach Danzig auf, man wird sie dort wiedersehen.

Gomułka, der am liebsten seinen Polen jeden Tag eine neue große Fabrik bescheren möchte, läßt dem General das Industrierevier Nowa Huta zeigen. Das ist ungefähr so, als ob man einen Kurzsichtigen, der seine Brille vergessen hat, in die Pinakothek führt. Der

General hat daran wenig Spaß. Aber in Krakau selbst, diesem Geschichtsmuseum in Gestalt einer lebendigen Stadt, da geht dem Mann, der sich selbst schon als Geschichte bezeichnet, das Herz auf. Es kommt hinzu, daß die Krakauer lebhafter sind als die Warschauer.

Der General sieht die Massen stehen und hört ihr dringliches Rufen. Er bleibt noch einmal stehen und fragt:

»Wieviel Zeit haben wir?«

»Eine Viertelstunde, Herr Präsident!«

Das genügt ihm, auf die Absperrungen zuzugehen. Fünf Minuten gleicht er einer Billardkugel, läßt sich von einer »Bande« zur anderen hinübertreiben, umarmt und schüttelt Hände. Es ist einer der Höhepunkte in dieser psychoanalytischen Veranstaltung, die fast eine Woche dauert. Hier zum erstenmal spielen die Leute de Gaulles Spiel richtig mit. Sie schreien und brüllen und singen. Die Polizei hat es nicht mehr so leicht wie in Warschau, Ordnung zu halten.

Es muß ein herrlicher Tag für de Gaulle sein. Er wohnt in der Krakauer »Königsburg«, wo Hitlers Statthalter Frank als König des »Generalgouvernements« seine flotten Partys gab, mit Gemahlin, die auch dachte, das bliebe immer so.

De Gaulle bekommt überhaupt eine Menge Anschauungsunterricht über Deutschland mit. In Auschwitz (Birkenau) sieht der General das Denkmal, das ist nahe der Rampe, wo die Züge ankamen und wo sich die Gaskammern in der Nähe erhoben. Dann wird er ins »Stammlager« gefahren und rollt zu Block 5. In einem Mercedes 300 hat die polnische Miliz im Kofferraum ein Bündel neuer Schirme herbeigefahren für den Fall, daß sich der Frühnebel in Regen verwandeln würde. So sehr kann man in Auschwitz heute um Menschen besorgt sein.

In Zabrze, einer Industriestadt, die einmal vorübergehend Hindenburg benannt worden war, betritt de Gaulle den einzigen Ort auf seiner Reise, der auch noch nach 1918 zum Deutschen Reich gehörte. Hier, im Stadttheater, fallen seine Worte von »der schlesischsten Stadt Schlesiens, und das will sagen, der polnischsten Stadt Polens«.

Der wäre im Irrtum, der glaubte, de Gaulle sei damit einer emotionalen Eingebung des Augenblicks erlegen. Er wußte, was er sagte und wo er es sagte, und er wollte es sagen, haargenau so, wie er es gesagt hat. Kaum ist ihm der Satz entfahren, blicken uns die Franzosen, Engländer und Amerikaner an, die diese wilde Jagd durch Polen mitmachen – uns, von denen sie vermuten, daß wir Zabrze nicht für die polnischste Stadt Polens halten. Sie mustern uns mit einer herzinnigen Schadenfreude.

Daß er aber außerdem noch sagt, sie, die Polen, hätten jetzt, »nachdem die Schwierigkeiten mit ihren Grenzen behoben sind«, größere Freiheit zu größerer Politik – das will so leicht in keinen Kopf hinein. Denn das kann er ja wohl nicht meinen, daß seine Reise in ein paar Tagen die außenpolitischen Verhältnisse in Europa geändert habe, nur wegen seiner schönen Reden.

Damit aber hat er seinen äußersten politischen Punkt erreicht. In der feierlichen Sitzung im Sejm, Polens Parlament, am nächsten Tag, ist er zahm, ja schwach.

Am 10. August besuchten Manfred Bissinger und ich – der zur rechten und vor allem zur linken Hand Nannens geworden war – Walter Scheel in seinem Tiroler Landhaus.

Es war im Grunde eine politische Aktion, journalistisch verpackt. Es war abzusehen, daß Scheel Vorsitzender der FDP werden würde, und, was bei seinem Vorgänger Mende ganz unmöglich gewesen wäre: ihn einzustimmen auf ein Zusammengehen mit der SPD, schien uns bei Scheel kein von vorneherein aussichtsloser Versuch zu sein. Dieser Versuch dauerte 5 Stunden voll intensiver Gespräche. Mit dieser auf Tonband fixierten Beute zogen wir ab.

EIN NACHDENKLICHER SCHEEL. Auf die Frage, ob er für die Anerkennung der Oder-Neiße-Grenze sei, hat er uns gesagt: Wenn es zu einer dauerhaften Friedensregelung in Europa kommen soll, dann kann sie doch nur auf einer freiwilligen Übereinkunft der beteiligten Länder beruhen. Ob das in einer allgemeinen Friedenskonferenz geschieht, an die ich nicht glaube, oder in zweiseitigen Abmachungen, das spielt keine Rolle. Voraussetzung dafür ist auf jeden Fall, daß wir unsere Beziehungen zur DDR normalisieren.

Stern: Also Anerkennung des zweiten deutschen Staates oder wenigstens »Respektierung«, wie die Jungdemokraten fordern.

345

Scheel: Das Wort Anerkennung führt in die Irre. Es gibt doch niemanden auf der Welt, bei dem wir ein Anerkennungspapier hinterlegen könnten.

Stern: Na, doch. In Ost-Berlin zum Beispiel.

Scheel: Das ist Haarspalterei. Wenn der Bundeskanzler mit dem Ministerpräsidenten der DDR spricht, dann bedarf es keiner Papierhinterlegung mehr.

Stern: Normale Beziehungen zur DDR, das schließt die Anerkennung der Oder-Neiße-Grenze sozusagen ein?

Scheel: Das würde ich nicht sagen, aber ohne die Normalisierung unserer Beziehungen zu Ost-Berlin werden wir uns mit den Polen gar nicht an einen Tisch setzen können. Die Anerkennung der Grenze muß freiwillig geschehen, sonst ist an eine dauerhafte Regelung gar nicht zu denken. Ich muß meinem zukünftigen Gesprächspartner zu erkennen geben, in welchem Sinne ich mit ihm darüber reden will. Und es gibt da keine deutlichere Politik als normale Beziehungen mit der DDR. Damit wären alle Befürchtungen der Polen überwunden, glaube ich.

Stern: Da sind Sie der Regierung weit voraus. Was empfehlen Sie dem Bonner Außenminister als Nahziel?

Scheel: Wir müssen endlich wieder diplomatische Beziehungen zu Jugoslawien aufnehmen.

Stern: Das heißt, Bonn muß die Hallstein-Doktrin endgültig in den gesamtdeutschen Mülleimer werfen?

Scheel: Ja, das fordern wir schon lange.

Von München aus telefonierten wir mit der Redaktion und wurden gefragt: »Na, wie war es?« – »Es war gut«. Aber:

SCHADE, DASS SCHEEL KEIN KÄMPFER IST. Man finde einmal in Bonn unter den oberen Politikern einen, der noch zuhören kann, der keinen wirklich dummen Satz sagt und der nicht von partiellen Gehirnverfinsterungen heimgesucht wird.

Vor mir liegt die Zeitschrift *liberal* mit seinem Aufsatz »Opposition als Auftrag«. Da kommt Scheel gleich zu Anfang auf die Berliner Studenten zu sprechen, auf »die fixen Ideen von Leuten wie Herrn Teufel oder den Maoisten, die Gemeinschaftsliebe lehren und leben«. Und er sagt dazu: »Hüten wir uns, sie als Alibi für unsere eigene geistige Bequemlichkeit zu nehmen.«

Ein Konservativer, der das über die Lippen bringt, ist in unserem Land fast so etwas wie ein weißer Rabe. In parteibrüderlicher Freundschaft hat ihn Willi Weyer einmal einen unsicheren Kantonisten genannt. Er antwortete: »Siehst du, Willi, das werde ich auch bleiben.« Er meint, sein konservatives Bild in der Öffentlichkeit sei mitgeprägt dadurch, daß er lange mit der CDU regiert habe. Aber dieses Bild stimme nicht.

Nein, es stimmt nicht. Der 48jährige ist viel zukunftsoffener als seine Partei im ganzen. Aber käme es dahin, daß er ihr Vorsitzender würde und damit der Oppositionsführer, so wäre gleichwohl ungewiß, ob nicht die zopfige Partei stärker wäre als er. Er ist kein Kämpfer. Schade.

1968

Wir sind im Jahre 1968 angekommen, das uns heute, mehr als zwanzig Jahre später, wieder vor Augen gestellt wurde mit einer Flut von Erinnerungen und Analysen, in denen gegensätzliche Standpunkte vertreten wurden, dergestalt, ob die »Studentenbewegung« – es war mehr! – bis auf die Gegenwart weiterwirkende Folgen gehabt habe oder verschwunden sei wie Schnee an der Sonne. An der Sonne der Ära Kohl. Wobei die andere Deutung bis zu der CDU-Behauptung ausuferte, die Achtundsechziger hätten mehr Schaden angerichtet als der Nationalsozialismus.

Wenn ich mich dem zuwende, was ich in jenem Jahr mitgemacht, beobachtet und beschrieben habe, so erscheint es angesichts der Wichtigkeit der Campus-Revolten in Berlin und Paris sowie der Besetzung der Tschechoslowakei durch die sowjetische Armee gerechtfertigt, die Chronik dieses Jahres auf diese Ereignisse einzuschränken; um aber darauf hinzuweisen, daß abseits der Universitäten, abseits von Berlin, abseits von Prag und damit jenseits der hauptsächlichsten Medien-Ereignisse, die Bundesrepublik in ihrer würdigen Glanz- und Glamourpflege ungestört fortfuhr, sei doch daran erinnert, welch sagenhafte Aufmerksamkeit eine Talmi-Figur wie der »schöne Konsul Weyer« gefunden hatte, dank der für ihn so außerordentlich einträglichen Entdeckung, daß die Neureichen an

ihrem Reichtum allein nicht mehr das ursprüngliche unbefragte Wohl-
gefallen fanden, sondern sich auch mit falschen tradierten Titeln und falschen Orden schmücken wollten, auch wenn es nur die von Weyer ge-
kauften, sagenhaft teuer bezahlten Doktor- und Adelstitel waren. Ich sah
in Weyer eine Schlüsselfigur der Epoche.

Dieser Hochstapler beschloß, in Afrika, genauer gesagt in Burundi, mit
Hilfe von Söldnern, dem vertriebenen König wieder auf den Thron zu verhelfen. Ich begleitete ihn dorthin und erlebte den »schönen Konsul«, wie
er neben Söldnern auf allen Vieren einen Hügel hinaufkroch. Er kam als
verdreckte, zitternde Figur zurück, selbstverständlich gänzlich erfolglos.

ICH, WEYER, DEKORATEUR DER DEUTSCHEN GESELLSCHAFT.
Wenn er sich in München aufhält, lebt er bei einem Mannequin namens Angela, das mit Vorliebe Weiß trägt und sich durch teure
Restaurants und Bars wie eine Statue bewegt als Darstellerin ihrer
selbst oder vielmehr dessen, was sie ihrer Rolle »Ich bin schön«
schuldig zu sein glaubt. Für sie ist der »schöne Konsul« der dekora-
tive Rahmen für ihr Auftreten, und da sie sich ihr Leben nur als eine
Folge von Auftritten vorstellen kann, sei es vor der Kamera, sei es
vor Kunden, sei es in Lokalen, so möchte sie das Dekorationsstück
auf Dauer erwerben, das heißt Weyer heiraten, mit dem sie einen
jetzt vierjährigen Sohn hat, Alexander. Spießbürgertum in modischer Verpackung – das ist dieser fast familiäre Hintergrund eines
Mannes, mit dem es gewiß kein bürgerliches Ende nehmen wird ...

Bevor er geht, schließt er eine Schublade seines Schreibtisches auf
und entnimmt ihr eine Klarsichtpackung, nach Form und Größe jenen flachen Zigarettenschachteln ähnlich, die heute durch die amerikanischen Packungen fast ganz verdrängt worden sind. Sie enthält
Geld in Gestalt von einem Paket zusammengefalteter Tausendmarkscheine. »Gebündeltes Bares« nennt der Besitzer diese Art von Zah-
lungsmittel. »Gebündeltes Bares« ist ein heiliger Begriff für ihn. Er
steckt die Packung, die 65 Tausendmarkscheine enthält, nachlässig
in die Gesäßtasche. Er geht in den Flur hinaus. Er schlingt sich vor
dem Spiegel ein weißes Tuch um den Hals. Er kontrolliert den Sitz
des gleichfalls weißen Spitzen-Einstecktuches, das mit zwei steilen
Falten aus der Brusttasche herausragt. Er schlüpft in einen eng auf
Taille geschnittenen schwarzen Mantel mit Krimmerkragen.

Er steigt in seinen Wagen. Von diesem Typ gibt es nur ein paar in München und nur ein paar hundert auf der ganzen Welt. Es ist ein Mercedes 600. Preis: 72000 Mark. Er ist wie eine Wohnung eingerichtet – mit Fernsehapparat. Das Kennzeichen ist M – CD 1. Man muß nur oft in der Klatschspalte der »Abendzeitung« genannt werden, man muß nur das edelste Wild der Gerichtsvollzieher sein, dann bekommtman solche Nummern. In Köln ging ein junger Tankwart bewundernd um den Wagen herum und fragte dann Weyer:

»CD 1 – Mensch, wen fährst du denn?« – An dieser Tankstelle hält Weyer nie wieder.

In den wenigen Tagen zwischen der Rückkehr der Familie Dutschke aus Prag und dem Attentat sprach ich mit den Autoren des soeben erschienenen Buches *Rebellion der Studenten* oder *Die neue Opposition*.

EINE KAMPFSCHRIFT? Es war nicht immer so, daß die ehrenwerten Berliner Sozialdemokraten mit allen Zeichen des Entsetzens vor linken Studenten in eine rechte Ecke flüchteten. Doch im Dezember 1964 war es ganz anders. Damals wurde Moise Tschombé, Ministerpräsident des Kongo, vom Berliner Senat empfangen. Jene Studenten, die man heute als die Kerntruppe der außerparlamentarischen Opposition ansieht, glaubten »kaum einen kompromittierteren Politiker in der Welt« zu kennen als Tschombé. Der Kongo-Häuptling habe sich »derart eindeutig als Werkzeug der belgischen und amerikanischen Konzerne gezeigt ..., daß man ihn kaum als den ›Helden der westlichen Welt‹ an die Mauer führen konnte, damit er dort die obligatorischen Sprüchlein ... rezitieren konnte«.

Also demonstrierten die Studenten gegen Tschombé. Es war die erste unüberhörbare politische Regung dieser Art. Es war der Geburtsakt einer für die Bundesrepublik neuen politischen Strategie. Die neue Strategie beschreiben jetzt vier ihrer Erfinder: Die SDS-Studenten Rudi Dutschke, Wolfgang Lefèvre, Uwe Bergmann und Bernd Rabehl.

Und was tat der Senat, damals noch geführt von SPD-Chef Willy Brandt? »Er empfing eine Delegation der Studenten und drückte mit bewegter Stimme sein Bedauern über den Besuch Tschombés aus. Wehmütig erlaubte er sich den Hinweis, daß ›der Regierende Bürgermeister von Berlin‹ unter Umständen Senatsempfänge geben muß …, als Auflage der Bundesregierung, die es zu erfüllen gelte. Später begrüßte er die Marionette des Imperialismus im Kongo äußerst eisig und verabschiedete sich nach einigen Höflichkeitsfloskeln schon nach wenigen Minuten.«

Zweieinhalb Jahre später war wieder Besuch in der Stadt: der Schah von Persien. Der Senat feierte ihn mit dem ganzen Brimborium eines Empfanges in Berlin, die Studenten demonstrierten. Diesmal aber schickten der Regierende Bürgermeister, noch immer von der SPD gestellt, und der Senat die Polizei aus, es den Studenten einmal gründlich zu zeigen. Sie zeigten es ihnen und schlugen sie zusammen. Einer wurde erschossen.

Doch nicht nur Erinnerungen geschichtlicher Art, die eine Entwicklung von knapp drei Jahren und damit eine Verwandlung des politischen Klimas in Berlin, aber auch in der Bundesrepublik deutlich machen, schildert das soeben erschienene Buch; es enthält auch die politische Theorie der außerparlamentarischen Opposition, soweit sie im SDS organisiert ist; und es registriert Enttäuschungen und Hoffnungen.

Wie und wo und wann fanden die Revolutionäre Zeit, miteinander dieses wichtige Buch zu schreiben? Ich fragte sie.

Zuerst lief mir Dutschke über den Weg. Es war wenige Tage vor dem Attentat. Berlin galt ihm schon nur noch als Durchgangsstation. Für ein Jahr oder länger wollte er die Bundesrepublik verlassen. Über ein paar europäische Hauptstädte, darunter Brüssel und Paris, sollte es mit Familie nach Amerika gehen.

»Sie sitzen doch die ganze Zeit im Flugzeug, Sie halten landauf, landab Reden, Sie demonstrieren, und Sie diskutieren – wie fanden Sie eigentlich Zeit, diese 60 engbedruckten Seiten zu schreiben, aus denen Ihr Anteil an dem neuen Buch besteht?«

»Ich fand eben keine Zeit«, sagte er. »Vier Tage und vier Nächte ließ ich den Apparat laufen.«

»Hat es Ihnen Spaß gemacht?«

»Nein. Revolution zu machen ist angenehmer, als darüber zu schreiben«, sagte er mir.

»Ist das eine Kampfschrift oder eine Informationsschrift?«

Dutschke zögerte mit der Antwort. Dann: »Ich glaube doch, eine Kampfschrift, in dem Sinn, daß sie klarzumachen versucht, was getan werden muß und wie es getan werden kann.«

Ich fragte ihn: Warum gehen Sie hier weg? Der Revolutionär wollte nicht der Berliner Polizei und ihren Wasserwerfern weichen; er wollte seiner Frau folgen. Sie ist Amerikanerin und will wissen, daß sie verheiratet ist. Außerdem wird Dutschke die Lehren von Westberlin an Erfahrungen in den USA überprüfen. Er schreibt: »Am 2. Juni 1967 waren wir reines Objekt der Westberliner Bürgerkriegsarmee. Die Lehre aus dem 2. Juni kann nur darin bestehen, daß wir in der Zukunft die fähigsten Kräfte des antiautoritären Lagers für die ... Organisierung der Auseinandersetzung auf der Straße mobilisieren ... Kampfkomitees müssen die Führung der Demonstration übernehmen, nicht Ordner oder Funktionäre.«

Der Grundsatz »Studenten sollen studieren und die Politik anderen überlassen« verliert gegenüber nahezu allen Studenten, die Opposition machen, an Überzeugungskraft. Sie tun nämlich beides: Sie studieren, sie verdienen sich ihre Brötchen, und außerdem wollen sie politisch Einfluß gewinnen.

Das gilt vor allem auch für den Mitverfasser des Büchleins, der nach Dutschke gewiß der meistgenannte und am stärksten öffentlich hervorgetretene Student der Freien Universität Berlin ist: Wolfgang Lefèvre. Er ist Jahrgang 1941. Anfang der vierziger Jahre sind fast alle Studenten geboren, die heute die außerparlamentarische Opposition tragen. Lefèvre ist verheiratet und hat einen dreieinhalbjährigen Sohn. Seine Frau ist Arbeiterin in einer Buchbinderei. Seine Doktorarbeit ist nahezu abgeschlossen.

»Haben Sie, bevor Sie zu viert an die Arbeit gegangen sind, einen Plan gemacht, wer was schreiben soll?«

»Gewiß, und trotz großen Zeitmangels haben wir ihn so ziemlich eingehalten. Die Geschichte der Berliner Entwicklung, die Bergmann im äußeren Ablauf schildert, hat Rabehl sozusagen von innen her dargestellt. Er gibt auch eine Perspektive, wie es weitergehen soll. Seine Arbeit ist eigentlich eine politische Biographie, subjektiv, aber natürlich unpersönlich geschrieben.«

Bei Rabehl findet man unter vielen anderen selbstkritischen Sätzen auch diesen: »... die Übertragung der Universitätsrevolte auf andere gesellschaftliche Bereiche und Klassen ist leichtfertig …« Er spricht in diesem Zusammenhang von »Wunschdenken«. Allerdings: Dieses Wunschdenken, für das Ganze der Gesellschaft etwas leisten zu können, ist der Motor der »neuen Opposition«, die sich in diesem Buch selbst beschreibt.

Im Mai 1968 war ich in Paris. Die Studenten verwüsteten das Quartier Latin und hatten plötzlich einen Führer: Daniel Cohn-Bendit. Seine dritte Verhaftung löste den Aufstand aus. Ich traf mich mit ihm, wir gingen ins Universitätsviertel. Zuerst folgten ihm ein paar Dutzend, nach einer halben Stunde waren es Hunderte. Ich erinnerte mich an einen Kindheitseindruck aus dem Deutschen Museum in München: unter einer Marmorplatte lagen Magneten in Buchstabenform. Man konnte feines Eisenfeilicht mit einem Sieblöffel auf die Platte streuen, und es bildete diese Buchstaben nach. So wirkte Dany, wie ein Magnet.

EIN AUFSTAND WIRD BESICHTIGT. Der Flic einerseits, Dany le Rouge, 23 Jahre alt, andererseits – in ihnen stehen sich zwei Symbolfiguren gegenüber. Dany ist das motorische Zentrum der Ereignisse, über die de Gaulle fast stürzt – beinahe auf den Tag genau 10 Jahre nachdem er zur Macht gekommen war.

Ich sitze in der Hotelhalle und warte auf Dany. Das »George V« ist der letzte Platz, wo Paris den Aufrührer vermutete. Die Polizei hat ihn während der letzten Wochen zweimal gesucht, zweimal gefunden, zweimal kurz verhaftet. Über seine zweite Verhaftung kam es zum blutigen Aufstand. Ein drittes Mal wird sich die Staatsmacht kaum mehr an ihm vergreifen; das wäre wirklich die Revolution, die, von der bei uns der SDS vielleicht träumen mag, aber sternenweit entfernt ist. Hier ist alles anders als bei uns, weil das Volk ein politisches Volk ist und sich gegen Gewaltanwendung von oben solidarisiert.

Gleichwohl zieht Dany es derzeit vor, keine feste Bleibe zu haben. Nur mit Schwierigkeiten gelang es, ihn irgendwo ans Telefon zu bekommen. Er hätte sich überhaupt nicht mit der verdammten Presse verabredet, wenn es ihm nicht um ein Honorar zu tun wäre. »Wir brauchen jetzt Geld und noch mal Geld, zu viele von uns liegen in den Krankenhäusern.«

Wie viele von seinen Freunden und Anhängern verletzt wurden oder durch Kampfgase ernstlich Schaden erlitten, ist bis jetzt nur ungefähr bekannt – man schätzt etwa 400 Verletzte im ganzen. Mindestens dreimal mehr Polizisten als Studenten hat es in der »Schlacht« erwischt.

Auf Seiten der Jugend waren die Waffen: Fäuste, Prügel, Eisenstangen, Ketten und Pflastersteine. Hätte die Polizei keine wirkungsvolleren eingesetzt, sie hätte keine einzige der zahlreichen Barrikaden stürmen können, hinter denen sich die Studenten verschanzt hatten. Radio Luxemburg berichtete über den Kampf wie über ein Fußballspiel: Die Polizei weicht 50 Meter zurück, sie rückt 11 Meter vor, sie weicht wieder. Ah, und jetzt …

… Und jetzt verschoß die Polizei Gas in solchen Mengen, daß sich die Straßen wie mit dichtem Nebel füllten. Frauen, die den Studenten helfen wollten, gossen in Eimern Wasser aus den Fenstern ihrer Wohnungen – das schlug das Gas nieder.

Autoritäten der Universität haben inzwischen durch chemische Analysen festgelegt, daß nicht nur Tränengas, sondern auch »CB« und »CS« verschossen wurden. Chlorhaltige Gifte, deren Einsatz nach dem Genfer Protokoll von 1925 verboten ist. Alles wegen Dany?

Da kommt er durch die Drehtür herein, eine unverkennbare, aber schwer per Foto zu identifizierende Gestalt. (Dany: »Solange von mir keine Farbfotos erscheinen, kann ich immer noch unerkannt herumlaufen.« Er irrt sich, wie sich zeigen wird.)

Er ist klein von Wuchs, aber kräftig. Das rote Haar brennt ihm wie Feuer auf dem runden Kopf. Deshalb und nicht wegen seiner Gesinnung heißt er »der Rote«. Er trägt ein dunkles Wollhemd und verbeulte Hosen. Er könnte irgendein Arbeiter bei Citroën sein. Im »George V« fällt er auf. Wir gehen ins Quartier Latin und essen in einem kleinen Lokal unter sonntäglich gekleideten Bürgern. Hier erkennt ihn niemand, obwohl an fast allen Tischen über den Aufstand gesprochen wird. Es ergibt sich, daß es für Daniel die erste warme Mahlzeit seit drei Tagen ist. Er ißt heißhungrig.

Ich bin nicht zum erstenmal mit ihm zusammen. Ein paar Jahre früher begegnete ich ihm in der Odenwaldschule bei Heppenheim, die er von 1958 bis 1965 besuchte und ein gutes Abitur machte. Der deutsche Paß, den er mit einem Wust von Zetteln in der hinteren Hosentasche trägt, ist dort ausgestellt. Auf der Schule war er zuletzt Präsident des Schülerparlaments. Er ist in Frankreich geboren, im letzten Monat des letzten Krieges, in einem kleinen Nest, wohin seine jüdischen Eltern vor Hitler geflohen waren, die heute beide tot sind.

In Paris hat ihn niemand gewählt. Er studierte in Nanterre, einem modellhaften Ableger der Sorbonne. Die modernen Gebäude wurden in einem Zug in eine grüne Landschaft gestellt. Dort fing der Soziologiestudent Cohn-Bendit in seinem perfekten, aber etwas harten Französisch an, politische Reden zu halten und zu diskutieren. Allein durch die einfache Klarheit dessen, was er sagte, und durch die Leidenschaft, mit der er es sagte, wurde er zum Führer. Er macht die klassische Karriere des Volkstribunen, zu der nicht nur der Tribun, sondern eben auch das Volk gehört. Die Presse nannte ihn zuerst den »deutsch-jüdischen Marxisten«. Dann den deutschen Marxisten. Seit Samstag nennt sie ihn, wenn sie nicht von »Dany le Rouge« spricht, bei seinem Namen ohne Zusätze.

»Warum hat das eigentlich in Nanterre angefangen, nicht hier in der Sorbonne selbst?« frage ich.

»Nanterre ist ein übersichtlicher Campus, da hatten wir das Modell unserer untauglichen Universitäten komplett vor Augen, und das unserer Gesellschaft. Und außerdem haben wir dort die Elendsviertel in der nächsten Nachbarschaft, auch ein Produkt der Bourgeoisie.«

»Und warum zündete der Funke gerade jetzt, als Sie Ihre Agitation in die Sorbonne verlegten?«

»Der entscheidende Punkt ist der einfach schwachsinnige Fehler de Gaulles, die Polizei gegen uns zu mobilisieren.«

»Er ist doch nicht der dümmste …?«

»Sicher nicht. Er spielt mit allen Kugeln; sogar eine große kommunistische Partei macht ihm nichts aus. Was er aber nicht verträgt und was für ihn tödlich sein kann, ist die Straße selbst. Das sind politisch sich engagierende, diskutierende, in Bewegung befindliche Massen. Da muß er zuschlagen. Trotzdem: Objektiv war der Polizeikrieg Blödsinn.

Aber da konnte de Gaulle nicht zuschauen, er mußte in die

Offensive gehen. Es war fabelhaft, wie die Studenten reagierten. Ohne jede Organisation, ohne Führung, ohne Befehl bildeten wir 300 und 500 Meter lange Ketten. Die Straßen wurden irgendwo aufgerissen, und Steine gingen von Hand zu Hand bis dorthin, wo die Barrikaden gebaut wurden. Vier Meter und höher, sehen Sie«, sagt er und deutet auf Eisenpfähle an einer Straßenecke, »die Ketten dazwischen fehlen.«

Ja, die fehlen, mit denen schlugen die Studenten zu. Die runden Eisengitter um die Bäume fehlen, auf lange Strecken, die verwendeten sie zur Befestigung der Barrikaden. Und die ausgebrannten Autoleichen säumen die Straßen. Das Pflaster fehlt. Baumaschinen, von Algeriern bedient, rattern. Pflasterer, im Schutz der Polizisten, sind am Werk.

Es ist Sonntag. Die Pariser, flanierend in Scharen, schauen sich die Bescherung an. Sie reißen den Studenten Flugblätter fast aus den Händen und lesen sie begierig. Massen von Polizisten stehen in den Nebenstraßen. Wir gehen schon eine Weile, von niemandem beachtet, in der Menge dahin, als ein Mann, der Dany erkennt, ihn anspricht. Eifrig redend begleitet er uns.

10 Meter weiter sind wir fünf, 50 Meter weiter sind wir zwanzig. Und dann kommt ein Prozeß in Gang wie ein Dammbruch: Hinter uns formiert sich ein Zug von Hunderten. Dany bleibt an einer Straßenecke stehen. Der Zug bildet sofort einen Kreis. Ein besonders eifriger Polizist bricht sich Bahn ins Zentrum und herrscht Dany an, er dürfe nicht stehenbleiben. In diesem Augenblick geht mit dem Rotschopf jene Veränderung vor, wie sie nach der nächtlichen Schlacht mit der Polizei ganz Paris erlebte; die wutschäumende Verachtung gegen die Polizei als Handlanger der Staatsgewalt bricht aus ihm hervor. Er brüllt den Uniformierten an: »Wo ist das Gesetz, das mir verbietet, hier zu stehen und zu reden? Wo ist das Gesetz?«

Die immer wiederholte Frage verwirrt den Polizisten, dem jetzt andere Uniformierte zu Hilfe kommen wollen.

Wäre es Dany darum zu tun gewesen, er hätte aus dem Stand eine neue Massendemonstration auf die Beine bringen können. Er hätte sich nur auf eine der ebenfalls eingekeilten Straßenwalzen zu stellen und zu reden brauchen. Statt dessen versuchten wir, unsere Bewegungsfreiheit zurückzugewinnen. Immer wieder werden Dany im

Gedränge seine pantoffelartigen Wildlederschuhe von den Fersen getreten. Wenn er stehenbleibt, um sie wieder anzuziehen, müssen alle stehenbleiben. Der Zug wälzt sich hinter uns her, bis wir nach einer halben Stunde der Bedrängnis eine Torsperre auf dem Universitätsgelände und hinter ihr wieder freien Raum erreichen.

Dort in der naturwissenschaftlichen Fakultät tagen gerade in mehreren Hörsälen die kommunistischen Kader der Studenten.

Die Kommunisten lenken Dany in den Hörsaal 1 b ab, wo er im Moment unschädlich ist, weil dort nur diskutiert wird. Thema: »Krise der Universität oder der Gesellschaft?« Ein KP-Funktionär leitet das Gespräch, das nach unserem Eintritt jäh zu einem Dialog zwischen dem Nobelpreis-Professor Monod und Dany wird.

Der Saal beginnt zu brodeln und zu kochen. Dem Funktionär am Katheder gleitet die Führung aus der Hand.

Am Montag kommt der Generalstreik allmählich in Gang. Nach dem Mittagessen begibt sich Paris zu den Sammelpunkten der großen Demonstrationen. Die KP hat für ihre Arbeiter einen eigenen Sammelplatz bestimmt. Ihre Leute sollen nicht in der Umarmung der Studenten untergehen.

Als ich Dany gegen 13 Uhr vor dem Ostbahnhof im Kreise seiner engsten Freunde wiedersehe, sind die Straßen noch fast leer. Eine Stunde später füllen hunderttausend Jugendliche das Viertel. Eine Polizistenpuppe am Galgen schwankt über die Menge, die den Schlachtruf »de Gaulle assassin« (de Gaulle, der Mörder) unablässig wiederholt.

Um 10 Uhr abends sind alle Brücken über die Seine von kompaniestarken Polizeieinheiten abgeriegelt. Die Studenten und andere Demonstranten sollen vom rechten Ufer der Seine ferngehalten werden. Die Stadt links davon gehört dem Aufstand.

Die Regierung hat dazugelernt, gut beraten von Ministerpräsident Pompidou. Den Generalstreik konnte auch er nicht mehr verhüten. Die Studenten verlangen den Rücktritt des Innenministers und des Polizeipräfekten.

Paris ist noch nicht wieder ruhig. Auf die Frage: Warum gerade jetzt das alles? gibt es noch eine andere Antwort, die vielleicht richtigste: Die Franzosen, vor allem die Pariser, haben de Gaulle satt. Nach 10 Jahren Herrschaft finden sie ihn einfach zum Kotzen.

»Wenn wir am Sonnabendvormittag, nach der Schlacht, das Fernsehen gehabt hätten«, sagt Dany zu mir, »wenn unsere Pressekonferenz live übertragen worden wäre, hätte das die Regierung einfach weggewischt. Ganz Paris wäre aufgestanden wie ein Mann.«

So wenig Hellseher wie alle anderen, so wenig Hellseher wie insbesondere Dubček und seine Mannschaft des »Prager Frühlings« hinsichtlich dessen, wie sich der große Bruder in Moskau verhalten würde – mit dem sie gerade noch friedlich-schiedlich verhandelt hatten –, war ich am 17. August 1968 nicht nach Prag gekommen, weil ich geahnt hätte, was vier Tage später geschehen würde. Ich wollte darüber berichten, wie der Film *Die Brücke von Remagen* an der Moldau entstand, die den Rhein vortäuschen sollte. Der Oberbau der Brücke war Filmarchitektur, dem Original nachgebaut. Die Amerikaner waren keine Amerikaner, sondern tschechische Soldaten in amerikanischen Uniformen; die Deutschen waren keine Deutschen, sondern ebenfalls tschechische Soldaten in deutschen Uniformen. Die Panzer, Zweithandware, hatte sich die Filmgesellschaft aus Österreich beschafft. Aber sonst war alles so echt, wie es nur sein konnte. Die 1945 lässigerweise von der SS nicht gesprengte Rheinbrücke wurde mit gewaltigem Kriegsgetöse von den Amis in heilem Zustand erobert. Fotograf Pabel kam zu prächtigen Aufnahmen, Tote gab es reihenweise, künstlichen Nebel wie in einer Wagneroper. Die beurlaubten Soldaten erhielten eine zusätzliche Filmlöhnung, machten keinen Kasernendienst. Die fremden Uniformen störten sie nicht, sie waren zu jung, das Prag Heydrichs hatten sie nicht mehr erlebt.

Abends gingen wir in der Stadt bummeln; so heiter und fröhlich hatte ich eine Menschenmenge noch nicht erlebt. Pabel und ich hatten am 20. August genug auf Film und Papier, am 21. wollten wir nach Hamburg zurückfliegen.

Gegen 5 Uhr früh riß mich ein Anruf der Hamburger Redaktion aus dem Schlaf. Der Leiter des außenpolitischen Ressorts sagte: Wenn Sie aus dem Fenster schauen, werden Sie russische Panzer sehen. Ich muß blitzartig hellwach geworden sein und sagte: Wenn das wahr ist, bedeutet es das Ende des internationalen Kommunismus.

Es war wahr. Ich weckte Pabel. Vom Fenster des Hotels aus, das nahe am Stadtrand lag – sahen wir die Panzer rollen, in dichter Folge, ihr Kettenlärm auf dem Pflaster ließ die Scheiben erzittern. Neben uns stand der

Hotelbesitzer, seine Frau weinte. So wurden Pabel und ich Zeugen der Besetzung von Prag.

Anderntags zogen wir ins »Alcron« um, dem Wenzelsplatz nahe, dem Zentrum der Ereignisse. Dort logierte auch Heinrich Böll mit seinem Sohn, gekommen, um humanen Sozialismus aus der Nähe zu studieren.

Wir erlebten junge Tschechen, die sowjetischen Soldaten ins Gesicht spuckten, und sowjetische Soldaten, die nichts dagegen unternahmen, daß ihnen ins Gesicht gespuckt wurde. Wir erlebten die disziplinierteste Armee, die ich in einem langen Journalistenleben zu sehen bekommen habe. Die Panzer standen aufgereiht am Rande des mählich ansteigenden Wenzelsplatzes, am Morgen kamen die Besatzungen aus dem Turmluk heraus, blieben auf dem Panzer in der Sonne sitzen, der Wachtmeister oder Unteroffizier las ihnen die neueste Ausgabe des Armee-Bulletins vor. Sie wußten noch immer nicht, warum sie in Prag waren. Am dritten Tag fragte ich mich, wo die Panzerbesatzungen, die ihre Fahrzeuge nicht verließen, eigentlich aufs Klo gingen und wie sie schliefen. Wurde gar nicht geschossen? O doch! Aber wenn, dann aus vor die Brust gehaltenen Gewehren senkrecht in die Luft. Improvisierte Straßensperren wurden niedergewalzt, Benzintanks explodierten und brannten unter hohen schwarzen Rauchfahnen, so jedenfalls am ersten und noch am zweiten Tag.

Wir – und das bedeutet ab 22. August eine Horde westlicher Reporter und Fotografen – bewegten uns völlig ungehindert. Der Fernschreiber im Hotel funktionierte, wir gaben unsere Texte eigenhändig an die Redaktionen durch. Pabels Bilder, die Seiten im *Stern* füllten, gingen um die ganze Welt. Meine Berichte aus den allerersten Tagen waren miserabel.

Böll und ich wurden von einem Abgesandten des nächtlicherweile in einer Fabrik geheim tagenden Zentralkomitees gebeten, eine Art Freiheitsaufruf zu verfassen. Ich hörte meinen eigenen Text dreimal im Laufe eines Tages, von einem improvisierten Untergrundsender verbreitet, und dachte, das werde nicht gutgehen, aber es geschah nichts. Ich war nicht mehr bei der Sache, sondern in der Sache, das tat den Berichten nicht gut. Mit Pabel fuhr ich am 24. nordwärts, um DDR-Truppen zu finden. Wir fanden sie nicht; klugerweise hielten sie sich vor den Tschechen versteckt.

AUF DER SUCHE NACH DEN ROTEN DEUTSCHEN. Wir verlassen Prag früh am Morgen mit einem tschechischen Leihwagen. Ein

Bekannter fährt in seinem Škoda bis zur Stadtgrenze voraus, um uns jeweils Zeichen zu geben, ob die Luft rein sei. Alle Leuchtschilder der Hauptwegweiser sind zerschlagen, alle Ortsnamen, Straßennummern, Kilometerangaben sind mit weißer Ölfarbe übermalt – in der ganzen Tschechoslowakei. Nach 20 Kilometern sagen wir unserem Lotsen auf Wiedersehen und fahren allein weiter. Bei Zdiby sollen wir auf die Staatsstraße Nr. 9 abbiegen. Es kommt ein Ort, aber ist das Zdiby? Wir halten und fragen einen jungen Mann, der wartend auf einem Motorrad sitzt. Er blickt erst uns, dann das Auto an und schweigt. Er dreht den Kopf weg, bedient den Starter und braust davon.

Wir sehen uns nach einer anderen Auskunftsperson um und bemerken vier oder fünf Leute in weißen Kitteln vor einem Krankenhaus. In der Einfahrt steht ein leerer Krankenwagen. »Spricht jemand von Ihnen deutsch?« fragt Pabel. »Wir sind Westdeutsche.«

Nun verstehen uns alle. Eine Ärztin sagt: »Ach so, das ist etwas anderes.« Der Ort ist tatsächlich Zdiby. Wir werden auf die Straße nach Mělník gewiesen. Die Ärztin sagt: »Haben Sie Benzin? Sagen Sie an jeder Tankstelle, Sie seien Westdeutsche, sonst bekommen Sie keinen Liter.«

»Seit wann ist das so?«

Sie sagt: »Seit dem 21. August.«

Unser nächstes Ziel ist Litoměřice (Leitmeritz). Wieder verfahren wir uns. In Dubá fragen wir einen Mann nach dem Weg. Ohne sich einen Augenblick zu besinnen, sagt er: »Zwei Kilometer bis zur Tankstelle und dann links.«

Es kommt keine Tankstelle und keine Abzweigung. Wir begreifen allmählich, daß uns diese Prager Autonummer verdächtig macht. Später zeigen wir die letzte Nummer des *Stern* vor und unsere Namen im Impressum. Jetzt finden wir Glauben: Wirklich keine Ostdeutschen!

Wir beziehen ein trauriges Hotel in Teplitz. Im Speisesaal tut der Kellner so, als verstünde er kein Wort. Nach 45 Minuten haben wir noch nichts zu essen. Ich sage dem Portier, er möge in der Küche bestellen, wir seien aus Hamburg. Da bekommen wir auf einmal unser Steak.

Kurz nach Mitternacht raschelt es an meiner Zimmertür, ein

Zettel wird über die Schwelle geschoben. Ich lese: »Sie werden herzlichst gebeten, sich morgen auf die ČSM (Tschechoslowakischer Jugendverband) einzustellen. Man will Ihnen Materialien anbieten.« Um halb acht erscheinen die Vertreter der Jugendgruppe im Hotel und stellen uns Flugblätter und Fotos über die sowjetische Besetzung zur Verfügung. Unter den jungen Leuten befindet sich ein Ingenieur, der bis gestern in einem Industriewerk bei Dresden mit zwölf anderen Tschechen als Praktikant gearbeitet hat. Er berichtet, daß unmittelbar nach der Besetzung der Tschechoslowakei die elf Tschechen zur Werksleitung gerufen worden seien, um den Standpunkt der SED entgegenzunehmen. Die Tschechen hätten leidenschaftlich widersprochen.

Später wurde jeder einzeln zur Direktion bestellt und einer mehr als zweistündigen Gehirnwäsche unterzogen. Aber die Tschechen steckten sich ihre Nationalfarben an den Rockaufschlag und marschierten mit einer tschechischen Fahne in den Betrieb. Da hieß es, dies sei eine revolutionäre Handlung, man werde die Polizei rufen. Der junge Tscheche war daraufhin in seine Heimat zurückgekehrt. Jetzt begleitet er uns auf der Weiterfahrt.

Wo die DDR-Truppen stehen, kann auch er nicht erfahren.

Es ist 12 Uhr mittags in Karlsbad, als wir eintreffen. Die Promenade ist fast menschenleer. Aus den Lautsprechern dröhnen die letzten Nachrichten. Auf das Pflaster malen junge Tschechen in metergroßen Buchstaben ähnliche Parolen wie jene, die deutsche Soldaten vor knapp 30 Jahren mühsam abgeschrubbt haben: »Wir wollen Eure Freundschaft nicht.«

Plötzlich quillt aus dem Lautsprecher eine deutsche Stimme: »Hier spricht der tschechoslowakische Heeresmusikdirektor Josef. Wir haben doch so oft in den vergangenen Jahren Brüderschaft getrunken. Ist das vergessen? Warum habt ihr uns überfallen? Glaubt ihr wirklich, daß diese Invasion gerechtfertigt ist? Wenn ihr das glaubt, dann streicht unsere Freundschaft für immer.«

Dann ist es wieder still. Schweigend gehen die wenigen Zuhörer auseinander. Vorbei an Transparenten und Inschriften, die Walter Ulbricht und seinen sowjetischen Genossen Leonid Breschnew mit Hitler vergleichen.

Ob die, die es anging, den Heeresmusikdirektor Josef gehört haben, ist ungewiß. Die Stadt wirkt verlassen, die Restaurants und Cafés sind geschlossen. Im Grandhotel »Pupp-Moskva« sind von 500 Betten nur noch elf belegt. Von den Speisekarten und Rechnungen ist der Zusatz »Moskva« aus dem Hotelnamen gestrichen, und die riesige Leuchtschrift rissen Jugendliche vom Dach. Das Hotel trägt wieder den Namen, unter dem es weltberühmt wurde: »Pupp«.

Die wenigen Kurgäste, die in Karlsbad geblieben sind, stammen meist aus der DDR. Sie konnten nicht mehr nach Hause zurück.

Verbittert sagt der Karlsbader KP-Sekretär Otys: »Acht Tage vor dem Einmarsch war Ulbricht noch hier und hat Dubček brüderlich geküßt. Wir dachten, nun sei endlich alles bereinigt. In Wirklichkeit trug er aber damals schon den Dolch mit sich herum.«

Am nächsten Morgen ist der Marktplatz von Budweis voll mit Menschen. Jugendliche wollen den roten Stern von der Spitze des Rathauses reißen. Schon einmal, 1945, war in einer Art Volksfest das Hakenkreuz von der Spitze des Rathauses geholt worden.

Um 14 Uhr ist es endlich soweit. Die Tschechen holen Sternfotograf Thomas Höpker, der das Ereignis fotografieren soll. Ein junger Mechaniker klettert auf den Turm, löst die Schrauben und Seile. Dann fällt das rote Symbol. Doch niemand jubelt.

Bevor wir die Stadt verlassen, kommt der Chef des Budweiser Rundfunks zu uns. Er heißt Ivo Emr, 42 Jahre alt. Seine Stimme ist schleppend, er hat seit dem Einmarsch nicht mehr ausgeschlafen. »Wissen Sie, von Hitler hatten wir nichts anderes erwartet. Diesmal ist es schlimmer. Die Russen waren für uns das Symbol, daß die Slawen auch stark sein können. Sie waren die einzigen, die uns unterstützen konnten.«

Nur eines hat ihn in diesem Drama gefreut: die Solidarität der Bevölkerung. »Solange wir alle zusammenhalten, sind die Russen machtlos.«

»Glauben Sie denn, daß das noch lange so weitergeht?« frage ich ihn.

Da lacht er zum erstenmal. »Wissen Sie, Napoleon hat einmal gesagt, man muß mit der Dummheit der Österreicher rechnen. So geht es uns mit den Sowjets.«

Die roten Deutschen haben wir nicht gefunden.

Die *Süddeutsche Zeitung* veröffentlichte in ihrer Wochenendausgabe vom 7./8. September 1968 ganzseitig einen kommentierenden Bericht über meine Prager Eindrücke unter dem Titel: *Ein Lehrgang in Hoffnung.*

Den Artikel in der *Süddeutschen Zeitung* erweiterte ich zu einem Beitrag, der in der Broschüre *Prag und die Linke* den Eingangsartikel darstellt, erschienen 1968 im konkret-Verlag. Darin gab ich ein auf Tonband festgehaltenes Gespräch mit Heinrich Böll wieder, das ich mit ihm in dem Prager Hotel führte, in dem wir beide in den Tagen der Invasion wohnten.

HOFFNUNG PRAG. Herr Böll, sagte ich, wir sind beide gewissermaßen durch Zufall hier in Prag. Ich hatte etwas ganz anderes im Sinn, und Sie kamen auf Einladung des hiesigen Schriftstellerverbandes ...

Nein, sagte er, so war es nicht. Ich war eingeladen, um mir die Entwicklung seit Januar bis zum heutigen Tage anzusehen, mir ein Urteil darüber zu bilden und darüber zu schreiben. Ich hatte mich auch entsprechend informiert, ich hatte darüber gelesen, was darüber publiziert worden ist. Die verschiedenen Entwicklungen, ökonomische Dinge auch, kulturelle und politische. Natürlich wollte ich mich auch über Literatur informieren, das ergibt sich einfach aus meinem Beruf und aus dem Kontakt mit Schriftstellern. Aber hier hergekommen bin ich, um die politische Entwicklung zu beobachten ... Ich war sehr sicher, daß das nicht passieren würde.

E.K.: Ich teilte diese Sicherheit mit Ihnen. Würden Sie sagen, daß diese Art Optimismus etwas damit zu tun hat, daß ein Mann wie Sie sich niemals am Kalten Krieg beteiligt hat?

H. B.: Nein, ich habe darüber schon nachgedacht und habe ein bißchen Angst davor, daß wir beide – Sie und ich – in die Bundesrepublik zurückkommen, eine Kalte Kriegsstimmung vorfinden, und man von uns erwarten wird, daß wir jetzt endgültig »bekehrt« sind und uns auf die Seite dieser Leute schlagen, gegen die wir wohl gemeinsam sind. Ich sehe das nicht so. Ich habe gar keinen Grund, meine Einstellung zu ändern. Ich finde im Gegenteil, daß die Tschechoslowaken hier einen Sozialismus praktiziert haben, der immer noch vorbildlich bleibt, auch dann, wenn er vorläufig unterbrochen würde. Und daß sich das nur in einem sozialistischen Staat bilden konnte. Verstehen Sie? Ich sehe also überhaupt keinen Zusammenhang – sagen wir unserer Enttäuschung mit unserer Einstellung gegen den Kalten Krieg.

E. K.: Ist es nicht so, daß die Sache hier ganz besonders schlimm deshalb ist, weil sie von Freunden dieses Landes angerichtet wurde?

H. B.: Das ist eine Täuschung, der einige möglicherweise unterlegen sind. Ich habe wirklich nie geglaubt, daß die Sowjetunion … es gibt keine Freundschaft zwischen Staaten. Hat es eigentlich nie gegeben.

E. K.: Also nur Verbündete?

H. B.: Ja, Verbündete. Das ist ja immer zweckgebunden. Und offenbar hat die Tschechoslowakei ihre Zwecke für die Sowjetunion nicht mehr erfüllt und wird jetzt gezwungen, wieder einen Zweck zu erfüllen. So würde ich das sehen. Ich habe mir keine Illusion gemacht. Das sind Zweckbündnisse, auch im Ostblock. Wenn ein Partner den Zweck des Bündnisses nicht mehr zu erfüllen scheint, dann wird zugegriffen. Das ist die Enttäuschung über die Sowjetunion, weil sie doch in den letzten – sagen wir acht bis zehn Jahren eigentlich den Frieden nicht gebrochen hat. Den militärischen Frieden, wollen wir sagen. Den politischen häufig. Ich habe mir auch nie Illusionen über deren politische Ziele gemacht. Dennoch: ich sehe jetzt noch nicht den politischen Sinn dieser Maßnahme. Ich habe selbst noch keine Antwort auf die Frage: »Warum ist das eigentlich passiert?« Ich habe in vielen Gesprächen fast immer dieselbe Antwort gehört, die mir einleuchtet. Offenbar (das ist also die Meinung meiner Freunde, mit denen ich sprechen konnte, und fast alle haben sich unabhängig voneinander geäußert) ist es auch eine Maßnahme zum Schutz der innenpolitischen Situation in der Sowjetunion. So interpretieren viele Intellektuelle es hier. Es gibt ja auch eine starke Opposition in der Sowjetunion, das wissen Sie, und die ist sogar in Bewegung, obwohl sie immer wieder geduckt wird. Man wollte die ansteckende Krankheit Freiheit auslöschen. Daß sie nicht übergreift in die Sowjetunion, in die DDR, nach Polen usw.

E. K.: Und dafür nehmen die Sowjets also alles in Kauf, was nun zu ihrem Nachteil folgen wird auf der ganzen Welt?

H. B.: Offenbar fühlen sie sich wirklich so gefährdet durch die Entwicklung in der ČSSR, daß sie eine so brutale und die Weltöffentlichkeit total brüskierende Maßnahme ergreifen.

E. K.: Um noch einmal auf die Eingangsbemerkung zurückzu-
kommen, darüber, wie Sie Ihre Position jetzt in der Bundesrepublik
interpretieren. Ich meine, wir waren neulich schon im Fall Israels in
einer schwierigen Lage. Ich jedenfalls. Was glauben Sie, was unsere
westdeutsche Öffentlichkeit in Zusammenhang mit den hiesigen
Ereignissen überhaupt noch an linken Argumenten begreifen kann?
H. B.: Es wird natürlich sehr schwierig sein, das Wort Sozialismus überhaupt noch zu verteidigen und zu gebrauchen. Und trotzdem glaube ich, daß eben diese acht Monate, die ja Wirklichkeit waren und nur durch Gewalt an ihrer Weiterentwicklung verhindert
werden, daß sie trotzdem beispielhaft bleiben. Und das eine solche
Entwicklung in einem sozialistischen, in einem totalitären Staat
möglich war, müßte eigentlich unser Argument sein. Da standhaft
zu bleiben, wird nicht so leicht sein. Ich werde trotzdem auf dem
Beispiel Tschechoslowakei beharren.

Das ist der Teil eines Nachtgesprächs in Prag, als die Panzer noch
in den Straßen standen. Und vielleicht sollte noch folgendes mitgeteilt werden: auf meine Frage, was ihm in diesen Tagen den stärksten positiven Eindruck gemacht habe, sagte Heinrich Böll: »Das
ständige Diskutieren der jungen Leute mit den russischen Soldaten.

Ohne Feindseligkeit, wie ich fand, also ohne persönliche Animo-
sität, mit Leidenschaft und Heftigkeit immer wieder, überall. An jeder Stelle, wo ein Panzer stand, oder auch nur ein Posten, redeten
sie, versuchten sie zu überzeugen. Und diese Gesichter, diese ungeheure, ständige, einfallsreiche Aktivität der Leute. Ständig immer etwas Neues, dauernd neue Zeitungen. Das setzt ja eine ungeheure
Erfahrung in illegaler Arbeit voraus, und eine immense Improvisa-
tionskunst. Auch wie die Sender arbeiteten, das waren meine stärksten Eindrücke. Ja, und die totale Solidarität.«

Das war das Wort: totale Solidarität, und ich möchte die Betonung
auf »totale« legen. Aber die Jugend führte das Volk an. Sie enterte
fahnenschwingend die dunkelgrünen Stahlkröten, sie ging mit bren-
nenden Holzscheiten gegen sie vor, und sie benützten Eisenstangen,
um die Reservetanks leck zu stoßen, deren Benzin sie dann in Brand
setzte. Nach der bei uns gültigen politischen Klassifizierung waren das allesamt »Linksradikale«. Sie streben entschlossen eine gesellschaftliche Grundordnung an, die identisch ist mit jener, die

Dutschke und seinen Freunden vorschwebt, und die bei uns für das Ende der herrlichen westdeutschen Freiheit angesehen wird. Wenn diese Jungen und Mädchen nach Berlin kämen zur Teilnahme an einer Aktion des SDS, würde sie die Polizei zusammenschlagen im Namen der Freiheit. Oder glaubt man hier, daß für die Prager Jugend der Schah von Persien und der Präsidentschaftsanwärter Humphrey verehrungswürdige Gestalten sind? Was also in Prag Freiheit ist, bedeutet in der Bundesrepublik das Ende der Freiheit?

1969

1969 bringt die »Wachablösung« – ein Ausdruck w e die »Wende«, der etwas ähnliches meint: durch Wahlentscheidung findet eine prinzipielle politische Kursänderung statt. Glaubte man 1982, nachdem die Regierung Kohl installiert war, zunächst, es sei »Wende« eigentlich ein übertriebener Ausdruck, weil sich so viel doch nicht geändert habe, vor allem nicht die Außenpolitik unter Genscher, so denkt »man«, so denke ich 40 Jahre nach der Staatsgründung darüber anders. Konservative, ja reaktionäre und nationalistische Ideen sind auf dem Vormarsch. Daß die »Wachablösung« von 1969 mit Bundeskanzler Willy Brandt und Gustav Heinemann als Bundespräsident eine Kursänderung insbesondere in der Außenpolitik bedeuten würde, war jedermann klar. Scheel, der Mann, von dem ich geschrieben hatte: schade, daß er kein Kämpfer ist, hatte sich dazu durchgerungen, seine Partei mit der SPD zu verbünden; zusammen ergab das in der Wahl vom 28. September 254 Mandate gegenüber 242 der CDU/CSU. Scheel wurde Stellvertreter des Bundeskanzlers und Außenminister. Er sagte am 28. Oktober: »Die heute immer noch das Ziel der Wiedervereinigung in den Grenzen von 1937 vorgaukeln, machen uns etwas vor.« Brandt spricht vom »geregelten Nebeneinander« der BRD und der DDR. So wird »neue Ostpolitik« schon einen Monat nach der Wahlentscheidung unmißverständlich proklamiert.

Ich bin Ende September in Jugoslawien und höre das Ergebnis der Wahl über einen österreichischen Sender. Im Kalender steht am 28. 9.: »FDP schwer verloren, DKP nicht ins Parlament, Angstvoll!! Das heißt große Koalition?« Am 1. 10.: »Nein, SPD-FDP«. Natürlich verfolgte ich, was politisch geschah, aber aus dem ganzen Jahr 1969 findet sich kein gedruckter Beitrag, der sich unmittelbar auf die aktuelle politische Situation bezöge. Ich polemisierte im *Stern* gegen die vom *Spiegel* rabiat vertretene These, die Nationalsozialisten seien am Reichtagsbrand nicht beteiligt gewesen (und bin nach wie vor überzeugt, sie hätten mitgewirkt); ich fahre mit dem Berliner Bürgermeister Schütz nach Auschwitz; ich berichte in 8 Folgen über Heidelberger Studenten, die als Amateurspione in die UdSSR gereist waren, dort verhaftet wurden, für sieben Jahre durch Gefängnisse und Lager gegangen sind, und nun zurückgekehrt waren. Der lange Bericht besteht nahezu ausnahmslos aus der Wiedergabe von Tonband-Protokollen, es gibt keinen Grund, daraus 1989 zu zitieren.

Es ist mir nun schon fast zur Gewohnheit, jedenfalls zum Bedürfnis geworden, neben der journalistischen Tagesarbeit ein Buch zu schreiben. Am 14. August 1969 liefere ich beim Scherz-Verlag das Manuskript *Die deutsche Angst* ab, hervorgegangen aus Entwürfen einer für den *Spiegel* geplanten Nationalismus-Serie, die nicht mehr erschienen ist. Für die »Angst«-Arbeit sind viele Nächte am Schreibtisch draufgegangen. Das Buch ist längst vergriffen, an eine unveränderte Neuausgabe ist nicht zu denken. Was allenfalls daraus zu übernehmen wäre, sind zeitgeschichtliche Ausführungen. Zum Beispiel:

DIE DEUTSCHE ANGST. Daß Adenauers Herrschaft pragmatisch war, läßt sich aus ihren äußeren Vorbedingungen und aus seiner Person so vollständig erklären, daß zu fragen kaum etwas übrigbleibt. Wobei ich in ihm weniger, als es gemeinhin geschieht, eine für seine Generation typische Erscheinung sehe, den bürgerlichen Patriarchen: Wenn bei einem Menschen eine Eigenschaft derart hypertroph entwickelt ist wie bei dem ersten Bundeskanzler der Machttrieb, so wird davon das ganze Persönlichkeitsbild bestimmt, und vom Typischen bleibt eigentlich nur Äußerliches der Erscheinung übrig. Doch wie dem auch sei, er jedenfalls steht in seiner geschichtlichen Unbehaustheit viel unproblematischer, viel durchschaubarer vor uns als die übernächste Generation, die aus diesem Staat eine Fabrik machen will, deren Maschinenanlagen aus der Gegenwart stammen, deren Produktionsmuster jedoch politisch und gesellschaftlich im neunzehnten Jahrhundert entworfen wurden.

Entfernt sich die APO in ihren gesellschaftlichen Vorstellungen weit vom Status quo in Richtung Zukunft, so doch keineswegs weiter als Männer wie Strauß, Brandt, Barzel, Helmut Schmidt in Richtung Vergangenheit. Weder die besondere Situation der BRD, noch viel weniger der allgemeine Trend der Weltentwicklung verlangen oder rechtfertigen einen neuen westdeutschen Nationalismus.

Das kleine Einmaleins der ökonomischen und technischen Fakten genügt für den Beweis, daß der Nationalstaat so außer Kurs gesetzt ist wie mittelalterliche Hexengerichte. Daß dort, wo er fortexistiert hat, ein Politiker wie de Gaulle das Nationale zum Drehpunkt seiner Politik machen und von hier aus versuchen konnte, mit der Anpassung seines Landes an den Weltzustand fertig zu werden: Läßt sich daraus ableiten, es sei vernünftig, den materiell und geistig in Grund und Boden zerstörten deutschen Nationalstaat in völlig neuen Grenzen und Zeiten wiederzuerrichten? Kann der übersteigerte israelische Nationalismus uns Beispiel sein, können wir auch nur eines der Argumente, mit denen die Israelis ihre Politik verteidigen, für uns in Anspruch nehmen? Befinden wir uns in der Lage unterentwickelter afrikanischer oder lateinamerikanischer Staaten, in denen die Uhr hundert Jahre nachgeht und der Nationalismus in der Tat mit Freiheitsvorstellungen gekoppelt werden kann? Oder gibt es für uns Parallelen zu der Problematik der osteuropäischen Staaten, in denen die nationalen Emotionen dazu dienen können, bis zu einem gewissen Grade der totalitären Entartung kommunistischer Herrschaft im Innern und gleichzeitig dem imperialen Herrschaftsanspruch Moskaus nach außen entgegenzutreten? Die letztere Überlegung – wechseln wir Washington gegen Moskau aus und angewandt auf die BRD – kann nicht mit einer Handbewegung abgetan werden.

Zunächst müssen wir uns ansehen, wie die ideologischen Fundamente eines neuen BRD-Nationalstaates beschaffen sein könnten. Auf welche Epoche deutscher Nationalgeschichte, erfüllt von gesundem, ruhigem Nationalgefühl, beziehen wir uns? Es gibt keine.

Diese zweite und dritte Generation politischer Führer der BRD tut sich etwas darauf zugute, Unbefangenheit gegenüber der Zeit vor 1945 zurückgewonnen zu haben. Ihre Unbefangenheit ist zu groß; sie glauben hundertfünfzig Jahre Nationalgeschichte einschließlich der »tausend« des Nationalsozialismus damit abtun zu können, daß sie vor »Nationalgefühl« das Wörtchen »gesundes« setzen. [Ich setze 1988 hinzu: genau das tut Bundespräsident von Weizsäcker!]

Wenn Brandt, Kiesinger, Schmidt, Strauß, Wehner, Barzel, Hassel, Schröder usw. in einer im Grunde gleichen Weise anfangen, nationalistische Propaganda zu betreiben, schließe ich daraus, daß sie eben deshalb zu führenden Positionen aufsteigen konnten, weil das verängstigte Volk bei ihnen sicher war, seine Macht an verängstigte Führer abzutreten. Sie lösen ihre Führungsaufgabe unter dem Diktat der Angst, indem sie die nationale Auffangstellung vorbereiten, die Fluchtburg vor der Zukunft.

Ein neuer deutscher Protest gegen sie kündigt sich an. Er entspricht jener großartigen Deutung deutschen Wesens (ich würde sagen: deutschen Unwesens), die Dostojewskij gegeben hat.

Er schrieb in der Ära Bismarck: »Der charakteristischste, wesentlichste Zug dieses großen, stolzen und besonderen Volkes bestand schon seit dem ersten Augenblick seines Auftretens in der geschichtlichen Welt darin, daß es sich niemals, weder in seiner Bestimmung noch in seinen Grundsätzen, mit der äußeren westlichen Welt hat vereinigen wollen, das heißt mit allen Erben der altrömischen Bestimmung. Es protestierte gegen diese Welt diese ganzen zweitausend Jahre hindurch, und wenn es auch sein eigenes Wort nicht aussprach – und es überhaupt noch nie ausgesprochen hat, sein scharf formuliertes eigenes Ideal, zum positiven Ersatz für die von ihm zerstörte altrömische Idee –, so, glaube ich, war es doch im Herzen immer überzeugt, daß es noch einmal imstande sein werde, dieses neue Wort zu sagen und mit ihm die Menschheit zu führen. ... Der riesige Organismus Deutschlands fühlte mehr den je, daß er keinen Körper, keine Form habe, die ihn ausgedrückt hätte. Und damals entstand in ihm das dringende Bedürfnis, sich wenigstens äußerlich in einen einzigen festen Organismus zusammenzufügen: in Anbetracht der neuen herannahenden Phasen seines ewigen Kampfes mit der äußeren westlichen Welt.«

Nur dem Anschein nach, faktisch nur für die kurze Periode der Nachkriegszeit, ist Deutschland als BRD mehrheitlich im geistigen Sinne ein Teil der »äußeren westlichen Welt« geworden. Seine

Vernünftigkeit war Selbstpreisgabe. Selbst in der Weimarer Zeit hat es sich nicht so weit von sich entfernt, sich der westlichen Welt nicht so eng angenähert wie zwischen 1959 und 1962. Und jetzt?

Nur der Kommunismus hat die Kraft und die Rücksichtslosigkeit – und die geschichtliche Klarsicht – aufgebracht, wenigstens einen Teil der ewig unfruchtbaren Neinsager unter Kuratel zu stellen, ein höchst ironischer Vorgang, wenn man bedenkt, daß ein Deutscher dazu die geistigen Voraussetzungen geschaffen hat. Mit Panzern mußte Marx nach Deutschland zurückkehren – aber auch daraus hat sich nichts ergeben, was als ein deutscher Beitrag, als das deutsche »Wort« angesehen werden dürfte. Nichts außer einer Minderung der Gefährlichkeit der Protestierer für den Frieden der Welt.

....

Wenn bei einer antichinesischen Demonstration in Moskau die Pekinger Botschaft von einem Steinhagel getroffen wird, ist das ein harmloses Ereignis: »Die Demonstration verlief ohne größere Zwischenfälle. Lediglich Fensterscheiben wurden durch Steinwürfe zerbrochen.«

Werfen Berliner Studenten die Scheiben eines Zeitungsunternehmens ein, dessen Organe die Bevölkerung zur Lynchjustiz an den Studenten aufgerufen haben, dann wird so getan, als sei der Staat unmittelbar in Gefahr.

Daß linke Demonstrationen in der ČSSR als bewunderungswürdige Aktionen der Freiheit bewertet werden, in der BRD jedoch als terroristische Angriffe gegen die Freiheit, hat die Öffentlichkeit 1968 täglich erleben können. Wurde der Widerspruch, die Heuchelei, die Verlogenheit bemerkt, registriert, aufklärerisch hochgespielt? Nichts dergleichen.

Als Jürgen Habermas sein unbedachtes Wort vom linken Faschismus gesprochen hatte, wurde es von der Mitte begierig aufgegriffen: Nichts war geeigneter, vom rechten Faschismus abzulenken, als die Behauptung, die APO sei faschistisch. Ein angesehener, in Amerika geschulter Soziologe, Erwin K. Scheuch, machte aus der politischen Studentenbewegung »die Wiedertäufer der Wohlstandsgesellschaft« und warf der APO vor, sie mißbrauche den Begriff der Rationalität. Daß es einen schlimmeren und gefährlicheren Mißbrauch der Rationalität nicht geben kann, als wenn zum Zwecke der Rationalisierung eines Herrschaftssystems über diesem der irrationale Himmel des Nationalismus gewölbt wird – das entgeht diesen Kritikern, die sich nur nach links kritisch zu verhalten vermögen. Scheuch stellt tiefschürfende Überlegungen an, warum die Neue Linke als schwache Gegenbewegung zur nationalen Welle eine solche des kritischen Bewußtseins auszulösen vermochte. Seine Erklärung dafür könnte allenfalls den Erfolg der Rechtsradikalen erhellen: Scheuch übersetzt nämlich den Demokratiekritiker Thomas Mann von 1917 in die Fachsprache des Soziologen von 1968 und entdeckt bei manchen Deutschen eine gewisse Zivilisationsfeindlichkeit, die sie für die angebliche »Romantik« der Linken aufgeschlossen mache. Auch hierin macht sich das Bestreben bemerkbar, die APO aus dem System interdependenter Abhängigkeiten der politischen Realität BRD hinauszuzaubern, um sie in der Isolierung fertigzumachen. Die einfache Erklärung für die Wirkung der APO auf dieses System: daß es, wie ich an anderer Stelle sagte, eine politische Unterdruckkammer darstellte und bis zu seiner vollen nationalstaatlichen Ausbildung mehr oder weniger darstellen wird, kann deshalb von der militanten Mitte nicht angenommen werden, weil damit zugestanden würde, daß die APO ein Ergebnis von fundamentalen Versäumnissen der politischen Führung ist und nicht die willkürliche Erfindung von ein paar Utopisten.

Das Jahr neigte sich seinem Ende zu, da erkrankte der damals fünfundsiebzigjährige Rudolf Heß und wurde unter strenger Bewachung in ein Krankenhaus eingeliefert. Es erschien fraglich, ob er es lebend wieder verlassen würde. Heß war eine Nachricht wert. Ich schrieb über die Haftbedingungen dieses letzten Gesamtdeutschen:

DAS SPANDAUER NARRENHAUS. »Zum Teufel, ist das dunkel«, murmelt der Kameramann des Zweiten Deutschen Fernsehens vor sich hin und streckt seinen Belichtungsmesser mit beschwörender Geste dem trostlosen roten Gemäuer des Spandauer Gefängnisses entgegen. Es ist, als wolle er ein bißchen Licht aus den Wolken zaubern.

Er hat sich am 1. Dezember inmitten eines stattlichen Haufens von Fernseh- und Presseleuten gegenüber dem grün gestrichenen eisernen Mitteltor postiert. Sie alle wollen Zeuge einer Komödie sein: Wachablösung im Kriegsverbrecher-Gefängnis.

Seit im Juli 1947 sieben Notabeln des Dritten Reiches – die Admirale Raeder und Dönitz, der Diplomat v. Neurath, der Reichsjugendführer v. Schirach, der Wirtschaftsminister Funk, der Rüstungsminister Speer und der Stellvertreter des Führers Rudolf Heß – vom Nürnberger Prozeß kommend – hier eingeliefert worden sind, führen in endlosem Wechsel Russen, Amerikaner, Franzosen und Engländer diesen militärischen Einakter an jedem Monatsersten durch.

Heute werden die Sowjets von den Amerikanern abgelöst. Sie holen ihre Leute mit diesem Ehrengeleit ab. So kommen hier drei Kontingente zusammen, zwei russische, ein amerikanisches. Jede Gruppe hat ihren Bus. Dazu die Limousinen der Offiziere, die Straßenkreuzer von ein paar diplomatischen Beobachtern, Militärpolizei und die Lastwagen für die Versorgung: Alles in allem stehen schließlich 19 Fahrzeuge ums Gefängnistor herum. Zwischen ihnen flanieren amerikanische und sowjetische Offiziere in angeregtem Gespräch. Die letzteren sind ihren westlichen Kollegen an Eleganz weit überlegen – in fast knöchellange taubengraue Mäntel mit roten Aufschlägen wie eingenäht, mit Taillen, um die sich grüne, silberdurchwirkte Gürtel schlingen, von solchem Snobismus und solch ausgetüftelter Lässigkeit im Auftreten – wie ich noch nie zuvor bei Offizieren erlebt habe.

In strenger Absonderung voneinander machen die Wachmannschaften ihre Polonaise durch das Tor, hinein und hinaus.

Es tut sich auch für den Briefträger auf, der mitten in dem militärischen Trubel auf seinem gelben Fahrrad ankommt und, wie jeden Vormittag, einen Packen Zeitungen für Herrn Rudolf Heß abgibt: die *Frankfurter Allgemeine*, die *Welt*, den *Tagesspiegel* und das *Neue Deutschland*, das Zentralblatt aus Ostberlin. Den *Stern* und den *Spiegel* darf der Gefangene nicht lesen.

Wenn Heß abhanden käme, geklaut würde oder irgendwie sonst verschwände, zum Beispiel in einem Grab, dann verlören etwa 100 Amerikaner, Engländer, Franzosen und Russen den Traumjob ihres Lebens. Nicht wenige von ihnen halten die Stellung seit zwanzig Jahren.

Seit Rudolf Heß ins Krankenhaus verlegt wurde, leuchtet ihnen das helle Entsetzen aus den Augen. Heimlich beten sie um das kostbare Leben des Stellvertreters des Führers, auf daß er noch 100 Jahre alt werden möge, damit ihn noch ihre Kinder in Spandau hinter der roten Mauer bekochen und pflegen können; damit sie fegen können, wachen können, waschen können; Listen führen, Essen ausgeben, Teller einsammeln, Bücher austauschen, die Gefängnisuhr an der Giebelwand regulieren, Post zensieren und Sitzungen über Beschwerden abhalten ... Mit einem Wort: Geld verdienen können ohne viel zu arbeiten.

Wir alle bezahlen über unsere Steuer diesen Hofstaat des Stellvertreters des Führers ja gern. Ist er doch der letzte Gesamtdeutsche, weder der Regierung der Bundesrepublik noch der DDR unterstehend, lebendes Denkmal jener Zeiten, als vier Sieger gemeinsam in die Nachfolge der großdeutschen Staatsmacht eingetreten waren. Wir wissen, was wir unseren Schutzmächten und unserer glorreichen Vergangenheit schuldig sind: pro Jahr eine runde Million.

Von diesem ständigen zivilen Innen-Wachdienst sind jene monatlich wechselnden Wachtruppen zu unterscheiden – derzeit also die amerikanischen, die Tag und Nacht, und nachts bei Scheinwerferlicht auch jetzt noch, mit ungebrochener Aufmerksamkeit die Mauern, die kahlen Bäume, die leere Pritsche, den leeren Stuhl und das leere Klo neben dem leeren Stuhl in der leeren Zelle des Rudolf Heß bewachen. Man hat von ihm gesagt, er sei mehr oder weniger verrückt.

Wenn es hier überhaupt Verrückte geben sollte, so sind sie unter denen zu suchen, welche verantwortlich dafür sind, daß dieses Affentheater fortgesetzt wird.

Für Heß dauert die Haft, sieht man von den zwei Jahren mit Hitler auf der Festung Landsberg ab, nun seit 1941.

Im Nürnberger Prozeß bekam Heß »lebenslänglich«, der Verschwörung gegen den Frieden und der Vorbereitung und Planung eines Angriffskrieges für schuldig befunden.

Er hat die Kompetenz des Gerichtes nie anerkannt. In seinem Selbstverständnis ist er der Stellvertreter des Führers geblieben.

Seine Welt: die Zelle, etwa 2,50 mal 3 Meter groß. Ein kleines hochgesetztes Fenster, von außen vergittert, die Scheibe aus gelblichem Plexiglas. Das Tageslicht wird davon verfärbt. Kleider sind in einer anderen Zelle aufbewahrt. Eine dritte heißt Bibliothek, dort stehen Bücher, geliehene und eigene. Stunden verbringt der Gefangene mit Zeitungslektüre. Ausschnitte kann und darf er nicht machen, eine Schere wäre zu gefährlich, damit kann man sich umbringen. Er schreibt Informationen und Kommentare ab, mit kleiner sparsamer Schrift. Heute benutzt er ein steif gebundenes großes Buch mit leeren Seiten, das ein halbes Jahr vorhält. Wenn das Buch vollgeschrieben ist, muß es abgegeben werden. Die vier Direktoren treten zusammen und überwachen seine Vernichtung. Denn in Nürnberg wurde verfügt: Geistige Spuren der verurteilten Nazi-Führer dürfen nicht zurückbleiben.

Der Garten, über eine kleine Wendeltreppe vom Zellengang aus zu erreichen, ungefähr 100 mal 50 Meter groß, war das Freigehege der Spandauer Sieben.

In diesem Stück märkischer Erde haben sie Jahr um Jahr gebuddelt, gepflanzt und begossen.

Speer bekam viel Lob. Er zog Lupinen, Schwertlilien und Rosen aus spanischem Samen, und die Samen, die er dann aus seinen eigenen Züchtungen gewann, schickten die begeisterten Wächter nach Hause.

1970

Es ist das Jahr, in dem die »neue Ostpolitik« in Gang kommt und die Bundesrepublik aus der Adenauerschen Sackgasse herausgeführt wird. In einem Sonderzug fährt Bundeskanzler Brandt in die DDR und hat in Erfurt die Begegnung mit Ministerpräsident Willi Stoph (19. März). Stoph kommt im Mai nach Kassel. Im Juni setzt sich Egon Bahr mit Andrej Gromyko zusammen und handelt mit ihm eine schriftlich niedergelegte Vorform eines Vertrages zwischen Bonn und Moskau aus. Sie wird von Zwischenträgern, die darin eine Art Vaterlandsverrat sehen, der *Bild*zeitung zugespielt. Als das Blatt das sogenannte »Bahr-Papier« veröffentlicht, heulen die Reichsverweser im rechten Lager auf, aber der Zug der Vernunft ist nicht mehr aufzuhalten. Ende Juli ist Außenminister Scheel in Moskau zu abschließenden Verhandlungen. Der »Moskauer Vertrag«

wird im August unterzeichnet. Auch mit Warschau wird verhandelt mit dem Ziel, den Polen zu versichern, die Bundesrepublik werde die neue Westgrenze Polens nicht (mehr) in Frage stellen. Im Dezember ist Willy Brandt in Warschau. Das Foto des vor dem Ghetto-Mahnmal knienden Bundeskanzlers geht um die Welt. Dieser Kniefall bleibt aus der vierzigjährigen Geschichte der Bundesrepublik die einzige Geste eines hohen westdeutschen Politikers, die als Schuldbekenntnis optisch festgehalten werden konnte und deshalb auch zwanzig Jahre später unvergessen ist.

Das ist das politische Klima, in dem ich mit Fred Ihrt, dem Fotografen, am 7. Juni nach Warschau fliege und mit ihm einen Monat lang kreuz und quer durch Polen reise. Den *Stern*-Reportern wurden die Türen aufgerissen. Als offizielle Kreise in Warschau meinen großen, vierteiligen Reisebericht zu lesen bekamen, war die Enttäuschung groß über das, was ich über die polnischen Wirtschaftsverhältnisse geschrieben hatte, über dieses jeder sozialen Gerechtigkeit Hohn sprechende Nebeneinander von armen Lohnempfängern und steinreichen Kleinunternehmern; hochgestellte Experten hatten mir in langen Konferenzen ihre Wirtschaftstheorien auseinandergesetzt. Davon schien mir so gut wie nichts in die Realität eingegangen gewesen zu sein, diese Auffassung teilte, mit verständlichen propolnischen Vorbehalten, der Chefredakteur der *Polityka*, Rakowski, derzeit polnischer Ministerpräsident (geschrieben Ende 1988), auf dessen Datscha in der herrlichen Landschaft des ehemaligen Ostpreußens wir einen Tag verbrachten und eine bis heute anhaltende freundschaftliche Beziehung begründeten. Als kaum zwei Jahre später Polen in den Abgrund einer ökonomischen Krise stürzte, durfte ich in Warschau hören: so unrecht hatten Sie nicht.

Aus den Berichten wähle ich den Besuch bei einer deutschen Bauernfamilie aus im Hinblick auf die Diskussion, die über »Heimkehrer« aus dem Ostblock losgebrochen ist, und »einen Sonntag in Auschwitz«.

VOR HITLERS KRIEG GING ES IHNEN GUT – UND HEUTE WIEDER. Wir betraten den eingezäunten Hofplatz zwischen Wohnhaus und Stall in der Absicht, in dem See zu baden, an dem das Anwesen liegt. Es gab keine andere Möglichkeit, an die verschilften Ufer heranzukommen. Da sahen wir den alten Mann, der Holz hackte, das in einem hohen Haufen vor ihm lag. Er stellte das Beil an den Hackstock und musterte uns ohne Mißtrauen.

Er sprach deutsch. Ein bißchen deutsch. Das meiste habe er vergessen, entschuldigte er sich, aber er sei Deutscher. Und wie zum Beweis dessen nannte er seinen Namen. Er hieß Zeigert. Wir fragten ihn, ob es noch mehr deutsche Familien in der Gegend gäbe.

Ja, es gibt noch ein paar Deutsche in der weiteren Umgebung, in der Gemeinde aber nur noch die Kutschkes. Zu denen sollten wir einmal fahren. »Das sind die richtigen Leute für Sie«, sagte er und beschrieb uns den Weg.

Wir fanden ihn ohne Schwierigkeiten. »Ein großer Hof«, hatte Zeigert gesagt. Er lag mit Scheunen und Stallungen und einem stattlichen Wohnhaus auf einer die ganze Landschaft beherrschenden Höhe. Wir wollten den Weg hügelaufwärts abkürzen, verliefen uns aber und kamen von rückwärts an den Hof heran, durch einen Hochwald. Niemand ließ sich sehen.

Wir hörten Stimmen, traten ein, jetzt hatte man uns gehört, die Tür zur Stube wurde geöffnet. Da saßen sie alle beim Essen, eine verwirrende Menge von Frauen, die sich noch dazu alle ähnlich zu sehen schienen, ein paar Kinder, und darunter nur ein Mann, etwa 35 Jahre alt. Die Frauen, soweit sie nicht ganz jung waren, hatten graue Haare.

Wie auf Kommando legten sie die Löffel weg, alle, aber das war nicht unseretwegen, sondern weil sie fertig gegessen hatten, und während wir noch etwas verlegen an der Tür herumstanden, gingen der Mann und alle jüngeren Frauen und die Kinder an uns vorbei aus dem Zimmer hinaus. Es blieben die älteren Frauen übrig, und zwar vier, das waren die vier Schwestern Kutschke, davon drei unverheiratet. Die älteste hieß anders, nämlich auch Zeigert, und das hatte uns der Mann nicht gesagt, daß er der Schwager der Bäuerin war, zu der er uns geschickt hatte.

Während die andern, die hinausgegangen waren und mit einem zweispännigen Leiterwagen, einem leeren, zum Hoftor hinausfuhren, ein paar polnische Worte hatten hören lassen, sprachen die in der Stube zurückgebliebenen Kutschke-Schwestern deutsch, und zwar ein völlig dialektfreies, hartes Deutsch. Es war sofort klar, wer hier das Regiment führte, das war eben die älteste, 72jährige Schwester, Witwe Zeigert. Die kleinste der Frauen, vielleicht auch die jüngste, band sich ein Kopftuch um und machte sich aufs Feld davon mit der Bemerkung: »Wir sind in der Ernte.« Die zweite ging in die

Küche hinaus mit dem gebrauchten Geschirr und spülte ab, es klapperte durch die Tür, die sie offen ließ, um etwas von der Unterhaltung mitzubekommen. Die dritte machte sich am Tisch zu schaffen, dem wir den Rücken zudrehten, und plötzlich sagte sie: »So, und jetzt essen Sie etwas!«, und da hatte sie neu aufgedeckt, und es standen gefüllte Kartoffelklöße mit Speck auf dem Wachstuch und eine Schüssel mit Birnenkompott, in die mußten wir die Klöße eintauchen. Das war ein feines Essen.

Frau Zeigert aber setzte sich auf die Ofenbank, und mit blitzenden Augen, manchmal in Gelächter ausbrechend, in ein strahlendes Gelächter, das strahlende Laune und eine ganz ungebrochene Lebenskraft verriet, Witze machend und sich selber als erste darüber amüsierend, bestritt sie die Unterhaltung.

Es kam bald heraus, daß die vier Schwestern nicht schon immer auf dem Hof zusammengelebt hatten. Erst als die Zeiten angefangen hatten schlecht zu werden, und das war, als im Januar 1945 die sowjetische Armee heranrückte und das Ende herannahte, hatte sich die ganze Familie auf dem Hof konzentriert. »Wir waren 12 Personen«, sagte die Bäuerin, »damals lebten meine Eltern noch, aber mein Mann war noch im Krieg, der kam erst später aus der Gefangenschaft wieder.« Die Eltern sind schon ein Jahrzehnt tot, Amalie Zeigerts Mann ist 1965 gestorben.

Da hatten wir also ein Motiv, warum die Bäuerin nicht den Hof verließ, als die Russen kamen, sie wollte dort bleiben, wo ihr heimkehrender Mann sie am ehesten suchen würde. Aber das ist nicht der eigentliche, der tiefste Grund für ihr Ausharren gewesen. Den nannte Amalie Zeigert selbst, als wir fragten: »Warum sind Sie nicht weg wie die meisten andern?« Sie antworte: »Ach, wissen Sie, wir dachten, es kann ja nicht immer so bleiben.«

Mit »so« meinte die Bäuerin jene Monate nach dem Abzug der deutschen Armee, in denen sich die beherrschende Lage ihres Hofes besonders bewährt hatte. »Wir sind immer hinten hinaus in den Wald, wenn sie vorn heraufkamen, das haben wir ja sehen können, und vorn hinaus, wenn sie sich durch den Wald heranschlichen.« Wer die »sie« waren, fragten wir nicht, Plünderer, Soldaten, russische, polnische? Ist ja auch egal, jedenfalls Leute, die gefährlich werden konnten. Wie die Frau das so schilderte, wurde recht anschaulich, wie die zwölf Leute damals, 25 Jahre ist es her, Wache standen am Fenster und sich davonmachten, wenn sich irgendein fremder Mensch näherte. Nachts schliefen sie überhaupt nicht im Haus, sie hatten sich ein verstecktes Lager im Wald gemacht. »Aber es konnte ja nicht immer so bleiben.« Nein, nur die Kutschkes blieben.

Seit vier Generationen sitzen sie auf dem Hof. Er liegt im ehemaligen »Korridor«, die Landschaft dort heißt wegen ihrer Hügel und Seen die kaschubische Schweiz, die war schon ab Ende des Ersten Weltkriegs nicht mehr Westpreußen, kein Teil des Deutschen Reiches, sondern gehörte zu Polen, und so leben die Kutschkes seit 50 Jahren, sieht man von der Okkupationszeit 1939 bis 1944 ab, als Angehörige der deutschen Minderheit, die heute auf ein paar Familien zusammengeschmolzen ist, bis 1944 aber stattlich war, unter polnischer Herrschaft. »Wir hatten über die Polen nicht zu klagen, bis der Hitler dann anfing«, sagte die Frau. Als der Hitler dann anfing, da kam auch bald der Krieg.

»Und jetzt?«

»Sie sehen ja«, sagte sie, »wir sind hier, und wir haben unsere Wirtschaft wieder in Schuß. Im Winter ist das Stalldach zusammengebrochen, das müssen wir jetzt neu aufbauen, aber die Ernte geht vor.«

Ob sie etwas weiß über die neuen Verhandlungen zwischen der Bundesrepublik und Polen? »Nein«, sagte sie, »davon weiß ich gar nichts, und es interessiert mich auch nicht. Polnische Zeitungen kann ich gar nicht lesen, aber mein Sohn hält eine.«

Der Sohn, der etwa 35jährige, spricht so gut polnisch wie die Mutter und seine Tanten deutsch, mit seinem Deutsch hingegen ist es nicht mehr weit her, obwohl er von den Frauen nichts anderes hört. Was da vorher sonst noch am Tisch saß, waren polnische Mädchen und Kinder aus der Nachbarschaft, die helfen im Heu. Frau Zeigert geht nicht mehr aufs Feld.

Sie fand Spaß an der Unterhaltung, zunehmend, sah uns jedoch von Zeit zu Zeit prüfend an, und man konnte sehen, wie sie dachte: Was sind das für Leute, kann man denen vertrauen? Vorsicht hat sie gelernt. Sie erzählte Anekdoten aus »der schweren Zeit« und lachte. Und wenn sie von zugewanderten Polen sprach, die in den Besitz verlassener Höfe gekommen sind, dann sagte sie: »Da ist einer aufgekrochen.«

Aber auf ihren Hof ist keiner aufgekrochen, und das wird auch nicht geschehen. Der Hof steht, der Hof bleibt in der Familie, mit dem Sohn ist die Familie polnisch geworden. Das ist alles? Das ist alles! Ob sich der Sohn aus diesem Harem von Mutter und Tanten und aus der Herrschaft einer solchen Königin von Mutter wird befreien und heiraten können, erscheint sogar der Mutter fraglich und vielleicht nicht einmal wünschenswert. Denn dann wäre es aus mit ihrem autokratischen Regiment. Die Schwester, die aufpaßte, daß wir nicht verhungerten, erinnerte sich, als der alten Zeiten gedacht wurde, dreier Tage, an denen sie im Gefängnis der Kreisstadt eingesperrt wurde, weil sie freche Reden gegen den neuen Bürgermeister von 1945 geführt hatte. »Huhu«, sagte sie, »da war's dreckig!« Ihr schaudert nach einem Vierteljahrhundert noch. Auf solche Erlebnisse reduziert sich für die Kutschke-Schwestern Weltgeschichte.

Mehr oder weniger gilt das für alle Polen in den neuen Westgebieten ihres Landes. Sie haben ihre persönlichen Erinnerungen an die Jahre der großen Veränderung, aber jetzt haben sie Vertrauen gefaßt, daß die Dinge bleiben, wie sie sind, und damit verlieren die Veränderungen ihre politische Bedeutung.

Als wir auf die Kutschkes gestoßen sind, hatten wir schon mehr als 1 000 Kilometer durch Westpolen, also durch ehemals deutsches Gebiet, hinter uns. Wir waren belehrt worden, daß dieser Begriff »ehemals deutsches Gebiet« vielleicht noch fürs Geschichtsbuch brauchbar ist, auch für das polnische Geschichtsbuch, aber nichts mehr bezeichnet, was noch in der Gegenwart Bedeutung hätte in Polen und für das polnische Volk.

Drei Tage verbrachten wir im Industriegebiet, in Fabriken und Bergwerken. In den Direktionsbüros der Unternehmen bekamen wir zum Abschied Prospekte überreicht, meist in englischer Sprache abgefaßt, dem Export dienend. Handelte es sich nicht um polnische Neugründungen, so fehlten darin in keinem Fall kurze Abrisse der Werksgeschichte, also Hinweise auf den deutschen Ursprung des Unternehmens. In den Betrieben selbst stießen wir bei alten Maschinen auf die eingegossenen Namen der deutschen Herstellerfirmen. Andere Hinweise auf vergangene Zeiten bemerkten wir, die wir Oberschlesien nicht von früher her kennen und keinerlei einschlägige Erinnerungen mit uns herumtragen – nein, andere Hinweise auf das deutsche Oberschlesien bemerkten wir nicht.

Bald waren wir in Wrocław, von dem wir freilich wußten, daß es einmal Breslau geheißen hat und wirklich und wahrhaftig eine urdeutsche Stadt gewesen ist. Aber gerade dort fanden wir außer einem persönlichen Bekannten, einem polnischen Dichter und Dramatiker, niemand, der ein deutsches Wort verstanden hätte. Das war natürlich Zufall, denn selbstverständlich gibt es unter den 480 000 Einwohnern einige, die deutsch sprechen, abgesehen davon, daß Deutsch nach Englisch in den Höheren Schulen die zweite Fremdsprache ist. Immerhin aber war dieser Zufall möglich. Im erst kürzlich erbauten Hotel »Panorama« mitten in der Stadt, wo wir wohnten, war kein Kellner, kein Serviermädchen, niemand in der Rezeption anzutreffen, mit dem wir uns anders als auf englisch hätten verständigen können. Es war ein verwirrendes Erlebnis. So blieben von der »rein deutschen Stadt« für uns ein paar restaurierte Kirchen übrig.

AUSCHWITZ – DAS KZ HAT IM REISEFÜHRER ZWEI STERNE. Ein Sonntag in Auschwitz vermittelt besonders deshalb zwiespältige Eindrücke, weil die Einrichtungen, die nun einmal für die Versorgung von Hunderttausenden notwendig sind, in die Anlagen des ehemaligen KZ selbst einbezogen wurden. Von der Eisbude über den Bücherstand, den Kaffeeausschank, das Stehrestaurant bis zu einem kleinen Hotel findet der Tourist alles innerhalb der seinerzeit elektrisch geladenen Zäune zu Füßen der Wachttürme. Man kann der polnischen Verwaltung, die nichts gehindert hätte, außerhalb des ehemaligen KZ ein modernes Touristenzentrum zu errichten, den Vorwurf nicht ersparen, sie habe instinktlos gehandelt, denn auf diese Weise wird die Stätte des Grauens zu einem Reiseziel mit zwei Sternen im Reiseführer. Und tatsächlich, so findet man es dort vermerkt: »Oświęcim – Auschwitz, Museum des Martyriums der Völker**«.

Jener Sonntag, an dem wir während unserer Polenreise Auschwitz besuchten, war der 21. Juni, und die Pappeln, die heute rings um das Lager und zwischen den Zäunen emporgeschossen sind, blühten. Von den schlanken Stämmen regnete es weiße Wattebäusche herab, sie bedeckten die Kies- und Asphaltwege zwischen den Stacheldrahtzäunen und den Baracken, ein sanfter Wind wirbelte den Flauschteppich immer von neuem hoch, auf dem die Touristen plaudernd wanderten. Wieder erlebte ich, wie schon bei früheren Besuchen, daß junge Leute Transistorgeräte laufen ließen, und erst in den zum Museum umfunktionierten Baracken wurde Protest laut – dort, wo hinter Glaswänden die seinerzeit zur Ware gewordenen Abfälle der Todesfabriken ausgestellt sind, kleine Berge von Haaren, Schuhen, Kleidern, Töpfen, Bestecken, Brillen und Koffern. Was bleibt hängen von den Führungen, von den Erläuterungen, von dem, was zu sehen ist auf Fotos, auf Schrifttafeln, in natura? Schwer zu sagen, ob es mehr ist als ein schattenhaftes Gefühl von Schrecken und Entsetzen, die nicht mehr erlebt werden können.

Daß dieser Anschauungsunterricht im ganzen Volk nicht wirklich umgesetzt wird in Erkenntnisse politischer Art, die nicht gekettet sind an Ereignisse der Vergangenheit, sondern das Grundsätzliche ins Bewußtsein heben – dafür hat Polen, das polnische Volk insgesamt, nicht nur seine Regierung, in den Jahren 1967 und 1968 einen Beweis geliefert, dessen sich sowohl das Volk wie die Regierung im Jahre 1970 schämt – ob das nun von irgend jemandem ausgesprochen wird im privaten Gespräch oder nicht.

Von der Parteispitze wurde 1967 eine Massenemotion, man muß wohl sagen: Massenhysterie ausgelöst, für die eine schlüssige rationale Erklärung nicht beizubringen ist: Ich meine den Ausbruch eines neuen polnischen Antisemitismus. Gerade weil so viel darüber bei uns geschrieben und gesprochen wurde, muß auch im Rahmen dieses Berichtes davon gesprochen werden.

Ein Sonntag in Auschwitz ist die richtige Gelegenheit, sich darüber Gedanken zu machen. Auf diesem Hintergrund gewinnt, was in Polen in den letzten Jahren sich zutrug, die ihm angemessene historische Größenordnung – auf diesem Hintergrund wird aber auch besonders deutlich, was für ein gefährlicher Wahnsinn hier geschürt wurde.

In eine deutsche Betrachtungsweise dieser Vorkommnisse wird allzu leicht ein Moment der Entschuldigung einfließen, u. a. für Auschwitz, das eine deutsche Erfindung war, und allzu leicht wird es zu dem Ausruf kommen: Andere sind auch nicht besser.

Es steht hier nicht zur Debatte, ob die Polen oder die Deutschen besser oder schlechter sind. Zur Debatte stehen Fakten. Hier sind einige:

Kein polnischer Jude trug unter polnischer Herrschaft im 20. Jahrhundert einen gelben Stern. Keiner hatte ein J in seinem Paß. Keinem war verboten, öffentliche Parks, Warenhäuser, Kinos, Theater oder Badeanstalten zu besuchen (wie den deutschen Juden von Deutschen). Keiner wurde früh um 4 Uhr aus seiner Wohnung geholt oder auf der Straße verhaftet, mit Schlägen in einen Transportzug gejagt und mit unbekanntem Ziel abtransportiert. Keinem polnischen Juden wurde verboten, ein polnisches nichtjüdisches Mädchen zu heiraten.

Die Endlösung sei in diesem Zusammenhang überhaupt nicht erwähnt.

»Die Polen aber auch ...« ist ein Satz, der nicht gesprochen werden darf.

Weitere Fakten:

Es gibt derzeit, 1970, noch rund 2500 »Glaubensjuden« in Polen, die sich an die Vorschriften ihrer Religion halten.

Es gab ferner bis 1967 etwa 10000 sogenannte »Guten-Tag-Juden«, worunter die Polen Juden verstehen, die an sechs Tagen der Woche von anderen Polen nicht zu unterscheiden sind und wie diese »Guten Tag« grüßen, sich nur am Sabbat ihres besonderen Gottes erinnern und dann »Shalom!« sagen.

Außerdem gibt und gab es Polen eindeutig jüdischer Herkunft, die sagen nicht einmal am Sabbat »Shalom«.

Diese drei Gruppen umfaßten 1967 etwa 30000 Polen. Eine genaue Zählung liegt nicht vor, und allein dieser Mangel beweist, daß das jüdische Problem nicht mit jener »deutschen« Gründlichkeit behandelt wird, die dazu führte, daß von rund 3,5 Millionen polnischen Juden heute eben nur noch diese 30000 – und ein paar tausend frühe Emigranten – vorhanden sind.

Von ihnen haben seit 1967 etwa 10000 Polen für immer verlassen. Ein Drittel davon wurde persönlich und unmittelbar durch wirtschaftliche und psychologische Schikanen erst aus dem Beruf und dann aus dem Land hinausgeekelt. 6000 bis 7000 emigrierten aus Empörung über diese Behandlung ihrer Glaubensgenossen oder aus Furcht, ihnen würde ähnliches zustoßen. Die meisten konnten mit-

nehmen, was transportabel war oder transportabel gemacht wurde
durch Verkauf einerseits, Ankauf von Wertsachen andererseits.

Auf dem Höhepunkt der antisemitischen Welle, der Mitte 1968
erreicht wurde, hat nur eine einzige polnische Zeitung von Rang, das
in Warschau erscheinende Wochenblatt Rakowskis *Polityka*, öffentlich dagegen Stellung bezogen.

Es gibt einen noch nicht völlig überwundenen polnischen Antisemitismus, der aus früheren Jahrhunderten stammt. Er ist heute
wie der unsere ein Antisemitismus ohne Juden. Konkret nachzuwei-
sen ist er nicht.

Ich hatte eine lange Unterhaltung mit Samuel Tennenblatt, dem
Chefredakteur der »Folks-Sztyme«. Dieses 12-Seiten-Blatt wird in
Warschau wöchentlich herausgegeben (vor 1968 viermal die Woche)
und hat eine Auflage von 300 Exemplaren. Es ist in jiddischer Sprache geschrieben und in hebräischen Lettern gedruckt, die jedoch
nicht identisch sind mit den klassischen hebräischen Schriftzei-
chen.

Die Bezieher des Blattes sind meist ältere Menschen. Tennenblatt
spricht jiddisch, wir deutsch, und so verstehen wir uns ohne Schwierigkeiten.

»In der polnischen Intelligenz und in der Jugend gibt es keinen
Antisemitismus«, sagt er, »aber, wissen Sie, es war nicht leichte Lage
für Juden 1967. Jetzt ist schon vorbei.«

»Ihr Blatt kann sich doch nicht selber tragen?«

»Natürlich nicht«, sagt er, »alles wird vom Staat finanziert, und
ich meine, die Folks-Sztyme sogar ein bißchen besser als bei anderen
Zeitungen.«

Auf der ganzen Etage stehen die Türen offen, und überall klappern die Schreibmaschinen. In diesem produktiven, einwandfrei von
Juden hervorgebrachten Geräusch geht unsere Überzeugung nicht
unter, daß der Ausbruch des polnischen Antisemitismus nicht nur
bei den Betroffenen unendlich viel Unglück verursacht hat, sondern
auch dem Prestige des neuen polnischen Staates enormen Schaden
zufügte.

Am Ende der vierten Folge der Polen-Berichte schrieb ich ein

KRITISCHES RESÜMEE. Mit dem deutsch-polnischen Vertrag wird ein halbes Jahrtausend liquidiert, in dem die »germanischen« Deutschen die »slawischen« Polen beherrschen und auch vernichten wollten.

Mit der »Normalisierung« wird es zu einer Zunahme der Kontakte auf vielen Gebieten kommen, und damit vermehren sich auch die Anlässe, sich gegenseitig über die Schulter zu schauen, übereinander zu urteilen. Die unterschiedliche Höhe des Produktionsstandards bei uns und in Polen wird bei zunehmenden Wirtschaftskontakten häufiger noch als bisher erörtert werden.

Wer die polnische Situation wirklich verstehen will, darf diese Unterschiede nicht vor allem oder gar ausschließlich auf die verschiedenen gesellschaftlichen Systeme zurückführen. Was Polen angeht, muß der Zustand, der heute erreicht ist, gemessen werden an dem, der vorher herrschte.

Die Epoche, in der die Polen ihren Bedarf an lang ersehnter nationaler Freiheit noch voll decken konnten, ist ein für allemal vorbei. Die mit Händen zu greifende Folgeerscheinung ist eine nationale Frustration, auf die derzeit viele der Widersprüche zurückzuführen sind, die den Beobachter verwirren.

Wenn aus widersprüchlichen Eindrücken überhaupt ein Fazit gezogen werden kann, dann dasjenige, welches ich an anderer Stelle so formulierte: Das Land macht nach einem Jahrzehnt beträchtlicher Vorwärtsentwicklung auf allen Gebieten derzeit einen innerlich ermüdeten Eindruck. Es läßt sich nicht erkennen, welche Vorstellungen die polnische Führung von der Zukunft des Landes hat. »Worauf stützen wir heute die Zukunftsvisionen unseres Staates? Was garantiert unseren Platz in Europa, in der Welt, im sozialistischen Lager?« fragte unlängst der führende polnische Soziologe Jan Szczepanski in einem Zeitungsartikel. Eine Antwort auf diese Frage ist nirgends zu bekommen.

Es fehlt Polen an Führung, und man darf sich fragen: Warum? Eine Erklärung lautet: Die verantwortlichen Männer, die mit Gomułka 1956 zur Macht kamen, haben sich verbraucht. Jüngeren, die mehr wären als Technokraten, wird der Aufstieg in die Spitzenpositionen noch verwehrt.

Ferner ist die »Windstille« zurückzuführen auf die in Polen be-

sonders stark spürbaren Rückwirkungen der sowjetischen Militär-
aktion von 1968 gegen die ČSSR. Sie wirkte wie ein Hammerschlag
gegen die Stirn – mit einer Verzögerung von mehr als einem Jahr.
Ständige Beobachter der Warschauer Szene halten es für möglich,
daß Gomułkas weitgehend selbständiges, mit Moskau ursprünglich
nicht abgesprochenes Handeln in der (West-)Deutschlandfrage, eingeleitet im Mai 1969, ein Akt der Wiederherstellung polnischer
Selbstachtung gegenüber der Schutzmacht ist.

Hier läßt sich ein drittes Motiv für die eigentümliche Unsicherheit der polnischen Führungsschichten entdecken. Durch die Bonn-
Moskau-Verhandlungen wurde ein polnisches Trauma aufgefrischt:
Eine russische und eine deutsche Macht könnten sich noch einmal
auf Kosten Polens verständigen wie im 18., im 19. und im 20. Jahrhundert. Uns will solche Angst unbegründet erscheinen, aber wir
haben auch nicht die polnischen Erfahrungen.

Die polnische Patentmischung aus einem nicht mehr tragfähigen
Nationalismus, einem mehr hingenommenen als angenommenen
Sozialismus und einem letzten Endes noch immer erzkonservativen
Katholizismus läßt sich vor allem dann nicht zu einem polnischen
Elixier zusammenkochen, wenn niemand da ist, der sie entschlossen
aufs Feuer setzt.

**De Gaulle starb und wurde in dem Dorf, wo er wohnte, beerdigt. Ich war
dabei, als er zu Grabe nicht getragen, sondern auf einem Panzer gefahren
wurde auf dem kurzen Weg zwischen der von der Familie bewohnten
Villa und dem kleinen Friedhof.**

FAMILIENFEIER MIT 5000 POLIZISTEN. Als Franzose unter Franzosen wollte de Gaulle beerdigt werden; nicht eingesargt in Marmor
unter der Kuppel des Invalidendomes neben Napoleon, von Staats
wegen, sondern, einzig begleitet von der Familie, im Dorffriedhof
neben seinem Landsitz. Aber jetzt, da er wirklich im Sarg lag, mußten in und vor dem 320-Seelen-Dorf Colombey-les-Deux-Églises
5000 Polizisten das trauernde Volk in Schach halten.

Der Dorfplatz mit dem Kriegerdenkmal, mit der Kirche und mit
dem ummauerten dreieckigen Friedhöfchen sowie der nur ein paar
hundert Meter lange Weg von dort zum Haus und Park des toten

Generals wurden durch Ketten von Polizeikordons freigehalten. Wäre das Programm »Familienfeier« ausgeführt worden, hätten mindestens die vielen hundert Fotoreporter und Kameraleute des Fernsehens ausgeschlossen bleiben müssen. Aber sie waren da, und weil sie da waren, hätte eine vernünftige Organisation für sie geschaffen werden müssen. Statt dessen liefen die Reporter durchs Dorf und erbettelten bei den Bauern und Handwerkern Leitern. Diese sicherten sie mit Bindfäden an elektrischen Masten und an den beschnittenen Linden, die gleich umgedrehten Regenschirmen den Dorfschmuck bilden. Das Sitzen auf Bäumen selbst verbot die Polizei, bis der Sarg kam – dann verlor sie ihr Ordnungsspiel endgültig gegen etwa 40000 grabsüchtige Franzosen.

Die Stunden des Wartens dehnten sich von 8 Uhr früh bis 15 Uhr. Einige Dörfler fingen an zu begreifen, daß dies ihr großer Geschäftstag war. Die Bäckerei entzündete aufs neue ihren Ofen und warf alle halbe Stunde eine neue Ladung heißer Brote aus, auf die vor dem winzigen Laden die hungrigen Pilger in langen Reihen warteten. Gegenüber waren die Pächter der Molkerei emsig dabei, Emmentaler Käse in Pakete zu drei Francs auf ihrem Eßtisch aufzuhäufen.

In den zwei Wirtschaften wurde es am vollsten, als die Zeremonie im Dorf endlich begann und die enttäuschten Massen erkannten, daß sie sich besser vor einem Fernsehapparat versammelt hätten als hinter den Polizeiketten.

Schlag 15 Uhr öffnete sich das Tor des Parkes, und heraus kroch ein feldgrünes Untier. Militärs nennen so etwas einen Panzerspähwagen, französische Militärs haben dafür die Abkürzung E. B. R., und das mag alles stimmen, aber wichtig war nur der Eindruck von Gefährlichkeit und Heimtücke, den das ungeheure Fahrzeug mit seinen wuchtigen Reifen machte. Vorn und hinten, aus offenen, tiefhängenden Kästen, ragten die in Sturzhelme und Kopfhörer eingepackten Gesichter zweier Soldaten heraus, von denen der vorn sitzende keine Seitensicht hatte, so daß vor dem Ungetüm ein dritter Soldat, den ganzen Weg bis zum Kircheneingang rückwärts laufend, mit exakten Bewegungen dem Mann an der elektronischen Steuerung Signale gab, wie er lenken sollte. Und so, im Schneckentempo, wälzte sich der Koloß zwischen den Kordons der Polizisten die mählich fallende Dorfstraße herab. Und hinter ihnen stand, drängte, drückte, keuchte, quälte sich, reckte sich, kniete La France, nach Pompidous Worten »die Witwe des Toten«.

Von ihm aber, dem Toten, war nichts zu sehen als eine französische Fahne mit Goldfransen, die obenauf lag, wo das Kampfding sonst seinen Turm und seine Kanone hat – aber die waren abmontiert. Die Fahne formte ein Etwas, das man notwendigerweise für einen Sarg halten mußte, nach Lage der Dinge.

Dem Panzerspähwagen folgten vier Automobile. Darin Madame de Gaulle, Sohn und Familie, andere Verwandte, Hausangestellte. Das wäre ohne Kriegsgefährt und ohne Weltpresse, ohne Polizei und ohne Helikopter wirklich ein Begräbnis im Familienrahmen gewesen. So war es weder das eine noch das andere, weder der würdige große Staatsakt für einen großen Mann noch die Stille der Trauer naher Menschen, sondern ein Mit- und Durcheinander von beidem, eine Sache von äußerster Peinlichkeit.

Zunächst verschwanden Sarg, Familie und ein Kreis teils lokal, teils politisch ausgewählter Gäste für eine Stunde in der Dorfkirche und machten sich von dort aus über Lautsprecher bemerkbar, das heißt, man konnte dem akustischen Teil der Feier folgen. Bei zweien der kirchlichen Lieder erhoben sich auch in der Menge einige originale Stimmen und stellten so wenigstens für Minuten eine Art Gemeinschaft her.

Es war auch recht rührend, einen alten Mann zu beobachten, der mit einer großen Fahne am linken Flügel einer Abordnung von Veteranen stand und sehr an Napoleon erinnerte oder vielmehr an die Alte Garde, die den Kaiser noch in St. Helena nicht vergaß. Er, der alte Mann, weinte schon jetzt und noch viel mehr eine Stunde später, als er sich in der Nähe des offenen Grabes aufstellen durfte, gleichsam stellvertretend für eine ganze Nation alter Helden. Er war der einzige von den vielleicht tausend Menschen, die ich von meinem Platz aus überblicken konnte, den ich weinen sah, aber die Zeitungen schreiben, es habe noch mehrere gegeben.

Eine resolute Frau riß einen englischen Kameramann fast von seinem improvisierten Stand herunter, der ihr die Sicht verdarb, und als der Reporter mit erkennbarem Akzent sagte: »Aber ich bin doch beruflich da!«, schrie sie: »Und wir sind Franzosen!«

Fast alle waren Franzosen, aber das nützte ihnen eben nicht viel, die Sache war auf Volksteilnahme nicht angelegt. Schließlich krochen die jüngeren Zuschauer auf steile Scheunendächer und hoben dort die Ziegel ab, um sicherer zu sitzen. Auf dünnen Bäumen saßen fünf, sechs kühne Kletterer. Neben mir hatte ein 71jähriger Mann aus Nancy seit acht Uhr ausgehalten, und in der siebten Stunde seiner Qual erklomm er den Betonpfosten eines Zaunes, von dem er dann doch noch von Profis vertrieben wurde. Ich sagte:»Sie bringen aber ein großes Opfer!« Er antwortete:»Das ist kein Opfer, das ist Pflicht.« So mögen viele gedacht haben.

Nach der Kirchenfeier wurde der Sarg von zwölf jungen Männern herausgetragen. Im Grab, vor dem die Priester stehen blieben, liegt links seit langem de Gaulles Tochter Anne. Der rechte Stein war zur Seite geschoben worden. Am Morgen war er noch ohne Inschrift gewesen. Gegen neun Uhr war ein Mann mit schwarzem Backenbart und in schwarzem Pullover erschienen, gefolgt von ein paar Handlangern. Er hatte in Minuten mittels einer Schablone auf den Stein »Charles de Gaulle 1890–1970« geschrieben und sodann begonnen, mit kleinen Meißeln und einem Hammer die Schrift aus dem Stein zu hauen. Es war ein Schauspiel derart virtuoser Meisterschaft gewesen, wie er, ohne Pause zu machen, ohne eine falsche Bewegung, binnen etwa eineinhalb Stunden die Buchstaben entstehen ließ, die nun wohl für Jahrhunderte lesbar bleiben werden, daß er und sein Tun zum eigentlichen Erlebnis des ganzen langen Vormittags wurden.

1971

Vier Tage vor Weihnachten, am 21. Dezember 1970, flog ich nach Tel Aviv und blieb zwei Monate lang in Israel. Ich mietete mich bei einer aus Deutschland stammenden, aus Deutschland entkommenen jüdischen Witwe ein. Meine zahlreichen Israel-Berichte teilten nicht das Schicksal der Rußland-Reportagen, verschwanden nicht im Papierkorb von Bucerius, sie wurden gedruckt und gedruckt und gedruckt. Daraus 1989 zu zitieren wäre ziemlich sinnlos. Anfang 1971 lag der Eroberungskrieg schon drei Jahre zurück, die besetzten Gebiete wurden militärisch nach außen gesichert, nach innen die arabische Bevölkerung an der Kandare gehalten, aber es war dieses Israel trotz seines Mottos: Hier sind wir, und hier bleiben wir! noch nicht jenes, das leicht mit Südafrika verglichen werden kann. Verglichen wird, was wir Deutsche allerdings nicht tun sollten, ohne uns der Mitschuld an der Entstehung eines Staates auf geraubtem Gebiet bewußt zu sein. Mit einem Wort, das Israel, das ich mir ansah: in den Befestigungen am Suezkanal, auf den Golanhöhen, in den Kibbuzim, in Jerusalem, in einem der arabischen Lager im Gaza-Streifen, im Sinai, in einer Militärschule für Immigranten aus südlichen Mittelmeerländern (»Tourismus zwischen Panzern«, »Die Festung Israel I/II«, »Tatsachen gegen Verschweigen«, »Gaza«, »Im ›Shati-Lager‹« und so weiter) – dieses Israel aus den damaligen Berichten wieder auferstehen lassen, hieße zu einem Staat zurückzukehren, den es nicht mehr gibt. Heute wäre es nicht mehr möglich, als Westdeutscher mit israelischen Soldaten ganz offen Gespräche zu führen wie jene, in denen sie über ihre Erlebnisse und Gefühle im Sechstagekrieg von 1967 Auskunft gegeben hatten. Sie erschienen 1970 unter dem Titel *Gespräche mit israelischen Soldaten* als Buch und wurden von der *Neuen Zürcher Zeitung* »das wichtigste Dokument zu unserer geistigen Existenz, das Israel bisher hervorgebracht hat«, genannt.

Da der Tourismus nach Israel, für mich unbegreiflicherweise, nicht gänzlich aufgehört hat (gerade die Westdeutschen kommen noch), sei hier wenigstens der Bericht über einen Ausflug ans Tote Meer aufgenommen.

400 M UNTER NULL. Das Hotel in Tel Aviv, was so viel wie Frühlingshügel heißt, lag unmittelbar am Strand, und als erstes sprang ich am Morgen ins Meer. Ich sprang nicht, ich watete über Sandwellen hinaus, nach einiger Zeit war das Wasser knietief. Es war wie die Ostsee im Juli. Das Hotel liegt auch nicht unmittelbar am Strand, sondern dazwischen ist eine verkommene Straße, eine ruinöse Mauer, in der Mauer sind Löcher, aus denen heraus werden Limonaden verkauft. Der Liegestuhl besteht aus einem Stück straffen Kunststoffs über einem wackeligen Holzrahmen und kostet 70 Pfennige Miete. Alte Ehepaare kamen mit alten Hündchen und sprachen mit ihnen deutsch. Die Hündchen legten sich vormittags unter das Nylon in den Schatten, die Ehepaare obenauf in die Sonne, und so

verbrachten sie die nächsten sechs Stunden. Wenn ich von den Grenzen des Landes zurückkam, packten sie gerade ihre Sachen in der gelb gewordenen Sonne wieder ein.

Ich mietete mir einen VW, tankte in Nazareth, aß Würstchen in Jerusalem, ließ die vordere Klappe, die nicht mehr schließen wollte, in Haifa reparieren. Die Straßen durch die Wüsten sehen aus, als habe jemand Tesafilm kreuz und quer über braune Wellpappe geklebt. Sind sie ein Jahr alt, wachsen bereits rechts und links knallgrüne Büsche in Reihen aus dem Sand. Weißgott, wie sie das machen, die Israelis und die Bäume.

Erste Ansiedlungen bestehen aus windschiefen Hütten und vergammelten Zelten, über einen Sandhügel hingestreut so irgendwie. Dazwischen Traktoren und andere Maschinen, größer als die Behausungen, sie stehen so herum im Sand. Dazwischen Frauen und Kinder, die eine Schattenfahne hinter sich durch den Sand ziehen, und einen ziellosen Eindruck machen. Aber ein Jahr später gibt es dort eine Farm, und Vieh drängt sich um einen Brunnen.

Sind Hütten und Zelte nach der Schnur ausgerichtet, wird Wüste nicht besiedelt, sondern bewacht. Niemand glaube, daß dieser Wüstendienst durch Koedukation in Uniform amüsanter werde. Die so ausnehmend hübschen Kriegerinnen gibt's nur in Illustrierten. Ich sah keine. Die, die ich sah, bestellt kein Fotograf. Wer so ein Jahr herumliegt in dieser grauenhaften Langweile und Öde, der muß gelegentlich mal ein bißchen schießen. Dazu kommt: zweitausend Jahre lang oder länger durfte er nicht. Also knallt es von Zeit zu Zeit. Es war gerade wieder an der Zeit gewesen. Ich fuhr am »Schlachtfeld« von 1967 vorbei. In Beersheva machen die Touristen nicht Station. Sie sollten. Sie versäumen etwas Beispielloses: die Explosion einer phänomenalen Energie ohne Plan. Ergebnis: eine neue Stadt, die häßlicher, verkommener und niederdrückender ist als ein Slumviertel von Chicago. Hier sollten Soziologen für ein Jahr vor Anker gehen und Israel in making studieren. Ich hatte gehört, Israel sei ein durchgeplanter Staat. Wenn man Chaos planen kann, stimmt das. Hinter Beersheva bekommt die Öde großartige Züge. Kamelkarawanen hügelauf, hügelab schwankend, sorgen für Folklore. Ihre Antreiber stehen nicht im Dienst des Tourismus, sie haben stöckeschwingend entschieden etwas dagegen, fotografiert zu werden. Man findet nicht viel, was nicht dem Tourismus diente: Moses aus Wurzelstrünken mit eingesetzten Glasaugen, den siebenarmigen Leuchter aus Muscheln. Der christliche Schund aus Oberammergau wird jüdisch spielend überboten. Aber erst wieder am Toten Meer. Vorher Natur in rotbrauner Pracht, sanfte dünenhafte Linien gewinnen allmählich Härte, Steilheit, die Tesafilmstraße mauert sich ein zwischen Felsen.

Aber da geht es noch an einem sanfteren Hang vorbei; oben weder Kaserne noch Pionierzelt, sondern eine Schule. Eben ist sie aus, nach allen Seiten rennen die Kinder mit Mappen durch den Sand. Zwanzig, etwa, halten auf die Straße zu, als ich anhalte, wird der VW ihr Ziel. Sie wollen mitgenommen werden, ich habe Platz für drei, für vier, und öffne die Tür. Im ersten Ansprung sind fünf drin. Die nächsten haben es mühsamer, aber sie schaffen es. Bei acht werde ich energisch, es muß zu Handgreiflichkeiten kommen, damit die Tür wieder geschlossen werden kann. Jungens mit Kohlenaugen, braun, Araber, quicklebendig, aber plötzlich stumm, als wir fahren. Vier Kilometer weiter sagt einer: stopp. Sie drängeln sich hinaus und verschwinden in die Wüste, zu zweit, zu dritt, die Mappen unterm Arm. Weit und breit kein Haus, kein Zelt, kein Mensch. Die Straße wird kurviger und steiler. Schließlich in der Tiefe türkisblau das Tote Meer. Jenseits in Bläue die feindlichen Berge. Ein Schild, blaue Wellenlinien auf weißem Grund: Hier Meereshöhe. Null Meter. Dann beginnt das große Loch in der Erde. Weil das tiefste, kommen Amerikaner in Busladungen.

Ist man unten, geht's rechts nach Sodom, links zu einem touristischen Holzbau mit Auskleidekabinen. Man kann dort jausen, Postkarten kaufen und baden. Letzteres tun die wenigsten. Als Deutscher tut man's, sitzt in öliger Brühe, gibt man nicht acht, treibt ein Spritzer ins Auge – unter die Süßwasserdusche. Man geht vorsichtig auf kristallisierten Salzplatten. Durch diesen Meersee ist ein Damm gebaut.

Die Grenze? Das Ufer ist weiß, eine Mullbinde aus Salz um das eingedickte Wasser herumgelegt. Baumstümpfe, für die Fremden das Ufer dekorierend, sind überkrustet.

Wo der Touristenplatz zu Ende ist, sperrt Stacheldraht den Salzstrand ab. Zwischen Metulla im Norden und Eilat im Süden fährt man an Stacheldraht entlang.

Den Stacheldraht am Toten Meer fotografieren zwei amerikanische Damen in rosa Blusen.

Ist das Salz, ist es nicht?

Es ist, Madame, sage ich.

Komisch, sagte die eine zur andern und auch zu mir.

Die andere sagt: Warum?

Warum was? sage ich.

Das Salz, sagt sie.

Schwer zu sagen, sage ich, es ist eben sehr tief hier und …

Sieht aber gar nicht tief aus, sagt die eine mit einem Blick auf Badende, die noch fünfzig Meter vom Ufer kaum die Waden im Wasser haben.

Nein, sage ich, es ist nicht tief, aber es liegt tief. Fast 400 m unter Normal Null.

Ach wirklich? sagt eine der rosa Damen. Wie sieht man das? Sie macht eine wedelnde Bewegung mit ihrer Kamera.

Man sieht es nicht, sage ich, aber es wird behauptet.

Ach so, sagt sie, und lächelt mir verständnisinnig zu. Sie weiß von vielen Weltreisen: Touristen werden betrogen. Aber der Betrug ist stets fotografierbar. Daß hier der Betrug nicht einmal im Bilde festgehalten werden kann, verwundert die Damen.

Ich deute zu den Felsengebirgen hinauf und sage, sie könnten dort oben das Schild mit dem Nullpunkt aufnehmen, der Bus hielte zu diesem Zweck.

Wir haben da oben gar kein Meer gesehen, sagt die eine.

Madame, sage ich, es gibt davon Ansichtskarten, die Sie dort im Kiosk kaufen können.

Sie kaufen. Ich gehe mich duschen. Woher sie hier das Süßwasser in solchen Mengen haben? Ein wunderbares Land.

Zum Tee wieder in Tel Aviv, im heimeligen, mit seinen Vorgärten, seinen weißen Häuschen, seinen 34 Cafés an der Hauptstraße. Dort kehre ich in meine Jugend zurück. Seinerzeit 1932 hatte ich gerade noch ein allerletztes Zipfelchen vom jüdisch animierten Berlin erwischt, der einzigen Manifestation von Weitläufigkeit, die jemals auf deutschem Boden stattgefunden hat. Knappe zehn Jahre lang. Ich hatte gedacht, das sei Geschichte. Aber nein, der Rest von dem entkommenen Rest, und, das müssen sie doch wohl sein; Kinder und

Enkel, eingemottet von den Müttern im Geist und Jargon des für immer verlorenen Berlins der Zwanziger – da sitzen sie nun, keine 20 km vom Stacheldraht entfernt und von den Tanks in der Wüste – die jüdischen Damen aus der Motzstraße, vom Prager Platz, vom Olivaerplatz, aus der Konstanzer Straße. Heute suhlt sich gealterter arischer Spieß in Kudammcafés durch Schwarzwälderkirschtorte. Die Berliner Jüdinnen, weit amüsantere Vorgänger, sitzen hier, täglich, stündlich und wie seit Ewigkeit. Noch immer die ein bißchen schlampige Eleganz, noch immer die unglaubliche Orientiertheit über das jeweils Neueste – in diesem Provinzstädtchen in Asien – noch immer die unendliche Neugierde für wer mit wem und warum wo?, aber ohne die öde Zuspitzung auf puren Sex wie in westdeutschen Klatschspalten; die unveränderte und unverkennbare Berliner Mischung 1930 aus Toleranz und Frivolität. Das habe ich einmal für die große Welt gehalten, gerade bevor es ausgerottet wurde. Und hier nun ...

Weißt du, Puss, die Freundschaft mit Jill, die hat ja eigentlich Oskar auf dem Gewissen ...

Herr Ober, bringen Sie mir noch einen Apfelstrudel ... was sagst du, Oskar?

Ja, du weißt doch, sie sind immer nach Warnemünde, dort hat er Helen getroffen. Und wie er nun im nächsten Winter in New York zu tun hatte, und durchs Plaza geht, da ...

Einen Apfelstrudel, gnädige Frau ...

Dank Ihnen. Ja, das war, wart einmal, das war ...

Das war vor sehr langer Zeit. Und hier ist nicht der Kurfürstendamm. Die Hostessen von Tel Aviv, die genau so aussehen, wie die Soldatenmädchen nicht aussehen, man sehnt sich nach Strafzetteln, lernen die Sprache dieser Damen mühsam in der Schule, wenn überhaupt. Und sie klingt dann ganz anders. Die Damen hingegen, die Berlin als Teenagers verlassen haben müssen, die Entkommenen, können die Zeitungen nicht lesen, die an der Ecke verkauft werden, sie haben auch nicht das mindeste Bedürfnis, es zu lernen.

Man hatte mir gesagt, man höre nicht gern deutsch in Israel. An solche Ratschläge hält man sich – zunächst. Bis man bemerkt, daß jeweils zehn Bürger Israels das nicht hören wollen, sehen wollen, tun wollen, was andere zehn wollen. Dann bestellt man den Apfelstrudel auch auf deutsch. Die Damen aus Berlin horchen auf und tuscheln. Sie taxieren haarscharf: ein Deutscher aus Deutschland von heute. Man löst sich vor ihren Blicken in Luft auf.

Das bringt mich drauf, sagt die eine, ich will an Helen schreiben, sie soll mir aus New York ein moosgrünes Kostüm mitbringen. Weißt du, die sind bei Bloomingdale's viel billiger und schicker ...

Nach der Schlacht bei Hebron ... steht auf den Titelseiten der Zeitungen, die dreiviertel der Kaffeehausgäste von Tel Aviv nicht lesen können. Aber mit dem VW ist man rasch dort. Oder richtiger: in der Nähe. Direkt hinfahren kann man nur mit ein paar schießenden Tanks, und auch das ist eine unsichere Unternehmung. Einige der Tanks bleiben unterwegs meistens liegen. Im Abwehrfeuer. Zuweilen erwischt es auch Kampfflugzeuge. Die brauchten, könnten sie auf der Kaffeehausterrasse starten, knapp vier Minuten bis zum Feind.

Ich sah die Massen der Arbeitslosen. Kaum einer sprach von den Schießereien, aber alle von der Wirtschaftskrise. Ich habe den Moses aus Wurzeln mit Augen aus blauem Glas nicht gekauft. Er wäre sogar teuer gewesen. Ich sah in Jerusalem Kinder Ball über ein Seil spielen, und das Seil war die Grenze zweier verfeindeter Staaten, zweier verfeindeter Welten.

Tourist sein in Israel ist eine fabelhafte Sache. In drei Tagen fährt man durch das ganze Ländchen. Mit jedem Kilometer, mit jeder Stunde mehr steigt die Verwunderung darüber, daß es nicht zerplatzt und in tausend Stücke fliegt. Es ist mit Stacheldraht zusammengebunden. Auf dem Flugplatz Lod setzt man sich in den Jet und fliegt weg. Man hat alles gesehen und weiß gar nichts.

Den vorstehenden Beitrag überlesend, empfinde ich Unbehagen darüber, das erobernde und kämpfende Israel mit einem Feuilleton abzutun. Wie berechtigt die Feststellung auch ist, das Israel von 1970/71 sei noch ein anderes gewesen als jenes, von dem arabische Kinder gemartert und die Behausungen ihrer Eltern gesprengt werden; ein anderes als jenes heutige Israel, in dem orthodoxe Fanatiker Machtpositionen erringen – so sei aus den Israelberichten von 1971 doch noch ein kurzer Abschnitt hierhergesetzt: eine Beschreibung der Anfänge der Besiedlung im eroberten Gebiet.

WER FÜR DEN RÜCKZUG DEMONSTRIERT, GILT ALS VERRÄTER. Eine prächtige Asphaltstraße, nach 1967 gebaut, schwingt sich die Golan-Höhen hinauf. »Nur wer aus dem Jordantal zu den syrischen Höhen hinaufgeschaut hat, kann die Gefühle der in Nord-Israel lebenden Bevölkerung wirklich ermessen«, steht in einer Analyse des »Sechstagekrieges« (5. bis 10. Juni 1967). Gemeint sind die Gefühle, die die Bauern im Jordantal empfanden, wenn sie von den syrischen Artilleriestellungen auf dem Höhenkamm beschossen wurden – sie, ihre Felder, ihre Kühe, ihre Hühner.

Die Erstürmung dieser Felsenhänge im Feuer von oben gehört zu den heroischen Taten von 1967. An manchen Stellen folgten dicht hinter der Infanterie knallgelb angestrichene Bulldozer, von Privatfirmen samt den Technikern für den Kriegseinsatz entliehen. Die rissen mitten im Kampf neue Pisten in den Felsengrund, auf denen die Panzer nachkommen konnten.

Der Blick von oben über das weite fruchtbare Land macht eindeutig klar, daß die Israelis nicht mehr erlauben werden, daß hier eine syrische Kanone steht. Auf den Höhen selbst sieht es so aus, als schrieben wir nicht 1971, sondern 1967. Eine Todeslandschaft. Ruinen, Kriegsschrott, halb verbrannte syrische Militärlager, zerfetzte, tote Bäume, stinkende Wassertümpel in vollgelaufenen Kellern, über denen die Häuser weggeschossen sind.

Wie überall in den besetzten Gebieten hat die Armee auch im Golangebiet neben regulären Kampfstellungen, mit denen die Grenze gespickt ist, »Nahals« eingerichtet. Das sind Wehrdörfer. Vorläufer eines zivilen Dorfes.

Stacheldrahtverhaue, Gitter, Erdwälle umgeben das Wehrdorf. Schreibtischstube, Klubraum, Eßraum, Küche, Quartiere, Hühnerställe, ein MG-bestückter Beobachtungsposten mit einem beherrschenden Blick über syrische Täler und Höhen – das alles gehört offenbar nicht zu den geheimen Einrichtungen der Armee. In den Wohnbaracken der Mädchen wird geschrubbt. In einer Stunde macht der Leutnant, 22 Jahre alt, oberster Befehlshaber des Wehrdorfes, das etwa 100 Mann und Mädchen Besatzung hat, Stubenappell. Soldatinnen sieht man öffentlich nie mit Waffen, doch hier auf ihren Schränken liegen Karabiner. Ich feiere nach 26 Jahren ein Wiedersehen: Es sind die lieben alten Karabiner 98 K, wie ich deren einen fast sechs Jahre durch Europa herumgetragen habe. »Auf manchen sind Hakenkreuze eingeritzt«, sagt Ofra.

Wer im Nahal dient, hat sich freiwillig gemeldet. Die Besatzung dieser Militärsiedlung steht, politisch gesehen, mehr oder weniger der (staatstragenden) Mapai-Partei nahe, kommt aus der Arbeiterjugend, oder auch von den parteilosen Pfadfindern.

»Fühlt ihr euch als Elite?«

»Das ist zuviel gesagt«, antwortet die Soldatin Ofra, »aber wir sind Gefahren in höherem Maße ausgesetzt, das verleiht schon ein gewisses Selbstgefühl. Im übrigen glaube ich, daß wir Mädchen dazu da sind, die Jungens bei diesem sturen und schweren Dienst bei Laune zu halten.«

Die Jungens bei Laune halten, heißt nicht Orgien im Feldbett, das schon deshalb kein amouröser Ort wäre, weil die gesamte Besatzung nachts in Hosen und mit Stiefeln an den Füßen schläft.

Am Sabbat kommen stolze Eltern aus den Städten auf die Golan-Höhen und besuchen ihre Kinder. Das war so während des Waffenstillstandes. Jetzt, wo er aufgekündigt ist, ist über Nacht der Ernst des Kriegszustandes wieder in alle diese ganz- und halbmilitärischen Forts, Bunkerstellungen und Wehrdörfer eingezogen, vom Suezkanal bis zu den Golan-Höhen.

Aber das Nahal ist keineswegs nur eine Gründung für den Krieg. Ofra erzählt, daß die Siedlung im Mai 1972 in die Zivilverwaltung übergehen und zu einem ganz normalen Dorf werden wird.

Weder ihr noch den andern von der Nahalbesatzung scheint es zweifelhaft zu sein, daß hier im Jahre 1972 immer noch Israel ist und nicht Syrien.

Ein Ausflug nach dem schönen Ibiza im Juli war alles andere als eine Vergnügungsreise. Die spanische Polizei lieferte in Santa Eulalia den Hippies eine Schlacht. Ich machte Tonbandaufnahmen mit einigen der Betroffenen und gebe einen Ausschnitt davon ohne jede Veränderung wieder, um die Spontaneität zu bewahren:

»Wir befreien die Insel«, schrie der Polizist. Meine Tochter, die 17 Jahre alt ist, war an jenem Abend in der Stadt, und ich wußte nicht, was mit ihr geschehen würde, und war sehr beunruhigt.

Wie begann der Ärger mit der Polizei?

Ich glaube, das erste Mal war es, als wir einige Pflaumen vom Baum eines Nachbarn stahlen. Wir bezahlten sie. Und von da an pflegten wir Obst, Kartoffeln und alles bei ihnen zu kaufen. Wir unterstützten die in der Nähe lebenden Bauern ... Und jede Woche hatten wir eine große Party und ein großes Essen. Und daher gingen wir ...

Aber was geschah am Freitagabend?

Wir gingen hinaus. Ich glaube, wir verwirrten die Spanier etwas – denn sie konnten nicht verstehen, was wir sangen. – Es geschah jedenfalls, daß ein Junge ins Gesicht geschlagen wurde. Das war, als wir sangen.

Kam die Polizei zu diesem Zeitpunkt?

Nein. Bob ging also zu Guardia Civil um zu fragen, ob wir nach Haus gehen können. Sie sagten, geh zurück, in einer halben Stunde erhältst du Antwort.

Und wir sangen auf dem Platz, wo der Night Club ist. Der Besitzer des Night Clubs und Touristen befanden sich auf dem Platz. Und dann kam Bob zu mir und sagte: Warte einen Augenblick in der Bar. Ich habe von der Guardia Civil gehört, wir können heute nacht vielleicht alle auf der Farm schlafen. Und nach einer halben Stunde waren über hundert Polizisten draußen. Viel später, so gegen 9, halb zehn, hörten wir einige Schüsse. Wir hielten sie für Feuerwerk und achteten nicht darauf. Wir fühlten uns etwas unruhig, denn das Kind könnte sehen, wie sich da Gewalttätigkeit zusammenbraute zwischen den Hippies und der Polizei. So ging ich, auf dem Wege kurz vor der Hauptstraße sah ich einen Körper am Boden liegen. Es sah so aus, als sei es eine Leiche.

Standen viele Leute drumherum?

Nein, nein, nein. Die Polizei war auf der Hauptstraße.

Ich habe viele Schießereien in Indien gesehen, in England gleichfalls, überall, und ich mag nicht Leute mit einem Gewehr herumrennen sehen. Ich dachte, das Beste sei, mit der Polizei in Kontakt zu kommen. Ich fand einen Polizisten und fragte ihn: »Wer ist der Führer der Polizeieinheit?«

Aber er tat so, als verstünde er mich nicht, und so dolmetschte C. für mich. Er sagte: »Machen Sie sich keine Sorgen. Wir wollen nur

die Bärtigen und Langhaarigen loswerden.« – Dann schlug jemand
gegen eine Tür und zog Leute aus dem Haus.

Sie schossen am Ende des Blockes, und ich sah, wie die Jugendlichen bei der Bar zu Boden geworfen, geschlagen, gejagt und beschossen wurden. Einige schossen mit stand-guns und andere mit
Karabinern. Wir sprangen in den Wagen, und als wir um die Ecke kamen, dorthin, wo sich alles abspielte, waren die Jugendlichen die
Straße hinunter geflohen und die Polizisten verfolgten sie.

In Richtung Meer?

Nein, nicht zum Meer hin. Sie rannten in alle Richtungen. Aber
die meisten rannten die Hauptstraße der Stadt hinunter. Und die
Guardias und die örtliche Polizei, die sie jagten, schlugen auf jeden
ein, der ihnen zu Gesicht kam. Es kam ihnen nicht darauf an. Es war
ein Polizei-Aufruhr. Ich sah den Bürgermeister und zwei hohe
Beamte der Guarida sehr beunruhigt uns entgegeneilen, und genau
in diesem Augenblick sagte mein Freund: »Stop! Da ist ein Toter!«
Ich hielt an, und wir schauten aus dem Wagen raus, und da lag eine
Gestalt auf der Straße, die zweifelsohne tot war.

Ich habe in meinem Leben schon ziemlich viele Tote gesehen.
Dieser Mann war zweifellos tot. Er war an die 60, hatte schwarzes
Haar, einen eckigen schwarzen Bart und war in Drillich gekleidet.
Ich weiß nicht, warum, aber ich nehme an, er war Amerikaner.

Inzwischen waren der Bürgermeister und die beiden hohen Beamten bei uns angelangt und winkten uns zu, weiterzufahren. Wir fuhren also los.

Ich versuchte also immer noch, Rebecca zu finden.

Wir mußten aus dem Auto aussteigen, da es eine Einbahnstraße
ist. Wir rannten die Straße hinunter und sahen dabei zwei Guardia,
die diesen Burschen, der anscheinend in die Schulter geschossen worden war – das Blut strömte von der Schulter herab, seiner linken
Schulter – halb zogen und halb vor sich her stießen. Wir kamen
rechtzeitig, um den Mob und die hinter ihm herjagenden Guardia ankommen zu sehen. Sie schlugen auf jeden ein, der ihnen in den Weg
kam. Als eine Frau in den Weg kam, schlug der Guardia auf sie ein
und zerrte sie am Haar. Ich sah, wie sie Gewehrkolben benutzten …

Ein Tourist stand an der Ecke und rief immer: Das ist schrecklich,
das ist ja schrecklich! Ich muß ein Taxi haben! Ich muß hier raus!

Der Guardia trat hinter ihn und schlug ihn mit den Handschellen auf den Kopf.

Zu diesem Zeitpunkt waren einige Jugendliche in das »Ciasco« gelaufen und hatten sich an Tische gesetzt, als seien sie dort Gäste. Der Mann, der das »Ciasco« leitet, war ganz fabelhaft. Er brachte sofort einige Drinks herbei, so als hätten sie schon eine Zeitlang dort gesessen.

Gab es auf seiten der Menge irgendeinen Widerstand?

Nein. Es gab keinen Widerstand. Sie taten nichts als rennen, rennen und schreien. Unten im »Ciasco« waren einige der Mädchen entkommen und rannten runter zum Meer. Und die Einheimischen – nicht die Polizei – warfen mit Steinen nach ihnen. Später am Abend sah ich Polizisten in ein Privathaus eindringen. Sie brachen die Tür ein. Ich kam dazu, wie sie gerade in dieses Haus einbrachen und fing an, mit ihnen zu reden. Und dann hörte ich, wie drinnen Glas zerbrach, und ich hörte Schreie. Ich hörte nur, wie der Polizist schrie: »Wir werden die Stadt befreien! Heute nacht werden wir die Stadt befreien! Morgen werden wir die Insel befreien!« Er wirkte besessen.

An der idyllischen Ostsee schossen Zementburgen an den einst stillen Stranden empor; mein Bericht aus Heiligenhafen trug dem *Stern* eine Flut empörter Leserzuschriften ein – die Absender waren fast ausschließlich die beteiligten Baufirmen und Wohnungsvermieter, die dort das große Geld machten.

Urlaub an der Ostsee. Kati, 5 Jahre alt, wohnt auf C/8/11 (in Klartext: in Block C, im 8. Stock, in der 11. Wohnung). Um dorthin zu kommen, muß sie einen der drei Lifte im Versorgungsschacht für die Blöcke C, D und E benutzen. Nur einer von den dreien hält auf C/8. Anfänglich hatte sie Schwierigkeiten, den richtigen Lift herauszufinden, denn einer sieht aus wie der andere. Daß sich Kinder nicht nach Buchstaben- und Zahlenkombinationen orientieren, sondern nach emotionell wirksamen Signalen, z. B. nach Farben und Formen, das haben die Erbauer und Organisatoren des »Ferienzentrums Heiligenhafen« nicht berücksichtigt, obschon ihre Werbung verkündet, gerade für Familien mit Kindern sei hier ein neues Paradies entstanden.

»Ein Ferienparadies, das neue Maßstäbe setzt« – so wird Heiligenhafen angepriesen. Das Paradies repräsentiert einen Wert von mehr als 100 Millionen Mark. Um daranzukommen, war nur ein Bruchteil der Summe als Startkapital nötig. Die 1 400 Eigentumswohnungen sind verkauft, manch einer hat fünf, zehn, ja zwanzig Wohnungen erworben, natürlich nicht, um sie selber zu benützen, sondern um damit durch Weitervermietung Geld zu machen. Denn: »Jedem Eigentümer einer Ferienwohnung wird die Möglichkeit geboten, durch die Vorteile eines wohlüberlegten Vermietungssystems sowie durch die Inanspruchnahme der außergewöhnlich hohen Steuervergütungen (Zonenrandgebiet) eine hervorragende Rendite zu erzielen.«

Nach zwei Tagen hat Kati sich in der Wohnmaschine zurechtgefunden und nicht nur das: Sie hat auch entdeckt, daß ein Lichtstrahl aus einer versteckt in der Lifttür angebrachten Lampe die Automatik auslöst. Sie bemerkte, daß sich die Tür nur schließt, der Lift sich nur dann in Bewegung setzt, wenn dieser Strahl nicht unterbrochen wird. Seither macht Liftfahren Kati Spaß. Mit vier oder fünf Erwachsenen steigt sie ein. Sie drücken auf die Knöpfe der Etagen, in denen sie aussteigen wollen. Nichts rührt sich. »Jetzt ist der Lift schon wieder kaputt«, sagt jemand. Alle werden ärgerlich. Denn Kati hält ihr Händchen noch eine ganze Weile vors Lämpchen.

Dieses einfallsreiche Mädchen hat noch eine zweite Möglichkeit entdeckt, Spaß zu haben, ohne dafür bezahlen zu müssen. Sie besteht darin, mit Mutti durch den Supermarkt zu gehen, und am Schluß, hinter der Kasse, das leere Einkaufswägelchen auf seinen Standplatz zurückzuschieben. Dabei lassen sich Umwege machen, Hindernisse umfahren. Richtig lustig ist das, jeden Tag einmal. Mutti kauft regelmäßig ein, wie zu Hause in Hannover.

Mutti macht im »Ferienzentrum« überhaupt alles so wie in Hannover während der übrigen elf Monate des Jahres. Sie kauft ein, bringt die Wohnung in Ordnung, kocht und spült, wobei freilich die übrige Familie – außer Kati besteht sie aus dem Vater, der neunjährigen Annette und dem dreijährigen Stefan – etwas mehr hilft als zu Hause. Sie hat ja auch mehr Zeit.

Mit den Plastiktüten an der Hand, schleust sich die Familie in die Prozession aller anderen Bewohner des gigantischen Zellenhauses ein, in dem sie alle mit der Beute aus dem Supermarkt verschwinden.

Wenn man hoch genug wohnt, sieht man jenseits des Hofes auch noch die ferne Wasserfläche eines Binnensees.

Nie steht eine Tür auf, nicht eine von 1400 Wohnungen: Nie entsteht Nachbarschaftsleben auf diesen tristen Gängen. Die Farbe der Böden, der Wände, der Türen changiert zwischen grau, beige und braun.

Von Zeit zu Zeit muß Kati den Lichtknopf drücken, sonst steht sie im Dunkeln. Sie spielt mit einem Ball, der an einer Gummischnur hängt. Das Kind ist allein.

Einen anderen Platz zum Spielen als diesen fensterlosen Flur hat Kati in dem Gebäude nicht. 1400 Käfige, in denen Kleinfamilien gefangen sitzen, wurden zu einem Riesenblock zusammengeschachtelt, ohne daß ein Raum ausgespart worden wäre, in dem sich geselliges Leben entwickeln könnte.

Was an Gemeinschaftseinrichtungen geschaffen wurde, findet man in separaten Gebäuden. Was hier fehlt, fehlt nicht aus Nachlässigkeit, sondern aus purer Gewinnsucht. Das Ferienzentrum ist eine Geldfalle, und die Menschen darin sind Ausbeutungsobjekte und sonst nichts. Das geht so weit, daß außerhalb der Wohnungen nicht einmal Sitzgelegenheiten zu finden sind, auf die sich ein Gast niederlassen könnte, ohne dafür zu bezahlen.

Feriengast Hans-Heinrich B. aus Dortmund schrieb einen Leserbrief ans Lokalblatt, die »Heilighafener Post« (13./14. 8. 71), in dem er ausrechnete, daß er bei einem 20-Tage-Aufenthalt für sich und seine Familie rund 300 Mark an unvermeidbaren Nebengebühren entrichten müsse für Strandkorb, Dusche, Klo und so weiter. Da hat er niedrig gerechnet und alle anderen Geldfallen ausgespart, die zur weiteren Erlustigung fröhlicher Urlaubsmenschen errichtet wurden: die Schwimmhalle, den Tennisplatz (4 Plätze für 7000 Menschen), die Schießhalle im Keller eines Bierlokals, Minigolf, ein Pony, die Kästen mit Fußballspielen, mit Flipperapparaten, die Zementbahn mit den Go-Carts, den Kurhaussaal, die Kupferpfanne (»etwas für Kenner«), die Rauchkate (»deftig, aber gemütlich«), die Urquell-Stube Witwe Bolte (»Hähnchen und Haxen«), die Bowling- und Kegelbahnen, das Cafe International, die Milch-Quelle mit dem bil-

ligen Reisbrei für die Kinder (3,–), die Teil-Stube, die Strandgastro-
nomie (»für den eiligen Gast«) und demnächst auch die Bar »Zum
alten Salzspeicher« im Städtchen.

Einmal Schwimmen in der Halle mit der Familie, eine Stunde
Tennisspielen (zu zweit), Schießen, einmal Ponyreiten (3 Kinder),
Strandkorb und Schaufel leihen, Eis essen, Kaffee trinken (die Klei-
nen kriegen Cola), Kegeln, vorher oder nachher in die Kupferpfanne
Essen gehen, und hastdunichtgesehen: Der Tag hat runde hundert
Mark gekostet, ohne Miete, ohne Frühstück und Mittagessen für
alle, und ohne Abendessen für die Kinder.

Während Kati ihren Ball im Flur hüpfen läßt, betreten Eltern und
Geschwister die »praktisch, dennoch ansprechend eingerichtete«
Ferien-Miet-Wohnung. Sie stellen die Einkäufe in der Kochnische
ab, und Mutter verstaut, was verderblich ist, im selbstverständlich
vorhandenen Kühlschrank. Vater nimmt auf der Couch Platz, »bezogen mit einem hochwertigen und strapazierfähigen Nylonstoff«.

Am Ende des Urlaubs wird ein Funktionär vom »Engelhardt-
Ferien-Dienst GmbH & Co.« kommen und die »Abnahme« zele-
brieren; er wird die Bestecke, die Tassen, die Töpfe zählen und prü-
fen, ob auf der Nylonschlingware kein Fleck ist.

In der gemütlichen Wohnung bricht jetzt das gemütliche Fami-
lienleben aus. Vater hat für 3,50 Mark täglich einen Fernseher gemietet. Damit lassen sich die nächsten eineinhalb Stündchen mit den
Kindern ziemlich mühelos verbringen. Dann gehen die Kleinen ins
Etagenbett hinter dem grünen Vorhang. Die Eltern suchen an diesem Abend die Rauchkate auf (»deftig, aber gemütlich«), sie sitzen
an einem der längs der Fensterwand aufgereihten Tische, zwischen
denen schmiedeeiserne Gitter aufragen. Durchs Gitter können sie
ein anderes Ehepaar schweigen hören, und vor den Fenstern sehen
sie die von vertikalen Leuchtröhren erhellte »Hauptpromenade« mit
dem Musikpavillon.

Ein Vater sitzt im Strandkorb und liest in einem Romanheft,
Mutter häkelt. Ihr Goldjunge hat das bißchen an Fläche zwischen
den Füßen der Eltern mit einer Landschaft aus Sand bedeckt. Seine
kleine Schwester fängt an, in den Wall, dessen Kamm mit Steinen
rundum belegt ist, ein Loch zu graben. Als die ersten Steine ins
Rutschen kommen, wird der Vater aufmerksam. Er sagt: Laß das!

und liest weiter. Die Kleine zerstört jetzt ersatzweise einen Teil von des Bruders Sandbauten. Er brüllt. Sie nimmt ihr Schäufelchen, bevor das väterliche Gewitter losbricht und macht sich davon. Brüderchen fühlt sich jetzt als Herr der Burg und hört jäh auf zu brüllen. Der Scheinfrieden dauert aber nur zwei Minuten, dann geht nebenan ein gewaltiger Krach los. Ein wütender Nachbar pflanzt sich vor der Burg auf und schreit: »Können Sie nicht aufpassen, das ist schon das zweitemal heute, daß die Göre unsere Burg kaputtmacht.«

»Hab' ich gar nicht!«, schreit die Sünderin und heult.

»Doch hast du!«

Der Vater wirft den Roman hinter sich und schreit: »Komm sofort hier rein.« Dann wendet er sich gegen den bösen Nachbarn. Der kriegt auch sein Fett ab und bleibt seinerseits nicht still.

Mutter läßt die Handarbeit sinken und sagt: »Laß doch das Kind, es muß sich beschäftigen.«

Heiligenhafen ist nur ein Beispiel für den vom Staat geweckten Bauboom an der Ostseeküste.

Trotz allen Fortschritts im Bankräubergewerbe gibt es für die massenhafte Anhäufung von Geld, auch Kapital genannt, noch immer kein besseres Verfahren in der kapitalistischen Wirtschaft als ein im Grunde sozialistisches: die staatliche Zusage von Steuervorteilen an bestimmtem Ort zu bestimmtem Zweck. »Greifen Sie dem Staat in die Tasche«, heißt der einprägsame Slogan. In der Tat, es lohnt sich.

1972

1972 ist innenpolitisch das vielleicht dramatischste Jahr in der Geschichte der Bundesrepublik. Barzel versucht, Brandt mit einer Mehrheit im Bundestag zu stürzen (27. 4.); der Versuch mißlingt, 247 Abgeordnete stimmen für Brandt, numerisch müssen zwei von Barzels eigener Fraktion gegen ihn votiert haben. Für Geld? Es ist nie restlos geklärt worden. Der Kampfwille der CDU/CSU gegen die Ostverträge nimmt ab, sie treten Anfang Juni in Kraft. Weil es aber über Gesetzesvorlagen zu Pattsituationen kommt, sind Neuwahlen unerläßlich. Im Hinblick auf die Alternative

Brandt oder Strauß erwacht die linksliberale Intelligenz, aller Orten bilden sich Bürgerinitiativen, die ohne Auftrag Propaganda für Brandt machen. Das Resultat: die SPD gewinnt 3 Millionen Wähler hinzu und wird die stärkste Partei im Bundestag. Wehner soll gesagt haben, darauf habe er 23 Jahre gewartet.

In München findet die Olympiade statt. Unter Oberbürgermeister Vogel, heute Vorsitzender der SPD, kommt die Stadt zu einem U-Bahn-Netz. Der Terroranschlag gegen die israelische Mannschaft endet infolge eines aberwitzigen Fehlverhaltens der bayerischen Polizei in einem Blutbad. Ich erfahre von dem Ereignis am 6. September und bin am nächsten Tag in Israel, um auf dem Flugplatz Lod die Zeremonie zu beobachten, mit der die zehn Toten in tiefer Erschütterung, aber ohne Feierlichkeit empfangen werden. Bei keiner anderen Gelegenheit ist mir die Gleichgültigkeit der Israelis gegenüber Formalitäten, etwa in der Kleidung, so aufgefallen wie bei diesem Trauerakt. Regierungsmitglieder standen in Hemd und Hose, die Ärmel aufgerollt, auf der Piste, als die Särge ausgeladen wurden.

Ich war in diesem Jahr dreimal in Israel.

In einer innenpolitischen Situation, die es als möglich erscheinen ließ, dieser Wienerwald-Strauß könnte ins Bundeskanzleramt einziehen, stürzten sich gestandene Männer, erfolgreich in ihren diversen Berufen, als Kandidaten der einen oder anderen Partei in den Wahlkampf. Am meisten Aufsehen erregte Rudolf Augstein mit diesem Schritt, den er dann doch nicht vollzog.

HORCH, WAS KOMMT VON DRAUSSEN REIN. Der kleine Herr im hauchdünnen hellen Sommeranzug schaut interessiert auf die Landschaft, durch die ihn ein alter röhrender Mercedes fährt. Er sieht reife Kornfelder, Laubwälder, grüne Hügel. Soweit ganz hübsch.

25 Jahre lang hat er Gott und die Welt, die Welt vor allem in den Grenzen der Bundesrepublik vernichtend kritisiert und ist damit ein bekannter und nebenbei reicher Mann geworden. Jetzt aber ist er unterwegs als sein eigener Grüßaugust und Anreißer.

Rudolf Augstein, um den es sich handelt, hätte in der Konferenz der leitenden Redakteure des »Spiegel« auch jetzt noch das unbedingte Sagen, wenn er es darauf anlegte. Aber gerade deshalb steht er jetzt den Parteifreunden eines, und nun also seines Wahlkreises Rede und Antwort, weil er es bis obenhin satt hat, »die ›fleet in being‹ des ›Spiegel‹ zu sein« (Augstein).

Dies ist das private Motiv für seinen Schritt in die direkte Politik, und es ist das wichtigste. Von ihm spricht er ungern, und es wäre auch schwierig, einem breiten Publikum an der demokratischen Basis die Eigengesetzlichkeit des »Spiegel«-Apparates zu erklären, der auf formale Perfektion getrimmt ist, statt zur liberalen Solidarität erzogen worden zu sein.

Was Augstein an diesem strahlenden Sommernachmittag den Wiedenbrückern, am Abend den ihn einstimmig wählenden Freidemokraten in Paderborn und anschließend den Journalisten auf die Frage antwortet, warum er kandidiere, lautet dem Sinn nach: Auf jeden Fall wird die Mehrheit knapp, und wenn ich glaube, der FDP Wähler zuführen zu können, muß ich es tun, weil ich will, daß die Regierung Brandt/Scheel weitermachen kann.

Welches Motiv hat ein Mann wie Ahlers? Wir sitzen in einem Ferienhaus auf Sylt. Im stundenlangen Gespräch heißen die entscheidenden Sätze: »Vor einem Jahr war Brandt auch hier auf der Insel, und da hat er mich gefragt: ›Was hast du eigentlich vor, willst du das Presseamt weitermachen?‹ Und ich habe gesagt: ›Sieben Jahre sind genug. Für mich selbst gibt es außerdem das Problem, das die Amerikaner overexposure nennen, Überbelichtung der eigenen Person durch dauerndes Exponiertsein in der Öffentlichkeit. Na, und da hat sich Brandt freundlicherweise für mich umgehört. Daß ich schließlich im Hunsrück landete, im Wahlkreis Bad Kreuznach, ist der pure Zufall.«

Mit dem stämmigen CDU-Rebellen und CDU-Kandidaten Norbert Blüm sitze ich auf einer Almwiese unter den Felswänden des Wilden Kaiser, zwischen uns seine Maß Bier, und bei ihm klingt die Sache anders: »Ich rase doch jetzt vor den Türen des Bundestages herum, und ich will hinein, denn es kommt sehr darauf an, nicht nur gute Ideen zu haben, sondern sie auch umsetzen zu können. Es ist immer noch schöner, einen Teil dessen, was man will, durchzubringen als die reinrassigen Ideen wie eine Monstranz vor sich herzutragen.« Und außerdem: »Es muß Gruppen und einzelne geben, die sich nicht einfach so einordnen lassen. Wenn es die innerparteiliche Opposition nicht mehr gibt, werden wir zwischen den Großgruppen nur noch Schlagworte austauschen.«

Blüm meint, daß die innere Entwicklung der CDU einer quasi »linken« Opposition in den eigenen Reihen zunehmend Chancen einräumt (»Für die CSU bin ich nicht zuständig«, grenzt er kritisch ab). Bei uns ist Leben in der Bude.« Blüm will als Abgeordneter für noch mehr Leben sorgen.

Ob das diesen Kandidaten, die mit ihrer unkonventionellen Art bisher die politische Landschaft der Bundesrepublik belebten, auch im Parlament oder in ihrer Fraktion möglich sein wird, ob von ihnen individuelle Impulse zu erwarten sind – das ist eher unwahrscheinlich angesichts der zu erwartenden äußerst knappen Mehrheit der einen oder anderen Seite.

Bereits jetzt ist z. B. an Flach zu erkennen, daß er mit dem Amt des Generalsekretärs der FDP, in das ihn der Freiburger Parteitag 1971 berief, von seinen radikal-liberalen Überzeugungen Abstriche machen mußte.

Es sollen Hoffnungen aufs rechte Maß beschränkt werden, daß nun ein paar Pfauen ins Parlament kämen, die dort radschlagen könnten.

Ex-Oberbürgermeister Jochen Vogel, zweifellos ein Star mit den unterkühlten Allüren eines bayerischen Biedermannes, scheint nicht so sehr die Fraktion, vielmehr nach wie vor Bayern als sein Operationsfeld anzusehen, auch von Bonn aus.

Da er aus Taktik zusammengesetzt ist wie ein Ochse aus Rindfleisch, läßt sich immer schwer sagen, wie lange solche Erklärungen für ihn gültig bleiben: »Meine Partei hat mir die Aufgabe gestellt, in Bayern eine Veränderung der politischen Kräfteverhältnisse herbeizuführen.

Wenn man glaubt, daß der Einfluß von Strauß nachteilig, in einigen Punkten sogar gefährlich ist, dann kommt es um so mehr auf Bayern an.«

Flach (FDP), der schon zweimal vom Journalismus zur direkten Politik und zurückgewechselt ist, macht, von Krankheit immer bedroht, in Badenweiler Ferien und Kur, als wir uns treffen. Unter diesen fünf ist er derjenige, der am sorgsamsten und am ehrlichsten formuliert.

Auf die Frage: »Glauben Sie daran, daß Sie gewinnen können?« antwortet Flach: »Ja, ja! Geht es wirklich darum, ob die Herrschaft

Barzel/Strauß beginnen, oder die Regierung weitermachen soll, dann sieht die Entscheidung für den einzelnen ganz anders aus.« Die anderen Kandidaten urteilen zurückhaltender. Blüm sagt: »Solche Prognosen sind mir zu mythisch. Die Politik ist viel schnelllebiger.« Und Ahlers: »Wenn die SPD nicht ganz grobe innere Fehler macht, wird sie sich als die fortschrittliche Partei immer behaupten können.«

Diese fünf Kandidaten haben unterschiedliche Erfolgschancen, auf den angestrebten Sitz im Bundestag zu kommen. Augstein bekundete seine Entschlossenheit, den Wahlkampf auch in aussichtsloser Position durchzukämpfen. Allerdings: Da er auf seinem Weg ins Parlament »mehr aufgibt als jeder andere« (Augstein), nämlich die Herausgeberschaft bei seinem Spiegel, würde ein nichtgewählter Augstein dorthin zurückkehren, woher er kommt.

Gut sind die Aussichten von Hans-Jochen Vogel. Er steht unangefochten als Nr. 1 auf der bayrischen Landesliste. (»Na ja, einen werden wir ja durchbekommen«, sagt er.) Er muß nicht auf Schultern klopfen und Hände schütteln.

Blüm stand lange am Fließband bei Opel, bevor er über den zweiten Bildungsweg zur Universität kam und zum Dr. phil. promovierte; für ihn ist es kein Problem, »Basis-Arbeit« zu treiben. Für einen, der nicht genau hinschaut, sieht er noch immer wie ein Arbeiter aus.

Von Augsteins Fähigkeit, sich volkstümlich zu geben, ist sein Partei-Oberer Flach nicht so ganz überzeugt. Flach ist Vogels Ansicht, man müsse unten anfangen: »Augstein wird in seiner neuen Funktion noch manche Schwierigkeiten haben.«

In der Tat! Augstein flog, was nur vernünftig und zeitsparend war, Paderborn mit einem Chartermaschinchen an. Nicht so vernünftig war, auf die Frage eines biederen Wiedenbrückers, gestellt im Gasthof Schalücke, ob er denn künftig häufig nach Paderborn käme, zu antworten: »Ja, zumal ich heute erst festgestellt habe, daß es hier einen Flugplatz gibt.« »Natürlich stelle ich mich auch an die Theke, vor allem, weil es dort Bier gibt. Überall, wo es Bier gibt, können Sie mich finden.«

Ahlers meint, wer einmal Lokalredakteur war, habe genau die gleiche Kontaktarbeit an der Basis geleistet, die er als Kandidat im

Wahlkreis leisten muß. Er ergänzt: »Was andere bei mir bemängeln: Ich kann den Leuten nicht auf die Schulter klopfen. Wobei ich die Frage stelle, ob das eigentlich nötig ist.«

Der Eindruck ist, daß nach der Devise »viel Feind, viel Ehr« jene dieser Kandidaten sich geradezu auf den Wahlkampf freuen, in deren Gebiet die repräsentativsten Gegner aufeinandertreffen: Vogel in Bayern gegen Strauß; Augstein in und um Paderborn gegen Barzel.

Der *Stern*-Korrespondent in Tel Aviv verschaffte mir, was gar nicht leicht war, Zugang zu den Wohn- und Arbeitsstätten von Arabern, die schon vor den Eroberungen auf israelischem Staatsgebiet lebten und israelische Staatsbürger sind.

ALS ARBEITER SIND WIR GERADE GUT GENUG. Am rechten Straßenrand taucht ein Warnschild auf: Polizeikontrolle. Die Polizisten an diesem Kontrollpunkt halten uns nicht an. Auch an anderen Kontrollpunkten im Land haben sie uns nie angehalten – sie müssen gelernte Psychologen und Physiognomiker sein. Wer ihnen gefällt, darf passieren. Kontrolliert werden nur Araber und ihr Gepäck. Auch sie sind Bürger des Staates, in dessen Diensten die Polizisten stehen.

Des Nachts machen die israelischen Juden an den Sperren einfach das Innenlicht ihres Wagens an, beleuchten sich selber und ihre Mitfahrer, ersparen sich den ärgerlichen Halt.

Die Straßensperren zerlegen das ganze Land in Kontrollbereiche – eine überaus einfache und wirkungsvolle Methode, die Staatsbürger arabischer Herkunft zu überwachen.

Wir sind auf der Fahrt von einem Kibbuz bei Nachariya im Norden des Landes in das arabische Dorf En Ya'akov. Im Kibbuz war man sehr verwundert, daß wir zu den Arabern wollten. »Aber bei Ihnen arbeiten doch auch Araber?« hatte ich gefragt.

»Ja, jetzt. Wir haben die Konservenfabrik gebaut, und dafür brauchen wir Arbeiter. Die kommen morgens und gehen nachmittags«, war die Antwort.

»Es gibt keine Spannungen?«

»Nein, es ist alles in Ordnung.«

Die Einheit des Drei-Millionen-Staates besteht nur während der

Arbeitszeit, und auch da nur mit der Einschränkung, daß dem arabischen Bevölkerungsteil chancengleiche Aufstiegsmöglichkeiten zu besseren Positionen in Wirtschaft und Verwaltung versagt sind. Ab vier Uhr nachmittags zerfällt Israel in zwei säuberlich getrennt lebende Völker: zweieinhalb Millionen Juden und eine halbe Million Araber.

Der Besuch in dem arabischen Dorf En Ya'akov mußte von langer Hand vorbereitet werden – dies ist unsere dritte Fahrt dorthin. Vertrauen muß hier erst verdient werden. Man muß sich bereitwillig dem arabischen Formalismus in der Gastfreundschaft unterwerfen.

Den Juden, vor allem der jüngeren Generation Israels, fehlt die Bereitschaft, darin eine hohe Kultur zu erkennen. Umgekehrt verachten die Araber die Juden gerade wegen ihrer Formlosigkeit.

Als in den Wochen nach dem »Sechstagekrieg« (1967) in Jerusalem die Araber in den jüdischen, die Juden in den arabischen Teil der Stadt, ihnen bisher versperrt, zu Zehntausenden eindrangen, hier vor Neugier, dort vom Drang nach den heiligen Stätten getrieben – da war es für die Araber ein Schock zu sehen, daß ihre Besieger wie Landstreicher aussahen, mit offenem Hemd und Blue jeans. Die haben uns geschlagen? Sie begreifen es bis zum heutigen Tag nicht.

Im Dorf besuchen wir Butros Sadeh, 37, Lehrer für arabische Geschichte und Englisch an der Höheren Schule.

Für sie hat fast jede Familie im Dorf gespendet. In der Klasse Butros, eine Obersekunda, füllen 35 Schüler in drei Bankreihen den Raum, zwei Reihen Jungens, eine Reihe Mädchen. Unterrichtssprache ist Arabisch. Außerdem wird Hebräisch und Englisch gelehrt.

»Wer möchte mal studieren?« frage ich. 31 Schüler melden sich.

»Das ist Theorie«, murmelt Butros.

Als wir später allein sind und ich ihn nach den konkreten Chancen dieser Schüler frage, zum Studium zugelassen zu werden, zieht er sich diplomatisch aus der Affäre: »Sie sind doch schon eine ganze Weile im Land«, sagt er, mehr nicht. Tatsache ist, daß offiziellen israelischen Angaben zufolge 45000 Israelis studieren – aber nur 500 Araber. An der Universität Jerusalem gibt es keine Professoren arabischer Herkunft, an der Uni Haifa 15.

Butros bekam seine Bestätigung durch das Erziehungsministerium in Jerusalem erst kürzlich. Man wollte sie ihm überhaupt verweigern, weil er verdächtigt wurde, Kommunist zu sein. Diese Sache kam bis vor die Knesseth. Butros kämpfte sie durch in 10 Jahren! Ein arabischer Vater wählte einen Ausweg: »Als mein Sohn auf eine israelische Universität ging, das war fast, als ob er in die Fremde auswanderte. Und das im eigenen Land, in dem Staat, in dem wir nur geduldet sind und die Dreckarbeit machen. Da habe ich ihn lieber nach Deutschland geschickt. Er studiert in Freiburg. Dort nennen ihn jetzt die arabischen Studenten aus Jordanien und Ägypten einen verdammten zionistischen Faschisten. Es gab schon Prügeleien.«

Der Vorsteher des Gemeinderates, der gleich neben der Schule in einem winzigen Zwei-Zimmer-Haus seines Amtes waltet, hat für den ausländischen Gast Zahlen parat, die mit tiefer Verbitterung vorgebracht werden: »Wir geben mehr als die Hälfte unseres Gemeinde-Budgets für Erziehung aus.« »Sie bezahlen auch Wehrsteuer?« »Natürlich. Jeder Araber bezahlt Wehrsteuer für eine Armee, in der er nicht dient. Und noch etwas: Diese Gemeinde bekommt einen staatlichen Zuschuß zu ihrem Budget von sieben Pfund pro Kopf. Jüdische Gemeinden bekommen das Zehnfache.«

Als ich später versuche, diese Zahlen nachzuprüfen, sagt man mir, so kraß sei der Unterschied im allgemeinen nicht. »Doch in diesem Dorf, wo Sie waren, das müssen Sie auch wissen, bekommen die Kommunisten 56 Prozent der Stimmen«, sagte mir ein höherer Beamter.

Butros hat sich ein neues großes Haus gebaut. Er hat Frau und drei kleine Kinder und verdient knapp 1000 Pfund im Monat. »Den Boden brauchte ich nicht zu bezahlen«, erzählt er, »den hatte die Familie schon.«

»Aber die Baukosten?«

Er lacht und sagt: »Wir sind nicht reich, täuschen Sie sich nicht, wenn Sie durch unsere Dörfer fahren. Wir leben unseren Alltag sehr billig. Viel billiger als die Juden. Unsere Frauen drehen jeden Agorot um. Und wenn wir ein Haus bauen, beauftragen wir nicht eine Firma. Die meisten Araber verdienen ihr Geld, wie Sie wissen, als Arbeiter in der Bauindustrie. Dafür sind wir gerade gut genug. Lehrer ist so ziemlich das höchste, was wir erreichen. In allen Familien gibt es also Leute, die was vom Bau verstehen. Am Wochenende arbeiten sie für ihre Familie.«

Das Haus, in dem die Familie wohnt, hat für die Araber eine tiefere Bedeutung als für uns Europäer. Die Juden haben das sehr wohl erkannt. Die Häuser gefangener arabischer Partisanen werden einfach gesprengt.

Es gibt über die Wirkung dieser Sprengungen eine psychologische Untersuchung, die beweist, daß sie die Araber viel tiefer treffen als ein vollstrecktes Todesurteil.

Eine arabische Familie, das sind nicht sechs oder zehn Menschen, das sind sechzig oder hundert. Zwischen ihnen wird das verfügbare Geld hin und her geschoben. Der Klan schaukelt sich sozial hinauf. Bei diesem System sind Kinder nicht Last, sondern Reichtum. In arabischen Familien gibt es weit mehr Kinder als in jüdischen: Pro tausend Araber gibt es knapp 50 Kinder, pro tausend Juden aber nur knapp 23. Die israelisch-jüdische Herrenschicht fürchtet die Araber weniger, wenn sie Krieg, als wenn sie Liebe machen. Und ohne die ständige jüdische Einwanderung wären die Araber Israels längst in der Mehrheit.

Eine israelische Meinungsumfrage aus dem vergangenen Jahr verrät die tiefen Vorurteile der Juden gegenüber den – nach dem Gesetz gleichberechtigten – Arabern: 23 Prozent aller befragten Juden lehnten es ab, im Restaurant mit Arabern am Tisch zu sitzen, 26 Prozent wollten mit Arabern nicht zusammen arbeiten, 49 Prozent wollten keine arabischen Familien als Nachbarn, 54 Prozent lehnten arabische Lehrer für ihre Kinder ab, 74 Prozent verbieten ihren Kindern, mit arabischen Kindern zu spielen, und 84 Prozent bezeichneten es als »unerträglichen Gedanken«, wenn ein Verwandter eine Araberin heiraten würde oder eine Verwandte einen Araber.

In einem nagelneuen Haus wohnt auch der nächste arabische Gastgeber; er gehört ganz bestimmt nicht zu den reichen Leuten im Dorf.

»Werden Sie Ihre Kinder einmal auf die höhere Schule schicken?« fragen wir ihn. »Ich würde sie hinprügeln«, antwortet er, »aber das wird nicht nötig sein, sie werden rennen. Und dann sollen sie auswandern, wenn sich hier nichts ändert.«

»Glauben Sie, es wird sich etwas ändern und Sie werden eines Tages wirkliche Bürger gleicher Klasse mit den Juden?«

»Ich weiß es nicht«, sagt er, »ich weiß nur, wir sind Bürger dieses Landes und gleichzeitig Flüchtlinge.«

»Wieso?«

»1948 ist meine Familie vertrieben worden, ich war noch ein Kind.« Er deutet nach Westen, in Richtung auf die Küste, die ungefähr 30 Kilometer entfernt ist. Er nennt den Namen eines Dorfes, das dort lag, das es aber nicht mehr gibt. »Dort sind unsere Felder. Und wir bezahlen ja auch die Steuer.«

Der Mann spricht von der Grundsteuer für die Felder, die seine Familie vor 24 Jahren auf der Flucht vor dem Krieg verlassen hat. »Indem wir die Steuern bezahlen, halten wir unseren Anspruch aufrecht. Wir haben auch nicht die Abfindung angenommen, die uns der Staat einmal angeboten hat.«

»Warum gehen Sie nicht zurück?«

»Das verbietet das Gesetz.«

Diese »Flüchtlinge« würden, wenn sie an ihre früheren Wohnorte zurückkehren könnten, eine völlig veränderte Wirklichkeit vorfinden. Von 300 000 Familien, die sich »Flüchtlinge« nennen und israelische Staatsbürger sind, können etwa 75 000 gleich unserem Gastgeber nachweisen, daß ihre Familie Haus- und Grundbesitz besaß und aufgegeben hat – zwangsweise.

Wenn dem alten Anspruch stattgegeben würde, so müßten eine Million der jüdischen Staatsbürger, das sind zwei Fünftel aller, ihre Häuser, Dörfer, Städte, Fabriken und sonstigen Wirtschaftsbetriebe verlassen, eine utopische Vorstellung!

Ich habe in Israel kaum Juden getroffen, die jemals in einem arabischen Haus zu Gast waren. Sie kennen keine Araber privat. Ja, für sie gibt es den Begriff Araber gar nicht im individuellen Sinn. »Die Araber« – das sind immer einhundert Millionen Menschen, eine feindliche Masse. Umgekehrt sind für den Araber auch »die Juden« ein feindliches Kollektiv.

In Kassel, auf der documenta 5, stellte Thomas Hoepker ein gemaltes Bild von einem Volkswagen zwischen nicht gemalte, auf einem Parkplatz abgestellte und fotografierte das Arrangement aus einer Perspektive, die es auf dem im *Stern* farbig veröffentlichten Bild nahezu unmöglich machte, zwischen dem gemalten VW und denen aus Blech zu unterscheiden. Auf die Kunstfigur eines in Lebensgröße auf einem Stuhl rittlings sitzenden Mannes mit Mütze, Brille und Bart, geschaffen von dem amerikanischen

Bildhauer Duane Hanson als buchstäblich haargenaue Kopie seines ebenfalls die Bildhauerei betreibenden Freundes Mike Bakaty – auf sie fielen
nicht wenige Besucher herein, hielten sie für einen Menschen von Fleisch
und Blut, blieben stehen und fragten schließlich: Wann hat er sich denn
zum letzten Mal bewegt?

EIN WARENHAUS FÜR WIRKLICHKEIT MIT SELBSTBEDIENUNG.
Selten hat es eine fruchtbarere fixe Idee gegeben als die des Kasseler
Kunstprofessors Arnold Bode. Ihm fiel Anfang der fünfziger Jahre
auf, daß die Bundesrepublik zwar im Zuge war, sich wirtschaftlich
wieder an den Weltmarkt anzuschließen, daß es aber nach den öden
Jahren der befohlenen »deutschen Kunst« noch immer schlecht um
die Verknüpfung der westdeutschen Kulturlandschaft mit den internationalen Zeitströmungen in der Kunst bestellt war. Die Chance,
ausgerechnet im provinziellen, furchtbar zerstörten Kassel Welt-
kunst zu präsentieren, war ursprünglich so gering wie die vor hundert Jahren, aus dem abgelegenen Nest Bayreuth die Wagnerstadt zu
machen. Nur dank Bodes Besessenheit und Verhandlungsgeschick
gewann er Stadt, Staat, Land, Mäzene und die Künstler nach und
nach für seine Idee.
    Auf der diesjährigen documenta begegnete uns ein gestandener
Herr, der offenbar seinen Humor behalten hatte, obwohl er schok-
kiert war; er sagte:»Ha, die bauen hier um, und das verkaufen sie als
Ausstellung!«
Ganz so ist es nicht.
    Wenn dieser Besucher zum Ausdruck bringen wollte, ihm fehle auf
der Monsterschau das, was er Kunst zu nennen gelernt hat, das ästhetische konsumierbare Werk, dann ist ihm zwar zuzustimmen, jedoch
auch der Rat zu geben, die beiden Leitsätze zu überdenken, die über
documenta 5 stehen: Die Kunst ist tot! und: Alles ist Kunst! Damit
sie einen Sinn ergeben, dürfen sie nicht als Widerspruch aufgefaßt,
müssen verstanden werden als dialektische Aufspaltung *einer* Aussage. Hier wird behauptet, der traditionelle Kunstbegriff sei durch
eine neue Verständigung darüber, was Kunst sei, abgelöst worden.
    Dieser neue Kunstbegriff sei so weit gefaßt, daß er hier nicht nur
eine täuschend lebensecht gefertigte Puppe wie den »Sitzenden
Künstler« im blauen Leinenanzug einbezieht, sondern auch ein

Mädchen von Fleisch und Blut, das nackt und mit einer Art Halsband angekettet ausgestellt wird oder sich selbst ausstellt, wie man will. Allerdings war dieses Mädchen nur ein paar Tage lang zu besichtigen, dann spielte es nicht mehr mit, es wurde ihm wohl langweilig.

Rechnet man noch hinzu, daß auf documenta 5 auch Gartenzwerge und Johannes XXIII. in Gips zu besichtigen sind, dann ist klar, daß »alles« nur dann »Kunst« ist, wenn man total aufhört, das Wort mit seinem herkömmlichen Inhalt zu verbinden.

Als Jasper Johns eine das Bildfeld vollkommen ausfüllende amerikanische Fahne malte (von der eine weitere Fassung auf »d 5« zu sehen ist), stellte ein Kunstkritiker die Frage: Ist das eine Fahne oder ist das ein Gemälde? Die einzig richtige Antwort ist: Das ist ein Gemälde! (Es wechselte 1988 für Millionen den Besitzer.)

Was wir hier treiben, ist kein Spiel mit Begriffen, sondern der Ansatz zur Antwort auf die Frage, die angesichts dieser superrealistischen Bilder und plastischen Werke sich aufdrängt: Was soll das?

Diese realistischen Werke waschen uns die Augen aus; sie lehren uns unsere Umwelt wieder sehen, sie setzen uns in einen neuen, einen taufrischen und naiven Bezug zu ihr. Es ist richtig, wenn »d 5« als »Sehschule« bezeichnet wird.

Wer hier einwendet, er brauche nicht in eine Sehschule zu gehen, den möchten wir zum Beispiel fragen: Wissen Sie, wie ein Volkswagen aussieht? Natürlich weiß ich das, wird er sagen. Vorsicht! Gewiß, jeder sieht jeden Tag ungezählte Volkswagen, stehende, fahrende, alte, neue, und fährt vielleicht selbst einen. Es braucht einer nur ein Stück Kotflügel oder die Motorklappe vom VW zu sehen, dann funktioniert sein Gehirncomputer und tippt, je nachdem, die Buchstaben VW oder das ganze Wort: Volkswagen. Genau das ist der Grund, warum sich, außer vielleicht ein paar spezialisierten Technikern, kein Mensch einen Volkswagen noch genau anschaut.

Unser Gehirncomputer liefert nämlich nicht das objektive Erscheinungsbild dieser Welt, sondern mit ihm zugleich Werturteile, Gefühle, vielleicht auch Ressentiments, die uns nicht durch die Objekte selbst vermittelt werden, sondern durch die Art, wie wir, oder wie die Gesellschaft im ganzen diese Objekte benützt.

Die von Don Eddy gemalten Volkswagen sind keine Fahrmaschinen, die soundsoviel Mark kosten und soundsoviel PS haben. Diese Autobilder liefern nicht mit, was wir vom Auto wissen, zu wissen glauben, was uns die Autowerbung über das Auto beigebracht hat, und was wir selbst als soziale Wesen mit Prestigebedürfnis hineingeheimnissen. Weil wir dieses gemalte Auto, das doch ganz offenbar kein Kunstwerk, sondern absolut nichts anderes sein will als das Abbild eines Autos, nicht vor die Haustür stellen können, sind wir gezwungen, uns mit seiner Erscheinung auseinanderzusetzen statt mit seinem Nutzen, sei er materieller oder ideeller Art.

Das aber lehrt uns sehen, und da sich diese »Sehschule« mit Objekten unseres Alltags beschäftigt, zu denen wir durch Gewöhnung ein vertrautes Verhältnis zu besitzen glauben, berührt dieser Realismus unsere Umweltbeziehung an ihrer Wurzel.

Von dem genauen und doch eine Spur »verfremdeten« Abbild stehend, erkennen wir plötzlich: Ach, so sieht das aus! Was uns vertraut erschien, gewinnt nicht selten einen bedrohlichen Charakter. Wer das von Ralph Going gemalte Bild eines abgestellten Wohnwagens in leerer Landschaft gesehen hat, wird nie wieder imstande sein, so ein Ding für einen gemütlichen Aufenthaltsort zu halten.

Was in Kassel in zwei großen Gebäuden ausgestellt wird, ist unsere westliche, kapitalistische, von Amerika beherrschte Welt, objektiviert und damit befremdend.

1973

Auch von den vorhergehenden Jahren ist nicht zu sagen, es hätte ein Mangel an Ortsveränderung, an Mobilität bestanden, das Jahr 1973 aber tritt mir aus dem Arbeitskalender als eine nahezu pausenlose Aneinanderreihung beruflicher Reisen entgegen. »Ferienlöcher im Arbeitsleben entstehen nur noch in irgendwelchen Hotels«, habe ich am 19. Januar in Paris eingetragen. Am 20. flog ich über London, Entebbe, Nairobi auf die Seychellen. Das war der Anfang einer Afrika-Reise, die erst am 22. Februar in Abidjan endete (an dem Tag, an dem die Israelis ein Flugzeug abgeschossen haben, 107 Menschen waren tot). Das sogenannte »Anliegen« dieser Recherche geht aus dem Titel meines Berichtes hervor:

DIE WEISSEN KOMMEN. Das sündige Dorf heißt Watamu, es liegt in Kenia an der Küste und war noch vor wenigen Jahren eine Fischersiedlung wie viele andere. Die Sünde, zunächst noch eine sehr konventionelle Sünde, kehrte ein, als ein Untermanager des Hotels aus der Hafenstadt Mombasa ein Dutzend Prostituierte nach Watamu holte. Die Mädchen, im Dorf anfänglich mehr schlecht als recht untergebracht, durften nicht nur, sie sollten im Hotel auf Fang ausgehen, weil sie damit den Umsatz an der Bar vervielfachten. Ihre Gegenleistung für eine Whisky-Füllung bis zum Hals dürfen sie nur im Dorf liefern. »Im Bett verdient das Hotel nichts, da muß es höchstens mehr waschen«, sagte eine Züricherin um die fünfzig mit erfrischendem Realismus.

Um es kurz zu machen: Heute gibt es Bars und Geschäfte jeder Art im Dorf, es ist das reichste an der ganzen Küste geworden.

Die Mädchen, fünfzig dürften es jetzt sein, wurden wohlhabend. Sie haben ihre äußerlich unscheinbaren Holzhütten innerlich in Prunkschlafzimmer verwandelt.

Es sind nicht die Mädchen, die die Touristen in Watamu anstecken, es ist umgekehrt: weil die Männer Sexausflüge auch nach Mombasa machen, wo eine tausendjährige, sozusagen aus der Zeit stammende, asiatische Syphilis mit geringer Mühe zu erwerben ist. Eine große Zahl nicht mehr ganz junger Bürgerinnen, meist aus der Schweiz und aus der Bundesrepublik, sind hier mit Hilfe vorwiegend erheblich jüngerer und zuweilen bildhübscher Dorfbewohner zum konkreten saftigen Leben zurückgekehrt. Sie sind dazu so rabiat entschlossen, daß sie mit der durchaus nackten Wahrheit auch ihren Ehemännern ins Gesicht springen.

Ein halbes Dutzend dieser mutigen Frauen haben in den letzten Jahren ihren schwarzen lovers im Dorf stattliche Häuser gebaut, in denen sie mit ihrem Ali I, Ali II, Ali III oder Ali IV zusammenleben. Den Ehemännern wird nicht verwehrt, unter dem immerhin von ihnen bezahlten Dach gemeinsam mit Frau und Freund zu wohnen, aber sie haben in diesem Fall auf der Couch im Wohnzimmer allein zu schlafen. Von Gruppensex hält man hier nichts, es muß alles seine Ordnung haben. Lilly, Frau eines Schweizer Architekten, hat vor kurzem ein stattliches Haus direkt ins Dorf gebaut (»Ich will unter diesen Menschen leben, wenn ich schon mit einem von ihnen schlafe, entweder oder!«).

Lilly ist es auch, die ihrem Ali für ein Verleihgeschäft zwanzig Fahrräder kaufte.

Durch Lilly lernen wir einen der schönsten Männer des Dorfes kennen, für den die Frau eines Arztes aus dem Schwäbischen einen geradezu herrschaftlichen Sitz mit Seeblick hat bauen lassen. Da der Beau nicht lesen noch schreiben kann, Herr Doktor aber Wert darauf legen, seinen – wie soll ich sagen – Stellvertreter oder Nachfolger auch aus der deutschen Ferne Ratschläge und Aufträge für die Betreuung des Grundstücks zu geben, sind Herr Doktor auf den Ausweg verfallen, per Tonbandkassetten mit dem Freund seiner Frau zu verkehren. Das funktioniert ausgezeichnet. Übrigens bekam Ali auch ein Auto geschenkt.

Es wäre falsch, all diese Beziehungen auf die Formel zu bringen: Ältere weiße Frauen kaufen sich junge Neger. Gewiß, das Geld spielt für die nobel Ausgehaltenen eine beträchtliche Rolle, wußten sie doch vorher kaum, was Geld ist, aber es entsteht auch auf driftige Zuneigung. Prospekte und Reiseerzählungen plappern immer nur von Paradiesen. Der aktuellste Fall eines dieser Paradiese sind die neu entdeckten Seychellen, eine Inselgruppe, die 2000 Kilometer von Watamu entfernt im Indischen Ozean liegt. Propaganda lenkt aus dem Afrika-Strom des Tourismus einen stattlichen Seitenarm auf die Seychellen ab.

Durch die Jahrhunderte lagen diese 92 Inseln und Inselchen »1000 km hinter dem Nichts«, wie zur Zeit Königin Victorias ein englischer General gesagt hat, doch seit zwei Jahren gibt es auf der Hauptinsel Mahé einen Flugplatz und damit regelmäßige, bequeme, weltweite Verbindungen. Für die Einwohner ist ein neues Zeitalter angebrochen.

Ihnen bescherte die weltumspannende Strategie der Vereinigten Staaten den Flugplatz, und damit kamen die Segnungen des großen Tourismus.

Herr Schnitzenbaumer aus München investierte eine runde Million Pfund, kaufte den größeren Teil der Bucht Beau Vallon samt schon existierendem, eher bescheidenem Hotel »Des Seychelles«, an dessen Stelle er nun durch einen Züricher Star-Architekten ein

Touristending hinsetzen will, das an Glanz alles bisherige übertreffen soll.

Herr Hase, anderwärts schon mit Brauereien gut versehen, gründete flugs die »Seychellen Breweries«, produziert Bier, Guinness Stout, Soft-Drinks und Eis und hat zwei Monate nach Beginn der Produktion 98 Prozent des Marktes an sich gebracht.

So laufen die Geschäfte flott. Inseln werden gekauft wie Brötchen, und man sollte annehmen, daß die »normale Bevölkerung« darüber glücklich ist.

Doch dem ist nicht so. Zwei Bomben explodierten, die erste im Februar 1972, die zweite ein halbes Jahr später vor einem indischen Geschäft. Die Bevölkerung zieht mit Plakaten gegen den Tourismus auf die Touristenstrände und skandiert im Chor: »Wir hungern! Wir hungern!«

Sie hungerten früher nie. Warum jetzt ? Weil sie außer von Reis nur von Fisch leben, und die Preise für Fisch steigen und steigen. Von den 53 000 Einwohnern verdienen nur 8 000 direkt oder indirekt am Tourismusboom. 45 000 haben keine Rupie mehr als zuvor.

Entgegen üblicher Ansicht trägt der Afrika-Tourismus nicht dazu bei, die innenpolitische Situation unterentwickelter Länder zu stabilisieren. Er ist vielmehr die Ursache dafür, daß die breiten Schichten sich ziemlich rasch, rascher jedenfalls als es ohne den Tourismus der Fall wäre, ihrer Misere bewußt werden.

Von den 12 Millionen Kenianern arbeiten nicht einmal 100 000 direkt oder indirekt für den Tourismus. An der sozio-ökonomischen Grundstruktur Kenias hat der Tourismus so gut wie nichts geändert. So fanden denn auch von den 200 000 Volksschulabgängern des letzten Jahres ganze 40 000 eine Arbeit; die es sinnvoll erscheinen ließ, daß sie lesen und schreiben überhaupt gelernt hatten. Die übrigen strömen in die Slums der Hauptstadt, deren Bevölkerungszahl jährlich um zehn Prozent wächst und wo infolgedessen Zustände herrschen, die diejenigen von New York noch übertreffen.

Nachts brechen die Kriminellen auf aus den Slums und machen das Zentrum der Stadt unsicher. Vor besseren Geschäften stehen private Nachtwächter, die wegen der Kühle hier oben – die Stadt liegt 1 600 Meter hoch – auf dem Asphalt ein Feuer machen und für sich und die Polizeistreifen Tee kochen. Die zahllosen Bankeinbrüche wären aber nicht möglich, wenn solche Wächter nicht zuweilen Halbpart mit den Räubern machten.

Von alldem interessiert den Urlaubseuropäer nur, daß Arbeitskräfte spottbillig sind und im Hotel in großer Zahl bereitstehen. Dieser Umstand erzeugt bei den Touristen soziale Hochgefühle. Was an sozialpolitischer Brisanz in der Tatsache enthalten ist, daß er, der Tourist, an der Bar für seinen Whisky mindestens 4,50 Mark bezahlen muß, der Kellner, der das Glas bringt, aber nur 100 Mark im ganzen Monat verdient, entgeht dem Europäer.

Von Kenia aus flogen wir über den Kontinent hinweg an die Westküste und besuchten zunächst Kamerun. Es war, als kämen wir in einen anderen Erdteil. Die puritanischen Engländer haben den unterworfenen Völkern weitgehend den Spaß am Leben ausgetrieben. Die Franzosen hingegen waren alles in allem gegenüber den »Eingeborenen« einerseits grausamer, andererseits menschlicher als die Engländer, und so sind die Westafrikaner bis zur Stunde weit kontaktfreudiger, auch im Umgang mit den Weißen, als die Ostafrikaner. Daraus haben die Touristen, vorab die Deutschen, auf ihre Art die nächstliegende Konsequenz gezogen, indem sie aus den touristisch erschlossenen Gebieten von Kamerun bis zur Elfenbeinküste ein großes »Watamu« – ein großes Land der freien Liebe – machten. Westafrika-Tourismus ist vor allem Bums-Tourismus. Dementsprechend verhält sich die Hotellerie. Man kann rund um die Uhr Mädchen mit aufs Zimmer nehmen, nur muß man dafür umgerechnet 15 Mark ans Hotel zahlen, wofür die einigermaßen abwegige Begründung gegeben wird, es müsse ein zweites Bett für die Dame aufgestellt werden. So weit allerdings treiben die Manager die Komödie nicht, daß sie das Bett wirklich aufstellen lassen.

Wo der Tourist erschien, erschien auch in Westafrika die bis dahin kaum bekannte Prostitution. Ein weiteres aber haben die Weißen ausgelöst: das »cadeau«-Geschrei der Kinder, das den Fremden überall wie ein Chor der Not folgt. Cadeau ist der französische Ausdruck für »kleines Geschenk« – und es geht in der Tat nur um Pfennige. Die oft nackten Kinder schieben sich, eben weil sie nackt sind und die Händchen fürs nächste cadeau frei haben müssen, die schon erbettelten Münzen in den Mund, bis ihre Backen zu prallen Geldsäckchen anschwellen.

Die Kinder machen's mit ihrem Charme. Die Frauen, nicht alle, aber viele, reißen sich die Bluse hoch und bieten ihre Brüste zur Schau – sie wissen, was der Tourist knipsen will. Im Norden Kameruns leben Stämme, die die Wissenschaft als Nacktgeher bezeichnet. Ihnen ist von der Regierung aus Nationalstolz verboten worden, nackt zu gehen. Sie bekleiden sich deshalb heute mit billigem Zeug, wenn sie unter sich sind. Kündigen aber Staubwolken das Nahen der Busse mit den Touristen an, so stürzen sie aus ihren Häusern zur Straße hin und reißen sich noch im Laufen Hose oder Rock, Hemd oder Bluse vom oft schönen Leib.

Die Anwerbung von Sklaven, die »Gastarbeiter« genannt werden, der Irrsinn, die Menschen zu den Maschinen, statt die Maschinen zu den Menschen zu bringen, nähert sich 1973 einem quantitativen Höhepunkt. Ach hätten wir doch nicht ... so denken heute manche Soziologen und Politiker. Ich schlug vor, einmal den Weg und die Entwicklung von »Gastarbeiterinnen« zu verfolgen, beginnend mit ihrer Anwerbung, endend zu einem Zeitpunkt, in dem sie schon einige Monate in einer westdeutschen Fabrik gearbeitet haben. Da ich mich in Jugoslawien auskannte, in der Türkei überhaupt nicht, flog ich am 28. Februar nach Beograd, wo mitten in der Stadt die BRD-Zentrale für Anwerbung mit fast fünfzig Personen arbeitete. Damit begann eine immer wieder unterbrochene Beobachtung einer Mädchengruppe, die erst Ende Oktober bei SABA in Villingen abgeschlossen wurde.

DIE MÄDCHEN VON MOSTAR. Mostar liegt an einem der romantischsten Flüße Jugoslawiens: an der Neretva. 80 km weiter mündet sie in die Adria. Im Sommer herrschen dort die höchsten Temperaturen des ganzen Landes. Wir haben den zuständigen deutschen und jugoslawischen Behörden gesagt, worauf es uns ankäme: in einer Provinz mit »normalen« sozialen Verhältnissen, weder zu reich noch zu arm, weder zu fortgeschritten noch zu rückständig (wie an der albanischen Grenze) den Prozeß der Anwerbung von Arbeitskräften für die Bundesrepublik zu verfolgen. Dabei kam dann heraus: Geht nach Mostar. Am 2. März 1973 sind wir in dieser 70 000-Einwohner-Stadt. Wir kommen in den Frühling.

Neben Tito in Gips stehend, erfahren wir, und mit uns die Frauen, daß die Firma SABA in Villingen (Schwarzwald) Löterinnen, Montiererinnen, Bestückerinnen sucht, also ungelernte Arbeiterinnen fürs Fließband. Während der Beamte zum »Ugovor o radu« (Arbeitsvertrag) nähere Ausführungen macht, haben wir Zeit, die Mädchen und Frauen zu beobachten.

Da sind die vier Mädchen aus Kongora, einem besonders primitiven Gebirgsdorf. Zwei von ihnen sind Cousinen, Anica und Anastasia. Die letztere verhält sich unseren Fragen gegenüber von Anfang an mißtrauisch, als einzige: »Wenn ich in die Zeitung komme, finde ich keinen Mann mehr.«

Die stattliche Anja Schliska fällt uns durch die bündige Art auf, in der sie die Frage beantwortet: »Warum wollen Sie nach Deutschland?« Sie sagt: »Ich finde es zu Hause so langweilig, es passiert gar nichts. Die Männer, die in Deutschland arbeiten, werden immer frecher, ihnen paßt nichts mehr bei uns. Außerdem sind sie nicht da. Deshalb gehe ich jetzt auch und spare, soviel ich kann.«

Das Mädchen Ljubica Srno könnte man eine Schönheit nennen. Auch sie kommt vom Ende der Welt, aus dem Gebirgsdorf Galitschitsch, und sie ist am Vortag 18 km zu Fuß durch eine verschneite Felsenlandschaft gelaufen, um einen Autobus nach Mostar zu erreichen. Von ihr sagen wir schon am zweiten Tag: unser Star. Obendrein ist Ljubica hochintelligent, ihr Schulzeugnis besteht nur aus besten Noten.

Alle haben an diesem Tag die erste, von jugoslawischen Ärzten in Mostar durchzuführende Untersuchung vor sich, bei der eine Lungen-Röntgenaufnahme obligatorisch ist. Danach kehren die Bewerberinnen fürs erste nach Hause zurück.

Dort besuchen wir sie in den nächsten Tagen. Damit wir zu ihnen ins Gebirge nordwestlich von Mostar gelangen können, dorthin, wo Tito und andere Größen des Landes zuweilen auf Bärenjagd gehen, leiht uns die Feuerwehr von Mostar einen Land-Rover samt Chauffeur. Aus dem Frühling kehren wir in den Winter zurück. Wir kommen in Gebiete, wo es noch in fünfzig Jahren, ökonomisch gesehen, bestimmt nichts anderes geben wird als ein bißchen Landwirtschaft und Schafe für die Wollschur.

Dennoch wird in diesen Dörfern an Dutzenden von halbfertigen oder schon überdachten Rohbauten von Wohnhäusern gearbeitet, alle bezahlt aus Ersparnissen in D-Mark. Dazwischen stehen Personenwagen mit westdeutschen Kennzeichen herum.

Die Autos wie die neuen Häuser neben den alten, die völlig ausreichen würden, stellen totale Fehlinvestitionen dar. Die Männer, die ein paar Jahre »draußen« waren, treiben einen Prestigekult sondergleichen und werden zu Karikaturen ihrer selbst: Sie vereinigen alle schlechten Eigenschaften der Jugoslawen mit den schlechten der Deutschen und werden, kurz gesagt, zu unerträglichen Angebern.

Für die Frauen und Mädchen, die durch die »Endauswahl« gekommen sind, geht nach einer weiteren Woche nun endlich die Reise ins gelobte Land los. In Zagreb vereinigen sich die Gruppen aus den verschiedenen Landesteilen. Dazu gehören nun auch »unsere« Mädchen aus Mostar; und wie jeden Montagabend steht der Sonderzug nach München bereit. Serben, Kroaten, Bosniaken, ganz Jugoslawien ist vertreten. Etwa 900 Menschen verteilen sich, grob nach Nationalitäten geordnet, über die Wagen. Um Mitternacht bahnt sich die erste Schlägerei zwischen Kroaten und Serben an. Eine Verbindungstür wird verschlossen, damit die Sache ein Ende hat. Ein Kroate weigert sich, ich werde zufällig Zeuge des Vorfalls, dem serbischen Schaffner seine Fahrkarte zu zeigen. Der Schaffner besteht darauf. »Dir zeige ich überhaupt nichts, höchstens den Arsch«, brüllt der Kroate und fügt einen landesüblichen Fluch hinzu: »Fick deine Mutter!« Da sagt der Schaffner, nun ernstlich beleidigt: »Das lasse ich mir nicht bieten, die ist vor zwei Jahren gestorben.«

Keine, keiner hat eine Vorstellung, wie lange sie im Ausland bleiben werden. Zwei (von 16) würden, wenn die Dinge gut laufen, für immer in der Bundesrepublik bleiben. Drei würden auch einen deutschen Mann heiraten. Es ist unverkennbar, daß die meisten glauben, ihre Heiratschancen zu vergrößern. Die Antwort von Ljubica verdient im Wortlaut vermerkt zu werden: »Ich will einen Mann finden, der etwas weiß, etwas darstellt, und deshalb muß ich selbst etwas darstellen. Ich werde nicht länger in der Fabrik bleiben, als ich muß.« Nur dieses Mädchen hat eine Vorstellung davon, daß sie die Arbeit im Ausland dazu benutzen könnte, sozial aufzusteigen.

Über ihre Rechte als Arbeiterinnen wissen sie nichts, der Begriff »Gewerkschaft« bedeutet ihnen wenig. Deutsch lernen? Ja, vielleicht, wenn sich Gelegenheit gibt. Eine sagt unverblümt: »Mich interessiert Deutschland nicht.«

In Villingen bei SABA erwartet die Gruppe in der Kantine vom Werk I ein kaltes Abendessen: Herren der Personalverwaltung und der Gewerkschaft stellen sich ihnen vor, über den Werksender wird kurz heimatliche Volksmusik eingeschallt.

Die Mädchen beziehen Zimmer mit ein, zwei, drei und vier Betten. Gleich bei unserem ersten Besuch im SABA-Wohnheim erkennen wir: Weithin sind soziale Verhältnisse anzutreffen, die abgrundtief unter den hier beschriebenen liegen. Dennoch sind diese erwachsenen Frauen in eine inhumane Hölle auch hier eingesperrt: In ihre Zimmer darf kein Mann.

Diese Mädchen am Fließband mit einem Durchschnittslohn von jetzt brutto sechs Mark sind nichts anderes als unterbezahlte Hilfskräfte der westdeutschen Wirtschaft, die ohne sie zusammenbrechen würde. In einem Einführungsvortrag wird ihnen klipp und klar gesagt: »Die Arbeit, die Sie tun werden, ist wichtig für das Unternehmen; ob sie auch für Sie wichtig ist, ist Ihre Sache.«

Nein, von der Organisation der Arbeitswelt, von der sie einen notwendigen Teil bilden, wissen diese Mädchen nichts. Aus Sparsamkeit bleiben sie während der Mittagspause am Band sitzen, essen Mitgebrachtes aus Töpfchen oder aus dem Papier. Sie kochen sich nur abends etwas auf den elektrischen Platten im Heim.

Im Gegensatz zu den Türkinnen, die noch mehr aufs Geld aus sind und nahezu alle am Wochenende Schwarzarbeit machen, verbringen die Mädchen aus Mostar ihr Wochenende tödlich gelangweilt, mit Tratsch beschäftigt.

Ljubica fand den Mann, von dem sie glaubt, er erfülle ihre Erwartungen (»ich bin aber jetzt noch ganz unsicher«).

Vierzehn von sechzehn trotten dahin wie blind. Sie sparen, kommen monatlich bis auf 300 ersparte Mark.

Für unsere Industrie ist es großartig, daß sie bei uns arbeiten.

Aber ihnen bringt es nur einen materiellen Vorteil, einen Vorteil, dessen sie sich höchstens für ein paar Jahre erfreuen können. Ihr Leben hebt er auf keine Stufe, die einer sinnvollen menschlichen Existenz näher wäre.

Unvermutet arteten in Wien Anfang Oktober die Vorarbeiten für einen
Bericht über jüdische Auswanderer aus der Sowjetunion, die über Österreich nach Israel »heimkehren« wollten, zu ganz massiven Auseinandersetzungen mit jenen Israelis aus, die nach Wien beordert waren, um ihre
Glaubensgenossen am Bahnhof abzufangen und bis zum Abflug mit
einer El-Al-Maschine gegen Begegnungen oder gar Gespräche mit Öster-
reichern oder »Reichsdeutschen« abzuschirmen. Seit 6. Oktober war wieder Krieg in Israel, was dazu beigetragen haben mag, die Familien, die
noch ein paar Tage zuvor UdSSR-Staatsbürger gewesen waren, wie Gefangene zu behandeln.

AUF DEM WEG INS GELOBTE LAND. Rund 70 000 jüdische Sowjet-
Emigranten haben seit Januar 1971, als die Sowjetunion in größerem
Umfang Juden ziehen ließ, das Lager Schönau passiert. Sie haben
hier die ersten Verhöre durch die Geheimdienste und die Versorgung mit Papieren und Geld hinter sich gebracht. Sie sind dann zum
Flugplatz gefahren worden zur letzten Etappe der Reise, zum Flug
nach Tel Aviv.

Die Vorletzten, die kamen, erfuhren, kaum hatten sie den österreichischen Grenzbahnhof Marchegg erreicht, am eigenen Leibe,
was es heißt, ein israelischer Bürger werden zu wollen: Sie gerieten
in den Krieg. Den Krieg zwischen den Israelis und den Palästinen-
sern.

Am 28. September, rund eine Woche bevor in Israel der neue
Krieg ausbrach, befanden sich im D-Zug Moskau–Wien zwei arabische Terroristen, die, als der Zug im Grenzbahnhof Marchegg brem-
ste, ihre Waffen klarmachten, vier Geiseln – drei Sowjetjuden, einen
österreichischen Zollbeamten – in einen gerade herumstehenden
VW-Bus stießen, mit dieser Fracht in wilder Fahrt die 40 Kilometer
von Marchegg zum Wiener Flugplatz Schwechat zurücklegten und
von dort mit den Geiseln ausgeflogen werden wollten.

Der nächste Tag war noch nicht angebrochen, da waren die
Geiseln frei, die Araber außer Landes, und die Welt schrie auf. Denn
Bundeskanzler Kreisky hatte sich im Einverständnis mit seinem
eilends zusammengeholten Kabinett bereit erklärt, das Emigranten-
Transitlager »Schloß Schönau« südlich von Wien »zu schließen«,
oder, wie er sich später korrigierte, »außer Funktion zu setzen«.

Das kleine neutrale Österreich hat sich in der Nachkriegszeit als ein Land erwiesen, das am mutigsten und konsequentesten jeder Art von Flüchtlingen oder Emigranten aus Ostländern seine Grenzen geöffnet hat. Was den jüdischen Anteil daran betrifft, so sind außer den erwähnten 70 000 Sowjetbürgern weitere 90 000 Juden aus anderen Ländern von Ost nach West (oder Süd) geschleust worden.

Bei der Organisation dieser Massenbewegungen spielte das über Nacht berühmt oder berüchtigt gewordene »Schloß Schönau« eine nicht unwichtige Rolle.

Die Jewish Agency (Organisation für Israels Einwanderungsprobleme) hat Schönau, eine Art »Lager Friedland« für Juden, gemietet.

Die Art der Verwendung machte von Anfang an Sicherheitsmaßnahmen notwendig.

Die Israelis schickten nach und nach immer mehr eigene Sicherheitskräfte aus Israel nach Wien, die unverhüllt polizeiliche Hoheitsrechte des österreichischen Staates an sich zogen, und zwar nicht nur auf dem Gebiet des Lagers, sondern auch auf dem Ostbahnhof, wo die Transporte ankommen, und auf dem Flugplatz, wo sie abfliegen.

Die Wiener Regierung ihrerseits verstärkte die Polizeikräfte. Eine schlagkräftige Truppe von 80 Spezialisten, die Park und Schloß hermetisch abriegelten.

Das Dorf beim Schloß könnte auch in Ostpolen liegen. Es ist eine armselige Ortschaft mit einer Fabrik, einem Gasthaus, einem Café und einem Laden, wo es von Anzügen bis zu Heringen alles gibt. Ich frage den im Geschäft mitarbeitenden Sohn des Besitzers, ob die Juden aus dem Schloß bei ihm kaufen. »Ja mei«, sagt er, »Geld ham's keins, aber manche wollen was verkaufen. Da kommen s' mit so einem Mantel, Nerz, der is so weit, da geht mei Frau zweimal rein, des hat ja keinen Sinn. Und manche haben so Heiligenbildln, ganz oid (alt), auf Holztaferln, wurmstichig san s' schon, so was mag doch kein Mensch. Und dann so Dosen mit Fischeier – lächerlich.«

Für Kaviar, Pelze, Ikonen besteht hier kaum Interesse. Und für die Juden, woher sie auch kommen mögen, wenig Sympathie. Die Wirtin im Gasthof ist Witwe und nicht auf den Mund gefallen.

»Kommen viele Russen?«

»Ganze Massen«, sagt sie, »und jetzt überhaupt bloß noch Russen. Früher san auch Polacken kommen. Die waren ganz anders, mehr aufsässig. Die aus Rußland san viel braver. Arme Hund san s', sonst gar nix. Die haben bloß 20 Schilling am Tag.«

In Wahrheit handelt es sich durchaus nicht um »arme Hunde«. Die jüdischen Emigranten aus der Sowjetunion stellen einen nahezu repräsentativen Querschnitt durch die sowjetische Gesellschaft dar. Vom Arbeiter bis zu hochqualifizierten Ingenieuren, die führende Positionen innehatten, und Funktionären der öffentlichen Verwaltung, zum Beispiel aus Riga und Kiew, sind alle Schichten und Berufe vertreten.

Wir haben eine Fahrt von der Grenze bis Wien in den Schlafwagen mitgemacht, in denen die Emigranten, je nachdem aus welcher Stadt der Sowjetunion sie kommen, schon einen oder zwei Tage verbracht hatten.

Ich bleibe vor der offenen Tür eines Abteils stehen, in dem ein altes Ehepaar aus Riga reist.

Ich frage den Mann (er spricht leidlich Deutsch), wie lange er und seine Frau unterwegs sind?

»Vier Tage, wir sind geblieben zwei Tage in Brest.«

»Wie lange haben Sie auf die Erlaubnis zu reisen gewartet?«

»Einen Monat.«

»Sie mußten alles zurücklassen?«

»Wir haben verkauft. Die Möbel haben wir aber mitgenommen, die gehen auf andere Transporte. Und Decken und Bettzeug und Kleider.«

»Was sind Sie von Beruf?«

»Beruf? Jude!«

»Nein, ich meine, welche Profession, welche Arbeit ...?«

Er war Abteilungsleiter in einer Schuhfabrik.

Ich frage ein jüngeres Ehepaar mit Kindern: »Wissen Sie etwas über Israel?«

»Nein, wir wissen gar nichts.«

»Was durften Sie mitnehmen?«

»Keine Rubel, nur 108 Dollar pro Person, kein Gold, nur den Ehering und die Uhr, aber wenn die Uhr aus Gold ist, dann darf das Armband nicht aus Gold sein.«

Mit der Offenheit, mit der uns diese Sowjetbürger entgegentreten, ist spätestens eine halbe Stunde, nachdem sie von den Funktionären der »Jewish Agency« am Ostbahnhof in Empfang genommen worden sind, Schluß. Dort wird ihnen gesagt: »Seid vorsichtig, ihr seid von Feinden, von Spitzeln umgeben, jedes Wort, das ihr sagt, gefährdet die Auswanderung derer, die noch auf ihr Visum zu Hause warten.«

Als *Stern*-Fotografen später versuchen, bei Ankunft und Abflug Aufnahmen zu machen, werden sie auf österreichischem, öffentlichem Boden körperlich angegriffen und können nur mit Mühe ihre Kameras von den zivil gekleideten, aber bewaffneten Israelis retten. Zu um so größerer Auskunftsfreudigkeit über ihre häuslichen Verhältnisse werden diese Auswanderer später in Schönau gegenüber den sie ausfragenden Geheimdienstlern während ihres zwischen zwei bis vier Tage dauernden Aufenthaltes ermuntert.

Was uns in den Gesprächen mit Emigranten vor allem entgegensprang, war deren unglaubliche Uninformiertheit über die Verhältnisse, die sie in Israel antreffen würden. Daß es Familien gibt, die ihre Rubel dafür ausgeben, um mit schlecht verpackten Möbeln in Wien anzukommen, die bereits bei der Verschiffung in Triest nur noch zum Verbrennen gut sind; daß wir einem Mann begegneten, der ein Dutzend Fahrräder in Kiew gekauft und mitgebracht hatte in der Annahme, er könne diese klotzigen Dinger in Israel gut verkaufen: Das spricht Bände über die Leichtfertigkeit, mit der diese Leute aus der Sowjetunion herausgelockt werden. Einmal draußen, ist die Tür hinter ihnen zu, sind sie Staatenlose.

In Wien, in einem Mietshaus in der Malzgasse, dessen Verputz so aussieht, als sei er von der Pest befallen, haust nun schon seit Jahr und Tag eine sich vermehrende Gruppe – über hundert zur Zeit – von Emigranten, die die Energie aufgebracht haben, wenigstens bis Österreich wieder umzukehren und nun vor dieser, von den Sowjets aus unverständlichen Gründen zugehaltenen Tür des Augenblicks harren, wo sie wieder einen sowjetischen Paß bekommen. Sie lehnen es absolut ab, sich in Österreich zu integrieren.

Wir sprachen mit ihnen. Da brachen Dämme aufgestauter Enttäuschungen, vernichteter Hoffnungen. Hier das Interview mit dem Chauffeur G. aus Riga, etwa 50 Jahre alt:

»Warum haben Sie Riga verlassen?«

»Ich habe der zionistischen Propaganda geglaubt.«

»Wie ist diese Propaganda zu Ihnen gekommen?«

»Durch Radio. Kurzwelle. Jeden Abend um halb elf.«

»Was war der Inhalt?«

»Ich dachte, Israel sei wirklich ein Arbeiterland, wie sie gesagt haben, und es ist dort eine Arbeiterpartei und ein Arbeiterverständnis.«

»Waren Sie Mitglied der Kommunistischen Partei?«

»Nein. Aber ich bin sehr stark arbeiterisch.«

»Sie wollen sagen, stark politisch interessiert?«

»Für die Probleme der Arbeiter, ja!«

»Warum wollten Sie dann zurück?«

»Es war vor allem ein furchtbarer, wie soll ich in deutscher Sprache sagen ... ja, ein furchtbarer Haß in Israel gegen die Russen. Hat der Russe uns schlecht gemacht? Er hat uns leben lassen wie alle, und er hat uns gerettet vor den Deutschen. Und sie denken in Israel, wir haben in der Sowjetunion gelebt wie die Zigeuner. Sie zeigen uns Tomaten und sagen: ›Hast du schon gesehen so schöne Tomaten?‹ Wenn wir Gutes sagen über Sowjetunion, dann ist alles aus mit Freundlichkeit. Dann sagen sie, du bist Kommunist, wir aber brauchen Leute, die arbeiten und für uns sind.«

Golda Meïr, Kreiskys enttäuschte Gesprächspartnerin, eilte vom Bundeskanzleramt zum Flugplatz und nahm in ihrer El-Al-Maschine jene Juden mit, die auf dem Bahnhof Marchegg zum erstenmal palästinensische Guerillas kennengelernt hatten. In Israel hören sie jetzt, was ihnen zuletzt vor 30 Jahren in den Ohren gellte: die Sirenen der Luftwarnung. Es ist Krieg dort, wo sie das Paradies zu finden hofften.

1974

1974 ist die Diskussion über den RAF-Terrorismus noch nicht von dem Reiz- und Drohwort »Stammheim« beherrscht. Die Terrorwelle wird erst 1977 ihren Höhepunkt erreichen. Aber: Im September treten 59 politische Häftlinge, verteilt auf verschiedene Gefängnisse, über geheime Nachrichtenwege miteinander verbunden, an einem Tag in Hungerstreik als

Protest gegen »Isolationshaft«. Im November verhungert Holger Meins. Die erfolglos durchgeführte Zwangsernährung spaltet die veröffentlichte Meinung auf in Gegner und Befürworter. Am Tag nach dem Tod von Holger Meins wird der Präsident des Berliner Kammergerichts, Günter von Drenkmann, erschossen. Dennoch werden erst im darauffolgenden Jahr Terrorismus und Terroristen die zentralen Themen meiner *Stern*-Arbeit.

1974 beginnt mit einem Flug nach San Francisco. Was Fotograf Anders und ich von dieser Reise mitbrachten, sei hier nahezu ungekürzt wiedergegeben. Zum einen deshalb, weil ich, der ich nicht erst seit dem Vietnamkrieg in einem äußerst kritischen Verhältnis zu den USA stehe, es mir ein Gebot der Fairneß zu sein scheint, den Idealfall einer humanen stockamerikanischen Besitzbürger-Familie genau zu dokumentieren; zum andern, weil ich es nicht für unmöglich halte, daß der eine oder andere Leser von diesem Bericht zu der Frage provoziert wird: und was tue ich?

NUR DIE PROTHESEN BEZAHLT DER STAAT. Wir folgen einer Villenstraße, die sich in vielen Windungen einen bewaldeten Hügel hinaufschlängelt. Je höher wir kommen, desto größer werden die Grundstücke, desto ansehnlicher werden die Häuser. In knapp zehn Minuten trägt uns das Auto vom Mittelstand in die Oberklasse.

»Hier muß es sein«, sage ich.

Durch den subtropischen Vorgarten mit himmelhohen Platanen und buschigen Federpalmen führt ein Weg auf das breit hingelagerte Haus zu, das auch in Spanien stehen könnte. Hans-Jörg Anders, der Fotograf, und ich sind aber nicht in Spanien, sondern in Kalifornien, in einem Vorort von Oakland, der Schwesterstadt von San Francisco.

Ein Mann »in den besten Jahren« öffnet. Rank und schlank, graue Schläfen. Zu einer fabelhaft geschnittenen Hose in der grünen Farbe unreifer Pfirsiche trägt er ein für amerikanische Verhältnisse erstaunlich diskretes Hemd.

»Hallo, da seid ihr ja. Ich bin Bob.«

Wir nennen gewohnterweise unsere Familiennamen.

»Und wie heißt ihr? Erik … Hanns? Okay. Kommt herein. Dorothy, das ist Erik, das ist Hanns.«

Dorothy ist Bobs Frau. Dann lernen wir die Kinder kennen, 15 Kinder, adoptiert, davon fünf schwerbeschädigt.

Bob sagt: »Das ist Karen. Sie gehört seit zwei Jahren zur Familie. Niemand weiß, warum sie ohne Arme und Beine geboren ist, die Mutter war völlig hilflos. Wir haben Karen aus einem Kinderkrankenhaus in New York geholt.«

Karen will uns zeigen, daß sie sogar die Treppe hinaufkommt. Sie hängt sich mit den Hände ersetzenden Greifern ans weiße Schleiflackgeländer und zieht sich ein paar Stufen hinauf.

»Sie entwickelt eine unglaubliche Kraft«, sagt Dorothy, »ihre Schultern haben sich wie bei einem Ringer entwickelt.«

Nicht nur die Schultern, auch die Bauchmuskulatur hat Ersatzfunktionen übernommen. Ein Hochleistungssportler müßte Jahre trainieren, um sich, wie es uns Karen später zeigt, auf dem Bauch liegend fortzubewegen, gleichsam sich fortzuschnellen, indem sie die Bauchmuskeln anspannt, lockerläßt, anspannt.

»Kommt«, sagt Bob, »gehen wir zu den Kindern.« Bevor wir jedoch durch die Tür sind, hinter der Pingpong gespielt wird, betritt von dort ein anderes kleines Mädchen die Wohnhalle.

»Das ist Wendy«, sagt Bob, »sie ist fünf, aus Korea. Sie wurde in Seoul gefunden, blind auf beiden Augen. Sie ist erst zweieinhalb Monate bei uns, wurde operiert, und seit November kann sie wieder sehen.«

Über dem rechten Auge trägt das Kind eine Schutzschale aus durchsichtigem Plastik, die mit Heftpflasterstreifen festgeklebt ist. Wendy hat noch nicht gelernt, sich optisch zu orientieren, sie stößt immer wieder irgendwo an, und in der ganzen Familie ist sie das einzige Kind, von dem wir den Eindruck gewinnen, es sei hier noch nicht völlig zu Hause.

Am Pingpongtisch finden wir den querschnittgelähmten Tich aus Vietnam, 19 Jahre alt – er stützt sich beim Spiel nur auf eine seiner beiden Krücken – und Melany. Auf dem Sofa, die Schläge mit kritisch-scherzhaften Bemerkungen verfolgend, sitzt der mit Tich gleichaltrige Anh. Auch er kommt aus Vietnam, auch er ist querschnittgelähmt.

»Die beiden Jungs hat Dorothy schon angenommen, bevor ich sie kennenlernte«, sagt Bob. »Wir haben 1968 geheiratet. Durch den Krieg und ihr Leiden hatten die beiden, bevor sie durch eine Hilfsorganisation nach Amerika kamen, nur eine höchst mangelhafte schulische Vorbildung. Jetzt gehen sie auf die High-School und werden im nächsten Jahr fertig sein. Dann wollen sie auf die Universität gehen. Gemeinsam fahren sie mit ihrem eigenen Wagen in die Schule, es ist fabelhaft, wie sie ihn beherrschen. Es wurde natürlich ein besonderer Gashebel eingebaut, denn mit den Füßen können sie ja nichts machen. Außerdem verdienen sie durch eigene Arbeit Geld. Tich repariert Fernseher und Lampen, Ahn trägt im Viertel Zeitungen aus. Auf Krücken, und das geht.«

»Arbeiten die Jungens wegen der Dollars, die sie verdienen?«

»Das auch«, sagt Bob, »aber vor allem liegt uns daran, daß diese benachteiligten Kinder so weitgehend in normale Tätigkeiten eingespannt werden, wie es sich überhaupt nur machen läßt. Damit gewinnen sie Selbstbewußtsein und finden sich später besser zurecht.«

»Haben Sie oder Dorothy einmal die Erziehungsprobleme solcher Kinder studiert?«

»Nein. Das lernt sich aus der Praxis. Aber ich habe mich immer für Kinder interessiert, und in der Kirchengemeinde habe ich abends Freizeitarbeit mit Jüngeren gemacht. Mein Vater war Berufsoffizier. Er ist jetzt pensioniert. Er ist der Typ eines Preußen, würde ich sagen, ein Preuße aus Arizona. Dort bin ich aufgewachsen. Und diese mir vom Vater anerzogene Genauigkeit, die hilft mir jetzt.«

Anh ist nicht der einzige Zuschauer beim Pingpong. Neben ihm sitzt die kleine Sunee, seit 1971 in der Familie. Sie ist sechs Jahre alt und hat Kinderlähmung gehabt. Auch Sunee kommt aus Korea. Ihre Krücken liegen neben ihr. Plötzlich steigt ihr der Geruch frisch gebackener Kekse in die Nase, sie greift nach den Krücken, hopst von ihrem Stuhl herunter und läuft, ja sie rennt geradezu in die Küche hinaus. Dort steht Mamie, 91 Jahre alt, vor den durchsichtigen Klappen zweier elektrisch beheizter Backröhren und beobachtet, wie die Kekse allmählich braun werden. Mamie war 18 Jahre lang Kinderfrau bei Dorothy, und eigentlich ist sie außer Dienst. Seit drei Monaten, seitdem sich die Anzahl der gesunden Kinder im Haushalt dadurch verringert hat, daß Noel, 20, aufs College ging, hilft Mamie aus, backt Kuchen, erzählt Märchen. Dieses Riesenhaus mit sieben Schlafzimmern und sechs Badezimmern hält jedoch die Familie allein in Schuß; jeder hilft jedem, wie er kann.

Bob sagt: »Die Badezimmer sind wichtiger als die Schlafzimmer. Kinder können notfalls auch auf dem Boden schlafen, aber baden können sie schließlich nur in der Wanne. Und vier brauchen dabei Hilfe. Jeden Tag, morgens und abends.«

Wie Bob über seine Großfamilie spricht, könnte man glauben, er sei der Spiritus rector. Aber es wäre, wie Bob schon erklärte, Dorothy, die mit den Adoptionen angefangen hat. Sie ist in Oakland geboren und teils schwedischer, teils holländischer Abkunft. Sie war eine bildhübsche, blutjunge, wohlausgebildete Klavierlehrerin, als sie ihren ersten Mann, Ted Atwood, heiratete. Von ihm hat sie einen Sohn und vier Töchter. Der Sohn befindet sich zur Zeit im Peace Corps auf Hawaii – wir würden sagen als Entwicklungshelfer. Als ihr Mann nach achtzehn Jahren Ehe an Gehirnkrebs starb, gehörten zu diesen fünf eigenen Kindern bereits zwei Adoptivkinder, die Jungens aus Korea.

Die Witwe mit sieben Kindern wollte die beiden querschnittgelähmten Jungens aus Vietnam noch dazu adoptieren, aber da machten ihr die Behörden Schwierigkeiten. (Tich kam vom deutschen Lazarettschiff Helgoland, wo er jahrelang gepflegt wurde.)

Die Schwierigkeiten erledigten sich dadurch, daß Dorothy Bob heiratete. Nun konnte sich die Familie nach dem gemeinsamen Willen des Ehepaares weiter vergrößern, Jahr um Jahr durch Adoption. Der gegenwärtige Stand ist folgender: 6 eigene Kinder, 9 adoptierte. Von diesen sind 5 körperlich schwer geschädigt. Wendy, Karen, Sunee und die beiden angehenden Studenten, von denen der eine Arzt, der andere Ingenieur werden will (Tich: »Als Kranker habe ich eine Aufgabe bei kranken Menschen!«); bei ihnen hat die Lähmung nicht nur die Beine weitgehend außer Funktion gesetzt, auch der natürliche Ablauf der Verdauung ist gestört. Diese fünf bürden dem Haushalt die Pflichten der Intensivstation einer Klinik auf.

Es helfen nicht nur die Gesunden den Behinderten, beim Essen, beim Zubettgehen, auch unter sich übernehmen die letzteren Hilfsdienste. Will Karen die Treppe hinauf, so kann sie dazu nur eine ihrer Krücken verwenden, den anderen Greifmechanismus braucht sie, um sich am Geländer hochzuziehen. Und schon ist Wendy ohne weitere Aufforderung zur Stelle und trägt die zweite Krücke die Treppe hinauf, wobei wir erlebten, daß sie damit Unsinn machte und nun so tat, als könne sie sich auch nicht ohne Krücken fortbewegen. Prothesen verwandeln sich in diesem Haus in Spielzeug.

Was wir kennenlernen, ist ein Heim voller Heiterkeit. Das läuft wie ein Uhrwerk – wie ein Uhrwerk mit eingebauter Spieldose. Dorothy treibt mit allen Kindern Musik, jedes muß sich in irgendeinem Instrument ausbilden. Sie singen zusammen und sind auch schon als Chor im Fernsehen aufgetreten. »Musik ist eine ganz besondere Sache«, sagt Dorothy, »einige der Kinder konnten ja kaum ein paar Worte Englisch, als sie zu uns kamen, aber Musik verstehen sie auf jeden Fall.«

Dorothy spricht mit mir darüber, daß die eigentlichen Lebensprobleme für die schwer Geschädigten, also für Tich, Anh, Sunee und Karen entstehen werden, wenn sie erwachsen sind.

Ob ihr diese Vorstellung nicht Sorgen macht? »Nein«, sagt sie, »wir tun, was wir können, alles andere steht bei Gott.«

Mit Psychologie haben sie sich nie näher befaßt; der Gedanke, einen Psychoanalytiker aufzusuchen, ist ihnen nie gekommen. Das will in Amerika mindestens so viel heißen wie kein Fernsehgerät im Haus zu haben. Und siehe da, die DeBolts haben auch keinen Fernseher. Bob sagt: »Die Darstellungen von Krieg und Grausamkeiten können wir diesen Kindern nicht zumuten, und es ist auch unmöglich, sie in die Passivität versinken zu lassen, die vor dem Bildschirm entsteht. Das hier ist ein tätiges Haus!«

Materielle Hilfe brauchen die DeBolts nicht. Bob verdient im Jahr 50 000 Dollar. Der Staat oder soziale Hilfsorganisationen bezahlen die medizinischen Sonderaufwendungen einschließlich der Prothesen. Wenn aber die kleine Karen zum Zahnarzt muß, geht das aus Bobs Tasche.

»Wir verbrauchen alles, was ich verdiene«, sagt Bob, »und wir müssen immer neu die Entscheidung treffen: ein Wagen, eine Europareise – oder die Kinder. Wofür wir uns entscheiden, sehen Sie.«

»Was sagen denn die Nachbarn zu Ihrer Familie?«

»Die meisten finden, daß wir etwas Richtiges auf die richtige Weise tun. Aber es gibt auch andere, die sind nicht allzu glücklich darüber, daß wir in unserer Familie die Rassen mischen. Und seit wir Karen im Haus haben, hören wir allerhand Kritik.«

»Das heißt also, auch ein Negerkind ohne Arme und Beine wird rassistisch verurteilt?«

Bob nickt: »So denken nicht sehr viele, aber es gibt sie.«

»Und Sie selbst, haben Sie es noch nie bereut, daß Sie Ihr Leben so festgeschrieben haben – nun können Sie aus Ihrer Rolle nicht mehr heraus, oder es wäre ein Unglück für die Kinder ...«

»Nein,« sagt Bob, der als Direktor der Scott-Buttner-Corporation ein strenger Chef ist, eine Art Preuße wie sein Vater, »nein, eine Rolle ist das wohl nicht. Wir sind keine Klinik, wir sind eine Familie. Unsere Kinder gehen mit Leid und Unglück um wie andere mit Hunden und Katzen.«

Mit Fotograf Lebeck reiste ich im November in der DDR von Theater zu Theater:

THEATER IM NAMEN DES VOLKES. Wir machten eine Informationsreise durch die DDR, und nur dem Theater galt unser Interesse. Aber wir konnten gerade deshalb nicht umhin, die DDR als Ganzes zu erleben, was einem Wechselbad zwischen Bewunderung und Erschrecken gleichkam. Nur eins ist klar: Die BRD und die DDR haben nicht mehr viel miteinander gemeinsam. Sogar die Alltagssprachen scheren auseinander – zwei Welten, kein Zweifel.

Bei uns bezahlt über Steuern die Mehrheit, die nie ins Theater kommt, weil sie die Karten nicht bezahlen kann oder ihr keine entsprechenden Bildungsvoraussetzungen vermittelt wurden, das Vergnügen einer dünnen Oberschicht. In der DDR sind 30 Prozent des Publikums Arbeiter – Arbeiter, die wie Bürger aussehen und deren Bedürfnisse haben. Wie kommen sie dorthin? Werden sie ins Theater befohlen? Nein!

Der Gewerkschaftsbund in der DDR ist so etwas wie ein riesenhaftes kulturpolitisches Erziehungsinstitut. Das waren die Gewerkschaften des Deutschen Reiches, vor allem in den zwanziger Jahren, auch. Heute hingegen sieht unsere Gewerkschaftsbürokratie im Arbeiter ein Wesen, dem statt Herz, Seele, Hirn und Geschlechtsteilen offene Lohntüten eingebaut sind. Auch unter dem Signalwort »Mitbestimmung« kommt Kultur nicht vor.

Der Gewerkschaftsbund der DDR hat nicht wie bei uns die Rolle des Tarifpartners – wie sollte er auch in einer sozialistischen Wirtschaft ohne Unternehmer? Hingegen erfüllt er seinen kulturellen Auftrag.

Es wurde begriffen, daß gerade das Theater in seiner Doppelnatur von Amüsierbetrieb und moralisch-politischer Anstalt sich hervorragend dafür eignet, die Arbeiterschaft an die Kultur heranzuführen und sie zu »erziehen«. Wer nach den Spielplänen in der DDR fragt, meint denn auch immer nur das eine: Wie, Genosse Generalintendant, mischen Sie Belehrung, Bildung und Verführung?

Die Mischung kommt auch dort durch Beschlüsse zustande. In einem weltanschaulich ausgerichteten Staat muß noch bohrender als in »pluralistischen« Verhältnissen gefragt werden: Wer beschließt die Beschlüsse? In jedem Chefzimmer der Generalintendanzen, die wir besuchten, bin ich auf diesem Punkt der »Willensbildung« im Betrieb herumgeritten.

Der Generalintendant von Karl-Marx-Stadt, Gerhard Meyer, sagte dazu: »Die Parteigruppe, die Parteileitung im Haus kann den Intendanten, auch wenn er Parteimitglied ist (er ist es fast immer, wir kennen eine Ausnahme), nicht anweisen, ein Stück aufzunehmen oder abzusetzen. Ich muß unter Umständen meinen Kopf hinhalten, und der Parteisekretär kann zu mir sagen, aha, du willst das nicht einsehen, du zwingst mich also, das übergeordnete Parteiorgan zu informieren.«

Fred Larondelle, Theaterchef in Dresden, ursprünglich Lehrer und über die Politik aufgestiegen, gab folgendes Bild vom Entscheidungsprozeß: »Also passen Sie auf«, sagte er, »der Spielplan für 1975 wird derzeit (Ende November 1974) in den Sparten des Hauses – Schauspiel, Oper, Technik und so weiter – diskutiert. Von allen Seiten kommen die Vorschläge. Der Intendant hat klar das Primat in der Spielplanpolitik. Er ist verantwortlich, aber er wird klug daran tun, von seinem Vetorecht den denkbar bescheidensten Gebrauch zu machen. Er wird sich auf seine künstlerischen Leiter und auf seinen Mann von der Besucherorganisation, der das, was gemacht wird, verkaufen muß, stützen. So. Ende des Monats Rücklauf der diskutierten Unterlagen an mich. Sie werden unter meiner Leitung behandelt und in der Betriebsgewerkschaftsleitung. Die ist mein Kontrahent. Nichts geht ohne sie. Ferner geht der Entwurf an die

Parteileitung im Hause. Schon in diesem Stadium ziehen wir außerdem den Besucherrat hinzu.«

Die Spielpläne, den eine sich selbst überlassene Öffentlichkeit allein bestimmte, würden wahrscheinlich bei uns wie in der DDR aus Operetten, »Tosca«, Weihnachtsmärchen und gelegentlich mal »Faust« bestehen. Diktierte nur der »Publikumsgeschmack« – wo bliebe in der DDR der Faktor »Erziehung«? Diktierte die Partei, wo bliebe das Publikum? Es bliebe, da ihm SED-Fibeln zum Halse heraushängen, zu Hause! Um der Öffentlichkeit die Mittellösung schmackhaft zu machen, geschieht zweierlei: eine ständige Aufklärung über die laufende Arbeit wie über Theaterprobleme allgemein; und ein sorgfältiges Abtasten der Reaktion des Publikums auf die einzelnen Produktionen. An allen von uns besuchten Bühnen gewannen wir den Eindruck, daß der Direktor für Kulturpolitik und für Publikumsorganisation im Theaterbetrieb die wichtigste Funktion ausübt.

Sein Einfluß ist enorm, er hat weder in der BRD noch in der Sowjetunion ein Gegenstück. Was einer dieser Verkäufer »der Kunst, die wir machen« in einer beiläufigen Bemerkung zu seiner Arbeit erwähnte, öffnete mir die Augen über den Status der DDR als eines »Entwicklungslandes«. Er sagte: »Was ich hier treibe, das sind für die Theaterleute in Leningrad oder Moskau böhmische Dörfer. Wie Bücher, so werden dort auch Theaterkarten auf der Straße gehandelt, und wenn man einem Russen sagen wollte, warum Theater wichtig ist, würde er einem auf die Schulter klopfen: Brüderchen, halt die Luft an, ich weiß Bescheid.«

In der DDR hingegen ist noch immer eine breite Schicht für das Theater zu gewinnen, unerachtet, daß viele Arbeiter schon gelernt haben, ins Theater zu gehen. Wie?

Die Erziehung zum Theater fängt mit dem Preis für die Theaterkarte an.

Kosten für Theaterkarten spielen in einem DDR-Familienhaushalt 1975 keine Rolle mehr. Folge ist: Die Karten werden erworben, aber ein geringer Anlaß genügt, sie verfallen zu lassen. Der Platz, obwohl verkauft, bleibt leer, man spricht von »toten Seelen«. 10 Prozent »tote Seelen« sind ein Alarmzeichen, ein Absinken der Kartenverkäufe unter 85 Prozent nicht minder.

Die zweite Maßnahme, regelmäßige Besucher zu bekommen, ist unter dem Begriff »Anrechtswesen« zusammenzufassen. »Uns liegt nichts an Leuten, die einmal im Jahr ins Theater gehen. Wir brauchen Kontinuität«, sagt Dieter Anderson, der Direktor für Öffentlichkeitsarbeit in Dresden. »Wir haben mit sieben verschiedenen Typen von Anrecht eine ziselierte Methode entwickelt, Publikum an uns zu binden. Wir haben sogar ein Spezialanrecht für unsere ehrenamtlichen Helfer. Das sind die Kulturobmänner in den Betrieben. Für uns hier in Dresden sind etwa 2 000 solcher Helfer tätig. Wir behandeln sie äußerst pfleglich, sie werden über alles, was wir planen und tun, sofort informiert, sie geben ja die Informationen weiter. Außer Arbeit haben sie nichts davon.

Die Beziehungen zwischen Industrie und Theater sind eng und vielfältig.

Die Anerkennung des Theaters als eines gesellschaftspolitischen Instituts hat neben den intensiv arbeitenden Berufs-Theatern eine dichte theatralische Subkultur entstehen lassen: Arbeitertheater, Dorftheater, Spielgruppen. Das Kulturhaus des Buna-Chemie-Kombinates bei Merseburg beispielsweise, so groß wie der Bahnhof von Bremen, hat ein eigenes, technisch perfekt eingerichtetes Theater. In Ebersdorf am Südrand der Republik machen theaterbegeisterte Bürger seit 15 Jahren jährlich mehrere Inszenierungen, versteigen sich bis zu »Mutter Courage« von Bertolt Brecht. Sie haben eine Freilicht-Bühne in eigener Handarbeit gebaut und machen auch Gastspielreisen in die Republik.

Daß das Mittelmeer zur Giftbrühe wird, ist nicht erst Erkenntnis der späten achtziger Jahre. Die Römer sonnten sich schon 1974 zwischen Schmutz und Gerümpel in Ostia. Dort erreichen die Abwässer der 3-Millionen-Stadt, zuvor in den Tiber geleitet, das Thyrrenische Meer. Robert Lebeck und ich gingen diesem Umweltskandal an den Küsten Italiens nach:

MEIN GOTT, WO BLEIBEN NUR DIE DEUTSCHEN? Die fünf romantischen Dörfer an der Felsenküste nördlich von La Spezia heißen »Cinque Terre«. Wir halten auf der neuen, noch unfertigen Panoramastraße, die sie künftig verbinden wird, hoch über Riomaggiore, einer der Ortschaften. Seit einer Woche fahren wir auf und ab in Italien, durch Städte, an den Küsten entlang und wollen erfahren, warum die Fremden in diesem Jahr Italien massenhaft meiden.

Nicht von ungefähr sind wir gerade hier. Vor wenigen Tagen stellten Polizisten auf Anordnung der Bürgermeister Schilder in den Buchten auf: Es ist verboten, im verseuchten Meer zu baden. Die Einheimischen, besorgt, ihre ohnehin nicht zahlreichen Gäste zu verlieren, entfernten die Schilder, demonstrierten, wurden tätlich gegen die Polizisten.

Fotograf Robert Lebeck steigt aus, schraubt sein längstes Teleobjektiv vor den Apparat und richtet es auf Meer und Küste tief unter uns. »Wollen Sie mal Scheiße aus der Nähe sehen?« fragt er. Es ist eindrucksvoll. Große braune Felder schwappen vor der Küste. Außerdem aber sehe ich braune Menschen, die sich in die Gischt der Brandung stürzen. Was ich da im Teleobjektiv vor dem Auge habe, das ist Italien in der Krise: der Dreck und die Menschen, die sich von ihm nicht den Sommerspaß verderben lassen.

Wo kommt er her? Die Dörfer, in ihrer Abgeschiedenheit auch in den letzten Jahren kaum gewachsen, ohne Fabriken, haben ihn nicht produziert.

Das Mittelmeer, diese ungeheure, von den offenen Weltmeeren fast völlig isolierte Wassermasse, die sich nur binnen achtzig Jahren ganz erneuert, wird von einer gewaltigen Strömung im Gegensinn des Uhrzeigers in ständiger, mit Augen nicht wahrnehmbarer Bewegung gehalten. Die trägt mit sich, was das Meer aufnimmt.

Allein aus diesem Grunde ist unsinnig, was die italienische Propaganda behauptet: Es seien nur da und dort kurze Strandstücke in der Nähe von Fabriken, Raffinerien, großen Städten verschmutzt. Was wir vor der einsamen Küste von Cinque Terre sehen, widerlegt solche Behauptungen.

Als wir am Ende unsere Beobachtungen addieren, sind wir jedoch weit davon entfernt, die Meeresverschmutzung, die gewiß nicht größer ist als die der Ostsee, als die einzige oder auch nur als die Hauptursache für die italienische Touristenmisere anzusehen. Da kommt viel zusammen.

In einem wütenden Artikel aus Bonn vom 12. Juli beklagt die angesehene italienische Zeitung »La Stampa«, daß in Westdeutschland ausgerechnet in der Hauptsaison eine »Hetzkampagne« gegen Italien geführt werde, mit der Behauptung, es gäbe dort: »Unruhen, Dreckwasser, Streiks, Diebstähle, miserablen Postdienst, Singvögelmord.« Neu sei, daß die Benzingutscheine (»ein Geschenk Italiens an die Ausländer«) zwar versprochen, aber (noch) nicht ausgegeben worden sind.

So leid es uns tut – wir müssen feststellen: Es gibt Dreckwasser, Streiks, Diebstähle, miserablen Postdienst (plus noch miserablerem Telefondienst), Singvögelmord und (noch) keine Benzingutscheine. Es gibt außerdem grauenhaft verdreckte Strände und Städte (Venedig). Und was die »Stampa« als Diebstähle bezeichnet, ist in der Regel offene Straßenräuberei; scippo nennen die Italiener die Methode, mit Motorrad oder Auto am Opfer vorbeizufahren und ihm die Handtasche oder den Koffer zu entreißen, ohne anzuhalten.

Soviel von Diebstählen. – Dreckwasser? Ein Experte aus der UNO-Organisation für Ernährung und Landwirtschaft (Sitz Rom) erklärt uns: »Wenn da so ein bißchen Kot und Nylonflaschen herumschwimmen, das ist ganz harmlos. Das klarste Wasser kann das giftigste sein, dann nämlich, wenn das Gift in solcher Dosis im Meer ist, daß es Fauna und Flora restlos vernichtet.« Zur Probe badete ich bei einer chemischen Fabrik nahe Livorno in einem Meer, es war herrlich klar, grünblau wie in der Südsee. Der weiße Grund: Chemie; die Haut brannte: Chemie. Unweit mündete ein »klarer« Bach ins Meer, kochendheiß, Salmiak verdampfend. Doch wie in Riomaggiore war auch hier der Strand voll fröhlicher Italiener, die badeten. So zeigt sich, daß ein in der Umweltverschmutzung führender italienischer Industrieller die Wahrheit sagte, als er verkündete: »Je ärmer die Leute sind, desto weniger merken sie den Gestank!«

Befände sich die Bundesrepublik in der Situation Italiens – wir wären in Panik! Die Italiener reagieren anders auf nahendes Unheil: Erholungslandschaften sind voll – voll von Italienern!

Nur, wo es nichts kostet, ist Leben! Die Cafés am Markusplatz in Venedig sind leer, als seien die Stühle mit Cholerabazillen infiziert, rundherum die fröhlichen Scharen der Einheimischen.

Die Wirte sitzen vor ihren Bars und Trattorien an den Stränden und schauen traurig auf das Gewimmel. In Pisa, im Dom-Hotel, fragte mich der Chefportier verstört: »Mein Gott, wo bleiben die

Deutschen? Euch geht's doch gut, ihr habt Geld wie Heu. Hat das politische Gründe?«

Es stimmt alles oder doch das meiste von dem, was die »Stampa« zur »Hetzkampagne« erklärt? So ist es. Aber gerade weil es stimmt, war Italien im Hochsommer noch nie so schön, so gemütlich!

Oh, meine Landsleute, fahrt gen Süden! Kein Verkehrschaos, kein Zwang, Bildung zu heucheln (viele Museen sind mangels Personal geschlossen!), nicht die geringsten Schwierigkeiten, ein Bett zu finden. Sauberes Wasser habt ihr zu Hause auch nicht, bestohlen werdet ihr zu Hause auch – aber nicht in einer so wunderbaren Landschaft und nicht im Schatten der Tempel von Paestum und Agrigent.

1975

Im Februar 1975 konnte ich einen Verlagsvertrag über *Mein Krieg* abschließen. Es ist das einzige meiner vielleicht dreißig Bücher, von dem ich vermute, es werde bleiben, vielleicht weil es nicht am Schreibtisch entstanden ist, sondern Tag um Tag im Krieg, von dem Soldaten E. K. zuweilen auch in einem Schützenloch irgendwo in Rußland geschrieben. Es blieb auch, vielleicht gerade deshalb, die einzige Arbeit, für die ich an mehreren Türen anklopfen mußte, bis sie von einem Verlag angenommen wurde. Die Unterzeichnung des Vertrages verzögerte sich dadurch, daß am 27. Februar Mitglieder der »Bewegung 2. Juni« den Vorsitzenden der Berliner CDU, Peter Lorenz, entführten. Es wurde der einzige Fall, in dem der Staat den Forderungen der sechs Entführer nachgegeben hat. Sie durften ausfliegen, begleitet von Pfarrer Heinrich Albertz, Ex-Oberbürgermeister von Berlin, der, seines Amtes ledig, sich vom Gegner der Studentenbewegung zu einem »Sympathisanten« entwickelt hatte, politisch vom Saulus zum Paulus geworden war. Von den Sechsen weigerte sich einer, die angebotene Chance zu nützen, Rechtsanwalt Horst Mahler, der nach seiner Strafverbüßung heute wieder als Verteidiger vor ordentlichen Gerichten tätig ist.

Man wußte nicht genau, wo die fünf zunächst Station machen werden, als wahrscheinlich wurde der kommunistische Süd-Jemen genannt. Dorthin flog ich ihnen am 12. 3. nach. Einer von ihnen, ein hochbegabter

Jurist, war ein Freund eines meiner Söhne gewesen und hatte einmal
Ferien bei uns auf der Insel gemacht. Ich dachte, er würde seine Komplizen bewegen, mit mir zu reden. Die Probe aufs Exempel konnte ich
nicht machen, denn die Behörden in Aden ließen mich und den indischen
Stern-Fotografen Jai Ullal nicht ins Land. Wir mußten auf dem Flugplatz
umkehren mit der Begründung seitens eines südjemenitischen Beamten,
die BRD habe von seinem Staat schlecht berichtet. Ich versuchte eine
Woche lang vergebens die Entführer aufzuspüren. In dieser Zeit entstand
kein Bericht, nur eine Unmenge abgeschickter und empfangener Telegramme wurden gewechselt, nachdem ich von Aden nach Beirut zurück-
geflogen war, um von dort aus die Sache zu betreiben. Einige davon mögen dem Leser sagen, wie eine journalistische Recherche abläuft, wenn
praktisch unbeschränkte Mittel zur Verfügung stehen.

13/3/75 AN STERN AUSSENPOLITIK Situation frustierend aber
nicht so daß ich schon zurückfliegen möchte stop versuche neu Dr.
Held [damals BRD-Botschafter in Sanaa, Nord-Jemen] zu erreichen
stop erfahre über irakische Kanäle daß unsere Ausweisung in Aden
einmalige Aktion war prinzipielles Einreiseverbot besteht nicht stop
gut zu wissen falls ich noch mal hinfliege stop jetzt Hotel Corona
Beirut stop anruft Flugkapitän Sunny Khwaja in England [folgt
Telefonanschluß] war in Aden stop vielleicht wichtig stop gebe mir
Frist bis Freitag e. k.

14/3/75 DEAR KUBY/JAY Genschers opinion: since the foreign
office has explained before repeatedly that only on explicit request
of the foreign office either by the ambassador in Beirut or even bet-
ter in Sanaa or if Mr. Kuby personally requests the foreign office in
Bonn by cable to do so stop he sees no reason to repeat the explana-
tion publicly as it has been given publicly one before stop officials in
Bonn expect Aden government to expel the five in the near future
stop this information is strictly confidential.

15/3/75 To MR. E. STERN I have your last information stop
after a long discussion with our officials here it seems the best what
I can do is to go to Sana'a. We don't belive that Adens arguments are
truth-fully but nevertheless I will try it again stop chance is very
small stop I keep you posted from Sana'a so soon as I can stop next
contact adress is Dr. Held.

BEIRUT 17/3/75/9.00 [telex] I will not start from here without clearer signals about our friends. Its too expensive perhaps for nothing. At the moment speculations range to Northvietnam. Is it your earnest opinion that I shall go with Jay to Delhi? If yes give my name and passport number immediately the indian protokoll. Jay needs films and money. Regards yours E. K.

18/3/75 MR. KUBY AND MR. ULLAL officially confirmed five have been expelled. Whereabouts unknown? Speculations range from Indonesia to Madagaskar and Syria. If your contacts have no knowledge of whereabouts of five and do not expect them we suggest your return.

Die fünf Entführer blieben bis auf weiteres verschwunden. Am 2. April war ich via Rom und Zagreb wieder in Hamburg. Nun beginnt für mich das Terror- und Terroristenjahr. Wann immer Informationen eingingen von »Experten« auf diesem Gebiet, suchte ich sie auf, um schließlich eine Art europäische Terrorismus-Landschaft rekonstruieren zu können. Meine erste Anlaufadresse war Frau Mitscherlich in Frankfurt; die nächste Reverend Österreicher in London (»großes Gespräch über RAF« 14. April), dann Professor Frey, Frankfurt, Nothelfer im Hungerstreik, und so weiter, Paris, Rom, Beograd, Amsterdam. Am Vormittag des 21. Mai erlebte ich in der Gefängnisfestung Stammheim die Eröffnung des RAF-Prozesses. Die Redaktion schickte nachmittags nach Stuttgart eine gemietete Maschine, die mich nach Hamburg zurückbrachte. Die ganze Nacht arbeitete ich in der Redaktion. Am 23. Mai heißt es im Kalender: »Beste Stern-Konferenz seit Jahren, setze meine Vorstellung von der B.-M.-Berichterstattung durch.«

So war es. Hier zu zitieren, was ich über die RAF-Straftaten, ihre Hintergründe, ihre Organisation veröffentlichen konnte, erübrigt sich 1989. Vertretbar erscheint mir, die Portraits der vier Angeklagten Meinhof, Raspe, Baader und Ensslin mit den notwendigen Straffungen noch einmal zu drucken. In vergleichbarer Objektivität wurde 1975 in keinem anderen westdeutschen Massenblatt berichtet; schon gar nicht in einer Illustrierten. Mein Thesensatz: Mord ist nicht Mord, trug mir Morddrohungen ein und entsprechende Kommentare in Springer-Blättern.

DAS SZENARIUM VON STAMMHEIM. Die Straßenbahnlinie 5 rumpelt vom Hauptbahnhof nach Stammheim hinaus. Sie braucht eine halbe Stunde. Stuttgart hört allmählich auf, es zerfällt in Dörfer. In Stammheim wird es schwäbisch-hübsch, kleine weiße Häusle, Blumenliebe in Vorgärtchen, blühende Obstbäume rundherum, der Schaffner sagt: »Hier steiget Sie aus, und da vorne, da sehen S'es schon.«

Ich gehe 200 Meter und sehe es schon. Eine Fabrik könnte es sein, modern gebaut, aber die grauen Blöcke, hoch, halbhoch, niedrig, sind ein Gefängnis. Außer Polizisten stehen auch ein paar Zivilisten herum. Ich höre, Karten seien noch zu haben. Später zeigt sich: Plätze bleiben sogar leer.

Es ist ein wunderschöner, sonniger Maimorgen. Von den Polizisten hat jeder ein Funksprechgerät um den Hals oder in der Hand, und alle diese Apparätchen nuscheln miteinander in schnarrendem Ton. Es ist, als ob Frösche quaken.

Derart solide, derart hohe Zaungitter habe ich noch nie gesehen. Hinter ihnen werden nicht nur die vier prominenten Angeklagten behütet und bewacht, sondern außerdem rund 800 ganz gewöhnliche Gefängnisinsassen, von der Sorte, die sagen: vier Jahre? Ha, das mach ich auf einer Arschbacke ab. Sie sind stocksauer, haben einen unheiligen Zorn auf die vier, weil ihretwegen der ganze Laden unentwegt auf Hochtouren läuft.

Vor den Glastüren, die auch in ein Hotel führen könnten, heißt es warten. Was hängt denn da? Ein Messingrahmen um eine Glasscheibe. Dahinter jenes Formular, das man in der ganzen Bundesrepublik am Eingang zu jedem noch so kleinen Gerichtssaal, in dem eine Mietsache verhandelt wird, hängen sehen kann: die Mitteilung, was hier stattfindet, Sitzungsbeginn, Namen der Richter, Namen der Ergänzungsrichter, Namen der Angeklagten. Darüber gedruckt: »Straftat.« Und mit Schreibmaschine steht darunter: »Mord u. a.«

Nun bin ich dran, meine drei Ausweise – Paß, Presseausweis, Platzreservierung – muß ich zum drittenmal vorzeigen, im ganzen sechsmal. Ein Mann in Zivil sagt, ich möchte ihm folgen.

Er fängt an, mir in die Taschen zu greifen und alles herauszuholen, was drin ist: vier Schreibstifte, ein kleiner Block, Papier-Taschentücher, etwas Geld, und die Uhr, die ich seit 40 Jahren trage. Sie stammt von meinem Großvater und ist 109 Jahre alt. Jetzt wird sie verdächtigt, vielleicht ein Behältnis für Dynamit zu sein.

Mit dem Gesicht zur Wand und diese mit der Stirn berührend, habe ich unbeweglich stehen zu bleiben, bis der Herr, buchstäblich Zentimeter um Zentimenter, meine Rückseite abgefingert hat. Die Vorderseite folgt sogleich. Er wiederholt die Prozedur mit einem elektrischen Anzeigegerät, wobei meine Gürtelschnalle, weil aus Metall, einen kleinen Heulton erzeugt, was den Herrn erschrecken läßt. Ich sage: »Fürchten Sie sich nicht, es ist nur die Gürtelschnalle.« Am Ende werden zwei meiner Schreibstifte in ein Nylonsäckchen verpackt, dieses wird hinter eine schußsichere Glaswand transportiert und von dort durch einen Polizisten in ein abschließbares Fach getan, für das ich den Schlüssel erhalte.

Kurz nach halb neun wird der Saal geöffnet. Er ist schön, weil er nicht als Gerichtssaal gebaut ist. Der eierschalenfarbene Spanntepich verschluckt das Geräusch der Schritte. Höchstens ein Drittel des Raumes ist für Zuhörer und Presse durch eine eiserne Barriere abgeteilt. Auf der übrigen Fläche sind großzügig, teuer und geradezu elegant Sessel und Tische verteilt, wobei die Plätze für die Staatsanwaltschaft links, an der Stirnseite für das Gericht und rechts, hinter einer geschlossenen Brüstung für die Angeklagten aufgebaut sind.

Ein paar Kameraleute und Fotografen dürfen für Minuten in den Saal ohne Gericht, ohne Angeklagte. Die Objektive machen Streifzüge über die Wände, die leeren Sessel, über das die Schalensitze schütter füllende Publikum. Selbst hier findet man ein Dutzend jener Rentner-Typen, die in allen Gerichtsverhandlungen auftauchen, ein paar Hausfrauen aus Stammheim scheinen sich auch eingefunden zu haben.

Von höchstens 20 Personen würde ich sagen, daß sie gekommen sind, weil sie diesen Prozeß als ein historisches Ereignis ansehen. Unter ihnen der aus London gekommene Reverend Österreicher, Präsident von Amnesty International, der als einziger Unbeteiligter vor dem Prozeß mit den Angeklagten reden durfte, als es um die Beendigung ihres Hungerstreiks ging.

Soweit noch Anwälte übriggeblieben sind, die sich die Angeklagten selber ausgesucht haben – es sind vier, Schily, v. Plottnitz, Riedel und Marieluise Becker –, sitzen sie direkt unterhalb ihrer Mandanten. Durch die ganze Breite des Saales von ihnen getrennt, sitzen die vom Gericht bestellten Pflichtverteidiger. Und vom ersten Augenblick an entsteht der Eindruck, daß es »die Verteidiger« als eine Gruppe gar nicht gibt. Es sind zwei Gruppen, und zwischen beiden gibt es keine Kommunikation.

Es war kurz vor neun, da wurde es unter den Journalisten und Besuchern plötzlich still. Aus einem Gang auf der rechten Seite des Saales, gebildet von der Außenwand und einer zweiten, die fast bis zur Decke reicht, traten die Angeklagten heraus. In die Reihe, die sie bildeten, waren drei Wachtmeister eingegliedert, die sie führten. Um die Handgelenke der vier Angeklagten schlangen sich stählerne, mit Schlüsseln zu öffnende Ringe mit angeschweißten, gleichfalls stählernen Handgriffen. An diesen Griffen hielten die Wächter die beiden Frauen und die beiden Männer noch im Saal.

Diese Maßnahme ist eine deutsche Erfindung. Nicht einmal Angela Davis, als gefährlichste Frau der Vereinigten Staaten bezeichnet, hat in ihrem Prozeß den Gerichtssaal gefesselt betreten müssen.

Bei Ulrike Meinhof konnte ich den Vorgang beobachten, und ich bemerkte, daß sie mit dem Stahlring, und damit also auch mit Hand und Arm des Wachtmeisters, dessen rechte Hand den Griff umschloß, wie selbstverständlich umgehen konnte, so selbstverständlich wie ein Pfeifenraucher mit der Pfeife in seiner Hand. Aus der Art, wie sie gar nicht zu bemerken schien, daß sich der Ring von ihrem Arm löste und auch aus der Art, wie der Wachtmeister die Fessel öffnete, ohne einen Blick daranzuwenden, sprach lange Übung, lange Gewöhnung an diese Nähe zwischen Wächter und Gefangener.

Alle vier trugen Pullover und Blue jeans. Sie sahen aus wie junge Leute von der Straße und nahmen sich ungeheuer privat aus neben den schwarzen Roben der Richter und Anwälte und den dunkelroten der Ankläger. Aber die Gesichter der Frauen und Baaders wirkten erschreckend zerstört. Sie waren so fahl, als hätten sie seit drei Jahren keinen Strahl Sonne auf der Haut gefühlt.

Ulrike Meinhofs Gesicht ist aufgedunsen, ihr Haar hat sie zu einem kurzen Zopf geflochten, der links zur Schulter herabhängt.

Gudrun Ensslin ist bis auf die Knochen abgemagert. Von Raspe ist wenig zu sagen. So wie er aussah, hätte er ein Student höheren Semesters sein können, der sich in eine Vorlesung setzt, ausgeschlafen, der ruhig sein Kollegheft vor sich hinlegt, um mitzuschreiben. Während der ganzen Zeit im Saal bewegte er sich kaum. Baader hingegen ist am unruhigsten: Er zeigte ein intensives Mienenspiel, ohne daß zu erkennen war, welche Eindrücke er reflektierte. Keiner der Angeklagten streifte das Publikum auch nur mit einem Blick.

Daß Richter Prinzing mit der Erwartung in diese Sitzung gegangen ist, er könne die Verhandlung unangefochten eröffnen, halte ich für unwahrscheinlich. Als die Verteidiger, unter denen Rechtsanwalt Schily sich als herausragende Figur erwies, den Antrag vorgebracht hatten, die ausgeschlossenen Baader-Anwälte Ströbele, Groenewold und Croissant nunmehr als Verteidiger der anderen Angeklagten zuzulassen, war allen klar, daß das Gericht in einem Stolperdraht hängen bleiben würde, den nicht die Anwälte, sondern der unaufmerksame Gesetzgeber gelegt hatte: Er hatte versäumt, klar zu regeln, ob ein Anwaltsausschluß für den Mandanten oder für das ganze Verfahren und auch die Mitangeklagten Geltung hat.

De facto haben die Anwälte nicht mehr erreicht als eine Verzögerung des Prozesses. Aber sie haben eine Zwangssituation herbeigeführt, in der geltendes Prozeßrecht geändert werden muß, um diesen Prozeß führen zu können.

Die Prozeßbesucher, viele von ihnen, wie sie da durch die ruckweise in Bewegung gesetzten, raumhohen Drehkreuze aus Stahlrohren in die normale Welt zurückkehrten, gingen hinaus wie begossene Pudel.

Die vier Angeklagten verließen den Saal, wie sie gekommen waren – angekettet, schweigend, ohne einen Blick in den Saal. Ulrike Meinhof ging als letzte.

ULRIKE MEINHOF. Zum engsten Freundeskreis der Familie gehörte eine ungewöhnliche Frau. Renate Riemeck, 14 Jahre älter als Ulrike Meinhof, hat in Jena promoviert, hat in mehreren Fächern (Geschichte, Germanistik, Kunstgeschichte und Geographie) abgeschlossene Studien vorzuweisen und ist nach dem Krieg zunächst in den Schuldienst eingetreten.

Sie wurde wie selbstverständlich für Ulrike eine zweite Mutter, und was sie dem jungen Mädchen an politischem Bewußtsein vermittelte, war nicht nur Antifaschismus und protestantische Religiosität. Der Krieg und das Dritte Reich waren vorbei, jedermann, der es ernst meinte, sprach von Freiheit und Frieden, nie wieder Krieg, nie wieder Rüstung, nie wieder nationale Machtpolitik; das waren die Parolen.

Aus ihnen entwickelte Frau Riemeck ein konkretes Programm, das sie mit Hilfe der »Deutschen Friedens-Union« politisch verwirklichen wollte. Eines der ersten Ziele dieser Partei war, schon Anfang der sechziger Jahre, die Anerkennung der DDR, die Verständigung mit der Sowjetunion. Was man in den Jahren des Kalten Krieges unter dem Stichwort »Ostkontakte« fast für Landesverrat ansah, das pflegte Frau Riemeck mit großer Intensität. Die Folge war, daß ihr in Nordrhein-Westfalen, wo sie an der Pädagogischen Akademie in Wuppertal eine Professur hatte, die Berechtigung entzogen wurde, Prüfungen abzunehmen. Renate Riemeck legte daraufhin ihr Lehramt nieder.

Ziehtochter dieser Frau, Schülerin, Jüngerin, allmählich auch gleichrangige Freundin wurde Ulrike Meinhof; sie lernte nicht nur und nahm, sie brachte auch etwas ein: eine ganz ungewöhnliche Fähigkeit zum logischen Denken und ein ausgesprochenes Talent, schwierige Zusammenhänge einfach darzustellen.

Ein Blaustrumpf war sie nicht. Ihr Ehemann Klaus Rainer Röhl sagt von ihr, sie sei als Dreißigjährige auf Partys eine unermüdliche, wilde Tänzerin gewesen. Sie war es schon mit 20. Außerdem schleppte sie schöngeistige Literatur mit sich herum, konnte Gedichte von Benn auswendig, spielte Geige, trug Hosen, die noch keine Blue jeans waren – in solchen kam sie jetzt in den Gerichtssaal – und rauchte Pfeife.

Ulrike Meinhof war noch Studentin (Pädagogik, Germanistik, Philosophie), da wurde sie schon in intellektuell-politischen Kreisen herumgereicht wie ein Wunderkind. Als etwas ganz Besonderes wurde an diesem jungen Menschen empfunden, daß er ungeachtet seines kessen und modernistischen Gehabes ein brennendes Interesse für religiöse Probleme zeigte und aus seiner protestantischen Gläubigkeit kein Hehl machte.

Daß sie fähig war, sich unter schwierigen Umständen durchzusetzen, aus Minderheit Mehrheit zu machen, hat sie wohl zum erstenmal auf dem berühmt (oder berüchtigt) gewordenen Anti-Atom-Kongreß 1959 in Berlin gezeigt. Dort erklärten die Delegationen von 20 deutschen Universitäten dem Kalten Krieg nun ihrerseits den Krieg. Zum Entsetzen der Konservativen, aber auch zum Ärger der SPD, verabschiedete das Plenum eine Entschließung, in der es hieß, die Formel »Mit Pankow wird nicht gesprochen!« müsse endlich aus der Bonner Politik verschwinden; mit der DDR sei zu verhandeln und eine überstaatliche Repräsentation beider Deutschland anzustreben.

Zu den Widersachern Ulrike Meinhofs auf dem Kongreß gehörte der heutige Bundeskanzler Helmut Schmidt. Er war als SPD-Bundestagsabgeordneter nach Berlin gekommen und hatte ein Referat unter der Prämisse zugesagt, daß sich die Kongreß-Beschlüsse auf der Linie der damaligen SPD-Politik halten würden. Dagegen setzte sich unter anderem mit besonderem Erfolg Ulrike Meinhof ein; sie und ihre Gesinnungsfreunde fanden die Mehrheit. Schmidt verließ darauf den Kongreß.

In den frühen sechziger Jahren wurde Ulrike Journalistin. Sie war 1958 dem Herausgeber von »konkret«, Klaus Rainer Röhl begegnet, der damals, wie später auch Ulrike Meinhof, Mitglied der illegalen KPD war und von der SED finanziert wurde (wie wir heute von ihm selbst aus seinem autobiographischen Buch »Fünf Finger sind keine Faust« wissen). »Es war Abneigung auf den ersten Blick« (Röhl). Aber es war doch bald Zusammenarbeit und später Ehe.

Von 1959 bis 1969 schrieb Ulrike Meinhof in *konkret* jene politischen Kolumnen, mit denen sie zum Erfolg des Blattes, der allerdings nur wenige Jahre währte, entscheidend beigetragen hat. Sie stand politisch und ökonomisch fest auf eigenen Füßen, als um 1964 von Berlin aus die Studentenbewegung das politische Klima in der Bundesrepublik zu verändern begann.

Die Journalistin Meinhof, das SDS-Mitglied Meinhof, die Reden haltende, die diskutierende Meinhof arbeitete in und für die Studentenbewegung; sie engagierte sich insbesondere für die von den linken Studenten getragene Aktion gegen die Springer-Presse, aber sie war kein Produkt der politischen, der linken Bewegung der zweiten Hälfte der sechziger Jahre.

Die Studenten, die 1964 zwischen 20 und 25 Jahre alt waren, bildeten von vornherein eine Gemeinschaft und operierten sozusagen im geschlossenen Verband auf dem Universitäts-Campus. Für sie war das Auditorium maximum so etwas wie ein Dampftopf, in dem das Gemeinschaftserlebnis bei hohen intellektuellen Temperaturen real wurde. Ulrike Meinhof hingegen war politisch ein Einzelkind. Sie hatte sich, nach politischem Privat-Unterricht bei Frau Riemeck, allein weitergebildet, aus der Praxis für die Praxis, als noch weit und breit kein Rudi Dutschke und dessen Bewegung zu sehen waren.

Daß von dorther eine ganze Anzahl jener kommen, die heute als Terroristen gefangen sind oder gesucht werden, wissen wir. Dennoch wäre es falsch, Ulrike Meinhof die gleiche politische Herkunft zuzuschreiben. Sie ist eine andere Generation, um zehn entscheidende Jahre älter als die meisten. Und als einzige im engeren und weiteren Kreis der Terroristen hat sie eine auch im bürgerlichen Urteil erfolgreiche berufliche Laufbahn aufzuweisen, die sie ohne sichtbare Konflikte mit Staatsschutzorganen aufbaute.

Sie hob sich noch auf andere Weise von den politisierten und politisierenden Studenten ab: Sie war in Kleidung und Auftreten jetzt bürgerlicher als zu ihrer Schulzeit. Im Kreis von Freunden war sie bereit, sich selbst immer wieder in Frage zu stellen.

Den Begriff Freund ohne die Komponente Gesinnungsfreund hat es für Ulrike Meinhof nie gegeben. Allgemeine Sympathie oder erotische Anziehungskraft allein haben sie nie bewogen, in eine nähere Beziehung zu einem Menschen zu treten. Sie brauchte den geistigen Kontakt, sie brauchte das Gefühl, mit dem andern in einer Front zu stehen.

Tatsächlich hat sie sich nie in einem politisch neutralen oder fremden Milieu bewegt. Mit der einzigen Ausnahme: daß sie als Frau Röhl, als Chefredakteurin von *konkret*, als junge Mutter von Zwillingen, als gefragte Autorin für Funk und Fernsehen, als Bewohnerin einer Villa in Hamburg-Blankenese es mit Vergnügen geschehen ließ, in eine Star-Rolle gedrängt zu werden.

Das war die Zeit, in der sie ihre wichtigsten Arbeiten schrieb, die von »konkret« veröffentlichten Kommentare. Sie hat über alle und alles geschrieben, was sie haßte, vor was sie warnen zu müssen glaubte: Atom-Bewaffnung, Notstandsgesetze, »Spiegel«-Affäre,

Amerika ohne Kennedy, immer wieder Vietnam. In diese Kommentare ist nichts von ihren Selbstzweifeln eingegangen, sie sind in einer schmucklosen, fast kargen Sprache geschrieben, aber in einem unerbittlich kämpferischen Ton.

Sie fand es lustig und angenehm, eine bekannte Frau zu sein, bei deren Erscheinen sich Leute anstießen, die zu Hause eine kleine Reederei oder eine nicht so kleine Bank haben, und sagten: Schau, das ist die Meinhof!

Als sich abzeichnet, daß die Studentenbewegung eine isolierte, befristete Erscheinung bleiben wird, da begaben sich Studentenführer wie Rudi Dutschke »auf den langen Marsch«.

Ulrike Meinhof reagierte ganz anders. Sie sagte: Ich bin nicht so … ich habe es falsch angefangen. Ich muß es anders machen. Und sie reagierte auf die Erkenntnis ihrer Ohnmacht wie ein Mensch, der die Orientierung verloren hat:

Sie setzte sich von den »Gesinnungsfreunden« ab, das heißt von denjenigen, von denen sie wußte: Die schreiben nur, die reden nur.

Sie suchte den Umgang mit ein paar erheblich jüngeren Menschen, Komplizen mehr als Freunde, die sagten, sie würden gegebenenfalls handeln (= schießen), und von denen es später auch einige getan haben.

Wir wissen, wie es weiterging. Die kämpferische Schreiberin wurde eine miserable Täterin; die unerbittliche Streiterin für Gerechtigkeit, Frieden, Toleranz verwandelte sich in einen Anwalt der Gewaltanwendung.

JAN-CARL RASPE. Weil der Junge bei seiner großbürgerlichen Herkunft und wegen allzu geringen »gesellschaftlichen Einsatzes« in Ostberlin nicht in eine höhere Schule aufgenommen wurde, fuhr er jeden Tag mit der S-Bahn nach Westberlin, eine Stunde hin, eine Stunde her, und besuchte dort ein Gymnasium.

Am 12. August 1961, einen Tag vor dem Mauerbau, besuchte er ein Konzert in Westberlin und blieb, wie schon manchmal, bei Onkel Hans und Tante Sophie über Nacht. Die Verwandten erklärten sich bereit, ihn auf Dauer aufzunehmen. Jan-Carl schrieb der Mutter: »Ich will auf jeden Fall hierbleiben. Ich sehe in Ostberlin keine Zukunft.« Da war er 17 Jahre alt.

Sein Onkel Hans berichtet: »Er las die ›Zeit‹, die ich für ihn abonniert hatte, immer ganz gründlich. Daran schlossen sich heftige Debatten. Er war gegen die Notstandsgesetze, er nahm an Protesten gegen sie teil. Wir haben durch Jan unsere politischen Ansichten weiterentwickelt. Der Tod von Benno Ohnesorg hat ihn tief bewegt. Das war für ihn ein klarer Mordfall, und er hat auf eigene Faust und mit Freundin Ermittlungen nach dem Täter angestellt.«

Das scheint bereits ein ganz anderer Raspe zu sein, ein politisch engagierter, ein »linker« Student, inzwischen Mitglied im »Sozialistischen Deutschen Studentenbund« (SDS), einer von vielen; kein Führer der Studentenbewegung, aber auch nicht nur ein Mitläufer.

»Er hat immer sehr wenig geredet. Er hat sich politisch nie direkt geäußert. In Diskussionen kam er nicht zu Wort, die anderen waren immer lauter und schneller als er.« Das sagt ein Mädchen, das ihn gewiß genauer kennenlernte als irgend jemand von der Familie. Diese Zeugin war Mitglied der »Kommune II«, der sich 1967 auch Raspe anschloß. Und in dieser Gruppe trat der damals 23jährige zum erstenmal aus seiner Verschlossenheit heraus.

Im August 1967 bezogen vier Männer, drei Frauen und zwei Kinder, drei und vier Jahre alt, eine geräumige Altbauwohnung in Berlin-Charlottenburg. Sie gingen in dieses kollektive Abenteuer mit dem Bewußtsein, daß sie sich erst selbst verändern müßten, bevor sie darangehen könnten, die gesellschaftlichen Verhältnisse zu ändern. Vom ersten Tag an protokollierten sie, was sie sprachen, redeten, wie sie sich gegenseitig sahen, wie sich ihre Beziehungen untereinander veränderten und warum. Die Protokolle sind als Buch erschienen, es heißt »Kommune II«. Diese sieben jungen Leute sind an der selbstgestellten Aufgabe gescheitert – mit dieser Einsicht endet das Buch.

Jan-Carl Raspe hatte sich aus Rücksicht auf sein Studium nur schwer entschließen können, in die Kommune einzutreten. Die Kinder dort störten ihn anfänglich, weil sie ihn von der Arbeit abhielten. Doch er setzte sein Studium fort und lieferte eine Diplomarbeit ab, die an der Freien Universität Lob fand (»sehr gut, sehr interessant«, Soziologie-Professor Claessens). Die Kommune wurde für ihn zur lebensentscheidenden Erfahrung.

Als Raspe sich, lange vor seinem Eintritt in die Gruppe, an der

Universität immatrikuliert hatte und seine ersten Vorlesungen hörte, da war das, nach dem Leben in den vertrauten Umgebungen bei der Mutter, bei Onkel und Tante, der erste Schritt in eine unbekannte Welt. Er sagte darüber: »Ich fühle mich an der Universität wie im Ausland.« In der Kommune empfand er solche Einsamkeit nicht mehr. Sie erschien ihm, so schrieb er, »als eine zärtliche Höhle, als eine Art Mutterschoß ...«

Was da geschah, war nichts anderes als eine psychoanalytische Behandlung ohne Psychoanalytiker. Raspe hatte den entscheidenden Schritt in eine Aktivität getan, wie er sie bisher nicht an sich erlebt hatte.

Er brachte nicht nur seine Arbeit zu Ende; er wurde nicht nur ein Ersatzvater für die beiden Kommune-Kinder, die er versorgte, mit denen er spielte, denen gegenüber er so zärtlich war wie früher nur gegenüber Tieren; er wurde nicht nur einer der Haupt-Autoren des Kommune-Buches. Er war auch der Initiator bei der Gründung des ersten »Kinder-Ladens«, deren es später zahlreiche gegeben hat und wo der in den meisten Fällen gescheiterte Versuch unternommen wurde, Kinder ohne Ausspielung von Erwachsenen-Autorität und -Macht zu erziehen.

Nach zwei Jahren zog er aus der Kommune aus und wußte: »Ein Leben als bürgerlicher Privatmensch in einer Familie kommt für mich nicht in Frage. Ich hatte gelernt, daß ich gerade das brauchte und machen mußte, wovor ich früher eine dumpfe Angst hatte, und erstmals ging es auch: ... Austragung von Konflikten (statt ihnen auszuweichen), Durchsetzung von Interessen und Bedürfnissen. Ähnlich waren die Veränderungen in meinen Möglichkeiten, politisch zu arbeiten. Ich bekam ein neues Verhältnis zur Arbeit und zu den anderen Genossen, mit denen ich zusammenarbeitete.«

Er verließ die sich auflösende Kommune und stürzte sich in den »betäubenden Aktionalismus«. Er verwandelte sich in »Fred«. Das wurde sein Deckname, als er im Herbst 1970 zusammen mit Holger Meins zu Andreas Baader, Ulrike Meinhof und Gudrun Ensslin stieß, mit denen er heute auf der Anklagebank sitzt. Wegen seiner Zuverlässigkeit genoß Raspe alsbald »das uneingeschränkte Vertrauen der Führungskollektive« (Bundesanwaltschaft).

Für den Ankläger in Stuttgart ist dieses Vertrauensverhältnis so

eng, daß er in die schwerste Beschuldigung auch Jan-Carl Raspe ein-
bezog: » ...heimtückisch und mit gemeingefährlichen Mitteln vier
Menschen getötet und mindestens 54 Menschen zu töten versucht
zu haben«.

ANDREAS BAADER wurde 1943 geboren, es war Krieg. In München
wuchs er auf, in einer vom Krieg zerstörten Familie. Der Vater
kehrte nicht zurück, ist verschollen in Rußland.

Dem Kind Andreas wurde von den an seiner Erziehung beteiligten Frauen die Welt als eine Einrichtung vermittelt, in der man es
sich bequem machen kann. Was die lieben Anverwandten aus Zuneigung gegenüber dem Jungen verfehlten, die Vermittlung eines realistischen Weltbildes, holte niemand und nichts nach. Immer wenn's
unangenehm zu werden drohte, fand der Junge ein Schlupfloch, hinter dem die Frauen standen und ihn vor hartem Fall bewahrten.

1961 tat ihm die Münchner Polizei den Gefallen, junge Leute, die
krakeelend durch die Schwabinger Leopoldstraße gezogen waren, so
zusammenzuschlagen, wie es sich die Berliner und die Frankfurter
Polizei sechs Jahre später aus triftigeren Anlässen zur Gewohnheit
machte. Auch Baader schlug zu. In München wurde es ein Polizei-
Skandal, und in der Folge mußte ein Psychologe auf die Polizisten
angesetzt werden, um sie wieder zur Räson zu bringen. Ganz ähnlich wie Baader hatten sie ihren Tatendrang nicht mehr unter Kontrolle halten können.

Dieses Ereignis wäre kaum erwähnenswert, hätte sich Baader
nicht als ein Mann gezeigt, der Staat, Ordnung und Gesellschaft nur
noch in der Figur des prügelnden, des schießenden Polizisten vor
sich sieht, dem gegenüber er sich im Recht glaubt, wenn er für die
eigene Person prügelnd und schießend eintritt.

Er begab sich nach Berlin. Er wollte weg von der häuslichen Wei-
berwirtschaft. In Berlin wollte er mit linken politischen Gruppen
nichts zu tun haben. Auch als es um 1964 an der Freien Universität
politisch zu gären anfing, suchte und fand er diese Verbindung keineswegs. Vielmehr ersetzte er die treusorgenden Münchner Fami-
lien-Frauen durch eine ebenso treusorgende Geliebte.

Es war die Malerin Ellinor Michel, die ihre Leinwände zwischen
zwei Lautsprechersäulen stellt, aus denen Jazz, Pop oder Beat trom-

melfellzerreißend herausdröhnen. Musik in dieser Lautstärke inspiriert die Künstlerin, und nicht wenige der farborgiastischen Bilder, die so entstehen, hängen an den Wänden reicher Berliner. Gleich ganzen Rotten von gescheiterten, faulen Typen, die in der Pose politischer Heilsbringer die Malerin schamlos ausgenützt haben und deren kaum möblierte, mit deren Bildern vollgehängte Riesenwohnung zeitweise zu einer Art Privat-Asyl für Gammler machten, war auch Baader ein Nutznießer ihrer Gutmütigkeit.

Mit der »Kunstmalerin« habe der Angeschuldigte »bis 1968 in eheähnlicher Gemeinschaft« gelebt, weiß die Anklageschrift. Richtig ist, daß er mit ihr eine Tochter hat, Suse, geboren 1965. Doch 1968 war diese Gemeinschaft schon in Auflösung begriffen. Denn 1967 war Andreas Baader in Berlin einer anderen Frau begegnet – Gudrun Ensslin. Und von nun an nahm sein Leben eine andere Wendung.

PFARRERSTOCHTER GUDRUN ENSSLIN. Aufmerksamkeit erregte sie schon als Schulmädchen: eine ungemein reizvolle Erscheinung, groß gewachsen, großäugig, mit kühnem Profil und von ebenso kühnem Geist.

Ein Pfarrhaus, in dem der Alltag kaum bewältigt werden kann und das Gewissen zu einem Nadelkissen gemacht wird, ist kein Ort des Behagens. Empfindet nun noch der Herr Pfarrer den gerade im Schwäbischen so ausgeprägten Materialismus, die für Tüchtigkeit ausgegebene rastlose Raffgier, als Verirrung, ja als Sünde, dann ist das Ergebnis eine bis zum Unerträglichen überspannte Atmosphäre, ein permanenter, nicht austragbarer Konflikt zwischen Innenwelt und Außenwelt.

Die Unzufriedenheit mit sich selbst, die Gudrun Ensslin aus diesem anspruchsvollen Elternhaus mitgenommen hat, versuchte sie auf zweifache Weise zu überwinden. Einmal in der Art ihrer Mutter: durch praktische Hilfsbereitschaft. Sie war immer da, wenn jemand Hilfe brauchte.

Die andere Methode, Frieden mit sich selbst zu machen, war intellektueller Art. Erst baute sie ein glänzendes Abitur. Dann wurde sie, einem naheliegenden Impuls aus dem Pfarrhausmilieu folgend, im Evangelischen Jugendwerk tätig. Sie organisierte Tagungen,

Kurse und Bildungsreisen, deren längste nach Amerika führte. Dort, so glaubte sie wie so viele damals, sei in Sachen Demokratie noch etwas zu lernen. Sie verbrachte ein Jahr in Pennsylvanien in einer Methodistengemeinde als unermüdliche Helferin, doch auch als kritische Beobachterin der amerikanischen Wirklichkeit. Sie wurde den Vereinigten Staaten gegenüber so skeptisch, wie es andere erst nach Vietnam und Watergate geworden sind, denn sie sah, was Armut in einem reichen Land bedeutet und wie sie zustande kommt.

In Tübingen begann sie danach ihr Studium. In den Fächern Anglistik und Germanistik legte sie hervorragende Zwischenprüfungen ab und erhielt (wie auch Ulrike Meinhof) ein Stipendium der »Studienstiftung des Deutschen Volkes«. So errang sie Anerkennung, ja Bewunderung ringsherum. Aber das nützte ihr nichts; sie fand keine Befriedigung, aller Erfolg brachte ihr keinen Frieden mit sich selbst.

Dazu verhalf ihr, sie war in ihrem 4. Tübinger Semester, ein Mann, mit dem sie sich verlobte und von dem sie ein Kind hat nach dem Motto, das man über ihr Leben setzen könnte: Was du tust, das tue ganz. Der Name des Mannes: Bernward Vesper. Er lebt nicht mehr, er hat sich getötet.

Der Vater dieses Mannes war Will Vesper, und zumindest die Älteren kennen den Namen: Er war in der Ära des Nationalsozialismus ein äußerst erfolgreicher Schriftsteller; das sagt genug über die Gesinnung, mit der er schrieb. Der Sohn Bernward beging eine Art politischen Vatermord.

Gudrun Ensslin stürzte sich mit geradezu blinder Vehemenz gemeinsam mit Vesper in die Politik. Während sie noch studierte, gründete sie mit ihm einen kleinen Verlag. Sie publizierten als erstes Buch einen Sammelband mit dem Titel »Gegen den Tod«, in dem sich Beiträge von Böll, Arnold Zweig und anderen bedeutenden Schriftstellern finden.

Die damals 24jährige und Vesper wurden Kritiker von Staat und Gesellschaft, aber alles andere als Staatsfeinde. Noch 1965 arbeiteten sie in Berlin für die SPD, im »Wahlkontor der Schriftsteller«, das den Bundestagswahlkampf der Sozialdemokraten unterstützte. Sie brachte es dabei nicht selten auf einen 20-Stunden-Arbeitstag, die Maßlosigkeit ihres Eifers fiel schon damals auf. Vesper schrieb Wahlreden für Karl Schiller.

Im Mai 1967 gebar sie ihren und Vespers Sohn Felix in Berlin. Drei Wochen später bei einer Polizeiaktion gegen Studenten, die gegen den Besuch des Schahs von Persien demonstrierten, wurde der Student Benno Ohnesorg erschossen. Bernward Vesper schrieb: »Die Reaktionen der Politiker auf die Berliner Ereignisse haben dann in uns die letzten Illusionen über das System zerstört.«

Die »Aufgaben«, die sie durch Vesper fünf Jahre zuvor erkennen gelernt hatte, waren ungelöst wie eh und je. Die Studentenbewegung näherte sich ihren Wirkungsgrenzen, um dort zu zerfallen. Gudrun Ensslins Anspruch an sich selbst war unerfüllt geblieben, und was nun? Ihre Genossen redeten, redeten, redeten; schrieben, schrieben, schrieben. Vesper auch. Aber sie sah, es veränderte nichts. Sie setzte sich von den redenden, schreibenden Genossen ab, und deshalb auch von Vesper. Daß sie gerade Mutter geworden war, bedeutete ihr wenig. Sie saß in einer Falle – so fühlte sie sich.

Da lief ihr einer in den Weg, zufällig, der begriff nicht ein Sterbenswort von dem, was sie sagte. Er hatte auf alle ihre Fragen nur eine Floskel zur Hand: Tu doch was, irgend etwas, wenn dir danach zumute ist; was, ist doch egal; ist doch alles egal.

Dieser schreckliche Vereinfacher war Andreas Baader. Er war kein Mann, der nachdachte, eher einer, der zuschlug. Dennoch entwickelte sich bereits in diesem Stadium ihrer Beziehung zwischen ihnen ein vages politisches Einverständnis. Ein Schlagwort der Studentenbewegung »Konsum-Terror« benützten sie beide. Bei Baader bedeutete es Ausrede für ein Leben ohne Arbeit. Konnte das Mädchen eine Nachtlang über »Konsum-Terror« politisch diskutieren, so lag es für ihn einfacher: Verdammt, ich habe kein Geld, den ganzen Scheiß zu kaufen, also weg damit. Er war der Realität, diesen Eindruck erweckte er bei ihr, erfrischend nahe, und außerdem hatte sie nun jemanden, an dem sie ihren Missionseifer, ihren aus Tuttlingen stammenden Bekehrungstrieb auslassen konnte.

Sie verließ mit Baader die Berliner Szene und ging nach Frankfurt. Dort fand sie Anschluß beim Sozialistischen Deutschen Studentenbund, der jeden Sonnabend in einem Studentenwohnheim Mitgliederversammlung hatte, und führte bei den Genossen den Nicht-Studenten Baader ein, der bei ihnen kein Bein auf den Boden brachte. Er war für die Studenten eine komische Figur.

Bald darauf folgte die erste kriminelle Aktion. Gudrun Ensslin zündete gemeinsam mit Baader und zwei anderen, die politisch betrachtet auch totale Nullen waren, ein Frankfurter Warenhaus an.

Die für die RAF-Häftlinge in Stammheim in die Zellen eingeschleusten Objekte, darunter Waffen, veranlaßten mich, der Frage nachzugehen:

PISTOLEN IN DER ZELLE? 19 Tage lang, vom 2. bis 20. Oktober, waren 66 weibliche und männliche Untersuchungshäftlinge und Strafgefangene, die zur Terrorszene gerechnet werden, in ihren verschiedenen Haftanstalten jenen sie total isolierenden Verwahrungsbedingungen unterworfen, wie sie das Gesetz über die Kontaktsperre vom 1. Oktober legalisiert hat. Das Gesetz über die Kontaktsperre beginnt wie folgt: »Besteht eine gegenwärtige Gefahr für Leben, Leib oder Freiheit einer Person und begründen bestimmte Tatsachen den Verdacht, daß die Gefahr von einer terroristischen Vereinigung ausgeht, und ist es zur Abwehr dieser Gefahr geboten, jedwede Verbindung von Gefangenen untereinander und mit der Außenwelt einschließlich des schriftlichen und mündlichen Verkehrs *mit dem Verteidiger* (Hervorh. d. d. Verf.) zu unterbrechen, so kann eine entsprechende Feststellung getroffen werden ...« Dieser nagelneue Besen des Strafvollzuges in der Bundesrepublik und in Westberlin schien die Annahme zu rechtfertigen, daß er sehr gut kehren würde. Es fallen jedoch in diese 19 Tage die 3 Selbstmorde und der eine Selbstmordversuch der Gefangenen in Stammheim, die zu den 66 gehören bzw. gehörten. Die Inventarliste jener Waffen, elektrischen, optischen und sonstigen Instrumente und Installationen, über die sie illegal in ihren Zellen verfügten, wird täglich länger. Wie es dazu kommen konnte und ob es eigentlich hätte unmöglich sein müssen, versuchten wir in 3 Haftanstalten zu klären, in denen Straftäter vom Schlage der Stammheimer einsitzen: 15 Untersuchungsgefangene in Berlin-Moabit, 2 in Zweibrücken, 4 Strafgefangene in der größten westdeutschen Haftanstalt, in Berlin-Tegel.

In Moabit: 1370 Gefangene und 351 Beamte. Von den 15 aus der Terrorszene haben es einige zu einer gewissen Bekanntheit gebracht, z. B. Fritz Teufel, Ralf Reinders, Monika Berberich, Harry Stürmer.

»Vor dem Kontaktsperregesetz bestand kein Anlaß, sie voneinander fernzuhalten«, sagt Regierungsdirektor Horst Besemer, Chef der Haftanstalt, »die sind so lange in Untersuchungshaft.«

»Auch nicht fernhalten von anderen Häftlingen?«

»Gewiß nicht. Einer konnte, wenn er wollte, am Tag 50 Briefe schreiben und empfangen, Radio hören, unkontrolliert mit seinem Anwalt sprechen«, sagt der Chef der Haftanstalt, Regierungsdirektor Horst Besemer. »Dazu gehörten selbstverständlich in beabsichtigt unregelmäßigen Abständen Zellenkontrollen, wenn der Einsitzende Hofgang macht, aber auch, wenn er da ist: »Dann nimmt er seine Verteidigerunterlagen, seine persönlichen Papiere unter den Arm und wartet im Flur.«

»Dann kam der 2. Oktober!«

»So ist es. Schluß mit allem. Privater Schriftverkehr, Ende. Anwaltsbesuche, Ende. Keine Zeitungen, kein Gemeinschaftsradio, die Lautsprecher in den betreffenden Zellen wurden abgeschaltet.«

So auch in Stammheim, was Baader und Raspe Gelegenheit gab, die toten Lautsprecherleitungen für ihr eigenes Verbindungsnetz zu verwenden. Hier gilt, was uns der Leiter der Haftanstalt Zweibrücken zu bedenken gab: »Die Länge der Zeit wirkt negativ für die Beamten, sie werden durch Routine zur Nachlässigkeit verführt.«

Nun stellten wir die Frage, um deretwillen wir gekommen waren: ob in Moabit ein »Stammheim« möglich gewesen wäre?

»Lassen Sie uns genau sein. Daß die Stammheimer die Geiselbefreiung erfahren haben, daß sie sich verständigen konnten, das wundert niemand von uns. Optische und akustische Isolation hieße: ganz neue Gefängnisse bauen.«

»Und die Pistolen in der Zelle unter den Bedingungen des Kontaktsperre-Gesetzes?«

»Na, schön. Ein Beamter kann erpreßt oder bestochen werden. Alle sind Menschen. Wer will von mir verlangen, daß ich sage, das gibt's nicht?«

Die Ziegelbauten in Tegel bedecken ein enormes Areal. Uns empfängt Regierungsdirektor Horst Kohlhas in einem Büro mit gewölbter Decke und mit einer die Viertelstunden süß schlagenden Standuhr.

Er beginnt das Gespräch mit den Worten: »Sie kommen wegen unserer Juliustürmer?«

Wir hören den Ausdruck zum erstenmal, aber er scheint im Berliner Knast-Jargon gang und gäbe zu sein für die politischen Kriminellen. Im Spandauer Juliusturm, in dessen Schatten Parteigenosse Heß vegetiert, verwahrten die preußischen Könige im 18. Jahrhundert den Staatsschatz. Schwer zu sagen, wie ein Fritz Teufel, ein Horst Mahler zu »Juliustürmern« werden konnten, der Berliner Witz hat metaphysische Seiten. Horst Mahler gehört zu den 4 in Tegel Einsitzenden. Die andern: Jürgen Becker, Erich Grusdat, Willi Räther. Je zwei und zwei lagen sie bis zum 2. Oktober in der Abteilung II bzw. III des insgesamt in 4 Teilanstalten organisierten Tegeler Massenbetriebes. Auch vor diesem Datum durften diese Gefangenen nur innerhalb ihrer eigenen Abteilung miteinander umgehen.

Während der 19 Tage der totalen Kontaktsperre war für die 4 alles so wie in Moabit, jedoch mit dem Unterschied, daß sie ihre bisherigen Zellen verlassen mußten, binnen Minuten, und, voneinander getrennt, in einem eigenen Sicherungstrakt untergebracht wurden.

»Ihr Leben hat sich auf die Zelle reduziert. Mochten sie bis dahin am Tag 500 Worte gesprochen haben, so dann vielleicht noch zehn.«

»Wie haben sie reagiert?«

»Mit Mißmut, das ist verständlich. Um aber in dem Sinne, wie Sie es meinen, psychisch, eine Reaktion festzustellen, dafür war die Zeit, diese 19 Tage, zu kurz.«

»Konnten Sie feststellen, wie diese Genossen auf die Nachricht von den Selbstmorden in Stammheim reagierten?«

»In etwa ja. Sie haben nicht verstanden, was da geschehen ist.«

»Sie wollen sagen, dieser Schritt erscheint ihnen falsch?«

»So ist es.«

Die 4 Strafgefangenen sind noch im Sicherungsblock. Die Zellen, die sie bewohnten, befinden sich in dem Zustand, in dem sie sie am 2. Oktober verließen. Der erste Eindruck: Bücher, Bücher! Auf Regalen, auf Wandbrettern, über dem Tischchen, neben dem Tischchen, über dem Bett. Gesammelte Werke: Marx, Lenin, Freud. Die vielbändige Propyläen-Weltgeschichte. Drei verschiedene Ausgaben vom J-ching, der chinesischen Weisheitslehre. Mehrere Bände: »Die tiefenpsychologischen Schulen«. Der Koran. Auf dem Fußboden in Stapeln alte Ausgaben von *Spiegel, Stern* und *Wirtschaftswoche*. Ein Plakat: Die kommunistische Partei Chinas. In Handschrift, an die Wand geheftet, ein Text von Brecht, beginnend mit den Zeilen:»Das Unrecht geht heute einher mit sicherem Schritt/Die Unterdrücker richten sich ein auf tausend Jahre«. Über der Tür ein Gehänge aus blau-grünen Glasblättchen. Auf dem Tisch noch zwei Eier und zwei halbvolle Flaschen mit Fruchtsaft.

Zweibrücken: Jünschke und Grasshoff sitzen dort ein in Untersuchungshaft, der Leiter der dortigen Anstalt erklärt: »Hinsichtlich der Kontrollen durch die Beamten mußten wir nichts dazulernen.« Aber in seinem Büro fällt auch der Satz: »Im Knast ist alles möglich!«

1976

Die Rote Armee Fraktion war niemals das mit Autorität ausgestattete überindividuelle »Ganze« geworden, das dem einzelnen sein Verhalten vorschrieb, und ihm das Gefühl der Geborgenheit verlieh – jenes Gefühl, unter dessen Zerstörung jeder, der einmal wirklich Kommunist war, lebenslänglich leidet.

Weil ein solches überpersönliches »Ganze« nicht existierte, verloren die illegalen Aktionen der RAF von dem Augenblick an ihren eindeutig politischen Charakter, in dem eine allererste, politisch motivierte Aktion wie z. B. der Anschlag auf das amerikanische Hauptquartier bei Heidelberg, Polizei und Justiz alarmiert hatte und es nun für die Täter um Selbsterhaltung, um Selbstrettung ging. In dieser Lage war auch ein Djilas; auch er und seine Genossen mußten sich ihre Bewegungsfreiheit erhalten, Geld und Waffen beschaffen, und so weiter. Aber der Gesichtspunkt individueller Abschirmung gegen die Staatsmacht trat dabei niemals in den Vordergrund. Anfang Mai 1976 erhängte sich Ulrike Meinhof in ihrer Zelle. Es war das Eingeständnis ihres Scheiterns. In ihr und in ihren Komplizen sah das Gericht, sah die Mehrheit der von Regierung und Medien manipulierten Öffentlichkeit gewöhnliche Kriminelle. Ich schrieb – und ließ es nicht drucken:

MILOVAN DJILAS – ULRIKE MEINHOF. Im Jahre 1927 verläßt ein sechzehnjähriger montenegrinischer Bauernjunge die heimatlichen Berge, um sein Glück zu machen. Sein Gepäck ist ein von der Mutter aus Rupfen genähter Sack, in dem sich ein paar Wäschestücke und ein Zinnkrug mit Käse befinden.

Auf der Fahrt nach Belgrad kauft er sich in Cetenje, wo sein Bruder gerade Militärdienst leistet, einen Koffer und den ersten Anzug seines Lebens. »Erst als ich meine alten Lumpen abgelegt hatte, wurde mir klar, wie schlecht ich gekleidet gewesen war. Welch ein Gegensatz zu meinen hochgespannten Erwartungen, etwa in Paris zu studieren und Schriftsteller zu werden.«

Dieser Bauernjunge hat nie in Paris studiert. Gleichwohl wurde er ein weltberühmter Mann. Sein Name: Milovan Djilas. Er ist ein Schriftsteller, zugleich steht er zu der Geschichte des 20. Jahrhunderts als Politiker, Staatsmann, Mitkämpfer Titos, schließlich als dessen großer Widersacher; aller Ämter und Ehren ledig, zu Gefängnis verurteilt, lebt er heute als isolierter Privatmann, ein ungebrochener Geist.

Djilas sieht sich bereits 1932 vor der Entscheidung, »ob ich bei der Wahl zwischen Politik und Literatur der ersteren den Vorzug geben sollte«. Ulrike Meinhof geht in den Untergrund, Djilas wird aktiver Kommunist und gibt die Schriftstellerei, von der er bescheiden sein Studium bestreiten konnte, auf. Denn er sieht sich gezwungen, »jeden Widerspruch zwischen meinem Denken und meinen Taten zu beseitigen«.

Den Mitgründer des modernen jugoslawischen Staates in einem Atem zu nennen mit Ulrike Meinhof, die sich in einer Gefängniszelle umgebracht hat, wird auf wenig Verständnis stoßen. Was jedoch von Djilas gesagt wurde, gilt selbstverständlich auch für die deutsche »Terroristin«: Verwegener Freiheitsdrang und ein unbändiges Gerechtigkeitsgefühl zwangen sie, jeden Widerspruch zwischen ihrem Denken und ihren Taten zu beseitigen.

»Protest ist, wenn ich sage, das und das paßt mir nicht. Widerstand ist, wenn ich dafür sorge, daß das, was mir nicht paßt, nicht länger geschieht.« (U. Meinhof nach dem Attentat auf Rudi Dutschke, Gründonnerstag 1968). Zu jenem Zeitpunkt vollzog sie noch nicht den Bruch mit ihrem bisherigen Leben. Er kam erst 1970. Was sie hinter sich ließ, war: ihr Herkunftsmilieu, ihre soziale Stellung, ihren journalistischen Beruf, ihre Ehe, ihre Kinder und die Legalität ihrer Existenz.

Der erst 21jährige Student Djilas hatte weit weniger Gepäck abzuwerfen, aber wie Ulrike Meinhof verzichtete er auf individuelle Sicherheit, die sich aus der Befolgung geltender Gesetze ergibt. Er kündigte Staat und Gesellschaft den Gehorsam auf und wurde für beide zum Freiwild. Als er diesen Schritt tat, war das Häuflein seiner Genossen und Freunde nicht größer als die »RAF« (Rote Armee Fraktion), und die Aussicht, einmal sich durchzusetzen, eine neue Gesellschaft, einen neuen Staat zu schaffen, war für die Belgrader »Terroristen« 1937 um nichts größer als für Ulrike Meinhof und die »RAF« 1970.

Daß ein Djilas 1976 nicht als gewöhnlicher Krimineller denunziert werden kann, ist selbstverständlich. Versetzen wir uns aber in das Belgrad Anfang der dreißiger Jahre, so standen vor den Gerichten der Diktatur des Königs mit Djilas und seinen Freunden, nach ihrem Wirken und Wollen beurteilt, keine prinzipiell anderen Straftäter, als es jene sind, die in Stammheim und anderswo ihren Prozeß haben oder hatten. Dennoch ist auch nicht der fanatischste Staatsanwalt König Alexanders auf den Gedanken gekommen, diesen Kommunisten ihre politische Qualität abzusprechen und sie wie gewöhnliche Verbrecher zu be- und zu verurteilen. Bei uns aber sind sich die Politiker, die Justiz, die öffentliche Meinung darin einig: unsere hausgemachten »Terroristen« sind ganz gewöhnliche, wenn auch ungewöhnlich gefährliche Kriminelle.

Ob die Angeklagten deshalb, weil ihre Handlungsmotive keine Anerkennung finden, härter bestraft werden, als sie es würden, wenn sie als politische Täter gälten, ist eine Frage, die fast belanglos ist (wenn auch nicht für die Betroffenen), verglichen mit der Frage, was wir, der Staat und die Gesellschaft uns antun, indem wir uns in die Tasche lügen, zwischen Frau Meinhof und dem Frauenmörder Honka sei kein Unterschied.

Milan Djilas als eine höchst interessante, von hoher Moral getragene Figur anzusehen, eine Ulrike Meinhof aber als ein Opfer ihrer verbrecherischen Instinkte, das erst macht es möglich, unsere Welt, unsere bundesrepublikanische, unsere kapitalistische Welt für die beste aller möglichen Welten, der Veränderung durchaus nicht bedürftig, anzusehen.

Ab 1970 galt für Ulrike Meinhof, daß sie sich nicht mehr als Individuum empfand, sondern daß »die Basis ihrer Subjektivität das Kollektiv der RAF geworden war«, wie es der Sozialpsychologe Peter Brückner ausdrückte.

Diesen Prozeß der Unterwerfung unter eine kollektive Autorität machte der einundzwanzigjährige Djilas durch, als er Kommunist und Parteimitglied wurde. In dem Augenblick, in dem er seinen Existenzbruch vollzog, und sich entschloß, Denken und Handeln in Übereinstimmung zu bringen, hörte er in seinem Selbstverständnis auf, Einzelperson zu sein, wie unübersehbar er auch für die Umwelt ein überragender Einzelner blieb.

Die personale Rechnung: ich, Milovan Djilas, gegen den Staat, ich gegen das Regime, ich gegen die Polizei – er hat sie aufgemacht, obwohl ihn die Kampferfahrungen eines jeden Tages als Individuum bestätigten, und das um so deutlicher, je höher er als Führer in der Parteiorganisation steigt.

An die Stelle seiner Person rückt »das Ganze« als Idee, und konkret die Partei mit ihrer vorgeprägten, stets im Kollektiv weiterentwickelten Strategie, die sein Handlungsgesetz wird. Er wird gefangen und gefoltert. Es gibt keine trockeneren, genaueren Berichte eines Gefolterten über den Vorgang der Folter und über das eigene Verhalten dabei als jene, die wir bei Djilas finden. Er hätte die Folter nicht, eisern schweigend, überstanden, wenn er sich als Einzelwesen empfunden hätte.

»Das Gefühl, als explodiert einem der Kopf / das Gefühl, es würde einem das Rückenmark ins Gehirn gepreßt / das Gefühl, man stünde ununterbrochen, unmerklich unter Strom ...« usw. Wenn die Justiz behauptet, es habe nie einen »Toten Trakt« gegeben, so ist das erwiesenermaßen nicht wahr – aber das ist gar nicht der Punkt. Vielmehr Gewicht hat es für die Auseinandersetzung zwischen Staatsmacht und »RAF«, und damit in der öffentlichen Meinung, daß Mitglieder der »RAF« sich auf ein so bürgerliches, individuelles Handgemenge mit ihren bekämpften Feinden einließen! Aber er beklagte sich nicht. Die Verbrechen des Staates verbreiten – ja! Aber von ihm, dem Feind, nicht bessere Behandlung fordern!

Das unterscheidet eben den Revolutionär vom Reformer, daß er das Handtuch zerschnitten hat und nicht dem ungerechtes, grausames Verhalten vorwirft, den er eben deshalb bekämpft. Wer mit einer bekämpften Macht noch über Recht und Unrecht argumentieren kann, muß nicht unbedingt schießen.

Der Begriff »Gewalt«, sofern er nicht auf das Gewaltmonopol des Staates angewendet wird, gewann seit den siebziger Jahren – und dabei ist es geblieben – den Charakter eines unsichtbaren Judensterns. Wer als potentieller »Systemveränderer« Gewaltanwendung nicht ganz ausdrücklich ausschließt, wurde und wird mit allen Mitteln der Propaganda, abzielend auf die Grundangst aller Deutschen, (noch) nicht formal, aber verbal aus der Volksgemeinschaft ausgestoßen. Der »Arier« von heute, der sich des Schutzes und der Vorsorge des Staates erfreut, ist der leistungswillige, gesetzestreue, politisch zur Mitte hinstrebende Staatsbürger. Weil nun aber ein paar Millionen durchaus leistungswillige Männer und Frauen keine Gelegenheit mehr haben, eine Leistung zu vollbringen und deshalb Arbeitslose genannt werden – ein Wort, das nicht erkennen läßt, warum der Arbeitslose keine Arbeit hat! –, mußte das bekannte »soziale Netz« ausgespannt werden, damit weiterhin die »soziale Marktwirtschaft« als die ideale Verwirklichung ökonomischen und gesellschaftlichen Handelns gefeiert werden kann. Jedermann ist sich darüber im klaren, daß das politische System zusammenbrechen würde, zerrisse das »soziale Netz«. Die Renten sind sicher, die Renten sind sicher für ein Jahrhundert, die Arbeitslosen brauchen nicht zu befürchten, der Staat würde lieber Arbeit als Nicht-Arbeit bezahlen, so drehen sich die Bonner Gebetsmühlen, und alle wissen, warum. Weil das so ist, konnte mir ein Münchner Taxifahrer diese Geschichte erzählen, während er mich zum Bahnhof fuhr:

UNSERE SOZIALVERSORGUNG. Da hab i heit früh an Jugoslawen g'habt, beim Hauptbahnhof is er einigstiegn und sagt: zum Arbeitsamt. Dann schlaft er ein. Aber net so richtig. Sag i zu eahm: bist miad, Kamerad? Sagt er: i kimm direkt aus Jugoslawien und heit nachmittag fahr i wieda zruck. Woasst, sagt er, i hol mir bloß die Arbeitslosenunterstützung ab jeden Monat. Da hab i ihn gfragt: wia vui kriagst nacha? Simhundert, sagt er. Und was kost der Bus zu dir nach Jugoslawien? Achtzg Mark, sagt er. I frag ihn: und was is nacha, wann 's Arbeitsamt sagt, sie ham Arbeit für di? Da is der Jugoslaw direkt bös worn. I bin doch net blöd, hat er gsagt, mit 600 Mark, und da arbeit i no a bissel im Dorf, da steh i mir doch vui besser, als wann i hier in d' Fabrik geh. Ja, mein Herr, so war des, sagt der Taxifahrer. I bin a scho amoi arbeitslos gwesen, da bin i mit der Stempelkarten jede Woch aufs Arbeitsamt, und aus war 's. Jetzt kommt der aus Jugoslawien aus seim Dorf, wo s' alle miteinander koane 600 Mark ham. Also, mit unserer Sozialversorgung, da stimmt was net, des sag i Eana. Die stimmt schon, sagte ich, lieber bekommen ein paar zuviel als alle zuwenig. Und wia lang geht des? fragte der Taxifahrer. Darauf wußte ich auch keine Antwort.

Das »soziale Netz« schützt die Bundesrepublik vor Erschütterungen von innen. Für wie lange noch, weiß niemand. Weil wir dem Ende des Jahrtausends so nahe sind, können die Politiker brüllen: alles ist sicher bis ins nächste Jahrtausend. Das klingt so gut. Alles ist sicher, versprach vor einem halben Jahrhundert eine andere deutsche Regierung dem Volk, da war schon Krieg. Um die innere Sicherheit sorgte sich die Geheime Staatspolizei. Um die äußere brauchte sich niemand zu sorgen, solange die Armeen siegten und im Vormarsch waren. Als sie im ersten Kriegswinter des Rußland-Feldzuges vor Moskau liegenblieben, als auf einen »Blitzkrieg« nicht mehr zu hoffen war, wurde begonnen, außer auf Angriff und Geländegewinn sich auch auf Verteidigung und Erhaltung der Herrschaft über eroberte Gebiete in Westeuropa einzurichten. Sie wurden eingemauert. Was davon übriggeblieben ist, unzerstörbare Ruinen, besichtigte ich.

FESTUNG EUROPA. Wir siegen! war die Parole, aber sie verlor an Überzeugungskraft. So erschien es geboten, defensive Kampf- und Schutzeinrichtungen zu schaffen, um den Kontinent abzusichern. Niemand ahnte, daß sich die Geschützbunker an der Kanalküste eines Tages in mythische Objekte verwandeln könnten; in eine Materialisation von Drohung und Furcht. Er sah, daß im Dinglichen der »Festung Europa« deutscher Wahnsinn, deutsche Angst Gestalt gewonnen hatte.

Als die Alliierten zu Wasser, zu Land und in der Luft angriffen, war es, als würde die Küste überhaupt nicht verteidigt.

Wir unternahmen eine Reise um Westeuropa. Wir begannen nördlich des Polarkreises, umrundeten die Kanal- und Atlantikküste, bogen nach Griechenland aus, wendeten uns wieder nordwärts und gelangten endlich in einem polnischen Birkenwald zu den Betongebirgen der »Wolfsschanze«, wo der Urheber dieser gigantischen Planung jahrelang ein Maulwurfdasein führte und, von Angst geschüttelt, ein Weltreich von einem fensterlosen Bunker aus regierte.

In der Normandie war es ein Major Pluskat, der als erster deutscher Offizier den Beweis vor Augen sah, dies sei nun wirklich die lang erwartete Invasion.

Er nahm den Hörer ab, bekam einen Major seines Divisionsstabes an den Apparat und sagte: »Vor der Küste liegen zehntausend Schiffe« – eine Information, die den Stabsoffizier glauben ließ, dieser Major sei besoffen. In der Tat hatte er sich etwas verschätzt. Es waren dann nur insgesamt etwas über 6000. Einige wurden von ihrer Mannschaft nach Plan versenkt, binnen 24 Stunden entstand im stürmischen Meer ein Hafen so groß wie der von Dover.

Wir schauten auf den Strand der Invasion hinab, auf dem sich die letzten Badetouristen des Jahres 1976 einer schon etwas matten Sonne aussetzten. Kinder spielten im Sand. Wir fuhren und ließen die ganze Invasionsbucht ab. Der Kriegstourismus stand hier in voller Blüte zwischen den gewaltigen Betonburgen mit ihren Schießscharten, mit ihren vollgeschissenen Innenräumen, wo es stank und dunkel war. Auf fünf Meter dicken Betondecken hatten fröhliche Ferienfranzosen, zuweilen auch Touristen frisch aus deutschen Landen, ihre bunten Handtücher, ihre Luftmatratzen ausgebreitet und aalten sich. Schräge Flächen benützten Kinder als Rutschbahn. Lagen solche Bauten am Rande von Ortschaften, waren solche Bauten mit Plakaten beklebt, die für Jazzveranstaltungen oder für ein Möbelhaus warben. Das eine oder andere Bauwerk war noch bzw. wieder mit Waffen bestückt, damit die Touristen mehr Spaß hatten. Aus einem der Bunker war ein Denkmal geworden: Hier ruhen die Kämpfer. Das Chaos der Schlacht hat sie für die Ewigkeit vereinigt.«

Mindestens für jene Ewigkeit, die den ägyptischen Pyramiden beschieden ist, werden die Verteidigungsanlagen der Deutschen die französische Küstenlandschaft von der holländischen bis zur spanischen Grenze verunzieren. Sie zu entfernen, wäre noch kostspie-

liger, als es war, sie zu bauen. Der größte in sich geschlossene Beton-
bau Europas, wenn nicht der ganzen Welt, ist der U-Boot-Bunker
vor der Steilküste von Brest. Dafür wurden 500 000 cbm Beton ver-
baut in genau 500 Tagen, also 1 000 cbm pro Tag. Russische Sklaven
unter dem Befehl deutscher Ingenieure der Organisation Todt mußten die grandiose Dreckarbeit machen.

In den Anlagen, zu denen eine in den Felsen gebohrte unterirdische Stadt gehört, ein Irrgarten von Stollen und Schächten, hat sich
die französische Marine einquartiert. Sie hat es hier gemütlich.

Nicht alles, was Hitler bauen ließ, ist gänzlich außer Betrieb. Von
den vielen hundert deutschen Festungswerken an der norwegischen
Küste sind die meisten in die Verteidigungsanlagen der NATO einbezogen, so daß wir um eine »Kanone Adolf« besichtigen und fotografieren zu dürfen, einige Wochen brauchten, bis die Erlaubnis vorlag. Die »Kanone Adolf«, so benannt im Kriege, so benannt noch
heute von den Erben und Nachbenützern, ist ein 40,5 cm Geschütz,
das 50 Kilometer weit und 33 Kilometer hoch schießen kann, jetzt
noch immer. Es wird auf einem NATO-Stützpunkt bei dem Städtchen Harstadt gepflegt und gehegt. Wozu wird es heute einsatzfähig
gehalten, obwohl es eigentlich museumsreif ist?

Wir fliegen nach Warschau und fahren zur »Wolfsschanze«. Neben dem Bunkerbereich gibt es jetzt ein Hotel und eine Imbißstube.
Jedes Jahr nimmt die Zahl der Deutschen aus beiden Staaten zu, die
hier Vergangenheit tanken. Alle sind heiter. Polen wie Deutsche fotografieren und lassen sich fotografieren. Es ist Usus, ein Holz-
glöckchen unter einen gesprengten, schiefliegenden Betonblock von
tausend Tonnen Gewicht zu stellen, damit er nicht ganz umfällt.
Polnischer Witz ist ins Führerhauptquartier eingezogen.

In Italien sahen wir Bunker mitten in Ortschaften. Am Westwall
haben sich einfallsreiche Besitzbürger Bunker gekauft, in mühsamer
Preßlufthammer-Arbeit Fenster hineingeschnitten, Gärtchen angelegt, Gartenzwerge als Wachposten aufziehen lassen. An der Riviera
schauten wir Kindern zu, die mit Spielzeuggewehren aus einem deutschen Unterstand herausstürmten; bretonische Bauern pflügten um
Bunker herum, und einer hatte versucht, aus einem Kommandostand
einen Stall zu machen. »Aber das war doch zu unpraktisch, immer
die Treppe runter mit dem Vieh. Die Dinger taugen zu nichts.«

Strände an der Atlantikküste sehen aus, als seien Wale angeschwemmt worden, tote Wale von der fünfzigfachen Größe jener, die in der Natur vorkommen. Die Blöcke und Türme sind zur Seite gekippt, haben das Haupt auf den feuchten Strand gelegt und scheinen zu schlafen. Niemand wird sie wieder wecken. In den leeren Höhlen nisten deutsche Gespenster.

1977

Daß die Bundesrepublik 1989 mit Atomkraftwerken geradezu übersät ist, läßt vergessen, daß diese Energiequelle vor 30 Jahren noch nicht auf unserem Staatsgebiet sprudelte. Als die politischen und technischen Voraussetzungen ab 1956 gegeben waren, verloren Staat und Großindustrie keinen Tag, um sich auf die Entwicklung hausgemachter Atommeiler zu stürzen. Die Anfänge waren bescheiden. Experten wie Bevölkerung ließen sich von der Behauptung düpieren, atomare Energieanlagen, die keine Bomben und Raketen herstellten, seien »friedlich«. Zum 20. Geburtstag des ersten auf deutschem Boden funktionierenden Atomreaktors schrieb ich:

SO FING ES AN. Warum sind eigentlich erst seit kurzem die Bürger auf die Straße gegangen, obwohl uns doch schon seit 20 Jahren die Kernenergie ins Haus steht? Die Antwort: Die Atomenergie ist auf leisen Sohlen durch die Hintertür zu uns gekommen.

1957, vor nur 20 Jahren, flackerte das erste Atomfeuerchen in der Nähe von München auf. Wie es dazu kam, ist die Geschichte, die wir erzählen wollen. Auf der Genfer Außenministerkonferenz, 1955, hatten Amerikaner wie Russen viele Geheimnisse ihrer Atom-Technologie gelüftet, die inoffiziell bereits die Spatzen von den Dächern pfiffen, und am 13. Februar 1956 wurde zwischen der Regierung der Bundesrepublik Deutschland und der Regierung der Vereinigten Staaten von Amerika ein »Abkommen über Zusammenarbeit auf dem Gebiet der zivilen Verwendung der Atomenergie« geschlossen. Das Abkommen umfaßt zehn Artikel, ist in feierlichem Ton gehalten und birst geradezu von Zukunftshoffnung und Optimismus.

Es heißt dort aber auch: »Geheimzuhaltende Angaben werden auf Grund dieses Abkommens nicht mitgeteilt.« Das Abkommen kam auf Anregung von Franz Josef Strauß zustande, der als Konrad Adenauers Atomminister zum erstenmal ein Fachressort übernommen hatte. Er wurde zum ersten Einpeitscher eines Atom-Energie-Programms der Bundesrepublik.

Am 6. Juni, kaum fünf Monate nach Vertragsabschluß, kam Strauß nach München, um vor der »Bayerischen Staatlichen Kommission zur friedlichen Nutzung der Atomkräfte« einen Vortrag über den Segen des Atoms zu halten.

Die Versammlung verhielt sich, als sei ihr das Christkind erschienen. Der damalige bayerische Ministerpräsident Wilhelm Hoegner (SPD) sprang auf, stellte fest, wieviele seiner Minister anwesend waren, improvisierte mitten in der Versammlung eine beschlußfähige Kabinettssitzung – Strauß konnte den Raum mit der bindenden Verpflichtung Bayerns verlassen, einen Forschungsreaktor zu kaufen.

Nun ging es um die Frage, wo der Reaktor stehen sollte. Der Blick richtete sich auf die nördlichen Randgebiete um München, die schwächer besiedelt waren.

In der Gemeinde Garching wurde man fündig. Deren Bürgermeister Josef Amon, 1974 gestorben, bot drei Kilometer vom Dorfkern entfernt ein riesiges Gelände an, bestehend aus Sumpf, Wald, Feldern und Gebüsch.

Schaut man sich an, was in Garching inzwischen entstanden ist, eine ganze Universitätsstadt im Grünen, wo nicht nur der Reaktor läuft, sondern sich inzwischen auch die Max-Planck-Gesellschaft mit ihrem Institut für Plasmaphysik angesiedelt hat, dann wird man sagen müssen, die Dorfgewaltigen seien aus ihrer Sicht kluge Leute gewesen.

Es entstand das Garchinger Ei, das durch seine vollkommene Schönheit zu Weltruhm gekommen ist, ein Symbol des Atomzeitalters schlechthin.

Als der Bau stand, kamen zwei Monteure aus New York angeflogen und installierten den Reaktor einschließlich der Brennelemente und des Kontrollsystems.

Die Garchinger Mannschaft mußte erst einmal lernen, wie ein

Reaktor beherrscht und betrieben wird. Professor Maier-Leibnitz, Kernphysiker und Gründer von Garching, sagte: »In diesem Frühstadium gab es niemanden, der uns sagen konnte, welche Sicherheitsvorkehrungen wir treffen sollten. Dieselben Personen, die die Arbeit machten, mußten auch für die Sicherheit sorgen. Wir schrieben Sicherheitsberichte, haben sie der Regierung vorgelegt, aber dort war keiner, der mehr wußte als wir, eher weniger.«

Als die Amerikaner am 31. Oktober 1957 den Reaktor in Betrieb setzten, stand er allein in dem Ei. Heute ist jeder Quadratmeter unter der Kuppel vollgestellt mit Versuchsanlagen.

Das Atomrisiko hat sich in diesen 20 Jahren um ein Vieltausendfaches vergrößert. In Garching würden selbst im allerschlimmsten Fall einer technischen Panne allenfalls nur ein paar hundert Menschen betroffen sein. Unfall- und Verlustprognosen von 1977 für Biblis und vergleichbare Werke dagegen sprechen von Millionen Toten.

KERNFRAGEN DER KERNENERGIE. Das amerikanische Schlagwort »Atoms for peace«, unter dem auch bei uns die keineswegs friedliche Atomtechnik in Schwung kam, war außerordentlich geeignet, die Problematik der kommerziellen Nutzung fast ein Jahrzehnt lang gegenüber der Öffentlichkeit im Dunkeln zu lassen, und das insbesondere in einer Zeit, in der die Atom-Tod-Bewegung, ausgerichtet auf die Bombe und auf westdeutsche Pläne einer eigenen atomaren Aufrüstung, die kommerzielle Nutzung als Kontrastprogramm erscheinen ließ.

Hinter diesem propagandistischen Schirm entwickelte sich ein ganz eigenartiges Zusammenwirken staatlicher Macht und öffentlicher Mittel einerseits mit Privatinteressen andererseits, in dem der Staat die Entwicklungskosten fast voll übernommen hat. Einige wenige Großunternehmen formierten die zweifellos schlagkräftigste Lobby, die nach dem Krieg auf die Verwendung von Steuergeld Einfluß zu gewinnen vermochte.

Mit jedem KE-Werk mehr sind die privatwirtschaftlich agierenden, auf Profit ausgerichteten »Betreiber« in der beneidenswerten Lage, daß ihnen von der ökonomischen Seite her nichts mehr passieren kann.

Die Gewerkschaften, mit geringfügigen, meist durch Einzelpersonen repräsentierten Ausnahmen da und dort, hängen dem Köhlerglauben an, daß vermehrte Energie die Arbeitslosen von der Straße bringt. Ob man nun die Steigerung des Bruttosozialprodukts oder die pro Kopf verbrauchte Energiemenge zum Indikator nimmt, eine Untersuchung des Jahres 1972 zeigt, durchgeführt in 17 westlichen Industriestaaten, daß die jeweiligen Steigerungen mit beträchtlicher, dauernder Zunahme von Arbeitslosigkeit verbunden waren.

Die großen Energielieferanten unseres Landes haben bis zu 30 % unausgeschöpfte Energiepotentiale, die sie vom Stand weg, ohne zusätzliche Investitionen, einsetzen könnten, und das ist der Grund, warum sie viele Millionen dafür ausgeben, die Bevölkerung anzutreiben, mehr Strom zu verbrauchen. Die Bundesregierung, die ihre Daten von angeblich rational denkenden Wirtschaftswissenschaftlern, Nationalökonomen und Soziologen bezieht, hat zwischen 1973 und 1976 zwei Prognosen für Primärenergieverbrauch vorgelegt, die sich »nur« um 50 % unterscheiden, während entsprechende Institutionen der EG mit ihren eigenen Prognosen von den jeweils als Gottes Wort propagierten Zahlen »nur« um 70 % abweichen. Ähnlich verhält es sich mit dem Datenwerk über Energieverbrauch in den Haushaltungen – insgesamt etwa 40 % des gesamten Verbrauches – in dem der erwartete Zuwachs binnen weniger Jahre in den Hochrechnungen von 13 auf 2,7 % geschwunden ist.

Daß Statistik lügt, mag eine unfreundliche Formel sein: im Falle der Kernenergie lügt sie nicht einmal, sondern bewegt sich auf dem Niveau von Wahrsagungen aus dem Kaffeesatz. Was die Wahrscheinlichkeit angeht, daß es zu einem Unfall kommt, so war für Jahre die Bibel einschlägiger Prognosen der sogenannte Rasmussen-Report. Ihm ging als überhaupt erstes Papier dieser Art die Akte WASH 740 von 1957 voraus, erstellt im Auftrag der AEG (die heute ERDA heißt), wobei der Unfall bei einem 500 Megawatt-Reaktor durchgerechnet wurde mit 3 400 Toten, 43 000 Verletzten und 7 Milliarden Dollar Schaden. Die Verfasser dieser Studie erklärten am Schluß, sichere Aussagen seien nicht möglich. Eine zweite Fassung des Rasmussen-Reports hinsichtlich der Wahrscheinlichkeit von schweren Reaktorunfällen kommt zu einer um das 1 500fache pessimistischeren Aussage als die erste.

Für die Gegenwart wird man sich damit roßtäuscherisch zu helfen suchen, daß über die Länder, die KE-Werke betreiben, ein »Sicherheitsnetz« gespannt wird, das jeden einzelnen Bürger, gleich, wo er wohnt oder was er tut, in seiner ohnehin zuwachsenden persönlichen Freiheit weiter einschränkt.

Wir haben den Zustand bereits erreicht, daß die Gegner der Kernenergie in die Nähe staatsfeindlicher Kommunisten gerückt und entsprechend überwacht werden. Die Fälle mehren sich, in denen namentlich bekannte, etwa durch entsprechende Veröffentlichungen hervorgetretene Kernkraftgegner nachts in ihren Wohnungen von Staatsschützern heimgesucht und ausgeforscht werden.

Das sind Früherscheinungen des künftigen Atomstaates, der ein Überwachungssystem von Menschen, Anlagen und Verkehrswegen hervorbringen wird, das gar nicht funktionieren kann ohne einschneidende Veränderungen jener Artikel unserer Verfassung, die persönliche Freiheit garantieren.

In der Redaktion hatte ich im April den Antrag gestellt, es solle eine Sonderbeilage »Atomindustrie« erarbeitet werden. Sie wurde beschlossen, von da an sammelte ich Informationen. Anfang Juni zeigten sich in der Redaktion die ersten Widerstände gegen eine klare Stellungnahme in Sachen Atomenergie; dennoch arbeitete ich weiter und flog zu Recherchen nach San Francisco und Los Angeles. Der Widerstand des Ressorts »Wissenschaft« nahm mehr und mehr zu, die Chefredaktion (nicht Nannen!) übergab ihm die Federführung, dort entstand ein die Atomenergie verherrlichender Gegenentwurf. Das Ende vom Lied war, daß der stellvertretende Chefredakteur Bissinger entschied: der Ressort-Entwurf wird unter keinen Umständen gedruckt, aber auch mein Entwurf blieb nunmehr auf der Strecke. Das Blatt sagte prinzipiell weder bäh noch mäh. Der in der Tendenz eindeutige Bericht über das Anti-Atom-Dorf Grohnde an der Weser wurde jedoch gedruckt:

»GENSCHER« WIRD NICHT GESCHLACHTET. Sie wohnen auf einer Wiese und haben zwischen sich und Mutter Erde, zwischen sich und Regenwetter nur ein bißchen Holz und Dachpappe. Aus diesen Materialien sind kleine und große Hütten gebaut. Aus Stangen ist der Turm gefügt, an dessen Spitze sich ein Windrad dreht. Das

Windrad soll eine Pumpe treiben, die das Wasser aus einem selbst-
gebauten Brunnen holt. Solid gebaut ist nur der Backofen, in dem
manchmal für 30, zuweilen aber auch für 80 Bewohner dieses »Dorfes« Brot gebacken wird.

Mehr Männer als Frauen. Von wo der Wind sie hergetragen, das
vermag kein Mensch zu sagen. Auch untereinander kennen sie nur
ihre Vornamen. »Mehr brauchen wir nicht zu wissen«, sagen sie.
»Wir wollen eine neue Lebensform entwickeln, frei vom Konsum-
zwang, frei von jedem Zwang.«

Indes, sie haben ihre Hütten unmittelbar an der Bundesstraße 83
errichtet, 15 Autominuten südlich von Hameln, zu Füßen einer
gigantischen Baustelle. Sie wollen mehr, sie wollen ein im Bau be-
findliches Atomkraftwerk lahmlegen.

Am 19. März dieses Jahres hat diese Baustelle nicht weniger bun-
desweit Beachtung gefunden. Bürger und andere, für die der Begriff
»Bürger« ein Schimpfwort ist, demonstrierten hier wie dort gegen
die Errichtung von Kernkraftwerken. Die Polizei schlug sich mit
ihnen.

Die Eingeborenen dieser Gegend nennen die blutig verlaufene
Demonstration von März kurzweg »die Schlacht«. Sie haben einen
tiefen Schock erlitten – die Bauern und Gewerbetreibenden von
Grohnde, von Emmerthal, von Ohr, von Kirchohsen, Hagenohsen,
und wie die Flecken alle heißen rings um den bereits zur Größe des
römischen Kolosseums gediehenen Reaktor-»Dom«. Diesen Schock
muß man einkalkulieren, wenn man verstehen will, was sich in einem
Winkel unseres Landes an Haß zusammenbraut, von dem man noch
vor einem Jahr gesagt hätte: hier ist die Welt noch in Ordnung.

Diese jungen Leute, langhaarig auch die Männer, recht offenherzig die Frauen, an einem nahen Teich zwecks Reinigung zuweilen
auch nackt in Erscheinung tretend, mißfielen vom ersten Augenblick an den Ureinwohnern, die ganz gerne daran festhalten würden, daß ... wie hieß doch der Spruch? Die deutsche Frau raucht
nicht und schminkt sich nicht! Die deutsche Frau nimmt auch keine
Spraydosen und beschriftet damit anderer Leute Wände und Zäune
mit Parolen wie »Kein AKW an der Weser und auch nicht anderswo«, oder: »Sofortige Einstellung aller Baumaßnahmen«. Und
selbstverständlich konnte es den Bauherrn des Werkes Grohnde

nicht gefallen, daß auf ihren eleganten Informations-Bungalow ge-
spritzt wurde: »Lügenzentrum / Glaubt kein Wort / Atom ist Mord!«
Hilflosigkeit und Ungeschick charakterisiert die Dorfbewohner.
Nun sitzen sie schon zwei Monate in ihren Hütten – die sie gerade
in diesen Wochen winterfest machen wollen –, haben den Brunnen
gebohrt, provisorische Wege angelegt, um bei Regen nicht im Mo-
rast zu versinken; um aber zu entscheiden, wer am nächsten Morgen
die Milch bei einem noch gutwilligen Bauern holen soll, muß das
Plenum zusammentreten, »die Familie«. So nennen sie ihre vom
Zufall zusammengetragene Gemeinschaft programmatisch. Keine
Hierarchie, keine Führung, keinen Sprecher, nur Delegierte von Fall
zu Fall.

So kam es, daß Abgesandte des Dorfes bei einer lokalen Behörde
sich nicht als gewählte Vertreter legitimieren konnten und zu hören
bekamen: Wir wollen nur mit einem Verantwortlichen verhandeln.
Es traf sich zufällig, daß just an diesem Tage ein Bauer, der auch
nichts vom Atomwerk in seiner Nachbarschaft hält, ein Spanferkel
für die Dorfküche stiftete. Die Beschenkten erklärten: Dieses Ferkel
ernennen wir zu unserem Bürgermeister und taufen es »Genscher«.
Seither ist es sicher vor der Bratpfanne. An seinem Stall steht: Nicht
jedes Schwein ist unser Feind! Es wird gehegt und gepflegt. Mitnichten ist eine Beleidigung unseres Außenministers beabsichtigt.

In kurzen Wochen schlossen sich die Bürger zu terroristischen
Vereinigungen zusammen.

Im nahen Emmerthal ist Willi Prothmann, von Beruf Betriebsleiter eines 120-Mann-Betriebes für Schalldämpfer, der Ärger zu Kopf
gestiegen: er hat nach eigenem Bekunden »am Stammtisch« einen
Aufruf mit Gesinnungsfreunden verfaßt: »Bürger von Emmerthal!
Die Saat der Gewalt geht auf, und unser Staat läßt uns im Stich!«
Darin wird aufgezählt, was der brave Bürger alles nicht tut und tun
darf, was das »moderne Raubrittertum der sogenannten ›Bürgerini-
tiative für Umweltschutz‹« sich aber ungestraft erlaubt.

Willi Prothmann an dem Tage, an dem wir ihn in seinem Betrieb
besuchten, kann nachweisen, daß er fast 1 000 Unterschriften bekommen hat von Mitbürgern, die »dem Chaos in Emmerthal entschlossen entgegentreten« wollen.

Wir fragten ihn, was ihn zu seiner Aktion veranlaßt habe. Antwort: »Wir leben hier in Frieden. Wir haben es gut, uns fehlt nichts, wir haben kaum Arbeitslose. Wir haben einen Sportklub, einen Jagdklub, ein Stadion, ein Hallenbad, ein ...« »Und«, unterbrechen wir ihn, »jetzt bekommen Sie auch noch ein schönes Kernkraftwerk.«

»Das lassen wir mal ganz außen vor«, sagt der Betriebsleiter, »es geht hier nicht um Kernkraft, ja oder nein, gegen eine anständige Demonstration haben wir nichts. Aber so wie die in dem sogenannten Dorf leben, schauen Sie sich das an, Dreck und Läuse und dann die Übergriffe. Einfach fremdes Gelände besetzen, wer darf denn das von uns?« Prothmann nennt seine Aktion »Bürgerwehr«. Die Überwachung der Dörfer ist lückenlos, auch nachts. Grelle Scheinwerfer verbreiten eine derartige Helligkeit, daß man vor den Hütten, in denen es ohnehin kein Licht gibt, um Mitternacht Zeitung lesen kann. Mit einer elektronisch gesteuerten Kamera und einem Richtmikrophon im Dauerbetrieb kann der Verfassungsschutz die Zusammenkünfte der Bewohner, »Familie«, ihre Sorgen, ihre Diskussionen, ihre Pläne protokollieren. Kein Zweifel, daß es geschieht.

Die Betreiber haben eine Parallelaktion zu Prothmanns »Bürgerwehr« aufgezogen: rund zweihundert Unterschriften wurden für einen »Offenen Brief« gesammelt, gerichtet u. a. an: »An den Herrn Bundeskanzler«.

Darin heißt es: »Es kann doch wohl nicht im Sinne eines sozialen Rechtsstaates sein, wenn eine wilde Horde arbeitsscheuer und verkommener Menschen, denen nichts mehr heilig ist, ... unschuldige Menschen verprügelt, blutig schlägt, Bretter mit eingeschlagenen Nägeln auf die Straßen legt und die Reifen von Fahrzeugen durchschneidet ... Sie beschmieren Straßen und Häuser mit Farbe und werfen sämtlichen Unrat in die Gegend. Ratten und Ungeziefer sind ihre Begleiter und wo sie hausen, stinkt es.« Dem Bundeskanzler wird auch mitgeteilt, daß sich »manche Männer Blumen um ihre Geschlechtsteile binden«.

Gegen Abend, im »Dorf«, an dessen Eingang ein Informationsstand eingerichtet ist, beobachten wir, wie immer wieder Wagen auf der B 83 anhalten, die Insassen interessiert zu den Hütten herüberblicken, ihre Wagen abstellen und fotografierend durchs Dorf wandern als seien sie auf Safari in Zentralafrika und besuchten einen

Negerkral. Sie nehmen vervielfältigte oder gedruckte Aufklärungs-
schriften mit, bezahlen sie und lassen sich auch oft auf Diskussionen
ein. Es stinkt nicht, kein Unrat liegt herum, auch werden keine blu-
menverzierten Geschlechtsteile geboten. Schau mal, sagt ein Mädchen kichernd zu ihrer Freundin und deutet auf eine Schrift an einer
Hüttenwand: »Tampons in der Küche«, ist da zu lesen.

Die Szenerie ist filmreif. Hier die Armseligkeit des Dorfes, jenseits der Straße die Festungsanlagen und die Betonburg, überragt
von den Giraffenhälsen der himmelhohen Krane. Flutlicht über
allem.

Erinnern wir uns: der Vorstandsvorsitzende der Dresdner Bank, Jürgen
Ponto, wird erschossen (30. Juli); Hanns Martin Schleyer, Präsident der
Bundesvereinigung der Arbeitgeberverbände und des Bundesverbandes
der Deutschen Industrie wird entführt, dabei werden 4 Begleitpersonen
getötet (5. September); am 18. Oktober erschießt eine Grenzschutz-Spe-
zialeinheit die vier Terroristen, die 91 Geiseln, Bordpersonal und Passagiere in der »Landshut« in ihre Gewalt gebracht hatten (13. Oktober). Die
Geiseln sind befreit. Das spielt sich auf dem Flugplatz von Mogadischu
ab. Am 18. Oktober hatte ich notiert: »Öffentlichkeit und Staat werden
immer verrückter.« Um diese Zeit hätte der WDR in seinem Dritten
Programm schon nicht mehr gesendet, wozu er Ende September noch bereit war, ein kurzes Manuskript, von mir auch gesprochen:

DER SUMPF. Ponto war gerade ermordet worden, Schleyer noch in
Freiheit, da sprach der hessische CDU-Vorsitzende Alfred Dregger
davon, daß »der geistige Sumpf« trockengelegt werden müsse. Der
Begriff hat sich die Medien und Bonn erobert, er ist ein Zwillingsbruder des anderen Begriffes »Sympathisantenszene«. Beide neu im
Umlauf gebrachte Wortmünzen meinen dasselbe, aber was meinen
sie eigentlich?

Jeder glaubt es zu wissen, aber nachprüfen läßt es sich nicht.
Nicht *was*, sondern *wer* gemeint ist mit »Sumpf«, müßte sich klären
lassen, aber das ist nicht möglich. Der Begriff läßt sich weder politisch noch soziologisch, noch moralisch so fassen, daß eine Partei,
eine Gruppe, ein Kreis oder einzelne Personen damit dingfest zu
machen wären. Der auf der Welt meistgeehrte westdeutsche Schrift-

steller, Heinrich Böll, gilt einer verhetzten Öffentlichkeit als ein Repräsentant des »Sumpfes« – aber das geschieht auf eine Weise, daß der Betroffene dagegen nichts unternehmen kann. Auch die Justiz kann den »Sumpf« nicht fassen.

Gehen solche undefinierbaren Begriffe als Politikum in die Volkssprache ein, so ist damit ein Signal gesetzt, daß Radikalismus am Werke ist, und zwar der Radikalismus derjenigen, die von sich behaupten, sie bekämpften den Radikalismus. Hitler prägte und benützte in vielen seiner Reden den Begriff »Novemberlinge«, mit dem er die demokratischen Kräfte im damaligen Deutschen Reich zu Verrätern stempeln wollte – es gelang ihm, wie wir wissen, hervorragend. Eine Gruppe »Novemberlinge« war nicht auszumachen, je nach Bedarf konnte jeder, der nicht »Heil« schrie, dazu gerechnet werden. Als Hitler das erste KZ errichtete, ließ sich noch definieren, welche Kriterien einen Deutschen, später Polen und Sowjets, Juden aller Nationen, zum potentiellen Häftling machten. Um 1943 gab es eine solche Definition nicht mehr, Soll-Zahlen wurden dadurch erfüllt, daß irgendwo, in Amsterdam oder Lemberg, eine Straße abgesperrt, 200 oder 300 Menschen zusammengetrieben, abtransportiert und vergast wurden.

Wer heute mit Begriffen wie »Sumpf« oder »Sympathisantenszene« den innenpolitischen Kampf führt, ist kein Mörder, aber ein Rufmörder. Das jüngste Beispiel für skrupellosen Rufmord ganzer Bevölkerungsteile liefert das Verhalten der Staatsorgane anläßlich der Kalkar-Demonstration, wo 150000 Bundesbürger einer Kontrolle unterzogen wurden, die bis zur Leibesvisitation ging, und die Polizei bei ihren quittungslosen Beschlagnahmungen keinen Unterschied machte zwischen Gegenständen »waffenähnlicher« Art und der normalen Ausstattung von Autos mit Werkzeugen und Benzinkanistern. Die Gruppe, die damit via Fernsehen und politischen Erklärungen in den »Sumpf« gestoßen wurde, ist die Jugend schlechthin. Das geht über den Heinrich Böll = Sumpf weit hinaus.

Wo solche Begriffe aus dem Wörterbuch des Unmenschen verwendet werden, müssen demokratische Verhältnisse in sich zusammenstürzen, denn es verwandelt sich das öffentliche Leben wirklich in einen »Sumpf«, in dem die Vernunft versinkt, ohne die Demokratie nicht praktiziert werden kann.

1978

Die Wirren, Kämpfe, Verbrechen im Libanon haben eine lange Geschichte und viele Ursachen. Es wird nicht so leicht sein, in der Bundesrepublik einen Jedermann oder eine Jedefrau zu finden, auch wenn sie politische Interessen haben, die ein Jahrzehnt der politischen und militärischen Ereignisse in diesem Krisenherd überschauen könnten. Ende März und im April 1978 war ich im Südlibanon, wo eine UNO-Truppe für Ordnung sorgen sollte (1988 bekamen die UNO-Truppen den Friedensnobelpreis) – aber was hätte man in diesem Gebiet Ordnung nennen können? Kein richtiger Krieg war schon fast so etwas wie Ordnung. Zwei diese Region bestimmende Faktoren sind unverändert; erstens die militant operierenden Einheiten liegen sich nicht an einer Front gegenüber, sondern bilden ein mosaikartiges Durcheinander auf ständig sich verschiebenden Gebieten; zweitens muß gesagt werden, daß die Herrschaft der Israeli in eroberten palästinensischen und libanesischen Territorien sich kaum von der Herrschaft unterscheidet, die von uns Deutschen ab Sommer 1943 in Italien ausgeübt worden ist.

Bei der Streitmacht der UNO. Im chaotischen, hupenbrüllenden Stadtverkehr Beiruts gibt es seit kurzem eine neue militärische Nuance: in einzelnen Fahrzeugen oder in kleinen Konvois fegen die Soldaten der Armee der UNO durch die Straßen. Sie tragen blaue Mütze, blaue Armbinden, und blau wedeln ihre hochgesteckten Fähnchen im Fahrwind.

Sie sehen nichts, sie hören nichts, sie zeigen nur, daß sie vorhanden sind, aber die UNO ernährt sie doch, und zwar gut: 600 Franzosen sowie kleinere Kontingente von Persern, Norwegern, Schweden. Ihrer Aufgabe gemäß, die sie als Ordnungshüter längs der Frontlinie der israelischen Invasionstruppen 100 km weiter südlich zu erfüllen haben, gibt es für ihr Erscheinen in der Hauptstadt eigentlich keine dienstliche Rechtfertigung, aber es macht ihnen eben verständlicherweise Spaß, auch ein bißchen am schäumenden Beiruter Leben teilzunehmen statt nur in Orangenfarmen herumzuliegen.

Dieses Beirut ist im April 1978 eine noch faszinierendere Stadt als sie es in den zwei Jahren zwischen dem Bürgerkrieg gewesen ist. Die Faszination rührt davon her, daß der Lebenswille dieser Bevölkerung, die so beharrlich darin ist, sich gegenseitig umzubringen, durch nichts umzubringen ist. Was ich in diesen Tagen in Beirut erlebte, bevor wir zu der blauen »Friedenstruppe« in den Süden fuhren, erinnerte mich an das Jahr 1940, als ich als deutscher Infantrist in Frankreich herumkommandiert wurde. Ich hätte es nicht für möglich gehalten, das unmittelbare Nebeneinander von Kriegslandschaft und einem scheinbar normalen Leben von Zivilisten noch einmal beobachten zu können – von Zivilisten, die sich sagen: nütze den Tag, an dem nicht geschossen wird, denn morgen ist vielleicht schon wieder Krieg.

Das Hotel »Corona«, in dem ich vor dem Bürgerkrieg öfters wohnte, hat als Ruine an Charakter gewonnen. Es hatte früher etwas Verspieltes, jetzt sieht es mit seinen leeren Fensterhöhlen wie eine trotzige Festung aus. Auch der 20 Stockwerk hohe Turmbau des einstigen »Holyday Inn« wirkt viel eindrucksvoller, seit er ausgebrannt ist. Die Ruine, vorher ein belangloses Hochhaus, hat jetzt eine großartige Würde.

Wir verlassen die Stadt ungern und fahren zu den UNO-Quartieren im Süden. Es ist 6 Uhr früh. Das französische Kontingent reibt sich gerade erst den Schlaf aus den Augen. Der Posten am gelben Kasernentor mit der arabischen Inschrift döst, an einen Baum gelehnt, vor sich hin, seine Flinte hängt über der Schulter. Munterer sind zwei libanesische Händler, die mit ihren amerikanischen Straßenkreuzern die 90 km Uferstraße von Beirut schon hinter sich gebracht haben: Jetzt packen sie aus: Brot in Kunststoffbeuteln, Konserven, Wein, Würste, Eier, Parfums, Whisky, Zigaretten. Rechts und links von der Einfahrt, auf niedrigen Mauern, bauen sie ihre Waren auf. Alles kostet hier 20 % mehr als in den Beiruter Geschäften.

Wie gesagt, mit 600 Kunden können die Händler am Tor bisher rechnen, so viele französische Soldaten sind aus Carcassonne eingeflogen worden. Vielleicht kommen noch mehr. Platz ist genug.

Diese Kaserne bei der Hafenstadt Thir, im Südlibanon haben sogar Franzosen gebaut, als sie hier Kolonialmacht waren, lang lang ist's her. Die steinernen Baracken sind über ein riesiges Gelände verstreut. Als die Israelis Mitte März ihre Invasion in den Libanon dank ein paar ermordeter Omnibuspassagiere starten konnten

– endlich! – ergriff die libanesischen Vaterlandsverteidiger in dieser Kaserne das wilde Entsetzen, sie machten sich auf und davon. Hauptmann Chatilion, äußerst höflicher Presseoffizier der blau dekorierten Fallschirmjäger, sagt: die Panzer ließen sie stehen, beladen mit Munition, und sogar die Radios haben sie vergessen. Die spielten noch als wir kamen.«

So gegen 7 Uhr bezieht der Hauptmann Posten vor der Kaserne, um zu schauen, was ihm die Weltpresse heute an neugierigen Besuchern beschert.

Reporter, Radio und Fernsehen aus aller Herren Länder sind derzeit im zerrissenen Libanon stärker vertreten, als die UNO-Truppen, zu denen in diesen Tagen noch nepalesische kommen.

Den Oberbefehl über sie hat ein ghanesischer General, der zu aller Erstaunen verkündet hat, er befehlige zwar eine Friedenstruppe, aber so weit ginge seine Friedfertigkeit nicht, sich einfach abschlachten zu lassen, Gewehr bei Fuß. Sie würden sich ihrer Haut zu wehren wissen und zurückschießen.

Im Augenblick sieht es nicht nach neuen Kriegshandlungen aus, sondern eher nach Manöver, Kriegspause? Bauern und Orangenfarmer denken darüber ganz anders. Als wir kilometerweit durch die Orangenpflanzungen fuhren, durch herabgefallene, überreife, nicht mehr geerntete Orangen watend, fanden wir die Welt auch nicht in Ordnung, obwohl es nicht unsere Orangen waren, ein paar hundert Tonnen.

Für die UNO-Männer, die aus ihren langweiligen Heimatkasernen sich plötzlich in die unglaubliche Frühlingspracht des Libanon versetzt sehen, muß dieses Leben eine schöne Abwechslung sein. Sie bauen Steinmauern, sie heben Schützengräben aus, sie errichten mit Spaten und Hacken Erdwälle, sie liegen in einem kniehohen Blumenmeer, und immer hat einer ein Fernglas vor den Augen und blickt über den Litani hinweg. Tief, tief unten schlängelt sich der Fluß durch Felder und durch Schluchten. Er bildet ein grau-grünes Band, jetzt im April führt er eine Menge Wasser.

Selbst ohne Fernglas lassen sich drüben an der israelischen Front Panzerstellungen hinter täglich höher und breiter werdenden Wällen ausmachen. Während aber die UNO-Soldaten ihre Verteidigungsanlagen in Handarbeit basteln, dröhnt über den Fluß her der Motorenlärm von gewaltigen Bulldozern, mit denen sich die Israelis im Libanon eingraben. Nichts deutet darauf hin, daß sie sich, wie ihre Regierung uns vormachen will, bald wieder zurückziehen werden.

Von der UNO-Position Nr. 12 im französischen Abschnitt führt eine leidlich fahrbare Straße hinüber zu den Israelis. Wir machen uns zu ihnen auf. Ihre Panzer sind bis zur Höhe der nach Norden gerichteten Geschützrohre ins Gelände eingegraben, die Räummaschinen haben hier ganze Arbeit geleistet, ein paar Hektar werden so bald keine Orangen mehr hervorbringen.

In Decken gehüllt, eine Zeitung unterm Kopf, liegen, vollen Kartoffelsäcken gleich, die abgelösten Männer im aufgewühlten braunen Erdreich und schlafen in einer Sonne, die gegen Mittag heizt wie im August bei uns.

Auf einer irgendwo entwendeten Schultafel steht in Kreideschrift: ab hier nur weiter zu Fuß. Dieser Befehl ist von der Praxis bereits überholt: täglich mehren sich jene Araber, die vor drei Wochen aus ihren Dörfern geflohen sind und nun zurückkehren wollen. Es hat bereits in Beirut eine Demonstration von Flüchtlingen aus dem Süden gegeben. Auf Plakaten stand: Wir wollen unsere Hütten im Süden und keine Wohnungen in Beirut. Von Mund zu Mund verbreitet sich die Nachricht, daß die israelischen Invasoren zurückkehrenden Bauern nichts zuleide täten. So packen diese ihre Betten, ihre Kartoffeln, ihr Mehl, ihre Stühle, ihren Tisch wieder auf Lastwagen oder auf die Dächer von Personenwagen und machen sich auf den Weg nach Hause.

Die überladenen Fahrzeuge rollen über den Litani und werden ungefähr 12 km weiter südlich von UN-Soldaten aufgehalten, die sich die Personalpapiere zeigen lassen und die Autonummern aufschreiben.

Sie fahren noch hundert Meter weiter, wo am Straßenrand ein Israeli mit Funkgerät und Maschinenpistole sich die Ausweise zeigen läßt und nach dem Zielort fragt. Ihn und die Personennamen trägt er in eine Liste ein, indes vier oder fünf andere Eroberer das Gepäck auseinandernehmen.

Als BRD-Bürger ist man bei dieser Prozedur aufs lebhafteste an die Übergänge zwischen West- und Ost-Berlin erinnert, auch an den »Todesstreifen« längs der deutsch-deutschen Grenze. Auch die

Israelis haben ganze Arbeit geleistet: rund um die eingegrabenen Panzer sind alle Orangen-Bäume abgeholzt worden, Schußfeld wurde geschaffen.

Die Israelis waren gegenüber den heimkehrenden Bauern genau so kühl-sachlich wie die Volkspolizisten an der Berliner Mauer, und genau so gründlich.

Wir besuchen die Flüchtlinge auch in jenen ausgebrannten, ausgeleerten, vom Bürgerkrieg zerstörten Vierteln der Altstadt Beiruts oberhalb des Hafens, wo grimmig blickende Krieger aus dem Sudan an Straßenkreuzungen Tag und Nacht Wache schieben, niemand weiß, warum. Die leeren Fensterlöcher haben die geflohenen Bauern aus dem Süden mit Tüchern verhängt, und auf den Parkettböden ehemaliger Luxuswohnungen kochen sie über offenem Feuer. Brandgefahr besteht nicht mehr, was brennbar war, ist verbrannt. Die Kleider hängen über Nägeln an der Wand, das mitgebrachte Bettzeug liegt auf dem Boden.

An einem Sonntag vormittag begegneten wir in dieser Öde einem älteren Herrn, der einen siebenjährigen Jungen an der Hand führte. Die beiden machten Besuch in der Ruine, die bis vor zweieinhalb Jahren das Geschäftshaus dieses Herrn war. »Vierzig Jahre habe ich umsonst gearbeitet, und 1 Million habe ich verloren.«

»Kommen Sie öfter hierher?« fragte ich den traurigen Textilkaufmann. »Hin und wieder«, sagte er, »ich zeige meinem Jüngsten, wo sein Erbe geblieben ist.«

Daneben lebt die Stadt ihre beispiellose Vitalität aus, schieben sich Meter um Meter die Autos an den Geschäften entlang, in denen alles, aber auch alles zu haben ist, was unzerstörte westliche Großstädte heute bieten.

PLO-Leute führten uns durch alte und neue Flüchtlingslager an der Küste, jene aus steinernen Hütten, diese aus Zelten bestehend. Ein Mann sagte uns, er habe zwölf Kinder. Die Frau, im Hintergrund des Zeltes sitzend, hatte das jüngste an der Brust. Zwei halberwachsene Mädchen gingen mit schmutziger Wäsche und einem Eimer zu einem nahen Bach. Ein Sechsjähriger aus dieser Familie saß vor dem Zelt im Staub und legte ein Stöckchen über zwei Steine, schnellte es von unten her in die Luft, versuchte, es im Flug noch einmal zu treffen. Wir hielten uns fast eine Stunde im Lager auf, und noch immer spielte das Kind sein Spiel als wir wieder vorbeikamen.

Wir fuhren mit PLO-Begleitern nach Thir, blickten von den Kais ins Hafenbecken, sahen dort auf dem Grund die Fischerboote liegen. An den Leinen, mit denen sie angebunden gewesen waren, waren sie noch immer angebunden. Die Netze in den Booten, von Schwimmkorken getragen, schwebten über ihnen. Auf dem Platz zwischen den Kaimauern und den Häusern lagen die Gerippe größerer Schiffe, und die Häuser in der Runde waren Schutthaufen. Weit und breit war kein Mensch, auch die Straßen im Innern der Stadt waren wie ausgestorben.

Ja, sie führten uns durch Jammer und Not, und daß wir uns zuvor gedacht hatten: schade um die verfaulenden Orangen, dessen schämten wir uns jetzt. Es war noch schlimmer und noch trauriger, als mit dem Beiruter Kaufmann und seinem Sohn vor der Ruine seines Geschäftes zu stehen und ihn sagen zu hören: Vierzig Jahre lang habe ich umsonst gearbeitet. Denn hier geht es nicht um ein Stadtviertel und seinen Wohlstand, sondern um ein Volk und seine Zukunft.

1979

Das Jahr meiner ganz privaten »Wende«. Zu Anfang des Vorjahres hatte zwar noch keine formale Veränderung meiner Zugehörigkeit zum *Stern* stattgefunden, wohl aber kam es zu einer zunächst nicht von außen sichtbaren Minderung meines politisch untermauerten Engagements an ihn. Am 5. Januar 1978 hatte eine Vollversammlung des *Stern* stattgefunden, von den 300 Anwesenden waren 180 stimmberechtigt; der Anlaß der Zusammenkunft, einberufen vom Redaktionsbeirat, war, die Entlassung des stellvertretenden Chefredakteurs Manfred Bissinger zu verhindern. Über die Gründe dafür will ich mich hier nicht äußern. Sie und viele andere Interna aus der Geschichte des Blattes habe ich im Zusammenhang mit dem gefälschten Hitler-Tagebuch dargestellt in *Der Fall Stern und die Folgen* (1983). Hier sei nur gesagt, daß die Redaktion nicht die Kraft aufbrachte, Bissinger gegen Nannen zu halten, der seinerseits – bewußt oder instinktiv bleibe dahingestellt – ein Vollzugsgehilfe der Verlagsspitze war.

Am Abend dieses Tages schrieb ich in den Kalender: »Unschlüssig, wie ich das Ende meiner *Stern*-Zeit herbeiführe, doch eindeutig das Gefühl, es müsse sein.« Daß es dazu erst 1980 gekommen ist, ist auf eine Unterhaltung mit Nannen beim Mittagessen in der Kantine zurückzuführen. Sie fand im Herbst 1978 statt. Ich war auf den Spuren D'Annunzios am Gardasee gewesen, hatte in einem kleinen Hotel in Gardone am Ufer gewohnt. Das Zimmer mit einer kleinen Terrasse lag im ersten Stock, das Bett war ungewöhnlich breit und komfortabel. Über dem Nachttisch hatte ich einen offenbar toten Telefonanschluß von ungewöhnlicher Konstruktion bemerkt. Mich erkundigend, welchem Zweck der Anschluß diene oder gedient habe, erfuhr ich, in eben diesem Zimmer habe Claretta Petacci gewohnt, als ihr großer Freund Benito Mussolini nur zwölf Kilometer entfernt in der Feltrinelli-Villa bei Gargnano mit seiner Familie zerniert war und auf Hitlers Gebot die »Republik von Salo« regierte (18. 9. 1943 – 27. 4. 1945). Claretta und Benito seien durch eine von der SS be- und überwachte Leitung telefonisch verbunden gewesen, die Dame hätte ihre Gespräche mit dem Geliebten meist vom Bett aus geführt.

Das erzählte ich Nannen und sagte, das sei doch eigentlich ein Thema für uns, dieses Liebespaar und sein Ende an einer Gartenmauer über dem Comersee, dann tot aufgehängt mit den Köpfen nach unten am Vordach einer Garage in Mailand. Mir war, als dieses Gespräch stattfand, noch unbekannt, daß Nannen selbst in den frühen fünfziger Jahren das, was man eine Schnulze nennt, über Claretta und Benito im *Stern* geschrieben hatte. Ich erntete eine lebhaft geäußerte Zustimmung zu meinem Vorschlag.

Der berühmte Zeichner Gulbransson hat in seiner überaus komischen Autobiographie einmal über seine Verlobung geschrieben: ich wähnte ein Blümchen zu pflücken, aber ich zog eine Lawine auf mich herab. Genauso war es in diesem Fall. Um es kurz zu machen: ich vertiefte mich in den Stoff, die Liebesgeschichte gewann mehr und mehr Episodencharakter, die Brutalität, mit der das NS-Regime das verbündete faschistische Italien behandelt hatte, die abgrundtiefe Verachtung, die den Italienern seitens der Deutschen insgesamt entgegengebracht worden war, rückten ins Zentrum meiner Recherchen. Berge dokumentarischen Materials, halb deutsch, halb italienisch, sammelten sich an. Ein wissenschaftlicher Mitarbeiter wurde angeworben, und schließlich auch eine Deutsche als Übersetzerin, die an der Universität Genua seit Jahr und Tag lehrend tätig war. Sie wurde meine zweite Frau, wir haben einen 1982 geborenen Sohn.

Was als *Stern*-Serie gedacht war, wurde zum Buch, weder diese noch dieses erschien im *Stern* bzw. im Verlag der *Stern*-Bücher. *Verrat auf deutsch* wurde zu der zeitgeschichtlichen Darstellung der deutsch-italienischen Beziehungen zwischen 1922 und 1945, die italienische Ausgabe in der Presse geradezu gefeiert – wie hätte es anders sein können! Der Vorwurf, Mussolini sei bei mir zu gut weggekommen, ließ außer acht, daß er neben Hitler selbstverständlich als der kleinere Verbrecher erscheinen mußte. So kam es über das Mussolini-Hitler-Projekt nach sechzehn Jahren Zugehörigkeit zum Bruch zwischen dem *Stern* und mir. Ich mußte nicht mehr nach einem Kündigungsgrund suchen, mir wurde gekündigt, derart hatte sich nicht nur mein berufliches, sondern auch mein privates Leben verändert.

Am 29. September 1978 notierte ich: »Mussolini-Recherchen beginnen«; am 15. Oktober: »Fange für Chefredaktion Mussolini-Papier an, bisher 19 Blatt.« Es bildet die Voraussetzung für ein zweites Gespräch mit Nannen über dieses Projekt am 24. Oktober: »Endgültig grünes Licht!«

1979 hatte ich mich noch nicht innerlich vom *Stern* ganz getrennt, das Blatt hatte den unüberwindbaren Tiefschlag mit den falschen Hitler-Tagebüchern noch nicht erlitten, es war noch Nannens *Stern*, so daß ich der Redaktion eine Auflistung der Themen vorlegen konnte, die m. E. nicht gründlich genug behandelt wurden. Sie stellen aufsummiert einen sozialpolitischen Querschnitt durch die dringlichsten »Anliegen« des Jahres 1979 dar; können aber, wie ich glaube, noch 1989 nicht gelesen werden, ohne daß der Leser merkt, daß manche dieser Problemkreise nach wie vor nicht aufgearbeitet, ja nicht einmal ernsthaft in Angriff genommen worden sind:

LANGZEITTHEMEN UND TENDENZEN 1979. *Der »abrufbare Bürger«.* Unsere private Person wird »erfaßt«, warum, wie, inwieweit ist diese Erfassung sekretiert, warum? Was bedeutet das für unsere persönliche Freiheit, in normalen Zeiten, in Krisenzeiten? Gibt es noch Chancen, sich gegen diese »Erfassung« zu wehren? Öffentlichkeitsarbeit, juristische Mittel usw.

Weltrüstung. Was ist daran wahr, daß die Sowjetunion den USA und ihren Hilfsvölkern technologisch überlegen sei? Wer setzt solche Informationen in die Welt, was bezwecken sie, inwieweit handelt es sich um Propaganda, und was bewirkt sie tatsächlich?

Auto und Verkehr. Unsere Berichterstattung über diese Thematik ist nichts anderes als Propaganda für das Auto und den privaten Straßenverkehr. Selbst in Anerkennung der Tatsache, daß unsere Käuferschicht das Auto anbetet, verhalten wir uns unentschuldbar. Wenigstens darauf wäre immer wieder aufmerksam zu machen, daß Autos mörderische Einrichtungen sind. Ich verweise auf den beiliegenden Text eines Vortrages, den ich in Baden-Baden gehalten habe: »Vom politischen Stellenwert der Toten«.

Psychiatrie. Was auf diesem Gebiet in Italien geschieht, muß weit sorgfältiger wahrgenommen werden – nicht um es einfach nachzuahmen, sondern um die Verschränkung von Sozialpolitik und Psychiatrie anschaulich zu machen.

Die ökologische Weltbewegung. Ökologie wird eines der zentralen Themen des vor uns liegenden Jahrzehnts. Noch ist die Möglichkeit gegeben, damit eine Sonderstellung aufzubauen.

Der Nachrichtenmarkt. Es muß einmal der Frage nachgegangen werden, welche Auswahlkriterien und -mechanismen die Flut der Informationen bestimmen, die wir von den abonnierten Agenturen über die Ticker bekommen.

Rechts und links. Sind diese Begriffe noch im herkömmlichen Sinn anwendbar, wenn nicht, warum nicht? Kann konservatives Verhalten unter Umständen zu einem besonders fortschrittlichen Verhalten werden, z. B. im Programm der Rettung alter Stadtanlagen und des Denkmalschutzes überhaupt? Es müßte endlich einmal die SPD über hundert Jahre daraufhin analysiert werden, inwieweit sie eine »linke« Partei gewesen ist. Das Problem ist auch personalistisch abzuhandeln an einer Figur wie Helmut Schmidt.

Fernsehen. Wir dürfen uns nicht auf den Leim locken lassen, ARD und ZDF könnten ihre Monopolstellung auf Dauer gegen private Geschäftemacher verteidigen. Sendetechnisch und juristisch sind Modelle zu entwickeln, wie privates Fernsehen zu integrieren wäre und ob es Möglichkeiten geben könnte, seitens des Gesetzgebers auf die Programmgestaltung Einfluß zu nehmen, der in den öffentlich-rechtlichen Sendern von politisierten Aufsichtsgremien ausgeübt wird.

Der Alltag. Es ist üblich geworden, ihn in Arbeitszeit und Freizeit aufzuspalten, wobei erstere als die Zeit gilt, während der sich der Mensch an seinem Arbeitsplatz befindet. Ich verweise auf die Bücher des französischen Soziologen Henri Lefebvre. Er führt den Begriff Zwangszeit ein, die der Mensch aufbringen muß bzw. verbraucht, um den kodifizierten Ansprüchen der Umwelt gerecht zu werden. Das reicht von der Fahrt zum Arbeitsplatz und zurück bis zum Ausfüllen der Steuererklärung. Zwangszeit ist schichtspezifisch konditioniert. Der Bettler unterm Brückenbogen kennt keine Zwangszeit. Das tradierte Bild von unserem Leben, angeblich zusammengesetzt aus Arbeits- und Freizeit, ist grundfalsch; es stimmt nicht einmal mehr, den Urlaub im ganzen, beginnend vom Aufbruch bis zur Heimkehr, als Freizeit anzusehen.

Der alte Mensch. Nur eine Durchleuchtung seiner humanen Problematik läßt seine Lebenswirklichkeit erkennen, die ökonomische Seite wird jedoch im allgemeinen in den Vordergrund gestellt. In einer Leistungsgesellschaft gilt nur die Leistung zum Nennwert. Die deutsche Kinderfeindlichkeit und das Desinteresse an den Alten haben die gleiche Wurzel.

Die emotionale Wirkung, die der amerikanische Film *Holocaust* ausgelöst hatte, in dem die »Endlösung« mit den dramaturgischen Mitteln von *Dallas* an die Zuschauer verkauft worden ist, verführte viele Berichterstatter dazu, daran die Erwartung zu knüpfen, hierdurch sei die westdeutsche Öffentlichkeit fähig geworden, mit vierzig Jahren Verspätung endlich zu begreifen, was der Nationalsozialismus tatsächlich gewesen sei. Eben dafür bot der Film keinerlei Voraussetzung. Hinter einer personal besetzten Szene des Verbrechens blieb unerkennbar, daß nicht ein paar nazistische Mörder fünf Millionen Juden umgebracht haben im Alleingang, sondern eingebettet waren in eine Mehrheit, die mit der »Ausmerzung« der Juden einverstanden gewesen war. Ich schrieb:

BETR.: HOLOCAUST. Ich habe gestern abend den amerikanischen Import über die »Endlösung« gesehen. Man durfte anrufen in Köln und die eigene Meinung sagen; so rund 700 sollen angerufen haben; ich auch, aber ich kam nicht durch.

Ich habe festgestellt, daß Ganghofer in Amerika einen Bruder im

Geiste und im Können hat, und der machte sich über die Gags der »Endlösung« her und über die deutsche Psyche, und da sangen sie, die Deutschen, etwas über diese rheinische Dame, ich weiß nicht, was soll es bedeuten, was natürlich nach deutscher Grammatik – die dem Juden Heine nicht so geläufig war – heißen sollte: ich weiß nicht, was es bedeuten soll; und sie spielten von Band Mozart, während die dargestellten und darstellenden Damen das natürlich niemals so gut und mit Metronomzahl 138 gekonnt hätten.

Da war auch (vor dem Krieg) Polen gar kein selbständiger Staat mehr; da konnte die deutsche Reichsregierung scharenweise unbeliebte Mitbürger ohne Paß und Visum, ohne Kontrolle diesseits und jenseits, nach Polen verfrachten; und da vergewaltigten auf offener Straße SA-Männer eine Jüdin, die sie sofort an den Fadenresten erkannten, die vom abgerissenen Judenstern stammten, und es war ihnen ganz egal, etwa per Rassenschande eingesperrt zu werden.

Na schön, wer verlangt schon angesichts so viel triefender Sentimentalität Geschichtskenntnisse und Geschichtstreue. Das ist dieses US-Ganghofers Sache nicht. Braucht es auch nicht zu sein, der Erfolg wäre ausgeblieben, aber mit einer Auschwitz-Schnulze läßt sich der Import in vierzig verblödete Länder bewerkstelligen. Ich habe drei Jahre über Auschwitz gearbeitet, in Israel, in Polen, in England, bei uns, ich weiß wovon ich rede, aber jene, die den Film machten, handelten nach dem richtigen Prinzip: Zu viel wissen ist nur schädlich.

Das haben ja dann auch die Herren, plus einer Dame, die nachher eine Diskussion über den Film hätten vorführen sollen, aber nur sich vorgeführt haben, und die über den Film mit gnädigem Schweigen hinweggingen – sie haben es ausgesprochen. Hätten Deutsche den Film gemacht, das wäre schrecklich geworden, sagten sie, wegen Genauigkeit. Nun hat zwar ein Deutscher, Syberberg, ein Sieben-Stunden-Opus über Hitler und sein Volk produziert (in 20 Tagen, ein Wunder!), und bei allen Schwächen ist das ein Wurf und großartig geworden, aber in der Diskussionsrunde wußte man davon offenbar nichts.

Ihr zuschauend und zuhörend, war ich an jene Geschichte erinnert, die sich kürzlich in München abspielte. Ein etwa 45 Jahre alter Vater wollte seine 15 Jahre alte Tochter aus einer ihm mißfälligen Diskothek herausholen, abends; er blieb zögernd vor dem Eingang stehen. Da kam eine andere Fünfzehnjährige heraus, sah ihn und sagte: Was willst denn du hier? Husch husch, zurück ins Grab!

Das wäre der Ratschlag gewesen, den ich diesen Diskutanten telefonisch hätte geben wollen, gesetzt den Fall, ich wäre durchgekommen. Als Frau Mitscherlich, die immerhin noch zwei in sich zusammenhängende, sinnvolle Sätze sprach, von »den Deutschen« etwas sagte, war Herr Hübner hurtig zur Stelle und sagte: »Die Deutschen, das gibt's doch gar nicht.« Er hat wohl noch nie eine EG-Veranstaltung, Gipfel-Konferenz zum Beispiel, mitgemacht. Da gibt es die Engländer, die Italiener, die Franzosen, die Deutschen. Natürlich gibt's »die Deutschen«, und was sich da abspielt anläßlich dieses Machwerkes, das rückt sie wieder mal so richtig ins Licht, auch und gerade die Deutschen von 1979.

Dieses erbärmliche Gedöhns in den Medien, die noch erbärmlichere Tatsache, daß man nicht den Mut hatte zu sagen: einen solchen filmischen Mist senden wir nicht (einen Mut, den sie natürlich gehabt hätten, wenn das ein Film gleicher Machart über die Französische Revolution gewesen wäre); dieses Verlegenheitsgetue, dieser Sendetermin, diese Verabschiedung ins Dritte Programm, weil man zwar A sagte, aber B zu sagen zu feige war: ARD oder ZDF 20.15, am Samstag und Sonntag – ja, das alles ist zum Kotzen! Was für ein erbärmlicher Haufen von Schwächlingen sind »die Deutschen«, hier in einer Auswahl von Kulturverwaltern und Meinungsmachern!

Das sind die Leute, die endlich wieder jemand brauchen, der ihnen sagt, wo's lang geht. Dann werden sie wieder stolz sein, dann werden sie wieder zur Herrenrasse erwachen, sich erheben aus der Lakaienrasse. Dann werden sie die Arroganz, die sie bis jetzt nur auf dem Gebiet der Ökonomie der Welt bieten, auch gegenüber ihrer eigenen Vergangenheit wiedergefunden haben. Es muß nur einer kommen, der neue Ziele aufstellt, so verführerisch, so im tiefsten »deutsch« wie jene, die ihnen Hitler gezeigt hat. Und auf diesem Wege sind wir!

Aber wir sind ein moralisches Volk! Das sage ich ohne alle Ironie. Dieses ganze Affentheater um Hohlkaust, oder wie dieser Schund heißen mag, beweist, daß »die Deutschen« immer noch ein Haar in der Suppe der Judenvernichtung finden. Dafür sind sie zu ehren. Würde uns eine ähnliche Serie über »Stalingrad« aus Amerika geboten, das ließe unsere öffentlichen Meinungsmacher und die Öffentlichkeit kühl. Denn daß sie nach Stalingrad marschierten, die Deutschen, ist ja nur ein Beweis für ihre abgründige Dummheit. Sich für so dumm anschauen lassen zu müssen, wird hierzulande nicht als Schande empfunden, wo doch noch vor 10 Tagen in der *Frankfurter Allgemeinen* stand, man müsse den Schah hegen und pflegen. Solche Dummheit ist erlaubt und ehrenhaft.

Aber die Judenvernichtung wurmt uns eben doch noch.

Um es denn unmißverständlich zu sagen: Mich ekelt, einem politisch und geschichtlich gesehen derart unerwachsenen Volk anzugehören, daß es sich von einem amerikanischen Reißer aus der Ruhe bringen läßt. Aber mich ekelt nicht vor dem Motiv, um dessentwillen dergleichen möglich ist. Man fordert zwar: Schwamm drüber!, aber man weiß gleichwohl: das Weltgericht fragt nach den Gründen, und fragt, und fragt ...

1980

Am 25. Juni wurde ich in Italien aus der *Stern*-Redaktion angerufen und gefragt, ob ich über die Olympiade in Moskau berichten wolle. Es war die Olympiade, die von den USA und ihren Satelliten boykottiert wurde.

Am 18. Juli flog ich mit meiner Frau über Frankfurt nach Moskau. Wir wohnten im Hotel Leningradska. Am 19. Juli wurde die Olympiade eröffnet, (»grandioses Fest«), abends gab ich einen kurzen Bericht über die Feier nach Hamburg durch, der unverändert gedruckt wurde. Am 24. Juli flogen wir nach Hamburg zurück, die Kontrolle am Flugplatz war rasch und flüchtig, die 500 Fotos, die mir mitgegeben worden waren, wurden nicht beachtet. Noch am Abend gab ich sie im *Stern* ab, mein zweiter langer Bericht war bereits per Telex angekommen.

Im Flugzeug hatten neue Zeitungen aus der Bundesrepublik herumgelegen. Als wir die Artikel über die Olympiade gelesen hatten, voller Häme und Bösartigkeit, gewannen wir den Eindruck, auf einer ganz anderen Veranstaltung und in einer ganz anderen Stadt gewesen zu sein.

Die Diskussion über meinen Bericht am Vormittag des 25. Juli ließ mich bereits erkennen, daß er nicht gedruckt werden würde. So war es auch. Nachdem Mr. Carter den Boykott beschlossen, die Bundesrepublik sich seiner blödsinnigen Entscheidung wieseleifrig unterworfen hatte, war es im *Stern* nicht mehr opportun, einen Text zu drucken, der von niemandem hätte gelesen werden können, ohne zu bemerken, daß der Schuß aus Washington im Rohr krepiert war.

IM HERAUSGEPUTZTEN MOSKAU. Olympiaden sind für die Städte, die sie veranstalten, einerseits eine Last, andererseits ein Stoß in den Rücken, der sie für Jahre, wenn nicht Jahrzehnte vorwärts bringt. Das olympische Fest hat aus München eine moderne Stadt gemacht, die sie ohnedem erst am Ende des Jahrhunderts geworden wäre.

Anders in Moskau: ein paar Stadien am Stadtrand wurden schneller als ursprünglich geplant errichtet, einige Hotels mit zehntausend Betten nicht erst 1985 in Betrieb genommen. Wie auch in München, ist ein »Olympisches Dorf« entstanden, das ab Mitte August ein neues Wohnviertel für 12 000 sein wird – nichts Besonderes in einer 8-Millionen-Stadt, die sich Jahr für Jahr rasch ins endlose Umland ausbreitet.

Was darüber hinaus geschehen ist, um aus der immer schon pompösen Metropole nun auch eine schöne Stadt zu machen, läßt sich als gigantischer Hausputz bezeichnen – wenn es auch nur eine weltweit verbreitete Zeitungsente ist, man habe die ganze Stadt neu angestrichen. Man hat sie aufgeräumt. Kein Zigarettenstummel liegt herum, Blumen überall und international verständliche Informationsschilder, mit denen die Straßen bis in die Vororte hinaus übersät sind. Sie bedeuten für mich die einschneidendste Veränderung. Stellte sich früher leicht das Gefühl ein, man befände sich hier in europaferner Fremde, so spricht Moskau jetzt mit jedem olympischen Klartext.

»Wenn wir das alles nicht gemacht hätten, was wäre dann erst für ein Geschrei losgegangen«, sagt in einem fast einstündigen Gespräch Wladimir Popow zu mir (ehemals stellvertretender Kultusminister, derzeit Vize-Chef des Organisationskomitees). – »Aber wie haben Sie all die Teenagers und Twens von der Straße gebracht, die vor der Olympiade auf Transistorgeräte, Bluejeans und fremdes Geld scharf waren?« – »Ich vermute«, sagt Herr Popow, »sie werden nach der Olympiade wieder scharf darauf sein, aber jetzt haben wir einiges unternommen.«

Was, braucht er nicht zu sagen. Nahe dem Ausstellungsgebäude unterhalb des Kreml-Palastes, der früheren Reitbahn der Zaren, kommen drei junge Burschen des Weges, die sich die Hemden ausgezogen haben, denn am 4. Tag der Olympiade hat Moskau die Sommerhitze überfallen. Der nächststehende Milizionär hebt sein Trillerpfeifchen an den Mund und haucht hinein. Es entsteht ein kaum hörbarer Ton, aber die jungen Männer verlieren keinen Augenblick, um sich wieder in ordentlich gekleidete Bürger zu verwandeln.

In ihren weißen, besonders auffallenden Hemden stehen die Wächter an den Straßen wie die Birken im Gorkipark. Die Trillerpfeife ist ihre einzige Waffe. Die erste Maschinenpistole habe ich erst wieder auf dem Frankfurter Flughafen gesehen. Die Anwesenheit der Weißhemden genügt, um die Großstadtjugend zu disziplinieren. Der Augenschein in jedem Waggon der Metro belehrt, daß die Behauptung, die Halbwüchsigen seien radikal aus Moskau evakuiert worden, eines der Märchen ist, die sich nicht wenige Journalisten mangels konkreter »Zwischenfälle« aus den Fingern saugen. Ich mache gegenüber Wladimir Popow eine Bemerkung über dieses Polizeiaufgebot, das aus der ganzen Sowjetunion in der Hauptstadt zusammengezogen worden ist. »Ja, ja«, sagt er, »Der Herr Carter hat uns ungeheuer geholfen«. – »Wie das?« – »Ach, wissen Sie, daß alles so fabelhaft klappt, ist nicht zuletzt auch Ausdruck einer nationalen Trotzhaltung!«

Als ich von dem kleinen Hügel, von dem aus Napoleon seinen Weltherrschaftstraum in Flammen aufgehen sah, auf die Hochhäuser-Landschaft blicke, denke ich, man müßte eigentlich wissen, was »Einigkeit« für ein Volk bedeutet, das imstande war, seine Hauptstadt anzuzünden, um nicht besiegt zu werden. Carter ist nicht in Moskau einmarschiert, aber der Boykott, den er angezettelt hat, bewirkte, daß diese Olympiade plötzlich zu einer Herzenssache der Bevölkerung geworden ist. Bedrohung oder auch nur aggressive Mißachtung, kommen sie von außen – aus welchem Grund auch immer –, haben in der Geschichte dieser Großmacht stets einen Integrationseffekt ausgelöst. Was wir eindrucksvoll erleben, ist die innere Teilnahme der Bevölkerung, die sich sonst so gleichgültig gegen alles verhält, was von oben kommt und verordnet wird.

Daß jeder Platz in den Stadien verkauft ist, daß von Wladiwostok bis Minsk die Leute an den Fernsehapparaten sitzen – die um 8 Uhr früh beginnen, die Veranstaltungen des Vortages zu wiederholen, ist hierfür ein Ausdruck. Wichtiger ist, daß wir mit keinem Sowjetbürger sprechen konnten, ohne den Stolz zu empfinden, mit dem er zu erkennen gab: das ist unsere Olympiade, das haben wir geschaffen. Man muß bis zu den Amerikanern vor dem Vietnamkrieg zurückgehen, um ein vergleichbares Phänomen nationaler Identifikation aus der nichtkommunistischen Welt heranziehen zu können. Unsere Gegenwart liefert es weder in Europa noch in Amerika.

Wir sind aufs Land hinausgefahren, um herauszufinden, wie denn die Leute in den Dörfern, in den Holzhäusern denken – Häuschen, an denen in hundert Jahren vielleicht das Dach erneuert wurde, wo aber sonst »Mütterchen Rußland« unverändert ist, mindestens optisch. Als uns der Taxichauffeur fragt, wo wir eigentlich hin wollen, nachdem wir den Stadtrand und die Ringautobahn erreicht hatten, sage ich: »In irgendein Dorf!« »Entschuldigen Sie«, sagt er, »ich kenne mich hier nicht besonders gut aus. Ich bin aus Taschkent.« – »Und für die Olympiade nach Moskau geholt?« – »Ja«. – »Seit wann sind Sie hier?« – »Seit einem Monat, in der Innenstadt weiß ich Bescheid.«

So verändert die Olympiade den Sommer 1980 für einen Taxifahrer aus dem fernen Süden. Sie verändert sogar den Rhythmus im Schulwesen. Die Aufnahmeprüfungen an der Universität, die nach 10 Klassen Grundschule abgelegt werden müssen, sind bis in den August hinein vertagt worden, während sie normal schon 2 Monate früher beginnen. Wer im Juni nicht bestand, hatte die Möglichkeit 6 Wochen später sich noch einmal der Prüfung zu stellen. In diesem Jahr gibt es nur einen Prüfungstermin: wer durchfällt, muß ein Jahr warten. Die Folge ist, daß sich Schüler aus der Provinz, die ihrer Sache nicht sicher sind, nicht zur Prüfung gemeldet haben, so daß für die Mutigen erheblich verbesserte Chancen bestehen, einen der offenen Studienplätze zu bekommen.

So bringt die Olympiade für manche unerwartete Vorteile mit sich, und unser Taschkenter Fahrer ist natürlich auch erfreut, für einen etwas höheren Lohn Moskau zu erleben.

Nach weiteren 15 km auf dem Autobahnring sehen wir zwischen den Bäumen die Dächer eines Dorfes. Wir lassen halten, gehen quer

übers Feld, öffnen das Türchen von Anwesen Nr. 13, finden eine
Rentnerin, die im Garten auf zwei Enkelkinder aufpaßt. Die Tochter
ist arbeiten, der Schwiegersohn, Lastkraftwagenfahrer, im Krankenhaus. »Ich lebe hier seit 50 Jahren«, sagt die Frau, »die Eltern haben
das Haus in den Dreißigern gekauft.« – »Sitzen Sie jetzt viel vor dem
Fernseher?« – »Natürlich, es ist unsere Olympiade.« Ich frage, was
sie von dem Boykott weiß. (Alle in Anführungszeichen gesetzten
Sätze sind wörtliche Übersetzungen vom Tonband.) »In den Einzelheiten kenne ich mich nicht so gut aus, aber Carter hat die Meinung
den andern aufgezwungen. Es hängt zusammen mit den Ereignissen
in Afghanistan und im Iran. Schade, die Fahne aus Montreal war
hier, aber die Sportler selber nicht.«

Wir gehen weiter, die Häuschen ducken sich unter Obstbäumen,
viele Hühner, kaum Menschen, es ist Arbeitszeit, Vormittag. Auf
einem Dreirad-Kastenwagen kommt ein junger Mann vorbei, hält
auf unser Zeichen. Er ist Angestellter der Ortsverwaltung, er muß
Schäden an Häusern und Wegen melden. Auf meine Standard-Frage,
was er vom Boykott weiß, sagt er: »Das ist leider mit einem Wort
nicht zu beantworten.« – »Vielleicht mit fünfzig?« – Er denkt einen
Augenblick nach, steigt von seinem Fahrzeug herunter: »Bestimmte
Kreise in der Welt sind interessiert, Spannungen zu schaffen. Man
benutzt jede Gelegenheit. Es geht um militärische und wirtschaftliche Komplexe. Präsident Carter schwimmt im Kielwasser dieser
Interessen, aber man darf diese Sache keinesfalls nur mit dem Namen eines Menschen verbinden. Um Präsident zu werden, braucht
es viel Zaster, der kommt von vielen Leuten.« Er zuckt die Achseln,
lacht, steigt wieder auf und gibt Gas.

»Schauen Sie«, sage ich zu Anders, unserem Fotografen, der mit
von der Partie ist, »die junge Frau dort am Brunnen, das ist doch ein
Fressen für die Kamera.« Sie windet am Seil einen Eimer aus der
Tiefe herauf. Als sie hört, wer wir sind und was wir wollen, lädt sie
uns ein, mitzukommen. »Nein«, sagt sie, »wir haben von der Eröffnung der Olympiade nichts gesehen, wir kommen gerade aus
dem Urlaub.« – »Deshalb so braun«, sage ich. »Ja, wir hatten
40 Grad«. – »Wo?« – »Bei Astrachan, 27 Tage.«

Nun sind wir im Haus, die Tochter, der Mann begrüßen uns.
Unter einem kleinen Strohdach steht das Auto vor der Tür. Im

Garten wächst von Gurken bis Himbeeren alles. Es stellt sich heraus, daß wir hier der Hilfe unserer Dolmetscherin (Lektorin für Deutsch an der Universität) nicht bedürfen, die Familie spricht französisch. Das Ehepaar unterrichtet an der Ortsschule, er Physik, sie Chemie. Sie waren 2 Jahre lang in Algerien bei einem Entwicklungsprojekt. »Warum bis Astrachan in Urlaub?« – »Wir reisen gern, wir waren in Sibirien, in Usbekistan, hinter dem Ural, überall. Jetzt haben wir ein Auto, aber eigentlich brauchen wir keines, mit dem Zug geht es genauso gut, und an Ort und Stelle laufen wir doch, mit Rucksack und Zelt.« Die Fotoalben von Urlaubsfahrten werden hervorgeholt. Der Riesenstör, im Kaspischen Meer gefangen, ist neben dem Mann aufgehängt und überragt ihn. »Brauchen Sie für diese Wanderfahrten eine Erlaubnis?« Der Mann findet die Frage komisch. »Wir brauchen Geld und Unternehmungslust, dann ziehen wir los«, antwortet er. Wir bekommen Kirschen, Orangen und Kaffee vorgesetzt. Der Boykott? »Ich war selbst Sportler«, sagt der Lehrer, »die Politiker haben nur die Sportler bestraft, und das ist schade.«

Diese Formel verwendete auch Wladimir Popow; die einzigen Leidtragenden seien die ausgeschlossenen Sportler, sagte er in unserem Gespräch. »Im übrigen läuft ja alles denkbar gut. Aber wir haben nicht die Absicht, den Erfolg gegen die Amerikaner so polemisch auszuspielen wie sie ihren Boykott gegen uns.«

Ich bin alt genug, um die Berliner Spiele 1936 miterlebt zu haben und mich zu erinnern, daß sie eine einzige Propagandaschau waren. Und ich habe die Münchner Spiele gesehen, die durch die Morde in zwei Teile zerbrachen. Die Stimmung der ersten Münchner Tage hatte große Ähnlichkeit mit der in Moskau: die ganze Bevölkerung feiert mit, ist fröhlich und ihrer Alltagssorgen wie enthoben.

Das riesige Kulturprogramm, an dem die Ausländer hinter ihrer Sprachbarriere höchstens teilnehmen, soweit es sich um Opern- und Ballettaufführungen handelt, wäre sinnlos, wenn die Moskauer nicht Abend für Abend bei Dichterlesungen, Schauspielen (wir sahen eine glänzende Aufführung der »Möwe« von Tschechow) und Folkloreveranstaltungen die Säle genau so füllten wie die Stadien. Bis Mitternacht ist die Metro voll, oberirdisch saugen die sechsbahnigen Straßen auch die größten Menschenmengen mühelos weg. Nur zu Beginn der Sportveranstaltungen entstehen Karawanen und

Warteschlangen. Eine westdeutsche Zeitung hat geschrieben: »Eine Olympiade ohne Volk«. Dieses Volk feiert seine Olympiade, wie es seit dem Sieg über die Deutschen nichts mit vergleichbarer Anteilnahme gefeiert hat.

1981

1981 legte Michael Ende seine *Unendliche Geschichte* vor.

DAS KULTBUCH FÜR DRÜCKEBERGER. Von diesem Buch wäre ernsthaft überhaupt nicht zu sprechen, hätte es nicht einen so außerordentlichen und merkwürdigen Erfolg. Erfolg heißt hier Auflage, eine riesige Leserschaft, die den Charakter einer Gemeinde annimmt. Aber vielleicht gibt es doch noch ein paar Bundesbürger, die das Buch nicht gelesen haben. Deshalb zwei Sätze zum Inhalt.

Da gibt es einen Schuljungen, dicklich, von Ängsten heimgesucht, von Gleichaltrigen oft gehänselt, der rettet sich in die Zwiesprache mit Büchern, die ihn nicht hänseln können. Er kommt, so geht die Sache an, zu einem Antiquar, sieht bei ihm das Buch *Die unendliche Geschichte*, und weil es »eine rätselhafte Sache um die menschlichen Leidenschaften ist«, stiehlt er das Buch, verkriecht sich damit auf dem Schulspeicher, liest und liest.

Der Leser (gemeint ist der zu Hause, nicht der auf dem Speicher) braucht kaum bis auf Seite 12 ins Unendliche vorzudringen, da ahnt er schon, daß das reale, in roter Seide gebundene Buch, das er vor sich liegen hat, just jenes ist, welches, in roter Seide gebunden, der Held des Buches sich in seinem Versteck nach und nach einlöffelt. Er heißt Bastian Baltasar Bux. Ihm dämmert erst viel später, daß er selbst in dem Buch vorkommt. Dank überirdischer Kräfte wird er fähig, die Rolle zu spielen, die für ihn in der »Unendlichen Geschichte« vorgesehen ist laut Plan von Michael Ende.

Im Patentrecht gibt es den Begriff »Erfindungshöhe«. Er meint das Neue an einer Erfindung, was erlaubt, ihr Patentschutz zu gewähren. Die »Erfindungshöhe« dieses Buches ist mager. Legt man das gewaltige märchenhafte Dekor, all diese Tiere, Monster, Pflanzen, Wälder, Menschen, Temperaturen, Geschwindigkeiten, organische Anomalien auf den Prüfstein des Künstlerischen, so zeigt sich, daß es lauter Klischeevorstellungen sind, die nur durch die ständige gigantische Überzeichnung aller üblichen Maßstäbe ins Riesige oder ins Winzige »Erfindungshöhe« vortäuschen. Über die Mittel surrealer Comics kommt Ende nirgendwo hinaus.

Das pure Nichts an Realitätsbezug freut die Leut! Über sie hat Tucholsky schon 1930 das einschlägige in einer Phase deutscher Entwicklung gesagt, in der Zukunft wie eine schwarze Wand vor dem Volk stand. Es wollte die Wand nicht sehen. Sondern:

Nun senkt sich auf die Fluren nieder
der süße Kitsch mit Zucker-Ei.
Nun kommen alle, alle wieder:
das Schubert-Lied, die Holz-Schalmei ...
Das Bürgertum erliegt der Wucht:
Flucht, Flucht, Flucht.

Drückebergerei ist die große Bewegung 1981, in der sich Regierung, Opposition und Volk finden. Auf ihrer aller Wege liegt *Die unendliche Geschichte*. Mit Rechts-schwenkt-marsch auf ins Land »Phantàsien«, wo die »Kindliche Kaiserin« regiert und die Gefahr der Vernichtung zwar handlungsfördernd vorhanden, aber nicht dingfest zu machen ist, nicht übersetzbar aus der Phantasie-Welt in die Realwelt.

»Sind wir alle Nazis?« fragt der *Spiegel* auf dem Titel jener Ausgabe, in der dieses Buch auf Platz 2 steht. Ei bewahre, aber nicht doch! Wir haben nur Angst, deshalb der Massenaufbruch und -ausbruch nach »Phantàsien«!

Der israelische Ministerpräsident Menachem Begin, dessen Familie von den Deutschen ausgerottet worden ist, machte sich in der Bundesrepublik sehr unbeliebt, als er vom amtierenden Regierungschef Helmut Schmidt sagte, er wisse nicht, was dieser Mann, der Offizier gewesen sei, eingesetzt an der Ostfront, dort getan hat. Er sagte nicht: also war er ein Nazi – aber:

WER IST EIN NAZI? Der Krach Begin/Schmidt ist ein Schlüssel-Ergebnis dieses Jahres 1981. Nur dem Anschein nach handelt es sich um einen Streit zwischen zwei exponierten Politikern, den der eine,

Begin, unnötig schrill provoziert habe. Außerhalb Israels, und selbstverständlich in der BRD verwahrt man sich entschieden gegen den von Begin kaum noch verschlüsselt geäußerten Verdacht, auch der junge Schmidt, Offizier, eingesetzt (u. a.) an der Ostfront, habe sich möglicherweise an den Verbrechen der deutschen Kriegführung in der Sowjetunion beteiligt.

Alles spricht dafür, daß er es nicht getan hat.

Helmut Schmidt, Oberleutnant, hat keine Verbrechen begangen. Also habe, so wird gefolgert, Begin keine Spur von Berechtigung, Schmidt dergleichen zu unterstellen. Sehr wohl – nur: das hat Begin auch nicht getan! Er hat nicht gesagt: Sie, Herr Bundeskanzler, haben sowjetische Zivilisten ermordet, Juden umgebracht, sondern: ich weiß nicht, was Sie dort getrieben haben als Offizier. Ich weiß es auch nicht, aber ich wiederhole: es spricht eine ganze Menge dafür, daß Schmidt nichts war als ein Soldat und brav. Jetzt ist er nichts als Bundeskanzler und brav. Aus seiner Hamburger Zeit gibt es die Story von seinem Einsatz bei der Überschwemmung; da war er auch sehr brav. Das heißt, er hat, was gerade seine Sache war, immer so gut gemacht, wie er konnte.

Also war er kein Nazi – ist das die Schlußfolgerung? An diesem Punkt macht es bei mir klick. Damit geht die Diskussion über den Streit der beiden Politiker weit hinaus, so weit, daß ich davon als von dem Schlüssel-Ereignis des Jahres mich zu reden getraue, und da fängt auch mein Verständnis für Begin an, den ich im übrigen so widerwärtig finde wie jeden Fanatiker. Die Sache ist nämlich die und der Umstand ist der, daß der Ministerpräsident Israels trotz seiner fürchterlichen familiären Erfahrungen zu dem, was man hierzulande Verleumdung und Beschimpfung nennt, sich niemals hätte versteigen können – auch dann nicht, wenn Schmidt ad hoc den Saudis 100 Panzer verkauft hätte –, wenn in den Jahrzehnten seit 1945 deutscherseits auch nur der Versuch unternommen worden wäre, konkret festzustellen, was der Nationalsozialismus eigentlich war und wer infolgedessen ein Nazi gewesen ist.

Diese aus gutem Grund unterlassene Analyse hätte es gänzlich unmöglich gemacht, wie üblich zwischen den Deutschen und den Nazis zu unterscheiden. Nach dem deutschen Sieg über Frankreich gab es weniger Nazi-Gegner, als es heute, 1981, in der BRD aktive und potentielle Terroristen und sogenannte »Sympathisanten« gibt. Wäre es beim Siegen geblieben, so hätte sich daran nichts geändert. Doch gibt es wichtige Nuancen. Wenn ich auf mich als Beispiel zurückkommen darf, so habe ich, indem ich es unterließ, Hitler zu ermorden, meinen schweinischen Kompaniechef zu ermorden oder irgendwie sonst aktiv der Diktatur (meinem Volk!) zu schaden, den Nationalsozialismus mitgetragen, und war also auch ein Nazi? Gewiß, aber ein nutzloser! Ich war nicht brav, sondern als Soldat gänzlich unbrauchbar. Mit anderen Worten: ich habe ein unbequemeres Kriegsleben geführt als Oberleutnante, aber das war auch alles an Unbilden. Ich kannte noch mehr Leute dieser Art, die nutzlos aus Prinzip waren. Soweit sie nicht in kriegerischen Handlungen draufgegangen sind, haben sie überlebt, kein Kriegsgericht hatte sich für sie interessiert.

Ich sage, es gibt Nuancen, und eine davon ist eben zum Beispiel, daß Helmut Schmidt Oberleutnant war. Niemand hat ihn dazu gezwungen, er wollte es werden und sein, ein Soldat und brav, Hitler hin, Hitler her, Judenverfolgung hin, Judenverfolgung her. So war er nach meiner Definition ein klein bißchen mehr Nazi, als er es sein mußte.

Ich hielt und halte es für zumutbar, daß jemand im Nationalsozialismus aus eigenem Entschluß und trotz anderer Möglichkeiten nichts, absolut nichts (im Sinne von Karriere) hatte werden wollen. Das sei gegen die menschliche Natur? Also ist es leichter, gegen das Gewissen als gegen die Natur zu handeln? Wenn ich z. B. im *Stern*, Heft 21, links das Bild Begins mit Frau sehe, sie machen einen schäbig-armseligen Eindruck, rechts schick und schön Oberleutnant Schmidt und Frau, und lese, beide Aufnahmen stammten von 1942, dann graust mir.

1982

Unter den Arbeiten des Jahres 1982 finde ich das Fragment eines Textes, von dem ich nicht mehr weiß, ob er für einen bestimmten Veröffentlichungszweck geschrieben wurde und auch tatsächlich gedruckt worden ist. Es gibt darauf keinen Hinweis, und aus dem Umstand, daß die

Niederschrift plötzlich abbricht, läßt sich der Schluß ziehen, es handle sich um ein geschriebenes Selbstgespräch. Der Autor murmelt vor sich hin ...

KOMMT ES ZU EINER NEUEN RUNDE DES KLASSENKAMPFES?

Der Begriff »Klassenkampf« wird gemeinhin verwendet – sofern er überhaupt noch verwendet wird! – für den Kampf der Ausgebeuteten für eine bessere, gerechtere Welt gegen die Ausbeuter. Marx spricht (im *Kommunistischen Manifest*) vom »existierenden Klassenkampf« als »einer unter unseren Augen vor sich gehenden Bewegung« und präzisiert: »Die aus dem Untergang der feudalen Gesellschaft hervorgegangene moderne bürgerliche Gesellschaft hat die Klassengegensätze nicht aufgehoben. Sie hat nur neue Klassen, neue Bedingungen der Unterdrückung, neue Gestaltungen des Kampfes an Stelle der alten gesetzt.« Auch daraus ließe sich der Schluß ziehen, von unten nach oben finde Klassenkampf statt, hingegen von oben nach unten Unterdrückung, aber Marx schreibt zugleich von neuen Klassen im Plural, und es ist klar, daß es die Klassen der Ausbeuter jeweils im Wandel »der Gestaltung des Kampfes« gewesen sind (und sind), die durch ihre Maßnahmen der Unterdrückung im kapitalistischen System der gesellschaftlichen Produktion ihrerseits Klassenkampf führen, den Kampf ihrer Klasse gegen die der Arbeiter.

Die den historischen Sachverhalten nicht gerecht werdende Neigung, einseitig die Aktionen der Arbeiterklasse als Klassenkampf zu bezeichnen (und den Begriff derart tendenziös zu belasten) läßt sich damit erklären, daß die Strategie und die »Kampfmittel« der Bourgeoisie gänzlich andere sind als die der ausgebeuteten Mehrheit, und jene in der Lage ist, ihre Klasseninteressen mit dem Gemeinwohl zu identifizieren, das in der Staatsorganisation, in der gesellschaftlichen »Ordnung« und in den Gesetzen seine Garanten entwickelt habe, wohingegen der Kampf der Arbeiterklasse ohne Mobilisierung der Massen (vom Streik bis zur Revolution) Theorie bleibt.

In zahllosen zeitgeschichtlichen Darstellungen ist nachzulesen, warum die Arbeiterklasse von ihrer Macht keinen der politischen Situation angemessenen Gebrauch gemacht habe. Was darin über die unselige Aufspaltung in Kommunisten und Sozialdemokraten gesagt wird, über die aus der Weltwirtschaftskrise und Massenarbeitslosigkeit sich ergebenden materiellen Zwänge, ist gewiß nicht falsch, und es trifft auch zu, daß dennoch nicht alle linken Kälber ihre faschistischen Metzger selber gewählt haben – sie ließen nur zu, daß die Metzger in die Lage kamen, sie abzuschlachten.

Eine von ihren Klasseninteressen gelenkte Arbeiterschaft hätte sich selbstverständlich nicht nahezu wehrlos dem Nationalsozialismus ausgeliefert, ja, was sage ich: mehrheitlich an den Hals geworfen. Auch wenn man die (marxistische) Meinung teilt, daß die Massen erst im Prozeß einer Revolution selbst Klassenbewußtsein entwickeln, d. h. zu einer klaren Erkenntnis ihrer materiellen Existenzbedingungen gelangen, zuvor aber nur eine Minderheit von ihren Führern – die nahezu allesamt nicht der Arbeiterklasse angehört haben – über ihre Existenzbedingungen aufgeklärt wird, so paßte doch rund alles, was die seit mindestens zwei Menschenalter geschulten Parteimitglieder der KPD und der SPD über ihre Ausbeuter erfahren, ich möchte sagen gelernt hatten, so haargenau in die konkrete innenpolitische Situation, daß sie, die Linken jeglicher Observanz, wenigstens hätten völlig immun sein müssen gegen die hohlen Phrasen der Nationalsozialisten. Sie waren es nicht im mindesten.

Der wirklich zündende NS-Begriff hieß: Volksgemeinschaft. Die verängstigte Arbeiterklasse suchte (und fand!) Unterschlupf im Volksganzen, das es nicht gab, aber von Hitler dank der Bereitschaft der Massen, es für Realität zu nehmen, zur eigentlichen Basis seiner Herrschaftssicherung gemacht werden konnte.

Für die Eliten des Kapitalismus war die Volksgemeinschaft, in der sich Klassenbewußtsein auflöste wie Salz im Wasser, das gefundene Fressen.

Es hatte den Anschein, als ginge deren Spekulation restlos auf. Um 1942 hatten die deutschen Wirtschaftsbosse teils bereits de facto, teils in konkreter Planung Europa wirtschaftlich in der Tasche.

Es kann keine Rede davon sein, die Industriellen hätten sich verspekuliert, als sie auf Hitler setzten. Der »Zusammenbruch« von 1945 war für sie nur eine kurze Unterbrechung in ihrer expansionistischen Strategie.

In den Industriestaaten haben die Herrschaftsmethoden des Kapitalismus eine bis vor wenigen Jahrzehnten noch unvorstellbare

Verfeinerung erfahren, während die Klassenkampf-Erfolge des Proletariats seiner Kampfentschlossenheit mehr und mehr Abbruch getan haben. Daß die Klassenstruktur insgesamt eingeebnet sei, ist ein an Äußerlichkeiten sich orientierender tendenziöser Schwindel, daß der Klassenkampf bis zur »konzertierten Aktion« verkommen ist, läßt sich hingegen nicht bestreiten. Die Prognose, der Kapitalismus könnte gar nicht anders als die Arbeiterklasse zu einem schließlich übermächtigen Gegner aufzupäppeln, hat sich nicht erfüllt. Da die Revolution nicht stattgefunden hat, in der – und nur in ihr! – die Führer und Lehrer der Arbeiterklasse die Chance gehabt hätten, die Massen auf ihre Interessen quasi zu vereidigen, was nichts anderes heißt als Klassenbewußtsein zu wecken, verlor sich der kämpferische Elan, es fand eine Reduktion des Antagonismus auf ein mehr oder weniger zähes Aushandeln höherer Löhne und besserer Arbeitsbedingungen statt, eine a-priori-Anerkennung des kapitalistischen Systems, als sei es die von Gott vorgesehene gesellschaftliche Ordnung.

Wenn sich etwas geändert hat, so nur zu ungunsten der Lohnabhängigen dadurch, daß die Politiker vollends zu Agenten der Wirtschaft geworden sind, und die Verfügungsgewalt über die Produktionsmittel eine Konzentration erfahren hat, die den Spielraum des Arbeitnehmers für die eigene Lebensgestaltung praktisch auf Null reduziert hat. Die einschlägige These lautet, daß er diese vom Konsumterror ihm aufgedrängte Lebensgestaltung als erwünschte Annehmlichkeit empfände. Zu den wirkungsvollsten Tricks der Ausbeuter gehört es zudem, dem Ausgebeuteten seine manipulierte Bereitschaft, im Sinne des kapitalistischen Systems im Betrieb und zu Hause zu funktionieren, als Freiheit zu verkaufen.

Natürlich ist dieser Schwindel nur aufrechtzuerhalten, solange mit den zu Lasten der »Dritten Welt« noch mühsam aufrechterhaltenen Standards die Kulissen der »Wohlstandsgesellschaft« hochgezogen bleiben können und mit dem Kontrastbild der materiellen Verhältnisse in den sozialistischen Staaten propagandistisch gearbeitet werden kann. Aber schon ist ein Punkt erreicht, wo sich die Hüter des Systems fragen, wie lange der soziale Konsens mit Geld und Propaganda allein und mit der Angstmacherei vor den Sowjets noch garantiert werden kann. Da sie in der Verfolgung ihrer

Interessen klug und wenigstens so vorausschauend sind, wie es ihre Vorgänger 1933 waren, also relativ vorausschauend, bereiten sie sich auf eine neue Runde des Klassenkampfes vor, der von oben gegen unten geführt wird.

Klassenkampf? Sogar der Weltberühmte, der 1983 seit hundert Jahren tot ist, war ein paar Tage lang in Dresden ein Klassenkämpfer. Im Juni 1848 wurde der Herr Hofkapellmeister Richard Wagner Mitglied des »Vaterlandsvereines«, den wir heute eine kriminelle Vereinigung nennen würden, und schrieb: »Wie verhalten sich republikanische Bestrebungen dem Königtume gegenüber?« Er zeichnete das Pamphlet nicht mit seinem Namen, las es aber im »Vaterlandsverein« vor; ganz Dresden wußte nun, wo der Komponist des »Tannhäuser« plötzlich stand. In kommunistischen Blättchen ließ er zwei Aufrufe drucken: »Der Mensch und die bestehende Gesellschaft« und »Die Revolution«. »Die erhabene Göttin der Revolution, sie kommt dahergebraust auf den Flügeln der Stürme, das hehre Haupt von Blitzen umstrahlt, das Schwert in der Rechten, die Fackel in der Linken …« und so weiter. In den Tagen des Aufstandes bezog er einen Beobachtungsstand auf dem Turm der Kreuzkirche, und als ihn ein Soldat der Volksarmee erkannte, rief dieser ihm zu: »Aber Herr Kapellmeister, denken Sie denn gar nicht an Ihre Stellung?« Schwer zu sagen, woran er überhaupt dachte.

Der Mann, der im Palazzo Vendramin zu Venedig, auf einem kleinen Sofa sitzend, gestorben ist, hatte seinen schöpferischen Lebensplan bis auf die letzte Note verwirklicht und sein Theater geschaffen. Das Sofa, von Cosima im Sonderzug mitgenommen, der den Toten nach Bayreuth brachte, steht heute in der Gedenkstätte. Im venezianischen Sterbezimmer, bis dahin leer und unbenutzt, wurden 1983 eine Büste und ein paar alte Möbel aufgestellt, Touristen können es jetzt besichtigen, von Millionen tun es ein paar hundert.

Man kann Wagners Musik mögen, den Weltanschauungsapostel gleichen Namens verabscheuen oder auch verehren. Indem mich die *Zeit* um eine größere Arbeit über Wagner aus Anlaß seines hundertjährigen Todestages bat, wählte sie einen Autor, der zu dem ganzen Wagner sich nie in eine positive Beziehung zu setzen vermochte. Ich schrieb Ende 1982:

DIE WELT IST MIR SCHULDIG, WAS ICH BRAUCHE. Richard Wagner wird uns in dem jetzt anhebenden Jahr auf (und in) den Kopf kommen wie nicht einmal 1976, als sein Bayreuther Theater hundert Jahre alt geworden war. Nun gilt es, die hundertste Wiederkehr seines Todestages der Mitwelt einzuprägen. Die Vorbereitungen dazu sind unübersehbar. Sie setzen sogar Baufirmen ins Brot.

Nur über Christus und Napoleon sei mehr geschrieben worden als über R. W. (benützen wir diese angemessen ehrfurchtsvolle Abkürzung hinfort), hat einer seiner Verherrlicher geschätzt. Nun ja, Gottes Sohn und ein Kaiser, der Europas politische Geographie, sein kulturelles Klima umgestaltet hat – was Wunder, daß sich die Menschheit beharrlich mit ihnen beschäftigt! Mit R. W. aber? Wieso konnte so etwas wie ein Wagner-Kult entstehen, während es niemals einen auf die Person bezogenen Mozart- oder Beethoven-Kult gegeben hat, einfach deshalb, weil die Biographie Mozarts, um es an einem Beispiel zu sagen, zur »Erklärung« seiner Musik aber auch gar nichts beiträgt.

Wagners Material für seine Werke war er selbst. » … begriff ich, welche Bewandtnis es durchaus mit mir habe: nicht von außen, sondern nur von innen sollte der Lebensstrom mir zufließen«, hat er geschrieben. Von innen, das meint aus seinen ganz und gar irdischen Ängsten und Hoffnungen, Leidenschaften und Erfahrungen. Wollten wir uns der Vorstellung unterwerfen, Gott wohne oben – von oben kam ihm nichts.

Eine seiner umfangreichsten Abhandlungen über das Prinzip seines Schaffens hat er betitelt: »Über die Anwendung der Musik auf das Drama«. Das ist es: Anwendung! Jede Note, jeder Klang, den er komponiert hat, klebt an einer unmusikalischen Vorstellung.

Hier ist nicht von Stilfragen die Rede, sondern vom autonomen Charakter der Musik, in ihrer »Anwendung« hat R. W. das höchste geleistet, was sie herzugeben vermag – darin wird er nicht, kann er nicht übertroffen werden, was aber zugleich heißt, daß er aus seinen Werken nicht hinausgedacht werden kann. Jede Partiturseite kommentiert ihn selbst, und solange seine Opern aufgeführt werden, steht das Gespenst R. W. mit auf der Bühne. Damit wird es erst ein Ende haben – aber auch: damit wird es ein Ende haben –, wenn die abendländische Kulturwelt des 19. Jahrhunderts – dessen Geistes und Ungeistes Quintessenz R. W. ist – außer Kurs gesetzt ist, was nicht der Fall sein wird, bevor das bürgerlich-kapitalistische Zeitalter den Selbstmord, dem es zutorkelt, vollzogen hat.

Es gibt für uns Nachgeborene keine Privatperson Richard Wagner, die sich von R. W. und seiner Wirkungsgeschichte mit dem geringsten Aufklärungsnutzen abtrennen ließe. Nicht von ungefähr verwendet Thomas Mann, dem unpräzise Ausdrucksweise gewiß nicht angelastet werden kann, den schwammigen Ausdruck »Phänomen« wenn er von R. W.s Werk spricht.

Es ist eingehüllt in einen pseudophilosophischen Nebel, in dem der undefinierbare Begriff des »Reinmenschlichen« herumschwimmt, um den nach R. W.s eigener Behauptung sein Fühlen, Denken und Schaffen gekreist habe. Keine 48 Stunden vor seinem Tode beginnt er »Über das Weibliche im Menschen« zu schreiben und sieht im »Reinmenschlichen« den Gegenpol zum »Ewignatürlichen«.

Schließlich läßt sich der Idealbegriff vom »Reinmenschlichen« an Hand der Biographie spielend leicht auf den reinen Menschen im Singular zurückführen, nicht auf irgendeinen, sondern ganz unmißverständlich auf ihn selbst, dem als Widerpart »die Gesellschaft« als das schlechthin Verabscheuungswürdige dann gegenübersteht, wenn sie nicht erfüllt, was er erwartet.

Daß er noch zu Lebzeiten sein Bayreuth als ein praktikables Kulturzentrum schaffen konnte, ist schon eine unglaubliche Leistung, und daß das deutsche Großbürgertum am Beispiel seiner Erben, dem »Bayreuther Kreis«, lernte, daß Reichtum und feine Sitten durchaus mit nationalistisch eingefärbtem Haß gegen alles Fremde zu vereinen geradezu tugendhaft sei, darf ihm, R. W., auch als »Erfolg« angerechnet werden. Alles in allem aber blieb ihm versagt, der zu werden, als den er sich sah: der Revolutionär gegen das Jahrhundert der Räson.

Wenn R. W. sich zuletzt als der vom König ausgehaltene Bourgeois von Bayreuth hinsichtlich seiner Lebensführung im kunstfeindlichen Bismarckstaat integrieren wird – und sich unter anderem auch damit seinen bedeutendsten Parteigänger Nietzsche zum Feinde macht! –, so gibt er doch intellektuell die Gegnerschaft nicht auf, und es ist unzweifelhaft, daß das Rollenverständnis, das aus ihm das »Phänomen« R. W. gemacht hat, auf der Verneinung alles dessen beruht, was er nicht als das Eigene erkennen kann, und, weit schlimmer noch, auf dem Haß gegen jeden, der sich nicht von ihm benützen läßt.

Damit sind wir den Geburtsumständen seines Größenwahns bereits nahe.

Sein Gehirn befand sich in einem ständigen intellektuellen Tumult, und die beispiellose Risikofreudigkeit, die sein praktisches Leben zu einer Wanderung an Abgründen machte, erlaubte ihm auch, sich mit leichtfertiger Besserwisserei in seiner profunden Halbbildung zu tummeln. Stimuliert von seinem Größenwahn, war er unfähig, mit ruhiger Objektivität sein jeweiliges Gegenüber wahrzunehmen – es als wahr zu nehmen – und reihte dadurch ein Fehlverhalten an das andere. Was für eine grandiose Willensleistung, trotzdem ans Ziel gekommen zu sein!

Die von ihm ausgehende Faszination muß außerordentlich gewesen sein und ist hundertfach bezeugt.

Seinen Zeitgenossen dabei zum Guten anzurechnen, daß sie noch keine Kenntnis von den verhängnisvollen Verirrungen hatten, deren sich unter Führung und Anstiftung der Witwe hernach die Wagnerianer schuldig machten, besteht freilich keine Ursache, läßt doch nichts vermuten, der rassistische Unflat hätte vor 1883 das deutsche Reichsbürgertum mit Unbehagen erfüllt.

Das gefährlichste an der Propaganda des Bayreuther Kreises, mit einer eigenen Presse betrieben, war, daß sie zwar einerseits den Antisemitismus zu ihrem Kernstück machte, andererseits aber den Kampf gegen die deutschen Juden, wie ihn Hitlers braune Schlägertrupps und er selbst in Sälen und auf der Straße führten, als unfein ablehnte. »In dieser das höhere gesellschaftliche intellektuelle Niveau widerspiegelnden Einstellung herrschte zwischen der Bayreuther Zentrale und dem Gros der Anhängerschaft weitgehendes Einvernehmen« (Winfried Schüler, »Der Bayreuther Kreis«).

Ein Meisterstück im Herunterspielen des Wagnerschen Einflusses leistete der verflossene Bundespräsident Scheel, den ich – er war noch im Amt – anläßlich der Jahrhundertfeier von 1976 im Festspielhaus den Satz sprechen hörte (und gleich mir das ganze Land): »Was kann Wagner dafür, daß Hitler ihn mochte?« Hahei, hoho, hahei, da jubelte das entlastete Auditorium!

Mutete ich dem Leser den Satz zu: Was kann Marx dafür, daß
Lenin ihn mochte?, er zweifelte verständlicherweise an meinem Verstand.

1983

1983 wurde »die Wende« zu einem Schlüsselwort der Innenpolitik, aber
niemand konnte sich vorstellen, was darunter konkret zu verstehen ist, es
sei denn ein allgemeines Abdriften nach rechts. Diese Entwicklung, die
tatsächlich in den nächsten drei, vier Jahren zu beobachten war, hatte zur
Voraussetzung, daß die antikommunistischen Gebetsmühlen unverändert ingang gehalten werden konnten. Das ist nicht mehr der Fall, seitdem Michail Gorbatschow den Westen mit Maßnahmen überrascht, die
für die Sowjetmacht eher eine Revolution von oben als eine Evolution bedeuten: Erste Anzeichen, daß das NATO-Bündnis politisch und militärisch
auf dieses Moskau reagieren muß, ließen sich schon 1983 erkennen.

DIE WENDE. Hinter dem immerhin weit verbreiteten, wenn auch
vagen Gefühl, was jetzt großmäulig als »Wende« proklamiert wird,
stelle auf gespenstische Weise eine Wiederholung von 1933 dar, versteckt sich etwas Faktisches: Das Wahlvolk vom 6. März 1983, ganz
genauso wie das Wahlvolk von 1932/33, war bzw. ist in seinen politischen Entscheidungen von der Furcht vor einem Feind bestimmt,
den es zum Teil aus sich selbst heraus geschaffen hat, zum Teil von
verängstigten Neurotikern hat aufschwätzen lassen. Das heißt also,
von einem Feind, den es nicht gibt, der eine bloße Erfindung ist.
Gerechterweise ist zu sagen, daß es damals wie heute Minderheiten
gegeben hat (und gibt), die von dieser Art Geisteskrankheit nicht
befallen sind. Seinerzeit wollten sie die Nationalsozialisten nicht an
die Macht kommen lassen, derzeit wollen sie vom eigenen Staatsgebiet Raketen fernhalten, mit denen die Sowjetunion in die Knie
gezwungen werden soll – solche gibt es in einigen Ecken der SPD
und ziemlich häufig bei den Grünen.

Vor fünfzig Jahren war der erfundene, alles bewegende Feind der
Jude. Ich setze voraus, daß ich selbst gegenüber deutschen Lesern
nicht auszuführen brauche, daß dieser Feind nicht existent gewesen

ist. Es werden unerachtet neuen deutschen Erwachens doch nur wenige sein, welche glauben, der Zweite Weltkrieg und die Ausrottung der Juden sei nötig gewesen, weil ohnedem eine jüdische Weltverschwörung das deutsche Volk vernichtet hätte.

Der für den heutigen Gebrauch der in der NATO zusammengeschlossenen Kriegsvorbereiter erfundene Feind ist die Sowjetmacht. Die allermeisten von uns – und das ist nicht nur ein westdeutscher Wahn, es ist auch ein allgemein kapitalistischer Irrsinn – halten die Gefahr, die sie für die ganze westliche Welt darstellt, für genau ebenso real wie damals wir Deutsche die jüdische. Im Anfang war die Sache mit den Juden wie die mit den Russen nur ein taktischer Schwindel, aber was ist daraus geworden?! Eine alle beherrschende Ideologie, der mit keinem Gegenbeweis mehr beizukommen ist. (Eine jüngste, nicht dementierte Meldung, der amerikanische Geheimdienst habe über Jahre Lügen über die sowjetische Rüstung verbreitet, hat nicht einen der derzeit an die Spitze gewählten Politiker veranlaßt, sich dazu öffentlich Gedanken zu machen.)

Um die Ideologie von der auf die Weltherrschaft versessenen Sowjetmacht glaubhaft zu machen, wird eine Rechnung aufgestellt, in der die militärischen Aktionen Moskaus – von Ungarn bis Afghanistan – als Schritte auf dieses Ziel hin figurieren, obschon es sich in Wahrheit um die gewaltsame Konsolidierung ihres Einflußgebietes handelt, für das die Sowjets im Zweiten Weltkrieg den höchsten Preis bezahlt haben und das weltweit von der amerikanischen Gegenmacht bedroht ist.

Diese Interpretation sowjetischer Machtpolitik wird in unserer Öffentlichkeit als unentschuldbare Entschuldigung unentschuldbaren Handelns aufgefaßt, und wer sie sich zu eigen macht, ist fraglos ein Agent Moskaus. Den Agenten Washingtons gibt es deshalb nicht, weil die Amerikaner in den Jahrzehnten seit Weltkrieg II ja niemals irgend etwas getan haben, was darauf schließen ließe, sie hätten aggressive Absichten. Daß sie den Korea- und den Vietnamkrieg geführt haben – tief bedroht, blieb ihnen gar nichts anderes übrig. Daß beide Kriege in Umfang und Brutalität mit nichts vergleichbar sind, was auf das russische Konto geht – Schwamm drüber! Die USA haben in Chile nicht anders gehandelt als die Sowjets in Afghanistan, indem sie dort mit Mord ein mörderisches Satellitenregime installiert haben. Sie ernähren mit Milliarden Dollars und modernsten Waffen den israelischen Imperialismus und machen den Nahen Osten zum Brandherd Nr. 1 für den nächsten Krieg. Vorsichtig gerechnet, haben amerikanische Aktionen seit 1945 ums tausendfache mehr Menschenleben gekostet als die sowjetischen, und zu einer entsetzlichen Verelendung der betroffenen Gebiete vor allem in Mittelamerika geführt. Daß in Ostblockstaaten solche Zustände wie dort herrschten, wird sich niemand getrauen zu behaupten.

Es soll dargetan werden, daß wir, das westdeutsche Volk, uns mittels Betrugs und Selbstbetrugs in eine Ecke haben manövrieren lassen, von der aus wir die tatsächlichen Weltverhältnisse nicht mehr erkennen können. (Was den besonderen Sektor »Rüstung des Feindes« betrifft, so hat nicht ein einziger dieser Politiker, die uns erzählen, wieviel Raketen, welche Raketen und wo die Sowjets täglich aufstellen, andere Unterlagen für sein Geschrei als jene, die ihm die interessierten Militärs des Feindes liefern! Das ist eine tolle Art der Wahrheitsfindung!) Und hier liegt die eigentliche Übereinstimmung mit den Jahren des Nationalsozialismus: jeder Schwindel wird geglaubt, der geeignet ist, den Feind aufzuwerten, die eigene Furcht aufzupeitschen.

Daß es wieder dahin kommen konnte, daran ist jene »Macht« ganz zentral beteiligt, die eigentlich für die Vermittlung des Faktischen sorgen sollte – wir nennen sie heute pauschal »die Medien«.

Wer in diesem Wahlkampf beobachtet hat, wie sich der Gesichtsausdruck, die Wortwahl und der Tonfall von bekannten Journalisten verändert haben, wenn sie mit oder über die Grünen sprachen: wer die Sendung verfolgt hat, in der zwei prominente Moderatoren sich mit Strauß, Genscher und Kohl gegen Vogel verbündet haben und wie in dieser Kumpanei ständig über die Grünen hergezogen worden ist, obwohl nicht einer von ihnen am Tisch sitzen durfte – der hat einen unauslöschlichen Eindruck von der Verdummungsmaschine, genannt »die Medien«, gewonnen, die an der »Wende« mindestens so beteiligt ist wie die Wirtschaft mit ihren indirekten und direkten Pressionen. Da ich einen erheblichen Teil des Jahres in Italien lebe, die Nachrichten von RAI bekomme, *Repubblica* lese, kann ich mit Fug behaupten, daß eine derartige schweinische – ich sage: schweinische! – Unfairneß in diesem von uns verachteten Land einfach unmöglich wäre – es handelt sich um eine ganz und gar westdeutsche (ostdeutsche?) Spezialität, kurz, es handelt sich um die Ideologie vom erfundenen Feind. Journalistisch gesehen, war es eine Wahlkampfvermittlung der Devotion vor den »Wendern«.

Seitdem der Tarnbegriff »Nachrüstung« tückisch in die Öffentlichkeit gebracht worden ist, ist von niemandem eine Sprachanalyse unternommen worden derart, daß es keinen prinzipiellen Unterschied zwischen »Entsorgung«, »Endlösung« oder »Nachrüstung« gibt (usw., das Wörterbuch der Verharmloser, der Betrüger) – es sind Schwindelworte zur Täuschung der Öffentlichkeit. Die »Medien« benützen sie wie Goldstücke zum Kurswert ohne Abstrich.

Ja, das Feindbild hat keine Trübung, sondern durch die »Wende« eine Aufwertung erfahren, wie es sie zuletzt zu Adenauers Zeiten besessen hat, als dieser noch der Überzeugung war, seine amerikanischen Macher würden die »Sofjets« wieder aus Mitteleuropa hinauswerfen. (Weil er dies glaubte, hat ihn Kohl zu seinem Guru erklärt.) Ohne dieses Feindbild würde einer Politik der Boden entzogen, die gewiß auch vor der »Wende« betrieben worden ist – die beiden Helmuts liegen so weit nicht auseinander! –, die aber dank der »Wende« nun ihrer letzten Hemmungen ledig geworden ist.

Wie weit die Verblendung fortgeschritten ist, läßt sich unter anderem auch daran erkennen, daß die »Wende«, die ja die völlige Auslieferung westdeutscher Interessen an die amerikanischen bedeutet, in einem Augenblick von der Bevölkerung ermöglicht worden ist, in dem ein Reagan, ein Weinberger und ähnliche abenteuerliche Typen in Washington das Heft in der Hand haben. Da beschlich das Wahlvolk nicht die Angst, wem es ausgeliefert ist? Da hat niemand überlegt, von welcher Statur die drei Nachfolger Stalins gewesen sind und sind, niemand wurde klar, daß im sowjetischen System der hierarchischen Auswahl ein Reagan über Kiew nie hinausgekommen wäre, als Provinzschauspieler und allenfalls als Bezirkssekretär?

Donnerwetter, das nenne ich fein gespielt! Hier wird die politische Null-Lösung aus dem Zylinder gezaubert! Wenn anzuerkennen ist, daß die Russen den Krieg nicht wollen, dürfen Reagan und seine intimsten Berater auch keine Kriegstreiber sein. Hurra – wozu Raketen, wozu überhaupt Rüstung?! Wozu eine »Wende«? So muß man argumentieren, wenn man das Feindbild vorübergehend von der Wand nimmt. Nur stimmt dann leider überhaupt nichts mehr, vor allem nicht diese frei in die Landschaft gesetzte Kurzformel von der weltweiten Friedfertigkeit, die pro Tag für eine Milliarde Rüstung erfordert.

Für mich ist die »Wende« kein personalistisches Problem. Wäre ich genötigt gewesen, zum Jubiläum des 30. Januar 1933 einen Artikel zu schreiben, so wäre darin Hitler zwar erwähnt worden, aber doch nur am Rande. Vom Volk muß gesprochen werden, vom Volk damals und heute! Und von denen, die des Volkes Meinung machen. Mir ist klar, daß ich mir damit den immer nur höhnisch vorgebrachten Einwand einhandle, daß jener, dem die ganze Richtung nicht paßt, sich eigentlich ein anderes Volk, nicht nur eine andere Regierung wünschen sollte. Genau so ist es – ein freilich unerfüllbarer Wunsch. Wenn Kohl jubelnd ausrief, der Wahlausgang vom 6. März sei ein Sieg der Demokratie, womit er meinte: sei die Bestätigung, es gebe den mündigen Bürger haufenweise, dann ist das just das Gegenteil von dem, was wirklich an den Tag gekommen ist: der Bürger als verängstigtes Geschöpf, der keinen eigenen Zugang zur Weltwirklichkeit mehr besitzt!

Freilich, die Raketenpolitiker können sicher sein, daß kein Weltgericht sie mehr an den Pranger stellen kann, wenn die Sache, die sie vertreten, schiefgeht.

Die Probleme, mit denen Venedig fertig werden müßte, soll die Stadt nicht gänzlich zu einem dem Massentourismus ausgelieferten Freilichtmuseum werden, wachsen der Stadtverwaltung über den Kopf und sind ohne Hilfe des Staates überhaupt nicht zu lösen. Die Bundesbürger bildeten, seitdem sie sich Auslandsreisen leisten können, immer die Mehrheit unter den Venedig-Wallfahrern. Erst neuerdings gewinnt man zuweilen den Eindruck, sie würden an Zahl von den Japanern überholt, besonders in den Wintermonaten. Einerseits ist der Tourismus das ökonomische Fundament des Stadthaushaltes, andererseits werden immer neue, immer erfolglose Versuche unternommen, ihn einzudämmen und unter Kontrolle zu halten. Die Millionen, nunmehr nicht nur in der Reisesaison, sondern praktisch das ganze Jahr über aus der ganzen Welt die Inselstadt überflutend, kaufen sich bei der Ankunft einen Stadtplan und einen Stadtführer, aber das schützt sie vor der Torheit nicht, von Venedig nur die Ästhetik der Kirchen und Paläste mit der Kamera einzufangen, ohne zu verstehen, wozu das geschaffen wurde, was sie bestaunen wie ein Kalb mit zwei Köpfen. Am krassesten wird San Marco von dem nicht begriffen, der nicht weiß, daß er es nicht mit einer Kirche, sondern mit der als Kirche gebauten Staatsraison der Serenissima zu tun hat:

DER TOURISMUS-TEMPEL. »Sie gefällt mir nicht eigentlich, sie ist viel zu bunt in der Überladung mit Mosaiken, die alle Decken zieren.« (Alles in allem ist der rohe Ziegelbau von einer 4000 Quadratmeter großen, zentimeterdünnen Haut aus Mosaiksteinchen überzogen.) »Doch sie interessiert schon durch ihre Eigenthümlichkeit. Zweimal wöchentlich ist der Schatz geöffnet, wir sahen in reichen Kapseln oder von sonstigen Verzierungen umgeben allerlei Reliquien, z. B. Schleier und Haar der Heiligen Jungfrau, kleine Erdklumpen, von Jesu Blut getränkt, ein Stück der Säule, an welcher er gegeißelt war, Stückchen des Heiligen Kreuzes, ein Zahn und Finger eines Heiligen, Steine von des Stefanus Steinigung und zahllose Knochen von anderen Heiligen in reichster Umhüllung.«

Eine Stockprotestantin aus Hamburg war's, die das 1853 in ihrem Tagebuch geschrieben hat:

Daß sie Venedigs ältestes Bauwerk bunt fand, ist gleichwohl erstaunlich, denn ohne künstliche Beleuchtung, die es vor 130 Jahren kaum gab, liegen die fünf Kuppeln, die Bogen und Gewölbe auch am Tage im Dämmerlicht. Und doch – was der wackeren Dame so offensichtlich gegen ihr religiöses Gefühl ging, fußte nicht nur auf einem protestantisch engen Vorurteil, und was sie die »Eigentümlichkeit« des Innern genannt hat, ohne diese näher zu definieren, war eben das kraß Weltliche dieser ineinander verzahnten, so kostbar dekorierten künstlichen Höhlen.

An Ostern befand sich die für gewöhnlich abgeschaltete Scheinwerferanlage in Betrieb. Erst in der Lichtflut ist nun so recht zu erkennen, daß eine subtile Ästhetik, nicht aber Frömmigkeit und Jenseitsglaube den Künstlern während fünf Jahrhunderten die Hände geführt hat, welche die biblischen Geschichten in überlebensgroßen Mosaiken auf den Goldgrund zauberten.

Herr Noe, nackt auf seinem überdachten Ruhebett, machte sich gut auf der Titelseite einer Zeitschrift der Homosexuellen; der den trunkenen Vater entdeckende Sohn winkt listig seinen Brüdern zu, sie möchten sich doch auch an dem keineswegs Alten ergötzen. Wenn sie mit der Decke kommen, um väterlicher Blöße ein Ende zu machen, bleibt Noe immer noch unbedecktes Voyeurvergnügen, und wenn er schließlich zu Grabe getragen wird, blinzelt er listig aus der mumienhaften Verpackung und wirkt nicht im mindesten tot.

Lustig geht's zu in diesem christlichen Bilderbuch, gelitten wird wenig in der Leidensgeschichte. Eine ähnlich laszive, tanzende Salome im rotgoldenen Abendkleid, mit Pelzschwänzen herausgeputzt, das abgeschlagene Haupt des Johannes wie einen Tamburin kokett über dem Kopf balancierend, dürfte es in der ganzen darstellenden Kunst nicht ein zweites Mal geben. Und Christus im blauen Gewand, das so trefflich vor dem Ozean aus Gold steht, kommt immer gerade vom Friseur.

Einen »magischen Schatzkasten« nennt ein Band »Mosaici di San Marco«, der in der Vorhalle verkauft wird, den Bau. Worin eigentlich seine Funktion bestand, bevor er in der Gunst des reisenden Publikums mit Neuschwanstein konkurrieren durfte – dies zu ergründen, erfordert mehr als kritisches und vor allem mehr als staunend-bewunderndes Hinschauen.

Es war die Idee, mit dem heiligen Markus einen venezianischen Kult zu schaffen, eine politische, keine religiöse Idee. Die treibende Kraft dabei war nicht die Kirche, es war die Regierung, es war die weltliche, die radikal weltliche Macht. Zu Anfang des 9. Jahrhunderts hatten die auf die Lagunen-Inseln geflohenen Veneter, diese durchtriebensten Kaufleute des Abendlandes, schon einen gewissen Reichtum zusammengescharrt und eine dementsprechende wirtschaftliche Machtstellung errungen. Noch aber fehlte es dem aufstrebenden Stadtstaat an immateriellem Prestige, dessen er nach innen wie außen bedurfte und das nur im Bündnis mit der Kirche, mindestens in taktischer Anlehnung an sie, erworben werden konnte. Von seinen Agenten, die schon das ganze östliche Mittelmeergebiet mit einem Informationsnetz überspannt hatten, war dem Dogen Giustiniano Partecipario aus Ägypten Kunde geworden, in der in steilem Niedergang begriffenen Stadt Alexandria hüteten Mönche eine kostbare Reliquie, das Skelett eines Angehörigen der Ursekte, eines gewissen Johannes Markus aus Jerusalem, der mit Paulus auf Missionsreise gewesen sei und für den Verfasser des kürzesten – und des mutmaßlich zuverlässigsten – der Evangelien gehalten wurde. Kurz zuvor hatten die Araber in Ägypten Fuß gefaßt und die Christen aus religiösem Fanatismus ermordet. Den Venezianern gelang es im Komplott mit den Arabern, die Mönche derart zu verängstigen, daß diese mit dem Sarg herausrückten. Es war mehr Raub als Kauf.

Im dritten Dezennium des 9. Jahrhunderts erreichten nach glatter Segelreise die irdischen Reste des Markus Venedig, 832 bekamen sie ein ihrer würdiges Gehäuse: San Marco Nr. 1 neben dem Regierungszentrum, dem späteren Dogenpalast. Als diese frühchristliche Kirche 976 abbrannte, verschwanden die kostbaren Knochen irgendwie, fanden sich aber auf geheimnisvolle Weise 1094 wieder, sofern es denn jene des Evangelisten gewesen sein sollten. Die Kirche, in der sie dann (bis heute) Unterkunft fanden, war San Marco Nr. 3 (eingeweiht 1159), im wesentlichen identisch mit dem Bau, wie wir ihn kennen.

Dem wiedergefundenen Markus zu Ehren benannte sich der inzwischen zur Großmacht aufgestiegene Stadt- und Inselstaat »Republik von San Marco«. Die Künstler stellten ihn mit einem Löwen als ständigem Begleiter dar, und als mit der Beute eines Raubzuges in den Mittleren Osten ein geflügelter Löwe nach Venedig kam – jener, der nach wie vor auf einer der Säulen zwischen Dogenpalast und Sansovinos Bibliotheksbau steht –, machte der Große Rat das Fabeltier zum Symbol des Staates. Die kunstvolle Beute bekam eine Bibel zwischen die Pranken geklemmt, wo Dukaten und Waffen richtiger am Platz gewesen wären. So fand der Löwe als Zeichen der Macht in Stein, Marmor und Erz hunderttausendfache Verbreitung; er wurde auf Fahnen gestickt und den Münzen aufgeprägt, deren andere Seite den jeweils amtierenden Dogen zeigte, kniend vor dem heiligen Markus.

Mit seinem Löwen als Staatssymbol war der Heilige unschlagbar geworden; nun war die Symbiose zwischen Politik und Religion, Geld und Reliquie, Dogenpalast und Basilika (des Dogen Hauskapelle) perfekt, und zwar derart, daß die Staatsmacht in der überlegenen Position war. Das führte zu jahrhundertelangen Spannungen mit den Päpsten, denen der Große Rat und das geheime Machtzentrum, »die Zehn«, nicht erlaubten, das Oberhaupt der venezianischen Kirche, den Patriarchen – so heißt er bis heute – zu bestimmen. Als Papst Alexander III. den dritten Kirchenbann über Venedig verhängte, sprach der amtierende Doge Pietro Gradenigo einen Satz, der genau zum Ausdruck brachte, was Stalin in die rhetorische Frage gekleidet hatte: »Wieviel Divisionen hat der Papst?« Beim Dogen hieß es nicht minder deutlich: »Nur Kinder erschrecken vor Worten.«

Nicht mit der Kirche, aber mit den von der Kirche gesegneten, unter dem Tarnwort »Kreuzzüge« laufenden Raub- und Mordunternehmen in Kleinasien machte Venedig das ganz große Geschäft als Finanzier und Lieferant von Söldnern, und das allergrößte, als es dem blinden Dogen Enrico Dandolo gelang, die bankrotten Anführer des 4. Kreuzzuges (1202–1204) zu zwingen, ihre Schulden dadurch zu begleichen, daß sie nicht für ihren Gläubiger Venedig – auf venezianischen Schiffen, mit venezianischen Besatzungen und Ausbildern – die wichtigsten Stützpunkte längs der heutigen jugoslawischen und griechischen Küste eroberten und an der Spitze des Peloponnes nicht weiter nach Osten ins Heilige Land vorstießen, sondern nordwärts einschwenkten nach Konstantinopel.

Die Stadt fiel, es war das Ende des oströmischen Reiches; die Venezianer gründeten ein kurzlebiges Lateinisches Kaisertum, nachdem sie die Stadt geplündert und angezündet hatten. Die Beute war unermeßlich. Die kostbarsten Stücke wurden San Marco sozusagen zu Füßen gelegt – ein Ausdruck, der allerdings nicht auf die vier berühmten Pferde paßt, die in Konstantinopel auf hohen Sockeln am Eingang zu einer Rennbahn gestanden hatten. Daß sie über dem Haupteingang eines Baues aufgestellt wurden (seit kurzem durch Kopien ersetzt), der immerhin auch religiösen Zwecken diente, ist ein drastischer Hinweis darauf, was der Staat dem Heiligen und seinen Priestern an Heidnischem alles zumutete, nur weil es schön war. Eine der wichtigsten Funktionen Marcos war Jahrhunderte hindurch die des staatlich konzessionierten Strohmannes. Da es die Organisation des Machtzentrums im Dogenpalast einerseits nicht erlaubte, amtierenden Ministern und Beamten gebündeltes Bares oder Schecks einfach im Kuvert zu überreichen, andererseits die Reichsten der Reichen mit ihrem Geld auch Ansehen kaufen wollten, wurde San Marco die neutrale Anlaufadresse für Staatsgeschenke. Niemand hat berechnet, für wie viele Milliarden Gold, Juwelen und andere Kostbarkeiten in San Marco angehäuft sind, lässig bewacht, und es wäre auch sinnlos, hier mit Summen zu operieren.

Auch heute noch käme San Marco in den Genuß von Schenkungen und Erbschaften, sagt Monsignore Spaventa, aber öffentliches Aufsehen sei nicht mehr damit verbunden.

Ein Gotteshaus? Nichts weniger als das. Nahezu planlos entstanden, eher gewachsen als konstruiert, jedem stilistischen Purismus abhold, ist San Marco dennoch das Resultat eines einzigen Motivs, des Willens zur Macht, der Mehrung zum Vorteil und Nutzen der Gesamtheit dienend, eines Willens, skrupellos, vorurteilslos, rücksichtslos gegen individuelles Glück, wohl aber in summa das Äußerste dessen für alle verwirklichend, was wir heute Lebensqualität nennen.

Millionen Touristen halten diesem Bau nicht stand. Er vergibt ihnen ihre erschreckende Harmlosigkeit nicht, dank deren sie sich aufs Glatteis einer rein ästhetischen Betrachtungsweise begeben, sich in einer »bunten« Traumarchitektur wähnend, während sie sich in Wahrheit in der architektonischen Reproduktion der einzigen im Abendland hervorgebrachten Staatsorganisation befinden, die alle Vorteile der anonymen Willensbildung mit allen Vorteilen absoluter Machtausübung verbunden hat, alle Vorteile kirchlicher Autorität (plus Inquisition) mit allen Vorteilen radikalen Freidenkertums.

Das Touristengedränge in der Basilika beleidigt weder die Religion noch die Kirche noch gar Gott, der hier nie gewohnt hat. Aber in was für einer Zeit leben wir, daß zahllose Menschen aus aller Herren Länder durch San Marco tatsächlich nicht anders laufen als durch Neuschwanstein!

1984

Was die »Wiedervereinigung« angeht, lautet die Bonner Sprachregelung: in diesem zentralen Problem der »deutschen Frage« sind wir der vollen Unterstützung aller unserer westlichen Verbündeten sicher. Sie wünschen sich ein Europa, in dem 75 Millionen Deutsche nach einer Pfeife tanzen mit Berlin als der wieder zur Reichshauptstadt ernannten Machtzentrale. In Wahrheit können sich die westeuropäischen Regierungen es nur deshalb hingehen lassen, daß sie von Bonn aus zu Helfershelfern der »Wiedervereinigung« ins politische Spiel gebracht werden, weil sie damit nichts riskieren. In der operativen Politik kommt eine Zielansage: »Wiedervereinigung der Deutschen« nicht vor. Es besteht also auch keine Notwendigkeit, den Westdeutschen zu sagen, sie sollten Sonntagsreden nicht zu Märchenerzählungen werden lassen. Aber gelegentlich geht doch einem unserer ausländischen Freunde im Anhören schlichter Unterschlagung der Wahrheit der Gaul durch, und wenn das geschieht, ertönt Ach- und Wehgeschrei. 1983 ist es der italienische Außenminister Andreotti, der seiner Zufriedenheit darüber Ausdruck gab, daß es zwei Deutschland gibt.

Stell dir vor, die Mauer ist weg. Andreotti, undurchsichtiger Feinspinner in vielen italienischen Regierungen, selbst in Jahren, in denen er ohne Amt war, hat eine Wahrheit zur Unzeit wiederholt. Der französische General Koenig, Chef der vierten Besatzungszone, hatte das gleiche im Dezember 1946 noch deutlicher gesagt: »Jene Deutschen, die eine verhängnisvolle Einheit des Deutschen Reiches wiederhergestellt sehen wollen, früher oder später, sind Pangermanisten, nicht Demokraten, selbst wenn sie guten Glaubens sind.«

So reden unsere NATO-Verbündeten nicht mehr, aber so denken sie. Sind unsere Bonner Demokraten weit davon entfernt, Pangermanisten zu sein, guten Glaubens, was die Möglichkeit der »Wiedervereinigung« betrifft? Nie werden sie daran zweifeln lassen. Nehmen wir ihnen ab, daß ihre Empörung mehr ist als Taktik. Denken sie also wirklich an einen neuen deutschen Staat, formiert aus BRD und DDR, so sollten sie einmal sagen, wie sie ihn sich konkret vorstellen. Wissen sie, daß er, obschon eine Demokratie im westlichen Sinn, keineswegs eine bis an die Oder vergrößerte BRD wäre?

Gewisse Grundtatsachen müssen als unveränderlich angesehen werden. Dazu gehört, daß dieses neue Deutschland, das es in diesen Grenzen noch nie gegeben hätte, eine Übereinkunft der beiden Weltmächte in der deutschen Frage voraussetzt. Das bedeutet, daß dieses Gebilde weder der NATO noch dem Warschauer Pakt angehören könnte. Die Großmächte wachten über seine Neutralität zwischen den Blöcken.

Erst Wahlen zu einem gesamtdeutschen Bundestag würden zeigen, daß die CDU keine Chance mehr hat, an die Regierung zu kommen. Die SPD würde, erreichte sie nicht die absolute Mehrheit, vermutlich mit der CSU koalieren. Die Kommunisten kämen etwa zur Position der Grünen von heute. Der Bundeskanzler könnte Bahr heißen, der Bundespräsident Brandt, Honecker gäbe einen in mancher Hinsicht hervorragenden Innenminister ab.

Die enorm vergrößerte Macht der Gewerkschaften, die nicht umhin könnten, die sozialistischen Errungenschaften, auf denen das solide Sozialgefüge der DDR beruht, in ihre Strategie einzubeziehen, würden der Industrie das Fürchten lehren.

Die Arbeiter der DDR hätten zwar plötzlich die Möglichkeit, sich ohne Wartezeiten einen Wagen zu kaufen, aber wenn sie ihre Lohntüte auf dem häuslichen Küchentisch ausleerten oder mit der Ehefrau den Lohnstreifen diskutierten und die verdiente Summe auf ihre verschiedenen Bedürfnisse aufteilten, würden sie erkennen müssen, daß zahlreiche Posten, vor allem die Miete, plötzlich um das Mehrfache angewachsen sind. Das bringt Familienprobleme mit sich.

Die in diesem Punkt verwöhnten DDR-Deutschen würden das gesamte Immobilienwesen so kritisch beurteilen, daß es geändert werden müßte. Vom Bauherrenmodell auf Kosten der Allgemeinheit wäre fürderhin nicht mehr die Rede. Die Makler der BRD würden sich allerdings am ersten Tag, an dem die deutsch-deutsche Grenze fiele, wie die Ratten über die DDR hermachen und für ein Ei und ein Butterbrot ganze Wohnblöcke aufkaufen, die sie nach Jahr und Tag mit ungeheurem Gewinn wieder abstoßen könnten.

Die Arbeiter der DDR würden schlagartig erfahren, womit sich jene der BRD allmählich abfinden müssen: Was Rationalisierung bedeutet! Die Arbeitslosigkeit würde sich von der Ostsee bis Thüringen ausbreiten.

Das gesamte Bildungswesen müßte revidiert werden und die Diskussion über Gesamtschulen würde keine Rolle mehr spielen, weil es unter der Führung einer erstarkten, nach links sich öffnenden SPD keine anderen Schulen mehr gäbe.

Die Mauer und die Grenzbefestigung wären dort, wo sie sich heute befinden, selbstverständlich verschwunden. Die Regierung würde nach Berlin umziehen, und niemand in Europa würde so taktvoll sein, daran zu erinnern, was der langjährige französische Botschafter und nachmalige Hochkommissar François-Poncet 1946 im

»Figaro« geschrieben hat: »Deutschland wieder von Berlin her zu zentralisieren, hieße alle Lehren der Erfahrungen herausfordern und würde einem rachsüchtigen Deutschland wieder zur Macht verhelfen ...«

Rachsüchtig war vielleicht schon damals das falsche Wort, aber sicher ist, daß es für ein »wiedervereinigtes« Deutschland gelten wird, der Appetit käme beim Essen. Das heißt: Nach Ausbreitung bis zur Oder würde die Frage der Grenzen von 1937, die ja nicht einmal jetzt vom Tisch ist, eine ganz neue Dringlichkeit bekommen.

Selbstverständlich würden diesem neuen Staat von den Weltmächten Auflagen hinsichtlich seiner Rüstung gemacht, um zu verhindern, daß dieses Deutschland versuchen würde, die heutigen polnischen Westgebiete wieder zu deutschen Ostgebieten zu machen. Aber solche Auflagen hat es 1918 auch gegeben, sie wurden nur nicht eingehalten, auch nicht vor 1933. Eben daran hat Andreotti gedacht, wenn er es auch nicht gesagt hat.

Die Jugend in den heutigen beiden deutschen Staaten befände sich gegenüber dem Teil Deutschlands, der bisher nicht der ihrige war, etwa in der Situation 15jähriger Türken, die in der Bundesrepublik aufgewachsen sind, Deutsch wie ihre deutschen Kameraden sprechen und nun in die türkische Heimat zurückkommen. Die Stuttgarter hätten zwar in Dresden keine sprachlichen Schwierigkeiten, aber sie befänden sich in einem ihnen fremden Lande, weil es in vieler Hinsicht nicht zu einer Filiale der amerikanischen Zivilisation geworden ist. 40 Jahre DDR-Entwicklung lassen sich nicht auslöschen wie Kreideschrift auf einer Schultafel.

Ob jene, die Andreotti eine schlichte Wahrheit so übelgenommen haben, sich wirklich überlegt haben, worauf sie konkret abzielen, wem sie von einem »wiedervereinigten« Deutschland sprechen? Sie denken an die Freiheit für die Bewohner der DDR, zum Beispiel vorrangig an Ferienreisen nach Italien oder nach Kenia. Wahrscheinlich verwechseln sie Freiheit mit den Verhältnissen des Bonner Staates.

Ein gesamtdeutscher NATO-Staat, hochgerüstet gegen die Sowjetunion, läßt sich aber nicht einmal als Utopie ausdenken, ohne daß man sich damit lächerlich macht.

1984 ist das Jahr, in dem der *Stern* nicht als Unterhaltungsblatt, das er zur Hälfte immer gewesen ist, wohl aber als ernstzunehmendes Presseorgan mit politischem Engagement untergegangen ist – ein journalistischer Zusammenbruch, von dem 6 Jahre später gesagt werden muß, daß er offenbar nicht wieder geheilt werden kann. Ich war zu lange für das Blatt tätig, kannte es zu gut von innen, um mich von dem schier unbegreiflichen Gaunerstück nicht berührt zu fühlen. Der Leiter und der Lektor des Verlages, mit dem ich schon seit *Verrat auf deutsch* verbunden war, Hoffmann & Campe, forderten mich auf, eine *Stern*-Analyse zu den gefälschten Hitler-Tagebüchern zu schreiben. Die Aktualität des journalistischen Skandals erforderte rasche Arbeit. Ich sah mich im Verlagshaus gewissermaßen kaserniert, die Schreibmaschine vor mir, ein Mittelgebirge von dokumentarischem Material um mich herum; so wurde es möglich, nach drei Wochen ein Manuskript zu liefern, das in 10000 ausgedruckten gebundenen Exemplaren vorlag, als dem Eigentümer des Verlagsunternehmens, Herrn Ganske, beifiel, die Auslieferung zu untersagen, ohne daß er diesen Eingriff anhand des Textes hätte begründen können. Nun, *Der Fall Stern und die Folgen* erschien im Konkret-Literatur-Verlag (dann auch im Verlag Volk und Welt, Ost-Berlin, und in Italien). 40 Schriftsteller ließen Herrn Ganske wissen, sie hätten für sein Vorgehen kein Verständnis, Verlagsleiter und Lektor kündigten, ich mußte mich nach einem anderen Verlag umsehen. Wenn man so will, ließe sich sagen, daß Hitler noch 1983 eine durchschlagende Wirkung sogar mit Tagebüchern erzielen konnte, die er gar nicht geschrieben hat. Im übrigen verweise ich auf: *Der Fall Stern und die Folgen.*

WIE VIELE VERRÜCKTE GIBT ES IM STERN? Der Strafprozeß gegen ein ehemaliges Redaktionsmitglied des *Stern*, Gerd Heidemann, und gegen den Lieferanten der von ihm geschriebenen, angeblich von Hitler stammenden Tagebücher, Konrad Kujau, scheint sich einerseits nach dem Vorgehen des Verteidigers Kurt Gronewold, eines politisch denkfähigen Anwalts, andererseits aus seiner Materie selbst zu einem politischen Prozeß zu entwickeln. Den verschwundenen Millionen wird das Gericht nachforschen, aber die Frage nicht ausklammern können, warum sie so spielend leicht verschwinden konnten.

Tastet sich der Prozeß an dieser Generallinie vor, dann werden gewisse Aspekte nur nebenbei zur Sprache kommen, die nicht weniger eine Durchleuchtung verdienen. Dazu rechne ich das Problem der Zurechnungsfähigkeit einer ganzen Anzahl von unmittelbar Beteiligten. Bisher ist diese Frage nur in Verbindung mit der Schlüsselfigur Gerd Heidemann berührt worden. Anlaß dazu boten Bekundungen des Heidemann-Komplizen Kujau, Heidemann habe ihm versprochen, Hitler werde im Himmel dafür sorgen, daß er, Kujau, und er selbst, Heidemann zu hohen NS-Rängen erhoben würden. Dieser Aussage würde man kaum Glauben schenken, gäbe es nicht eine zweifellos von Heidemann in 14 Punkte gegliederte Liste Hitlerscher Werke, von denen noch niemand etwas gehört hatte, die er sich aber zu beschaffen anheischig machte, darunter eine schriftliche Anweisung zur »Endlösung« (die es von Hitler nicht gibt!), und seine Oper »Wieland der Schmied«. Da melden sich denn doch gelinde Zweifel an der geistigen Verfassung Heidemanns, aber freilich nur bei jenen, die selber über ein intaktes Gehirn verfügen. Schön, Ruhmsucht und Geldgier erklären so manches, und man könnte allein deshalb die Frage, wieviel Verrückte es eigentlich im Hitler-Fall gegeben hat, noch immer unterdrücken.

Nun ist aber aus der Schreibmaschine des ehemaligen stellvertretenden *Stern*-Chefredakteurs Manfred Bissinger eine den Details der ganzen Skandalaffäre nachgehende Studie hervorgegangen. Darin findet sich eine auf Tonband festgehaltene Diskussion, die *nach* Aufdeckung der Fälschung im Zimmer des damaligen Chefredakteurs Felix Schmidt stattgefunden hat.

An der Diskussion (deren Niederschrift 42 Seiten umfaßt) hat der Ressortleiter Seufert, der Journalist und Geheimdienstexperte Thomas Walde (Leiter des »Hitler«-Ressorts), der Redakteur Wolf Thieme und Heidemann, dazu also Felix Schmidt, teilgenommen.

Nicht einmal die Aufdeckung der Fälschung hat in dieser Runde die Glaubwürdigkeit Heidemanns ernsthaft erschüttert. Die Herren glaubten ihm noch immer, die Quelle der Fälschung läge in der DDR. Ein Aspekt, wie nämlich westdeutsche Geheimdienstler in die Sache verwickelt seien, hat in diesem Gespräch eine wichtige Rolle gespielt, Walde verlangte jedoch, das Tonbandgerät sei bei Behandlung dieses speziellen Punktes abzuschalten.

Hingegen sind jene Passagen voll wiedergegeben, in denen die

Herren einen großartigen Ersatz für die nicht mehr brauchbare Tagebuchsache gefunden zu haben glaubten. Sie erfahren von Heidemann, »drüben« gebe es eine Generalsclique – zu ihr gehöre auch ein höchster Funktionär im Ministerium für Staatssicherheit (der Routinier Walde spricht nur von »MfS«) die gegen Millionen DM (West) die Fälschung verschachert habe.

Schmidt: »Da muß er [gemeint: Heidemann] zum frühest möglichen Zeitpunkt versprochen haben, es gibt Kohle, es gibt Kohle ...« Nicht nur Kohle! Auch einen Mazda-Wagen hat einer der Generäle angenommen. Er fiel in diesem Gefährt seinen Kameraden nicht auf? Schmidt weiß, warum nicht:

»Man kann doch soviel Phantasie entwickeln, daß das ein ›Ring‹ ist da drüben, wenn Heidemann also auch sagt, daß er der Auffassung ist, daß es da also bis zum Verteidigungsministerium [der DDR!] gegangen ist ... dann ist das eben ein ganz korrupter Haufen.«

Seufert: »Das wäre aber eine Bombengeschichte, wenn es so ist.«

Schmidt: »Ja, man kann sich gut vorstellen, wenn man einen Bruder im Generalsrang bei den Sicherheitsleuten hat, daß der schon was drehen kann.«

So reden eben kultivierte Chefredakteure.

Die Gesichter der Herren beginnen zu leuchten, sie sehen vor ihren geistigen Augen, wie die schon was gedreht haben, diese korrupten DDR-Generäle.

Seufert fragt sich, was die DDR-Generäle mit ein paar Millionen West-Mark machen. Das weiß Schmidt:

»Da hatte Herr Heidemann ja schon gesagt, daß ihm die eine oder ander Datscha schon gehört« – nämlich einem der Generäle.

Klar, das weiß Heidemann, solche Datschen stehen massenhaft am Plattensee, und die Millionen können ganz leicht auf ungarische Konten einbezahlt werden.

Schmidt: »Also die Geschichte der korrupten Generalität im Osten ist schön, die muß man nun wirklich hart machen.«

Die inzwischen eingegangenen *Westermanns Monatshefte*, einstmals eine hochangesehene Familienzeitschrift, Lektüre für den gebildeten Bürger am Sonntag, waren zuletzt politisch etwas aufgewacht. So konnte es dahin kommen, daß ich von deren Redaktion gefragt wurde:

Ist die Bevölkerung der Bundesrepublik Deutschland amerikanisiert? Den frühesten Beweis dafür, daß es einer militärischen Präsenz der USA in einem fremden Staat nicht bedarf, damit dort das amerikanische Vorbild nachgeahmt wird, lieferten die zwanziger Jahre, in denen die USA zum erstenmal in ihrer kurzen Geschichte aus einem Importland für Menschen und Kulturen aus Europa zu einem Exporteur dorthin wurde, nachdem im Ersten Weltkrieg ihre isolationistischen Prinzipien zerbrochen waren. Wogegen die rechtsradikalen Nationalen und die Nationalsozialisten damals Sturm liefen, bezeichneten sie als »jüdischen Kulturbolschewismus«, in Wahrheit aber handelte es sich darum, daß nicht nur die Deutschen, sondern auch die Franzosen, hier vor allem die Oberschichten in Paris und Berlin, im »Amerikanismus« geradezu ertranken. Darunter sind Jazz, Hollywood-Filme, Frauen-Schönheitsideal, US-Literatur, US-Erotik, US-Revuen und anderes alles vorwiegend modischer Art, zu verstehen. Das »Dritte Reich« räumte mit alledem auf.

Wir sollten also nicht in den Fehler verfallen anzunehmen, die Amerikaner hätten vorwiegend als Besatzungsmacht, Missionare in Uniform spielend, den »american way of life« in Westdeutschland propagiert. Soweit davon überhaupt gesprochen werden kann, betrifft es nur die unmittelbar auf das Kriegsende folgenden Jahre.

Die tölpelhafte, mit dem Begriff »Kollektivschuld« arbeitende »Entnazifizierung«, die zur Farce wurde; die verhaßten Demontagen; die lächerlichen Fragebögen; die skandalöse Nahrungsmittelvergeudung vor den Augen hungernder Kinder; das »Fräulein«-Unwesen, das einer weiblichen Minderheit erlaubte, sich indirekt unter die PX-Kundschaft einzureihen und damit aller materieller Sorgen enthoben zu sein: dergleichen führte dazu, daß diese schicken Soldaten mit dem fabelhaften Hosenschnitt eher für komische als für nachahmenswürdige Zeitgenossen angesehen wurden.

Es klingt paradox, aber es ist wahr: vor der Staatsgründung war die damalige Bi- bzw. Trizone noch stärker in ihre geschichtliche Vergangenheit eingebunden, als nach 1949, fast so stark, wie es die DDR noch immer ist.

Mit dem »Kalten Krieg« wurde aus der Besatzungsmacht die Schutzmacht. Er verlieh dem Feindbild »die Russen« eine neue

Strahlkraft, so daß schlechthin alles, was den Westdeutschen eigentlich hätte mißfallen müssen, beispielsweise die deutsche Teilung, einzig den Sowjets in die Schuhe geschoben werden konnte. Der antisowjetische Affekt ließ uns jede Kröte wie Honigbonbons schlucken, wenn es nur keine von den Sowjets oder der SED servierte Kröte war.

So war das westdeutsche Feld bestellt, auf dem die amerikanischen Bäume schon zu stolzer Höhe wuchsen. Diese politische »Düngung« allein hätte jedoch die »Amerikanisierung« noch nicht herbeigeführt, sie ist ein Wechselbalg des »Wirtschaftswunders«. Ohne Wohlstand keine »Amerikanisierung«!

Nichts von dem, woran wir denken, wenn wir von »Amerikanisierung« sprechen – wozu auch Veränderungen in der Alltagssprache und die Frauenbewegung gehören – gäbe es in unserem Land und Staat, wären unter dem Einfluß des Wohlstandes nicht Sparsamkeit und Bescheidenheit in der Lebensführung über Bord gegangen, Eigenschaften, die zusammen mit zwei anderen seit Jahrhunderten den Deutschen nachgesagt wurden: Fleiß und Tüchtigkeit.

Ob es sich dabei wirklich um moralisch zu beurteilende Qualitäten handelt, braucht hier nicht untersucht zu werden, es genügt anzuerkennen, daß Sparsamkeit und Bescheidenheit im bürgerlichen Zeitalter für höchste Tugenden galten.

Und heute? Der Prokopfverbrauch lag 1983 u. a. bei 170 Liter Bohnenkaffee, 96 Liter Milch, 148 Liter Bier, 88 kg Fleisch, 121 kg Obst und Südfrüchte, 70 kg Gemüse, 36 kg Zucker, und so weiter. Von 100 Haushaltungen haben 87 Waschmaschinen, 82 Farbfernseher, ebenso viele Kühlschränke, 64 ein Auto, 50 Stereoanlagen, 40 Gefriertruhen, und so weiter. Der Einwand ist zu vergegenwärtigen, solche Ziffern drücken nicht nur »Amerikanisierung«, sondern eben nichts anderes als Wohlstand aus. Schaut man aber genauer hin, so zeigt sich, daß das gesamte, den Alltag der Bevölkerung bestimmende Angebot an Verbrauchsgütern – zu denen auch Möbel gehören! – einschließlich der Werbung, die den Verbrauch stimuliert und reguliert, sowie die Formen der Bedarfsdeckung an amerikanischen Standards orientiert, wenn nicht sogar unmittelbarer US-Import sind. Auch die erwähnte Veränderung in der Alltagssprache besteht nur in einer Überflutung mit amerikanischen Worten und

Begriffen, die samt und sonders über die Waren, das Warenangebot, den Warenverbrauch, das Managertum und die Werbung ins Neudeutsche Eingang gefunden haben. Mit einem Wort: Amerikanisierung in der Breite hat nur insoweit stattgefunden, als amerikanische Zivilisation konkret transportierbar ist. Dazu gehört freilich mehr als nur die Warenwelt und die Konsumgewohnheiten. Hierzu rechnet auch jener Journalismus, der ursprünglich allein und am frühesten, deshalb am wirkungsvollsten, vom *Spiegel* aus den USA importiert worden ist. Und dazu zählt als ein Hauptposten in dieser Rechnung der amerikanische Film, ob nun im Kino oder/und im Fernsehen vorgeführt.

Westdeutsche Amerikanisierung ist eine Oberflächenerscheinung. Nichts von dem, was übernommen ist, berührt, was man mit einem freilich fragwürdigen Ausdruck die Mentalität unseres Volkes nennen muß. Was ist nicht zu transportieren und deshalb nicht »angekommen«? Beispielsweise der Gebrauch, der vom Auto gemacht wird.

Vom Nachbarschaftsleben in amerikanischen Wohnsiedlungen, von der nahezu grenzenlosen Hilfsbereitschaft innerhalb überschaubarer Lebenskreise haben wir nichts übernommen, desgleichen nichts von einem grundsätzlich freundlichen Entgegenkommen auch gegenüber Fremden. Und selbstverständlich fehlen uns in unserem vergleichsweise winzigen Staat die Voraussetzungen, uns jene Mischung aus tiefster Provinzialität und potentiellem Weltherrschaftsanspruch anzueignen, die außerhalb der wenigen weltoffenen Metropolen das Selbstbewußtsein des Durchschnittsamerikaners prägt. (Nicht zuletzt darauf beruhen Ansehen und Beliebtheit des derzeitigen Präsidentenehepaares, Mr. und Mrs. Reagan, daß es diese Mischung idealtypisch verkörpert.)

Fazit: die »Amerikanisierung« der westdeutschen Bevölkerung wurde drei Jahrzehnte lang weit überschätzt, als diese, aus ihrer Geschichte gewissermaßen hinausgestoßen und materiell ruiniert, dem trivialen Sog einer perfekten Zivilisation nichts entgegenzusetzen hatte. Es mag sein, daß auch in dieser Zeit mehr an »nationaler« Substanz vorhanden gewesen ist, als gezeigt wurde, aber wenn dem so war, so war sie plötzlich eben nicht verfügbar. Jetzt deutet vieles darauf hin, daß ein Normalisierungsprozeß begonnen hat, u. a. daran zu erkennen, daß sich die ewige Unzufriedenheit mit dem jeweiligen Status quo wieder zu regen beginnt, und das Bedürfnis nach Hader und Zwist mit der Umwelt wieder hervortritt. Es wird sich zeigen, wie wenig die »Amerikanisierung« in die Tiefe gewirkt hat, wenn dieser Prozeß voll in Gang gekommen sein wird.

1985

Der Name Gorbatschow fängt 1985 an, diesseits der westlichen Grenze der Sowjetunion verführerischen Klang zu bekommen. 1988 wird dieser Sowjetmensch vom *Spiegel* zum »Mann des Jahres« ernannt, erkoren, dem verehrten Publikum vorgestellt, und wie immer, wenn das Blatt aus irgendeinem Grunde sich entschließt, vorübergehend die Hehe- und Hohomasche aufzugeben, um zu entdecken, daß auch mit gezieltem Positivismus Leserfang betrieben werden kann, schießt es übers selbstgesteckte Ziel hinaus. Oder anders gesagt: Wenn das Blatt jemanden lobt, dann muß der, der gelobt werden soll, von unvergleichlicher Qualität sein; ein Ritter ohne Furcht und Tadel, eine geradezu göttliche Erscheinung. »Daß das verrottete (UdSSR)-System selbst den Mann hervorbringen würde, der ihm moralisch wie strategisch den Garaus zu machen trachtet, ist die vielleicht größte Überraschung des Phänomens Gorbatschow«. Der Satz stimmt auch formal nicht: Es ist keineswegs die Überraschung des Phänomens Gorbatschow, sondern die Überraschung, die uns das »verrottete System« mit dem »Phänomen Gorbatschow« bereitet hat; ob er in seiner Aussage stimmt, ist mindestens völlig unbewiesen, eigentlich sogar unwahrscheinlich, denn nichts liegt dem Generalsekretär ferner, als dem in seinem Staat verwirklichten kommunistischen System »den Garaus« machen zu wollen. Wozu er ansetzt, ist zwar eher Revolution als Evolution zu nennen, aber doch nicht eine von jener grundstürzenden Gewalt, mit der die Französische Revolution dem feudalistischen »System« tatsächlich den »Garaus« gemacht hat oder Lenin und seine Mannen dem zaristischen System.

Die außenpolitische Wirkung dieses Mannes ist von dem auf den Knien geschriebenen *Spiegel*-Artikel auf das genaueste festgehalten, wenn darin ein sowjetischer Amerika-Experte zitiert wird: »Wir werden euch etwas Schreckliches antun. Wir werden euch des Feindes berauben.« Mich hat

Michail Gorbatschow in die Lage versetzt, eine ganze Reihe hier zitierter Artikel als überholt ansehen zu dürfen. Aber stimmt das wirklich?

Was ich noch 1985 über den Antikommunismus schrieb, könnte ich 1989 auch dann schreiben, wenn die NATO-Kumpanei anerkannt hätte, daß ihr das Motiv ihrer Existenz vom Kreml gestohlen worden ist.

DER POLITISCHE MÖRTEL: ANTIKOMMUNISMUS. Man wird die DDR nicht als Beweis dafür ansehen können, daß ein deutscher Staat ein kommunistischer Staat sein kann. Der Kommunismus wurde unseren Brüdern und Schwestern verordnet, und obwohl dem SED-Regime im Laufe von vier Jahrzehnten ein hohes Maß von Basislegitimation zugewachsen ist, wäre es nach wie vor falsch zu sagen, aus 17 Millionen Deutschen seien 17 Millionen Kommunisten geworden. Nahezu – ich sage nicht: ebenso – unzutreffend der Welt vorzumachen, aus 90 % Nationalsozialisten seien 90 % Demokraten geworden – was übrigens die Welt gar nicht glaubt, indes bei uns nur Nestbeschmutzer das Dogma vom neuen deutschen Menschen anzuzweifeln wagen.

Diesen Wandel als pure Propaganda läßt sich am leichtesten durch die unwiderlegbare Feststellung abtun, daß der Antikommunismus, neben dem Antisemitismus die zweite tragende Säule des »Dritten Reiches«, in die Kapitalismusideologie der Bundesrepublik ohne Abzug eingegangen ist. Diesbezüglich befinden wir uns im Augenblick insofern in einer ambivalenten Lage, als es mit dem Auftreten von Gorbatschow, aus dem in den Medien bereits der liebe Gorby geworden ist, den Anschein macht, als habe sich der Wind gedreht. »Les pollissons sont amoureux, mais les poètes sont idolâtres«, heißt es bei Baudelaire; in diesem Sinne sind wir Deutschen lauter Poeten, wir schießen emotional meist über jedes vernünftige Ziel hinaus. Davon profitieren derzeit der sowjetische Generalsekretär, nicht minder seine charmante Frau. Er hat das Glück gehabt, die Weltszene in einem Augenblick zu betreten, in dem das Weiße Haus von einem Ehepaar bewohnt wird, das seine unbestreitbaren schauspielerischen Fähigkeiten zur Aufführung einer Schmierenkomödie in Permanenz verwendet. Man könnte sich darüber amüsieren, verfügte der Ehemann nicht über die Macht und die technischen Möglichkeiten, die Erde in die Luft zu sprengen. Gorbatschow, der über die gleiche Möglichkeit und Macht verfügt, kann niemand komisch finden; das hat zweifellos etwas Beruhigendes.

Hat also die Dekoration gewechselt, wird auf der westdeutschen Bühne der Jahrhunderterfolg »Antikommunismus« abgesetzt? Was so gedeutet werden kann und darin Bestätigung zu finden scheint, daß in demoskopischen Umfragen, wen wir für sympathischer hielten, den Amerikaner oder den Russen, der letztere knapp vorne liegt, beruht darauf, daß uns eingehämmert worden ist, wenn es zu einem Dritten Weltkrieg käme, würde er von den Sowjets schuldhaft herbeigeführt. Die Russen kommen, war der Glaubenssatz Nr. 1 keineswegs nur von uns Westdeutschen, sondern mehr oder weniger des ganzen Westens, und verlor nichts an seiner Wirkung dadurch, daß sie 1980 immer noch nicht gekommen waren – natürlich nur deshalb, weil auf unserem Staatsgebiet sich die dichteste Anhäufung von Atomwaffen jeden Kalibers befindet. Erst jetzt verliert der Glaubenssatz: die Russen kommen, ein wenig an Glaubwürdigkeit. Zwischen Kriegsangst und Russenangst tut sich im öffentlichen Bewußtsein – noch keineswegs bei unseren Politikern – ein Spalt auf. Der Antikommunismus scheint nicht mehr auf diesen zwei Beinen zu stehen, sondern in seine tradierte Urform zurückzukehren als ideologisches Schreckgespenst. Unsere Politiker im Regierungslager (nur dort?, da habe ich meine Zweifel!) machen diesen Prozeß nicht mit. Der Rüpel Burt, der derzeit die USA in Bonn vertritt und uns auf eine Weise behandelt, die sich Englands Vizekönige nicht einmal vor hundert Jahren in Indien erlaubt hätten, hat sich in die Bonner Abrüstungsprobleme eingemischt, womit er dort Mißfallen erregt hat. Bonn will in seinem Eiertanz nicht so grob gestört werden. Volker Rühe, stellvertretender Vorsitzender der CDU/CSU-Bundestagsfraktion, sah sich zu einer massiven Antwort herausgefordert. Seine Argumentation scheint bei flüchtigem Lesen ganz vernünftig zu sein; z. B.: Das Gesamtkonzept des NATO-Bündnisses »muß auch die seit Gorbatschow veränderten Zusammenhänge des Ost-West-Verhältnisses einbeziehen«. Bravo! Aber dann: » ... eine Denuklearisierung Europas (liegt) nicht in unserem Sicherheitsinteresse«, und seine Befürchtungen laufen darauf hinaus, daß durch gewisse Abrüstungsmaßnahmen »die Akzeptanz der Abschreckungsstrategie untergraben würde«. In Dienstmädchendeutsch heißt das, die Westdeutschen könnten zu dem Irrglauben bekehrt werden, die Russen wollten nicht kommen. Wie vermutlich die meisten der Macht nahestehenden oder sie ausübenden Personen scheint auch Rühe davon auszugehen, daß das Feindbild »die Russen« zum unverzichtbaren Motiv des Antikommunismus geworden sei, und dem zufolge muß er in der Eliminierung dieses Feindbildes einen Vorgang sehen, der das gesellschaftspolitische Gefüge der Bundesrepublik ins Wanken brächte, das seine Stabilität ja nicht vom Freiheitsbedürfnis der Bevölkerung herleitet, sondern vom Antikommunismus.

Im DDR-Wörterbuch der Philosophie (Bd. 1, S. 83) heißt es, der Antikommunismus sei »die Grundtendenz und der charakteristische Wesenszug der gesamten imperialistischen Ideologie und Politik, gerichtet gegen die revolutionäre Arbeiterbewegung und den Marxismus-Leninismus, gegen die Staaten des sozialistischen Weltsystems und alle progressiven Bewegungen unserer Epoche überhaupt«. (Nicht unnötig zu erwähnen, das in Lexika, die in der BRD herausgegeben worden sind, der Begriff »Antikommunismus« nicht vorkommt.) Die Funktion des Antikommunismus ist seit der Oktoberrevolution selbstverständlich verkoppelt mit dem Antibolschewismus, entstanden aber ist er in den vierziger Jahren des 19. Jahrhunderts als Reaktion auf die moderne Arbeiterbewegung und den wirtschaftlichen Sozialismus. Wurde der Begriff »Kommunismus« in seiner politischen und klassenspezifischen Bedeutung zuerst in den Schriften Cabets um 1840/41 verwendet, so ging er in das öffentliche Bewußtsein durch Marx und Engels ein. Das *Kommunistische Manifest* beginnt: »Ein Gespenst geht um in Europa – das Gespenst des Kommunismus. Alle Mächte des alten Europa haben sich zu einer heiligen Hetzjagd gegen dies Gespenst verbündet (...). Wo ist die Oppositionspartei, die nicht von ihren regierenden Gegnern als kommunistisch verschrieen worden wäre ... ?«

Die enge Verbindung des Antikommunismus mit imperialistischen, gegen die UdSSR gerichteten Zielsetzungen wurde durch Hitler schon in *Mein Kampf* programmiert, wo er von der »Bodenpolitik der Zukunft« schreibt, und den »ewigen Germanenzug nach dem Süden und dem Westen« hin zur Sowjetunion gelenkt sehen möchte, die der Kommunismus reif zum Zusammenbruch gemacht habe. Die nach Mai 1945 unternommenen Versuche, mit dem Modell eines sozialistischen Deutschlands dem Antikommunismus seiner ideologischen Kraft zu berauben, scheiterten, doch war es nötig, eine neue Strategie des Antikommunismus zu entwickeln, wenigstens bis hin zum Beginn des Kalten Krieges.

In den ersten Nachkriegsjahren wurde die Auseinandersetzung mit dem Kommunismus, ein Begriff, der durch »Marxismus« ersetzt wurde, zunächst von rechten Sozialdemokraten und linken Katholiken (von diesen prominent in den *Frankfurter Heften*) geführt, indem die marxistische Philosophie in mechanistischen Materialismus umgefälscht wurde, um sie ihrer revolutionären Dynamik zu berauben und Platz zu schaffen für »christlichen Sozialismus« und »freien Sozialismus«. Wie immer begründet, ob existentialistisch, anthropologisch oder theologisch, das Ziel war, eine »Dritte-Weg-Ideologie« populär zu machen, jenseits des Grundwiderspruches der Epoche zwischen Imperialismus und Sozialismus.

Die Bereitschaft zur Akzeptanz, um mit Ruhe zu sprechen, für dieses Wischiwaschi war erheblich, bis der Kalte Krieg erlaubte, die Front des Antikommunismus wieder eindeutig aufzubauen. Phrasen kamen in Umlauf wie »Abendland«, »abendländische christliche Kultur« gegen den »gottlosen Bolschewismus«, und der einflußreiche klerikale Marxismus-Kritiker Thielicke rechtfertigte die aggressive Anti-UdSSR-Politik als einen »ethisch legitimen [soll wohl heißen: legitimierten] Verteidigungskrieg gegen die bolschewistische Gefahr«. Es gab Prediger des Antikommunismus, die selbst den Einsatz von Atomwaffen in einem Heißen Krieg gegen die Sowjetunion nicht als unsittlich oder unchristlich verurteilen wollten. Sie fanden ihren gelehrigen Schüler in jenem Reagan des Jahres 1986.

Seit zwei Jahren werden »tolerierbare Alternativvorstellungen« im Kreml hausgemacht, was von manchen politischen Beobachtern fälschlich als eine Bestätigung der Konvergenz-Theorie angesehen wird, nämlich als eine allmähliche Annäherung von Kapitalismus und Sozialismus. Obwohl oder gerade weil die Mißdeutung naheliegt, mit »Wandel durch Annäherung« sei eben dies gemeint gewesen, sollte Egon Bahr, der Erfinder dieser Formel, dagegen in Schutz genommen werden. Ihm ging es nicht versteckterweise um Aufweichung des Kommunismus, sondern um bessere Verständigungsmöglichkeiten, die ohne Zweifel erreicht worden sind und weiter ausgebaut werden.

Das alles ändert nichts daran, daß der Antikommunismus noch immer der Mörtel ist, der unserem Gesellschaftssystem seine Stabilität gibt. Würde der NATO der Feind gestohlen, so wird davon ohne Zweifel ihre Strategie beeinflußt, gehen davon Rückwirkungen auf die Rüstung im globalen Ausmaß aus. Desgleichen ist abzusehen, daß mit der Drohung »die Russen kommen« das politische Westgeschäft in der BRD nicht mehr so einfach wie bisher betrieben werden kann. Aber solange der Begriff der Freiheit einer verführten Öffentlichkeit quasi als Kontrastprogramm zur Unfreiheit in der DDR, in den kommunistischen Staaten insgesamt, verkauft werden kann – und daran wird auch Gorbatschow nichts ändern, weil 220 Millionen Sowjetbürger nicht politischen Selbstmord begehen werden –, so lange bleibt das Feindbild »die Russen« mindestens in seiner ideologischen Ausdeutung in Kraft. Das reicht völlig aus, weiterhin mit verinnerlichtem Antikommunismus Innen- wie Außenpolitik zu machen.

Wer nach einem Motto suchte, das dank Gorbatschow über dem Eingang zum neuen Bundestag anzubringen wäre, könnte dafür einen Vers der Fürstin Lichnowsky benützen: »Niemand glaube, daß die Taube immer milde sei. Im Schilde führt sie häufig zielbewußte Tücke.«

Wäre es nicht dazu gekommen, daß eine Mehrheit der inthronisierten Politiker der UdSSR Michail Gorbatschow auf den Schild gehoben hätte, würde ich vermutlich 1985 nicht eine zweite Satire über »Das Jahr des Journalisten« geschrieben haben.

DER KREML IST IMMER GUT. Sie saßen um den langen Konferenztisch herum, schauten nicht dumm, aber stumm aus der Wäsche. Schließlich sagte einer: »Es ist nichts los.«

»Gar keine Krise«, meinte ein anderer.

»Jedenfalls politisch«, ließ sich der erste wieder vernehmen.

»Kulturell?« fragte der Chefredakteur, »vielleicht ein Prozeß? Na, ihr wißt schon, der mit den Juwelen in Baden-Baden ...«

Der bringt auch nichts mehr, meinten sie.

Sagte der Chefredakteur: »Also wieder einmal der Kreml.«

»Ist dort was los?« fragte einer.

Allgemeines Gelächter.

»Lieber Freund«, sagte der Chefredakteur, »ist Ihnen entgangen, daß der Kreml immer gut ist?«

Schüchtern kam die Gegenfrage: »Warum?«

Große Heiterkeit.

»Weil«, sagte Weichselholz, Ressortleiter Ausland, » ... nun ja, weil über den Kreml niemand etwas Genaues weiß. Da läßt sich uferlos schreiben, ohne stichhaltige Dementis befürchten zu müssen.«

»Ausgezeichnet!« sagte der Chefredakteur, »der Satz muß ins Protokoll. Neue Informationen, Weichselholz?«

»Der Gorbatschow soll eine Arbeiterfamilie besucht haben.«

»Hat er dort etwas genossen?«

»Es gibt ein Foto, da stehen Gläser auf dem Tisch. Kleine.«

»Interessant. Vermutlich Wodka. Gleich Telex an Hutschenbrink nach Moskau, soll Marke feststellen und wieviel getrunken worden ist. Sonst?«

»Die Handtasche, die seine Frau in England am Arm hatte, kaufte sie nicht in London. Das war eine Falschmeldung der Bildzeitung. Sie hat sie schon aus Moskau mitgebracht.«

»Da können wir Bild eins auswischen, aber elegant machen. Frau des neuen Zaren kauft nicht bei Harrods, so etwa. A propos Zar, Zar muß unbedingt auf dem Titel vorkommen. Vielleicht der rote Zar?«

»Das hatten wir schon«, gab Weichselholz zu bedenken, »Sowjetzar wäre besser, das ganz Sinnlose zieht immer.«

»Also wie?«

Die Frage galt Hopf, dem meistens die besten Titel einfielen.

»Mal überlegen«, sagte Hopf und überlegte. Dann sagte er: »Vorschlag – Stalins Erbe Sowjetzar Gorbatschow.«

»Kollege«, sagte der Chefredakteur, »Sie haben heute Ihren großen Tag. Wenn der Gorbatschow auf Stalin negativ einsteigt, einem Trend nachgibt, das verändert doch die ganze russische Landschaft, politisch meine ich. Haben wir Material?«

»Nichts, was wir direkt zitieren könnten«, sagte Weichselholz.

»Also bei Hutschenbrink Material anfordern, Gorbatschow über Stalin.«

»Und wenn er nichts Einschlägiges gesagt hat?«

»Dann sagt Hutschenbrink Brauchbares.«

»Diskussion Ende«, sagte der Chefredakteur, »wir halten fest: Stalin war ein wirklicher Herrscher; nach so vielen Nullen im Kreml haben die Russen Sehnsucht nach einem starken Führer. Ob Gorbatschow will oder nicht, die Rolle muß er übernehmen, das werden wir ihn wissen lassen. Wir ernennen ihn zu Stalins Erben.«

»Na na, ziemlich kühn«, wandte einer ein, »als Generalsekretär ist Stalin der Urururgroßvater von Gorbatschow. Erbt man von dem noch etwas?«

»Wir schreiben kein Geschichtsbuch, wir brauchen einen guten Titel«, sagte der stellvertretende Chefredakteur.

»Ich weiß einen«, ließ sich der Ressortchef Deutschland vernehmen, »Barbarossas Erbe Pfalzgraf Kohl«.

Das fand niemand komisch. Inzwischen hatte Weichselholz seine Unterlagen noch mal durchgesehen und sagte: »Da ist noch etwas – Gorbatschow hat ein paar alte Generäle in Pension geschickt, einer war 77.«

»Das sagen Sie jetzt erst? Das ist doch der absolute Knüller!« rief der Chefredakteur, »daraus ergibt sich: totaler Umbau des gesamten sowjetischen Militärwesens, künftig Generäle ohne Einfluß im ZK, pipapo ... Wie war unser Titel?«

»Stalins Erbe Sowjetzar Gorbatschow«.

»Da schreiben wir noch dazu: greift durch, mit Ausrufezeichen.«

1986

ICH, LEMUEL GULLIVER, REISTE DURCH EIN SELTSAMES LAND. Was mir nach Überschreiten der Grenze zunächst auffiel, war, daß dieses Land, im Gegensatz zu allen, die ich kennengelernt habe, keinen bestimmten Namen besitzt. Die einen nennen es Deutschland, andere Bundesrepublik, wieder andere BeErDee, eine Chiffre, die zwar häufig benützt wird, aber anscheinend nicht sehr beliebt ist bei jenen, die auf Deutschland beharren.

Ich fand das überaus verwirrend, zumal doch die Leute, die von Deutschland sprachen, offenbar nur jene BRD meinten. Ich kam in einem Gasthaus zu Hannover mit einem dortselbst sein Mittagsmahl einnehmenden Offizier ins Gespräch, welcher mich dahin aufzuklären versuchte, das Wort Deutschland müsse einfach deshalb verwendet werden, ganz gleich, was darunter der, der es verwende, verstanden wissen wolle, damit es nicht vergessen werde. Es sei, meinte er, eine liebe Angewohnheit der Bevölkerung, die Wirklichkeit durch Begriffe zu ersetzen, welche geeignet seien, dank ihrer Mehrdeutigkeit Anlaß zu internen Auseinandersetzungen zu bieten. Es handle sich um eine erprobte Methode, Langeweile zu vertreiben.

Das war mir nun sehr merkwürdig, denn an allen Straßen hatte ich Gelegenheit, große Plakate angeschlagen zu finden, auf denen fast ausnahmslos männliche Köpfe abgebildet waren, die vertrauensvoll und Vertrauen weckend den Betrachter anblickten. Die Texte zu diesen Bildern forderten die Bevölkerung auf, jeweils in einer offenbar bevorstehenden Wahl zum Parlament nur dem darauf Abgebildeten die Stimme zu geben, andernfalls über das Land großes Unheil hereinbrechen würde. Ich sagte mir, daß unter solchen Umständen von Langeweile doch nicht die Rede sein könne, machte es doch den Anschein, als habe sich das Land in einander bekämpfende Lager aufgespalten.

Der Zufall wollte es, daß gerade in den Tagen, die ich in Hannover verbrachte, eine Versammlung jener Gruppen in einem Zirkuszelt stattfand, deren Repräsentant auf den meisten der Plakate abgebildet war, ein rundköpfiger Herr mit Brille, freilich nicht ganz rund, sondern nach oben hin sich etwas verjüngend wie eine Birne, so daß das Gesicht seinen dominierenden Ausdruck von der unteren Partie bekam, während die Stirnhöhle, die das Gehirn birgt, von der Natur etwas benachteiligt schien. Es war angekündigt, daß dieser Mann in der Versammlung seiner Anhänger selbst auftreten würde, und so ging ich hin.

Was ich von ihm hörte, er sprach etwa eineinhalb Stunden lang, ist schwer wiederzugeben, denn er sagte absolut nichts, was nicht platterdings jedem hätte einfallen können, der sich um Volksgunst bewirbt. Man müße freundlich zu jedermann sein, nur nicht zu Menschen, die er »Chaoten« nannte, aber ich weiß nicht, wen er damit meinte, und ich habe mir notiert, einmal Chaoten ausfindig zu machen, um zu erfahren, weshalb sie so wenig Ansehen genießen. Außerdem sagte er, es sei wichtig, den Frieden zu erhalten; dafür gebe es kein besseres Mittel als sich jener großen Macht zu unterwerfen, die ein paar hundert Milliarden für neue Waffen auszugeben entschlossen sei.

Dieser Gedanke verblüffte mich einigermaßen, und als sich der Redner nach der Versammlung in einem nahegelegenen Weinkeller mit einigen seiner wichtigsten Anhänger zusammensetzte, bat ich, ob ich zuhören dürfe, ich befände mich auf Reisen und sei sehr daran interessiert, fremde Länder und Sitten kennenzulernen. Auch beabsichtigte ich, darüber nicht nur in meinem Heimatlande zu berichten. Ich überreichte ihm eine Karte, er warf einen Blick darauf, las meinen Namen, Lemuel Gulliver, und meinte entschuldigend, er habe noch nie von mir gehört.

Das wunderte mich nicht mehr, nachdem ich der Runde am Tisch eine Weile zugehört hatte. Diese unglücklichen Leute sprachen mit Leidenschaft darüber, wie jene auszuwählen seien, mit denen unter der Voraussetzung, daß die Wahl gewonnen werde, hernach zu regieren sei. Einer meinte, nur nach Weisheit, Fähigkeit und Tugend seien künftige Minister zu beurteilen, aber damit kam er übel an und erntete Gelächter. Es wurden noch mehr unausführbare Hirngespinste vorgebracht, aber der Herr mit der Brille lächelte nur und machte dem Durcheinander ein Ende, indem er sagte, dergleichen müsse den Journalisten vorgemacht werden, er aber sei mehr für das Handfestere, worunter er augenscheinlich Geld verstand, das seine Partei notwendig brauche. Er nannte einige Namen, von denen er es zu bekommen hoffte, und man einigte sich darauf, daß man es schlauer als in den Jahren zuvor anfangen müsse, um die eingehenden Summen nicht versteuern zu müssen.

Erst als sich die Herren, es war lange nach Mitternacht, erhoben, wurde ich die Frage los, die mich hergeführt hatte: wie es denn nun sei mit der Friedenssicherung in Anlehnung an eine den Krieg vorbereitende Supermacht? Sie betrachteten mich, als strahlte ich plötzlich 4 000 Rem aus, wichen vor mir zurück, der Vorsitzende verlor für ein paar Sekunden seinen lächelnden Ausdruck. Dann sagte er: Aber mein lieber Herr – wie war doch der Name … ?

Gulliver, sagte ich, Lemuel Gulliver …

Also, Herr Gulliver, sind Sie vielleicht ein Grüner?

Ich sagte, ich wisse gar nicht, was ein Grüner sei. Die Herren verließen das Lokal, der Vorsitzende warf mir noch einen mitleidigen Blick zu.

Nach dieser Erfahrung erschien es mir sinnvoll, an einer Versammlung teilzunehmen, in der jener andere Politiker auftrat, der ebenfalls auf allen Plakaten lächelnd seine Zähne zeigte, jedoch nicht den Eindruck erweckte, eine zu geringe Menge Gehirnsubstanz mitbekommen zu haben. Um ihn zu hören, mußte ich in eine Stadt namens Düsseldorf fahren, und fand dort im überfüllten Saal eine ganz andere Stimmung vor als in Hannover. Der Redner stand schon auf dem Podium, hob die Arme in die Höhe, winkte mit seligem Gesichtsausdruck der Menge zu, die ihm ihrerseits Ovationen bereitete. Aber das war eigentlich schon alles, was ich an Unterschieden zwischen der Veranstaltung in Hannover und der in Düsseldorf feststellen konnte. Der Gefeierte sagte, man müsse freundlich sein zu jedermann, und wenn sie ihn wählen würden, dürften sie sicher sein, mit keinerlei politischen Problemen behelligt zu werden. Die Chaoten erwähnte er nicht, hingegen ließ er sich mit mehreren Sätzen auf die »Grünen« ein, ohne daß ich feststellen konnte, ob er nun für oder gegen sie war. Daß das Bündnis mit der kriegsvorbereitenden Großmacht die Voraussetzung sei, den Frieden zu erhalten, bezweifelte auch er nicht.

Wie in Hannover begab ich mich in das Lokal, in dem sich die führenden Persönlichkeiten nach der Versammlung zusammensetzten, zog wieder meine Karte hervor und gab sie dem Vorsitzenden.

Ei Potz, sagte er, ei Potz, das hätte ich nicht gedacht, einmal ihre Bekanntschaft zu machen, Mr. Gulliver.

Ich fühlte mich natürlich geschmeichelt, und fragte, ob ich an ihrem Tisch Platz nehmen und ein wenig zuhören dürfe. Aber selbstverständlich, sagte der Vorsitzende, wir haben keine Geheimnisse, absolut keine.

Ich fand mich wohl aufgenommen und konnte meine Frage, wie es denn um den Frieden im Bündnis mit jener Großmacht stünde, vorbringen, ohne auf beleidigte Mienen zu stoßen. Ach wissen Sie, Mr. Gulliver, sagte der freundliche Vorsitzende, es ist höchst unwahrscheinlich, daß sich der nächste Krieg daraus entwickelt, daß eine der beiden Großmächte, die ja tatsächlich das Zeug zur Weltherrschaft hätten, eben um dieses Zieles willen einen Krieg beginnt.

Das Problem ist zu groß, um militärisch gelöst zu werden. Sehen Sie, lieber Herr Gulliver – so nannte er mich tatsächlich! –, man hat es früher sogar für gerechtfertigt gehalten, ein anderes Land zu überfallen, weil sich eine seiner Städte oder ein angrenzender Landstrich als geeignet erwiesen hatte, erobert zu werden, aber das sind durchaus überholte Motive.

Na na, ließ sich da einer aus der Runde hören, ganz sicher bin ich dessen nicht, denken Sie doch bitte, Herr Vorsitzender, an die Ostgebiete.

Ach ja, die Ostgebiete, antwortete er, aber das ist ein unangenehmes Kapitel, das wollen wir lieber beiseitelassen.

Auf der Suche nach einem Chaoten blieb ich erfolglos. Ich mußte hören, Chaoten, wenn sie nicht gerade demonstrierten, seien als solche gar nicht zu erkennen, es handle sich um Arbeitslose wie Millionen andere, die nur dann und wann ein ungewöhnliches Bedürfnis empfänden, die Langeweile ihres trostlosen Lebens zu unterbrechen. Da war das Wort wieder, Langeweile. Ich hatte nun doch schon einschlägige Erfahrungen gesammelt, daß ich ein gewisses Verständnis für jenen Offizier in Hannover aufbrachte.

Aber da waren noch die Grünen, und ich erkundigte mich, woran ein Grüner zu erkennen sei. Mir wurde gesagt, das sei nicht ganz so schwierig, wie einen Chaoten ausfindig zu machen, die letzteren unterhielten keine Geschäftsstellen, hingegen säßen jene bereits in einigen Parlamenten, zum Beispiel in Hessen, dort gebe es sogar einen grünen Minister, ihn sollte ich aufsuchen.

Ich meldete mich bei ihm an, aber ich mußte fast eine Woche warten, bis er mich empfing. Er entschuldigte sich damit, daß er in seinem Ministerium nicht einmal eine Sekretärin habe und alles allein machen müsse. Zu der normalen Arbeit sei nun auch noch diese lästige Sache mit dem vergifteten Spinat gekommen. Er habe einen ministeriellen Erlaß herausgegeben, vom Spinatgenuß abzusehen und auch schon Dankschreiben von Kindern bekommen, die Spinat immer für ein scheußliches Essen gehalten hätten. Übrigens verhalte es sich mit dem Salat ganz ähnlich wie mit dem Spinat, und das Problem sei, was die Gemüsehändler eigentlich noch verkaufen dürften, um ihre Ladenmieten bezahlen zu können.

Ich bemerkte, daß ich in eine ganz andere Welt getreten war, und als ich das Bündnis mit der kriegsvorbereitenden Großmacht zum Thema machen wollte, sagte der junge Minister nur: Ach, die Amerikaner!, und damit war das Thema für ihn erledigt.

Was ich erlebt habe, nennen sie in diesem Lande Wahlkampf. Um die Wahrheit zu sagen, nachdem ich nun mehrere Wochen in diesem Lande geweilt, viele Gespräche mit diesen Leuten geführt habe, und alles, worauf mein Blick fiel, in seiner verhältnismäßig richtigen Größe zu sehen glaubte, so war der Schauder, den ich zunächst vor ihnen empfunden hatte, der Neigung gewichen, in Gelächter auszubrechen.

Als ich jedoch in meine Heimat zurückgekehrt war und dort von meinem Aufenthalte in einem Lande ohne bestimmten Namen berichtet habe, wurde mir vorgeworfen, ich hätte mich ganz einseitig informiert. Die Langeweile, die ich festgestellt hätte, sei alles andere als eine Garantie für friedliches Verhalten. Sie sei pures Dynamit, und es sei noch keineswegs entschieden, wer schließlich den letzten Anstoß geben werde, den nächsten Krieg zu beginnen, jene Großmacht mit ihrem 100-Milliarden-Budget für neue Waffen, oder das von mir bereiste Land. Gebe es auch Deutschland nicht, so gebe es doch die Deutschen, und es sei im Grunde völlig gleichgültig, wie die Wahl, deren Vorbereitung ich beobachtet hätte, ausgehen würde. Jeder dieser lächelnden Politiker werde, zur Regierung gekommen, nichts anderes im Sinne haben, als die Bevölkerung an die Kandare zu legen.

Aber warum denn, rief ich aus, sie haben doch nichts zu fürchten?!

Ihre Angst ist am größten, wenn sie nichts zu fürchten haben, wurde ich belehrt, und wegen dieser Angst lehren sie uns fürchten.

Ich blieb nur zwei Monate bei meiner Frau und meiner Familie, denn mein unersättliches Verlangen, fremde Länder zu sehen, war durch die seltsamen Erfahrungen in dem Land ohne bestimmten Namen nur gesteigert worden. Ich nahm meine Kapitalien mit und hoffte, unterwegs mein Vermögen zu vermehren. Indes, es kam ganz anders, denn die Deutschen, von ihrer lächelnden Regierung dazu angetrieben, setzten einen bis dahin völlig unerprobten Typ von Atomreaktor in Betrieb mit der Begründung, die nationale Existenz würde von der Langeweile in Frage gestellt, 60 Millionen sei alles

wurscht. Nur die Drohung, auf den Autobahnen eine Geschwindig-
keitsbegrenzung einzuführen, sowie das Risiko der Selbstvernichtung durch Anhäufung atomarer Energieanlagen bringe noch etwas
Leben in die politische Szene. Nun übertraf aber dieses Mittel, die
Regierbarkeit des Staates zu gewährleisten, die daran geknüpften
Erwartungen erheblich. Kaum hatte der neue Meiler 14 Tage gearbeitet, da explodierte er und vernichtete im Umkreis von 2000 km
das Leben. Nur im Regierungsbunker hatte ein Papagei in seinem
strahlungssicheren Käfig überlebt und schrie unentwegt, was ihm
der vorherige Regierungschef beigebracht hatte: Das ist alles ganz
harmlos, das ist alles ganz harmlos! Er wollte damit fürs Bundeskanzleramt kandidieren, aber es war niemand mehr da, ihn zu wählen.

Unter diesen Umständen kehrte ich so rasch als möglich nach
Brobdingnag zurück, wo meine Frau inzwischen eine unterirdische
Behausung geschaffen hatte. Experten sind der Überzeugung, wir
werden den Rest unseres Lebens darin verbringen müssen.

**Die Zeitschrift *Natur* hatte eine Serie über deutsche Landschaften begon-
nen. Manfred Bissinger, ihr ehemaliger Chefredakteur, schlug mir vor, für
diese Serie an den Bodensee zu fahren. Der Termin wurde verabredet. Als
er herangerückt war, explodierte der Atommeiler in Tschernobyl. Trotzdem fuhr ich los.**

ALS TSCHERNOBYL NOCH BRANNTE. Ich näherte mich der Inselstadt und brauchte für die letzten zwei Kilometer bis zu dem einzigen Parkplatz auf der Insel eine Stunde. Eine unbekannte Zahl von
Landsleuten aus nördlichen Gefilden, ich schätze so zwischen 50000
und 100000, hatte sich auch an den Bodensee aufgemacht. Vom frühen Morgen bis zum späten Abend wälzte sich eine bodenseelange
Kette von Fahrzeugen über die Ufertrasse B 31, Auspuff vor Kühlergrill, Auspuff vor Kühlergrill im Abstand von 1–3 m.

Tschernobyl fand in der Welt der Touristen nicht statt. Die
Schweigsamkeit Moskaus wurde von der Schweigsamkeit der Touristen über das Reaktorunglück weit überboten. In den Restaurants
und Kneipen fraßen diese Heerscharen schlechthin alles, auch grünen Salat schüsselweise, ohne zu fragen, woher er stammte. Als ich

diese Frage an einen Kellner stellte, wollte er mich nicht mehr bedienen. Dabei war auch in den Lokalzeitungen zu lesen, die Gemüsebauern auf der Reichenau hätten eine Protestdemonstration mit Lastwagen und Traktoren veranstaltet, weil sie 2,5 Millionen Salatköpfe unterpflügen sollten und sie auch die anderen verkaufsreifen Produkte aus ihren Betrieben nicht mehr verkaufen durften.

Daß der Bodensee die westdeutsche Landschaft ist, wo die höchsten Strahlungswerte der Bundesrepublik gemessen wurden – es scherte die Touristen nicht! Sind sie dümmer als die aufs höchste alarmierten Einheimischen? Natürlich nicht! Ihr unglaubliches Verhalten war von einer speziellen Art von Gewinnsucht bestimmt. Sie waren im Urlaub, der Urlaub kostet, am Bodensee noch mehr als anderswo, für das Geld wollte man ungestört genießen. Was eigentlich?

Hier lief ein Lehrstück über des Menschen Bestimmtheit ab; was regelt sein Verhalten vordringlich? Die Urlaubssituation macht immun gegen Tschernobyl! Das Personal, das den Tourismus am Laufen hält, hat die Vergiftung aus seinem Bewußtsein nicht weniger ausgeblendet als die Gäste.

Selbst die Plakate an der B 31, Produkte der Verzweiflung, bezogen sich nur auf die Tourismus-Hölle: LÄRM UND GESTANK MACHEN UNS KRANK! Auf einem riesigen Schild nur ein Wort in roten Versalien: HILFE! Hilfe wofür, wogegen? Hundert Meter weiter erfuhr ich es: 20 000 AUTOS TÄGLICH!

Die Ansässigen lieferten auf andere Weise ein Lehrstück deutscher Wirklichkeit in Friedrichshafen – dank ihrer Hochtechnologie-Industrie eine der reichsten Städte der BRD. Aus Chrom, Glas, Marmor und teuren Hölzern hat sie kürzlich ans Seeufer eine »Zeppelin-Halle« hingestellt, die an Protzigkeit nichts zu wünschen übrig läßt. Im größten ihrer Säle, der fast tausend Menschen faßt, hielt ein Strahlenprofessor von der Universität Konstanz einen einschlägigen Aufklärungsvortrag, der in seiner ersten Hälfte ein Kolleg über Atomphysik für höhere Semester war. Hätte der Professor vor dem vollbesetzten Saal Chinesisch gesprochen, wäre er für nahezu alle auch nicht unverständlicher gewesen. Da tat sich eine für Laien geheimnisvolle, unbegreifliche Mikrowelt auf, unter anderem konnten sie erfahren, in einem ccm irgend einer Substanz befänden sich 10 Milliarden Einheiten von irgend etwas. Toll, ganz toll, aber doch schwer in Verbindung mit den 2,5 Millionen Salatköpfen zu bringen, die vernichtet werden müssen, ungeachtet eine solche Verbindung irgendwie besteht. Man konnte nur staunen, wenn auch nichts verstehen, mucksmäuschenstill staunte das Publikum und starrte auf die Schaubilder, die der Professor auf einer riesigen Leinwand vorführte.

Nachher durften die Zuhörer Fragen stellen, und siehe da, es waren doch etliche im Saal, die warfen mit Rem, Rad und Becquerel nur so um sich. Was sie fragten, beantwortete der Professor geduldig, bis eine junge Frau ans Mikrophon trat. Sie sagte, das sei ja alles sehr interessant, aber nun möge man doch auch einmal darüber sprechen, ob die Episode Atomenergie nicht durch Volksentscheid beendet werden müsse. Hätte sie sich auf dem Podium ausgezogen und den Zuhörern den Hintern gezeigt, die Wirkung wäre keine andere gewesen als jene, die sie nach ihrem Sätzchen hinwegfegte. Der Professor sagte, er sei nur Wissenschaftler, der Landrat, der auch auf dem Podium saß, sagte gar nichts, und ein paar ältere Herren in den Reihen vor mir brüllten: Das ist nicht das Thema, das ist nicht das Thema!! Erhoben sich Gegenstimmen zugunsten der jungen Frau, die zornig den Saal verließ? Keine! So bleibt zu fragen, warum die Leute gekommen waren und länger als drei Stunden aushielten? Um über die Gefahr zu hören, die von dem explodierten Reaktor in Tschernobyl ausgeht? Offenbar nicht!

1987

Als der sowjetische Generalsekretär nach New York flog, Ende 1988, um vor der UNO eine einseitige bedingungslos durchzuführende Abrüstung bekanntzugeben, hatte einer seiner Mitarbeiter gesagt: Was wir auch tun, ihr werdet nie zufrieden sein. Wir, das heißt der Westen, das heißt die NATO, es heißt insbesondere Washington und Bonn, sind in der Tat »nicht zufrieden« und haben nicht die Absicht, die Moskauer Offerte mit einer ähnlichen großzügigen zu beantworten. Ich schrieb:

ÜBER DAS GESPENST DER ABRÜSTUNG. Der aufrechte, brave Deutsche, der nie etwas anderes als das Beste gewollt hat und nur von schlimmen Verhältnissen und einem ganz schlimmen Menschen namens A. H. gezwungen worden war, Dinge zu tun, die nach herkömmlichen Moralbegriffen auf wenig Verständnis in der übrigen Welt gestoßen sind – ja, dieser brave, ordentliche, fleißige Deutsche hat immer schon gedacht, den Russen sei alles zuzutrauen, nur eines nicht: Daß es einer sowjetischen Elite einmal einfallen könnte, einen Gorbatschow, der ja nicht vom Himmel gefallen ist, ins höchste Amt zu hieven.

Aber nun ist es eben doch passiert: dieser neue Generalsekretär trat nicht mit einem Messer im Mund vor die Kameras, er beschäftigte offenbar keinen sibirischen Dorfschneider für seine Garderobe, und hat, Gipfel der Niedertracht, ein Ehegespons, das in nichts, aber schon in gar nichts deutschen Vorstellungen von der russischen Frau entspricht, dick, lieb, kurzbeinig.

Weil dieses Ehepaar eine Art Überraschungscoup der Sowjets war, und Journalisten in West und Ost nun einmal weit lieber das Überraschende als das Gewohnte zur Kenntnis bringen, so erfreute es sich von seinem ersten Auftreten an einer Publizität, die nahezu der des Reise-Papstes gleichkommt – nahezu, wenn auch begreiflicherweise nicht ganz. Aber man stelle sich Gorbatschow in einem weißen, bis zu den Füßen reichenden Gewand vor, ein weißes Käppchen auf dem kugelrunden Hinterkopf, einen Polittouristen, den überall, wo er auftritt, eine für Millionen errichtete, überdachte Tribüne erwartet, ein Glashaus auf Rädern, und dazu ein Gefolge von ZK-Mitgliedern in Purpur, ja, dann käme nicht einmal Woityła gegen Gorbatschow auf.

Die Gefahr wurde sogleich erkannt, daß dieses Ehepaar allein durch sein Auftreten dem Feindbild Abbruch tun könnte; gleich Küstenbewohnern, die mit Sandsäcken einen Deichbruch ausflicken wollen, machten sich Politiker und Medienlenker hurtig ans Werk, Schaden vom Volk abzuwenden dadurch, daß sie schrien und schrien, dieser Gorbatschow ist ein Russe, ist ein Russe, ein Kommunist, ist ein Kommunist, und selbstverständlich will er nichts anderes, als dem Kommunismus zum Endsieg zu verhelfen.

Aus dem deutschen »Sonderweg«, seit der Reichsgründung 1871 begangen, ist über Nacht wegen dieses unangenehmen Russen die »Singularisierung« und die »Sonderbedrohung« des deutschen Teilstaates geworden, der sich derart unter neuen Voraussetzungen, aber nach alter Weise ganz speziellen, nur ihn betreffenden Risiken ausgesetzt fühlt. Absolut nichts stimmt mehr in diesem Lande – wobei man sich fragen muß, ob es u. a. nicht auch deshalb so ist, weil schon vor den sowjetischen Abrüstungsvorschlägen vieles nicht gestimmt hat, z. B. der ganze Betrug mit der sogenannten »Nachrüstung«. Über sie schrieb der ehemalige Bundeskanzler Schmidt in der *Zeit* (Anfang Mai 1987): »Wenn es zu einem beiderseitigen Verzicht von Mittelstreckenwaffen in Europa kommen sollte, so wäre dies für mich ein großer, wenn auch später persönlicher Triumph. Denn ich war mitverantwortlich für den Doppelbeschluß des Jahres 1979.« Also ist Gorbatschow eine Erfindung von Helmut Schmidt? Wer hätte das gedacht! Daß in Moskau vielleicht eine Regierung installiert worden ist, die sich ernsthaft Gedanken darüber macht, wie eine Selbstzerstörung kontinentalen Ausmaßes (wenn nicht globalen) vermieden werden könnte, geht in solche Analysen nicht ein, denn es würde dem Feindbild Schaden zufügen.

Was immer die Initiative des einzigen Staatsmannes von Format, der derzeit auf dieser unserer Erde sich in verantwortungsvollem Amt befindet, bewirken wird – das Kunststück, aus in sogenannter Freiheit lebenden Deutschen ein vernünftiges Volk mit einer vernünftigen Regierung zu machen, wird auch Gorbatschow nicht gelingen, das ist noch niemandem gelungen, niemand und nichts, nicht einmal der »Endlösung«.

So wichtig es für uns Europäer und schließlich für die ganze Welt wäre, wenn dem Wettrüsten Einhalt geboten würde, so wenig wird sich an dem Narrenhaus-Charakter der Bundesrepublik Deutschland ändern, das heißt, an der innen- wie außenpolitisch wirksamen Leitidee, daß die kommunistische Macht mit langem Atem darauf ausgeht, die Welt zu beherrschen.

Nichts erlaubt, davon auszugehen, die BRD werde von Personen geführt, die sich wie weiland Hitler von einem neuen Krieg etwas versprechen, und doch sind sie nicht willens, Kriegsgefahr durch Abrüstung zu mindern. Ich brauche nur den Namen Kohl auszusprechen, um jedermann klarzumachen, daß es die Welt nicht mit Narren im herkömmlichen Sinn zu tun hat: am 13. Dezember 1988, also *nach* dem sensationellen Abrüstungsangebot Gorbatschows vor der UNO, sagte Kohl: »Wir müssen für eine möglichst hohe Friedenspräsenz der Bundeswehr sorgen.«

Was so viele von uns – und damit meine ich nun nicht nur die Deutschen – ja, die meisten von uns Zeitgenossen blockiert und verhindert, ein realistisches Risikobewußtsein zu entwickeln, ist, nicht zur Kenntnis zu nehmen, daß die Geschichte der Menschheit beendet werden kann. Daß für dieses Risiko das Tarnwort »Restrisiko« erfunden worden ist und allgemein benützt wird, spricht Bände.

Wir sind nur ein Jahr von Tschernobyl weg, und es ist so, als sei vor 2000 Jahren irgendwo im römischen Reich ein Atomreaktor in die Luft gegangen. Die betrügerische Beruhigungspolitik der Behörden und Regierungen wurde nicht durchschaut.

Auf der Ideologie des Antikommunismus ist die Bundesrepublik errichtet worden, das kann nicht oft genug wiederholt werden, wenn man die eigentliche Ursache dafür begreifen will, warum Gorbatschow die erste reale Gefahr für die Stabilität der Bundesrepublik darstellt, die ihr vom Osten her droht; eine unvergleichlich viel größere, als sie vor Jahr und Tag durch die Stalin-Note entstanden war und damals verhältnismäßig leicht abgewehrt werden konnte. Die Sowjets nicht mehr fürchten zu können (zu dürfen?), berührt heute die BRD weit empfindlicher, als es 1952 der Fall gewesen wäre, als sich äußersten Falles daraus ergeben hätte, daß aus den in den Blöcken integrierten deutschen Teilstaaten ein neutralisierter Gesamtstaat entstanden wäre. Davon ist jetzt nicht die Rede, Gottseidank, obwohl es unter lauter Narren noch ein paar Übernarren gibt, denen Gelegenheit gegeben wird, achtspaltige Artikel unter dem Titel »Gorbatschow und die aufflammende Diskussion über die deutsche Frage« zu veröffentlichen. Jetzt geht es darum, das Feindbild zu retten. Von der »Singularisierung« der Bundesrepublik zu tönen, um nicht umdenken zu müssen, erlaubt kaum noch, auf sie den Ausdruck »Narrenhaus« anzuwenden, es wäre eine Untertreibung.

Darin wohnen auch die Grünen als Untermieter. Im Ansatz stellen sie die einzige größere Gruppe dar, die das »Restrisiko« nicht durch das Russenrisiko ersetzt haben, infolgedessen den Austritt aus der NATO nicht nur fordern kann, sondern muß, und ein Sicherheitsprogramm entwickelt, das die Bedrohung dort ausmacht, von wo sie wirklich ausgeht, nicht von Moskau, sondern von unbelehrbaren Kalten Kriegern. Nichts ist törichter, als den Grünen vorzuwerfen, sie wollten einen anderen Staat. Was denn alles in der Welt sollten sie denn sonst wollen?! Nicht genug damit, sie müssen sogar wie alle fundamentalistischen Bewegungen einen anderen Menschen wollen. Da bekamen sie nun Stimmen und Stimmen und Stimmen in den diversen Wahlen, und wie das parlamentarische System nun einmal funktioniert, sahen sie sich plötzlich in eine Position versetzt, von der aus sie ein bißchen Macht ausüben konnten, oder anders gesagt: in Gemeinden, in Ländern, im Bund durften sie plötzlich mitmischen, und weil die Mitmischer gut bezahlte Leute sind, kamen sie plötzlich auch zu Geld.

Nun fand die Spaltung in die Realos und Fundamentalisten statt, und wenn diese jenen vorwerfen, sie würden die Grundkenntnis, die Grüne zu Grünen gemacht hat, über Bord gehen lassen, so haben sie recht. Das Mitmischen bedeutet den Verzicht auf totale Veränderung, der Verzicht auf totale Veränderung als Programm setzt voraus, der totalen Bedrohung nicht mehr ins Gesicht zu sehen. Es gibt keinen Beweis dafür, daß die Realos nicht mehr wüßten, was das »Restrisiko« bedeutet, aber sie haben eingesehen: »Die Verhältnisse, sie sind nicht so.«

Also was tun? Kleinere Brötchen backen, wenn das große Brot nicht gebacken werden kann? Ist das Opportunismus? Natürlich, aber kein egoistischer, jedenfalls generell nicht. Wer als Grüner mitmischt, tut es nicht, weil es angenehm ist, Abgeordneter oder gar Minister zu sein; er tritt in die SS ein, um das schlimmste zu verhüten. Ein böser Vergleich? Gewiß. Bös, aber nicht falsch!

Daß die Fundamentalisten auf den nächsten, lokal näher plazierten »Gau« setzten, auf ein hausgemachtes Tschernobyl, möchte ich ihnen nicht unterstellen. Aber worauf setzen sie statt dessen? Auf ein halbes oder auf ein ganzes Jahrhundert? Wenn sie das tun und davon ausgehen, eine so lange Frist, zur Vernunft zu kommen, sei den Menschen noch gegeben, sind sie in der Wolle gefärbte Optimisten. Man kann ihrem derzeitigen Idol, Frau Jutta Ditfurth, nicht zuhören, ihr nicht zuschauen, ohne zu der Überzeugung zu gelangen, sie seien es. Dann stimmt freilich irgend etwas in ihrer politischen Rechnung nicht. Das »Restrisiko« realistisch einzuschätzen und trotzdem an Evolution in großen Zeiträumen zu glauben, darin liegt ein Widerspruch. Er ist das Urmotiv der, politisch gesehen, unentschuldbaren Streitereien zwischen den »Flügeln«. Aber sei's drum! Wer den Weg der Institutionen, das Fressen von Kröten verabscheut, muß daran glauben, wir hätten Zeit vor uns. Viel Zeit. Vielleicht sollten sich die Fundamentalisten überlegen, was es bedeutet, wenn sie sich darin irrten, und in Gorbatschow nicht den Garanten dafür sehen, Irrtum sei ausgeschlossen. Die Russen kommen nicht?! Als Grüner müßte ich dazu sagen: na und?

Als der amerikanische Präsident und seine Frau zum »Gipfeltreffen« nach Venedig gekommen waren und ich dort erlebt hatte, was diese Gäste für die Stadt bedeutet hatten, nämlich nichts weniger als den Zusammenbruch des normalen Verkehrs, ja insgesamt über Tage der Normalität des Alltagslebens ihrer Bewohner, hatte ich zunächst vor, darüber etwas Satirisches zu schreiben. Ich mußte erkennen, daß dafür kein Spielraum zwischen der Realität und der zugespitzten Übertreibung war. Also beschrieb ich, was sich wirklich zugetragen hatte:

ZWEI AMERIKANER IN VENEDIG.

Ron ...?!

Ja, Liebste ...?

Ron, du fliegst doch nach Europa, um dich mit den Burschen aus diesen komischen Ländchen zu treffen. Wo wird denn das sein?

Ich glaube, in Venedig.

Venedig soll schön sein, so ganz kontinental, ich würde gern mitfahren.

Ach, Nancy, Venedig liegt in Italien, da gibt es massenhaft Kommunisten. Das ist sehr gefährlich. Ich meine, du solltest zu Hause bleiben.

Aber ich möchte doch so gern, Ron, wir können ja alles mitnehmen, was wir brauchen ...

Was sich daraus entwickelte und in diesen Tagen zugetragen hat, haben wir als Wahl-Venezianer vor der Haustür gehabt, und ich dachte, darüber schreibst du etwas Satirisches. Aber es ging nicht. Erstens, weil ich die Wirklichkeit nicht übertrumpfen konnte; zweitens weil der Leser geglaubt hätte, ich übertriebe. Also will ich Tatsachen offerieren, nichts als Tatsachen.

Als Präsidenten-Domizil für zweieinhalb Tage vor dem Gipfeltreffen war ein Hotel auf dem Festland ausgesucht worden, die »Villa Condulmer«, in der auch die Krupps schon gern gewohnt haben. Sie liegt in einem vier ha großen Park mit Schwimmbad, Golfplatz und Reitstall. Frau Präsidentin lieben Rosa, also kamen die Maler und haben die Suite rosa gestrichen. Aus dem Palast »Ca Rezzonico« am Canale Grande wurden die historischen Lüster abmontiert und im Hotel aufgehängt, desgleichen kostbare Gemälde aus venezianischen Museen. Ron und Nancy frühstückten unter Canalettos.

Kunstwerke aus drei Jahrhunderten, beginnend mit dem 14., sind in den Räumen verteilt worden. Von einem aus Treviso, der Nachbarstadt, stammenden angesehenen jungen Bildhauer wurden drei Statuetten mit Röntgenstrahlen auf versteckte Explosivkörper untersucht, erst dann auf den Flügel gestellt, der aus Giuseppe Verdis Landsitz in der Po-Ebene, heute Museum, herangebracht worden war. Venezianische Journalisten, die allmählich in einen ironischen Tonfall verfielen, vermuteten, man werde den Namen des Komponisten für die Reagans in »Joseph Green« übersetzen. Wozu es des Flügels bedurfte, weiß man nicht.

Die Gartenanlagen rund um die »Villa« sind umgegraben worden, um sicher zu sein, daß in der Erde keine Bombe versteckt war, und provisorisch neu bepflanzt worden. Womit? Natürlich mit roten Rosen, andere Blumen liebt Nancy nicht.

Der Flugplatz Venedigs – auf dem Festland – fiel für 5 Tage aus, der Linienverkehr wurde nach Treviso umgeleitet. Die Reagans landeten kurz vor Mitternacht. Im Scheinwerferlicht schritt der Präsident auf rotem Teppich die Ehrenkompanie ab, 5 Meter hinter ihm fuhr im Schrittempo die aus Washington mitgebrachte kugel- und bombensichere Limousine, aus deren halb geöffneten Türen Sicherheitsbeamte heraushingen, bereit, ihren Chef binnen Sekunden in das schützende Gefährt zu zerren.

Fünf oder sechs Hubschrauber vollführten über der Piste ein nächtliches Ballett, in einer dunklen Ecke bestieg das Ehepaar einen von ihnen, man sollte nicht wissen, in welchem es den Fünfminutenflug zu »Villa Condulmer« zurücklegte. Sie stiegen auf dem Golfplatz aus. Für die 300 m bis zum Hoteleingang benützte der

Präsident ein zweites gepanzertes Fahrzeug. Damit er über diese Distanz von gleichfalls motorisierten Sicherheitskräften rechts und links abgeschirmt werden konnte, war eine entsprechend breite Schneise durch den Park geschlagen worden, der eine Hecke zum Opfer fiel.

Die Frage, worin, worauf die Herrschaften schlafen würden, hat Probleme aufgeworfen. Da waren die Benettons, die mit ihren Strickwaren zu einer der reichsten Familien Italiens geworden sind und jetzt den Lebensstil von Renaissancefürsten pflegen. Um Reklameeinfälle nie verlegen, boten sei ein Bett aus dem 17. Jahrhundert an. Aus nicht bekannt gewordenen Gründen kam ein zweites historisches Bett aus Lissabon. Außerdem brachten die Reagans ihr Bettzeug aus dem Weißen Haus mit, und, kaum zu glauben, auch die Badewanne für die Dame. Es verlautete, zuletzt hätte sie sich doch für die amerikanischen Betten entschieden, angereichert mit einem geschnitzten Kopfteil aus dem Besitz der Medici.

Aus den Begleitflugzeugen wurden nächstens ein paar Tonnen Gepäck ausgeladen. Von dem, was sie enthielten, wurden nur die Tiefkühltruhen bekannt, in denen die Herrschaften ihr Essen mitgebracht haben. Nur der Wein durfte aus Italien stammen. Bevor sie sich zur Ruhe legten nach der Ankunft, nahmen sie eine Tasse Fleischbrühe zu sich. Wie viele von den insgesamt 16 (!) in der »Villa« zusammengezogenen Köchen an deren Zubereitung beteiligt gewesen sind, blieb Geheimnis. Was immer das Paar zu sich genommen hat, unterlag der Prüfung durch den Vorkoster, der ebenso allgegenwärtig war wie die Koffer, in dem sich die Sendeanlage befindet, mit der gegebenenfalls der Atomkrieg ausgelöst werden kann. Er stand nachts neben des Präsidenten Bett auf dem marmornen Kapitell einer Säule aus dem 16. Jahrhundert, das als Nachttisch diente.

Villa und Tagungsort San Giorgio, die Insel gegenüber San Marco, nannte die italienische Presse alsbald »die Bunker«. Olivetti und die italienische Telefongesellschaft haben in ein paar Wochen ein Informations- und Kontrollnetz aufgebaut, mit mehr Kabel, mehr Apparaten, als in der ganzen Provinz Veneto in einem Jahr verbraucht werden. In jedem Raum der »Villa« liefen Videokameras Tag und Nacht, und am ersten Tag stellte sich heraus, daß die darin installierten 100 Telefonanschlüsse nicht reichten. Von den Türmen San

Marco und San Giorgio kontrollierten Radaranlagen Stadt und Umgebung.

Vor der Riva degli Schiavoni ankerte ein 20 000 t-Kriegsschiff der amerikanischen Marine, von dem aus die gesamte Elektronik gesteuert wurde. In seinem Bauch befand sich eine aus Spezialstählen konstruierte Motoryacht, mit der, gelenkt von einem US-Offizier, die Reagans die Lagune befahren wollten. Die Venezianer hofften darauf, der Pilot werde mit der schwierigen Navigation in der Lagune nicht zurechtkommen. Das war zuletzt passiert, als Carter hier war.

Im ganzen ist ihnen die gute Laune schnell vergangen, denn die Stadt war lahmgelegt. Die Gondoliere hatten von ihren Stammplätzen zu verschwinden, sämtliche Wassertaxen waren für die Gipfel-Teilnehmer beschlagnahmt worden. Die Vaporetto-Linien wurden eingestellt oder verkehrten nur noch auf verkürzten Kursen. Die Lokalzeitungen brachten Stadtpläne, auf denen die Sperrgebiete, praktisch das ganze Zentrum, schraffiert angegeben waren. Ein angesehener liberaler Anwalt gab eine in den Zeitungen abgedruckte Erklärung ab, es sei skandalös, daß der »Gipfel« die ganze Stadt auf den Kopf stelle. Er drückte aus, was ganz Venedig dachte. Der eigentliche Skandal ist, daß Venedig überhaupt für dieses Treffen ausgesucht wurde, für ein Polit-Gebirge, das eine Maus kreißt.

Alles in allem wurde dafür etwa eine Milliarde Dollar investiert, die Hälfte aus Angst. Es wird angenommen, 25 Milliarden Lire habe der »Gipfel« in die Hotels hineingeschwemmt, von denen die besten dem Aga Khan gehören. 18 000 Hilfskräfte waren über Wochen mit dem Aufbau der Sicherheits- und Informationseinrichtungen beschäftigt gewesen. Das gesamte Befehlsnetz der amerikanischen Regierung mußte für ein paar Tage von Venedig aus funktionieren, zunächst mit der »Kopfstation« in der »Villa«, sodann ins Luxushotel »Cipriani« auf der Giudecca verlegt, weil der Präsident für die Sitzungstage dorthin umzog, von wo aus er binnen einer Minute per Boot nach San Giorgio übersetzen konnte.

Dieser von Palladio gebaute Klosterkomplex, von dem Industriellen Cini grandios renoviert, wurde für das Treffen ausgeleert; die Büchersammlung, die berühmten Weltkarten aus den Schränken und von den Wänden gerissen. Es wird einer Arbeit von Monaten bedürfen, alles wieder in Ordnung zu bringen. Die Benediktinermönche mußten die Insel verlassen, es könnte ja sein, einer von ihnen sei Terrorist.

Die Reagans hatten zwei Jünglinge aus reichen amerikanischen Familien als eine Art gehobener Kammerdiener mitgebracht. Von den insgesamt 2000 angereisten Journalisten hatte Nancy ein paar Dutzend namentlich ausgewählt, die Zutritt zu abgesonderten Räumen in der »Villa« hatten. Vor ihnen erschienen diese Jünglinge durch eine von Dienern geöffnete Doppeltür und verkündeten: Die Herrschaften haben angenehm geruht. Daraufhin schrieben die Lokalzeitungen vom Besuch des Sonnenkönigs.

Für Monate stand *Menschen und Mächte,* Helmut Schmidts Erinnerungen aus seiner Kanzler-Zeit, auf der Bestseller-Liste des *Spiegel.* Erste Abschnitte daraus veröffentlichte der *Stern* als Vorabdruck. Ich war in Jugoslawien, als ich mir Ende August 1987 den *Stern* kaufte, in dem der Abdruck begann, und als ich gelesen hatte, was uns Schmidt über seine Begegnungen mit Breschnew zu berichten wußte, erinnerte ich mich, was ich über ihn und Begin geschrieben hatte, und überlegte, mit welchen Empfindungen der israelische Politiker sich gleichfalls dessen erinnern würde, was er von Schmidt gesagt hatte, gesetzt den Fall, der Text aus dem *Stern* wäre ihm zu Augen gekommen.

ACH, HERR SCHMIDT! Sie wollen 1987 nicht mehr mit Herr Bundeskanzler angesprochen werden, und zwar deshalb nicht, weil es, wie Sie durchblicken lassen, einen Bundeskanzler, vornamensgleich mit Ihnen, aber sonst Kohl gibt, an den Sie nicht per Titel erinnert sein möchten. Das ist zu verstehen, Bundeskanzler ist nicht Bundeskanzler. Sie waren ein hauruck-Regierungschef, Herr Kohl ist mehr von der bäh-mäh-Sorte. Damit ist freilich noch nicht ausgemacht, ob Sie diesem Staat so viel besser getan haben als jener, aber lassen wir das.

Also kurz und knapp: Herr Schmidt. Als solcher lenken Sie die *Zeit* mit, wenn auch nicht die Zeitläufte, außerdem spielen Sie Klavier, das erinnert an die Rosenzüchterei Adenauers, ein Hobby, das kein Hobby ist, ist kein Hobby, und nichts dagegen. Daß Sie neuerdings serienhaft im *Stern* schreiben, mag den Grund haben, daß Ihnen die *Zeit* für die Schreibarbeit zu gut ist. Soviel Selbstkritik verdient Beifall.

Aber Gott sei's geklagt, ich habe mich verleiten lassen, jene *Stern*-Nummer zu erwerben, und nicht nur das, auch zu lesen, um zu erfahren, wie es wirklich war. Das hat die *Stern*-Redaktion auf den Titel geknallt: »Helmut Schmidt: So war es wirklich!« Es? Ein köstlich Wörtlein, dieses »es«, an Aussagearmut kaum zu übertreffen. Vermutlich begehren Sie, Herr Schmidt, an diesem »es« nicht schuld zu sein. Es liegt mir fern zu vermuten, Sie hätten den *Stern*-Leuten Ihr Manuskript mit dieser Überschrift geliefert, bei dessen Abfassung der Fotograf Sie überraschen durfte wie auch am Flügel. (Ich hoffe es ist ein Bösendorfer, der reißt jedes Spielen heraus, so schlecht kann der Anschlag gar nicht sein.) Zuletzt schlich er Ihnen auch an jenen Teich nach bei Regenwetter, wo Ihr Uferblick über Uferschilf streicht, der Mann des Schicksals steht da, gekleidet in etwas, das in meiner Jugend, sagen wir vor siebzig Jahren, Windjacke hieß.

Was ist daran schlimm? Überhaupt nichts! Komisch, das wohl! Zu billig inszeniert, die Wohnungsbilder vermitteln den Eindruck von Enge, man wundert sich, da doch sonst die weite Welt Ihr Feld ist.

Leider begann ich nach dem Betrachten der Fotos zu lesen. Sie baden sich in Erinnerungen an Zusammenkünfte mit Breschnew und erzählen, beim erstenmal habe der Generalsekretär sich »eine sehr lange Zeit« über die Kriegsverbrechen der Deutschen in seinem Land verbreitet. Sie, Brandt und andere Deutsche hätten geduldig und respektvoll zugehört, denn »der Krieg war schrecklich gewesen«. Breschnew hatte deshalb recht. Und nun Ihr Originalmißton, Herr Schmidt: »Er hatte zugleich unrecht, in seiner Einseitigkeit, nicht nur deutsche, auch russische Soldaten hatten Greueltaten an ihren damaligen Feinden begangen. Und er hatte unrecht, wenn er in den ehemaligen deutschen Soldaten Faschisten sah.«

Sie wagen es, die Greueltaten der Sowjets in einem Atem mit denen der Deutschen zu nennen? Sie unterschlagen, daß die Soldaten der Roten Armee 2 000 km durch ihr eigenes Land nach Westen sich vorgekämpft haben, wo kein Dorf mehr stand, und sich die Massengräber, in denen Hunderttausende von wehr- und waffenlosen Zivilisten, Frauen und Kindern hineingeworfen, hineingeschossen worden waren, allmählich wölbten unter dem Druck der Leichengase. Und diese Soldaten waren in der Masse keine Faschisten? Als Führer-Gläubige waren sie unterwegs zur Weltvernichtung, nicht zur

Welteroberung. Nun sind also auch Sie im nationalen Hochglanz-Bügelgeschäft tätig. Herr Nolte schickt Ihnen vielleicht ein Glückwunschtelegramm.

Würde jemand jetzt noch den Namen Barschel hören – woran denkt er? Ich möchte wetten, er denkt: ach, das war doch der Tote in der Badewanne. Worte verwehen, Bilder haften, vor allem solche, die es eigentlich gar nicht geben dürfte. Der unmittelbar nach der Veröffentlichung seiner Aufnahme im Badezimmer so heftig gerügte *Stern*-Fotograf hat mindestens den Zeitraum verlängert, in dem der Ministerpräsident von Schleswig-Holstein nicht gänzlich im Nebel der Vergangenheit verschwunden ist. Das Badewannen-Bild hat ihm in bescheidenem Maße zu etwas verholfen, was nur deshalb Nachruhm genannt werden muß, weil wir dafür über keine negative Variante verfügen. Ist er nun ermordet worden oder nicht – das interessiert weiß Gott niemanden mehr. Aber vor einem Jahr wurde darüber noch gestritten:

WIE SCHADE – KEIN MORD! Davon muß nun leider ausgegangen werden: Uwe Barschel wurde in Genf nicht ermordet, sondern hat sich selbst ums Leben gebracht. Daß er ein politisch talentierter Parteipolitiker gewesen ist, hat er bis zuletzt bewiesen dadurch, daß ihm völlig klargewesen sein muß, durch Selbstmord politischen Schaden anzurichten. Schließlich hätte er damit einen unwiderlegbaren Beweis für sein schuldhaftes Handeln geliefert.

Was er unternommen hat, um Zweifel an seiner Todesart zu nähren, darauf hoffend, jenen Spekulationen Tor und Tür zu öffnen, die dann ja tatsächlich angestellt worden sind, vom Herzversagen bis zum Mord, hat nicht ausgereicht, die Mordthese wasserdicht zu machen.

Auf die sicherste Methode, als Ritter ohne Furcht und Tadel in die Geschichte der Bundesrepublik, in Sonderheit in die Geschichte der CDU einzugehen, ist Barschel überraschenderweise nicht gekommen: einen Killer anzuheuern, der ihn umlegte. Für maximal 50 000 Mark bzw. Schweizer Franken hätte sich das leicht machen lassen.

Nachdem sich die Bevölkerung der Bundesrepublik Deutschland einerseits daran gewöhnt hat, daß in kürzeren Abständen irgendein riesengroßer Skandal vulkanisch ausbricht, ohne daß irgend etwas passiert, was die Häufigkeit solcher Ereignisse mindern könnte, hat sie sich andererseits abgewöhnt, darauf politisch oder gar moralisch zu reagieren. An eine Neuauflage der Empörung und des Engagements, die die Öffentlichkeit anläßlich der sogenannten »Spiegel-Affäre« um ihrer Begleitumstände willen immer noch nicht ganz verwest ist, wird die »Barschel-Affäre« schon vergessen sein, wenn dieser Staat seinen 40. Geburtstag feiert.

Das ist zu bedauern, denn bei ähnlicher Grundkonstellation: hier die konservativen Übeltäter, dort »linke« Politiker und »Medien« haben Barschel und Co. unwillentlich 1987 mehr an Aufklärung über den gesellschaftlichen Zustand unseres Landes bewirkt als Strauß plus *Spiegel* 1962.

Während damals die bürgerliche Presse nahezu einmütig die Gesetzesbrecher verurteilte, hat sie diesmal von der *Zeit* bis zur *Süddeutschen Zeitung* zu Gunsten jener eine Entlastungsaktion gestartet in Gestalt einer moralistischen Verurteilung der an der Aufklärung primär beteiligten Medien. Weit davon entfernt, deren Vorhaben, genauer: das Vorgehen eines *Stern*-Reporters im Genfer Hotel gutzuheißen, erscheint mir die Heuchelei, mit der Journalisten jetzt argumentieren, die in Jahrzehnten sich bemüßigt haben, Angriffe gegen *Bild* vorzutragen, schlicht widerwärtig, denn selbstverständlich wurde hiermit die Aufmerksamkeit des Publikums auf einen Nebenschauplatz abgelenkt. Warum und wem zuliebe?

Ferner führten uns mindestens die Witwe und der Bruder des Toten drastisch vor – undenkbar 1962! –, daß heute Privatleben und Fernsehschau fließend ineinander übergehen und es offenbar dahin kommen konnte. Die wahrhaft unmenschliche Karriere-Besessenheit eines Barschel scheint die ganze Familie infiziert zu haben. Anders wäre es nicht zu verstehen, daß Frau Barschel und ihr Schwager, der vor der Kamera den Eindruck machte, er sei ein Kriminalkommissar im neuesten »Tatort«, politisch statt menschlich reagierten, indem sie europaweit ohne den Schatten eines Beweises die Mordthese verkündeten.

Gräfin Dönhoff hat in der *Zeit* geschrieben: »Wie bar aller Menschlichkeit müssen solche Leute sein?« Sie meinte unter mißbräuchlicher Verwendung der Pluralform den fotografischen *Stern*-Reporter, dessen Aufnahmen Stunden später gesendet wurden.

Unmenschlichkeit ist kein Privileg »solcher Leute«! Sogar die Begleitumstände verlangten Systemkritik; weder *Stern* noch *Spiegel* schufen das System, sie sind sein Produkt wie die Barschels.

Für das Haus der Kunst in München wurde eine Nibelungen-Ausstellung vorbereitet. Warum nicht? Immerhin sind die Nibelungen ein deutsches Thema erster Klasse, und der massenhafte Besuch von Ausstellungen, ganz gleich, was es da zu sehen gibt, ist eine Modekrankheit, die sich endemisch ausgebreitet hat. In einer Ausstellung kann sich der Besucher ein oder zwei Stunden lang auf optisch konsumierbare Weise enorm informiert fühlen.

Klar, auch ein Nibelungen-Katalog mußte sein, ich wurde gefragt, ob ich dafür einen Beitrag liefern würde. Es kann sein, daß sich der Veranstalter gedacht hat, ich hätte so viel über Wagner geschrieben, da müsse es mir doch ein Leichtes sein, auch etwas über die Nibelungen zu schreiben.

Ganz so leicht war es nicht; der Gang in die Staatsbibliothek nicht zu vermeiden. Aus der kaum übersehbaren Nibelungen-Literatur suchte ich mir u. a. auch den frühesten Text aus und las so lange darin herum, bis mir der Rhythmus des Heldenliedes gewiß nicht in Fleisch und Blut übergegangen, aber doch nachahmbar geworden war. So schrieb ich den Katalog-Beitrag in Nibelungen-Versen, von denen im Druck kaum etwas übrig geblieben ist. Der Veranstalter fand, es wäre vielleicht ganz witzig, das eigene Unternehmen im Katalog durch den Kakao zu ziehen, aber das konnte doch mißverstanden worden.

DER NIBELUNGEN SPIEGELUNGEN

Einst war es Pflicht, ins Haus der Kunst zu gehn,
um dort die Muskelmänner vom Breker stehn zu sehn.
Da hallt es in den Hallen germanisch heldenhaft
von Schwertgeklirr und Siegen am Urquell deutscher Kraft.

Der Bau hat überdauert, er steht noch, wo er stand,
lastlose Säulen parkieren gereiht am Straßenrand;
doch ward er zweckentfremdet, Picasso und der Beuys,
der Beckmann und der Macke bezogen das Gehäus.

O weh, schrien da die Bürger, daß wir die Schmach ersahn,
wie unserm lieben Adolf solch Tort ward angetan.
Wir sehnen uns nach Bildern, die wir sofort verstehen,
wir möchten deutsches Kultgut hier an den Wänden sehn.

Ihr mußtet lange warten, doch jetzt ist es so weit,
als Kunstfiguren steigen aus längst vergangener Zeit
der Etzel und die Krimhild, er treu, sie rachesüchtig
ganz wie gehabt: strohdumm, jedoch im morden tüchtig.

Der Nibelungen Not hat selten mich beschwert,
doch hört ich Kunde sagen, es sei zu lesen wert
im Urtext gar, den es nicht gibt, dies Lied der Nibelungen,
es sei verfilmt, vertheatert, werde auch gesungen.

In dieser Form, von Wagner Richard dank dem Ludwig zwei
vierfach zu Opern aufgemotzt mit ewger Melodei,
hört ich Brunhilde, Siegfried, Wotan, Freia singen,
sah wohlbeleibte Damen von Kunststoff-Felsen springen

und ward nach manchen tristen Festspiel-Sommern froh,
als sich der Wolfgang einließ auf Chéreau.
Hochdekorierte Herren fanden alles mies,
sie pfiffen gellend, eingeflogen aus Paris.

Im ganzen aber war, seitdem ich denken kann
(da war der Ebert noch am Ruder und der Stresemann),
zuviel passiert dank dieser Enkel Wahn und Wähnen
von Nibelungens blutverschmierten Heldensöhnen,

so daß mir dies Panoptikum von sagenhaften Ritterkämpfen
bedeutungslos erschien, in seinen undurchschauten Mythen-
kämpfen.
Als falsch dies Urteil zu verstehen, lehrt mich der Krieg,
mit Völkermord geführt noch nach dem längst verlorenen
Sieg.

Oh weh, zum andern Mal ich mußt den Tag erleben,
da unserer Ehr ihr euch habt begeben,
auch aller Zucht und Sitte, die euch Gott gebot,
und wo ihr hinkamt, brachtet ihr den Tod.

Bis dann das Feuer fiel in euren Saal!
Ihr wehrtet euch vergebens noch im Fall.
Der Rauch und auch die Hitze schmerzten sehr,
die Städt brannten, geschlagen war des Herrenvolkes Heer.

Dem Vorbild treu des Hagen, Gunther, Volker, der
                                        Krimhilde,
verwandelten in Wüsten ihr eures Reiches blühende
                                        Gefilde.
Da war der Helden Herrlichkeit vergangen im Tod,
das Leichenfeld beleuchtete ein düsteres Morgenrot.

Mit Leid beendet war die Weltvernichtungs-Lustbarkeit,
vorbei die tausendjährige Nibelungenzeit.
Da hoben wir zu winseln und zu jammern an,
und fragtet euch voll Staunen, was ihr denn getan?

Fast wollt ihr hoffen, alle seien tot,
von all den Leiden und des Krieges Not.
Wer überlebte, suchte sich ein Loch,
darin er sich mit Zittern tief verkroch.

Genug! Mehr sag ich nicht von großer Not,
die ihr gemordet habt, laßt liegen tot.
Wie's nach dem Kriege euch geriet,
steht nicht im Nibelungenlied.

Nun grabt ihr aus mit Prunk und Pracht,
was deutsche Kunst daraus gemacht;
ihr mögt es ohne Harm beschauen,
doch solltet ihr der Schau mißtrauen!

Was ist das Lied der Nibelungen?
Nur Erbstück oder Spiegelungen?
Erkennt ihr in den Mörderscharen
nicht selbst euch aus ganz nahen Jahren?

1988

Für diese subjektive Chronik hat das Jahr 1988 außergewöhnlich viele
Anläße geliefert, die auf meine Art wahrgenommen werden wollten, größere Zusammenhänge an ereignishaften Details, wenn nicht sichtbar, so
doch erahnbar zu machen. Was ich daraus in Auswahl zu zitieren beabsichtige, liegt uns noch so nah, daß es überflüssig erscheint, den Texten
mit einführenden Anmerkungen beizuspringen. Sie seien, soweit überhaupt nötig, so kurz gehalten wie nur möglich.

DER BETRUG MIT DEM WORT »KONVENTIONELL«. »Gorbatschow schlägt Gipfelkonferenz der Europäer über konventionelle
Abrüstung vor« – Schlagzeile der Süddeutschen Zeitung am 12. Juli
dieses Jahres. »Mitterrand fordert neues konventionelles Gleichgewicht« – FAZ, 15. Juli. Ebendort im Leitartikel: »Kein Politiker
möchte daran erinnert werden, daß er sich – als es um die nukleare
Abrüstung ging – zu der Notwendigkeit bekannte, die konventionelle Verteidigungsfähigkeit zu verstärken.« Drei Zitate von unzähligen möglichen, die mit dem Begriff »konventionell«, auf Waffen
angewandt, Meinungsmache betreiben. Das dazu gehörige Substan-
tiv heißt Konvention. Es ist lateinischer Herkunft und wird im
Völkerrecht verwendet für Vereinbarungen zwischen Staaten.

Gesellschaftlich verwendet, sei, so steht es im Brockhaus, die
Konvention ein »Brauch, heute meist zu bloß äußerlichen und ober-
flächlichen Anstandsregeln verblaßt«. Konventionell wird dabei
gleichgesetzt mit »herkömmlich und üblich«.

Als Kapitän Rogers vom US-Kreuzer »Vincennes« im fensterlosen, schalldichten, strahlensicheren Kommandoraum die Rakete,
eine »Super-High-Tech-Waffe« (Spiegel), per Knopfdruck auf die
Reise schickte, so daß sie ein paar Sekunden später eine vollbesetzte

Passagiermaschine zerfetzen konnte, handelte er in üblicher Weise, nach Herkommen, denn die Rakete war nicht mit einem Atomkopf bestückt (wofür sie gegebenenfalls auch brauchbar gewesen wäre). Nein es handelte sich um eine »konventionelle« Waffe, denn das sind alle mit Ausnahme der atomaren.

Wenn man den Begriff »konventionell« so verwendet sehen will, wie er nicht nur im Brockhaus definiert ist, nämlich, wie gesagt, als »herkömmlich« und »üblich«, dann dürfte es kaum noch irgendeine Armee auf unserem hochgerüsteten Globus geben, die noch über »konventionelle« Waffen verfügt – etwa über so harmlose Gewehre, Kanonen und Bomben, mit denen im Zweiten Weltkrieg 50 Millionen Menschen ermordet werden konnten. Deren Vernichtung zog sich allerdings von 1939 bis 1945 hin, während man mit den heutigen »konventionellen« Waffen das gleiche Resultat spielend in ein paar Monaten erzielte.

Der Schwindel- und Betrugsbegriff »konventionelle Rüstung«, angewendet z. B. auch auf die Panzer »Leopard 1« und seinen größeren Bruder »Leopard 2«, will uns glauben machen, es würde noch mit dem Karabiner 98 k und mit der Panzerfaust ins Feld gezogen und damit notfalls ein dritter Krieg in Europa geführt, so lieb und so harmlos, wie es seine beiden Vorgänger gewesen sind. Vor diesem Mißverständnis ist nicht nachdrücklich genug zu warnen. Was mit »konventionell« verborgen wird, sind Monster, die den Amerikanern noch nicht einmal im Vietnamkrieg zur Verfügung standen. Es handelt sich für die Kriegführung zu Wasser, in der Luft und auch im »Endkampf« um Erfindungen, die per Knopfdruck ein Regiment auslöschen, eine Stadt vernichten oder, wie geschehen, eine Passagiermaschine vom Himmel holen.

Es verfügt die »konventionelle« Waffe noch über eine Eigenschaft, die eigentlich verbieten müßte, sie grundsätzlich von Atomwaffen zu unterscheiden: Die Auslösetechnik der einen wie der anderen hat die Neigung, sich selbständig zu machen.

Vielleicht sind die Namen der Hauptdarsteller im »Geiseldrama« schon vergessen. Daß es ein derartiges »Drama« gegeben hat, ein Stück ohne individuellen Autor, geschrieben vom Kollektiv »Die Gesellschaft der Bundesrepublik Deutschland«, dürfte dem Leser noch gegenwärtig sein:

»Soll« und »Ist« der BRD. Die Herren Rösner und Degowski sind, entgegen ihrer Absicht, weder mit ein paar hunderttausend Mark in irgendeine zweifelhafte Freiheit entkommen, noch haben sie ihre Verrücktheit mit dem Leben bezahlen müssen. Sie werden vor Gericht gestellt, des Mordes und der Beihilfe zum Mord angeklagt, und für viele Jahre aus dem öffentlichen Verkehr gezogen werden. Mit anderen Worten, ihr Debüt als die Helden eines Dramas, genannt »Geiseldrama«, war kurz. Nun sind sie wieder ganz gewöhnliche Verbrecher, die zur Unterhaltung des Publikums, das ihnen sogar mehr Aufmerksamkeit widmete als einem königlichen Baby in London, nichts mehr beitragen können. Wenn man sich jetzt noch mit ihnen beschäftigt, wozu ich gerade ansetze, dann ist das eine Art Nachruf auf Lebende. Sie werden vergessen werden, rasch und für immer, es sei denn, der eine oder andere bringt sich in der Zelle um oder macht einen spektakulären Ausbruchsversuch. Aber auch das würde ihn nicht mehr zu einem Hätschelkind der Medien machen.

Jetzt, da man sich ihrer noch erinnert, möchte ich ihnen mit Worten ein Denkmal bauen, weil nichts unwahrscheinlicher ist, als daß ihnen ein Bronze oder Stein dergleichen widerfahren wird, obschon sie es verdient hätten im Sinne eines Mahnmales. Denn den beiden ist handstreichartig gelungen, was sie nicht im mindesten beabsichtigt hatten – ist ihnen weit überzeugender gelungen (oder soll ich sagen: in den Schoß gefallen wider Willen) als der ganzen RAF in Jahren, nämlich: den Ist-Zustand der westdeutschen Gesellschaft bis auf den Grund zu entlarven. Dem Herrn Rösner kann man diesbezüglich nicht einmal eine gewisse Genialität absprechen, denn er hat in zwei kurzen Sätzen, in denen kein überflüssiges Wort vorkommt, Signale gesetzt. Der eine lautet: ich scheiß auf mein Leben! Der andere: lieber tot als gar kein Geld!

Um erklären zu können, wie ein schlichter Westdeutscher, der vermutlich nicht einmal das bekannte Schießpulver erfunden hat, derart kristallklar dem westdeutschen Zeitgeist Ausdruck geben konnte, müßte man seinen Lebenslauf kennen. Den wird er dem Gericht erzählen müssen, Gerhard Mauz wird ihn uns im *Spiegel* weitererzählen, aber das wird so bald nicht sein.

Hier und heute sind wir auf die Vermutung angewiesen, an den Wiegen der beiden Männer habe nicht die gute Fee gestanden. Von der Sorte gibt es ein paar Millionen, denen das »soziale Netz« erspart, Banken zu überfallen, um nicht den eigenen Tod einem Leben ganz ohne Geld vorziehen zu müssen. Bei Rösner und Degowski war das soziale Netz erkennbar gerissen. Das ist der Punkt, da liegt der Hund begraben, das ist der Kasus knusus: ein Leben ohne Geld ist in einer vom Geldtrieb beherrschten Gesellschaft tatsächlich nicht lebenswert.

In welchem Maße Geld haben oder nicht haben unser aller Leben bestimmt, geht nicht zuletzt zwingend aus der Tatsache hervor, daß die »Medien« in Einklang mit einer von ihnen auf Mord und Totschlag getrimmten Bevölkerung der große Schrecken, das große Mitleid, der große Jammer überkamen, weil das »Geiseldrama« drei Menschenleben gekostet hat, während das tägliche »Straßendrama«, das im Dienst industrieller Profite und westdeutscher Rasesucht steht und pro anno etliche tausend Tote kostet, niemandem auch nur den geringsten Eindruck macht. Aber die arme Silke Bischoff – ja, »Warum wurde dieses Mädchen geopfert?« hat die Schlagzeile auf der *Münchner Abendzeitung* am 20. August gelautet. Die Tränen fließen wie Bächlein auf der Wiesen, heißt's im *Struwwelpeter*.

So gibt es eine ganze Reihe von Aspekten des »Geiseldramas«, also der Untaten der Bankräuber, Geiselnehmer und Mörder einerseits, des Verhaltens der »Medien« (damit sind die an den Tatorten tätig gewordenen Reporter, Fotografen und Kameraleute gemeint) und der Öffentlichkeit andererseits, die dazu beigetragen haben, daß die Bundesrepublik Deutschland ganz im Sinne der Ulrike Meinhof und ihrer Genossen bis in jene Winkel ausgeleuchtet worden ist, die in den Reden unserer Politiker und natürlich auch in den Leitartikeln und Kommentaren der Presse und des Fernsehens ausgespart bleiben, auf daß nicht ein Wahr- sondern ein Wahnbild unseres Staates entstehe.

Die elende, schmierige Heuchelei, wir befänden uns in einem freiheitlichen, auf Achtung gegenüber der Würde des Menschen geradezu versessenen Staat und einer entsprechenden Gesellschaft, ist ernsthaft beschädigt worden. Deshalb das Geheule am Tag darauf!

Auf der Kassler documenta hatte der Amerikaner Kienholz die Szene »Kastration des Negers« aufgebaut. Sie blieb allen, die sie gesehen haben, unvergeßlich, sie war das Wahrbild der amerikanischen Nation, die den Betrüger North und einen U-Bahn-Mörder zu Helden stilisierte. Jetzt wird ein Künstler gesucht, der die Szene baut: Mörder geben im Stadtzentrum von Köln Interviews, vom Publikum umringt, das sie in einer Mischung von Unbehagen und Bewunderung anstaunt. In dem in Vorbereitung befindlichen Museum deutscher Geschichte zu Berlin müßte diese Szene, gelänge sie so fabelhaft, wie Kienholz die realistische Symbolisierung rassistischen Terrors gelungen war, einen Ehrenplatz eingeräumt bekommen neben unserem derzeitigen Bundespräsidenten in Gips oder Plastik, wie er zum BRD-Volke spricht, ihm neues nationales Selbstbewußtsein einimpfend. Das wäre eine fabelhafte Verwirklichung des Prinzips »Ausgewogenheit«, und für die ganz Dummen könnte man noch zwei Schildchen anbringen mit »IST« über der Straßengrenze, mit »SOLL« über dem Redner.

Darf ich sicher sein, daß sich der Leser 1989 noch daran erinnert, daß der ehemalige Bundestagspräsident Jenninger im Bundestag eine Rede gehalten hat, die einige Abgeordnete verschiedener Parteien veranlaßte, den Saal zu verlassen; daß einige Zeitungen (auch im Ausland) den Redner am nächsten Tag verdächtigten, ein Sympathisant der Nationalsozialisten zu sein; daß Bundeskanzler Kohl, im Begriff, in die USA zu fliegen, dafür sorgte, daß Jenninger stante pede zurücktrat; daß am übernächsten Tag dieselben Zeitungen schrieben, selbstverständlich sei Jenninger ein Demokrat von echtem Schrot und Korn? Erstaunlicherweise verschwand der »Fall Jenninger« in der Bundesrepublik binnen wenigen Tagen aus allen Medien, kein Historiker äußerte sich dazu, Bonn versank in Schweigen, indes im Ausland, zumal in Italien, die Diskussion, abgelöst von der Person nunmehr als deutsches Problem gesehen, wochenlang weiterging.

DER FALL JENNINGER I. Das hätte sich Simon Wiesenthal auch nicht träumen lassen, daß er einmal im hohen Alter am Sturz eines westdeutschen Bundestagspräsidenten mitwirken würde, wenn auch nicht unmittelbar und schon gar nicht gewolltermaßen, so doch über eine Relaisstation, nämlich den Herrn Bundeskanzler. Ob dieser auf seine Reise nach Amerika, wo er Wiesenthal trifft, das rituelle Käppchen orthodoxer Juden mitgenommen hat, um auch dort aufzutreten mit diesem Flammenzeichen des schlechten deutschen Gewissens auf dem Kopf, wissen wir nicht – unmöglich ist es nicht. Hat er doch gewiß inzwischen begriffen, daß die Gnade der späten Geburt eine fatale Redensart ist und weiter gar nichts. Aufgebrochen, um auf einer weiteren Station Bitburg vergessen zu machen, war es ganz ausgeschlossen, die Rede des Bundestagspräsidenten Jenninger ungesühnt zurückzulassen. So wurde dieser zum Rapport befohlen, nahm die Hacken zusammen, und husch, husch vollzog er den »Rücktritt in Würde« und muß sich nun »mit der Existenz eines amtslosen, einfachen Abgeordneten« abfinden (FAZ vom 12. 11.). Fürwahr ein hartes Schicksal.

Aber was hat ihn denn nun eigentlich zu Fall gebracht? Die politisch harmloseste Erklärung wäre: Dummheit. Womit nicht gemeint ist, er wäre nicht fähig, im Kopf 13 x 24 auszurechnen, oder er könnte seine Steuererklärung nicht ausfüllen. Was hier mangels eines besseren Ausdruckes Dummheit genannt wird, ist die Unfähigkeit, das Unwägbare zu erkennen und zu deuten. Gewiß hat die Rede bewiesen, daß hier ein Mangel vorliegt, von dem nicht einmal sicher ist, ob Jenninger damit geboren wurde oder ob er das Ergebnis längerer Zugehörigkeit zum Bonner politischen Apparat ist, wofür manches spricht, wenn man sich diese Szenerie im ganzen ansieht.

Damit ist aber doch nur eine Teilerklärung geliefert und nicht der wichtige Punkt berührt, der nicht personalistisch eingegrenzt werden kann. Im formalen Sinne, festgemacht an ihrem Handeln in der operativen Politik, findet man im derzeitigen politischen Establishment nur wenige Funktionäre, von denen man sagen dürfte, sie seien bewußte Neonazis. Zu ihnen gehört nicht der Urheber des Eklats, vom italienischen Fernsehen ein »Erdbeben« genannt. Demokraten wie Jenninger sind schlichtweg nichts anderes als Deutsche, sie gehören zum überwiegenden Teil zu jener Generation, die den Nationalsozialismus in einem Alter erlebt hat, in dem sie nicht aktiv hatte mitmachen können. Da es in nahezu einem halben Jahrhundert nicht zu einer Erklärung des Sachverhalts gekommen ist, daß deutsch sein und Nationalsozialist sein identisch war, wurde auch nicht begriffen, daß jene, die nicht mitspielten und das »andere Deutschland« darstellten, sich in Wahrheit von der Mehrheit des eigenen Volkes abgetrennt hatten. Ja abtrennen mußten.

Dazu scheint heute kein Anlaß mehr zu bestehen? Das ist eben der Grundirrtum. Jemand, der begriffen hätte, daß der Nationalsozialismus die bisher vollkommenste Selbsterfindung der deutschen Mehrheit gewesen ist, befände sich auch heute und hier in innerlicher Distanz zu dieser Mehrheit, er spräche eine andere Sprache, und zwar nicht nur, wenn er über den Nazionalsozialismus doziert. Ihm müßte die Erschütterung anzumerken sein, und er würde mit äußerster Vorsicht an das Tabu »NS« rühren. Davon wußte Jenninger nichts.

Selbstverständlich, ich wiederhole, ist er kein Neonazi. Er ist ein Deutscher, der intellektuell den Nationalsozialismus verurteilt, wie es sich gehört, aber keine Ahnung hat, in welcher Tiefe des Seins, und keineswegs nur durch die Geschichte, er damit verbunden ist, schuldlos als Person. Schuldlos – und wehrlos! Käme der Teufel durch eine andere Tür herein, er würde hingenommen und angenommen wie Hitler.

Das braucht nicht im Konjunktiv gesagt zu werden: er kommt durch viele Türen herein in eine Welt, die so gut wie widerstandslos ihrer Zerstörung ausgeliefert wird, und wieder sind es nur weitgehend machtlose Minderheiten, die sich dagegenstellen. Daß sich das »Faszinosum« Hitler vom »Faszinosum« Atomenergie und Gentechnik im Prinzip nicht unterscheidet, das zu erkennen, sind die Jenningers nicht in der Lage. Er ist der Prototyp des guten, des demokratischen, des blinden Deutschen.

DER FALL JENNINGER II. Keine Angst, ich will nicht wieder im Fall Jenninger herumstochern! Aus seiner inzwischen durch die europäische Presse gegangenen Rede – in der italienischen zum Diskussionsstoff Nr. 1 geworden – nur ein Zitat: »Wahr ist aber auch, daß jedermann um die Nürnberger Gesetze wußte, daß alle sehen konnten, was heute vor 50 Jahren geschah, und daß die Deportationen in aller Öffentlichkeit vonstatten gingen. Und wahr ist, daß das millionenfache Verbrechen aus den Taten vieler einzelner bestand ...«

Der jüdischen Schriftstellerin Grete Weil wurde am 21. November der Geschwister-Scholl-Preis verliehen. Die Dankrede der Geehrten konnte die *Süddeutsche Zeitung* überschreiben: »Nicht das ganze deutsche Volk«, denn aus der Zeit ihrer Emigration erinnert sich

Frau Weil: » ... sagte ich mir immer wieder: Es kann nicht das ganze deutsche Volk sein, das an diesen Ungeheuerlichkeiten mitschuldig geworden ist und sie gut findet.« Mit dem Tenor: Nein, so konnte es nicht gewesen sein, oder eher: So durfte es nicht gewesen sein, stellte sich die Rednerin damals immer wieder die bohrende Frage: »Das ganze deutsche Volk? Das ganze deutsche Volk?« Dann erfuhr sie von Tat und Tod der Scholls – wollen wir gerechterweise doch sagen: Es waren nicht nur Hans und Sophie Scholl, es waren die von der »Weißen Rose« – ja, Frau Weil erfuhr davon und: »Das war sie, die Antwort auf meine Frage: Nicht das ganze deutsche Volk!«

Trotz der Hochachtung, die jeder Frau Weil entgegenbringt, der ihr Leben und ihre Bücher kennt und in ihr eine würdige Empfängerin des Scholl-Preises sieht – mir ist es unerträglich, auf die ermordeten Münchner Studenten abzuheben und zu folgern: Also nicht das ganze deutsche Volk! Einem derartigen moralischen Romantizismus muß mit der Geschichte entgegengetreten werden. Nicht zu leugnen, daß Jenninger öfter, nicht nur mit den zitierten Sätzen, der Wahrheit näher war, und zwar gerade deshalb, weil er keine Rede hielt, sondern einen Text vorlas, in dem ihm Zuarbeiter aus zeitgeschichtlichen Büchern Fakten hineingeschrieben hatten.

Aber auch er, und gleich ihm, und gleich Frau Weil bewegt sich »das ganze deutsche Volk« im historischen Nebel. Wie er, der Kollektivschuldthese ziemlich nahe; wie sie, die diese selbstverständlich verwirft mit dem Pathos einer deutschen Jüdin, die noch immer nichts anderes sein kann und will, als eine Deutsche zu sein, gehen sehr viele mit dem Rohstoff der Geschichte um, mit dem dokumentarisch festzumachenden – nämlich gar nicht oder nachlässig. Nach fast einem halben Jahrhundert sollte der Mythos »alle« ebenso wie der andere, »nicht das ganze deutsche Volk«, endlich nicht mehr den Blick auf die Realität verstellen, sei es zum Zwecke der Be- oder der Entschuldigung.

Nicht das ganze deutsche Volk? Das ist eine unerlaubt verschwommene Formulierung. Niemand wird unter dem ganzen deutschen Volk die statistisch erfaßte Bevölkerungszahl verstehen. Was also heißt »das ganze«? Es heißt gar nichts. Wer über die Rezeption des Nationalsozialismus redet, sollte vorher addieren: Die Regierung plus die Führungskader der Partei plus SS, plus die Soldaten von der

Ostfront, plus das Personal im Generalgouvernement, plus die Eisenbahner im Juden-Transportsystem, plus die Beamtenschaft in den
Ministerien, und so fort und so weiter – belegbare Zahlen, deren
Summe mit vier oder fünf zu multiplizieren ist, weil angenommen
werden muß, jeder habe im engsten persönlichen Kreis über das, was
er wußte oder erlebt hatte, gesprochen. Das sind dann per Saldo
nicht alle Deutschen, aber eine konkret erfaßbare Mehrheit der erwachsenen Deutschen, die die Diktatur trugen. Trugen, nicht ertru-
gen. So bekommt man Grund unter die Füße und erfährt, welchem
Volk man angehört. Nämlich wirklich dem ganzen deutschen Volk.
Schluß mit dem Weichzeichner Moral. Es handelt sich um Politik.

EIN TOTER, ÜBER DEN ICH SCHLECHT SPRECHEN MUSS. Seine
Hoffnung, die Bundeswehr mit Atomwaffen aufrüsten zu dürfen,
ging nicht in Erfüllung. Nicht zufällig war Strauß für ein Jahr Minister für Atomfragen geworden, im Kabinett damals ein unwichti-
ger Posten, der ihm aber Gelegenheit gab, sich mit den Problemen
der Atomrüstung und -energie vertraut zu machen, so daß er künftig als *der* Fachmann für dieses Gebiet in Bonn galt. Sein Interesse
dafür war alles andere als nur wissenschaftlicher oder technischer
Natur. Die Souveränität des neues Staates hielt er – darin mit Adenauer übereinstimmend – für unvollständig, solange die BRD nicht
über Atomwaffen verfüge. Hinter dieser Auffassung von Souveränität stand seine Vorstellung, Macht, die nicht absolute Macht sei, verdiene diesen Namen gar nicht. Für ihn galt Paul Valérys Wort:
»Schließlich ist es die Vorstellung vom Mißbrauch der Macht, die so
tief von der Macht träumen läßt.«
    Sein ganzes Sinnen und Trachten hat offen oder versteckt der
Produktion von und der Verfügbarkeit über Atomwaffen gegolten;
nicht, um damit Krieg zu führen, sondern um mit Krieg drohen zu
können. Mit der Plutoniumfabrik Wackersdorf wollte er – er vor allem, wenn auch nicht er allein – diesem Ziel mit einem gewaltigen
Schritt näher kommen. Wenn sich Journalisten zu der absurden
Behauptung versteigen, der Tod von Strauß bedeute »das Ende der
Ära« (Leitartikel der *SZ* am 4. 10.), dann ließe sich dafür allenfalls
anführen, es werde nun möglicherweise etwas länger dauern, bis
Bonn eine weitere Atommacht in der NATO wird.

Es muß einer nur sterben, dann ist das alles vergessen. »Tod eines Großen«, schrieb die *FAZ* am 4. Oktober, und: »Die Trauer um den Tod von Franz Josef Strauß vereint, selten genug, Freund und Feind.« Wie wahr! Mit ausgeblasenen Hirnschalen, gedächtnislos, präsentierte sich, geschlossen in Lobhudelei, die politische Szene und die Medienwelt. Die letztere hat allerdings triftigen Anlaß, Strauß nachzutrauern.

Der Stil seiner Verlautbarungen, nicht seine Handlungen, geringfügig im Vergleich zum Getöse ihrer Ankündigungen, war die Ursache, daß die Archive von Strauß'scher Ausschnittware überquellen. An ihm und durch ihn verwandelte sich ein erheblicher Teil der politischen Publizistik in psychologische Faxen und biographischen Schmonzes. Kesse Aufmacher über Strauß ließen sich aus dem Ärmel schütteln. Strauß sei, schrieb die *FAZ*, wahrscheinlich »der meistverketzerte Politiker dieser Republik gewesen«. Er wollte es sein: überlebensgroß Herr Strauß. In den Nachrufen ist er nun gänzlich in den Himmel gewachsen, und der sonst für angeblich vernünftige Reden hochangesehene Bundespräsident hat es fertiggebracht zu sagen: »Er wirkte unter uns mit der Kraft eines Naturereignisses.« Abgesehen davon, daß jeder Mensch ein Ereignis der Natur ist, gibt es die verschiedensten Naturereignisse. War Strauß für Weizsäcker ein Gewitter, ein Wasserfall oder ein Hurrikan? In der Politik sind im allgemeinen solche Naturereignisse von Übel, und das war Strauß oft genug gewesen.

Wir Journalisten sind samt und sonders auf dieses »Naturereignis« hereingefallen, die einen mit ihrem Jubel, die andern mit ihrer Kritik. Ich kann mich nicht ausnehmen von dem Heer der Schreiber, die ihn überschätzten.

Ich führte seine Erfolge auf eine seltene Doppelbegabung zurück: mit Demagogie sich populistisch eine Hausmacht schaffen zu können, zugleich als Funktionär sich durch die Institutionen nach oben zu bohren.

Eine Ära geht zu Ende? So fährt man fort in der Überschätzung, in der Verwechslung, in der Verwechslung von Handeln und Brüllen. Die Bonner Kamelkarawane zieht weiter. Das Stück, das unsere Parteien aufführen, bleibt im Programm, nur das Bühnenlicht ändert sich, die bengalische Beleuchtung wird abgeschaltet. Ach, die armen Tagesschreiber!

Die Scharfmacherrolle von Strauß – seine ihm wichtigste, nicht seine einzige – braucht im politischen Textbuch nicht gestrichen zu werden, sie ist schon wieder besetzt. Nach den Heldendarstellern hat sie ein Provinzschauspieler übernommen, der derzeitige Verteidigungsminister, dieser unsägliche Rupert Scholz, der es fertiggebracht hat, vom fast schon toten Strauß zu fordern, dieser möge so schnell wie möglich wieder an der »gemeinsamen Verteidigungsfront« stehen. Wo verläuft diese Front? An der Elbe, an der Oder, im Golf, oder gegenüber den Grünen und der Friedensbewegung entlang am stählernen Schutzzaun von Wackersdorf?

Die in Kilometern gemessen kurze Zugreise von München nach Würzburg war politisch gesehen die weiteste, die ich seit vielen Jahren unternommen habe. Anlaß zu ihr war die Feier des 75. Geburtstages des ehemaligen Ministerpräsidenten Filbinger, ihm von Gesinnungsgenossen in feierlichem Rahmen ausgerichtet:

BERICHT AUS EINEM ANDEREN LAND. Bis Würzburg hatte ich Zeit genug, alles zu lesen, was im Innern des *Spiegel* über das Thema Gorbatschow und die Westdeutschen stand, unter denen sich eine ganze Kompanie sogenannter Wirtschaftsführer befand, wovon noch zu reden sein wird.

In Würzburg angekommen, ließ ich mich zu diesem 400-Zimmer- und Säle-Häuschen fahren, von dem Napoleon gesagt hat, es sei das schönste Pfarrhaus in Deutschland, nämlich die Residenz der Fürstbischöfe, im wesentlichen geplant und erbaut von Balthasar Neumann, begonnen im Mai 1720. An einem Seitentor war ein Schild mit Pfeil angebracht, darauf stand »Symposion«, ich folgte dem Pfeil, stieg zwei Treppen hoch und befand mich in einem nicht allzu großen, aber wundervoll restaurierten Saal, der deshalb Toscana-Saal heißt, weil hier vorübergehend der Großherzog Ferdinand von Toscana wohnte, ein Freund Napoleons. Das Ambiente des »Symposions« hätte gar nicht feiner und feierlicher sein können. Und das war auch dem Anlaß angemessen, denn was hier gefeiert wurde, geschah zu Ehren des 75. Geburtstages von Hans Filbinger, und dazu hatte sich eine Hundertschaft blaugewandeter Herren und eine Handvoll zu ihnen gehörender Damen eingefunden, und das ganze war eine Erfindung des zu Würzburg lehrenden Professors Dr. Lothar Bossle.

Nun hätte mich dieser Herr Dr. Bossle allein, der sogar im Würzburger Milieu gelegentlich ob seiner allzu rechten Gesinnung aneckte, nicht veranlaßt, am 24. Oktober in Würzburg zu sein, und nicht einmal der 75. Geburtstag des ehemaligen Ministerpräsidenten von Baden-Württemberg, der unter nicht eben großartigen Umständen seinen Hut hatte nehmen müssen, wäre mir dazu ein ausreichender Anlaß gewesen, hätte es da nicht ein Programm gegeben zu dem Thema: »Die Existenz des Menschen im 20. Jahrhundert zwischen totalitärer Diktatur und parlamentarischer Demokratie«, und dazu eine Rednerliste.

10.30 Uhr Gerhard Löwenthal, Hans Filbinger – ein Hoffnungsträger in schwerer Zeit.

11.00 Uhr Ministerpräsident a. D. Professor Dr. Hans Filbinger, Ermutigung zur deutschen Zukunft – die Botschaft der Kriegsgeneration.

12.30 Uhr Professor Dr. Hermann von Berg, Zur Desinformation totalitärer Herrschaftsapparate gegen Träger demokratischer Verantwortung.

Und dann am Nachmittag des ersten Tages (von zweien):

15.00 Uhr Professor Dr. Karl Steinbuch, Macht ohne Verantwortung.

Der Nachmittag endete mit einem Podiumsgespräch, an dem gleich zwei Ministerpräsidenten a. D. teilnahmen, außer Filbinger Dr. Alfons Goppel, dem Strauß so übel mitgespielt hatte.

Schon der Anblick der illustren Versammlung, Durchschnittsalter über 50, ließ in mir die Vermutung aufkommen, daß ich mich nicht mehr in Spiegel-Land befand, und nach ein paar Stunden fragte ich mich, ob ich mich überhaupt noch in der Bundesrepublik befände. Wenn ich mir dessen ganz sicher wäre, daß das, was ich im Toscana-Saal mithörte, nur dort stattfand, oder anders gesagt: daß ich es mit einem exquisiten Narrenhaus zu tun hatte, einer geschlossenen Anstalt, dann säße ich jetzt nicht an der Schreibmaschine, um zu berichten. Das wäre dann ganz unnötig. Aber dessen bin ich mir eben nicht ganz sicher. Vielleicht sind die Redner des »Symposions« eines Tages nicht mehr isolierte Sektenprediger, sondern tatsächlich die Wortführer, als die sie sich selbst vorkommen.

Natürlich trat als erster der Initiator der ganzen Sache, jener Professor Bossle, ans Pult. Er feierte den Jubilar und beklagte, was jener erlitten, und bewunderte, was jener bestanden habe. Er führte »unwiderlegliche« Beweise dafür an, daß Filbinger zum »Freiburger Kreis des inneren Widerstandes« gehört habe, und zitierte einen evangelischen Pastor, der geschrieben habe: nachdem ein Mann wie Filbinger Ministerpräsident haben werden können, glaube er wieder an Deutschland. Das Auditorium, das ohnehin nach jedem zehnten Satz wie an der Schnur gezogen applaudierte, konnte sich hier gar nicht fassen vor jubelnder Zustimmung. Es sollte dieses Symposium, so Bossle, dazu benutzt werden, uns ernsthafte Gedanken über den inneren Zustand der deutschen Demokratie zu machen. Die machte er sich denn auch und versprach der Versammlung, auch nach dem Tod von Strauß werde Bayern nach wie vor ein Hort konservativer Entwicklungen bleiben.

Ein CSU-Landtagsabgeordneter des Stimmkreises, in dem Würzburg liegt, überbrachte die Grüße der CSU-Fraktion und bekannte, es machten sich viele Sorgen um den inneren Zustand der deutschen Republik, und neben seinem verewigten Ministerpräsidenten sei eben Filbinger ein Fels in der Flut des Sozialismus.

Dabei fiel nun zum erstenmal der Ausdruck »Hoffnungsträger«, als den Löwenthal schon mit den ersten Sätzen Filbinger feierte, nämlich als »Hoffnungsträger für die gemeinsame Sache«. Er sei ein Staatsmann im und am Staat und gehörte zu den Erfindern, zusammen mit ihm, Löwenthal, der Parole »Freiheit oder Sozialismus«.

Er kam sehr ausführlich auf die Ostpolitik der SPD/FDP zu sprechen, die in Wahrheit eine sowjetische Westpolitik gewesen sei, und wenn an diesem Tag die Namen Bahr und Brandt genannt wurden, dann geschah das auf eine Weise, daß ich mich wunderte, daß sich nicht die ganze Versammlung bekreuzigte, weil der Teufel erwähnt worden war.

Wo war ich? Zweifellos bei einer Versammlung von Meinungsmachern, die man mit einem gewissen Vorbehalt Intellektuelle nennen könnte, sie üben Berufe aus, die mit dem Kopf betrieben werden, und müssen, so sollte man meinen, des Lesens kundig sein. So auch kundig, den *Spiegel* zu lesen, aus dem sie an diesem Tag erfahren hatten, daß das zweifellos konservative, zweifellos antisozialistische Regime soeben der Sowjetunion bedingungslos 3 Milliarden DM überwiesen hat und daß die westdeutsche Atomindustrie dieser selben Sowjetunion einen Hochtemperaturreaktor liefern will. Alles, aber auch alles, was sich da jetzt zwischen Bonn und Moskau abspielt, wäre zwar unmöglich, hätte der »Vaterlandsverrat« von Bahr und Brandt mit ihrer neuen Ostpolitik nicht stattgefunden, aber über sie geht jetzt, was auf Veranlassung eines Gorbatschow ein konservatives Regime in Bonn betreibt und betreiben muß, um Lichtjahre hinaus. Das wurde in »Toscana-Land« nicht zur Kenntnis genommen? Der Realitätsverlust dieser Redner, und, so muß ich vermuten, ihres Publikums, ist um kein bißchen geringer, als es der Realitätsverlust jener Deutschen gewesen ist, die 1933 zur Weltherrschaft angetreten waren.

In einer gedruckt vorliegenden Rede Steinbuchs kann man lesen: »Viele bilden sich ihre Meinungen eben nicht durch unmittelbare Wahrnehmungen der Wirklichkeit, sondern aufgrund ihrer Darstellung in den Medien.« Nicht einmal das – bei Gott, nicht einmal das! Diese Bewohner des »Toscana-Landes« bilden sich ihre Meinungen aufgrund von Wahnideen.

Nicht ohne Sinn und tiefere Bedeutung soll der nachfolgende Text hinter dem *Bericht aus einem anderen Land* gelesen werden. Würden die Filbingers eines Tages den Kurs der Bundesrepublik bestimmen, so wären nicht nur wir, die Bürger dieses Staates, verloren. Dürfte das Fragezeichen in der folgenden Überschrift verschwinden, so wären wir gerettet.

KEINE ANGST MEHR? Wenn man, wie ich es in diversen Büchern getan habe, die sich im weitesten Sinne mit der »deutschen Frage« beschäftigen, davon ausgeht, wir Deutsche seien auf unserem historischen Weg von einer Grundangst bestimmt, die vielleicht in einem Jahrtausend entstanden ist aus so bitteren Erfahrungen wie z. B. dem Dreißigjährigen Krieg – dann würde man eine Meldung unter der schlimm tendenziösen Überschrift »Geringe Verteidigungsbereitschaft« gern auf den ersten Seiten der gedruckten Medien gefunden haben, statt mit knapp dreißig Zeilen irgendwo im Inneren.

Man erfährt, aus einer noch unveröffentlichten Umfrage des Meinungsforschungsinstituts Emnid, durchgeführt auf Veranlassung des Verteidigungsministeriums, gehe hervor, die »Verteidigungsbereitschaft der Bundesbürger habe dramatisch abgenommen«. Die über 16 Jahre alten Bewohner der BRD waren, wie schon seit 1962 kontinuierlich, befragt worden, was sie für besonders wichtig hielten, und 17 Sachbereiche waren ihnen zur Auswahl vorgelegt worden. Daß 70 % an erster Stelle die Sicherung und Schaffung von Arbeitsplätzen genannt haben, setzt nicht in Erstaunen. Die Arbeitslosigkeit steht jedermann unmittelbar vor Augen, sei es als unmittelbar Betroffene, sei es im privaten Kreis. Daß an zweiter Stelle mit 64 % der Umweltschutz in den Antworten auftaucht, ist schon weniger selbstverständlich, ich hätte vermutet, er wäre eher mit einem mittleren Prozentanteil genannt worden. Die ganz große Überraschung lieferte das Ergebnis der Umfrage aber dadurch, daß knapp 10 % der Befragten den »Schutz der Bundesrepublik vor äußerer Bedrohung« als das ihnen wichtigste Problem ansehen, und es damit auf den 17., also den letzten Platz unter den angebotenen Antwortmöglichkeiten verwiesen.

90 % fühlen sich nicht mehr bedroht – heißt das, sie hätten keine Angst mehr? Das wäre eine allzu kurzschlüssige, das Wesen dieser Grundangst verfehlende Schlußfolgerung. Wir haben zwischen Angst und Realangst zu unterscheiden, die letztere nennen wir gemeinhin Furcht, und so kann das Ergebnis gedeutet werden: Furcht hat »dramatisch abgenommen«, und die Frage: Furcht wovor? beantwortet sich von selbst: Furcht, Realangst vor »dem Osten«, d. h. vor den Russen, d. h. vor einer seit mindestens hundert Jahren gefürchteten Weltmacht. Allein von dieser Furcht den Antikommunismus abzuleiten, wäre ebenso falsch und oberflächlich, wie jetzt anzunehmen, eine antikommunistische Grundhaltung sei ausgelöscht. Dennoch läßt sich an dem Umfrageergebnis ablesen, das etwas geschehen ist, geschehen einzig und allein durch das Auftreten und das politische Handeln dieses Sowjetmenschen Gorbatschow, von dem unmittelbare Wirkungen auf den Staatshaushalt ausgehen könnten, ja ausgehen müßten – nämlich eine erhebliche Minderung des Etats, der dem Verteidigungsministerium zur Waffenentwicklung, Waffenkauf und Unterhalt der Bundeswehr zur Verfügung

gestellt wird. Daß dieser naheliegende Gedanke populär wird, in Wahlergebnissen Ausdruck finden könnte – die Grünen stellten in unserer Parteilandschaft die einzige Alternative dar –, hat die Auftraggeber der Umfrage anscheinend in helles Entsetzen gestürzt. »Die Ergebnisse würden im Ministerium als ›verheerend‹ bewertet«, steht in der Meldung. Nur im Ministerium? Gewiß erst recht in der Rüstungsindustrie!

Vor einigen Monaten schrieb ich über »das Schreckgespenst der Abrüstung«. Nur jetzt ist noch deutlicher geworden, daß die Furcht vor dem Feind abgelöst wird von der Furcht vor dessen Verständigungsbereitschaft. Frieden droht? Um Gottes willen! Die Aufrüster, die von der Russenangst so glänzend leben, müßten dafür sorgen, daß Nachrichten wie die, es gebe in der BRD nur noch 10 % Angsthasen, nicht veröffentlicht werden. Es sei denn, sie vertrauten darauf, daß herausgefragte Meinungsäußerungen das eine sind, Wahlverhalten aber etwas ganz anderes ist. Ich fürchte, sie können weiterhin mit Mehrheiten rechnen, die es zulassen, ja zu wünschen scheinen, daß Milliarden und Milliarden in der Rüstung investiert werden zum einzigen Zweck, daran klotzig zu verdienen.

1989

Eine Art Abgesang

Im Rahmen der Turiner Buchmesse fand vom 1. bis 13. Mai ein internationalbesetzter Kongreß über »Intellettuali e poteri«, über Intellektuelle und Mächte, statt. Unter den aus neun Ländern zusammengekommenen Referenten (zwei aus der Sowjetunion) war ich der einzige westdeutsche. Meinen Ausführungen gab ich den Titel

DER INDISCHE SEILTRICK. In dem Brief der Veranstalter dieser Zusammenkunft, mit dem ich zur Teilnahme eingeladen worden bin, steht, zu den Problemen, die hier behandelt werden sollen, gehöre unter anderem »die Frage der Autonomie der Intellektuellen gegenüber den ökonomischen und politischen Machtstrukturen sowie gegenüber den Instanzen, durch welche politische und ökonomische Macht ausgeübt wird«. Dieses Programm umfaßt so viele spezielle Probleme, daß ich es für sinnvoll halte, sie mit einer etwas gewaltsamen begrifflichen Operation auf das kleinste gemeinsame Vielfache zurückzuführen, nämlich auf die uralte Frage nach der interdependenten Beziehung zwischen Geist und Macht. Für beide Begriffe gibt es keine eindeutigen, allgemein anerkannten Definitionen. So möchte ich eine weitere Vereinfachung vornehmen und vorschlagen, wir sollten unter Macht politische Macht verstehen, die auf die eine oder andere Weise legitimiert, zumindest fähig ist, mit materieller Gewalt durchgesetzt zu werden. Unter Geist aber alles, was dank immaterieller Bemühungen eine beständige, reproduzierbare, rezipierbare Form gewinnt, mit einem Wort all das, was wir unter dem geduldigen Wort Kultur subsumieren. Wenn im Programm »von der Verteidigung einer kreativen Kultur« die Rede ist, so darf daraus geschlossen werden, es müsse verschiedene Sorten von Kultur geben. So ist es in der Tat.

Es ist vorstellbar, und die Geschichte kennt Beispiele dafür, daß es Machtorganisationen gibt, die das, was sie an Kultur gerade noch zulassen, ihrer Stabilisierung unterordnen, vorwiegend zu dem Zweck, die Ausübung von materieller Gewalt zu tarnen, sie weniger kraß in Erscheinung treten zu lassen. Überzeugende Beispiele hierfür liegen mir als Deutschem nahe, der die NS-Diktatur erlebt hat. Daß z. B. Furtwängler seine Konzerte geben durfte, um den deutschen Verbrechen einerseits gegenüber der eigenen Bevölkerung ein Kulturmäntelchen umzuhängen, was nahezu überflüssig war, andererseits gegenüber dem Ausland, was nicht überflüssig, aber weitgehend wirkungslos gewesen ist – das gehört in die politischen Zwecken untergeordnete »Kultur«. In solchen Fällen kann von einer interdependenten Beziehung zwischen Geist und Macht nicht mehr gesprochen werden. Es läßt sich erkennen, daß die Ausübung materieller, politischer Macht nicht darauf angewiesen ist, sich die Dienste der Kultur durch Konzessionen zu erkaufen, sie kann sie erzwingen oder/und minimalisieren.

Hingegen ist umgekehrt eine gegen die Macht abgeschottete, mit ihr nicht kooperierende Kulturwelt aus dem einfachen Grunde nicht vorstellbar, weil die sogenannten Kulturträger darauf angewiesen sind, sich irgendwie in die sozialen, politischen, ökonomischen Hierarchien, die von der Macht aufgebaut und sanktioniert sind, einzugliedern, und sei es nur deshalb, um physisch existieren und sich der Illusion hingeben zu können, Einfluß auf die Macht auszuüben. Ich werde darauf zurückkommen, daß der Verlust dieser Illusion das Ende dessen bedeutet, was »kreative Kultur« genannt wurde.

Wir müssen uns darüber klarsein, daß der Geist sich gegenüber der Macht generell in der Devensive befindet und daß es unter allen Umständen, gerade auch unter denen des Status quo, außerordentlich schwierig ist, seine Stimme »im Konzert der ökonomischen, politischen und gewerkschaftlichen Machtinstrumente zu Gehör zu bringen«, womit wohl gemeint ist, wirkungsvoller zu Gehör zu bringen, als es derzeit den Anschein macht.

Das war nicht immer so. Die Französische Revolution, der in diesem Jahr 1989 so intensiv gedacht wird, und zwar nicht nur in Frankreich, ist das nach wie vor strahlende Beispiel dafür, daß der Geist die Macht in die Defensive treiben kann. Zwar waren die Volksmassen in den großen Städten, in Paris zumal – zur Gewaltanwendung entschlossen und fähig –, gewiß ein Zentrum der revolutionären Dynamik gewesen, aber nicht das einzige. Die Intellektuellen lieferten die geistige Munition für den Umsturz. Dabei nur an die großen Namen wie Voltaire oder Rousseau zu denken, läßt die Rolle außer acht, welche die kleinen »Missionare« der Patrioten in der Provinz gespielt haben. Prediger der Freiheit bereisten im Süden Frankreichs die Dörfer und Städtchen. Einer von ihnen, der Jakobiner François Isoard aus Marseille, schrieb: »In kaum einer Woche habe ich die ansässigen Aristokraten gestellt und den Patrioten zu einem vollständigen Sieg verholfen.« Er reiste mit einem Gesinnungsfreund durch die »Basses-Alpes« und konnte auf einer vierzigtägigen Von-Ort-zu-Ort-Wanderung fünfzig »Volksgesellschaften« gründen, neue Stützpunkte der Revolution.

Es wird uns schwerfallen, noch daran zu glauben, unserem »Ancien Regime«, repräsentiert etwa von den Autoindustriellen und Atomenergiebonzen, sei mit Vernunft noch beizukommen. Um dergleichen erreichen zu können, müßten Veränderungsentwürfe der Intellektuellen von der Öffentlichkeit akzeptiert werden aufgrund der Einsicht, daß sie Verbesserungen mit sich bringen, sofern sie gegenüber der Macht durchgesetzt werden.

Eine weitere, gleich wichtige Voraussetzung für die Herstellung einer tatsächlich interdependenten Beziehung zwischen Geist und Macht besteht darin, daß die Inhaber der Macht fähig sein müssen, korrektive Entwürfe zur Kenntnis zu nehmen, d.h. in ihrer Bedeutung für ihre auf Machtausübung und Machterhaltung ausgerichteten Interessen zu verstehen.

Ich spreche von Initiativen der Intellektuellen, denen das Erkennen gravierender systemimmanenter Mißstände gebietet, nachdrücklich auf sie aufmerksam zu machen und Vorschläge für ihre Behebung zu formulieren. Da wir in einer Zeit leben, in der die Mißstände einen bedrohlichen Charakter angenommen haben und in der Summe unsere materiellen Existenzgrundlagen in Frage stellen, haben sich in den Vorhöfen der Macht Kreise, Gruppen, sogar Parteien gebildet mit dem Ziel, gewaltlos auf die Macht einzuwirken, auch sie möge die Bedrohung ernst nehmen. Von Bürgerinitiativen bis zu den Grünen handelt es sich um Versuche, die Macht um ihre demokratische, numerische, in Wahlen gewonnene Legitimation fürchten zu lehren.

Die engagierten Intellektuellen sind in aller Regel unfähig, ja sogar unwillig, in quantitativen Kategorien zu denken und verbessernde Veränderungen über den parlamentarischen Mechanismus der Machtdelegation durchzusetzen. Sie wollen mehr als partielle Korrekturen, etwas mit dem Status quo durchaus Unvereinbares, erreichen, aber weniger als die alternativen Gruppen, indem sie noch immer auf die Überzeugungskraft der Vernunft, der Ratio setzen – das ist erstaunlich genug, aber wahrscheinlich haben sie keine Alternative, wenn sie sich nicht selbst preisgeben wollen. Ich gehe wohl nicht fehl in der Annahme, die hier Versammelten glaubten noch an die immaterielle Macht der Aufklärung; sie sind damit zwingend darauf angewiesen, von den Inhabern der Macht verstanden zu werden. Dieses Verstehen implizierte die Bereitschaft, die Vernunft als das entscheidende Regulativ allen menschlichen Zusammenlebens anzusehen und in der Kultur den Partner zu erkennen und nicht nur ein beliebig zu manipulierendes dekoratives Versatzstück.

Daß diese Voraussetzungen noch gegeben wären, bestreite ich. Die Mächtigen sind der Vernunft entlaufen. Die kapitalistischen Mechanismen der Machtdelegation in kapitalistischen Staaten spülen ein Personal in die verantwortlichen Positionen, für das Kultur nur als dekoratives Beiwerk existiert. Die politische Szene, die mit dem Begriff »Bonn« gemeint ist, stellt europaweit das betrüblichste Beispiel dar. Seit Jahr und Tag ist dort im Parlament keine Rede mehr gehalten worden, die von ihrer sprachlichen Form her aufhorchen ließ. Eine kulturell motivierte Oberschicht gibt es auch außerhalb der politischen Szene nicht mehr. Was sich, um ein Beispiel zu nennen, Jahr um Jahr in Salzburg versammelt, geht nicht um eines musikalischen Erlebnisses willen dorthin; es handelt sich um ein Ritual der Inhaber ökonomischer Macht, die unter dem Vorwand von Kulturgenuß einen Raum schaffen, in dem sie ungestört und in prächtigem Ambiente ihre Exklusivität genießen können, das Vergnügen an einem traditionslosen, pervertierten Klassenbewußtsein.

Seit einigen Jahren haben Industrielle und Bankiers begriffen, daß mit der Finanzierung gefälliger, publikumswirksamer »Kulturereignisse« Werbung betrieben werden kann, die sowohl wirksamer als auch per saldo billiger ist als die Reklame in den gedruckten und elektronischen Medien. Niemand sollte sich mehr dem Wahn hingeben, mit der Waffe Vernunft, allenfalls ergänzt durch Moral und Humanität, könnten die Inhaber politischer und/oder wirtschaftlicher Macht dazu veranlaßt werden, Forderungen anzuerkennen und praktisch wirksam werden zu lassen, von denen ihr Ansehen negativ tangiert oder der Profit gemindert würde. Wenn ich von der Notwendigkeit lese, hinsichtlich des Fernsehens, jenes wirkungsvollsten Instrumentes, mittels dessen die Menschen daran gehindert werden, Wirklichkeit noch wahrzunehmen, also in ihrer Wahrheit zu erkennen, müsse eine neue Programmstrategie entwickelt werden, dann ist klar, daß damit streckenweise die Einschaltquoten herabgesetzt werden müßten und deshalb nicht die geringste Aussicht besteht, hier etwas zum besseren wenden zu können.

Es sind aber keineswegs nur ökonomische Interessen, es ist nicht allein das Profitstreben der privaten Fernsehanstalten, von denen die öffentlichen gezwungen werden, um der »Einschaltquoten« willen Information durch Unterhaltung weiter auszudünnen, auch das

Publikum duldete nicht, daß mit der systematischen Zerstörung seines Wirklichkeitsbezuges Schluß gemacht würde, was nur durch eine Verringerung der Sendezeiten auf wenige Stunden des Tages möglich wäre. Ich habe 1950, also vor 39 Jahren, geschrieben: »Die Furcht vor der Pause ist zum Motor unseres gesamten Lebens geworden. Die Furcht vor der Pause ist so groß, daß sich eine moderne Verwaltung viel leichter entschließt, die Butterration zu kürzen als die Unterhaltung einzuschränken.« Ob Signor Berlusconi mit Vernunft beizukommen ist, halte ich für unwahrscheinlich. Um den Menschen die Furcht vor der Pause auszutreiben, müssen Sie einen neuen Menschen schaffen, das Volk auswechseln – ein wenig aussichtsreiches Beginnen.

Sie werden zu dem Schluß kommen, ich sägte den Ast ab, auf dem ich genauso sitze wie viele von Ihnen, aber vielleicht ist es nur notwendig, die Sitzgewohnheiten auf diesem Ast zu überprüfen. Ich bin in der Tat der Überzeugung, daß die engagierten Intellektuellen nicht mehr in der Lage sind ein unmittelbares Partnerschaftsverhältnis zu institutionalisierten Machtpositionen herzustellen. Aber für nicht ganz ausgeschlossen halte ich es, auf jene vorhin erwähnten Gruppen und, so vorhanden, Parteien aus der Position und mit den Mitteln des »freischwebenden« Intellektuellen einzuwirken, die gegen die globale Gefährdung menschlicher Existenz vorgehen, indem sie die quantitative Absicherung der Macht, politisch durch die Wähler, wirtschaftich durch die Kunden, zu beschädigen trachten. Wenn neuerdings die chemische Industrie, in der BRD besonders auffällig die Atomfabrik Nukem bei Frankfurt, Woche für Woche Hunderttausende nicht für Absatz-, sondern für Prestigewerbung ausgibt, so will sie damit einen Prestigeverlust ausbügeln, der nicht von einzelnen Intellektuellen, sondern von Gruppen herbeigeführt worden ist. Was ich vorschlage zum Zwecke der Erhaltung eines Minimums an Einfluß auf die Macht, läuft auf eine Umweg-Strategie hinaus. Die Bundesrepublik ist unter den europäischen Staaten, eingeschlossen einige, die im Herrschaftsbereich der UdSSR liegen und diese selbst, jener, in dem die Inhaber und Verwalter der Macht sich am entschiedensten weigern, mit Intellektuellen in eine offene Diskussion einzutreten. Es ist aber die Bundesrepublik zugleich das Land, in dem alternative Gruppierungen, ich nenne vorab die Grünen, eine stärkere

Position haben als in den kapitalistischen Nachbarstaaten. Es bietet sich daher an, und eigene Erfahrungen haben mich in diesem Sinn belehrt, solchen politisch aktiven Gruppen, die beispielsweise Zufahrten zu Atomwaffenstellungen blockieren oder in den vergangenen Jahren die Staatsmacht gezwungen haben, in Wackersdorf einen auch mit dem Einsatz von Giftgas geführten Bürgerkrieg zu entfesseln, Munition zu liefern. Darunter verstehe ich Analysen, Prognosen, die auf die speziellen Zielvorstellungen der Gruppe eingehen, die man als Intellektueller erreichen möchte, der dergestalt durch einen Nebeneingang die politische Arena erreichen könnte.

Es liegt nahe, hier weiterzudenken und sich zu fragen, ob die Intellektuellen ihr Wirkungspotential nicht auch dadurch vergrößern könnten, daß sie versuchten, sich jenen hochideologisierten, bandenartigen Zusammenschlüssen junger Menschen in den Großstädten verständlich zu machen, die sich auf Straßenkämpfe einlassen, sie vom Zaun brechen, weil ihnen die Macht nur noch als Polizei entgegentritt; auf Seiten des Staates bzw. der Länder finden sie keine ansprechbaren Partner mehr, die bereit wären, vor der eigenen Tür zu kehren. In dieser Isolierung haben sie die Verbindung zur Realität eingebüßt, sehen, als schlimmes Beispiel gesagt, in Solidarność eine reaktionäre Bewegung und können der Zumutung, in progressiven Intellektuellen eine Art Transmissionsriemen erkennen zu sollen, nur mit Hohn begegnen.

Ideologisierte Linke aus diesem Lager finden nur noch in Freiheitsbewegungen der Dritten Welt eine Möglichkeit, im Sinne ihrer Vorstellungen zu handeln; face en face mit einer konsolidierten kapitalistischen Ordnung werden sie zu komischen Figuren.

Ich frage mich, ob unsereins noch weit davon entfernt ist, ebenfalls dazu zu werden. Hierzu eine Illustration: Der heftige ökologisch motivierte Kampf gegen den Ausbau der »Startbahn West« im Frankfurter Flughafen, der natürlich verloren wurde, hatte ein Plakat hervorgebracht, auf dem die Startbahn vor einer großen Passagiermaschine durch eine Barrikade aus Bleistiften gesperrt war. Dieses Plakat halte ich für eine geradezu geniale Symbolik für das Mißverhältnis zwischen der Macht der Macht und der Macht, besser gesagt der Ohnmacht der Intellektuellen, deren Waffe das Argument ist. Adorno hat geschrieben: »Gegen die, welche die Bomben verwalten, sind Barrikaden lächerlich.« Von diesem Punkt aus muß weitergedacht und wahrgenommen werden, daß millionenfach mehr Geld für Vernichtungsinstrumente ausgegeben wird, weltweit, als für Maßnahmen, die das Weiterleben der Menschheit ermöglichen sollen. Warum ist das so? Wenn wir uns dazu verstehen können, darin eine Art historischen Betriebsunfall zu sehen, dann dürfen wir ihn auf den Gegensatz zwischen den beiden allein noch zukunftsbestimmenden Großmächten USA und UdSSR zurückführen und uns der Hoffnung hingeben, sie könnten sich eines Tages, vielleicht in einem halben Jahrhundert, in einer Weltregierung zusammenfinden, an der dann vermutlich auch China beteiligt wäre. Das wäre der Beginn eines neuen Zeitalters. Der jetzt ausgeschaltete Selbsterhaltungstrieb der Menschen würde dann wieder ihr Verhalten bestimmen. Ich möchte allerdings davor warnen, aus der Tatsache, daß der Kalte Krieg beendet wurde und eine sowjetische Regierung unter Gorbatschow das Weiße Haus gezwungen hat, nicht mehr ganz so offen den gewinnbaren Atomkrieg zu propagieren, zu schließen, die Großmächte seien bereits auf dem Weg zum Miteinander. Nichtsdestotrotz brauchte man es in dieser Sicht nicht für gänzlich unmöglich zu halten, daß die sogenannten Sachzwänge das Rivalitätsverhältnis beenden könnten, Schritt um Schritt. Daß der Gegensatz Kapitalismus – Kommunismus unaufhebbar sei – eine Auffassung, die nach wie vor das Verhalten der meisten kapitalistischen Staaten gegenüber der Sowjetunion bestimmt, ist eine ungeschichtliche Annahme und daher falsch. Die neueste Entwicklung in kommunistischen Staaten zeigt, wie grundfalsch sie ist.

So zeigte sich ein Silberstreif am Horizont und nicht zuletzt ob dieser tröstlichen Aussicht sind wir alle mehr oder weniger Anhänger der These vom korrigierbaren Betriebsunfall und lassen uns von vierzig Friedensjahren in Europa am Rande der Vernichtung verdummen. Sie beweisen nicht, was sie beweisen sollen. Es kann nämlich ganz anders sein. Vielleicht ist der »Fortschritt« in allem, was uns Menschen mehr und mehr zum Beherrscher der Natur werden ließ, ein unaufhebbarer Prozeß, an dessen Ende die Selbstvernichtung der Menschen als ihr eigentliches Ziel steht.

Diesen Gedanken, in ein philosophisches System übersetzt, kann man bei Schopenhauer nachlesen; noch deutlicher und überzeugender bei seinem Schüler und Deuter Eduard von Hartmann. Was beiden noch fehlte, war eine Vorstellung davon, wie die Selbstvernichtung praktiziert werden könnte. Sie fehlt uns nicht mehr, um sie kreist unser Denken auf eine Weise, die es schwer macht, noch zwischen Abscheu und Sehnsucht zu unterscheiden. Es ist durchaus möglich, daß die endliche Realisierbarkeit der Beendigung der Geschichte der Menschheit den Umschlag vom Wollen zum Nichtwollen intensiviert und aktualisiert hat. Wir wissen nicht, ob die menschliche Existenz »eine Art Verirrung« ist, wie Schopenhauer vermutet, und es kann durchaus sein, daß wir insgesamt »bewußtlose Werkzeuge« sind, wie Hegel das genannt hat.

In diese Perspektive gestellt, gehört die Annahme, durch eine grundsätzliche Veränderung der globalen Machtstrukturen werde die Selbstvernichtung vermieden, immer noch in ein idealistisches, daher trügerisches Welt- und Menschenbild. Wir engagierten Intellektuellen befinden uns auf einer Spielwiese, auf der wir einen humanen, vernünftigen, der Freiheit dienenden Kampf führen – Kampf? –, in dem wir uns für den Frieden und gegen die Verwendung von Spraydosen einsetzen.

Die Selbstachtung des Intellektuellen ist daran gekettet zu glauben, er könne in den politischen, gesellschaftlichen, wirtschaftlichen Raum hineinwirken. Ich verwende dafür den Ausdruck von der Erhaltung seiner sozialen Unschuld durch Engagement; um ihretwillen wird er einem gesamtgesellschaftlichen Auftrag gerecht, den ihm niemand gegeben hat als er sich selbst. Was ich seit Kriegsende geschrieben habe, diente alles in allem einer Art Rechtfertigung der eigenen Existenz. Meine Überzeugung, auf den Status quo einwirken zu können, steigerte sich in dem Maße zur unumgänglichen Verpflichtung, einwirken zu müssen, in dem die Signale der Selbstvernichtung immer sichtbarer geworden sind. Im gleichen Maße schwand die Möglichkeit, aktuell einwirken zu können, dahin.

Vielleicht äußert sich die moralische und die intellektuelle Anstrengung, sich gegen den Verdacht abzuschirmen, die Wirkungsmöglichkeit sei auf Null herabgesunken, auch in einer bewunderungswürdigen Nachahmung des indischen Seiltricks, bei dem der, der ihn vorführt, an dem Seil emporklettert, das er in die Luft geworfen hat.

Ausblick

Ein Buch, das fast ein halbes Jahrhundert aufblättert und deshalb eine Chronik genannt werden darf – die allerdings keinen Anspruch darauf erheben kann und will, Geschichtsschreibung zu sein –, vollständig bis in das Jahr fortzuführen, in dem es den Leser erreicht, wäre widersinnig. Mit 1988 soll es genug sein, auch wenn der 40. Geburtstag unseres Staates auf 1989 fällt und der Verlag von diesem Datum angeregt worden ist, mir dieses Buch vorzuschlagen. Daß er nicht allein in den Kalender geschaut haben würde und sich angestoßen fühlte, der BRD dieses Buch auf den Geburtstagstisch zu legen, war ihm wie mir von vorneherein klar, aber so ist es eben.

45 Jahre bilden das chronologische Gerüst des vorliegenden Buches, tief bin ich in mein Arbeitsleben anhand seiner Hervorbringungen eingetaucht. Was ich dabei an Land gezogen habe, um ein Buch daraus zu machen, das den Leser tunlichst nicht langweilen soll und unter keinen Umständen eine Art Autobiographie werden durfte, wenn auch Bezüge dieser Art nicht ganz ausgeklammert werden konnten, macht grob geschätzt den hundertsten Teil dessen aus, was ich zum Zwecke der Veröffentlichung im Druck, in Sendungen, für Universitätsvorträge und Ostermarsch-Reden geschrieben habe.

Diese erstmals unternommene Reise durch das Arbeitsleben bis dorthin zurück, wo der schon Fünfunddreißigjährige – erheblich verspätet durch Nationalsozialismus und Krieg – beginnen konnte, eine sozial bewertbare Existenz aufzubauen, hat mich selbst in Erstaunen versetzt. Die Quantität des Geschriebenen ließe vermuten, ich sei vom Schreibtisch nie weggekommen, aber nichts trifft weniger zu. Obschon außer diesem Papiergebirge journalistischer Tagesarbeiten bisher nahezu dreißig Bücher entstanden sind, entweder zur Gänze selbst verfaßt, einige auch mit anderen zusammen, erwecken die erwähnten Kalender-Notizen den Eindruck, Schreiben sei eigentlich gar nicht die Hauptbeschäftigung gewesen, sondern die zeitfressenden »Recherchen«, also die Beobachtung, nicht selten sich zum Miterleben steigernd, und ernsthaftes handwerkliches Tun.

Befriedigender als schreiben habe ich immer empfunden, mit den

Händen zu arbeiten ob seines sogleich nachprüfbaren Nutzens. In den ersten Nachkriegsjahren war es notwendig gewesen, das zerstörte elterliche Haus, das nunmehr unseres wurde, wieder bewohnbar zu machen, dafür als Maurer, Dachdecker, Schreiner tätig zu sein; später, ab Mitte der sechziger Jahre, stand dahinter kein unbedingtes Muß mehr, wurde harte körperliche Arbeit geleistet, um auf einer jugoslawischen Insel in einer stillen Bucht so etwas wie eine zweite Heimat zu schaffen, eine stromlose Robinson-Existenz, die mit immer neuem physischen Einsatz der Natur, dem Meer, den Stürmen abgewonnen werden muß.

Ich spreche davon, um dem Leser zu vermitteln, unter welchen Voraussetzungen entstanden ist, was, wie ich hoffe, sich zu einem Zeitbild zusammenfügt und was so nicht vorläge, wenn ich ein eindimensionales Schreibtischleben geführt hätte. Für mich, der ich nicht mich selbst, mein Inneres der Sprache auszuliefern vermag, sie statt dessen dazu verwende, Außenwelt dingfest und durchschaubar zu machen, wäre ein nur mit Worte- und Sätzeproduktion gefülltes Leben gefährlich gewesen, ich hätte mit Sicherheit Darstellungsvermögen eingebüßt, dahindümpelnd in einem verengten fensterlosen Raum, ohne den kontinuierlichen Zusammenhang mit der Wirklichkeit, von dem mein Schreiben lebt. Ich bin überzeugt, daß ich ohne Handarbeit, die nie ein Hobby war, und ohne aktives Musizieren als Schreiber ausgetrocknet und jenen Unzähligen gleich geworden wäre, die es geben muß, weil ohne sie der Bedarf der Medien, der gedruckten wie der elektronischen, an verkäuflichem Schaumstoff gar nicht gedeckt werden könnte.

Diesen zwischen zwei Buchdeckeln eingeschlossenen Texten ist zu entnehmen, daß ich noch auf andere Weise davor geschützt war, in Routine zu ertrinken. Was ich damit meine, wird gewöhnlich als Engagement bezeichnet: das unverbrauchbare Spannungsverhältnis zwischen dem beobachteten, erlebten, ertragenen IST-Zustand der Welt und einem vorgestellten, für besser und erstrebenswerter gehaltenen SOLL-Zustand. Heinrich Böll hat in einer Besprechung meiner Kriegsaufzeichnungen *Mein Krieg* auch diesen Satz daraus zitiert: »Warum muß ich in ein Volk hineingeboren worden sein, das aus Wagneropern Geschichte macht?«

Da ist dieses Spannungsverhältnis auf den Punkt gebracht. Was an

Reportagen hier aufgenommen worden ist, dürfte leserfreundlicher sein als die kommentierenden und analysierenden Texte. Sie ganz zu unterdrücken, wäre einer Verfälschung meiner öffentlichen Existenz gleichgekommen, hätte mir als Opportunismus ausgelegt werden können angesichts einer politischen Entwicklung, durch die bei uns die Heuchler und Weißwäscher quer durch die Parteien – von den Grünen einmal abgesehen – die Oberhand bekommen haben. Sie aufzunehmen mit dem Stellenwert, den sie nun einmal in meiner Arbeit haben, könnte bei Lesern die Reaktion hervorrufen: gut, gut, das weiß ich nun, was dieser E. K. über sein Volk, seinen Staat, den Kapitalismus denkt. Nun, ist ganz auszuschließen, daß ärgerliche Betroffenheit in Nachdenklichkeit umschlägt? Zudem: Ich ließe mir in Sachen Gesinnung und Zielvorstellungen lieber Monotonie nachsagen als Flatterhaftigkeit, lieber Sturheit als Wendigkeit.

Sollte derzeit der Eindruck vorherrschen, die Westdeutschen machten nicht aus Wagneropern, sondern aus *Freischütz* und *Zar und Zimmermann* Geschichte, so hätte ich dafür Verständnis, sähe darin aber, oder richtiger: sehe darin gefährliche Leichtfertigkeit.

Dem Leser wird es ein Leichtes gewesen sein, aus nicht wenigen der abgedruckten Stücke zu folgern: Da hat er sich aber ganz schön geirrt, und in seiner Kassandra-Rolle ist er pauschal nicht bestätigt worden. So ist es, und doch kann ich nicht glauben, Kassandra dürfe pensioniert werden. Was allenfalls zu korrigieren ist, wäre mein politischer Terminkalender, oder anders gesagt: die Verwendung einer immer etwas vorgehenden Uhr. Nichts jedoch ist nach wie vor unwahrscheinlicher, als daß die auf Zerstörung programmierten Kräfte, getarnt hinter Beteuerungen der Friedensliebe, sich dem Gebot der Vernunft oder wenigstens der Selbsterhaltung unterwürfen, daß das Motto »Ende schlecht, alles schlecht« außer Kurs gesetzt werden dürfe, weil ein schlechtes Ende auszuschließen sei. Unter ihm ist keineswegs »nur« Umweltvernichtung zu verstehen, die Menschenwelt, geführt von hysterischen Angsthasen, riskiert auch den eigenen Untergang.

»Es scheint eine Eigenheit des kritischen Engagements in der Bundesrepublik zu sein, den Bogen zu überspannen. Eine merkwürdige ›Lust am Untergang‹ treibt viele Intellektuelle hierzulande um, sie tun es nicht ohne Endzeitstimmung, nicht ohne den düsteren

Ausblick auf die kommende Katastrophe«, sagte Kurt Sontheimer im November 1988 in einem Vortrag in der Reihe *Reden über das eigene Land*. Es mag lästig, zugleich auch hilfreich sein, gleich mir das Alter zu haben, noch mit eigenen Ohren den Chor der Blinden gehört zu haben, die sogar nach 1933 sangen: ach dieser Hitler, das wird alles nicht so schlimm! Während unsereiner, der ganz anderer Ansicht war, auch damals (wie heute) der »Lust am Untergang« gezehen worden wäre. Nein, nein, ich gehöre zu den gebrannten Kindern, der Gedanke an Untergang erzeugt in mir nicht im geringsten Lustgefühle, ihn aber nicht anzuvisieren, wäre unentschuldbar, da wir über die konkrete Möglichkeit verfügen, ihn herbeizuführen.

Wenn Sontheimer wirklich daran glaubte, dieser Gedanke sei auszuschließen, hätte er sagen müssen: sie tun es nicht ohne den düsteren Ausblick auf *eine* Katastrophe, aber er hat gesagt: auf *die* Katastrophe, und sich damit zu dieser Weltzeitperspektive bekannt. Falls unbewußt, desto gravierender!

Über den seinen Krieg Tag für Tag aufschreibenden Soldaten E. K. hat Heinrich Böll geschrieben: »Er wollte dabei sein, er wollte sehen, hören, erfahren … Er hat gewußt, wie es kommen, wie lange es dauern, wie es ausgehen würde.« 1989 würde ich variieren: Ich weiß nicht, wie es ausgehen wird, aber ich will noch immer dabei sein.

Anhang

1945 Bedingungslose Kapitulation der deutschen Streitkräfte am 7./9. Mai. Die alliierten vier Mächte übernehmen die oberste Regierungsgewalt. Deutschland, in vier Besatzungszonen aufgeteilt, soll entmilitarisiert, entnazifiziert und demokratisiert werden. Vor dem Internationalen Militärgerichtshof beginnt der Nürnberger Hauptkriegsverbrecherprozeß. Wiedergründung der SPD, Gründung der CDU, der CSU und der FDP.

1946 Das »Gesetz zur Befreiung von Nationalsozialismus und Militarismus« in der US-Zone überträgt die Entnazifizierung deutschen Gerichten: Alle Deutschen über 18 Jahre sollen mit Hilfe von Fragebogen überprüft werden. US-Außenminister Byrnes verkündet, daß dem deutschen Volk zu einem »ehrenvollen Platz unter den freien und friedliebenden Nationen der Welt« verholfen werden müsse. Zwangszusammenschluß von SPD und KPD zur SED in der Sowjetischen Besatzungszone. Hermann Hesse erhält den Nobelpreis für Literatur.

1947 US-Außenminister Marshall verkündet ein Hilfs- und Wiederaufbauprogramm für Europa. Die Londoner Konferenz der alliierten Außenminister über das Schicksal Deutschlands scheitert. Die Westzonen werden zum Vereinigten Wirtschaftsgebiet zusammengeschlossen. Die CDU verabschiedet das Ahlener Programm. Gründung der Gruppe 47. Wolfgang Borcherts Stück *Draußen vor der Tür* wird als Hörspiel uraufgeführt.

1948 Auf der Londoner Sechs-Mächte-Konferenz werden die westdeutschen Ministerpräsidenten ermächtigt, eine Verfassunggebende Versammlung einzuberufen. Währungsreform. Die Sowjetunion verhängt eine Blockade über Berlin. Der Parlamentarische Rat (65 Abgeordnete der 11 westdeutschen Landtage) berät das Grundgesetz. Gründung des Staates Israel.

1949 Am 24. 5. tritt das Grundgesetz in Kraft. Die Bundesrepublik Deutschland ist gegründet. Wahlen zum 1. Deutschen Bundestag. Konrad Adenauer wird erster Bundeskanzler. Gründung der NATO. Gründung der Deutschen Demokratischen Republik. Mao Zedong proklamiert die Volksrepublik China. Adenauer fordert den Alleinvertretungsanspruch der Bundesrepublik für alle Deutschen.

1950 Bundeskanzler Adenauer fordert unter dem Eindruck des Korea-Krieges, die Besatzungstruppen zu verstärken und westeuropäische Streitkräfte mit deutscher Beteiligung aufzubauen. Aus Protest dagegen tritt Innenminister Gustav Heinemann (damals CDU) zurück. Internationaler »Kongreß für Kulturelle Freiheit« (gegen die Unterdrückung geistiger Freiheit durch den Kommunismus) in Berlin. Indien erklärt seine Unabhängigkeit.

1951 Die drei Westmächte verkünden die Beendigung des Kriegszustandes mit Deutschland. Gründung der Europäischen Gemeinschaft für Kohle und Stahl (Montanunion). Heinrich Böll erhält den Preis der Gruppe 47. Der deutsche PEN spaltet sich in eine westdeutsche und eine ostdeutsche Gruppe. In Bayreuth finden die ersten Richard-Wagner-Festspiele nach dem Krieg statt.

1952 Deutschlandvertrag: Die Bundesrepublik erhält die Rechte eines souveränen Staates, der Besatzungsstatus wird aufgehoben. Stalin schlägt den drei Westmächten Verhandlungen über einen Friedensvertrag mit Deutschland vor: Wiedervereinigung und Neutralisierung. Der Westen lehnt ab. Die USA zünden die erste Wasserstoffbombe. Gründung der Europäischen Verteidigungsgemeinschaft. Die Bundesrepublik leistet Wiedergutmachung von 2 Mrd. DM in Waren und Dienstleistungen an Israel. Der SPD-Vorsitzende Kurt Schumacher stirbt. Die erste Fernsehsendung in der Bundesrepublik wird ausgestrahlt.

1953 Stalin stirbt. Chruschtschow wird Erster Sekretär der KPdSU. Arbeiter-Aufstand in Ost-Berlin und in der DDR, der mit Hilfe sowjetischer Truppen niedergeschlagen wird. Triumph Adenauers bei den Wahlen zum Zweiten Deutschen Bundestag. Von Wolfgang Koeppen erscheint der Roman *Das Treibhaus*, eine scharfe Kritik an der Bonner Nachkriegspolitik. Deutsche Uraufführung von Samuel Becketts *Warten auf Godot*. Erstbesteigung des Mount Everest.

1954 Auf dem Bikini-Atoll detoniert die erste transportable amerikanische Wasserstoffbome. Niederlage der Franzosen im Indochinakrieg. Beginn des algerischen Befreiungskampfs gegen die französische Fremdherrschaft. Pariser Verträge: Die Bundesrepublik tritt der Westeuropäischen Union bei und wird in die NATO aufgenommen. Françoise Sagan wird mit ihrem Roman *Bonjour Tristesse* weltberühmt. Ernest Hemingway erhält den Nobelpreis für Literatur.

1955 Konrad Adenauer verhandelt in Moskau erfolgreich über die Heimkehr der letzten Kriegsgefangenen aus der Sowjetunion. Die Ostblockstaaten gründen den Warschauer Pakt. Erste »documenta« in Kassel. Thomas Mann stirbt. Das *Tagebuch der Anne Frank* erscheint. Der Filmschauspieler James Dean verunglückt nach Fertigstellung seines Films *Jenseits von Eden* tödlich, Durchbruch der Rock'n'Roll-Musik durch Elvis Presley.

1956 Die ersten Kontingente der Bundeswehr werden aufgestellt. Einführung der allgemeinen Wehrpflicht. Die Sowjetunion stellt die »Zweistaatentheorie« auf, nach der eine Wiedervereinigung Deutschlands nur zwischen der souveränen DDR und der Bundesrepublik erfolgen könne. Die Bonner Regierung unterstreicht den Alleinvertretungsanspruch der Bundesrepublik. Die KPD wird für verfassungswidrig erklärt. Auf dem 20. Parteitag der KPdSU kritisiert Chruschtschow den Stalinismus. Ein Volksaufstand in Ungarn wird niedergeschlagen. In den USA wird die Antibabypille entwickelt.

1957 Römische Verträge: Gründung der Europäischen Verteidigungsgemeinschaft und der Europäischen Atomgemeinschaft. Im Göttinger Manifest sprechen sich die führenden deutschen Atomwissenschaftler gegen die atomare Bewaffnung der Bundeswehr aus. Die Sowjetunion startet den ersten künstlichen Erdtrabanten, Sputnik I. Mit der autobiographischen Erzählung *Unterwegs* veröffentlicht Jack Kerouac das Kultbuch der Beat-Generation. Der Mailänder Verleger Feltrinelli veröffentlicht Boris Pasternaks Roman *Doktor Schiwago*, dessen Erscheinen in der Sowjetunion verhindert worden war.

1958 Der Bundestag stimmt mehrheitlich der atomaren Aufrüstung der Bundeswehr im Rahmen der NATO zu. Massenprotestbewegung dagegen in der von SPD, Gewerkschaften, Theologen, Wissenschaftlern und Künstlern getragenen Aktion »Kampf dem Atomtod«. Der polnische Außenminister Rapacki schlägt eine atomwaffenfreie Zone in Mitteleuropa vor. Die Bundesregierung versucht, die Aufführung des gesellschaftskritischen Filmes *Rosemarie, des deutschen Wunders liebstes Kind* auf der Biennale von Venedig zu verhindern.

1959 Der Deutschlandplan der SPD fordert eine entmilitarisierte, atomwaffenfreie Zone in Mitteleuropa und auf dieser Basis die Wiederherstellung der deutschen Einheit. Nach einem Revolutionssieg gründet Fidel Castro das kommunistische Kuba. US-Präsident Eisenhower und Chruschtschow verständigen sich auf die friedliche Koexistenz zwischen Ost und West. Die SPD verkündet in Godesberg ein neues Parteiprogramm. Von Günter Grass erscheint der Roman *Die Blechtrommel*.

1960 In einem Atomgesetz werden die friedliche Nutzung und Sicherheitsbestimmungen der Kernenergie geregelt. Israelische Agenten bringen den ehemaligen SS-Obersturmführer Adolf Eichmann nach Israel; der maßgebliche Organisator der Massenvernichtung der europäischen Juden wird zum Tode verurteilt und 1962 hingerichtet. Der Laser (ein gebündelter, hochenergiereicher Lichtstrahl) wird erfunden. Frankreich zündet seine erste Atombombe.

1961 Der Mauerbau in Berlin führt zur hermetischen Abriegelung Ostberlins vom Westen. John F. Kennedy wird US-Präsident. Eine vom US-Geheimdienst CIA geplante Invasion auf Kuba scheitert. Der sowjetische Fliegermajor Juri Gagarin umrundet als erster Mensch im Weltraum mit der Raumkapsel Wostok I die Erde. Der SPD-Politiker Egon Bahr fordert in seiner Tutzinger Rede einen »Wandel durch Annäherung« als Bedingung der internationalen Entspannungspolitik. In seinem Buch *Griff nach der Weltmacht* stellt der Historiker Fritz Fischer die Verantwortung der deutschen Regierung für den Ersten Weltkrieg heraus und bewirkt damit eine heftige Wissenschaftsdebatte. Gründung des Zweiten Deutschen Fernsehens.

1962 Die amerikanische Regierung verhängt eine Seeblockade gegen Kuba, um den Ausbau sowjetischer Raketenbasen auf der Insel zu verhindern. Ultimatum an die Sowjetunion; die Raketenstreitkräfte beider Großmächte werden in höchste Alarmbereitschaft versetzt; die Welt steht am Abgrund eines Atomkrieges. Die Sowjetunion zieht die Raketen ab. Ende des Befreiungskrieges in Algerien. Die Durchsuchung der Redaktion des *Spiegels* und die Verhaftung von Herausgeber und Redakteuren wegen des Verdachts auf Landesverrat führt zu einer Regierungskrise. In Rom wird das Zweite Vatikanische Konzil eröffnet. Die noch unbekannten Beatles beginnen in Hamburg ihre Weltkarriere.

1963 Konrad Adenauer und Charles de Gaulle schließen den Deutsch-Französischen Freundschaftsvertrag. Die USA, Großbritannien und die Sowjetunion vereinbaren ein Atomteststoppabkommen. US-Präsident Kennedy wird in Dallas (Texas) ermordet. Der 87jährige Bundeskanzler Adenauer tritt zurück. Sein Nachfolger wird Ludwig Erhard.

1964 Bürgerrechtsgesetzgebung in den USA: Gleichberechtigung der Schwarzen. Der Bürgerrechtler Martin Luther King erhält den Friedensnobelpreis. Chruschtschow wird gestürzt. Gründung der NPD als rechtsextreme Sammelpartei.

1965 Die Evangelische Kirche fordert in einer Denkschrift eine neue Ostpolitik und die Aussöhnung mit den osteuropäischen Nachbarn. Aufnahme diplomatischer Beziehungen zwischen der Bundesrepublik und Israel. In Frankfurt findet der »Auschwitz-Prozeß« statt, das bisher größte Strafverfahren gegen Nazi-Gewaltverbrecher. Die amerikanische Intervention in Vietnam eskaliert zum Krieg. Protest dagegen führt zur Radikalisierung der amerikanischen Studenten. Bob Dylan und Joan Baez treten als Protestsänger hervor. Hippies sammeln sich in Kalifornien.

1966 Ludwig Erhard tritt als Bundeskanzler zurück. Sein Nachfolger Kurt Georg Kiesinger bildet eine Große Koalition aus CDU/CSU und SPD. Willy Brandt wird Außenminister. Der junge deutsche Film reüssiert mit Filmen von Ulrich Schamoni, Volker Schlöndorff und Alexander

Kluge. Die von Mao Zedong initiierte Große Proletarische Kultur-revolution mit dem Ziel der totalen Kollektivierung der chinesischen Gesellschaft greift um sich. Politisierung der deutschen Studenten unter Führung des Sozialistischen Deutschen Studentenbundes (SDS).

1967 Im »Sechs-Tage-Krieg« besetzt das siegreiche Israel Ostjerusalem, Westjordanien, die Golanhöhen und den Gazastreifen. Gründung der Kommune I in Berlin. Konrad Adenauer stirbt. Der Staatsbesuch des iranischen Schahs führt zu Protestdemonstrationen, bei denen in Berlin der Student Benno Ohnesorg von einem Kriminalbeamten erschossen wird.

1968 Das Jahr der Studentenbewegung in der Bundesrepublik und in Berlin. Revolutionäre Mai-Unruhen in Paris. Der »Prager Frühling«, der Versuch der Demokratisierung und Liberalisierung in der Tschechoslowakei, wird unterdrückt. Die sog. Breschnew-Doktrin proklamiert das Recht der Sowjetunion zur militärischen Intervention in sozialistischen Staaten. Der SDS-Führer Rudi Dutschke wird bei einem Anschlag schwer verletzt. Martin Luther King wird ermordet. Der Bundestag verabschiedet die Notstandsgesetze, die das Grundgesetz durch Regelungen für den Fall des inneren und äußeren Notstandes ergänzen. Atomwaffensperrvertrag zwischen den USA, Großbritannien und der Sowjetunion über die Nichtverbreitung von Kernwaffen. Das bemannte Raumschiff Apollo 8 umkreist erstmals den Mond.

1969 Bildung einer sozialliberalen Koalitionsregierung mit Willy Brandt als Bundeskanzler und Walter Scheel als Außenminister. Gustav Heinemann (SPD) wird neuer Bundespräsident. Ausnahmezustand in Spanien; Franco designiert seinen Nachfolger. Die Philosophen Th. W. Adorno und Karl Jaspers sterben. Erste Mondlandung durch die amerikanischen Astronauten Armstrong und Aldrin.

1970 Bundeskanzler Brandt und der Vorsitzende des Ministerrats der DDR, Willi Stoph, treffen sich zu Gesprächen über die Beziehungen zwischen den beiden deutschen Staaten. Unterzeichnung des deutsch-sowjetischen Vertrags über gegenseitigen Gewaltverzicht und die Bestätigung der »territorialen Integrität aller europäischen Staaten in ihren heutigen Grenzen«. Unterzeichnung des deutsch-polnischen Vertrags. Der Vietnamkrieg eskaliert. Aufstand polnischer Arbeiter.

1971 Die Staatssekretäre Bahr (Bundesrepublik) und Kohl (DDR) unterzeichnen das Transitabkommen als den ersten Vertrag zwischen den beiden deutschen Staaten. Viermächteabkommen über Berlin: die USA, Großbritannien, Frankreich und die Sowjetunion bestätigen den Status quo. Friedensnobelpreis an Willy Brandt. Die Volksrepublik China wird in die UNO aufgenommen.

1972 Grundlagenvertrag zwischen der Bundesrepublik und der DDR: gutnachbarliche Beziehungen auf der Grundlage der Gleichberechtigung.

Bundeskanzler Brandt und die Ministerpräsidenten der Länder verabschieden den »Extremistenbeschluß«, nach dem Bewerber für den öffentlichen Dienst und Beamte für die freiheitlich-demokratische Grundordnung eintreten müssen. Proteste gegen diese »Berufsverbote« auch im Ausland. Die Terrororganisation »Schwarzer September« überfällt die israelische Mannschaft bei den Olympischen Spielen in München. Der Kern der Roten Armee Fraktion (Andreas Baader, Holger Meins, Jan-Carl Raspe, Ulrike Meinhof und Gudrun Ensslin) wird festgenommen. Heinrich Böll erhält den Literaturnobelpreis.

1973 Die USA stellen die Kriegshandlungen gegen Nordvietnam ein; erste Friedensverhandlungen. Die Bundesrepublik und die DDR treten der UNO bei. Militärputsch in Chile: Sturz und Ermordung des demokratisch gewählten Präsidenten Salvador Allende.

1974 Ständige Vertretungen der Bundesrepublik und der DDR beginnen die diplomatische Zusammenarbeit. Bundeskanzler Brandt erklärt nach der Enttarnung seines Mitarbeiters Günter Guillaume als DDR-Spion seinen Rücktritt. Sein Nachfolger wird Helmut Schmidt. Ende des autoritären Regimes in Portugal. Sturz der Militärdiktatur in Griechenland. Die Palästinensische Befreiungsorganisation (PLO) wird von den arabischen Staaten als rechtmäßige Vertretung des palästinensischen Volkes anerkannt.

1975 Ende des Vietnamkrieges. Der spanische Diktator Francisco Franco stirbt; König Juan Carlos I. wird Staatsoberhaupt und leitet die Demokratisierung Spaniens ein. In Helsinki wird die Schlußakte der KSZE-Konferenz unterzeichnet, in der Ost und West übergreifende Beziehungen, Sicherheitsfragen, vertrauensbildende Maßnahmen, Menschenrechtsfragen u. a. behandelt werden. Kernkraftgegner besetzen das Baugelände des geplanten Kernkraftwerkes Wyhl. In Stuttgart beginnt der Prozeß gegen die Rote-Armee-Fraktion.

1976 Tod von Mao Zedong. Ulrike Meinhof begeht im Gefängnis Selbstmord. Dem Liedermacher Wolf Biermann wird während einer Tournee durch die Bundesrepublik »das Recht auf weiteren Aufenthalt in der DDR entzogen«. Militärputsch in Argentinien.

1977 Siegfried Buback, Jürgen Ponto und Hanns Martin Schleyer werden von Terroristen ermordet. Die zu lebenslanger Freiheitsstrafe verurteilten Terroristen Baader, Raspe und Ensslin begehen Selbstmord. Erste israelisch-ägyptische Verständigungsgespräche zwischen Menachem Begin und Anwar as-Sadat. Ein Kontaktsperregesetz unterbindet im Falle ernsthafter Gefahr den Kontakt von Strafgefangenen untereinander und mit der Außenwelt.

1978 Umsturz in Afghanistan und Beistandspakt mit der Sowjetunion. Karol Wojtyła wird Papst. Demokratische Verfassung in Spanien. Rücktritt des baden-württembergischen Ministerpräsidenten Hans Filbinger wegen seiner früheren Tätigkeit als Marine-Richter im Dritten Reich. Der CDU-Abgeordnete Herbert Gruhl gründet die Umweltschutzpartei »Grüne Aktion Zukunft«. Ein Bundesdatenschutzgesetz verbietet den Mißbrauch von personenbezogenen Daten.

1979 Der Bundestag hebt die Strafverjährungsfrist für Mord auf. Damit können NS-Verbrechen weiter verfolgt werden. Zur Entsorgung von Kernkraftwerken wird das Entsorgungszentrum Gorleben geplant. Protestaktionen auf dem Bauplatz. Erstmals wird das Europäische Parlament in den EG-Staaten direkt gewählt. Die NATO beschließt die Stationierung atomarer Mittelstreckenraketen in Europa (Nachrüstungsbeschluß). Ayatollah Khomeini kehrt nach Iran zurück; revolutionäre Umwandlung des Iran in eine islamische Republik. Die amerikanische Fernsehserie *Holocaust* (über die Judenvernichtung) wird in der Bundesrepublik ausgestrahlt.

1980 In Karlsruhe wird die Partei »Die Grünen« gegründet. Bombenattentat eines rechtsradikalen Terroristen auf dem Münchener Oktoberfest. Eine breite Streikwelle in Polen führt zur Gründung der freien Gewerkschaftsbewegung »Solidarität« unter Führung von Lech Wałęsa. Der jugoslawische Staatschef Tito stirb. Ronald Reagan wird amerikanischer Präsident. Ausbruch des Golfkrieges zwischen Iran und Irak.

1981 US-Präsident Reagan beschließt die Produktion von Neutronenbomben. In Polen wird das Kriegsrecht verkündet. Schwere Bürgerkriegsunruhen in Nordirland. Erste amerikanisch-sowjetische Verhandlungen über den Abbau strategischer Waffen in Europa. Schwere Auseinandersetzungen zwischen Hausbesetzern und der Polizei in Berlin. Protestaktionen gegen den Bau des Kernkraftwerks Brokdorf.

1982 Bundeskanzler Schmidt wird durch ein konstruktives Mißtrauensvotum gestürzt. Helmut Kohl wird zum neuen Bundeskanzler einer CDU/CSU/FDP-Regierung gewählt. Ausschreitungen um den Bau der Startbahn West des Frankfurter Flughafens. Korruptionsskandal bei der gewerkschaftseigenen Wohnungsbaugesellschaft »Neue Heimat«. Gegen Politiker der FDP, CDU und SPD sowie gegen Manager des Flick-Konzerns werden Ermittlungsverfahren wegen Verdachts der Vorteilnahme eingeleitet. Die Zahl der Arbeitslosen in der Bundesrepublik überschreitet die 2-Millionen-Grenze.

1983 Der Bundestag billigt mehrheitlich die Stationierung neuer US-Mittelstreckenraketen auf deutschem Boden. Im In- und Ausland kommt es zu massenhaften Protestaktionen der Friedensbewegung. US-Präsident Reagan verkündet das SDI-Forschungsprogramm zum Aufbau eines Raketenabwehrsystems im Weltraum.

1984 Die Sowjetunion und die USA vereinbaren neue Gespräche über Rüstungskontrolle. In Bhopal, Indien, ereignet sich eine Giftgas-Katastrophe, bei der 2500 Menschen den Tod finden. Der Friedensnobelpreis wird dem gegen die Apartheit agierenden südafrikanischen Bischof Desmond Tutu verliehen.

1985 In der Sowjetunion leitet der neue Parteichef Michail Gorbatschow eine Kampagne gegen Korruption ein. Heinrich Böll stirbt. Bundespräsident Richard von Weizsäcker erklärt in einer Ansprache zum 40. Jahrestag der Beendigung des Zweiten Weltkrieges: »Der 8. Mai war ein Tag der Befreiung.«

1986 Die 16 NATO-Staaten verabschieden die Brüsseler Erklärung über konventionelle Rüstungskontrolle vom Atlanik bis zum Ural. Im Atomkraftwerk der ukrainischen Stadt Tschernobyl ereignet sich die bislang größte Reaktorkatastrophe mit der Folge starker radioaktiver Verseuchung bis nach Frankreich und Italien. Sitzblockade in Mutlangen gegen die Stationierung atomarer Sprengkörper. Etwa 50 000 Menschen demonstrieren in Wackersdorf gegen die geplante atomare Wiederaufbereitungsanlage.

1987 Bundeskanzler Kohl erklärt, daß die Bundesrepublik auf die Modernisierung der Pershing-Ia-Raketen verzichtet. Im INF-Vertrag vereinbaren die USA und die Sowjetunion den schrittweisen Abbau aller landgestützten atomaren Mittelstreckenraketen (zwischen 500 und 5000 km Reichweite). Volkszählung in der Bundesrepublik. Führungswechsel in China mit Verstärkung des Reformkurses. In der Sowjetunion fordert Michail Gorbatschow die Umgestaltung (Perestroika) der sowjetischen Gesellschaft.

Peter O. Chotjewitz

Er-ich über Kuby

Persönlich lernte ich ihn kennen ab 1965 etwa bei der »Gruppe 47« oder auf linken Kongressen, wo es über Gramsci ging oder Rosa Luxemburg. Man traf Kuby, wo man es nicht erwartet hätte, aber man hätte sich denken können, dass man ihn treffen würde.

Kubys erster Auftritt in meinem direkten Wahrnehmungsbereich an einem spätherbstlichen Abend war stupend. Da war eine verblüffende Kohärenz zwischen seinem Auftreten und der Person Kuby, die ich kannte, vermittelt durch seine Texte, und da war ein Gefühl für Verwandtschaft, für seelische und geistige Nähe, auch Erotik, die ich bei wenigen Autorinnen und Autoren bemerkt habe.

Ich hatte das Gefühl, dass jemand den Raum betreten habe, jemand, der für mich von Bedeutung wäre, drehte mich um, und tatsächlich, da war er.

Er war einfach da, aber nicht so wie die anderen, die ebenfalls durch diese Tür kamen und mir zeigten, dass sie für mich nie eine Bedeutung haben würden und wenn ich dreimal hinschauen sollte. Höchstens eine kleine.

Er war nicht laut, zierte sich nicht, fiel nicht auf durch Kleidung, durch Duktus, war nicht besonders groß. Trotzdem ragte er heraus.

Manche Kollegen schneiden sich eine Glatze, um aufzufallen. Er, stelle ich mir vor, besaß nicht mal einen Spiegel.

Warum ist man sich sympathisch? Ein paar Kollegen werden mir immer sympathisch sein. Hermann Kesten. Er war mein Vater. Wolfgang Koeppen. Er lobte 1965 meinen ersten Roman. Peter Hacks. Er verehrte Walter Ulbricht. Gisela Elsner. Sie trank mich untern Küchentisch in ihrer Wohnung in Schwabing.

Die paar Autorinnen und Autoren, die mir sympathisch waren, hatten eine gewisse Ähnlichkeit mit mir. Ein Stück von mir ähnelte einem Stück von ihnen. Kuby war anders. Er war anders als die anderen – die spießigen, eingebildeten Charaktermasken, die am Kulturbetrieb hängen wie die Fliegen am Fliegenfänger.

Unvergesslich sein Auftritt bei der »Gruppe 47«, ich schätze

1966. Diese Buchhalter der Literatur ohne Kriterien, die darauf warteten, dass die Klassenkeile begann. Lemminge.

Kuby kam in einem Ford Mustang, natürlich Verdeck offen, rot wie ein Ferrari. Die anderen waren mit dem Bus gekommen, mich hatte mein Agent in seinem gut dimensionierten Schlitten chauffiert, Kuby hatte sich in New York ein Coupè gemietet, bezahlt vom »Spiegel«.

Wir standen vor dem Holiday Inn, er fuhr vor, stieg aus und war sofort umlagert. Wie die Schulbuben bewunderten die »47er« Kubys Mustang. Da war auf einmal ein Auto ein Gedicht oder ein Romanausschnitt, und sein Autor, Kuby, hatte alle Chancen, den begehrten Preis der Gruppe zu kriegen, der gerade mal die Mietkosten des Gedichts gedeckt hätte. Da schwiegen die üblichen Beckmesser Grass, Kaiser, Mayer, Reich, und die Jungautoren im Schatten ihrer Mentoren seufzten, weil wenn sie wirklich mal genug Geld gehabt hätten, sich ein solches Auto zu leisten, wären sie doch nie in der Lage gewesen, so ein- und auszusteigen wie Kuby.

Er behandelte den Wagen wie Abwrackprämie, warf dem Pagen den Schlüssel zu und begrüßte die »47er«, als wären sie nicht allesamt Hohlköpfe.

Ich vermute, es war dieser Stil, der ihm Zugang verschaffte zu den Großen dieser Welt in allen sieben Erdteilen. Der sie veranlasste, ihn als einzigen Journalisten zu empfangen, der noch dazu aus einem albernen Marionettenstaat kam, für ihn den Mund aufzumachen und ihm Sachen zu sagen, die ein Politiker nicht mal seiner Mätresse im Liebesurlaub auf Hawaii verrät. Er muss ein Meister der Mimikry, der Verstellung und Verkleidung gewesen sein, und auch viele der in diesem Buch versammelten Reportagen sind nur erklärlich, wenn man unterstellt, dass er die Fähigkeit besaß, den Leuten, die er ausquetschen wollte, zu verheimlichen, was er von ihnen hielt.

So war Kuby anders als die anderen unseres Standes, aber er war auch anders als ich.

Ich schrieb immer nur über mich.

Er schrieb nie über sich. Nur über die anderen.

Er schrieb auf, was ich in meiner Selbstvergessenheit und Selbstversessenheit nur spüren konnte – erahnen, vage wissen.

Ich machte immer nur Eindruck auf mich.

Er besaß die Gabe, andere zu beeindrucken, zu beeinflussen, zu begeistern. Die Welt verstand ich, wenn ich sie durch seine Augen sah. Er war einer der wenigen in meinem langen Leben, die diese seltene Gabe besaßen, mir ihre Augen zu leihen.

Eine solche symbiotische Beziehung setzt zwei Personen voraus, vielleicht begrüßte er mich deshalb. Vielleicht wusste er, dass ich den Vorzug hatte, jünger zu sein. Jünger als er. Sein Jünger. Ich spreche von jenem ersten Abend im Spätherbst 1965.

Er kam herein, ich wandte der wilhelminischen Barocktür den Rücken zu, schaute zur Decke, betrachtete die kitschige Täfelung, verachtete die Decke, verübelte der Royal Air Force, dass sie verabsäumt hatte, die Villa zu bombardieren, in der sich diese Eingangshalle befand, verachtete die viktorianische Scheußlichkeit der großen Empfangshalle, drehte mich um.

Er kam auf mich zu.

Nie waren wir uns bis dahin begegnet.

In keiner Enzyklopädie, keiner Zeitung war jemals mein Bild abgebildet gewesen. Er konnte mich nicht kennen. Er nahm meine Hand, begrüßte mich wie einen alten Bekannten. Ich nahm den Handschlag wie einen Ritterschlag. So, sagte ich mir, muss Leonardo auf Franz I., Molière auf Ludwig XIV. gewirkt haben, Voltaire auf Friedrich II., Kurt Suckert alias Malaparte auf mich.

Ja, das gab es, als das Leben noch die Gabe der Emphase besaß: Personen, die eine Aura hatten.

Alles konnte eine Aura haben, versteht sich.

Es gab – als wir noch jünger waren – Texte, die mich so beeindruckten, dass ich sie nie vergessen werde, auch nicht posthum, und gelegentlich war es der erste Text einer Autorin, eines Autors, den ich las. Es gibt Autoren, die ich nie vergessen werde, wegen des ersten Textes – Verfasser philosophischer, journalistischer, poetischer, experimenteller Texte. Es gab sogar Autoren, die sofort unvergesslich waren, obwohl ich noch keine Zeile von ihnen gelesen hatte. Artmann war so einer. Wir liefen uns über den Weg, nie gehört den Namen Artmann, wir gingen durch die Wilmersdorfer Straße in meine Stammkneipe, »Höcks Weinstube«, und doch wusste ich schon, das ist einer der Poeten des zwanzigsten Jahrhunderts, Scheiß auf George.

Später las ich alles von Artmann und stellte fest, dass ich mich nicht geirrt hatte. Danach hätte die Literaturgeschichte aufhören können.

Alles kann eine Aura haben, aber die wenigsten Personen haben eine solche Aura, dass ich sie zu meiner Familie rechne.

Meine Familie ist klein. Nicht die Familie der mit mir genetisch verwandten Figuren. Die Familie derer meine ich, die mich beeindruckt haben, die die paar geistigen und seelischen Kräfte geweckt und gefördert haben, über die ich noch verfüge. Deren Kräfte mit mir untergehen werden.

Davor hatte ich etliche von Kubys Texten gelesen – bevor ich ihn später auch persönlich kennenlernte, so ab 1965 etwa, wie gesagt.

Ich besuchte damals, ab Frühjahr 1951, das »Abendgymnasium für Berufstätige« in Kassel. Um fünf Uhr dreißig stand ich auf, fuhr mit dem Zug nach Kassel, mit der Straßenbahn zur Arbeitsstelle, malochte von sieben bis 16 Uhr dreißig. Danach Abendgymnasium von 17 bis 20 Uhr dreißig.

Als Bauhandwerker war ich in der IG Bau, Steine, Erden, und gelegentlich besuchte ich auch, wenn ich als externer Betriebsmaler bei den Henschelwerken malochte, die Jugendgruppe der Betriebszelle der kommunistischen Partei, in die mich ein Jungarbeiter einführte – ein Kollege mit flammend rotem Haar.

Im Winter waren wir Maler oft arbeitslos. Da verbrachte ich die Tage in der Muhrhardt'schen Landesbibliothek. Im Zeitungsarchiv stieß ich auf ein Konvolut Zeitschriften mit dem Titel »Der Ruf«. Ich achtete nicht darauf, wie der Herausgeber hieß, das erfuhr ich erst zehn Jahre später, als ich am Institut für Publizistik bei Harry Proß im Seminar saß. Damals las man einen Artikel oder einen Roman noch nicht wegen des Verfassers.

O, glückliche Zeit, in der die Verfasser nebensächlich waren und nur der Inhalt zählte.

Die Artikel im »Ruf«, so scheint es mir heute, handelten von einer Vergangenheit, die 1951/1952 noch kaum vergangen war. Von einem Gestern, das ich selber miterlebt hatte. Die Gesellen hatten darüber in der Mittagspause gesprochen. Zuhause, im Radio, in der Tageszeitung, am Biertisch waren die Dinge Gespräch gewesen, doch nicht so, wie sie im »Ruf« verhandelt wurden. So, wie die Tagesereignisse, die ich eben noch miterlebt hatte, im »Ruf« verhandelt wurden, hatte niemand darüber gesprochen, und folglich hatte ich sie so auch nicht erlebt.

Es war die glückliche Zeit, in der ich für viele Dinge des Lebens noch keine Wörter hatte. Wörter wie »Linksintellektueller«, »Dissens«, »Opposition«, »Sozialismus«. Die Zeit war wie heute, wo viele Wörter, die ich in den letzten sechs Jahrzehnten lernen musste, aus der öffentlichen Rede fast schon wieder verschwunden sind. Und so musste ich, nachdem ich das Konvolut aus dem Klofenster der Muhrhard'schen Bibliothek geworfen hatte, um es draußen in meiner Aktentasche zu verstauen, nicht nur lernen, die politischen Ereignisse, die ich scheinbar miterlebt hatte, anders zu verstehen, als meine Umwelt sie verstanden hatte. Ich musste auch anders zu denken lernen, und um das zu leisten, musste ich andere Wörter lernen. Wörter, die in Kubys Zeitschrift standen, aber nur dort. Nicht im Mund der Leute, mit denen ich verkehrte, nicht in der Zeitung. Die im Radio Unaussprechlichen (Wörter).

Kubys »Ruf«, den vor ihm, das weiß ich seit dem Studium, andere herausgegeben hatten, war eine Zeit lang das, was um 1970 die Mao-Bibel in der Hand des Genossen Christian Semler war, den ich trotzdem sympathisch fand.

Begeistert über meine Entdeckung wie der Knabe über den ersten Käfer im Mai und den ersten Schnee im November (damals begann der Winter noch im November, und es gab noch Maikäfer), brachte ich die Zeitschriften in die Abendschule mit.

Der Lehrer für »Gemeinschaftskunde« war ein früh gealterter Sozialdemokrat, der sich fürs Politische begeistern konnte. Anfang dreißig würde ich sagen. Er hatte aus dem Krieg einige gut sichtbare Schuss- und Splitterwunden mitgebracht und schimpfte auf die Adenauer-Regierung, die Deutschland teilen, die Nazis rehabilitieren und die Westzonen remilitarisieren wollte und überhaupt.

Wer denn Deutschland vor der Revolution bewahrt habe nach dem Ersten Weltkrieg, rief er. »Das waren doch wir, die SPD, die vaterlandslosen Gesellen, wie die CDU uns nennt.«

Jeder Abendschüler sollte ein sozialkundliches Referat halten. Meine Freundin, deren Vater ein hoher Nazi gewesen war, sprach über das alliierte Unrecht gegenüber den guten Deutschen, die nur ihre Pflicht getan hatten. Einer, dessen Vater, ein Großagrarier, für die FDP im Bundestag saß, sprach über die Agrarreform in Hessen, die er für unrechtmäßig erklärte.

Ich bewarb mich um ein Referat über Kubys »Ruf«, aber der Kriegsversehrte winkte ab.

»Warum erzählen Sie uns nicht etwas über die gesellschaftliche Funktion der Oper? Wie lautete gleich das Thema, mit dem Sie uns beim letzten Klassentreffen imponiert haben?«

Ich druckste herum. Ich rannte alle naselang in die Oper, aber »Der Ruf« brannte mir auf den Nägeln. Ich sagte:

»Die Erfindung der Oper durch Claudio Monteverdi als Zeitvertreib der herrschenden Klassen im Venedig des 17. Jahrhundert.«

»Na, bitte«, sagte er, »ein sozialpolitisch hochinteressantes Thema.«

Im Privatissimum verriet er mir dann, dass die »Ruf«-Leute vaterlandslose Gesellen seien, Vorläufer der Antideutschen von heute gewissermaßen. Man könne den Ruf nach Demokratie, Freiheit, Antifaschismus und Neutralismus, den der »Ruf« erhebe, auch zu weit treiben. Ich erschrak. Bis dahin hatte man mich gelehrt, die SPD für eine linke Partei zu halten, die der Vernunft nahestand.

So kann jemand, der später selber dazu animieren sollte, SPD zu wählen (Kuby), vermittels eines sozialdemokratischen Kriegsversehrten (unser Lehrer), einen jungen Menschen (mich) davor bewahren, jemals die SPD zu wählen, denn besagter Lehrer hatte mir drastisch die Enge der Grenzen sozialdemokratischen Handelns gezeigt.

Ich versuchte, noch anderen meinen Kuby anzudienen. Mein Vater, ein etwas wirrköpfiger Anarchist, chaotisch wie so viele Polen, kannte Kuby sogar, warf ihm jedoch vor, mit dem Erzfeind zu kollaborieren. Er liebte die russische Sprache, die russische Seele, den russischen Wodka und eigentlich alles, was ihm russisch erschien, bis hin zu den Filzstiefeln. Die Amis hasste er, und Kuby war gleich nach dem Krieg von der amerikanischen Militärregierung damit betraut worden, am Aufbau eines demokratischen Pressewesens mitzuarbeiten.

Dass Kuby mit den Amis auch haderte, weil er glaubte, die deutsche Entnazifizierung könne nicht par ordre du mufti, sondern nur durch einen kulturellen Prozess der Selbstheilung der Deutschen erfolgen, war ihm nicht beizubiegen.

Noch härter war das Verdikt des ideologischen Gurus meiner KP-Betriebszelle, der sich für Suslow hielt. Kuby sei überhaupt kein Linker. Wer gegen den real existierenden Sozialismus stänkert, könne kein Linker sein.

Wo und wie Kuby politisch stand, kann man in seinen zahllosen Werken nachlesen, Romanen, Textsammlungen, Aufzeichnungen, zum Teil Bestseller zu ihrer Zeit.

Ich liebte sein Buch über das Mädchen Rosemarie, denn sie gehörte zu meiner Biografie. Wir trieben uns damals, in der zweiten Hälfte der fünfziger Jahre, fast jede Nacht im Frankfurter Bahnhofsviertel rum und frequentierten die Trash-Kinos, wo der Eintritt fünfzig Pfennige kostete, die Bimbo-Bars, die riesigen Tanzschuppen der GIs, die Animierbars, die Zuhälterkneipen, die Namen hatten wie »Zum schmalen Handtuch«.

Wir standen am Straßenrand, wenn die Edelnutten in ihren Luxuslimousinen und Cabrios mit wehenden Shawltüchern die Runde machten, winkten ihnen zu, und eine, die wir »Captain-Lady« nannten, weil sie einen Opel Kapitän besaß, nahm uns manchmal mit in ihr Appartement, weil wir Studenten waren und nicht so muffig wie die Herren vom Establishment, denen sie sonst einen runterholte, und das war auch der Grund, warum Rosemaries Mörder eine Zeit lang im studentischen Milieu gesucht wurde.

Dass Rosemarie als Einzige in Erinnerung blieb, lag nicht daran, dass sie besonders schön, klug, erotisch oder sexuell verschlagen war, sondern daran, dass Kuby ein Dreh-Buch über ihre Ermordung schrieb, das bald auch mit Nadja Tiller in die Kinos kam, wo Rosemarie tatsächlich besser aussah als in Wirklichkeit. Kuby machte dann im Roman aus dem Fall Nitribitt, durchaus zeitgeistig (ich erwähne nur Böll, der Kuby schätzte), ein Sittengemälde à la Zola, nur nicht so langatmig und beschreibungslastig, sondern journalistisch süffig – eine saftige Kritik der Doppelmoral und Spießigkeit der neuen Klasse des bundesrepublikanischen Juste Milieu.

Tempi passati, und so wäre wohl auch die Frage nach Kubys politischem Standort kein Grund, einen kleinen Teil seiner journalistischen Texte neu herauszugeben. Eher die Tatsache, dass schon die alte Bundesrepublik und der heute gelobte »rheinische Kapitalismus« ein Misthaufen waren. Kubys »ärgerliches Vaterland« ist eine bittere Chronik der Jahre, die heute kaum noch einer kennt, weil die Generation, die sie gestaltet hat, ausgestorben ist und weil meine Generation, die sie abgekriegt hat, mit einem Bein in der Kiste steht.

Man sollte Kubys »Vaterland« aufheben und es jedem unter die Nase reiben, der meint, der »rheinische Kapitalismus« sei segensreicher gewesen als der heutige und die alte BRD irgendwann ein Rechtsstaat.

Überraschend für mich war eine neue Leseerfahrung. Bei vielen Texten, vor allem den älteren aus den vierziger bis sechziger Jahren, musste ich immer wieder auf das Datum der Erstveröffentlichung schauen. Viele journalistische Arbeiten Kubys waren von stupender Hellsichtigkeit. Ausgehend von Zuständen und Ereignissen, die schon damals kaum ein Massenmedium in dieser Klarheit und Schärfe präsentierte, entwarf Kuby eine Prognose, die man für unglaublich oder übertrieben halten musste. Dennoch: Die Entwicklungen, die er in vielen seiner Texte nur andeuten konnte, schon um nicht das Schicksal Kassandras zu erleiden, sind zumeist eingetreten. Kuby gehörte nicht zum Clan der Autoren, die ständig Menetekel an die Wand werfen, deren Botschaften nicht eintreten.

Überraschend nicht minder ist die Vielzahl seiner Themen, ihre regionale Vielfalt. Kuby war, das zeigt schon eine flüchtige Durchsicht, ein Weltreisender, ein Weltbürger, ein Spross der französischen Aufklärung und der Entdecker und Chronisten des achtzehnten Jahrhunderts, und es gibt keine Hierarchie seiner Thematik. Der Staatschef, der Diktator waren ihm Gesprächspartner wie der freigepresste Terrorist und die Klofrau. Seine Orte waren Nachtbars wie Vorstandsetagen, der Stammheimer Prozessbunker wie das Büro im Kreml.

Keine wichtige Etappe der Geschichte ließ er aus, nicht die Nürnberger Kriegsverbrecherprozesse, nicht die Sitzungen des Parlamentarischen Rates, nicht die Wahl Adenauers zum ersten Bundeskanzler – ein Politiker, an dem er kein gutes Haar lässt.

Wohin jetzt mit diesem Buch? In die Hand des an Zeitgeschichte interessierten Citoyen, des Lesers, der wissen möchte, wie gut guter Journalismus gelegentlich einst war, der Jugend, die sich die letzten sechzig Jahre nicht nur von Guido Knopp verklickern lassen will. Wenn man wissen will, wer die deutsche Teilung ab 1947 aktiv betrieben hat, muss man Kuby lesen. Es waren nicht die deutschen Kommunisten. Es war nicht Moskau. Es waren Bonn, London, New York.

Vor allem eine Zielgruppe muss ich nennen: Die Liebhaber gut geschriebener Texte, die, für den journalistischen Tagesgebrauch bestimmt, vieles in den Schatten stellen, was heute als hohe Literatur firmiert und mit Nobel-, Büchner- und Buchpreis geehrt wird. Eine so leichte Feder, sichere, ausdrucksstarke, differenzierte Sprachführung haben in der Regel nur Autoren, die nicht viel zu sagen haben. Bonne plume.

Personenregister

Adenauer, Konrad 20 51 59 61 69
75 f. 78 f. 94 f. 124 140 f. 143 151 f.
182–184 189–194 197 219 f. 223
229 232 234 243 f. 248–250 275
277 283 312 326 328 342 366 373
468 509 549 564
Adorno, Theodor W. 577
Ahlers, Conrad 404 406
Aichinger, Ilse 322
Albertz, Heinrich 337 439
Amon, Josef 468
Anders, Hans-Jörg 428 493
Andersch, Alfred 14 16 f. 322
Anderson, Dieter 436
Andreotti, Giulio 516 518
Aragon, Louis 15
Ardenne, Manfred von 197–199
Arndt, Ernst Moritz 12
Arnold, Karl 61 75
Augstein, Rudolf 69 229 276 340
403 f. 406 f.

Baader, Andreas 441 444 f. 451–453
455–456
Bachmann, Ingeborg 322
Bahr, Egon 216 373 517 529 568 f.
Bakaty, Mike 412
Bardot, Brigitte 252
Barschel, Freya 552
Barschel, Uwe 551 f.
Barzel, Rainer 312 367 f. 402 406 f.
Becker, Jürgen 458
Becker, Marieluise 444
Begin, Menachem 496–498 549
Beitz, Berthold 258 279–283
Benn, Gottfried 12 446
Benz, Wolfgang 47

Berberich, Monika 456
Berg, Hermann von 567
Bergmann, Uwe 349 351
Besemer, Horst 457
Bissinger, Manfred 345 471 482 520
538
Blank, Theodor 94 190
Blobel, Paul 138
Bloch, Ernst 244 f.
Blüm, Norbert 404–406
Bode, Arnold 412
Böll, Heinrich 322 358 362 364 454
476 581 583
Bossle, Lothar 567 f.
Brandt, Willy 216 349 365 367 f.
373 f. 402–404 517 550 568 f.
Braune, Werner 138
Brecht, Bertolt 200 278 436 459
Breschnew, Leonid 360 549 f.
Bromfield, Louis 15
Bucerius, Gerd 287 331 387
Buchheim, Lothar 102
Bullock, Alan Louis Charles 177
Burckhardt, Jacob 226
Burt, Richard 527

Carossa, Hans 11
Carter, Jimmy 489 491 493 548
Casals, Pablo 87–89
Chruschtschow, Nikita 204 222 229
237 244 283
Churchill, Winston 16 150 233
Clay, Lucius 20
Cohn-Bendit, Daniel 352 354
Cornfeld, Bernhard 332–334
Croissant, Klaus 445

Inhalt

Inhalt

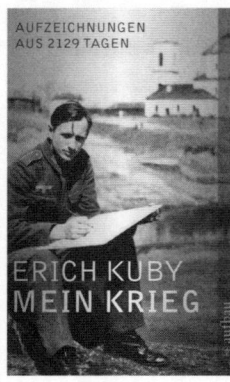

Erich Kuby
Mein Krieg
Aufzeichnungen aus 2129 Tagen
525 Seiten
ISBN 978-3-7466-1588-2

Eines der ernüchterndsten Kriegsbücher

Erich Kuby hat vom 27. August 1939 bis zum 24. Juni 1945 Tag für Tag seine Erlebnisse ohne Rücksicht auf eine mögliche Zensur notiert. Gleichsam unter dem Diktat leidenschaftlicher Humanität entstand ein scharfsinniges Dokument des Zweiten Weltkriegs, verfasst von einem jungen Mann, der sich innerlich verweigerte, der schreiben musste, um zu überleben.

»Hier ist die Wehrmacht keinen Augenblick sauber.« TAZ

Mehr Informationen erhalten Sie unter
www.aufbau-verlag.de oder in Ihrer Buchhandlung

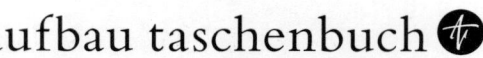

aufbau taschenbuch

Die deutschen Kanzler
Von Bismarck bis Merkel
Herausgegeben von
Wilhelm von Sternburg
Aktualisierte und erweiterte Neuausgabe
730 Seiten
ISBN 978-3-7466-8144-3

Ein Standardwerk

Bisher haben 30 Kanzler Deutschland regiert. Viele von ihnen
leben im historischen Bewusstsein fort, weil sich mit ihrer
Kanzlerschaft entscheidende politische Einschnitte verbinden:
Bismarck als Reichsgründer, Bülow, in dessen Regierungszeit der
deutsche Imperialismus seine Übersteigerung erfuhr; Max von
Baden als Konkursverwalter der Hohenzollern-Dynastie; Ebert,
der die Revolution vom November 1918 hasste und erfolgreich
bekämpfte; Scheidemann, der die Republik ausrief; Papen und
Schleicher als Steigbügelhalter der Hitler-Diktatur. Gegenwärtiger
sind uns die Kanzler der Bundesrepublik: Adenauers West- und
Europa-Orientierung; Erhard und das von ihm mitgestaltete
deutsche Wirtschaftswunder; Brandts Ostpolitik; Helmut
Schmidt, der »Macher«, Helmut Kohl, der sich selbstbewusst als
»Einheitskanzler« präsentiert und nach 16 Jahren die Macht an
Gerhard Schröder übergeben musste. Seit November 2005 steht
mit Angela Merkel zum ersten Mal eine Frau an der Spitze der
deutschen Regierung.

»Ein Überblick über die jüngere deutsche Geschichte, der seinen
Ausgangspunkt bei den Kanzlerpersönlichkeiten nimmt, aber nicht bei
ihnen steckenbleibt.« SÜDDEUTSCHER RUNDFUNK

Mehr Informationen erhalten Sie unter
www.aufbau-verlag.de oder in Ihrer Buchhandlung

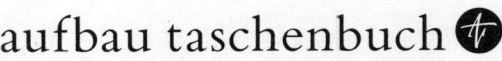

Friedrich Schorlemmer
In der Freiheit bestehen
Ansprachen
271 Seiten
ISBN 978-3-7466-7045-4

»Habe den Mut, dich deines eigenen Verstandes zu bedienen.«

Freiheit, so Schorlemmer, haben wir so viel, wie wir uns nehmen, Demokratie und Zukunft nur, sofern wir sie mitgestalten. Seine Kritik an Sozialabbau und zügelloser Ausbeutung der Natur ist ein Plädoyer für die Solidarität mit den Schwachen und die Bewahrung der Schöpfung. Er fragt nach äußeren wie inneren Bedingungen des Friedens, verweist auf den Mehrwert von Gerechtigkeit und lässt die Provokationen der Bergpredigt für uns produktiv werden.

Mehr von Friedrich Schorlemmer (Auswahl):
Lass es gut sein. Ermutigung zu einem gelingenden Leben. AtV 7064
Die Bibel für Eilige. AtV 1920
Wohl dem, der Heimat hat. ISBN 978-3-351-02679-0

Mehr Informationen erhalten Sie unter
www.aufbau-verlag.de oder in Ihrer Buchhandlung

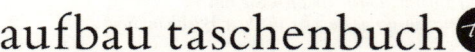

Friedrich Schorlemmer
Wohl dem, der Heimat hat
319 Seiten. Gebunden
ISBN 978-3-351-02679-0

»Hellsichtiger Theologe mit Herz«

HESSISCHE/NIEDERSÄCHSISCHE ALLGEMEINE

Für Schorlemmer umfasst Heimat alles, was unser Selbst ausmacht: Herkunft, Bindungen an Menschen und Landschaften, politische Ereignisse, Erinnerungen, Geschichten, Bilder und Bücher. Aufgewachsen in einem Pfarrhaus, prägten ihn die Weite der Elblandschaft und die bedrückende Enge der fünfziger Jahre. Er erzählt von der Gemeinschaft in Familie, Kirche, von öffentlichem Engagement, der Sehnsucht nach Freiheit wie der Angst vor Verlusten. Sein Buch ist ein Plädoyer für das Besinnen auf tragfähige Werte und innere Gewissheiten. Zugleich warnt er vor Heimatliebe, die einengt und ausgrenzt.

Mehr von Friedrich Schorlemmer:
Ich habe keinen Gott. Aber Gott hat mich. AtV 8149-8
Lass es gut sein. AtV 7064-5
Die Bibel für Eilige. AtV 1920-0

Mehr Informationen erhalten Sie unter
www.aufbau-verlag.de oder in Ihrer Buchhandlung

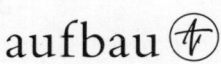

»Ein Autor, den Sie unbe-
dingt entdecken sollten.«

ELKE HEIDENREICH

Richard Wagner, geb. 1952 in Rumänien, veröffentlichte Lyrik und Prosa. Nach Arbeits- und Publikationsverbot verließ er 1987 Rumänien und lebt nun als freier Schriftsteller in Berlin. Er gewann zahlreiche Preise und Stipendien.

Ausreiseantrag. Begrüßungsgeld
Rumänien 1986. Stirner lebt in der Fremde, die seine Heimat ist, er spricht die Sprache einer Minderheit, er ist Außenseiter unter Landsleuten. Er stellt einen »Ausreiseantrag«. »Begrüßungsgeld« empfängt er nach der Ankunft im Durchgangslager. »Sätze wie Nägel, die ins Fleisch treiben, ins eigene.« Frankfurter Rundschau
Erzählungen. 199 Seiten. AtV 1815-9

Miss Bukarest
Ein Roman über die rumänische Vergangenheit und die deutsche Gegenwart, erzählt von drei Protagonisten mit verschiedenen Motiven: politischen, poetischen und kriminalistischen. Der Tod ·einer faszinierenden Frau ruft ihren ehemaligen Liebhaber als Detektiv auf den Plan. Ein unbestechliches Buch, das sprachliche Brillanz, Gedankenschärfe und Aufrichtigkeit vereint. Wagner erhielt dafür 2000 den »Neuen deutschen Literaturpreis«.
Roman. 190 Seiten. AtV 1951-4

Habseligkeiten
Traumhafte Landschaften, Verrat und Liebe, Gestern und Heute. Generation für Generation geraten die Mitglieder einer Handwerkerfamilie aus dem rumänischen Banat in den Strudel der großen Geschichte. Mit »Habseligkeiten« hat Richard Wagner ein bedeutendes Familienepos von großer Wärme und Klugheit geschaffen. »Ein Heimatroman der besten Sorte.« BERLINER ZEITUNG
Roman. 281 Seiten. AtV 2245-3

Der leere Himmel
Eine Reise in das Innere des Balkans
Zigeunermusik und Gulags, Klöster und Mafiosi, Milosevic und Lenau, das prächtige Sternenzelt der Orthodoxie, der leere Himmel über dem Jetzt. ndl-Preisträger Richard Wagner porträtiert ein fernes, nahes Land, das er wie kein Zweiter kennt: profund und sehr persönlich. »Der Balkan hat viel mit uns zu tun. Mehr, als wir denken, und mehr, als wir zu denken bereit sind.«
Gebunden. 334 Seiten
ISBN 3-351-02548-9

Mehr unter www.aufbau-verlag.de oder bei Ihrem Buchhändler.

aufbau taschenbuch

Richard Wagner
Der deutsche Horizont
Vom Schicksal eines guten Landes
399 Seiten. Gebunden
ISBN 978-3-351-02628-8

»Zu Deutschland gehört auch ein Traum von Deutschland.« RICHARD WAGNER

Marlene Dietrich, das Wunder von Bern, Friedrich Schiller, der Kölner Karneval – was ist deutsch? In seinem fundierten wie geistreichen Buch schreitet Richard Wagner den deutschen Horizont ab. Als brillanter Literat und messerscharfer Analytiker führt er uns vor Augen, wer wir sind und was wir können. Sein Buch ist ein leidenschaftliches wie hochaktuelles Plädoyer für eine tabufreie, selbstbewusste Nation.

»Auf seinem Horchposten hat Richard Wagner die Zeichen der Zeit erkannt.« DIE WELT

»Der Autor bewegt sich virtuos zwischen Fakten und Mentalitäten, Ideologien und Mythologien.« NEUE ZÜRCHER ZEITUNG

»›Der deutsche Horizont‹ hält den Deutschen vor, was sie alles falsch machen.« SÜDDEUTSCHE ZEITUNG

Mehr Informationen erhalten Sie unter
www.aufbau-verlag.de oder in Ihrer Buchhandlung

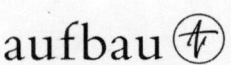

Adam Soboczynski
Polski Tango
Eine Reise durch Deutschland und Polen
207 Seiten
ISBN 978-3-7466-2414-3

»Das beste der Heimat- und Reisebücher dieser Tage.«
LITERATUREN

Berlin – Warschau: Eine Lebensreise.
Als Kind hat Adam Soboczynski seine polnische Heimat verlassen.
20 Jahre später kehrt der preisgekrönte Journalist zurück. In Polen
wie in Deutschland spürt er Menschen auf, deren Geschichten er
voller Poesie, Tiefsinn und Komik erzählt.

»Soboczynskis Erzählungen von Putzfrauen, Päpsten und Post-
kommunisten sind intim und zugleich politisch, ebenso lehrreich
wie berührend.« JÖRG LAU, DIE ZEIT

Mehr Informationen erhalten Sie unter
www.aufbau-verlag.de oder in Ihrer Buchhandlung

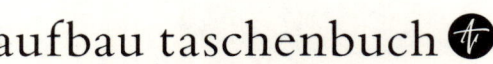

Jutta Voigt
Westbesuch
Vom Leben in den Zeiten der Sehnsucht
200 Seiten. Gebunden
ISBN 978-3-351-02675-2

Kein Ort drüben

Westbesuch – ein Wort, das Erinnerung in sich trägt, an Willkommen und Abschied, Umarmung und Entfremdung. In ihrem brillant geschriebenen, ironischen und hellsichtigen Text stellt Jutta Voigt fest: Ost- und Westdeutsche kannten sich viel besser, als nach 1989 gemutmaßt wurde – und sie profitierten voneinander. Die einen freuten sich auf schöne Geschenke, die anderen genossen die Bewunderung ihres dicken Audis, ihres Lebensstandards, vor allem aber die Dankbarkeit für die mitmenschlichen Dienste an den Brüdern und Schwestern. Zwanzig Jahre nach dem Mauerfall ist die Besuchszeit vorbei. Dennoch fühlen sich viele Ostdeutsche immer noch zu Besuch im Westen und viele Westdeutsche als generöse Gastgeber. Das Glück ist nicht mehr da, wo wir nicht sind. Es hat da zu sein, wo wir sind.

»Jutta Voigt erweist sich als ausgezeichnete Beobachterin, sachkundige und pointierte Erzählerin erster Güte.« Sächsische Zeitung

Weitere Titel (Auswahl):
Der Geschmack des Ostens. AtV 8156

Mehr Informationen erhalten Sie unter
www.aufbau-verlag.de oder in Ihrer Buchhandlung

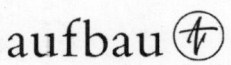

Bernd-Lutz Lange
Davidstern und Weihnachtsbaum
Erinnerungen von Überlebenden
261 Seiten
ISBN 978-3-7466-8143-6

»In seiner Unmittelbarkeit erschütternd.« AUFBAU, NEW YORK

Der Kabarettist und Autor Bernd-Lutz Lange begibt sich
auf die Suche nach jüdischen Bürgern der Stadt Leipzig.
Wie ein Archäologe legt er Spuren ihres Lebens frei, erzählt
von Schicksalen rund um die Welt und trägt die Mauer des
Vergessens Schicht für Schicht ab – getreu der jüdischen Weisheit:
»Erinnerung bringt die Erlösung, Vergessen hält sie auf.«

**»Es nimmt ein, daß er nicht von den ›großen‹ Schicksalen
spricht, sondern vom Friseur um die Ecke und der
Krankenschwester gegenüber.«** SÄCHSISCHE ZEITUNG

Mehr Informationen erhalten Sie unter
www.aufbau-verlag.de oder in Ihrer Buchhandlung

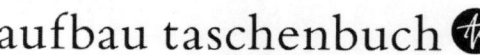

aufbau taschenbuch

Hans Waal
Die Nachhut
Roman
336 Seiten
ISBN 978-3-7466-2558-4

»Hochkomische Szenen, kluge Reflexion.« Mitteldeutsche Zeitung

Als 60 Jahre nach Kriegsende der letzte Büchsenöffner abbricht, kommt es im unterirdischen Bunker nahe Wittstock zur Meuterei: Die Disziplin von Josef, Otto, Konrad und Fritz ist aufgebraucht, und sie beschließen den Ausstieg. Ans Tageslicht treten vier merkwürdig uniformierte Gespenster der Vergangenheit, nach denen schon bald gefahndet wird. Gejagt von Polizei, Psychologen und Medien wollen sich die Opas bis zur »Reichshauptstadt« durchschlagen, um neue Befehle zu empfangen.

»Eine scharfe Satire, wie sie geschichtsträchtiger und aktueller nicht sein könnte. Sehr lesenswert!« Radio Fritz, RBB

Mehr Informationen erhalten Sie unter
www.aufbau-verlag.de oder in Ihrer Buchhandlung

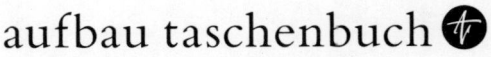